J. Kiusic S. Kimm과 그의 시대

김규식과 그의 시대 2
3·1운동의 빛, 한반도를 비추다(1919~1921)

정병준 지음

2025년 8월 15일 초판 1쇄 발행

펴낸이	한철희
펴낸곳	돌베개
등록	1979년 8월 25일 제406-2003-000018호
주소	(10881) 경기도 파주시 회동길 77-20 (문발동)
전화	(031) 955-5020
팩스	(031) 955-5050
홈페이지	www.dolbegae.co.kr
전자우편	book@dolbegae.co.kr
블로그	blog.naver.com/imdol79
인스타그램	@Dolbegae79
페이스북	/dolbegae

편집	김태현·강경희
표지디자인	김민해
본문디자인	이은정·이연경
마케팅	고운성·김영수·정지연
제작·관리	윤국중·이수민·한누리
인쇄·제본	영신사

ISBN   979-11-94442-38-7 (94910)
       979-11-94442-36-3 (set)

• 책값은 뒤표지에 있습니다.
• 이 책의 내용 전체 또는 일부를 재사용하려면 출판사의 허가를 받아야 합니다.

김규식과
그의 시대

2

3·1운동의 빛,
한반도를 비추다
1919~1921
정병준 지음

돌베개

사랑하는 아내에게

차 례

저자의 글　　11

프롤로그　여운형과 김규식, 3·1운동의 문을 열다　　25

1장　여운형·크레인 면담의 연쇄: 신한청년당 결성,
　　　윌슨 대통령 청원서, 파리강화회의 특사 파견의 3중주(1918)　　33

1　'윌슨 대통령의 특사' 크레인의 상해 방문　　35
2　여운형과 크레인의 만남(1918. 11. 27)　　40
3　여운형과 장덕수가 작성한 청원서의 내막　　47
4　여운형-크레인 편지(1918. 11. 29)와 윌슨 대통령 앞 청원(1918. 11. 28)　　59

2장　한국인들의 파리강화회의 대표 파견 시도와 3·1운동　　69

1　한국과 세계 약소국가들의 파리강화회의 대표 파견 시도　　71
　(1) 한국인들의 파리강화회의 대표 파견 시도　　71
　(2) 식민지·약소국들의 파리강화회의에 대한 기대와 대표 파견　　74
2　국내외 한인들의 세계대전·파리강화회의 인식　　77
　(1) 해외 독립운동 세력의 제1차 세계대전·파리강화회의에 대한 인식　　77
　(2) 국내의 파리강화회의 인식　　85

3	벼락정당 신한청년당 창당과 김규식 이사장	96
	(1) 신한청년당 창당과 김규식 이사장	96
	(2) 신한청년당의 조직과 당원들	101
	(3) 상해 독립운동 세력의 세대 교체와 신한청년당의 사상적 지향	110

3장	파리로 가는 김규식, 알려지지 않은 행적	119
1	김규식의 중국 내 행적(1918. 12~1919. 1)	123
	(1) 박용만에게 쓴 편지(1918. 12. 10. 천진)	123
	(2) 북경 주재 미국공사에게 보낸 청원서(1919. 1. 북경)	134
	(3) 윌슨 대통령에게 쓴 독립 청원 편지(1919. 1. 25. 상해)	152
	(4) 신규식의 전한족대표위원회 소집 요구(1919. 2. 9. 상해)	161
	(5) 신규식이 안창호에게 보낸 전한족대표위원회 개최 요구(1919. 2. 8)	169
2	포르토스호의 김규식, 파리강화회의 청원서 초안을 준비	178
3	김규식의 부동(浮動)하는 대표성	192
	(1) 갈등하는 두 가지 대표성	192
	(2) 재중 한국 독립운동의 세력 교체, 노선 변화	195

4장	국내외로 파견된 신한청년당 밀사들	199
1	신한청년당과 동제사의 관계	201
2	국내외로 파견된 신한청년당의 밀사들	209
	(1) 간도·연해주로 간 여운형	209
	(2) 일본으로 파견된 장덕수	211
	(3) 중국과 일본을 왕복한 이광수	218
	(4) 국내로 잠입한 선우혁·김철·서병호·김순애	221
3	3·1운동 이후의 신한청년당	228
4	3·1운동의 빛이 한반도에 비치다	233

5장 　파리강화회의의 유일한 한국대표 김규식의 외교·선전활동　239

1 　파리 도착 직후 제출한 청원서들　241
　(1) 이욱영의 하숙집에서 작성된 청원서들(1919. 3. 20~1919. 4. 14)　241
　(2) 파리위원부 사람들　259
2 　외로운 파리강화회의 외교　273
　(1) 공식 청원서·비망록의 작성과 제출(1919. 5. 10)　273
　(2) 미국대표단과의 접촉 시도(1919. 5~1919. 6)　296
3 　파리에서의 선전 활동　313
　(1) 통신국과「통신전」의 간행　313
　(2) 다양한 선전·연대 활동　321

6장 　구미위원부 위원장 김규식의 시련의 1년 반(1919. 8~1921. 1)　329

1 　파리를 떠나 워싱턴으로　331
2 　대통령 이승만과 공채표 판매 세일즈맨 김규식　341
3 　뇌종양 수술과 구미위원부 위원장이라는 고경(苦境)　352
　(1) 애국금과 공채금의 병행　359
　(2) 애국금 폐지·김규식의 뇌수술(1920. 3)·북미 순회　370
4 　파열(破裂): 이승만과의 결별　387

7장 　상해로 돌아가는 험난한 길(1921)　407

1 　미 육군 수송함 토머스호 밀항 실패　409
2 　밀항 시도가 남긴 기록　418
3 　호주를 거쳐 상해로 귀환　433

8장 　상해로 돌아온 김규식, 새로운 길을 모색하다　439

1 　상해로의 귀환, 이승만과의 충돌, 임정 사직　441
　　(1) 김규식의 상해 귀환, 학무총장 참여　441
　　(2) 이승만의 사퇴 문제와 김규식-이승만의 갈등　450
　　(3) 김규식의 구미위원부 위원장 사임과 구미위원부의 파란　457
　　(4) 이승만·이동휘·안창호, 임정을 떠나다　464
2 　새로운 세 가지 방향: 국민대표회의·중한호조사·극동민족대회　468
　　(1) 이승만, 이동휘, 안창호, 김규식의 길　468
　　(2) 국민대표회의 추진　471
　　(3) 김규식과 중한호조사　472
　　(4) 워싱턴회의와 극동민족대회의 갈림길　476

　부록　481

1. 신규식이 안창호에게 보낸 전한족대표위원회 개최 요구 편지(1919. 2. 8)　483
2. 김규식이 김순애에게 보낸 편지 및 청원서 초안
　(스리랑카 콜롬보, 1919. 2. 25)　488
3. 「해방을 위한 한국 국민의 호소를 담은 비망록」의 변화 과정　506
4. 구미위원부 수지결산(1919.9~1921.11) 및 김규식 관련 지출　509
5. 구미위원부 봉급 및 해외 각 기관 지출표　512
6. 김규식이 미 육군 수송함 토머스호 밀항 시 소지하고 있던 중요 문서 목록　514

　참고문헌　519
　표·그림 목록　537
　찾아보기　539

일러두기

1. 인용문의 강조 표시(밑줄)와 중괄호(( ))는 인용자(이 책의 저자)가 삽입한 것이다.
2. 인명·지명·조직명 등의 표기 및 용례는 원문을 존중하여 사용했으며, 약칭으로 기술한 경우도 있다. 외국어의 인명·지명·조직명 읽기는 원문에 따라 다양하게 혼용했다. 일본어 표기는 도쿄, 동경, 東京 등을 함께 사용했고, 중국어 표기는 장개석, 장제스, 蔣介石 등을 혼용했다. 한국어 조직명의 경우 대한민국임시정부, 임시정부, 임정, 상해 임정, 중경 임정 등 정식 명칭과 약칭을 모두 사용했다. 주로 원문의 표현을 따랐다.
3. 한국, 조선, Korea 등은 원문과 상황에 따라 병용했다.
4. 주요 인용 도서 및 자료의 경우, 각주에 서지사항 중 핵심 부분 전체를 중복 기재했다.

저자의 글

이 책은 우사 김규식(尤史 金奎植, 1881~1950) 평전이다. 1881년 출생부터 1945년 해방 후 중국에서 돌아오는 64세까지의 시기를 다루었다. 이후부터 납북되어 1950년 12월 평북 만포진에서 비감하게 사망할 때까지의 시기는 아직 미완성이다. 2014년 무렵부터 집필을 시작해서, 중요한 시기, 자료가 충분한 시기를 중심으로 글을 썼다. 중요 장절로 줄거리를 엮었고, 비어 있는 시기를 채웠다. 이런 작업의 결과 2023년 여름에 총 4부작의 초고를 완성했다.

제1부(제1권)는 1881년 출생과 가계부터 중국 망명 후 3·1운동 발발 직전인 1918년까지를 대상으로 했다. 가계, 가족관계, 언더우드 고아원학교, 미국 유학, 귀국 후 국내 사회 활동, 결혼, 1913년 중국 망명 후의 활동 등을 다루었다. 이 시기 김규식의 삶을 복기하고 추적하는 일에 많은 시간과 노력이 필요했다. 부스러기 자료를 따라서 그의 삶을 재구성해야 했기 때문이다. 이런 추적 작업에 관심을 갖고 역사학자의 길에 접어들었고, 새로운 자료를 찾아 새로운 이야기를 쓰는 일에 긍지를 갖게 되었다. 제1부에 등장하는 이야기들은 기성의 김규식 연구에서는 거의 들을 수 없었고, 볼 수 없었던 내용이다. 본문을 완성한 후 2025년 초 미국 스미소니언박물

관에서 김규식 사진들과 이를 그곳에 매각한 헐버트 선교사의 문서들을 찾아서 제1부의 서장을 쓸 수 있었다. 스미소니언박물관 사진 이야기는 김규식의 일생을 상징하는 것이었는데, 이렇게 평전의 첫 장을 열면서, 책마다 그 운명이 있구나 하는 소회를 갖게 되었다.

제2부(제2권)는 1919년 파리강화회의, 1920~1921년 구미위원부 활동, 1921년 상해 귀환 등 그의 인생을 결정적으로 대표하는 3·1운동기를 다루었다. 김규식의 일생 중 가장 빛나는 시기이자, 그가 한국근현대사에서 주요 역할을 담당한 시기였다. 김규식 일생 중 정치적으로 가장 중요한 역할을 담당한 시기는 1919년 파리강화회의 전후, 1945~1948년 해방 직후였다. 제1차 대전 이후와 제2차 대전 이후인 것이다. 물론 다른 시기의 김규식도 자기 운명의 주인공이자 역사의 주역으로서 면모를 갖추었지만, 그의 역사적 역할과 비중이 가장 두드러진 것은 이 두 시기였다. 민족의 운명이 좌우되고, 결정되는 중요한 시기였다. 이런 시기에 김규식은 중요한 위치에서 중요한 역할을 맡음으로써 그의 인생의 향배를 결정했다. 이런 연유로 김규식 일생 중 불과 3년에 불과한 시기를 한 권의 책으로 엮게 된 것이다.

제3부(제3권)는 1921년부터 1945년까지 중국에서의 활동을 다루었다. 1921~1922년 모스크바 극동민족대회, 1923년 국민대표회의, 한국대일전선통일동맹, 1933년 도미 외교, 1935년 민족혁명당, 중국 대학교수, 1943~1945년 임시정부 부주석 등 중국 내 한국 독립운동과 관련된 김규식의 활동을 다루었다. 긴 시기의 다양한 활동, 조직, 인물들을 다루게 되었고, 사실상 중국 내 한국독립운동사를 쓰게 된 셈이었다. 특히 제3부는 김규식뿐만 아니라 그를 이끈 시대, 시대정신, 사람들의 이야기를 함께 다루게 되었다. 이 시기를 다루는 데 있어서 김구·한독당·임정 중심, 김원봉·민혁당·조선의용대 중심, 연안 독립동맹·조선의용군 중심의 설명 구도가 병립하는 기성의 연구와는 다른 접근을 시도하려고 노력했다.

제4부는 1945년 8월 해방 직후 김규식 등 임시정부 요인들이 귀국하는 1945년 12월 말까지를 다루었다. 김규식의 귀국 이전 국내 상황을 개관하기 위한 목적이었다. 그런데 정작 제4부에는 김규식이 등장하지 않고, 주로 여운형과 국내 정계의 동향, 활동이 중심인 글이 되었다. 김규식 평전보다는 오래전 한국현대사 연구를 시작하면서 가지고 있던 의문들에 대한 응답의 성격이었다. 여러 생각 끝에 이 책을 단행본으로 독자들에게 선보이는 게 좋겠다고 생각했고, 제4부를 떼어 2023년 말 『1945년 해방직후사』라는 단행본으로 간행했다. 이런 연유로 이제야 김규식 평전, 『김규식과 그의 시대』 제1부~제3부를 간행하게 되었다.

　책을 완성하고 보니 여러모로 개인적 감정과 소회가 교차한다. 김규식의 일생을 다룬다는 것은 한국근현대사, 그중에서도 한국독립운동사, 한국현대사의 주요 쟁점과 활동을 다루는 것과 다를 바 없었다. 어떻게 보자면 평생 공부한 바를 총정리하는 성격이었다.

　김규식에 대한 관심은 해방 직후사를 공부하면서 시작되었다. 주한미군사령부 정보참모부 군사실 문서철의 비밀자료 속에서 좌우합작, 남북협상에 등장하는 김규식의 면모를 보게 되었다. 여운형의 파트너, 김구의 파트너였으며, 이승만·김구와 함께 우익 3영수의 한 사람으로 꼽히던 김규식은 해방정국에서 주인공이라기보다는 주요 조역으로 등장하는 느낌이 강했다. 그럼에도 불구하고 미국 자료에 등장하는 김규식의 풍모는 "한국적 인물"들과는 무언가 다른 비범함을 보이고 있었다. 해방정국에서 김규식이 관련된 좌우합작, 과도입법의원, 남북협상, 한국전쟁 등을 연구했기에 이 시기 김규식에 대해서는 충분히 파악하고 설명할 수 있다는 자신감이 있었다. 그러나 해방정국의 김규식은 그의 전체 인생 중 불과 5년에 불과했다. 그의 나머지 인생 63년을 추적하고 재구성하는 것이 문제였다.

　때문에 해방 직후사에서 역으로 거슬러 올라가 김규식의 일제시기 활동을 추적하게 되었다. 일제시기, 대한제국기, 개항기로 거슬러 올라가면서 갈피를 잡기 어려웠다. 역사적 맥락과 시대상을 파악하기 위해서 통사적 공부가 필수적이었다. 선행 연구자들이 쌓아 올린 연구성과와 그 기반이 된 자료를 섭렵하면서 한 걸음, 한 뼘씩 전진해야 했다. 작업은 우공이산(愚公移山), 우보천리(牛步千里)의 심정으로 진행되었다. 시간과 노력이 필요했다.

거의 유일하게 참고할 수 있는 선행연구는 1974년 이정식 교수가 쓴 『김규식의 생애』라고 할 수 있었다. 김규식의 전 생애를 다루었고, 김규식이 다녔던 로녹대학(Roanoke College) 자료와 3·1운동기 관련 자료들을 발굴했고, 그 위에 김순애, 김진동, 김진세, 서병호 등 가족과 친지들의 주요 증언에 기초해 작성된 탁월한 연구였다. 1990년대에는 김재명 기자가 증언에 기초해 해방 직후 김규식 등 중도파 인물에 대한 글을 잡지에 연재한 바 있다. 아직 친척, 추종자 등 관련자들이 생존해 있어 쓸 수 있었던 글이다. 2000년대 초반 강만길, 서중석, 심지연 교수가『우사김규식평전』(3권)을 냈다. 김규식과 중도파의 노선에 공명하는 분들의 공동 연구작업이자, 우사김규식연구회의 후원에 힘입은 것이었다. 우사김규식연구회는 이후 김규식 관련 영문자료집을 번역·간행하기도 했다. 그 외에 중요한 시기·사건·활동에 초점을 맞춰 김규식을 다룬 논문 몇 편이 제출된 바 있다.

한국현대사의 경로가 증명하듯이 김규식이라는 인물은 현대 한국사회에서 주요한 학문적 연구주제가 되기 어려웠다. 김규식은 성공과 실패가 분명치 않은 길을 걸어간 사람인 데다 정치적 추종자를 거느리지 않은 외로운 존재였고, 납북되어 사망함으로써 정치적 유산을 남기지 못했다. 김규식과 함께 중도파를 대표하는 여운형의 경우, 그의 정당인 인민당·근로인민당 추종자들이 1960년 4·19시기까지 현실 정치에서 재기를 모색할 정도로 일정한 응집력과 구심점이 존재했다. 그러나 김규식에게는 그러한 개인적 추종자나 세력이 존재하지 않았다. 좌우합작·남북협상이라는 이성적이고 합리적인 중도파의 노선은 분단과 한국전쟁 이후 한국 사회에서 설 자리가 없었다. 김규식에 대해서는 실현 가능성이 없는 이상주의적인 학자형 정치지도자라는 정도가 세간의 보편적 인식이었다고 해도 과언이 아니다. 김규식이 사라지자 그의 노선과 역할, 지향이 함께 증발된 것이나 마찬가지였다.

때문에 대중적 관심이나 역사학계의 주목을 받기 어려웠다. 강하고 카리스마 있는 지도자, 군중을 호령하고 이끌고 지배하는 영도자, 생사를 불문하고 권력을 추구하는 강한 독재적 지도자상에 익숙해진 한국 사회가 선뜻 이해하고 수용하기 어려웠다. 이분법적 세계관에 익숙한 현대 한국 사회가 흑백, 좌우, 미소, 남북이 분명하지 않은 인물을 이해하기는 쉽지 않았다.

한국 독립운동의 주요 지도자로 등장한 이후 김규식의 일생은 늘 민족과 국가의 진로를 고민하며, 올바르고 합리적 노선을 추구하기 위해 부단히 움직이는 삶이었다. 민족주의를 반역과 퇴행의 담론으로 치부하는 요즘 세태에서 이해하기 어려울 정도로 김규식의 시대는 국가와 민족이 유일한 의제이자 중심이었으며, 통일과 독립이 지상과제였던 시기였다. 이런 시대적 과제 속에서 그의 생애는 이성적이고 합리적인 선택을 향해 부단하게 움직이는 것으로 일관되었다. 끊임없는 떨림으로 국가와 민족의 나침반이 되고자 했던 것이다.

김규식은 한국 근대의 모더니티를 상징하는 대표적인 인물이자, 인텔리 지식인이며 학자적 정치인, 이성의 한국인 등으로 회자되었다. 미국 유학생 출신이며, 유창한 영어를 구사했고, 어학의 천재였으며, 파리강화회의 특사이자, 구미위원부 위원장이었으며, 임시정부 부주석을 지낸 화려한 경력의 소유자로 소개되었다. 그러나 그의 유년은 고아 신세로 언더우드 선교사의 양자로 양육되었으며, 해방 후 그의 정치 공간은 한국현대사의 경로를 상징하는 중도파의 비극과 직결되었다. 1946년 그와 정치적 합을 맞추어 좌우합작운동을 펼쳤던 여운형은 제2차 미소공동위원회가 결렬되기 직전인 1947년 7월 암살되었고, 다음 해 그와 함께 남북협상에 올라 통일독립정부를 희망했던 김구는 1949년 6월 한국군 포병 소위에 의해 암살되었다. 해방된 한국에서 한국인의 손에 의해 비극과 비극이 중첩되었고, 살아남은 병약한 김규식은 한국전쟁 중 북한에 납치되어 1950년 12월 평북 만포진에서 생을 마감했다.

김규식에게 매료된 것은 그의 일생을 관통하며 명징하게 드러나는 비극적 서사가 갖고 있는 마력적 힘 때문이었을지 모르겠다. 정치적 성패로 따지자면 성공하지 못한 사람의 역사이지만 그 삶 속에 담겨 있던 진정성과 꺼지지 않는 불꽃 같은 열정의 순간들이 마음을 사로잡았기 때문일 것이다.

이런 연유로 김규식 평전을 쓴다는 것은 일생의 도전과 같은 일이었다. 해방 전후 현대사는 물론 한말 개항기와 일제시기를 포괄하고 국내외 활동을 정리해야 했기 때문이다. 김규식에 대해 본격적인 평전을 쓰겠다고 마음을 먹었을 때, 이 책은 50대 중반 이후에야 가능하리라고 가늠했다. 그만큼의 연구와 공부가 필요했기 때문이다.

이 책을 쓰면서 늘 염두에 두었고, 떠나지 않았던 다짐들이 있다. 이 책은 그러한 마음의 무게중심에서 벗어나지 않으려는 노력의 산물이기도 하다. 이 책이 취하고 있는 기본적인 태도와 입장이다.

첫째, 김규식을 다룬 평전이기 때문에 그에 대한 관심과 애정에 기초해 있다는 점을 부정할 수 없다. 그러나 김규식을 역사의 경로에서 벗어나 위대한 결정을 하는 특별한 영웅이나 위인으로 묘사하려 하지 않았다. 위인전이나 영웅전은 이 책의 관심사가 아니다. 이 책을 관통하는 필자의 관점은 유일하다. 그것은 영웅이나 위인이 아닌 인간 김규식을 다룬다는 것이다.

둘째, 김규식이라는 평범한 사람, 보통의 인간이 민족의 지도자가 되었으며, 그는 한국근현대사의 경로를 거쳐 배출된 다양한 인간 군상 중 하나였음을 보여 주려 했다. 인간 김규식이 어떻게 성장했으며, 어떤 시점과 어떤 경우에 어떤 선택을 통해 한국현대사의 인물로 서게 되었는지를 설명하고자 했다. 인간적 강점과 약점을 모두 갖춘 보통의 인간이 자신에게 주어진 선택의 범위 내에서 최선을 다하려 노력했으며, 때로는 성공하고 때로는 실패의 길을 걷게 되었음을 설명하고자 했다. 그는 특별한 기회에 특별한 선택으로 민족적 지도자의 이름을 얻기도 했지만, 다른 경우에는 결과적으로 서지 말았어야 할 우극(愚劇)에 동참하기도 했다. 그의 삶은 일관되거나 일직선이 아닌 합리적 선택과 모순적 행동이 결합된 복합체였다. 그는 시대와 역사의 산물이자 개인적 선택의 결과로 형성된 의지적·주체적 인간이었으며, 그의 일생은 복잡계로 구성되어 있었다. 이에 대한 평가와 판단은 당대 한국인들의 보편적 의지, 독립운동가들의 염원과 지향에 따랐다. 현재적 관점에서의 재해석은 중요하게 생각하지 않았다.

셋째, 이 책을 통해 김규식이 걸어간 시대의 역사 가운데 지금까지 보이지 않던 장면들, 들리지 않던 목소리들의 이야기를 드러내길 희망했다. 한국근현대사가 걸어온 극적인 전환과 우여곡절 때문에, 이 시기의 역사를 성공과 실패, 승리와 패배, 선과 악의 단순한 이분법으로 이해하려는 경향이 만연해 있다. 그러나 역사를 승리한 자의 기록으로, 영웅들의 신비한 행적으로, 신의 섭리나 막강한 외부세력의 결정으로 인식할 경우, 우리는 역사가 전하는 진정한 교훈에 눈을 감게 될 것이다. 이 책은 다양한 발현 가능성을 지녔던 역사의 교훈이 전하는 울림에 귀를 기울이려고 했다. 그리고 그곳으로 눈을 돌리길 희망하고 있다.

넷째, 이 책은 김규식을 다루면서 그와 연관된 당시 독립운동 진영의 다양한 주제들을 다루었다. 인물평전인 동시에 한국독립운동사의 성격이며, 김규식과 그의 시대를 동시에 다루었다. 박찬승 교수는 이런 글쓰기

가 에토 준(江藤淳)의 『나쓰메 소세키(夏目漱石)와 그의 시대(漱石とその時代)』에서 비롯되었고, 김윤식 선생의 『이광수와 그의 시대』가 이를 본뜬 것이라는 얘기를 들려주었다. 필자도 이미 『현앨리스와 그의 시대』, 「안두희와 그의 시대」 등의 글을 썼으니, 이미 은연중에 이러한 영향을 받았을 것이다. 그런데 김규식과 그의 시대를 설명하다 보니, 쉽게 빨리 읽히는 글과는 거리가 있게 되었다. 자료를 분석하고, 발견한 자료를 남기려는 노력의 결과 진중하다 못해 둔탁하고 분석적인 글이 되었음을 고백한다. 후발 연구를 위한 디딤돌이 되리라 스스로 위로를 삼는다.

이 책을 완성하는 과정에서 많은 분들의 격려와 도움, 지도를 받았다. 돌이켜 보면 학문의 길을 혼자 헤쳐 나아간다고 생각했지만, 사실은 보이지 않는 학문공동체의 선배, 동료들과 함께였으며, 그분들의 응원·격려·관심·비판의 함성이 주위를 에워싸고 있었다.

제일 먼저 재미사학자 방선주 선생님께 감사인사를 드린다. 이 책이 근거한 많은 자료들의 출처이자, 학문적 영감의 근원이었다. 이 책이 활용한 자료들의 상당수가 방선주 선생님의 발굴로 세상에 소개된 것들이다. 개척자가 있어서, 눈길 위에 난 발자국을 따라 여기에 이르렀다. 지난 1월 워싱턴을 방문해 병중의 선생님을 만나 뵈었다. 문후를 여쭈니 환하게 웃으시던 모습이 생생하다. 더 이상 원고를 읽어 주시지는 못했지만, 늘 마음에 그 뜻을 간직하고 있다.

이화여자대학교 강영심 선생님은 이 책의 원고를 처음부터 끝까지 읽은 유일한 분이다. 오랜 시기에 걸쳐 마음이 가는 대로 들쑥날쑥 원고를 썼고, 전혀 체계적이지도, 시기별·장절별로 정리되지도 않은 원고를 드렸지만, 언제나 반갑게 환영하며 원고를 봐주셨다. 이 책이 다루는 시대와 이런 유형의 원고를 마다하지 않고 감당할 수 있는 학문적 지음(知音)의 역할을 해주셨다. 자세한 코멘트, 큰 격려, 한결같은 애정에 감사드린다.

이 책에 수록된 몇몇 챕터는 학술대회 혹은 학술지에 발표한 바 있는데, 3·1운동기 여운형의 윌슨 대통령 앞 청원서, 신한청년당의 활동, 파리로 향하는 김규식, 김규식과 의친왕 등의 글이다. 발표 기회를 마련해 준 대한민국임시정부기념관, 독립기념관 등의 기관, 비판과 격려를 아끼지 않으신 여러 토론자들과 익명의 심사위원들께 감사드린다. 한국외대 반병률 명예교수, 한양대 박찬승 명예교수, 서울대 한모니카 교수, 성신여대 홍석률 교수, 국가기록원 이승억 연구관, 조이현 연구관, 국사편찬위원회 박진희 박사, 제주4.3평화재단 양정심 박사 등이 원고의 몇몇 챕터를 읽고 비판과 격려의 코멘트를 해주셨다. 펜실베이니아대학에 있던 유진 박(Eugene Park) 교수는 김규식의 가계에 대한 인사이트와 족보 데이터베이스를 제공해 주었다. 루쉰 전문가인 이화여대 중문과 홍석표 교수는 중국에서 한중 지식인의 지적 교류를 연구했는데, 이를 통해 김규식·여운형의 중국 내 행적을 가늠하는 데 도움을 받았다.

한적 자료의 탈초·번역에 도움을 준 분들이 있다. 이화여대 국문과 김동준 교수는 신규식의 동제사 1주년을 기념한 한시의 탈초·번역을 도와주었다. 독립기념관에 소장된 이 자료는 김도형 선생의 도움으로 구했다. 규장각 양진석 선배는 중국 사천의 화가 양정명(梁鼎銘)이 귀국하는 김규식에게 증정한 그림의 화제(畫題)를 번역해 주셨다. 부족한 능력과 글재주를 이런 분들의 도움으로 극복했다.

귀중한 얘기를 해주신 분들도 있다. 김규식의 비서 송남헌 선생은 해방 직후 김규식 박사에 대한 기억을 여러 차례 들려주셨다. 자신이 직접 경험한 김규식의 정치행로와 노선을 후세가 기억해 주길 바라는 절절한 마음이 느껴졌다. 한국연구원 최서면 원장은 도쿄에서 만난 김규식의 장남 김진동에 대한 기억을 특유의 화술로 생생히 묘사해 주셨다. 두 분은 이미 고인이 되어 영면에 드셨다. 김규식의 손녀 김수옥 여사, 후손 김주현, 김주만 님으로부터는 후손들만 알 수 있는 귀중한 얘기들을 들었다. 홍천 선영에서 김주만 님으로부터 전해 들은 집안 내력이 지금도 생생하다. 우사김규식연구회의 총무 장은기 선생은 유일하게 생존하는 김규식맨이라고 할 만하다. 1950년 김규식이 직접 작성한 영문·한문 이력서와 편지들을 보내 주셨다.

미국 자료와 관련해서 국립문서기록관리청(The National Archives and Records Administration, NARA)의 독립연구자이자 가장 연륜 있는 한국문서 전문가인 윤미숙 선생의 도움을 받았다. 김규식이 토머스호 밀항 사건 당시 가지고 있던 문서들을 비롯해 오랜 기간 빈번한 도움 요청에 흔쾌히 자료를 찾아 주었다. 2001년 방선주 선생님 팀에 합류한 이래의 인연이 벌써 사반세기가 되었다. 홍콩과학기술대학의 데이비드 창(David Chang Cheng) 교수는 수개월간 하버드옌칭도서관에서 버치(Leonard M. Bertsch) 문서를 촬영해 주었으며, 서울대 박태균 교수도 자신이 작업한 버치 문서 수천 장을 서슴없이 보내 주었다. 국가보훈처의 고 이현주 박사, 류동연 박사, 한국학중앙연구원의 윤종문 박사로부터 자료의 도움을 받았다. 이분들의 후의와 도움에 감사드린다.

러시아 자료를 얻고 분석하는 데 도움을 준 분들이 있다. 오랜 인연의 조선대 기광서 교수는 언제나 러시아 자료에 대해 막힘이 없는 해답을 제공했다. 탁월한 북한연구자이자 러시아문서 전문가로서 혜안을 지닌 분인데, 너무 이른 나이에 세상을 등졌다. 미인박명의 한탄을 금할 수 없다. 조철행, 이재훈 두 분도 흔쾌히 러시아 자료를 제공해 주셨다. 감사의 말씀을 드린다. 러시아 자료 중 일부는 이화여대에서 함께 연구했던 블라디미르 흘라스니(Vladimir Hlasny) 교수와 독립연구자 베라 보지치코(Vera Bozhichko)의 도움을 얻었다. 블라디미르 교수는 현앨리스·정웰링턴을 연구하며 이화여대에서 학문적 즐거움을 함께했지만, 지금은 레바논 주재 유엔대표부에서 일하고 있다.

이화여대 도서관 임보람 사서의 도움을 특기한다. 한국 도서관에서는 찾아보기 어려운 참고사서의 역할을 훌륭하게 해주었다. 거의 기대하지 않은 채 미국과 일본의 신문, 잡지, 자료의 원문 복사를 요청했지만, 개인적 인연을 동원하면서까지 최선을 다해 구해 주었다. 그 노력과 전문가적 네트워크에 감탄했다. 로녹대학의 린다 밀러(Linda Miller) 사서, 스텔라 수(Stella Xu) 교수, NARA의 에릭 슬랜더(Eric Slander), 미국 국립인류학아카이브의 알렉스 브라운(Alex Brown), 스미소니언기관아카이브의 데보라 샤피로(Deborah Shapiro), 맥아더아카이브의 제임스 조벨(James Zobel), 오스트레일리아 국립도서관(National Library of Australia)의 빙 젱(Bing Zeng) 등의 친절한 도움에 감사드린다.

이화여대 사학과 대학원생 허원, 류승은은 『김규식과 그의 시대』 전 3권의 교정·교열에 도움을 주었다. 대학원 수업에 참가해 김규식, 이승만, 여운형, 한국 독립운동, 한국현대사 자료와 저작을 함께 읽은 대학원생들도 이 책을 쓸 수 있었던 중요한 동력을 제공했다. 때때로 학교 앞 안산 자락을 걸으며 이런 얘기 저런 소리를 할 수 있어서 숨 쉴 여력을 얻었다. 거친 얘기를 마다하지 않고 들어준 김영미 명예교수의 보살행에 감사할 뿐이다. 스트레스에 찌든 인생을 품어 준 안산 숲과 봉은사의 저녁노을에 빚을 졌다. 산길과 능선 위에 마음의 탁기(濁氣)를 내려놓을 수 있어 이 글을 쓸 수 있었다.

한국에서는 국사편찬위원회, 국립중앙도서관, 국회도서관, 이화여자대학교도서관, 서울대학교규장각, 한국연구원, 한국기독교역사연구소, 독립기념관 등의 도움을 받았다. 미국 국립문서기록관리청 워싱턴디씨 본관, 칼리지 파크의 제2관, 의회도서관필사문서처(Manuscript Division, Library of Congress), 로녹대학아카이브(Roanoke College archives), 스탠퍼드대학후버연구소(Hoover Institute, Stanford University), 컬럼비아대학희귀필사도서관(Rare Books & Manuscript Library, Columbia University), 스미소니언박물관 국립인류학아카이브(Smithsonian National

Anthropological Archives), 스미소니언기관아카이브(Smithsonian Institution Archives), 남가주대학코리안헤리티지도서관(Korean Heritage Library, USC), 맥아더아카이브(MacArthur Memorial Archives), 영국 국립문서보관소(The National Archives), 제국전쟁박물관(Imperial War Museum), 일본외무성 외교사료관, 일본 의회도서관 등에서 자료를 볼 수 있었다. 이들 기관의 도움과 후의에 감사드린다.

자료의 발굴과 추적에 대한 상세한 내력은 제3부의 마지막「남은 말: 김규식 자료 추적기」에 정리해 두었다. 일종의 맺음말이자 잠정적 결론에 해당하는 글로 제1부의 서장「서장: 스미소니언박물관 사진이 전하는 140년 전의 김규식 이야기」와 연결된다. 인간 김규식에 대한 개인적 감상과 평을 담았고, 독자들을 위한 안내서 역할로 마련한 것이다. 해방 후 김규식의 행적을 완성하지 못한 미진함을 덜기 위해 제3부에「부록 논문: 버치 문서를 통해 본 1946~1947년 김규식의 정치 활동」을 덧붙였다. 해방 후 김규식 이야기를 어떻게 전개할지에 대한 나름의 조감도에 해당한다.

2005년 이래 책을 내면서 가족들의 사랑과 기억을 헌정사에 적었다. 칠순이었던 가친은 이제 구순을 넘겨 와병 중이시다. 기억과 건강이 모두 쇠잔해졌고, 아들은 경험할 수 없었던 인생을 배우고 있다. 강진 백련사 동백꽃 찻집에서 도란도란 얘기하던 어린 아들딸은 뒤란의 대나무처럼 자라 아비를 내려보고 염려하는 나이가 되었다. 내가 쓴 모든 원고의 첫 독자이자 비평가인 아내에게 은퇴 전 김규식 평전을 완성하겠다는 약속을 지킬 수 있어 다행 중 천만다행이다. 가족의 따뜻한 사랑으로 여기에 이르렀다.

돌베개와 함께 책을 내기 시작한 이래 다섯 번째 책이 되었다. 자극적인 제목에 가볍고 멋진 디자인의 실용적 책을 선호하는 세태에 이런 학술적이고 딱딱한 책의 출간을 선뜻 수락한 한철희 대표께 감사 인사를 전한다. 복잡하고 난삽하고 방대한 분량의 원고를 제대로 된 책으로 만들어 준 김태현 과장과 편집진들의 노고와 고투에 감사 말씀을 드린다.

왜 글을 쓰는지, 왜 이런 글을 쓰는지 헤아리지 못했으나, 좋아하는 일이었고, 잘할 수 있는 일이었기에 감사했고, 그 일이 직업이 되었다. 매혹적이고 마력적인 무언가에 매료되어, 부스러기 빵조각, 빛나는 조약돌을 따라 길 끝에 있을지 모를 미지의 세계를 찾아 헤매었다. 그 결과 매혹적인 이야기를 추적하고, 그 이야기를 쓰는 것으로 연구 일생을 살았다. 이제 김규식 평전을 상재(上梓)함으로써 그 일막을 매듭짓게 된 것에 감사드린다. 아직 넘어지거나 쓰러지지 않았으니, 남은 힘으로 어떤 이야기에서 흘러나온 가냘픈 피리소리를 쫓아가게 될 것이다.

희망과 절망이 교차하는 해방 80주년 3월
정병준

여운형과 김규식,
3·1운동의 문을 열다

프롤로그

프롤로그

1919년 3·1운동이 벌어지기 전야, 중국 상해에는 한국현대사의 주인공으로 이름을 떨칠 두 사람이 등장했다. 한 사람은 파리강화회의 특사 김규식, 다른 한 사람은 신한청년당의 조직자 여운형이었다. 김규식은 외국인 상사에 다니던 회사원이었고 여운형은 외국인 서점의 직원이자 교회 전도사였다. 두 사람 모두 중국 내 한국 독립운동 진영 내에서 약간의 이름을 얻었을 뿐, 아직 무명의 청년들이었다.

두 청년은 제1차 세계대전이 종결되고, 세계대개조와 영구평화, 민족자결의 복음이 울려 퍼지는 시점에 다른 한국인들이 시도하거나 추진하지 못했던 일에 도전했다. 몸을 던져 최선을 다함으로써 스스로의 운명을 변화시켰고, 한국의 현실을 타개하려 했으며, 한국 독립운동의 미래를 개척했다. 평범한 무명의 청년들이 역사의 주인공으로 변신(翻身)하려는 순간이었다.

가장 미스터리한 것은 이 시점에 김규식과 여운형의 관계였다. 김규식은 여운형이 주도한 신한청년당의 대표로 파리강화회의에 가게 되었는데, 그 과정은 물론 그 이후에도 여운형의 공로나 역할을 인정한 글을 남긴 바 없다. 여운형도 1930년대 일제의 심문·공판 과정에서 파리강화회의 파견을 언급했지만, 김규식에 대한 감정을 토로하지 않았다. 1919년부터 1923년까지 두 사람은 파리강화회의, 모스크바 극동민족대회, 국민대표회의의 주역으로 함께 활동했지만 손바닥을 마주치듯 동일한 입장을 취하지는 않았다. 두 사람은 해방 후 1946년 좌우합작운동의 좌우 한쪽 날개를 맡으면서 평생의 동지로 이름을 남기게 되지만, 이 시점에는 어쩐지 서먹함이 느껴진다.

가장 큰 이유는 두 사람이 만났을 당시의 사회적 지위 및 활동의 차이에서 비롯되었을 것으로 생각된다. 김규식은 도미 유학생 출신 흥화학교 총교사(1906), 경신학교 교사 겸 학감을 지낸 반면, 같은 시기 여운형은 배재학당(1900)·흥화학교(1901)·우무학당(1903)의 학생이었다. 김규식은 여운형이 존경하던 도미 유학생 출신 친척 여병현과 함께 계몽운동단체의 지도자로 활약했고, 그때 여운형은 아직 학생이었다. 여운형이 평양 장로교회연합신학(1912~1913)을 다니며 클라크(Clark) 목사의 전도사로 일할 때 김규식은 예수교장로회 조선총회 제1회 회의(1912)에서 경기·충청노회를 대표했던 새문안교회의 최연소 장로였다.

계몽운동기 맺어진 김규식-여운형의 부등(不等)한 관계는 중국 망명 이후에도 한동안 지속되었다. 김규식은 1913년 중국으로 망명하여 상해·남경에서 동제사 지도자급으로 활약했고, 여운형은 1915년 중국으로 건너와[1] 동제사의 보습 과정을 거친 후 남경 금릉대학(金陵大學)에 입학하였다.[2] 중국 망명 이후 김규식은 한국 독립운동 진영의 중견이었던 반면, 여운형은 대학 재학생이었다. 여운형이 상해 협화서국에 들어와 도미 유학

---

1   여운형은 총독부로부터 1915년 1월 9일 여권을 발급받았다. 여권번호 225,026호, 성명 여운형(呂運亨), 신분 호주(戶主), 연령 29, 본적지 경성 효제동 244, 여행지 지나(支那) 남경(南京), 여행목적 신학(神學)연구로 되어 있다. 警務總監部, 「外國旅券下附表」(大正 4年 1월~3월), 일본외무성 외교사료관.

2   손과지, 2001, 『상해한인사회사 1910~1945』, 한울, 180쪽; 이재령, 2015, 「일제강점기 재중 한인유학생의 실태와 지적교류」, 『중국근현대사연구』 68, 81쪽.

생, 사진신부 등의 도항에 큰 도움을 주어 이름을 얻었지만, 그 방향은 이미 김규식이 중국 망명 직후 닦아 놓은 길이었다.

1919년 3·1운동기까지 이런 선생과 학생의 위계 혹은 관성이 두 사람의 관계에 영향을 미쳤을 것으로 보인다. 김규식은 자신이 중국 내 독립운동의 중견이라는 태도를 취하며 여운형의 활동을 높게 평가하지 않았을 가능성이 있다. 나아가 두 사람의 상반된 성격과 기질 차이도 영향을 끼쳤을 것이다. 김규식은 합리적이고 이성적이지만 내향적이고 대인관계에서 냉담하다는 평이 있었던 반면, 여운형은 팔방미인이라 불릴 만큼 다재다능하고 외향적이며 호방한 만능 스포츠맨이었다. 이러한 두 사람 간 일종의 불협화음은 수십 년간 한국 독립운동의 전선에서 전진과 후퇴의 우여곡절을 겪으며 단련되고 깎였고, 해방 이후 두 사람이 다시 만났을 때 본격적인 정치 노선·실행에 있어서 조화를 이룰 예정이었다.

제1차 세계대전의 종전과 파리강화회의 국면에서 먼저 움직인 쪽은 탁월한 정세 판단과 신속한 실행력·돌파력을 가진 여운형이었다. 그는 1918년 11월 27일 상해를 방문한 윌슨(Woodrow Wilson) 대통령의 특사 크레인(Charles Crane)을 만났고, 이틀 뒤인 11월 29일 윌슨 대통령에게 보내는 편지를 전달했다. 이를 위해 신한청년당을 조직했고, 청원서가 윌슨 대통령에게 전달되지 않을 상황을 고려해 예비 계획으로 파리강화회의에 참석할 예정이던 미국인 신문기자 밀러드(Thomas Millard)에게 따로 청원서 전달을 부탁했다. 나아가 신한청년당 대표를 파리강화회의에 파견해 직접 한국 독립의 의지를 표명하기로 했다. 김규식이 파리강화회의 대표로 선정되었다. 여운형과 신한청년당의 동지들도 밀사가 되어 만주, 연해주, 국내, 일본에 잠입했다. 김규식은 파리에서, 여운형과 동지들은 국내외에서 활약했다. 국내외에 잠입한 신한청년당의 밀사들은 파리강화회의 대표 파견을 선전하며 응원과 지지를 호소했다.

시대의 변화를 감지한 두근거리는 마음들이 만나 일을 도모했고, 세상을 바꾸는 힘이 되었다. 여운형과 크레인의 개인적 만남이 곧 조직적 대응으로 전환되었고, 2차·3차 대응 계획을 통해 3·1운동의 기폭제가 되었다. 믿기지 않는 속도이자 추진력이었다. 상해 몇몇 청년들의 비밀활동은 즉흥적이고 임기응변적으로 보였으나, 오랫동안 기맥이 상통하고 시대에 부응하기 위해 준비한 활동의 결과였다. 이것이 여운형과 동지들의 미래를 바꾸고, 3·1운동의 대문을 활짝 여는 행동이었음을 누구도 알지 못했다.

김규식이 어떻게 여운형의 신한청년당 그룹과 연계되었는지는 정확히 알려지지 않았다. 김규식도 세계대전 종결 이후 세계질서의 변화에 주목하고 있었고, 그 속에서 한국 독립의 기회를 희망했다. 김규식과 여운형을 연결하는 연결고리는 상해를 중심으로 활약하던 동제사의 인맥·조직이었음은 의문의 여지가 없다. 신한청년당의 핵심당원 중 상당수는 동제사 회원이었으며, 상해와 남경에서 벌어졌던 동제사 활동과 깊은 연관을 맺고 있었다. 김규식은 원년 동제사의 중심인물로, 여운형이 상해에서 본격적으로 활동을 개시한 1917년에는 장가구·고륜에 있었지만, 1918년 말 여운형의 크레인 면담 및 신한청년당 결성 이후 곧바로 이들과 합류했다. 김규식이 신한청년당 초대 이사장이 되는 것은 이러한 기성 활동, 인간관계, 조직적 연계의 결과물이었을 것이다.

김규식은 1919년 2월 1일 상해에서 파리로 향하는 프랑스 우편선 포르토스호(S.S. Porthos)에 올랐다. 혼자의 몸이었다. 한국이 일본의 식민지가 된 지 9년이 지났으며, 세계는 한국 문제를 일본의 내정 문제로 간주하고 있었다. 어떻게 일본 통치의 불법성과 야만성을 폭로하고 한국 독립의 정당성을 주장할지, 그 수단과 방법이 무엇인지에 대해 의지하고 의논할 상대가 없는 혈혈단신이었다. 1918년 이래 파리강화회의와 민족자결주의를 향한 한국 독립운동 진영의 기대가 컸으나, 파리강화회의에 한국인 대표를 파견하는 데 성공한 것은 상해 신한청년당뿐이었다. 파리에 도착하는 것 자체가 큰 도전이었다. 미주에서는 이승만·정한경 등이 대표로 선정되었으나 파리에 갈 수 없었고, 노령 대표 윤해·고창일은 가까스로 파리에 도착했으나 이미 파리강화회의가 종결된 다음이었다. 신한청년당이 파리강화회의 대표를 파견하고 김규식이 실제로 파리에 도착해 맹렬한 활동을 벌이게 된 것은 단순히 의지와 시도의 문제, 혹은 기회포착적이고 즉흥적인 대처의 산물이 아니었다.

상해는 대표를 파리까지 보낼 수 있는 실행력, 공작력, 자금력, 정보력을 가지고 있었고, 김규식은 그러한 외교·선전의 임무를 혼자서 수행할 수 있는 능력과 준비를 갖추고 있었다. 즉, 탁월한 정세 파악과 명민한 판단력·실행력을 갖춘 여운형과 파리강화회의에서 외교·선전 임무를 수행할 수 있는 언어적·문화적 소양과 실력을 갖춘 집념의 김규식이 만나서야 파리강화회의 대표 파견이 성사될 수 있었던 것이다. 파리에 도착한 김규식은 단기필마였으나, 전심전력으로 한국 독립의 정당성과 한국의 대의를 호소했다.

파리에 파견된 김규식은 3·1운동기 한국 독립운동의 살아 있는 표상이 되었다. 한국인들에게 파리강화회의, 민족자결주의, 세계대개조의 분위기 속에서 한국 독립 선전의 기회를 보여 주는 직관적 징표이자 유일한 한국의 대변인 역할을 부여받았다. 그리고 이는 국내외에서 일렁이던 독립운동의 작은 목소리들을 거대한 메아리의 대합창으로 이끌어 내는 마중물이 되었다.

1918년 11월 여운형과 크레인의 만남, 1919년 2월 김규식의 파리행은 두 사람의 인생행로를 완벽하게 바꾸어 놓았다. 상상하거나 그려 보지 못한 일이었으나, 두 사람은 3·1운동의 문을 활짝 여는 데 결정적으로 중요한 역할을 수행했다. 두 사람은 자신들이 3·1운동이란 역사적 대파고의 정점에서 앞으로 내달리는 역할을 부여받았음을 알지 못했다. 자신이 생각하는 세계를 향해 자신의 전부를 다 바쳐 최선을 다할 뿐이었다. 3·1운동 이후 두 사람의 삶은 3·1운동 이전과 질적으로 다른 공간에 위치했다. 무명의 청년들은 독립운동의 주요 지도자로 변신했고, 자신의 삶과 한국 독립운동의 방향을 변화시켰다. 서먹하고 덤덤했던 두 사람은 해방 정국에 이르기까지 다르면서도 같은 길을 걸어가는 동반자가 될 것이었다. 그러나 아직 이들은 자신들에게 무슨 일이 벌어질지, 한국의 앞날에 어떤 일이 펼쳐질지 알 수 없었다. 여운형과 김규식은 이렇게 첫 번째 합을 맞추었다. 역사는 도전하는 자에게 그에 합당한 역할과 이름을 부여할 예정이었다.

여운형·크레인 면담의 연쇄

: 신한청년당 결성, 윌슨 대통령 청원서,
파리강화회의 특사 파견의 3중주

1

(1918)

1   '윌슨 대통령의 특사' 크레인의 상해 방문

1918년 11월 27일 여운형은 상해 영파로(寧波路) 칼튼카페(Carlton Cafe)에서 개최된 찰스 크레인 환영회에 참석했다. 크레인은 윌슨 미국 대통령의 재정 후원자이자 친구로 알려져 있었다. 1918년 11월 11일 독일 항복으로 제1차 대전이 끝났고, 세계는 이제 평화와 대개조의 새로운 시대를 열 것 같았다. 윌슨 특사가 축제 분위기가 한창이던 중국 상해를 방문하자 기대와 흥분이 고조되었다. 크레인은 윌슨의 열렬한 지지자이자 민족자결주의를 포함한 윌슨 14개조(Wilson's fourteen points)의 신봉자였다.[1]

    1918년 일본·조선·중국을 방문할 당시 크레인은 공식 직함이 없었지만, 당시 그가 윌슨 대통령의 전후 세계정책인 14개조를 선전하기 위한 사절이자 중국 주재 미국공사(1920~1921)로서의 예비 방문이었다는 평가가 지배적이었다.[2] "크레인은 윌슨과 연합국의 전쟁 목표, 그리고 윌슨의 원칙에 대한 자신의 명백한 확신과 지지를 무제한 찬양함으로써 자신이 윌

---

1   이하 내용은 정병준, 2017a, 「3·1운동의 기폭제 —여운형이 크레인에게 보낸 편지 및 청원서—」, 『역사비평』 여름호에 따른 것이다.
2   Frank Prentiss Baldwin, "The March First Movement: Korean Challenge and Japanese Response," Columbia University, Ph.D., dissertation, 1969, p.33.

슨의 비공식 사절이라는 인상을 주었다. 크레인은 모든 회합에서 연설했으며, 언제나 연설 주제는 윌슨, 평화회담, 진정한 평화(a just peace)였다. 원숙한 연설자이자 이야기꾼인 크레인은 윌슨에 대한 열정을 아끼지 않았다.[3]

크레인은 이미 다양한 극동 외교 경험을 가지고 있었다. 1909년 중국, 1912년 러시아에 외교사절로 파견된 바 있으며, 1917년에는 러시아 케렌스키(Kerensky) 정부의 실정을 조사하는 루트사절단(Root Commission)에서 일한 바 있다. 극동 사정에 정통했던 크레인은 1918년 극동의 문제점을 파악할 필요가 있다고 윌슨 대통령을 설득했고, 이에 따라 비공식적 대통령 특사의 자격을 얻었다. 크레인의 중국 방문에는 비밀임무나 비밀회동은 없었다.[4]

『크레인 비망록』에 따르면 그의 극동 방문은 윌슨 대통령의 승인에 따른 것이었다. 크레인은 1918년 봄 윌슨에게 "우리 국민의 모든 관심은 서부전선으로 향하고 있다. 누구도 극동에서 무슨 일이 일어나는지 아무런

---

3 Frank Prentiss Baldwin, 1969, 위의 논문, p.33.
4 "Editorial statement, regarding Mr. Crane's purpose in visiting China," *Millard's Review of the Far East*, November 30, 1918. RG 59, State Department, Decimal File, 1910-29, Box 307. 032.C85. 크레인(Charles R. Crane, 1858~1939)은 시카고의 부유한 가문에서 출생했으며, 미국 대학의 러시아·슬라브 학문 발전에 크게 기여했다. 그는 총 25회 러시아를 여행했다. 크레인은 우드로 윌슨의 프린스턴대학 총장 시절부터 친밀한 관계였으며, 1912년 대통령 선거 당시 가장 많은 기부금을 냈고, 가장 밀접한 자문역이 되었다. 1909년 주중대사로 공식 임명되었으나 부임도 하기 전에 소환되었다. 1914년 러시아대사로 임명될 기회가 있었으나 가업 승계 때문에 거절했다. 윌슨 대통령은 크레인을 1917년 러시아 사정 조사를 위한 루트사절단(Root Commission)에 임명했으며, 1919년에는 오스만튀르크제국의 분할을 위해 중동 사정을 조사할 킹-크레인사절단(King-Crane Commission)에 임명했다. 1918년 중국 방문 후 파리강화회의 미국대표단을 거쳐 북경 주재 미국공사로 부임(1920. 3. 22~1921. 7. 2)했다. 그는 미국 내 대학 도서관과 슬라브 연구에 관대한 후원을 했고, 5개 대학에서 명예박사학위를 받았다. 체코슬로바키아 건국의 아버지 토마시 마사리크(Thomas Masaryk)를 1902년 시카고대학에 초청한 장본인이며, 마사리크 아들은 크레인 딸과 결혼했다. Norman E. Saul, *The Life and Times of Charles R. Crane*, Lexington Books, 2013.

관심을 기울이지 않고 있다. 나는 다소간 그곳 일을 추적했고, 그렇게 처리되어서는 안 될 많은 일이 처리되었다는 것을 알고 있다. 실제 상황이 어떤지 파악할 만한 가치가 있으며 나는 한동안 그곳에 가봐야 한다고 생각한다"라고 말했고, 윌슨은 그 계획을 승인했다.[5] 크레인은 곧 하와이, 필리핀, 일본, 한국, 만주, 중국, 일본을 경유하는 여정을 시작했다.

크레인은 "난징(Nanking)"호을 타고 갔는데, 이 배에 북경 주재 미국 공사 폴 라인쉬(Paul Reinsch)가 동승하고 있었다. 크레인은 메디슨 교수 시절부터 라인쉬를 알고 지냈으며, 라인쉬는 크레인의 중국 방문 목적에 동감하며 준비를 도왔다. 크레인은 하와이·필리핀을 경유해 21일간 항해했다. 일본에 도착해 요코하마에서 옛 친구와 만났고, 교토와 나라를 여행했다. 40년 전 방문했던 교토와 나라의 아름다움은 여전했지만, 40년 전의 일본은 아니었다.[6]

크레인은 시모노세키에서 한국으로 건너갔다. 크레인은 "나는 한국인들이 보여 준 그네들 삶의 아름다움과 기품에 깊이 감명받았다"라고 썼다.[7] 한국YMCA는 어느 저녁 아름다운 옛 궁궐에서 만찬을 베풀었고, 이 자리에 10명의 한국인, 10명의 일본인, 10명의 미국인이 참석했다. 저녁 후 달빛이 비치는 호수가 내려다보이는 발코니를 지나갔다고 한 것으로 미루어 경복궁 경회루였을 것이다. 이 자리에서 유서 깊은 가문 출신의 한 한국 신사가 한국동화를 들려주었다.[8] 크레인은 한국에서 일본의 무자비함,

---

5   "China-1918," Memoirs of Charles R. Crane(manuscript), (이하『크레인 비망록』), p.339. Cran Family Papers 1877-1986, Rare Book and Manuscript Library, Columbia University. 612쪽 분량의『크레인 비망록』은 웹으로 확인할 수 있다. https://ia801404.us.archive.org/17/items/ldpd_10973088_000/ldpd_10973088_000.pdf(2017년 4월 20일 검색).

6 『크레인 비망록』, 340~341쪽.

7 『크레인 비망록』, 342쪽.

8   옛날이야기는 이런 것이었다. 어느 날 왕은 온 나라의 남편과 아내 사이에 큰 갈등이 있다는 것을 알게 되었다. 이 문제를 해결하기 위해 왕은 다음 날 아침 모든 남편을 궁 앞으로 모이

즉 일본이 품위 있는 한국인의 정신을 파괴하기 위해 가능한 모든 수단을 동원한다는 많은 얘기를 들었고, 하층계급에 대한 정치경제적 압제보다도 상층계급에 대한 정신적 압제가 훨씬 가혹하다는 얘기도 들었다고 기록했다.

크레인은 북경에 도착해 라인쉬 공사의 환대를 받았다. 그는 만주 심양, 하얼빈, 남경, 서주, 항주 등을 방문했다. 추수감사절 이틀 전인 11월 26일 상해에 도착해 2박 3일간 체류한 후 11월 28일 저녁 상해를 떠났다.[9] 크레인에 따르면 28년 만의 재방문이었고, 그 사이 상해는 상전벽해의 도시가 되었다.

미 국무부 문서와 언론에 보도된 바에 따르면 크레인의 상해 체류 일정은 다음과 같았다.[10]

11월 26일 상해 기차역에 도착한 크레인은 중국 현지 외교관, 육군·해군 장교, 다양한 미국 관리들의 영접을 받았다. 중국 측에서는 군인밴드와 병사 도열이 있었고, 미국 총영사의 제안으로 상해 미국 학교 학생 180명이 기차역에서 크레인을 환영했다. 크레인은 간단하게 연설했다. 성대한 도착 행사였고, 크레인은 학생들이 출영 나온 것에 크게 기뻐했다. 상해 주재 미

게 했다. 그리고 문제 해결을 위해 부인 말에 복종할 사람은 붉은 깃발 아래, 부인 말을 듣지 않을 사람은 파란 깃발 아래 서라고 했다. 모든 남편이 왕의 처벌이 두려워 붉은 깃발 아래 섰는데, 오직 왜소한 남편 하나만 파란 깃발 아래 섰다. 왕이 그 이유를 물었다. 그는 "아침에 집에서 나올 때 아내가 사람 많은 곳엔 가지 말라고 했습니다"라고 대답했다(『크레인 비망록』, 342~343쪽). 이러한 해학적 이야기를 한 YMCA의 신사는 이상재나 윤치호였을 것이다. 윤치호는 YMCA 활동을 일기에 남겼으나, 크레인 방문 건은 나타나지 않는다.

9 American Consulate General, Shanghai (Thomas Sammons) to Secretary of State (Robert Lansing), Subject: Visit of Honorable Charles R. Crane to Shanghai, November 30, 1918, RG 59, State Department, Decimal File, 1910-29, Box 307, 032.C85
10 크레인의 상해 일정은 다음을 종합한 것이다. Subject: Visit of Honorable Charles R. Crane to Shanghai, November 30, 1918; "Hon. Charles R. Crane's Visit to Shanghai," Millard's Review of the Far East, November 30, 1919, RG 59, State Department, Decimal File, 1910-29, Box 307, 032.C85

국 총영사 토머스 샘먼스(Thomas Sammons)는 열정적 환대의 이유로 크레인이 윌슨 대통령의 친구로 소개된 점, 윌슨 대통령에 대한 세계적 경탄 때문이라고 분석했다. 중국 측도 크레인의 상해 체류에 기대하는 바가 적지 않았다. 도착한 날 저녁 상해 주재 미국 총영사는 상하이클럽에서 공식 환영 만찬을 베풀었으며, 중국 측과 외국인 측의 중요한 공적·민간 대표가 참석했다.

11월 27일 점심에는 중국 측 단체들과 미국 대학 클럽이 칼튼카페에서 크레인 환영 오찬을 개최했다. 『밀러드 리뷰』(Millard's Review)에 따르면 325명이 참석했는데, 이는 상해에서 개최된 환영 행사 가운데 최대 규모였다. 참석자의 2/3는 중국인이었다. 이날 저녁 주중 미국상공회의소가 크레인을 주빈으로 하는 만찬을 컬럼비아컨트리클럽에서 개최했고, 상해 주재 미국 사업가 100명가량이 참가했다.

11월 28일 아침 크레인은 성삼일당(聖三一堂, Holy Trinity Cathedral)에서 열린 미국 추수감사절 행사에서 연설했다.[11] 크레인은 중국 헌법 수호, 이를 위한 행정조직 강화를 역설하며 이것이 중국의 이익을 수호하는 지붕이라고 강조했다. 역대 최대인 800명가량이 행사에 참석했고, 중국인들의 열정적 환호를 불러일으켰다. 크레인 회고록에 따르면 저명한 정치인과 중국인 가문 인사들이 참석했으며, 그중에는 손문(孫文), 당소의(唐紹儀), 공상희(孔祥熙) 등이 있었다.[12] 연합국 총영사들도 공식 참석했다. 28일 오후 중국 상공회의소에서 크레인은 고위급 중국 사업가들에게 연설했다. 이날 저녁 크레인은 자신이 묵고 있던 상해 주재 미국총영사관 상무관 줄리언 아놀드(Julean Arnold)의 관저에서 저명한 중국인들을 만났다.

11 "Speech by Charles Crane," November 28, 1918. RG 59, State Department Decimal File, State Dept. Records Re World War I and Its Termination, 1914-29, National Archives, M 367, Roll 393. 763.72119/3978.
12 『크레인 비망록』, 353쪽.

2 여운형과 크레인의 만남(1918. 11. 27)

여운형이 크레인을 만난 것은 11월 27일 점심 칼튼카페 환영 행사장에서였다.[13] 미국귀환학생클럽, 미국대학클럽, 중국상공회의소, 중국YMCA, 강소(江蘇)교육협회, 건설적노력회, 세계중국학생연합, 중국자원봉사회, 직업교육협회 등이 행사를 주최했다. 이날 여운형과 크레인의 만남 및 청원서 제출에 대해서는 대략적인 내막이 알려져 있다. 여운형 자신은 1929~1930년 일제의 경찰·검찰 심문과 재판 과정에서 크레인과의 만남에 대해 진술했다.[14] 여운형의 친구이자 사돈이던 이만규는 해방 후 여운형 인터뷰에 기초해 관련 내용을 기술했고, 여운형의 동생 여운홍은 1960년대 여운형평전에서 이에 대해 회고했다.[15] 연구자들도 여운형-크레인 면담을

---

13 지금까지 여운형과 크레인의 만남이 11월 28일로 잘못 알려져 있었다. 나가타 아키후미 지음, 박환무 옮김, 2008, 『일본의 조선통치와 국제관계』, 일조각, 101쪽; 이정식, 2008, 『시대와 사상을 초월한 융화주의자 몽양 여운형』, 서울대학교출판부, 152~153쪽.
14 여운형의 경기도 경찰부, 경성지방법원 검사국, 경성지방법원, 경성복심법원에서의 신문조서는 다음에 수록되어 있다. 몽양여운형선생전집발간위원회 편, 1991, 『몽양여운형전집』 1, 한울.
15 이만규, 1947, 『여운형선생투쟁사』, 민주문화사(1946년판의 재판); 여운홍, 1967, 『몽양 여운형』, 청하각.

언급했다.[16]

필자는 여운형이 크레인에게 보낸 편지 및 윌슨 대통령에게 보내는 청원서의 원본을 2017년 컬럼비아대학 도서관에서 발견했다. 여운형이 편지를 썼다는 사실만 알려져 있을 뿐, 정확한 내용 등은 미상이었다. 여운형의 편지와 청원서는 컬럼비아대학 버틀러도서관의 희귀필사도서관 크레인가족문서에 들어 있었다.[17] 필자는 여운형이 크레인에게 건넨 지 근 100년 뒤에야 이 편지와 청원서 원본을 발견할 수 있었다.[18]

여운형은 어떻게 크레인 환영회에 참석하게 된 것일까? 11년이 지난 뒤 여운형은 일제의 심문 과정에서 이렇게 진술했다. "상해 외교단 및 범태평양회의 합병 주최하에 크레인 환영회"가 상해 영파로 "켈톤카페(Calton Cafe)"에서 개최되어 천여 명 정도가 모였다. "공동 조계 사람은 회비를 내지 않고 누구라도 출석할 수" 있었고 여운형은 자신이 일하던 협화서국의 책임자 핏치(Fitch)의 자제가 범태평양회의의 일원이었던 관계로, 혹은 자신도 "범태평양회의 일원이었던 관계로" 출석하였다.[19]

그런데 환영회를 '상해 외교단'이나 '범태평양회의'가 주최했다는 진술은 사실과 다르다. 이미 11년 전 일이니 상세한 세부 사정을 정확히 기억할 수 없었기 때문일 것이다. "상해 외교단"은 아마도 크레인 방문 당시 상해 주재 연합국 외교단들이 전폭적인 환영과 후원을 했고, 상해에

---

16   신용하, 1986, 「신한청년당의 독립운동」, 『한국학보』 44; 김희곤, 1986, 「신한청년당의 결성과 활동」, 『한국민족운동사연구』 1; 나가타 아키후미, 2008, 위의 책; 이정식, 2008, 위의 책.
17   "Lynh, W. H. 1918 November 29," Box 3, Folder 23, Sub series I.1: Incoming Correspondence, Series I: Charles Richard Crane Correspondence, Cran Family Papers 1877-1986, Rare Book and Manuscript Library, Columbia University.
18   정병준, 2017a, 위의 논문.
19   「피의자신문조서(제1회)」(1929. 7. 8). 경기도 경찰부;「피의자신문조서(제5회)」(1929. 8. 5). 경성지방법원 검사국;「(공판조서) 피고인신문조서(제1회)」(1930. 2. 22), 서대문형무소;『몽양여운형전집』 1, 409, 508, 560쪽.

서 대대적인 크레인 환영 분위기가 있었으므로, 이를 그렇게 기억한 것으로 생각된다. 반면, 범태평양회의는 1925년 태평양문제연구회(IPR)가 창설된 후 제1회 대회를 같은 해 미국 하와이 호놀룰루에서 개최했기 때문에, 1918년 시점에 여운형이나 아들 핏치가 범태평양회의의 일원일 수는 없다.[20] 기억의 착오였을 것이다. 여운형 진술 중 가장 중요한 것은 핏치의 아들 덕분에 크레인 환영회에 참석할 수 있었다는 대목이다. 여운형이 얘기한 아들 핏치는 그가 일했던 협화서국(協和書局)의 지배인인 핏치(George F. Fitch)의 아들(George A. Fitch)을 가리켰다. 아들 핏치는 오랫동안 중국YMCA의 지도자로 일했으며, 중국YMCA는 크레인 환영오찬의 주최자 중 하나였다. 여운형에게 상해 주재 미국 언론인 밀러드를 소개한 사람도 "중국YMCA의 일원"이었는데, 아들 핏치였을 가능성이 높다.[21]

한편 해방 후 여운형 생전에 간행된 『여운형투쟁사』에는 크레인의 상해 방문과 환영회 광고가 신문에 게재되었기에 여운형이 회비 1원을 내고 참석했다고 쓰고 있다.[22]

아마도 여운형은 크레인 환영회에 특별한 계획이나 구체적 구상을 가지고 참석한 것은 아니었을 것이다. 그런데 여운형은 이날 크레인의 연설을 듣고 큰 감명을 받았다. 크레인의 연설 개요는 상해에서 간행된 『밀러드리뷰』(Millard's Review)지에 남아 있다. 크레인은 윌슨 대통령이 세계

---

[20] 고정휴, 2005, 「식민지시대 미국 지식인의 한국 문제 인식 -태평양문제연구회(IPR)를 중심으로-」, 『역사와현실』 58, 128쪽.
[21] 핏치(George A. Fitch)는 중국 선교사였던 부친 George F. Fitch와 모친 Mary McLellan Fitch의 아들로 중국 소주(蘇州)에서 출생(1883. 1. 23)했다. 중국에서 성장했으며 시카고의 우스터중학·대학(Wooster Academy and College), 컬럼비아대학(Columbia University), 연합신학대학(Union Theological Seminary)을 졸업했다. 이후 상해YMCA를 필두로 중국YMCA의 핵심인물이 되었다. 상해 시대 임시정부와 한국 독립운동에 동정적이었고, 그 후원자로 활동했다. George A. Fitch, *My Eighty Years in China*, Mei Ya Publication, Inc, Taipei, Taiwan, 1967.
[22] 이만규, 1947, 위의 책, 21쪽.

문제를 다룰 때 고정된 관습이 있는데 한 가지 주제를 정하면 극한까지 밀고 간 다음에야 다음 문제로 넘어간다. 때문에 윌슨은 정책 결정에 도달할 때 놀랄 만한 이해의 깊이를 갖게 되었으며, 이것이 윌슨을 위대하고 저명한 세계적 명사로 만들었다고 평가했다. 그는 윌슨 대통령이 무력이 아닌 정의와 보편적 상호이해에 기초한 세계공화국(world republic)을 건설하려 한다고 강조했다. 크레인은 중국에 딱 한 가지 조언을 한다면 "평화회담을 잘 준비해서 중요 일정에 대한 중국 측 계획을 누구도 방해하지 못하게 하라"는 것이라고 했다.[23]

훗날 여운형은 일제 심문 과정에서 크레인의 연설을 이렇게 기억했다.

> 크레인은 지금 파리에서 개최되고 있는 세계평화회의는 각국이 모두 중대한 사명을 다하는 것으로 그 영향 또한 큰 것이다. 즉, 각국 간 감정 오해 등을 제거해 진정한 세계평화를 초래하고, 또 피압박 민족에 대해서는 그 해방을 강조함에 의해, 피압박 민족에게 있어서는 그 해방을 도모하는 데 최적의 기회이기 때문에 중국에서도 대표를 파견해 피압박 상황을 말하고 그 해방을 도모해야만 한다는 연설을 하였던 것이다. (「피의자신문조서(제1회)」, 1929. 7. 8. 경기도 경찰부)[24]

크레인의 연설에 감격한 여운형은 중국 외교관 왕정정(王正廷)의 특별한 소개로 크레인을 별실에서 만났다.[25] 일제 심문조서에는 여운형과 크레인이 나눈 대화의 다양한 뉘앙스에 대한 기록이 남아 있다.

23　"Editorial statement, regarding Mr. Crane's purpose in visiting China," *Millard's Review of the Far East*, November 30, 1918.
24　『몽양여운형전집』 1, 409쪽.
25　이만규, 1947, 위의 책, 21쪽.

나는 조금 전의 연설을 듣고서 너무 감동을 받았고 우리들도 피압박 민족이니 모쪼록 이번 기회에 그 해방을 도모하고자 하는데 그 대표를 파견해 조선의 사정을 개진하여 각국의 동정하에 해방되고 싶다고 생각하고 있는데 대표 파견은 문제없는가 하고 물었더니 그는 문제없으며 이에 대해서는 나 자신도 충분히 원조할 수 있으니 모쪼록 대표를 파견하라는 말이 있었다.[26]

즉, 여운형은 한국대표의 파리강화회의 파견 가능성과 이에 대한 크레인의 의견을 문의한 것이다. 크레인의 답변을 종합하면 다음과 같았다. 첫째, 파리강화회의의 피압박 민족 문제 처리는 특정 국가를 지칭하는 것이 아니라 추상적인 일반론이다. 둘째, 파리강화회의에서 한국 문제가 정식 의제가 되어 토론에 붙여질지는 미상이다. 셋째, 파리강화회의에 한국대표를 파견해 청원하는 것은 문제가 없다. 넷째, 한국대표가 파견되면 자신이 원조하겠다는 것이다.[27]

그런데 크레인의 답변은 모호한 면이 적지 않고, 크레인이 파리강화회의에 파견된 한국대표를 원조할 위치나 입장은 아니었다. 또한 크레인은 짧은 상해 체류 중 너무 많은 일정을 소화하고 엄청난 인파와 마주해야 했기 때문에, 과연 여운형에게 구체적이고 정확한 언질을 주었는지는 알 수 없다.[28]

프랭크 볼드윈(Frank Baldwin)의 박사학위 논문은 좀 더 상세한 사정을 이렇게 설명하고 있다. 여운형은 크레인 환영회에서 그와 직접 얘기하

---

26 『몽양여운형전집』 1, 409~410쪽.
27 『몽양여운형전집』 1, 409~410, 505~511쪽.
28 크레인은 중국 남북에 걸쳐 수천 명의 고위직부터 하위직까지 중국인, 관리, 사업가와 만나고 연설했으며, 미국인, 사업가, 선교사, 관리, 영국인, 러시아인, 프랑스인, 일본인, 이탈리아인을 예약 없이 모두 만났다. "Editorial statement, regarding Mr. Crane's purpose in visiting China," *Millard's Review of the Far East*, November 30, 1918.

려고 했지만, 너무 바쁜 크레인은 여운형에게 메시지를 써서 나중에 가져다 달라고 했다. 여운형은 다른 한국인들과 상의해 신한청년당 명의의 청원서를 작성했다. 일행 중 한 명이 청원서를 크레인의 숙소에 가져와 크레인 조수 중 한 명에서 맡기면서 윌슨 대통령에게 전달해 줄 것을 부탁했다.[29] 볼드윈의 설명은 상식에 부합하지만 어떤 자료를 근거로 했는지는 미상이다.

한편, 크레인이 작성한 비망록에는 한국을 방문해 YMCA 관계자 10여 명을 만난 이야기, 이상재로부터 들은 옛날이야기가 들어 있지만, 상해에서 여운형을 만난 일은 기록되어 있지 않다. 상해 등지에서 너무 많은 사람들을 만났고, 너무 많은 편지를 받았기 때문일 것이다. 더 나아가 크레인이 여운형 청원서를 윌슨 대통령이나 파리강화회의 미국대표단에게 전달한 흔적이 없다. 그럼에도 크레인문서철에 여운형의 편지와 청원서가 들어 있다는 것은 크레인이 이 서한을 중시했음을 의미한다. 여운형 서한 앞뒤에 손문 등 중국의 중요 정치인들이 크레인에게 보낸 서한 등이 함께 들어 있다.

분명한 것은 여운형이 크레인 환영회에서 큰 자극을 받고 힘을 얻었으며, 그 귀결이 파리강화회의의 중요성에 대한 인식이었다는 사실이다. 크레인은 중국 처지를 동정했고, 중국 대표를 파리강화회의에 파견하라고 강권했다. 크레인과 만난 여운형은 1차 대전 종전을 맞이하는 상해의 축제 분위기, 윌슨의 특사 크레인에 대한 중국인 사회의 대대적인 환영 분위기, 세계대개조와 영구평화·피압박 민족 해방·민족자결주의에 대한 윌슨의 이상주의적 지향, 그리고 이 모든 것의 구현체인 파리강화회의를 향한 높은 기대를 갖게 되었던 것이다.

크레인을 만난 시점에 여운형이 즉각적으로 파리강화회의에 한국대

---

29 Frank Prentiss Baldwin, 1969, 위의 논문, p.35.

표를 파견하겠다고 생각했는지는 미상이다. 일의 흐름으로 생각해 보자면, 우선 윌슨 대통령 앞으로 보내는 독립 청원서를 작성하는 데 전념했을 것이다. 그런데 청원서를 쓰게 되니, 크레인을 통한 간접적 전달 방식보다는 한국대표를 파리강화회의에 파견해 직접 한국인의 의지를 표명하는 확실한 방안을 떠올리게 되었을 것이다. 즉, 크레인과의 만남을 계기로 윌슨 대통령 앞 청원서 제출, 파리강화회의로 한국대표 파견, 신한청년당 조직 및 국내외로 밀사 파견이라는 연속적 사건이 발생하게 된 것이다.

3 여운형과 장덕수가 작성한 청원서의 내막

크레인 면담 후 여운형이 제일 먼저 찾아간 것은 1918년 여름부터 상해에 체류하고 있던 장덕수였다. 여운형은 크레인의 연설 및 회견 전말을 전하며 파리강화회의에 한국대표를 파견하고, "여비 사정으로 대표 파견"이 불가능할 때를 대비해 문서로 한국 사정을 보고하자고 제안했다. 여운형의 회상이다.

> 당시 나는 혼자서 대표를 파견하는 것도 불가능하였기 때문에 영문으로 각 나라에 조선의 사정을 보고하고 동정을 구하는 취지의 청원서 두 통을 작성하여, 그중 한 통을 미국 대통령 윌슨에게, 다른 것은 만국평화회의에, 만약 대표를 파견하는 것이 가능하지 않을 경우는 상해 밀라드 평론잡지 주필인 밀라드(이 사람은 당시 미국에서 중국의 만국평화회의 파견 대표원의 고문으로 와 있었던 사람임)에게 발송을 부탁했다. (「피의자신문조서(제2회)」, 1929. 8. 1. 경성지방법원 검사국)[30]

---

30   『몽양여운형전집』 1, 467~470쪽.

즉, 여운형은 청원서를 2통 작성해 하나는 크레인을 통해 윌슨 대통령에게, 다른 하나는 밀러드를 통해 파리강화회의에 발송했다는 것이다. 일제 심문 과정에서 여운형이 한 진술에 따르면, 그는 장덕수와 함께 3일간 상해 프랑스 조계 패륵로(貝勒路) 길익리(吉益里) 장덕수의 집에 틀어박혀서 청원서를 기고했다.[31] 여운형은 "연배로 말하면 내가 수령 같지만, 장덕수 쪽이 나보다 지식이 앞섰기 때문에" 장덕수가 청원서를 기고했고, 자신이 영문으로 번역해서 청서하고, 그것을 타이프라이터로 치고, 자신이 서명했다고 했다.[32] 즉, 여운형과 장덕수가 3일간 장덕수의 집에서 청원서를 작성했는데, 장덕수의 주도로 청원서를 기고한 후 여운형이 이를 영어로 번역해서 직접 타이핑하고 서명했다는 것이다.[33]

장덕수는 1918년 5월 상해로 건너왔는데, 재일본 신아동맹당(新亞同盟黨)의 중심인물이었다. 강덕상은 이 조직을 동제회 자매단체인 신아동제회의 일본 지부로 해석했다. 장덕수가 상해로 건너온 후 여운형-장덕수 동맹이 성립되었고, 신한청년당의 핵심 8명이 회합하게 되었으며, 이들이 신한청년당을 조직하게 되었다.[34] 8명은 여운형, 장덕수, 조동호, 김철, 선우혁, 한진교, 김규식, 서병호였다.[35] 여운형은 1918년 여름부터 유럽 전세가 독일에게 불리해지고 곧 전쟁이 끝날 것이라는 판단하에 조동호, 장덕수, 신석우, 선우혁, 김철 등과 함께 종전 이후 활동을 정기적으로 논의하고 있었다.[36]

---

31 「(공판조서) 피고인신문조서(제1회)」(1930. 2. 22). 『몽양여운형전집』 1, 560쪽.
32 『몽양여운형전집』 1, 505, 602쪽.
33 이만규의 기록에는 여운형이 조동호, 장덕수, 신국권과 함께 합작하여 영문으로 2통 청원서를 작성하여 핏치 박사의 수정(修訂)을 받았다고 되어 있다. 이만규, 1947, 위의 책, 22쪽.
34 강덕상 지음, 김광열 옮김, 2007, 『여운형평전 1: 중국·일본에서 펼친 독립운동』, 역사비평사, 120~161쪽.
35 김희곤. 1995, 『중국 관내 한국 독립운동단체연구』, 지식산업사, 19쪽. 『독립신문』(1919. 8. 26)은 "(1919년) 2월 1일에 신한청년당 여운형, 김규식, 김철, 선우혁, 한진교, 장덕수, 신석우, 서병호 제군이 상해에 회집하엿다"라며 총 8인을 거론했다.

컬럼비아대학에서 발견한 여운형의 편지(1918. 11. 29)와 여운형의 청원서(1918. 11. 28)는 하나로 연결되어 있다. 컬럼비아대학 소장본을 기준으로 하면 크레인에게 쓴 편지 1쪽, 윌슨 대통령에게 쓴 청원서 4쪽 등 원본은 총 5쪽으로 구성되어 있다. 여운형이 크레인에게 쓴 편지(1918. 11. 29)는 컬럼비아대학 크레인문서철에서 필자가 발굴한 것이 유일하다.

여운형이 윌슨 대통령에게 쓴 청원서(1918. 11. 28)는 다양한 판본이 존재한다. 원본은 컬럼비아대학 크레인문서철에 소장되어 있으며,[37] 김규식이 1920년 하와이에서 미군 수송선 토머스호로 상해 밀항을 시도하다 체포된 뒤 미군 정보당국(MID)이 입수한 문서철에 영문 사본이 들어 있으며,[38] 상해에서 『밀러드 리뷰』를 간행하던 미국 언론인 밀러드의 회고록에도 일부 내용이 전재되어 있다.[39] 청원서의 한글(국한문)본은 신한청년당 기관지 『신한청년』 창간호(1919. 12. 1)에 수록되어 있으며,[40] 일본어 번역본은 일본 외무성 외교사료관에 소장되어 있다.[41]

여운형이 전달한 청원서(1918. 12. 28)의 여러 판본 중 학계에 알려진 것은 한글본과 일어본이다.[42] 청원서 작성일자는 한글본 제목 옆에 "1918

---

36 강덕상, 2007, 위의 책, 143쪽.
37 Crane Family Papers 1875-1980, Series I: Charles Richard Crane Correspondence, Subseries 1: Incoming correspondence, Box 4, Folder 23. Columbia University.
38 RG 165, Military Intelligence Division, Correspondence, 1917-41, Box. 544, File. 1766-1391-3.
39 Thomas F. Millard, *Democracy and the Eastern Question: The Problem of the Far East as Demonstrated by the Great War, and its Relation to the United States of America*, New York, The Century Co. 1919. pp.38~40.
40 「新韓靑年黨代表致美國大統領威逸遜書」, 『新韓靑年』 창간호(1919. 12. 1), 133~136쪽.
41 日本外務省 外交史料館, 『不逞團關係雜件 朝鮮人ノ部 上海假政府』 1, 「獨立請願書提出ニ關スル件」, (一月 七日 平安北道知事 報告要旨), (1920. 1. 15. 高警 제684호, 國外情報 一), 朝鮮總督府 警務局長→埴原正直(外務次官).
42 日本 外務省 外交史料館, 『不逞團關係雜件 朝鮮人ノ部 上海假政府』 1, 「獨立請願書提出ニ關スル件」(一月 七日 平安北道知事 報告要旨), (1920. 1. 15. 高警 제684호, 國外情報 一), 朝鮮總督府 警務局長→埴原正直(外務次官). 일어본(한글 번역)은 강덕상, 2007, 위의 책, 168~172쪽.

년 11월 28일 크레인 편에", 마지막에 "1918년 12월 28일 신한청년당대표 여운형 근배"라고 적시되어 있다. 일어본에도 '신한청년당대표 여운형'으로 표기되어 있다.

이것이 청원서(petition)인지 편지(letter)인지 여부는 영어판 원본에는 기재되어 있지 않다. 영어판에는 수신·발신도 명시되어 있지 않다. 한글판본은 신한청년당 대표가 미국 대통령 윌슨에게 보낸 편지(書)라고 기록한 반면, 일어판본은 문서 제목과 본문에 '한국 독립 청원서' 제출이라고 기록하고 있다. 여운형은 일제 심문 과정에서 이를 청원서라고 칭했고, 내용도 윌슨 대통령에게 도움을 청하는 것이기 때문에 이를 독립 '청원서'로 통칭하게 된 것으로 보인다.

청원서 영어본은 3종류가 있으며, 지금까지 거의 알려지지 않았다. 먼저 컬럼비아대학 소장본은 여운형이 작성한 원본으로 총 4쪽 분량이다. 다른 판본과 마찬가지로 작성 일자, 작성자 이름과 직책 및 서명, 수신자 이름과 직책, 작성자 관련 정보 등이 전혀 제시되어 있지 않다.

두 번째는 김규식 소장본이다. 김규식은 1920년 11월 15일 미군 수송함 토머스호(US Transport Thomas)로 하와이 호놀룰루에서 마닐라로 밀항하려다 발각되었다. 당시 재미 한인 독립운동가들은 일본을 거치지 않고 중국으로 가는 배편을 구하려 애썼는데, 하와이의 박용만이 1919년 호놀룰루에서 토머스호를 타고(1919. 5. 17) 마닐라를 경유해 블라디보스토크로 건너갔다는 소문이 파다했다. 이 소식을 들은 이승만과 김규식은 미군 당국에 토머스호 승선 허가를 요청했다. 승선을 거부당한 이승만은 고향으로 향하는 중국 노동자의 관들이 실린 화물선에 편승해 상해로 갔고, '관에 몰래 숨어 상해에 갔다'는 일생의 유명한 에피소드를 남겼다. 반면, 김규식은 고지식하게 토머스호에 몰래 탑승했다가 예인선이 호놀룰루항을 벗어나기 전 발각되어 실패했다.[43] 그 과정에서 그가 소지하고 있던 중요문서들이 미 육군 정보국(Military Intelligence Division, MID)에 의해 사진 촬영되었다. 그 가운데 여운형 청원서가 들어 있는 것이다. 컬럼비아대학 소장본과 동일한 내용이지만 부분적으로 수정한 후 재타이핑한 것이다. 원래 청원서 원본의 마지막 문장은 "약 30년 전 한국과 미국이 맺은 최초의 조약에 따라 한국 독립을 원조해 달라"라는 구절이었는데, 김규식 소장본에는 "미국과 한국이 1882년 맺은 조약에 따라 한국 독립을 원조해 달라"라고 변경되었다.[44] 30년 전 최초의 조약을 1882년 조약으로 특정한 것이다.

세 번째는 밀러드가 1919년 뉴욕에서 출판한 『민주주의와 동양 문제』(Democracy and the Eastern Question)라는 책에 일부 내용이 수록되어 있다.[45] 청원서의 전문이 아니라 중반 이후 절반 정도의 내용을 담고 있는데, 일본 점령하의 한국 상황을 정신적, 정치적, 경제적 측면에서 분석한 대목을 수록하고 있다.

한글(국한문)본은 신한청년당 기관지 『신한청년』(新韓青年) 창간호(1919. 12. 1)에 수록된 것으로, 여운형과 장덕수가 최초로 기초한 청원서의 원문으로 볼 수 있다.[46] 일어본은 평안북도지사가 여운형의 청원서를 입수해 조선총독부에 보고(1920. 1. 7)했고, 조선총독부 경무국장이 이를 다시 외무성에 보고(1920. 1. 15)한 것이다.[47] 일어본은 한글본을 번역해

---

43 이에 대해서는 방선주, 1989a, 『재미한인의 독립운동』, 한림대학교 아시아문화연구소, 108~110쪽을 참조.

44 컬럼비아대학 소장본 원본의 해당 부분은 다음과 같다. "Now, you Americans once guaranteed, in the first treaty between Korea and the United States of America some thirty years ago, the integrity of Korea. Therefore we appeal to you to keep us secure this same independence." 김규식 소장본은 해당 부분이 1882년으로 수정되어 있다. "Now, you Americans once guaranteed, in the first treaty between Korea and the United States of America in 1882 the integrity of Korea. Therefore we appeal to you to keep us secure this same independence."

45 Thomas F. Millard, 1919, 위의 책, pp.38~40.

46 「新韓青年黨代表致美國大統領威遜遞書」, 『新韓青年』 창간호(1919. 12. 1), 133~136쪽. 『신한청년』에 대해서는 정병준, 2020, 「해제: 신한청년당 기관지 『신한청년』(The New Korea)」, 『신한청년』, 한국 독립운동사자료총서 54 참조.

47 「獨立請願書提出ニ關スル件」(一月 七日 平安北道知事 報告要旨).

전재한 것으로 판단된다.

여운형은 왜 크레인뿐 아니라 밀러드에게도 청원서를 제공한 것일까 하는 점을 살펴볼 필요가 있다. 여운형은 "여비 사정으로 대표자의 파견이 어려운 경우를 고려하여 신한청년당 총무 여운형의 명의로 조선 독립에 관한 청원서 2통을 작성하여, 윌슨 씨와 만국평화회의에 각 1통씩 제출하기로 하여 크레인 씨의 승낙을 얻어 이를 수행원 밀러드 씨에게 건네주었"다고 했다.[48] 즉, 파리평화회의에 한국대표 파견이 어려울 경우를 고려해 윌슨 대통령과 파리평화회의에 각각 1통씩을 제출하려 했으며, 크레인의 승낙을 얻어 그의 "수행원 밀러드"에게 준 것이라고 진술한 것이다. 사실상 2통 모두를 크레인에게 준 것으로 이해할 수 있다. 여기서 등장하는 밀러드(Thomas F. Millard, 1868~1942)는 상해에서 『밀러드 리뷰』라는 주간잡지를 간행하는 언론인이었는데, 중국인 처지를 동정하며 반일적 입장을 취한 인물이다.[49] 밀러드는 한국에 대해서도 동정적인 태도를 취했다.[50] 밀러드는 1918년 12월 상해를 떠나 유럽으로 향했으며, 파리강화회의에서는 크레인의 개인 비서이자 파리강화회의 중국대표단의 비공식 자문역으로 활동했다. 밀러드는 파리강화회의에서 일본의 산동 철수 및 중국의 주권 회복을 주장했으며, 이 결과 일본의 반감을 샀다.[51]

그런데 한국에서는 밀러드가 청원서를 지니고 파리로 향하던 도중 요

---

48 「(공판조서) 피고인신문조서(제1회)」(1930. 2. 22. 서대문형무소). 『몽양여운형전집』 1, 560쪽.
49 1920년 크레인이 주중공사로 임명될 무렵 미일개전설(美日開戰說)이 유행이었는데, 주요한은 "駐中美國公使 크레인쓰氏는 極烈한 排日黨으로 上海排日雜誌 主筆 밀라드氏와 親交가 잇는 이"로 미일개전의 조짐이 있다고 주장하기도 했다. 「시사단평」, 『독립신문』(1920. 3. 16).
50 밀러드의 한국 관련 저술은 *America and the Far Eastern Question*, New York, Moffat, Yard and company, 1909; *Our Eastern Question: Our Eastern question; America's contact with the Orient and the trend of relations with China and Japan*, New York, The Century co., 1916 등이 있다.
51 Bruce Elleman, *Wilson and China: A Revised History of the Shandong Question*, M.E. Sharpe, 2002, p.111.

코하마에서 일본 경찰에게 청원서를 도둑맞은 것으로 알려져 왔다. 이만규는 밀러드가 중국대표 육징상(陸徵祥)과 동반해 일본을 경유하다가 도중에 가방을 모두 도둑맞았고, 그 속에 있던 여운형의 청원서도 분실했는데, "일본인 정탐"의 소행으로 추측된다고 썼다.[52] 강덕상에 따르면 사건은 『오사카마이니치』(大阪每日) 신문에 게재되었다. 보도에 따르면 "육징상이 작년 12월 6일부터 10일까지 일본에 체류하던 중, 경찰의 밀령을 받은 일본인 첩자가 거액의 돈을 육징상의 하물 감시자에게 건네주고 가장 중요한 서류를 넣어둔 짐을 가지고 사라졌다. 육징상 곁에는 상해의 유명한 반일 미국인 기자 토머스 밀러드가 함께 있었다"라는 것이다.[53]

실제로 일본외무성 외교사료관에는 여운형 청원서의 일본어 번역본이 소장되어 있으니 그런 의혹이 있을 만도 하다. 해당 문건은 평안북도지사가 보고한 것을 조선총독부가 외무성에 다시 보고한 것이다.[54] 그렇다면 평안북도 고등경찰이 일본 요코하마에서 육징상·밀러드의 가방을 훔친 후, 이를 외무성에 보고했다는 얘기인데, 전후 관계를 판단해 보면 실현 가능성이 없다. 만약 평안북도 경찰이 밀러드로부터 청원서를 훔쳤다면 당연히 영어판 원본을 보고했어야 하지만, 보고서에는 일어 번역본만 존재한다.

평안북도의 보고 내용을 조선총독부가 외무성에 일어 번역본으로 전달한 때는 1920년 1월 15일인데, 그보다 한 달 반 전인 1919년 12월 1일 『신한청년』 창간호가 간행된 사실에 주목해야 한다. 여기에 여운형이 윌슨

---

52 이만규, 1947, 위의 책, 24쪽. 여운홍은 이것이 요코하마에서의 일이라고 썼다. 여운홍, 1967, 위의 책, 27쪽.
53 『밀러드평론』(1919. 2. 14);『교토히노데』(京都日出)(1919. 2. 20); 강덕상, 2007, 위의 책, 168쪽에서 재인용. 그런데『교토히노데』1919년 2월 20일 자 기사「書類盜難無根」는 "육징상이 일본을 경유해 구라파로 건너갈 때 비밀서류를 도난당했다는 謠言이 거듭 제기되었는데 중국 외교부는 근래 이 보도는 전연 근거 없는 것이란 취지를 성명했다(北京 特電18일 발)"라고 보도하고 있다. 사실상 서류 도난 사건이 없었다는 것이다.
54 이정식, 2008, 위의 책, 158쪽.

대통령에게 보낸 청원서의 한글본이 수록되어 있다.[55] 때문에 조선총독부가 보고한 여운형 청원서는 요코하마에서 밀러드의 가방을 절취한 것이라기보다는 『신한청년』의 기사를 번역한 것으로 판단된다.

만약 밀러드의 청원서를 훔쳤다면, 영어판 원본에 표기된 것처럼 '신한청년당 총무 여운형'을 작성자로 기록했을 텐데, 평안북도지사의 보고서는 『신한청년』의 기사처럼 '신한청년당 대표 여운형'으로 명기하고 있다. 영어판·한글판·일어판에서 사용한 단어, 어순, 문장의 구성을 살펴보면 평안북도지사의 일어판은 영어판 원본이 아니라 한글판을 번역한 것임을 명백히 알 수 있다. 청원서 첫 문장을 비교해 보면 다음과 같다.

〔표 1-1〕 여운형이 윌슨 대통령에게 보낸 청원서 첫 문장 비교

판본	청원서 첫 문장
영어판	The great world war is, at last, over. It was indeed the greatest conflict and sacrifice since the world began. and we thank God that He has worked and smitten the Devils to dust and the world is cleared of evils through the war.
한글판	天地創造 以來로 人類發生 以來의 大慘劇 大爭鬪인 世界의 大戰爭은 遂이 止하니 惡魔가 殲滅되고 邪惡이 세계에서 除驅되엇슴을 神의 感謝하는 바난 正義와 人道와 自由의 叫聲이 天에 達하야 完全한 勝利로 應答이 下하엿슴이라.
일어판	天地創造人類發生以來ノ大慘劇タル世界大戰ハ終熄シ正義人道及自由ノ叫聲天ニ達シ平和ノ攪亂者タル邪思力全救ヨリ除カレ.

〔출전〕 영어판: Crane Family Papers 1875-1980, Series I: Charles Richard Crane Correspondence, Subseries 1: Incoming correspondence, Box 4, Folder 23. Columbia University.
한글판: 「新韓靑年黨代表致美國大統領威遜書」, 『新韓靑年』 창간호(1919. 12. 1), 133~136쪽.
일어판: 日本外務省 外交史料館, 『不逞團關係雜件 朝鮮人ノ部 上海假政府』 1, 「獨立請願書提出ニ關スル件」(一月 七日 平安北道知事 報告要旨), (1920. 1. 15. 高警 제684호, 國外情報 一), 朝鮮總督府 警務局長→埴原正直(外務次官).

55 「신한청년당대표치미국대통령위일손서」(新韓靑年黨代表致美國大統領威遜書), 『신한청년』 창간호.

만약 영어판 원본을 일본어로 번역했으면 첫 문장은 "세계대전이 마침내 종료되었다"로 시작되어야 할 것이다. 그런데 한글본은 "천지창조 이래로 인류발생 이래의 대참극 대투쟁인 세계의 대전쟁은 수히 지하니"로 시작하며, 일어판 역시 "천지창조 인류발생 이래의 대참극이었던 세계대전쟁은 종식되어"로 시작하고 있다. 이처럼 문장 구성과 내용에서 일어판은 영어판 원본이 아니라 한글판을 저본으로 삼은 번역본임을 알 수 있다. 일어판은 요코하마에서 일본 경찰이 밀러드·육징상의 가방을 절도해 입수한 것이 아니라 『신한청년』의 기사를 번역·전재한 것이다.

또한 당사자 밀러드는 1919년 간행한 책에서 요코하마 절도 사건을 언급하지 않고 있다. 밀러드는 여운형이 전해준 청원서 사본을 가지고 파리를 경유해 뉴욕까지 갔다.[56] 지금까지 알려진 것과는 다른 이야기이다. 밀러드는 여운형을 만난 상황을 이렇게 설명하고 있다.

> 지난 12월(1918년) 내가 상해에서 미국으로 항해하기 전 어느 저녁, 어떤 남자가 애스터하우스(Astor House)(상해 와이탄 북쪽에 위치한 호텔로 1864년 설립됨)에 있는 내 아파트로 찾아왔다. 내 하인이 그를 데리고 들어왔을 때, 처음 나는 그가 외국 옷을 입은 일본인이라고 생각했다. 그러나 그는 한국인이자 기독교도로 밝혀졌는데, 일본의 박해로 모국을 떠나야만 했다. 그는 변장한 채 압록강을 건너 만주로 피신했으며 중국 본토의 일본인 점령지대를 통과하는 데 성공했다. 상해에서 그는 한국인들 속에서 YMCA 활동을 영위했으며, 중국YMCA 조직 내에 있는 내 친구 한 명의 소개장을 들고 왔다. 이 남자는 내가 워싱턴과 파리에 갈 예정이라고 들었다며 내게 부탁이 있어 왔다고 말했다. 한국인들은 한국 실정을 평화회의에 제출하려고 매우 갈망하고 있지만 어떻

---

56 Thomas F. Millard, 1919, 위의 책, p.38.

3   여운형과 장덕수가 작성한 청원서의 내막

게 이 일을 실행해야 할지 모르고 있었다. 어떤 한국인도 일본 여권 없이 모국을 떠날 수 없었으며, 여권은 일반적으로 획득할 수 없었다. 전쟁 기간 동안 이들은 여권이 없었기에 어디로도 여행할 수 없었다. 그는 내가 〔파리평화〕회의에 한국의 호소 청원인 짧은 비망록을 가지고 가서 미국 대통령이나 파리 미국대표단 단원 중 한 명에게 전달해 줄 수 있는지 문의했다. 그는 한국 실정이 회의에서 재개될 가능성이 있는지에 대한 내 생각을 물었다. 나는 내 생각으로는 그럴 가능성은 아주 낮다고 답해 주었다. 그는 한국인들이 파리에 갈 한국인 대표의 비용으로 지불하기 위해 일정한 금액―약 10만 달러라고 말한 것으로 생각됨―을 모금했다고 말했다. <u>일부 재미 한국인도 갈 예정이라고 말했다.</u> 타이프라이터로 작성된 비망록을 내게 건넨 후 그는 떠났다. 1919년 3월 나는 워싱턴에서 온 지급 뉴스를 읽었는데, 〔미국〕정부가 파리에 가길 희망하는 일부 한국인들에게 여권 발급을 거부했다는 내용이었는데, 그 이유는 이들이 기술적으로 일본 신민이기에 여권을 발급할 아무 권한이 없으며, 일본이 여권 발급을 반대했기 때문이라는 것이다.

<u>나는 한국인 기독교인이 내게 건넨 비망록 사본을 가지고 있다.</u> 이는 일본과 한국의 역사, 일본에 의한 한국 병합에 이르는 일련의 사건을 개괄하는 것으로 시작하고 있다.[57]

즉, 여운형이 11월 27일 크레인을 만난 후 청원서와 편지를 작성해 크레인에게 건넸고, 다시 12월 청원서 한 부를 밀러드에게 건넨 것이다. 또한 밀러드는 그 청원서를 1919년 뉴욕에서 자신의 책을 간행할 때 가지고 있었다.

볼드윈에 따르면 밀러드는 한국에 동정적이어서 청원서를 전달해 줄

---

57 Thomas F. Millard, 1919, 위의 책, pp.37~38.

것에 동의했다. 그러나 밀러드는 "원칙적으로 한국 사례가 유고슬라비아, 폴란드, 체코슬로바키아의 사례처럼 논의될 충분한 자격을 갖추었음에도 불구하고" 솔직히 말해 회담에서 한국 문제가 고려될 기회가 거의 없을 것이라고 했다.[58]

그렇다면 밀러드의 요코하마 가방 분실설은 어떻게 된 것인가? 이에 대해서는 크레인 비망록에 전후 사정을 알려 주는 대목이 있다. 크레인은 상해 방문을 마치고 나가사키·고베를 거쳐 도쿄에 가는 길에 일본 고등경찰의 감시를 받았다. 이들은 크레인이 왜 극동을 방문했으며 무슨 일을 하고 있는지를 캐내기 위해 끊임없이 크레인 주위를 서성이며 감시했다. 크레인은 이들의 접근이 매우 흥미로운 것이었으며, 이들은 크레인 주위의 인사와 친구들로부터 정보를 빼내려는 노력을 계속했다고 회고했다. 당시 "토머스 밀러드가 우연하게 동반"하게 되었으며 둘의 관계는 언제나 우호적이었는데, 일본 고등경찰은 주의 깊게 샅샅이 밀러드를 조사했다. 왜소한 일본 요원은 크레인에 관한 정보로 가득 찬 수첩을 들고 있었고, 밀러드는 물어볼 게 있으면 크레인에게 바로 하라고 그에게 조언했다.[59] 크레인의 회고에 따르면 일본 고등경찰은 크레인과 밀러드를 밀착 감시하면서 이들의 동정과 활동 목적을 조사했다. 너무 눈에 두드러지는 감시였기 때문에 만약 이들의 가방이 도난당했다면, 작지 않은 외교 문제가 되었을 가능성이 높다. 또한 밀러드가 여운형의 청원서를 도난당했다면, 1919년 뉴욕에서 자신의 책에 청원서 내용을 수록할 수 없었을 것이다.

이상을 종합하면 밀러드는 1918년 12월 6~10일간 중국대표 육징상뿐 아니라 크레인과 동반해 일본을 여행했으며, 여운형은 밀러드가 크레인의 수행원으로 그와 동반해 파리로 간다는 사실을 인지하고 그에게 청원서

---

58 Frank Prentiss Baldwin, 1969, 위의 논문, p.35.
59 『크레인 비망록』, 355~356쪽.

3   여운형과 장덕수가 작성한 청원서의 내막   57

전달을 부탁했던 것이다. 이들의 일본 경유는 일본 경찰의 밀착 감시를 불러일으켰다. 가방이 도난되었는지 여부는 명확하지 않으나, 크레인과 밀러드는 모두 여운형의 청원서를 소지하고 미국으로 돌아갔던 것이 분명하다.

그렇다면 크레인의 청원서와 밀러드의 청원서는 윌슨 대통령과 파리평화회의에 전달되었는가? 현재까지의 조사 결과 두 사람의 청원서가 윌슨과 파리평화회의에 전달된 흔적은 발견할 수 없다. 미국 의회도서관에는 우드로 윌슨 대통령 문서가 소장되어 있으며, 여기에는 윌슨이 대통령 재임 시절 받은 수많은 편지·청원서·서류 등이 포함되어 있는데, 크레인이 청원서를 전달한 흔적은 없다.[60] 또한 파리강화회의 미국대표단 문서에서도 밀러드의 편지나 청원서 전달을 보여 주는 기록은 발견되지 않는다. 크레인과 밀러드는 회고록과 책을 통해 1918~1919년 시기의 일을 기록하고 있는데, 여운형 청원서를 전달했다는 얘기는 없다.[61]

---

60 "Woodrow Wilson Papers: A Finding Aid to the Collection in the Library of Congress" http://rs5.loc.gov/service/mss/eadxmlmss/eadpdfmss/2009/ms009194.pdf(2017년 3월 20일 검색); "Index to the Woodrow Wilson papers." https://catalog.hathitrust.org/Record/000030968(2017년 3월 20일 검색).

61 이후로도 여운형과 밀러드의 관계는 지속되었던 것으로 보인다. 1919년 4월 19일 자 『밀러드리뷰』에는 여운형이 편집자 앞으로 보낸 편지가 수록되었다. 「일본과 한국의 기독교인」이라는 제목이다. "압제자의 손아귀에서 피압박 민족을 구하려는 하나님의 권능에 대한 불굴의 신앙과 신뢰를 가지고, 상해의 한국 기독교인 일동은 한국 내 고통받는 자국민을 위해 모든 기독교인들이 진지하게 기도해 줄 것을 겸허하고 일치된 마음으로 요청드립니다. 자유를 향한 투쟁에서, 그리고 권력에 대항하는 권리를 향한 투쟁에서, 수많은 한국인 기독교인들이 잔인하게 취급되고 투옥되었으며 수천 명이 희생되었습니다. 다수의 교회가 파괴된 한편으로 다른 모든 교회는 폐쇄되고 일본 경비들이 주의 깊게 감시하고 있습니다. 교회가 다시 문을 여는 것을 막고 하나님에 대한 예배를 어느 경우에도 막으려는 이유에서입니다. '의인의 간구는 역사하는 힘이 큼이니라'(The effectual fervent prayer of a righteous man availeth much). 여운형. 상해. 1919. 4. 10." 여운형은 마지막에 성경 야고보서 5장 16절을 인용함으로써 여전히 자신의 정체성이 기독교 전도사와 독립운동가 사이에 위치하고 있음을 보여 준다.

4. 여운형-크레인 편지(1918. 11. 29)와 윌슨 대통령 앞 청원서(1918. 11. 28)

먼저 여운형이 크레인에게 쓴 편지를 살펴보자.

상해, 1918년 11월 29일
C. R. 크레인 씨 귀하
귀하의 중국 방문을 우리 마음 속 충심으로 환영합니다. 우리는 귀하의 고귀한 성품과 선견지명에 경의를 표합니다. 우리는 귀하가 세계정의와 자유의 위대한 옹호자이신 윌슨 대통령의 개인적 친우이며, 또한 귀하가 귀 정부의 고위직으로 아시아와 매우 밀접한 분이라는 사실을 존중합니다. 그래서 우리의 마음과 영혼을 담아 귀하를 환영합니다.
귀하께서 아시듯이 아시아는 정치경제적으로 셀 수 없는 잘못이 여러 해 동안 일어난 지역이며, 유감스럽게도 그 일들이 여전히 탈피되지 못하고 온존하고 있습니다. 따라서 바로잡고 해결해야 할 많은 일이 있습니다.
크레인 씨, 아시아인들, 특히 우리 한국인들의 호소에 귀 기울여 주시길 기원합니다. 우리는 끔찍한 억압적 통치하에 놓여 왔으며 지금도 그러하지만, 세계에는 거의 잊혀졌으며 주목받지 못했습니다. 동봉된 문

Shanghai, Nov. 29th. 1918.

Mr. C. R. Crane,

Dear Sir:-

Your coming to China, we wellcomed with all the warmth of our hearts. We want to pay our homage to your noble character and farsightedness. We respect for your being a **personal friend of President Wilson**, who is the greastest upholder of the Justice and Liberty in the world, and also for your occupying a high position in your government, which is so closely related with Asia. So we welcomed you with heart and soul.

Asia, as you know, is the place, where innumerable wrongs, both political and economical, have been done for many years, and they are, we regret to say, still left unredressed and remained a great mystery. There are, therefore, many things to be righted and settled. Pray give an ear, Mr. Crane, to the appeals of the Asians, especially of us Koreans, who have been, and still are, under a terrible oppressed rule and yet nearly forgotten and unobserved by the world. Thereby please be kind enough to convey this condition, as described in the accompanying papers, to President Wilson and your fellow citizens.

It is a great regret to us that, on account of your being too busy, we could not personally receive you. We can do no better at present then to wish you a pleasant and safe journey to your country and a great success in your future.

Very respectfully, yours,

The New Korean Young Men's Association in China.

Secretary,
W. H. Lyuh

여운형이 크레인에게 보낸 편지(1918. 11. 29). 컬럼비아대학 소장.

서에 묘사된 것처럼 이러한 상황을 윌슨 대통령과 동료 시민들에게 부디 전달해 주십시오.

귀하의 일정이 너무 분망했기에 우리가 개인적으로 귀하를 영접하지 못한 것은 매우 유감입니다. 현재로선 귀하의 귀국길이 즐겁고 편안하며 귀하의 장래에 큰 성공이 있기를 기원할 뿐입니다.

존경의 마음을 담아서,

재중국 신한청년당(The New Korean Young Men's Association in China)

총무(Secretary)

여운형(W. H. Lyuh).[62]

1쪽 분량의 간단한 편지이다. 수신자는 C. R. 크레인, 발신자는 신한청년당 총무 여운형으로 되어 있고, 여운형이 영문 이니셜 W. H. Lyuh로 서명했다. 신한청년당은 The New Korean Young Men's Association in China로, 여운형의 직함은 Secretary로 표기되었다. 편지의 핵심 내용은 윌슨 대통령에게 한국인들의 호소와 끔찍한 억압적 통치 상황을 전달해 달라는 것이다. 즉, 윌슨에게 청원서 전달을 부탁한다는 것이다.

여운형은 자신이 이 편지와 청원서를 직접 타이핑했다고 회고했다. 편지는 레터(letter) 사이즈 종이를 사용했는데, 타이핑된 글자의 선명도가 들쭉날쭉하다. 좋은 타자기와 전문 타자수를 활용하지 않고, 구할 수 있는 타자기로 황급하게 작성한 흔적이 역력하다. 타자기의 먹선이 선명하지 않고, 글쇠를 치는 타자의 압력도 일정하지 않다.

여운형 편지의 작성일은 11월 29일이다. 크레인이 상해 체류 중 받은 편지 가운데 11월 29일 자 편지 2통, 11월 30일 자 편지 1통이 포함되어

---

[62] Crane Family Papers 1875-1980, Series I: Charles Richard Crane Correspondence, Subseries 1: Incoming correspondence, Box 4, Folder 23. Columbia University.

있으므로,[63] 크레인이 11월 30일까지 상해에서 편지를 받았음을 의미한다. 주상해 미국총영사는 크레인의 상해 출발을 11월 28일 저녁으로 기록했지만, 11월 29~30일 자 편지를 크레인이 수령했으므로,[64] 미국총영사의 보고가 착오였을 가능성이 있다. 여운형도 해당 청원서를 인편으로 크레인에게 전달했다고 기억했다.

여운형의 직함은 신한청년당 총무로 되어 있다. 직함은 판본에 따라 차이가 있는데, 한글판·일어판은 '신한청년당 대표'로 기술한 반면, 영어판 청원서 원본만 Secretary로 명시하고 있다. 이를 총무로 번역한 것은 여운형의 진술 때문이다. 여운형에 따르면 신한청년당은 처음에는 부서를 정하지 않고 총무만 두고 자신이 담당했고, 당원 모집 후에는 손병희를 총재로 추대할 구상이었으나 교섭에 이르지 못했고 이사장 김규식, 이사 4명을 두게 되었다고 했다.[65] 즉, 신한청년당이 처음에는 총무만 두었으며, 이후에는 총재-이사장-이사 체제였다는 것이다. 그런데 당 기관지 『신한청년』 한글판이 여운형을 '신한청년당 대표'로 기록한 것은 이 시점에는 당의 총무라는 직함이 존재하지 않았고, 대외적으로 대표 직함이 적합하다는 판단 때문이었을 것이다. 또한 청원서 제출 시점에는 여운형이 당의 주도자이자 사실상 대표였음을 반영하는 것으로도 생각된다.

윌슨 대통령에게 보낸 청원서는 4쪽 분량인데, 형식 측면에서 매우 미숙하고 불완전한 상태라는 점을 알 수 있다. 가장 중요한 정보에 해당하는

63　크레인문서철에는 크레인이 상해 방문 시 받은 편지들이 들어 있다. 이 가운데 손문의 편지는 11월 27일 자, 크리스토 다코(Christo A. Dako)의 편지는 11월 29일 자, 여운형의 편지는 11월 29일 자, 줄리언 아놀드의 편지는 11월 30일 자이다. Crane Family Papers 1875-1980, Series I: Charles Richard Crane Correspondence, Subseries 1: Incoming correspondence, Box 4, Folder 23.

64　임시정부 의정원 의장 손정도가 대한애국부인회에 보낸 문서 「임시정부의 건설과 현황 약보(略報)」는 크레인이 여운형 청원서의 전달을 약속하고 11월 31일 파리를 향해 출발했다고 쓰고 있다. 「孫貞道의 不穩文書 發見에 關한 件」(1919. 12. 12), 『朝鮮騷擾事件關係書類(5)』.

65　「피의자신문조서(제2회)」(1929. 8. 1. 경성지방법원 검사국), 『몽양여운형전집』1, 467~470쪽.

청원서 작성자, 작성자 신분과 주소, 발송 연월일, 청원서 제목이 없을뿐더러 수신자인 윌슨 대통령의 이름과 직함도 없으며, 작성자(발신자) 서명도 없기 때문이다. 때문에 이 청원서는 크레인에게 보낸 편지와 연계해야만 이해할 수 있다. 크레인 편지에 윌슨 대통령에게 전달해 달라고 부탁한 것을 보아야 청원서 수신자가 윌슨 대통령임을 알 수 있는 형편이다.

때문에 인편으로 크레인에게 편지와 청원서가 전달되었을 때, 크레인 측에서 여운형의 청원서를 단독으로 윌슨 대통령에게 전달하기 어려운 상황이었을 것으로 판단된다. 발신자 측에서 수신자로 윌슨 대통령을 특정하고, 발신자의 조직, 이름, 서명, 연월일, 정확한 청원 제목 등을 적시하지 않았기 때문이다. 급박한 준비의 결과였겠지만, 그만큼 작성자 측에서 형식적 절차를 갖추지 못할 정도로 미숙한 상태였음을 반증한다. 그럼에도 여운형과 신한청년당의 첫 외교독립운동 시도는 긴박한 상황 속에서도 신속하고 용감하게 대처한 것이었다.

청원서 내용은 크게 서론, 본론, 결론의 3부분으로 나눌 수 있다. 서론에서는 제1차 세계대전과 일본·한국의 관계를 기술했고, 본론에서는 일본 통치하의 한국 상황을 기술했으며, 결론은 한국 독립에 대한 미국의 후원을 요청하는 내용으로 구성되어 있다.

서론 내용을 요약하면 다음과 같다.[66]

첫째, 제1차 세계대전은 미국의 참전으로 정의, 인도, 자유에 기초한 승리가 되었다.

둘째, 파리강화회의에서 윌슨 대통령이 주창한 국제연맹이 세계평화의 유지 기관으로 제시되었는데, 한국과 일본 문제는 동양평화 및 세계평화와 긴밀한 관계가 있다.

---

66 청원서의 영어판과 한글판(국한문본)은 표현상 차이가 있다. 여기에서는 한글판의 표현을 따랐다.

셋째, 일본은 전제주의, 군벌주의, 관료주의, 제국주의 국가로 자유주의, 인도주의, 평화주의, 국제연맹을 이해하지 못하는 아시아의 스파르타이다.

넷째, 일본은 대륙 확장 정책으로 만주, 몽고, 중국에서 우월권을 확보하려 하며, 조선·대만에서처럼 다른 외세를 축출하려 한다. 일본은 세계평화의 장애물이다.

다섯째, 일본의 대륙 확장 정책은 한국 점령에서 시작되었고, 한반도는 아시아의 발칸반도로 일본 육해군의 거점이 되었다.

여섯째, 한국은 4,200여 년의 역사를 가진 문명국가이나 평화를 사랑해 러일전쟁 이후 일본에 병합되었다. 일본은 항상 한국 독립을 보증하고 동양의 평화를 주장했으나 결국 한국은 멸망했다.

즉, 제1차 세계대전의 승리를 정의, 인도, 자유의 승리이자 미국, 윌슨의 공로로 돌리며, 국제연맹에 대해 찬사를 보낸 후, 일본은 전제주의, 군벌주의, 관료주의, 제국주의 국가로 한반도를 발판으로 대륙 팽창 정책을 추구하고 있다고 설명한 것이다.

다음 본론에서는 일본 점령하의 한국 상황을 정신, 정치, 경제의 세 측면에서 설명하고 있다. 분량상으로는 정신적 측면이 가장 많으며, 그다음은 경제적 측면이며, 정치적 측면은 소략하게 다루어졌다.

「1. 정신적 방면」에서는 기독교 탄압(105인 사건)을 상세히 기술한 후, 국내 발행 한글신문 1종(총독부 발간), 잡지 발간 불허, 공개 연설 금지, 대학교·도서관 전무, 관립 전문학교 4개, 중학교 3개, 일본어 교육, 성경 교육 불허 등의 상황을 설명하였다.

「2. 정치적 방면」에서는 한국인의 권리 없는 납세, 중앙의회·지방의회 전무, 한국인의 행정 참여 불가능 등을 설명하였다.

「3. 경제적 방면」에서는 조선인 회사 설립 금지, 일본인 식민에 의한 농지 침탈, 조선인의 채굴 금지 등을 기록하고 있다. 아마도 이러한 분석은

The great world war is, at last, over. It is indeed the greatest conflict and sacrifice since the world began, and we thank God that He has worked and smitten the Devils to dust and the world is cleared of evils through the war. The voice of Righteousness and Liberty was exalted to Heaven and its reward came in the form of a complete victory. We offer our heartfelt thanks to the great accomplishment of the Allies and especially to the Americans for their high spirit and noble action during the war. And the victory was, it must be said, much due to the Americans. So our heartest congratulation to you and your country men.

The world is going to open a new page of its great history. It is going to start a new progress with new spirit and new arrangement. An eternal world peace called the League of Nations as advocated by President Wilson will be discussed at the coming peace conferance in Europe. Thus we are going to enter the greatest epoch in the world history.

It would not be out of place to seriously consider now how Korea and Japan are related with world peace.

Let us consider Japan first. Japan has only two thousand and five hundred years of history. She received her civilization from Korea, such as religion, morality, art, industry and like, and this civilization is acknowledged by her. She had been governed at first by civil statemen, but gradually militarists came to power, and the so-called "Shogunage" predominated for more than one thousand years. Thus the Japanese had lived under the militarism till Meiji restored the sovereignty about fifty years ago. Then what kind of national spirit they have! They accustomed only to despotism, militarism, bureaucratism and imperialism. Thus liberty, righteousness and humanity are foreign to them, and the noble idea of the League of Nations can not be fully realized. Notwithstanding that they have a constitutional government they firmly believe in the Divine rights of king. Yet they claim to be one of the most civilized and advanced peoples of world. Before the Russo-Japanese war broken out, the true condition of Japan had not been known to the world. They are not merely lovers of flower and beauty, but they are the Spartans of Asia.

What is their aim and desire ? What can we expect from such a people? They declare themselves as ruler of Asia and intend to fly their flag in the centre of China. Manchuria has been already placed at her disposal and Mongolia is under her influence . They are applying the Monroe-doctrine to Asia in the wrong way. What was the aim of the twenty one demands to China and the American Japanese Declaration lately made by Ishii, utilizing the time when the powers were busily engaged in the great war? It was nothing but to obtain the superior position in China. They are pledging and advocating the open door and equal chance policy, yet they are not to be trusted. This can be easily proven by the annexation of Korea. Where they are expanding their power, they admit no competition . This is so in Korea and Formosa. In a word, it is their plan to exclude any other's influence from ASIA.

They have in mind not only Asia, but the archipelagoes in the South Sea , Formosa being their main footing . They consider those islands as their ancestor's native land, so they have taken oath to get them back. To carry this into effect some way or other they have expanded their naval power and not to self-defend as they declared. In this way they are dreaming to establish a world empire, for which they would fight against the United States of America or put the Anglo-Japanese treaty to naught. It was not an incident but a reality that Terauchi once spoke of the German Japanese alliance. From this we can see that their opposition to the League of Nations is not because they do not understand it fully, but because they have such an ambition.

여운형보다 국내 사정에 정통했던 장덕수의 의견이 많이 반영되었을 것으로 보인다. 장덕수는 일본 와세다대학 재학 시절 재일본동경조선유학생학우회(在日本東京朝鮮留學生學友會)에 가입해 기관지 『학지광』(學之光) 편집부장으로 다수의 논설과 정세 분석을 써본 경험이 있으며, 1916년에는 김철수 및 중국·대만 유학생들과 신아동맹당(新亞同盟黨)을 조직해 반일·반제국주의 국제연대운동을 벌인 바 있다.[67]

마지막 결론 부분에서는 한국인은 독립·정의·평화를 위해 투쟁하며, "세계 양심의 심판을 구하고 대통령 윌슨의 고대한 이상, 즉 국가는 그 인민의 뜻을 따라서 통치해야 한다는 주의를 옹호하는 미국 시민의 동정을 구"한다고 했다.[68] 민족자결주의를 거론한 것이다. 또한 한국은 일본에게 정복된 것이 아니라 일본의 교활·사기에 빠진 것일 뿐, 반드시 독립을 회복하여야 하며 민주주의가 반드시 아시아에 존재해야 한다고 강조했다. 마지막으로 "30년 전 미국과 미국 인민이 한국의 독립을 담보"했으니, 한국의 독립을 위해 "일수(一手)의 원조(援助)를 불석(不惜)하시기를 간망(懇望)"한다고 했다. 즉, 한국 독립의 당위성을 세계의 양심, 윌슨의 민족자결주의, 일본의 기만적 한국 병합, 한미수호조약에서 찾았던 것이다.

이상과 같이 청원서를 종합하면, (1) 정의, 인도, 자유 등으로 대표되는 1차 대전 승리의 정신과 그에 끼친 미국과 윌슨 대통령을 향한 찬사와 기대, (2) 일본이 전제주의, 군벌주의, 관료주의, 제국주의에 기초해 한반도를 발판으로 한 대륙 확장 정책을 펴는 데 대한 경고, (3) 일본 점령하의 한국 상황을 정신적, 정치적, 경제적 측면에서 설명, (4) 한국인의 독립투

---

67 강덕상, 2007, 위의 책, 120~137쪽; 小野容照, 2010, 「新亞同盟黨の研究―朝鮮·臺灣·中國留學生の民族を越えるネットワークの初期形成過程」, 早稻田大學アジア研究機構, 『此世代アジア論集』3.
68 영어판 표현은 다음과 같다. For this we are crying to the conscience of the world, especially to the Americans who uphold the grand principle of President Wilson that a nation should be governed in accordance with the will of the will of the governed.

쟁 의지와 이에 대한 미국의 지원 요청 등으로 요약할 수 있다.

한국이 독립할 필요성을 세계의 대세, 인도·정의, 한국인의 자유의지 등 보편성에서 구하면서, 한편으로 일본의 대륙 침략 정책에 기초한 아시아의 갈등 가능성과 일본 통치하 한국의 참혹한 현실을 부각시킴으로써 한국 독립에 대한 미국의 동정과 후원을 요청한 것이다.

구체적으로 윌슨이 한국 독립 성취를 위해 어떤 도움을 줄 것인지에 대한 내용은 빠져 있다. "독립 청원"이라는 구상이 갖는 근본적 한계다. 미국의 선의와 후원에 기대고, 한미수호조약에 의지해서 독립을 회복하겠다는 노선이 본질적으로 가지고 있는 막다른 골목 같은 것이다.

그럼에도 이러한 추상적이고 이상주의적인 접근 방법은 여운형 특유의 논리를 담고 있으면서, 동시에 3·1운동기 국내외 독립운동 진영 내에서 보편적으로 제기되던 지향과 일맥상통하는 것이었다. 예를 들어 여운형은 1919년 일본정부의 초청으로 일본을 방문했을 당시에도 동일한 논리와 논법을 구사했다. 제국호텔 연설에서 여운형은 "일본인이 생존권이 있는 것은 한인이 긍정하는 바이오 한인이 민족적 각성으로 자유와 평등을 요구하는 것은 신이 허락한 바이다. (중략) 이제 세계는 약소민족해방, 부인해방, 노동자해방 등 세계개조를 부르짖고 있다. 이것은 일본을 포함한 세계적 운동이다. 한국의 독립운동은 세계의 대세요, 신의 뜻이요, 한민족의 각성이다"라고 했다.[69] 신인회(新人會) 주최 환영회에서도 "조선 독립은 감정적 폭발이 아니오, 세계적 정의이다. 조선민족의 자유발전만을 위한 것이 아니오, 세계평화를 위한 것이다"라고 발언했다.[70] 즉, 세계의 대세, 신의 섭리, 한국인의 각성이라는 논리는 기독교 전도사였던 여운형의 기독교적 세계관의 일단을 반영했다.

69 이만규, 1947, 위의 책, 36쪽.
70 이만규, 1947, 위의 책, 59쪽.

한국인들의 파리강화회의 대표 파견 시도와 3·1운동

2

1 한국과 세계 약소국가들의 파리강화회의 대표 파견 시도

(1) 한국인들의 파리강화회의 대표 파견 시도

1919년 1월 18일 개막된 파리강화회의는 제1차 세계대전을 총결하는 회담이었다. 프랑스, 영국, 이탈리아, 미국, 일본 등 5개국을 중심으로 진행된 이 회담은 제1차 세계대전 이후 세계질서를 재편하였다. 파리강화회의를 둘러싸고 승전국과 패전국, 패전국의 식민지, 피지배 민족은 물론 세계 각지의 약소민족, (반)식민지들이 기대를 걸고 있었다. 패전국이던 독일, 오스트리아-헝가리 이중제국, 오스만제국과 혁명이 일어난 러시아의 옛 영토 위에 다양한 국가가 새로 등장했다. 유럽에서는 체코슬로바키아, 폴란드, 헝가리 등의 독립이 가장 중요하게 부각되었다. 벨기에가 점령을 벗어나고, 그리스·불가리아의 독립이 확인된 것도 중요한 소식이었다. 1차 대전과 러시아혁명의 여파로 제정러시아의 지배하에 있던 스칸디나비아 국가들과 발트해 연안 국가들이 독립을 획득했고, 오스만제국 지배하에 있는 아프리카·아랍의 질서도 변동되었다. 세계질서 재편과 대개조의 기운이 높아 갈수록 약소민족의 기대도 고조되었다.

  파리강화회의 개최 소식이 알려진 후 세계 각지의 한인들이 대표를 파견하고 회의에 참가하려고 시도했다. 1919년 3·1운동 발발 이전에는 중국 상해와 미국 샌프란시스코의 한인들이 나섰다. 여운형은 1918년 11월 27일 중국 상해를 방문한 우드로 윌슨 대통령의 친구 찰스 크레인을 만나 한국 독립을 호소하는 청원서를 윌슨 대통령에게 전달해 달라고 요청했다. 신한청년당[1] 명의의 이 청원서를 직접 파리강화회의에 들고 갈 대표로 김규식이 선발되었고, 그는 1919년 2월 1일 파리를 향해 출발했다. 김규식이 파리로 향하던 선상에서 작성한 청원서 초안에는 윌슨 대통령의 민족자결 원칙에 따라 세계 영구평화를 희망한다는 구절이 들어 있었다. 3·1운동 발발 이전 신한청년당은 청원서를 제출하고 김규식을 대표로 파리에 파견함으로써 1919년 3·1운동기 한국인들이 기대하고 의지할 수 있는 독립운동의 현실적 징표가 되었다.[2]

미국 샌프란시스코의 대한인국민회도 1918년 12월 이승만·정한경·민찬호를 파리강화회의 대표로 파견하기로 결정했다.[3] 재미 한인들의 교민단체이자 독립운동 조직이던 대한인국민회는 제1차 세계대전이 진행되는 동안 그 추이를 지켜보며 1917~1918년간 뉴욕에서 개최된 소약국동맹회에 대표를 파견한 바 있다. 파리강화회의 미국대표단과 미 국무부는 이들의 파리행을 저지했다. 한편, 대한제국 외교관 출신이던 김헌식은 의친왕의 시종 출신 신성구와 함께 신한회(新韓會)를 조직(1918. 11. 30)한 후

---

1   신용하, 1986, 「신한청년당의 독립운동」, 『한국학보』 44; 김희곤, 1986, 위의 논문; 강덕상, 2007, 위의 책; 강영심, 2008, 『한국 독립운동의 역사 17. 1910년대 국외항일운동 II-중국·미주·일본』, 독립기념관 한국독립운동사연구소; 정병준, 2018, 「중국 관내 신한청년당과 3·1운동」, 『한국독립운동사연구』 65.

2   정병준, 2017a, 위의 논문; 정병준, 2017b, 「1919년, 파리로 가는 김규식」, 『한국독립운동사연구』 60; 정병준, 2018, 위의 논문.

3   방선주, 1988, 「3·1운동과 재미한인」, 『한민족독립운동사』 3, 국사편찬위원회; 방선주, 1989b, 「1921~22년의 워싱톤회의와 재미한인의 독립청원운동」, 『한민족독립운동사』 6; 안형주, 2007, 『박용만과 한인소년병학교』, 지식산업사; 고정휴, 2009, 『한국 독립운동의 역사 54: 1920년대 이후 미주·유럽지역의 독립운동』, 독립기념관 한국독립운동사연구소.

미 대통령, 국무부, 상하원에 결의선언문을 제출했고, 12월 2일 파리에 체류 중인 랜싱(Robert Lansing) 국무장관에게 결의문을 우송했다. 김헌식은 1918년 12월 소약국동맹회에 참가해 집행위원으로 선출되기도 했다.[4]

3·1운동 발발 이후에는 중국의 조소앙, 김탕이 파리로 향했고, 미국의 여운홍이 일본·한국·중국을 거쳐 파리에 도착했고, 유럽에 거주하던 이관용, 황기환 등도 파리로 향했다. 러시아 블라디보스토크의 국민의회는 윤해·고창일을 파리에 파견했다.[5] 또한 호서·영남 유림들은 파리강화회의에 수백 명이 서명한 한국 독립을 요구하는 장문의 서한을 김창숙을 대표로 선정해 상해로 보냈고, 이 서한은 파리의 김규식에게 전달되었다.[6] 1918~1919년간 세계 각지의 한국인들은 파리강화회의에 대표를 파견해 독립을 호소하려고 했다.

세계 각지에 산재하던 한인 독립운동가들은 1919년 파리강화회의를 맞아 한국대표를 파견해 일제 압제하의 한국 실정을 호소하고, 윌슨의 민족자결주의·영구평화의 정신에 기대어 한국 독립을 청원하길 희망했다. 상해, 샌프란시스코, 뉴욕, 블라디보스토크, 국내에서 1918~1919년간 연달아 이어진 이러한 파리강화회의 대표 파견 시도들은 상호 연쇄반응과 공명 효과를 불러일으켰고, 결국 동경의 2·8독립선언과 서울의 3·1만세운동으로 이어지는 직접적인 하나의 계기가 되었다.

---

4 방선주, 1989a, 「김헌식과 3·1운동」, 위의 책.
5 반병률, 1988, 「노령에서의 3·1운동」, 『한민족독립운동사연구』 3, 국사편찬위원회; 김병기·반병률, 2009, 『국외 3·1운동』, 독립기념관 한국독립운동사연구소; 반병률, 1998, 『성재 이동휘 일대기』, 범우사.
6 허선도, 1978, 「3·1운동과 유교계」, 『3·1운동50주년기념논집』, 동아일보사; 남부희, 1984, 「유교계의 파리장서운동과 3·1운동」, 『한국의 철학』 12; 임경석, 2001, 「파리장서 서명자 연구」, 『대동문화연구』 38; 서동일, 2008, 「파리장서운동의 기원과 재경유림」, 『한국독립운동사연구』 30.

(2) 식민지·약소국들의 파리강화회의에 대한 기대와 대표 파견

1919년 파리강화회의에 대한 식민지·약소국가들의 기대는 한국에만 국한된 것은 아니었다. 패전국뿐 아니라 승전국, 즉 연합국의 식민지에서도 파리강화회의에 대한 기대와 대표 파견 시도가 이어졌다.[7]

먼저, 이집트에서는 1918년 11월 사드 자글룰(Saad Zaghlul)을 지도자로 하는 와프드당(Wafd party)이 조직되었고, 이들은 이집트를 대표해 파리강화회의에 참가할 것을 이집트 주재 영국 총독 레지널드 윈게이트(Reginald Wingate)에게 요청했다. 이들은 영국의 이집트 점령을 즉각 종식하라는 자신들의 요구를 파리강화회의에서 호소할 계획이었다. 자글룰은 대표단을 조직했으나 영국 당국은 이들의 런던행 및 파리강화회의 참석을 저지했다. 자글룰은 우드로 윌슨 대통령에게 비망록을 보냈고, 이 청원서는 대표단(The Delegation)을 의미하는 아랍어 와프드(Wafd)를 정당명으로 만들었다. 사드 자글룰과 3명의 지도자는 1919년 3월 체포되어 몰타섬에 유배되었다. 이 직후 카이로에서 학생시위운동이 벌어졌고, 이는 1919년 이집트혁명으로 발전했다. 와프드당이 이집트혁명을 주도했다. 이 과정에서 800명 이상이 사망하고 1,400명 이상이 부상당했다.[8]

프랑스 식민지였던 베트남에서도 파리강화회의에 대한 기대가 컸다. 북부의 통킹(Tonkin), 중부의 안남(Annam), 남부의 코친차이나(Cochinchina)로 구분된 식민지 베트남은 지역에 따라 통치 방식이 달랐다. 무명의 청년 응우엔 탓탄(Nguyen Tat Thanh)은 응우엔 아이콕

---

7   Erez Manela, *The Wilsonian Moment: Self-Determination and the International Origins of Anticolonial Nationalism*, Oxford University Press, New York, 2009. pp.55~135; 판카지 미슈라 지음, 이재만 옮김, 2013, 『제국의 폐허에서』, 책과함께, 263~305쪽.
8   William L. Cleveland, Martin Bunton, *A history of the modern Middle East*, Boulder, Co, Westview Press, 2013.

(Nguyen Ai Quoc, 阮愛國)이라는 이름으로 파리에서 1919년 6월 18일 '안남 인민의 요구'(The Demands of the Annamite People)를 파리강화회의 참가 대표자들과 미국대표단, 국무장관에게 제출하며 민족자결(self-determination)의 신성한 권리를 강조했다. 프랑스 보호령이던 안남 출신의 이 청년은 1911년 사이공항을 출발하는 배(Admiral Latouche-Treville)의 주방보조로 탑승해 프랑스, 아프리카, 미국, 영국을 거쳐 프랑스에 거주 중이었다.[9] 즉시 독립이나 완전 자치를 주장한 것이 아니라 정치범 석방, 인도차이나에서 베트남인들에게 유럽인들과 동일한 사법 절차를 허용하는 사법개혁, 언론·표현의 자유, 집회·결사의 자유, 해외 거주·이민의 자유, 교육의 권리 등을 요구한 수준이었지만, 이 호소는 묵살되었다. 훗날 호치민으로 알려진 이 청년은 민족자결주의에 실망한 후 프랑스 사회당에 합류했고, 1923년 모스크바로 떠나 베트남 공산주의운동의 지도자가 되었다.

영국령 인도에서는 제1차 세계대전 와중에 자치(home-rule)운동이 거세게 벌어졌다. 윌슨의 14개조에 공명하는 애니 베전트(Annie Besant), 아이야르(Sir. S. Subramanya Aiyar) 등은 전인도자치연맹(All-India Home Rule League)을 조직했고, 윌슨 대통령에게 인도의 사정을 호소하는 편지를 썼다. 민족주의자 라이(Lala Jakpat Rai)는 1차 대전 시기 미국에 체류하면서 잡지를 발행하여 인도의 즉각적 자치권을 주장했다. 인도국민의회(the Indian National Congress)는 1918년 12월 연례대회를 개최하고 인도에 민족자결권의 적용을 요구하는 결의안을 채택했다. 인도인들은 완전 독립은 아닐지라도 자치정부를 전폭적으로 채택할 것을 요구했다. 인도인들의 호소는 파리강화회의에 전달되지 못했지만, 인도는 파리강화회의 서명국이 되는 아이러니한 운명을 맞는다. 인도는 영국 식민지로 제

---

[9] Bui Kim Hong, 2007, 『호치민주석의 일대기와 사업』, 통신문화출판사, 12~24쪽.

1차 세계대전에 참전했고, 캐나다, 오스트레일리아, 뉴질랜드와 같은 영국 자치령 정부(Dominion Government)의 일원으로 파리강화회의에 참가할 수 있었다. 인도는 제1차 세계대전 중인 1917년 3월 영국 제국전시내각(Imperial War Cabinet)에 참가했으며, 강가 싱(the Maharaja of Bikaner Sir Ganga Singh), 프라산노 신하(Satyendra Prasanno Sinha)가 파리강화회의 인도대표로 참가했다. 파리강화회의에 서명한 인도는 자동적으로 새로 조직된 국제연맹의 일원이 되었다.

승전국이었지만 일본에게 침략을 당한 중국은 파리강화회의에 참가해 독일 조계지였던 산동의 반환을 요구하는 동시에, 치외법권, 공사관 경비, 외국인 조차 중단을 요구했다. 그러나 미국의 지원과 민족자결주의 정신에도 불구하고, 결국 청도를 포함한 산동 조계지는 일본에게 할양되었다. 이것이 북경대학 학생들을 중심으로 한 5·4운동을 불러왔고, 결국 중국은 베르사유강화조약 서명을 거부했다.

제1차 세계대전의 종식과 러시아혁명은 식민지·사라진 국가들의 독립과 세계대개조의 움직임을 불러왔고, 그 바탕에는 정의와 인도, 민족자결주의, 영구평화, 국제연맹 등을 향한 새로운 기대가 자리하고 있었다. 이러한 국제적 움직임에 우드로 윌슨 대통령이 공표한 14개조(1918. 1. 8)의 조항들이 영향을 주었다는 것은 부정할 수 없는 사실이다. 전쟁과 죽임이 끝나는 순간 새 시대를 향한 기대와 희망이 부풀어 오른 것은 자연스러운 반응이었다.

2 　　　국내외 한인들의 세계대전·파리강화회의 인식

(1) 해외 독립운동 세력의 제1차 세계대전·파리강화회의에 대한 인식

국망(國亡) 이후 한국 독립운동 진영은 계몽운동기의 의병전쟁노선과 실력양성노선의 한계를 극복한 독립전쟁노선을 총노선으로 채택했다. 이는 결정적 시기에 최후의 독립전쟁을 통해 국권을 회복하며, 그때까지는 국외 독립운동 기지에서 군사력과 경제력 등 실력을 양성한다는 노선이었다. 여기서 결정적 시기란 일본과 중국·러시아·독일·미국 등 강대국이 교전해서 한반도 정세가 급변하고, 한민족에게 독립운동의 유리한 정세와 기회가 조성되는 시기를 의미했다. 때문에 1911년 중국의 신해혁명, 1914년 제1차 세계대전 발발, 1917년 러시아혁명, 1918년 제1차 세계대전 종전과 파리강화회의 등은 국내외 독립운동 진영의 중대한 관심사가 되었으며, 독립운동 진영의 노선 정립과 방향 전환에 커다란 영향을 미쳤다.

특히 1914~1918년간의 제1차 세계대전은 해외 한인들의 독립운동 노선에 중요한 영향을 끼쳤다. 1914년 연해주에서 대한광복군정부, 하와이에서 국민군단이 성립되고 독립전쟁론이 비등한 것은 제1차 세계대전과 연관된 것이었다. 1914~1915년간 활동한 신한혁명당은 노령 연해주의 권업회, 북간도의 간민회, 중국 상해·북경의 동제사 인물들로 구성되었는데, 유럽전쟁에서 독일이 승리한 후 동양에서 독일과 중국이 연합해 일본을 공격하고, 영국·미국·러시아 등도 이에 합세해 일본이 고립될 것으로 예상했다. 이런 예상하에 고종을 옹립해 망명정부를 수립하고, 중국과 중한의방조약(中韓宜邦條約)을 체결하는 외교적 방안을 모색했다. 이를 위해 성낙형이 국내에 잠입해 고종과 접촉하기도 했다. 그러나 독일의 승리를 상정하고, 영국·미국·러시아와 일본의 적대관계를 예상한 이러한 정세 인식은 실제 역사의 흐름과는 정반대였다.[10]

이후 1917년 대동단결선언에서는 우리 눈앞에 "행운의 기회"가 다가왔기에 하루빨리 "유기적 통일"이 필요하다고 주장했다. 조동걸은 이때 제시된 유리한 국제환경을 5가지로 정리했는데, ① 소련의 2월혁명, ② 핀란드·이스라엘·폴란드의 독립선언과 아일랜드·트리폴리-리비아·모로코·인도·티베트 등의 고조된 독립운동, ③ 연합국의 산환, ④ 민권연합회, ⑤ 만국사회당(스톡홀름대회) 등이다.[11]

선언 시기는 1917년 7월로 되어 있지만, 다루는 정세는 1917년 말까지의 상황을 반영한 것으로 보인다. 핀란드·이스라엘·폴란드의 독립선언을 다루고 있는데, 1809년 러시아에 편입된 핀란드는 1917년 12월 6일에 독립선언을 채택했다. 이스라엘의 경우, 1917년 11월 2일 벨푸어선언으로 유대인을 위한 민족국가의 팔레스타인 수립이 선언되었다. 폴란드는 1917년 8월 성립된 폴란드민족위원회(KNP)가 프랑스·영국·이탈리아·미국의 승인을 받았다.[12]

---

10 강영심, 1988, 「신한혁명당의 결성과 활동」, 『한국독립운동사연구』 2.
11 조동걸, 1986, 「임시정부 수립을 위한 1917년의 '대동단결선언'」, 『한국학논총』 9, 국민대학교 한국학연구소.
12 재미 한인 언론에는 1917년 중반부터 핀란드 독립, 아일랜드 자치 문제가 보도되고 있었다. 「핀란드독립 문제」, 『신한민보』(1917. 7. 19); 「아일랜드자치문제」, 『신한민보』(1917. 7. 26).

제1차 세계대전의 결과 러시아혁명과 제정러시아의 몰락, 멸망한 지 수백 년 된 민족국가들의 독립선언, 식민지의 해방운동, 만국사회당대회, 소약국동맹회 등이 모두 한국 독립운동에 유리하게 전개되고 있다고 판단한 것이다. 이에 기초해 국민주권설에 의한 임시정부 수립이 제창된 것이다. 조동걸은 일제가 파리강화회의 대표 파견이나 3·1운동, 임시정부 수립을 모두 1918년 윌슨의 민족자결주의 제창에 기인한 것이라 규정했지만, 이미 대동단결선언을 중심으로 한 1917년 후반 독립운동계는 강화회의를 예상하고, 국제회의에 대표를 파견하는 연락을 주고받았으며, 임시정부 수립을 계획하고 있었다고 판단했다.[13]

1917년 10월 미국 뉴욕에서 개최된 소약국동맹회에 참가한 박용만은 미국의 영향하에 한국이 새로운 이상을 갖게 되었고, 미국의 이상, 미국의 제도, 미국의 자유와 진정한 민주주의를 배워 "프로이센 군국주의와 같은 일본 제국주의"로부터 해방을 요구했다.[14] 박용만은 이 회의에 24국 대표가 참석하여 세계정세를 논의했으며 제2차 회의는 제1차 세계대전 종전 강화회의에 임박해서 개최하기로 했다고 보고했다.

1918년 초 윌슨의 14개조와 '민족자결주의'가 공표되었지만, 1919년 3·1운동 시점까지도 '민족자결주의' 혹은 '민족자결'이라는 용어가 광범위하게 사용된 것 같지는 않다. 민주주의가 보다 보편적인 용어로 구사되었다. 여운형이 윌슨 대통령에게 쓴 청원서에도 파리강화회의는 언급되지만 민족자결주의는 등장하지 않는다. 여운형은 "천지창조 이래로 인류발생 이래의 대참극 대쟁투인 세계의 대전쟁은 드디어(隨) 그치니(止하니) 악마가 섬멸되고 사악이 세계에서 제구(除驅)"되었다고 쓰고 있다. 미국과 관

13 조동걸, 1986, 위의 논문, 137~142쪽.
14 "A Short Address Delivered at the Congress of Small, Subject and Oppressed Nationalities, Hotel McAlpin, New York, Oct. 9, 1917, By Young M. Park." NARA, RG 165, MID, A1 Entry 65, #1766-1391-44.

련해서 "특별히 대전에 참가한 후 전쟁의 목적이 익익(益益) 정의와 인도와 자유로 전(轉)하였음"이라고 상찬한 후 "구주에서 장개(將開)할 평화회의에서 대통령 윌손씨의 옹호하난 국제연맹 곳 세계의 평화를 유지할 유일 기관을 토의에 부(附)할터임은 차(此)는 세계 역사에 한(一) 신기원을 이룩(作)함"이라고 쓰고 있다.

1918~1919년간 김규식·신규식 등 구(舊) 동제사·신(新) 신한청년당 핵심인물들도 파리강화회의를 향한 기대를 강조했다.[15]

재일 한국인 유학생들도 1917~1918년간 민주주의, 정의·인도, 민족자결주의, 파리강화회의에 대한 기대감을 높이고 있었다. 특히 1918년 11월 제1차 세계대전이 종전된 이후 재일 유학생들의 민족자결주의 및 파리강화회의에 대한 구체적이고 희망에 찬 전망이 이어졌다.[16]

재미 한인사회에서는 제1차 세계대전의 추이에 대한 관심은 지속되었지만, 어떤 면에서는 적극적인 자세보다 방관자적인 태도가 없지 않았다. 1917년 9월 6일·13일 자 『신한민보』 논설은 「한국의 독립과 우리의 주의」인데 원동의 급진주의, 내지의 배일주의, 내지의 친일주의와 비교해 해외의 완진주의를 내세우고 있다. 1918년 11월 제1차 세계대전이 종전되는 무렵에도 대한인국민회의 공개된 중심 관심사는 하와이국민회 내부의 풍파다.[17] 종전 소식이 전해진 후에도 재미 동포의 전란 후 계획으로 농산물 경작과 농산물 시세를 거론하고 있다.[18] 물론 대한인국민회 북미총회는 1918년 11월 소약국동맹회와 파리강화회의 대표 파견 건을 '특별임원회'

---

15 정병준, 2017b, 위의 논문.
16 윤소영, 2018, 「일제의 '요시찰' 감시망 속의 재일한인유학생의 2·8독립운동」, 『한국독립운동사연구』 97, 54~57쪽.
17 「중앙총회장께서 하와이에 보내는 공문」, 「총회 당국에 권고한 글」, 「연합회 당국에 권고한 글」, 『신한민보』(1918. 11. 7).
18 「돌연 찬란하구나, 평화의 영광이 인간에 가득하다, 재미동포의 전란 이후의 계획, 평화는 되더라도 식료는 여전히 요구할 것이로다」, 『신한민보』(1918. 11. 14).

를 통해 결정했지만, 이것이 재미 한인사회 일반에게 공표되지는 않았다. 『신한민보』는 이를 '대한민족의 시국 문제'로 통칭하며 일종의 비밀주의를 유지했다. 독립 문제, 민족 문제를 어떻게 비밀스럽게 해결할 수 있는지는 미상이지만, "시국 문제는 우리가 비밀히 해결할 일" "이런 때 더욱 말조심을 할 일"이라는 대목에서 그 취지를 알 수 있다.[19]

『신한민보』는 "연합군의 승리는 윌손통령의 주의의 승리", "세계 민주주의의 승리", "방언 다른 나라의 민족이 그 운명을 그 의향에 맡겨 결단한다", "헝가리, 폴란드, 보헤미아, 기타 러시아 체코슬라브 민족이 모두 독립"하면 한국, 아일랜드, 인도, 안남은 어찌 되겠느냐, 평화회의에 기대해야 한다는 의견을 정식 기사가 아닌 「남은묵」이라는 잡조에 쓰고 있다.[20] 「민주주의의 승리, 세계의 대세가 변천」이라는 논설은 윌슨의 민주주의에 따라 폴란드, 체코슬로바키아가 소생했으니 우리도 민주주의로 머리를 들고 일어나야 한다고 쓰고 있다.[21]

「대한민족의 시국 문제」라는 논설은 천재일시의 좋은 기회를 만났으니 물질 이익은 얻지 못해도 정신상 이익을 얻을 수 있다며, 평화회의의 처분을 기다리며 소약국민동맹회를 이용해 외교상 민활한 수단을 시험해야 한다며, "외교를 민첩히 하면 한번 손을 뒤침에 능히 나라를 구하는 것이라. 이때 우리는 나아가 기회적 외교정책을 시험하는 것이 당연한 일이라"라고 쓰고 있다.[22] 그러나 1909년 이래 미주에서 무장투쟁을 주장하며 결성된 '애국동맹단' 시도가 실패했다며 "당초 바라기를 어리석게 바라다가 어리석게 낙심"한 것이니 "당초에 바랄 만치 바라고 있을 것"이며 "일시의 외교정책은 오늘로부터 이 다음까지 시험하여 볼 따름이니 이것이 어리석

---

19 「남은묵」, 『신한민보』(1918. 11. 28).
20 「남은묵」, 『신한민보』(1918. 11. 14).
21 「민주주의의 승리, 세계대세가 변천」, 『신한민보』(1918. 11. 21).
22 「대한민족의 시국 문제」, 『신한민보』(1918. 11. 28).

지 않은 우리의 알 만한 처리가 아닌가"라고 쓰고 있다.[23]

즉, 『신한민보』 논설은 파리강화회의보다는 소약국동맹회에 현실적인 기대를 두고 있었다.[24] 또한 대한인국민회의 활동보다는 소약국동맹회에 참석했던 신한회·김헌식의 활동이 더 두드러지게 보도되었다.[25] 파리강화회의와 관련한 윌슨의 공로와 업적, 14개조가 많이 소개되었고, 민족자결주의의 내용도 알려졌지만, '민족자결'이라는 용어는 등장하지 않았고, 중시되지 않은 느낌이 강하다.[26]

전반적으로 파리강화회의 대표 파견 건은 비공개적인 비밀로 취급되었으며, 대한인국민회의 역량과 재정 상황에 맞춰 실현 가능성이 낮게 인식되었고, 그 대표로 선정된 이승만도 자신의 이름을 공개적으로 언급하지 말 것을 요청하는 상황이었다.[27] 『신한민보』를 통해 소약국동맹회 및 파리강화회의 대표 파견 건이 재미 한인에게 공개된 것은 1918년 12월 5일이었고, 사안의 구체적인 내막이 알려진 것은 1919년 1월 16일에 이르러서였다.[28]

---

23 「대한민족의 시국 문제(2)」, 『신한민보』(1918. 12. 5).
24 「소약국민동맹회 규장」, 『신한민보』(1918. 11. 28); 「소약국동맹회, 강령과 결안」, 『신한민보』(1918. 12. 12, 1918. 12. 26). 김려식은 5가지 방책을 제시했는데, 이는 해외 한인 대동단결, 한인 정치잡지 출판(국문·영문), 소약국동맹회 찬조, 소약국동맹회 등 대표 파견, 자본 모집이었다. 「시세변천과 한국(2)」, 『신한민보』(1918. 12. 28).
25 「일미보의 한국 독립 제창을 비평한 것을 논박함, 벽력에 놀란 여우로다」, 『신한민보』(1918. 12. 12, 1918. 12. 19); 「한국 독립 보장 청원 미정부에 제출, 청원서는 상의원 외교위원회에 부탁」, 『신한민보』(1918. 12. 12).
26 한 논설은 윌슨 14개조 가운데 가장 중요한 2개가 자유국의 연방(League of Free Nations), 즉 국제연맹과 해군 저감 문제(Naval Armament)라고 지적했다. 「평화회에 대한 결과를 예언」, 『신한민보』(1918. 12. 26).
27 홍선표, 2017, 「뉴욕 소약국동맹회의와 재미 한인의 독립운동」, 광복 72주년 및 독립기념관 개관 30주년 기념 정기학술회의, 『3·1운동 전후의 국제정세 변화와 한국 독립운동』, 프레스센터 국제회의실(2017. 8. 10), 310~311쪽.
28 「호외」, 『신한민보』(1918. 12. 5); 「우리의 평화회에 대한 여론이 통일한가」, 『신한민보』(1919. 1. 16).

또한 '민족자결주의'라는 용어가 처음 등장하는 것도 1919년 1월 23일 『신한민보』 기사를 통해서였다.[29] 흥미로운 것은 "민족자결(Self-Determination)주의는 곧 백성들이 그 나라 정체(政體)를 자단(自斷)케 하자 함"이라며 아일랜드와 체코슬로바키아의 독립 문제를 설명하고 있다는 점이다. 이 두 나라 문제가 평화회의에 제출될 것인데 이들 나라의 친구는 "세계 인민의 민주와 민족자결주의와 공의와 인도를 위하여 선전하여 승전한 미국"이지만 영국, 이탈리아가 미국의 권고를 따를 리 없고, 일본이 한국을 한인에게 돌려줄 리 없으니 평화회의는 세계의 영원한 평화를 보전케 할 수 없을 것이라는 비관적 결론을 맺고 있다.[30] 전반적으로 재미 한인 사회 내부에서는 파리강화회의, 민족자결주의에 대해 비공개적 준비와 비관적 전망이 주류를 형성하고 있었음을 알 수 있다. 유일하게 윤병구만이 한국군은 제정러시아 시절에는 러시아군과 같이 갈라티아·폴란드에서 싸웠고, 혁명 후 시베리아에서 5~6만 명이 참전했으니 평화회의 참가 자격이 있다고 공개적으로 주장했다.[31]

　　그러던 중 1919년 2~3월경부터 파리강화회의에서 외교를 시도해야 한다는 의견이 공개적으로 표출되기 시작했고, 재미 한인들의 초점도 소약국동맹회에서 파리강화회의로 이동했다. 윤병구는 한국이 동양의 벨기에라며, 한국의 독립과 자유를 얻기 위해 파리강화회의가 한국에 대한 국제연맹의 고문정치를 결정해야 한다고 주장했다.[32] 이는 위임통치론과 유사

29 「민족자결주의에 대하여」, 『신한민보』(1919. 1. 23, 1919. 1. 30).
30 「민족자결주의에 대하여」, 『신한민보』(1919. 1. 23).
31 「평화회와 출석권」(윤병구), 『신한민보』(1919. 1. 23).
32 「동양의 벨지엄」(윤병구), 『신한민보』(1919. 3. 6). "패리쓰 평화회에서 동양 문제 가운데 제일 긴요한 문제를 원만하게 해결할 곧은 길은 곧 평화회에서 국제연맹 위원을 뽑아 한국의 경비로 몇 해 동안 한국정치를 고문하여 주되 그 위원의 계급과 권리는 한국 내각 아래 두어 몇 해 동안을 진실한 권고로 한인의 유신정치를 찬조하되 그 위원의 책임은 순실한 친구와 같이 단순히 한국의 이익을 위하여 일하며 그 위원의 개인상 이익이나 그 위원의 본국의 이익을 위하여 일하지 못하게 하며 한국이 다시 세력범위 안에 있지 않게 함이라. 이와 같은 계

한 주장이다. 다른 논설은 벨기에의 독립(1832), 루마니아·세르비아의 독립(1878), 우크라이나·체코슬로바키아의 독립(1918)이 그 나라 혼자 힘으로 성공한 것이 아니라 "온전히 이웃나라의 동정과 협조를 얻어 가지고 성공한 것"으로 "외교의 효험이 지극히 큰 것"이라고 주장했다.[33] 그러나 실제 파리강화회의 특사로 선정된 정한경은 외교상 규칙에 따라 한국대표가 평화회의에 참석하거나 청원할 수 없을 것이라고 밝혔다.[34]

이상을 정리하자면 해외 한인 독립운동 진영, 그중에서도 재미 한인사회 내부에서는 제1차 세계대전의 추이와 파리강화회의에 대해 이목을 집중하고 있었다. 재미 한인사회는 처음에는 방관적·소극적 입장과 비공개·비밀주의적 입장으로 접근했지만, 지도부 내에서는 파리강화회의 대표 파견을 결정했다. 파리강화회의 대표 파견은 이후 재미 한인의 열렬한 지원을 얻게 되었다. 이들은 파리강화회의라는 기회를 포착해 한국대표를 파리에 파견하며, 체코슬로바키아·폴란드 등이 독립을 획득하는 전후 세계질서 재편 과정에 한국의 독립 문제가 논의되거나 한국의 실정이 알려지길 희망했다. 1919년에 들어서 윌슨의 14개조가 강조되기 시작했으며, 그 가운데 '민주주의'·'방언 같은 민족이 자기 정체를 결정하는(민족자결주의)'가 주요하게 부각되었다.

그런데 여기서 주목할 점은 1918년 11월 말 중국 상해와 미국 샌프란시스코에서 동시에 파리강화회의에 파견할 특사를 선발하였다는 사실이다. 태평양을 사이에 둔 중국과 미국 내 한국 독립운동 세력이 보여준 믿기 힘든 역사적 동시성이자 시대정신의 표출이었다. 시대의 힘이 전 세계 한국 독립운동 세력을 관통하는 순간이었다. 이들은 제1차 세계대전 종전,

획으로 한일 간의 관계를 원만히 해결하고 장차 영원한 평화를 유지하며 원동의 균등이익을 얻음이라 하노라."
33 「대한독립에 대하야」, 『신한민보』(1919. 3. 13).
34 「청원을 거절, 외교의 규측이 평화회에 참석을 허락지 않음」, 『신한민보』(1919. 3. 25).

파리강화회의, 약소국의 독립, 민족자결주의, 외교 등에 주목했고, 한국대표를 선발하고 실제로 파견함으로써 3·1운동이라는 민족적·역사적 대에너지를 끌어올리는 역할을 할 수 있었다.

(2) 국내의 파리강화회의 인식

일본은 제1차 세계대전에 연합국의 일원으로 참전했고, 승전국 지위였기 때문에 세계대전의 전개 과정과 파리강화회의에 대한 상세한 보도를 이어갔다. 특히 전황의 전개 과정에 대해서는 신속하고 상세하게 보도했다. 총독부 기관지 『매일신보』에는 제1차 세계대전의 전개 과정, 파리강화회의에 대한 다양한 정보가 실렸다. 『매일신보』에 실린 파리강화회의와 관계된 기사는 1918년부터 1919년 1~3월 사이에 100건 이상이었다. 당시 국내에는 총독부 기관지 『매일신보』의 통제된 정보 외에도 일본 본토에서 간행되는 다양한 신문, 잡지, 정보들이 유입되고 있었기 때문에 지식계층을 중심으로 제1차 세계대전의 전개 과정과 파리강화회의, 윌슨의 14개조 등에 관한 정보가 충분히 전파되었을 것이다.[35]

민족자결주의 등에 대해서도 충분하지는 않지만 『매일신보』를 통해 정보가 전달되었다. 『매일신보』는 이미 1918년 1월 11일 자에 윌슨의 14개조를 설명하며 "7. 민족의 대소를 불문하고 균일히 정치상의 독립 및 영토 보전을 보장할 것", 10월 24일 자에는 "제14조 열국은 국가의 대소를 불문하고 총(總)히 그 독립과 보전을 보호하기 위하여 특종의 맹약을 체결할

---

[35] 『오사카마이니치』를 예로 들면, 일제 시기 이 신문은 조선 내 경성, 부산, 대구, 평양, 원산에 통신원을 상주시켰고, 부산과 경성에는 10여 명 내외의 사원이 상주하는 지국을 설치하고 있었다. 윤소영, 2017, 「3·1운동기 일본신문의 손병희와 천도교 기술」, 『한국독립운동사연구』 57, 7~8쪽.

것" 등의 내용을 보도하고 있으며, 1918년 11월 5~6일에는 민족자결과 민족해방이 조선과 무관하다는 사설을 싣고 있다.[36] 윌슨의 민족자결주의를 맹자의 평화주의와 비교하는 논설이 실릴 정도로 민족자결주의에 대해서 관심을 보였다.[37]

그런데 3·1운동 발발 이후 『매일신보』는 「민족자결주의의 오해」라는 대표적인 논설을 게재했다.[38] 이 논설은 윌슨의 민족자결주의에 대한 오해가 만연하다며, 이는 패전국에 해당하는 것이지 승전국이나 중립국에 해당하는 것이 아니다라고 거칠게 비판했다. 미국이 인디언, 하와이, 필리핀의 자치나 독립을 허용하지 않고, 영국도 인도 등 식민지를 포기하지 않을 것이기에, 일본도 '동조동근'(同祖同根)으로 내지와 상호 분리할 수 없는 조선을 포기할 수 없다는 것이다. 아마 이 기사는 일본정부 차원의 대응책이었던 것으로 보이는데, 샌프란시스코에서 간행되는 일본계 신문 『일미보』(日米報) 역시 같은 시기 민족자결주의가 전 세계에 적용되는 것이 아니라 독일, 오스트리아-헝가리 이중제국, 러시아 서부 영토에 "역사적 민족이 자치운동을 행하는 방면"에만 적용되며, 일본 식민지에는 적용되지 않는다고 보도했기 때문이다.[39]

이러한 상황 속에서도 국내 여론 주도층에게는 1차 대전 종전 이후 파리강화회의, 윌슨의 민족자결주의, 상해와 샌프란시스코의 파리강화회의 대표 파견 등의 소식이 직간접으로 전해졌다. 3·1운동 지도부였던 권동진, 오세창, 최린, 이승훈, 박희도 등은 일제 심문 과정에서 모두 『매일신보』에서 민족자결에 관한 기사를 보고 조선도 민족자결에 근거해 독립을 도모해

---

36 나가타 아키후미, 2008, 위의 책, 118~119쪽.
37 「米統의 국제연맹과 孟子의 평화주의, 讀賣新聞 所論」, 『매일신보』(1918. 12. 21).
38 「사설: 민족자결주의의 오해」, 『매일신보』(1919. 3. 6).
39 「논설: 일미보 기자는 색안경을 꼈는가? 한인더러 역사가 없다고=아메리카 홍인종 같다고」, 『신한민보』(1919. 3. 6).

야 한다고 생각하게 되었다고 진술했다.⁴⁰ 국내를 대표하는 여론 주도층이 었던 윤치호의 기록에 따르면 국내외 주요 정보들이 거의 실시간으로 전달되는 상황이었다. 『윤치호일기』의 몇 장면을 살펴보자.

□ 1918년 12월 19일

윤치호는 김헌식 등이 윌슨 대통령과 미 상원 외교위원회에 한국 독립을 청원한 사실을 보도한 영자지 『재팬애드버타이저』(Japan Advertiser) 기사를 보았다. 윤치호는 이들을 멍청이라고 부르며, "내 생각으로는 미국에 있는 일부 작자들이 가난한 하와이 노동자(조선인)들의 비용으로 워싱턴이나 파리를 방문하고 싶은 것 같다"라고 비난했다.⁴¹ 『재팬애드버타이저』는 1918년 12월 15일 「한국인들 독립을 주장」(Korean Agitate for Independence)이라는 기사를 싣고 김헌식의 신한회가 미국 대통령, 상원에 한국 독립을 요청하는 청원서를 제출했다고 보도했으며, 12월 18일 「약소국들 승인을 요청」(Small Nations Ask to be Recognized)이라는 기사에서 소약국동맹회에 참석한 한국대표가 다른 나라 대표들과 함께 파리강화회의에 관련하여 민족자결을 주장했다는 기사를 실었다.⁴² 윤치호가 본 것은 12월 18일 자 기사로 김헌식 등이 파리강화회의에서 한국의 민족자결을 주장하기로 했다는 기사였다. 서울의 윤치호는 거의 실시간으로 재미 한인의 독립운동 소식을 인지하고 있었다.

---

40 「권동진검사신문조서」(1919. 3. 10), 市川正明 編, 1983, 『三·一獨立運動』 1, 原書房, 124쪽; 「이승훈지방법원예심신문조서」(1919. 4. 21), 市川正明, 1983, 위의 책, 288쪽; 「박희도지방법원예심신문조서」(1919. 4. 23), 市川正明, 1983, 위의 책, 298쪽; 이상 나가타 아키후미, 2008, 위의 책, 121쪽에서 재인용.
41 『윤치호일기』(1918. 12. 19).
42 신용하, 1979, 「3·1독립운동 발발의 경위-초기 조직화 단계의 기본과정」, 윤병석·신용하·안병직 편, 『한국근대사론 II』, 지식산업사, 59~60쪽.

□ 1919년 1월 16일

윤치호는 재미 한인들이 안창호를 파리평화회의에 파견하기 위해 1만 엔을 모금했으며, 재러 한인들이 하상기(河相驥)의 사위를 파리에 파견하기 위해 5천 엔을 모금했고, 서울의 권 모도 동일한 임무를 띠고 출발하려 한다는 소식을 들었다.[43] 대한인국민회의 파리강화회의 대표 파견과 그를 위한 자금 모금 사실이 윤치호에게 전해진 것이다. 윤치호는 가장 현명한 방법은 침묵을 지키고 현존 권력을 공격하지 않는 것인데, 인도가 1차 대전 중 인력과 자금으로 영국의 전쟁을 후원했기에 영국의 감사와 동정을 얻었다며, 일본인들의 선의를 먼저 획득해야 한다고 평가했다.[44]

윤치호는 파리강화회의 특사로 선정된 이승만, 정한경 대신 안창호를 거론했지만, 그가 대한인국민회 중앙총회장의 책임을 맡고 있었으므로 크게 틀린 정보는 아니었다. 하상기의 사위는 중국에서 활동하던 김진용(金晉鏞)으로, 일본 유학 중 중국 혁명가들과 인연을 맺고 신해혁명 이후 중국 혁명에 동참했던 인물이다. 일본 메이지대학 법률전문과 유학생으로 조소앙과 동창이며, 중국 망명 후 동제사와 밀접한 관계를 맺었다.[45] 김진용은 한성정부가 선포될 때 평정관으로 임명되었으며, 이후 임시정부에서 일했다. 그의 장모 하란사는 의친왕과 친분이 있었으며, 3·1운동 시기 북경에서 독립운동을 논의하려다 스페인독감으로 사망했다. 국내 유력인사들에게 해외 한인 독립운동 진영의 미세한 움직임이 시시각각 전달되고 있었음을 알 수 있다.

---

43 『윤치호일기』(1919. 1. 16).
44 『윤치호일기』(1919. 1. 16).
45 정원택, 『지산외유일지』(志山外遊日誌), 독립운동사편찬위원회, 1974, 『독립운동사자료집』 8 (임시정부사자료집), 원호처, 388쪽; 강영주, 1999, 『홍명희연구』, 창작과비평사, 104~117쪽.

□ 1919년 1월 17일, 1월 28일, 2월 5일

신흥우, 최남선, 이상재는 윤치호에게 유럽 방문, 파리강화회의 참가를 권유했다. 1월 17일 신흥우는 윤치호에게 유럽 방문을 원치 않느냐고 문의했다. 신흥우는 "소약국"(Small Nations) 문제를 언급했는데, 이는 1918년 12월 뉴욕에서 개최된 소약국동맹회의에서 국민회·신한회 등 한국대표단의 활동을 의미하는 것으로 보인다. 윤치호는 평화회의가 세계대전과 관련한 약소국 문제는 논의하겠지만, "한국 같은 나라를 위해 뒷문을 열지는 않을 것"이라고 했다.[46] 1월 28일 최남선은 윤치호에게 유럽으로 여행을 가라고 설득하며 "우리가 뭔가 해야 한다"고 설득하려 했다.[47] 윤치호는 '최남선 같은 일부 한국인'을 멍청이라고 평했다. 한국이 싸우지 않는 한 독립을 얘기하는 것은 소용없고, 일본과 무력으로 싸우지 않는 한 한국의 독립은 불가능한데 미국이나 영국은 일본과 전쟁할 가능성이 없다고 썼다.[48] 2월 5일 이상재는 윤치호가 파리에 가서 세계 지도자들에게 한국의 상황을 알려야 하는데 가지 않는다는 비판이 있음을 지적했다.[49]

  □ 1919년 1월 18일

중앙학교 교장 송진우는 윤치호에게 국제연맹이 곧 출범해 소약국들에게 자결권을 줄 것이고, 한국에도 자치권이 부여될 것인데, 이러한 이상적 조치들이 반대에 부딪히면 미국은 전쟁을 선포할 것이라고 주장했다.[50] 윤치호는 한국 문제는 평화회의 의제가 되지 못할 것이며, 미국이 한국 독립을 위해 전쟁을 하는 것은 상상할 수 없는 일이라고 답했다.

---

46 『윤치호일기』(1919. 1. 17).
47 『윤치호일기』(1919. 1. 28).
48 『윤치호일기』(1919. 1. 29).
49 『윤치호일기』(1919. 2. 5).
50 『윤치호일기』(1919. 1. 18).

1918년 말부터 1919년 3월까지 『윤치호일기』에 나타나는 상황을 종합하면, 윤치호를 비롯한 한국 여론 주도층에게 재미 한인의 파리강화회의 대표 파견 시도, 김헌식의 소약국동맹회 활동과 독립 청원서 송부, 국제연맹 출범과 민족자결주의 등의 소식이 알려져 있었던 것을 알 수 있다. 나아가 윤치호를 국내 대표로 파리강화회의에 파견하려는 지속적인 시도가 있었음을 알 수 있다. 특히 윤치호에게 파리강화회의행을 권고한 신흥우, 최남선, 이상재, 송진우 등은 모두 3·1운동의 표면과 이면에서 중요한 역할을 수행한 인물들이었다. 국내 주요 인사들도 재미 한인의 파리강화회의 대표 파견 시도에 적지 않게 공감·공명하며 윤치호를 한국대표로 파견하려고 시도했던 것이다.

  이상재는 이승훈·함태영·이갑성·최남선 등으로부터 천도교 대표(손병희)와 함께 기독교계 대표(이상재·윤치호)와 귀족 대표(박영효) 자격으로 3·1선언에 참가해 달라고 권유받았지만 거절했다.[51] 현상윤·김병제의 회고에 따르면 최남선이 이상재·윤치호를, 손병희·송진우가 박영효를 설득하기로 했지만 세 사람 모두 거절했다.[52] 이상재는 제1회 독립운동에는 이름을 내지 않고 계속 독립운동을 진행하기로 내락한 후, 독립 청원을 위한 동경행에는 찬성한 것으로 알려져 있다. 이규갑·이갑성에 따르면 이상재는 3·1독립선언문 초안을 검토·수정했으나, 일제와의 담판 대표로 내정되어 전면에 내세워지지 않았다.[53] 이상재는 3·1운동기 여운홍에게 상해로 가라고 지시했고, 상해로 파견된 현순은 민족대표로 손병희·길선주·이상재를 꼽았다.[54]

---

51 「이상재신문조서」(1919. 5. 23), 『한민족독립운동사자료집』 16, 국사편찬위원회, 13~16쪽.
52 현상윤, 1950, 「삼일운동발발의 개략」, 『신천지』 3월호, 49~50쪽; 김병제, 1946, 「삼일운동실기」, 『개벽』 4월호, 48쪽.
53 이갑성, 1950, 「삼일당시를 회상하며」, 『민성』 3월호, 9쪽; 「이갑성의 증언」(1969. 1. 15), 김양선, 1969, 『삼일운동과 기독교계』, 『삼일운동50주년기념논집』, 동아일보사, 253~255쪽.
54 여운홍, 1949, 「헐버트박사와 나」, 『민성』 10월호, 60~61쪽; 여운홍, 1967, 위의 책, 30~

신흥우는 파리강화회의에 한국대표로 출석하라는 압력을 피해 평양 기홀병원에 입원했지만, 이후 미국으로 건너가 이승만에게 한성정부 관련 문건을 전달했고, 3·1운동을 소개한 『한국의 갱생』(The Rebirth of Korea) 을 집필했다.55 이상재와 신흥우는 모두 3·1운동기 기독교계·YMCA의 핵심인물이었는데, 이 두 사람이 모두 윤치호에게 파리행을 권유했다.

그러나 윤치호는 시세에 적응해서 현실을 강하게 인정하는 쪽으로 입장을 굳힌 지 오래였다. 윤치호는 양기탁이 중국에서 반일 음모로 체포되었다는 소식을 전해 듣고(1918. 12. 18) "멍청한 양기탁!", "벽돌담을 차봐야 소용없다", "빌어먹을 멍청이", "그런 부류는 '애국자'가 아니라 인민의 애국적 정서에 기생해 그들로부터 돈이나 쌀을 강탈하는 강도적 삶을 사는 부류"라고 비난했다.56 신흥우가 평양 기홀병원에 입원해 모종의 임무를 담당하기로 하자, 윤치호는 신흥우가 독립운동을 기획하기보다는 일제 당국의 밀정으로 평양 사정을 염탐하러 갔을 것이라고 적기도 했다.57 심지어 윤치호는 신흥우가 친일파 해리스 감독과 파리에 가서 친일 홍보를 하는 대가로 연 3만 원 상당의 어장을 받기로 했다는 소문, 고종을 독살시킨 윤덕영, 이완용 무리와 함께 일본의 조선 통치에 만족한다는 서한에 서명했다는 소문을 적시하며, 신흥우에 대한 대중의 분노가 극에 달했다고 기록하기까지 했다.58

윤치호는 역사의 분수령이 되는 3·1운동의 거대한 조류가 밀려 오고 있었지만, 극히 '이성적 판단'으로 독립운동 지도자와 한국인들의 우매함을 꾸짖는 역할을 자임했다. 그는 스스로 자신의 역사적 평판을 결정지었

34쪽; 정병준, 2005, 『우남이승만연구』, 역사비평, 288~289쪽.
55 정병준, 2005, 위의 책, 289~290쪽.
56 『윤치호일기』(1918. 12. 18, 1918. 12. 22).
57 『윤치호일기』(1919. 2. 10).
58 『윤치호일기』(1919. 2. 24, 1919. 3. 4, 1919. 3. 13).

으며, 거기에는 어떠한 반성이나 후회가 없었다. 3·1운동이 시작되자 윤치호는 가능한 한 많은 일본인 유력자들과 만나 (1) 조선의 독립 문제는 파리강화회의에 상정될 기회가 없다, (2) 미국이나 유럽 열강이 조선 독립을 지지해 일본과 맞설 가능성은 없다, (3) 독립이 주어져도 조선은 독립을 유지할 준비가 안 되어 있다, (4) 약소민족이 강한 민족과 함께 살려면 강자의 호감을 사는 수밖에 없다는 이야기를 지속적·반복적으로 강조했다.[59]

윤치호는 몽골, 카이로 등지에서 독립운동이 전개되는 것을 보고 독립운동이 일종의 정치적 인플루엔자라고 비아냥대며,[60] 독립운동에 참가한 기독교계 목사와 학생들은 잘못된 길에 들어선 '정직한 사람'들이지만 손병희·오세창 같은 천도교 지도자들은 가난하고 무지한 신도들로부터 수백만 원을 사취한 사기꾼이라고 비난했다.[61]

재미 한인의 소약국동맹회 및 파리강화회의 청원 소식 등은 윤치호뿐 아니라 3·1운동기 서울지역 학생운동 지도부 등에도 잘 알려져 있었다.[62] 연희전문학교의 김원벽(金元璧)은 학생운동의 지도적 역할을 담당했는데, 이미 1918년 11월 말에 재미 한인의 소약국동맹회 및 파리강화회의 청원에 대해 알고 있었다.[63] 김원벽과 노준탁(盧俊鐸)은 1차 대전 휴전조약이 성립한 것은 미국 참전의 결과로 제국주의는 완전히 패배하고 전 세계는 민주주의에 의해 지배될 것이라며 다음과 같은 전망을 내놓았다.

미국 샌프란시스코에서 25개 약소국회의가 개최되자 재미 동포들은 박용만과 안창호를 대표자로 파견했고, 윌슨에게 조선의 구원을 호소하

---

59 『윤치호일기』(1919. 1. 16, 1919. 3. 2, 1919. 3. 6).
60 『윤치호일기』(1919. 3. 27).
61 『윤치호일기』(1919. 4. 20).
62 이하 서술은 정병준, 2005, 위의 책, 280~283쪽.
63 정세현, 1979, 「3·1학생독립운동」, 윤병석·신용하·안병직 편, 『한국근대사론 II』, 지식산업사, 142~145쪽; 「예심종결결정서」(金炯璣 등 학생단), 『독립운동사자료집』 5, 69~70쪽.

니 대통령도 다대한 동정을 보였다. 향후 강화회의에서 대통령은 자신의 주장인 정의인도주의에 따라 조선을 위해 진력할 것이다. 이에 따라 우리들의 희망인 자유평등한 공화정치를 구가할 날도 멀지 않았다.[64]

1918년 11월 말 서울에서는 파리강화회의에 소약국동맹회 참가국도 출석하는데 한국대표로는 하와이의 이승만이 참가하며 황해도 어떤 부호가 이미 3만 원의 경비를 조달했다는 소문이 퍼져 있었다.[65] 1919년 2월 평남 경찰부장은 재미 한인이 파리강화회의에 대표를 파견해 독립운동을 벌인다는 소문이 있으며, 그 주역은 윌슨 대통령의 친구인 이승만이라고 한다는 기독교인들의 발언을 보고했다.[66]

뉴욕 소약국동맹회를 중심으로 벌어진 김헌식의 활동은 1918년 12월 4일 연합통신사를 통하여 세계 언론기관에 배포되었고,[67] 일본에서는 12월 15일 자 일간지와 영자지가 모두 이 소식을 전했다.[68] 12월 18일 자 『재팬애드버타이저』는 한국대표를 포함한 소약국회의 각국 대표들이 윌슨 대통령에게 청원서를 보냈다고 보도했고, 국민회의 강력한 청원운동이 본궤도에 들어가자 미국은 물론 일본 신문도 이를 보도하지 않을 수 없게 되었다.[69]

이와 관련하여 재미 역사학자 방선주는 다음과 같이 평가했다.

---

64 「時局ト鮮人ノ言動」(高警 3583號, 京城民情彙報, 1918. 11. 30), 姜德相 編, 1966, 『現代史資料』 25, みすず, 65~66쪽.
65 위의 京城民情彙報(1918. 11. 30). 정보보고.
66 「朝鮮獨立運動說ニ對スル鮮人ノ感想」(高警 2802號, 地方民情彙報, 1919. 2. 5), 姜德相 編, 1966, 『現代史資料』 25, みすず, 68~69쪽.
67 『신한민보』(1918. 12. 12).
68 『요로즈조보』(萬朝報), 「鮮人獨立運動說」; 신용하, 1977, 위의 논문, 방선주, 1988, 위의 논문.
69 방선주, 1989b, 위의 논문.

3·1운동의 폭발은 성숙한 여건하에서 조만간 국내 어디서건 쌓였던 분노가 터질 수 있는 것이었지만, 좌우간 재미 한인의 운동이 기화점(起火点)이 되었음은 사실일 것이다. 즉, 1918년 11월 25일 안창호는 국민회 중앙총회를 소집하여, 이승만·정한경·민찬호를 뉴욕에서 12월 14일 개최될 소약국동맹회에 참여시켜, 제1차 세계대전의 종전과 전후 처리에 발을 맞추어 한국의 독립을 열강에 호소할 것을 결정하고, 또 대대적인 모금운동에 나섰다. 또 뉴욕에 본거를 둔 김헌식(金憲植)의 신한회는 11월 30일 회의를 열고 소약국회의 참석은 물론, 미 대통령·국무부·상하원에 제출할 청원문을 만들어 활동을 선취(先取)했고, 12월 4일의 미 연합통신은 이 일련의 활동을 보도하였다. 세계의 이목이 집중하는 미국에서의 두 단체의 활동은 곧 신문 매체를 통하여 전 세계의 신문들에 보도되어 나갔다.

이러한 재미 한인의 활동에 고무를 받아 동경에 유학 중이던 한인 학생들이 1월 7일 간다의 YMCA회관에서 토론회를 열다가 경관대와 충돌한 사건이 일어났다. 『재팬 위클리 크로니클』(Japan Weekly Chronicle) 신문은 재미 한인의 독립청원운동에 자극되어 일어났다고 썼고, 이어서 2·8선언이 터지고 2월 19일의 일본 제국의회에는 이 선언이 한국 내에 일으킬 충격에 대하여 대책을 숙의하였다. 결국 재미 교포들의 단체가 거룩한 3·1운동의 도화선에 점화했던 것이다.[70]

흥미로운 것은 김헌식의 활동이 『재팬애드버타이저』·『오사카아사히신문』등 일본 언론에 알려지고 이것이 동경 유학생과 서울의 여론 주도층

---

70 방선주, 1989a, 위의 책, 28, 215, 321쪽; 방선주, 1988, 위의 논문, 484~495쪽; "Question about Foreign Missionaries/Some Searching Criticism/Unifying thought in Korea," *The Japan Weekly Chronicle*, February 26, 1919.

에 영향을 끼쳤지만, 정작 국내에서는 김헌식의 이름은 거론되지 않고 이승만, 안창호 등의 이름이 부각되었다는 점이다. 활동은 김헌식이 했지만 명성은 이승만과 안창호가 얻게 된 것인데, 국내와의 연계·관계 형성이 평판을 좌우한 것이었다.

또한 이승만, 안창호, 김헌식 등 재미 한인 지도자들이 동경과 서울의 여론 주도층에 영향을 끼쳤지만, 실제로 파리강화회의에 대표를 파견한 것은 상해 청년들이 조직한 신한청년당이었다. 한국의 유력자이자 저명인사였던 윤치호는 파리강화회의의 적격자로 많은 사람의 권유를 받았지만 독립운동을 냉소적인 태도로 비난하는 데 그쳤던 반면, 무명의 여운형은 크레인을 만나 청원서를 전달하고, 신한청년당을 조직해 김규식을 대표로 파리에 도달하게 하는 데 성공했다. 나아가 김규식은 전력을 다해 파리강화회의에서 할 수 있는 최선의 노력을 경주했다. 역사의 파도가 밀려올 때 어떤 이는 수수방관하고 비난하는 태도를 취한 반면, 다른 어떤 이는 적극적 행동을 취함으로써 자신과 민족의 운명을 바꾸었다. 시대와 역사의 주인공이 될 것인가, 배신자가 될 것인가는 스스로가 선택한 자신의 운명이었다.

3   벼락정당 신한청년당 창당과 김규식 이사장

(1) 신한청년당 창당과 김규식 이사장

김규식은 1918년 12월 이전 신한청년당 대표로 선정되어 파리행이 결정되었다. 이와 함께 신한청년당 주역들은 국내외로 파견되어 김규식의 파리행을 알리고 선전 활동과 자금 모집을 시도했다. 신한청년당 특사 김규식은 파리로 파견되었고, 여운형은 간도·노령으로, 장덕수는 일본으로, 선우혁·김철은 국내로 파견되었다. 신한청년당 주역들은 국내외 각지로 파견된 밀사이자 특사였으며, 이들은 3·1운동의 주역이자, 독립운동의 선구자로 변신했다.

　김규식을 파리특사로 파견한 신한청년당은 1918년 11월 28일 여운형이 윌슨 대통령에게 청원서를 쓰는 시점에 이미 조직된 상태였다. 여운형은 1929년 일제에 체포된 후 심문 과정에서 신한청년당 창당과 관련해서 여러 차례 진술했다. 창당 후 십여 년 뒤 진술이었다. 여운형의 진술에 따라 신한청년당 창당일에 대해 1918년 8월설, 1918년 11월설 등의 논란이 생기기도 했다.[71] 여운형은 다음과 같이 진술했다.

- 1918년 8월 조직에 관한 진술
(1) 1918년 8월 나 외에 장덕수, 조동호, 김철, 선우혁, 한진교 등 6명으로, 상해 프랑스 조계 백이부로 25호에서 조직하여, 그 후 당원 14, 15명을 모집하였다.[72]
(2) 나, 장덕수 이외의 조동호, 김철, 선우혁, 한진교 등이 발기하고 1918년 6, 7월경에 조직했다. 목적은 조선 독립뿐만 아니라 더 나아가서 풍속, 문화, 도덕 등을 새롭게 하기 위해 20세 이상 40세 이하의 사람을 입당시키는 것으로, 터키청년당을 모방하여 표면단체로 운동하였다.[73]
(3) 나는 장덕수와 김철, 선우혁, 한진교, 조동호를 불러 1918년 8월 하순경 상해 프랑스 조계 백이부로 25호의 우리 집과 동 프랑스 조계의 모 중국요리점에 전후 2회 회합하여 의논한 결과 조선의 독립을 모의할 목적으로 신한청년당이라는 결사를 조직하여 당의 발전책에 부심하던 중이다.[74]

- 1918년 11월 조직에 관한 진술
(1) 신한청년당의 모의를 시작한 것은 1918년 8월 무렵이지만, 신한청년당이라는 명칭이 생기고 명실공히 조직된 것은 1918년 11월 무렵이

---

[71] 신용하는 1918년 8월 조직·11월 확대강화설을, 김희곤은 1918년 11월 조직설을 주장했다. 신용하, 1986, 위의 논문, 96쪽; 김희곤, 1986, 위의 논문, 151쪽. 신한청년당에 대해서는 신용하, 1986, 위의 논문; 김희곤, 1986, 위의 논문; 김희곤, 1988, 「신한청년당」, 『한민족독립운동사』 3, 국사편찬위원회; 강덕상, 2007, 위의 책; 강영심, 2008, 「제3장 대동단결선언과 신한청년당」, 『한국독립운동의 역사 17. 1910년대 국외항일운동 II - 중국·미주·일본』, 독립기념관 한국 독립운동사연구소.
[72] 「피의자신문조서(제2회)」(1929. 8. 1. 경성지방법원 검사국), 『몽양여운형전집』 1, 469~470쪽.
[73] 「피의자신문조서(제5회)」(1929. 8. 5. 경성지방법원 검사국), 『몽양여운형전집』 1, 505~511쪽.
[74] 「(공판조서) 피고인신문조서(제1회)」(1930. 2. 22. 서대문형무소), 『몽양여운형전집』 1, 559~560쪽.

다. 〔예심의 진술과 조동호의 진술은 1918년 8월이지만〕 조직된 것은 1918년 11월이었고, 그 이전에는 준비 중이었다.[75]

(2) 〔1918년 8월 하순경에 상해 프랑스 조계의 중국 요리점에서 신한청년당을 조직했다는 진술과 관련해〕 즉심에서 그러한 공술을 한 적은 없다. 신한청년당을 조직했던 것은 사실이지만 그것은 동년 11월 하순의 일이다. 따라서 당시는 아직 내부조직도 만들 수 없었고, 1919년 1월이 되어서야 비로소 내부간부도 갖추어져 조직이 정비되었다. 그 점에 대해서는 경찰 이래 검사정 및 예심정에서도 동일하게 말했다. 내가 한 종래의 진술이 지금 심문하는 대로 되어 있다면 그것은 통역관계상 무언가 잘못된 것이다. 나는 결코 공술을 바꾸지는 않는다.[76]

여운형은 경찰·검찰의 심문 과정에서 1918년 8월 이래 장덕수, 조동호, 신석우 등 핵심동지들과 함께 터키청년당을 모방해 신한청년당을 조직했다고 진술했지만, 공판 과정에서 이런 진술 사실을 부인하고 신한청년당 창당이 1918년 11월이었다고 확실히 정정했다.[77] 여운형에 따르면 1918년 8월경은 준비 단계였으며, 실제 창당은 11월이었고, 그 시점에도 내부조직을 만들 수 없어서, 1919년 1월에 조직을 정비했다는 것이다. 즉, 1918년 11월 크레인을 만난 시점에 급히 신한청년당을 조직했지만, 내부조직도 만들 수 없는 상황이었다는 얘기다.

한편, 신한청년당의 공식 기관지인 『신한청년』(新韓靑年) 중국어판 창간호는 당의 창당 일자가 1918년 11월 28일이라고 밝히고 있다.[78] 윌슨 대

---

75 「공판조서(제1회)」(1930. 6. 2. 경성복심법원 법정), 『몽양여운형전집』 1, 626쪽.
76 「공판조서」(1930. 4. 9. 경성지방법원 공개법정), 『몽양여운형전집』 1, 600~602쪽.
77 「공판조서(제1회)」(1930. 6. 2. 경성복심법원 법정), 『몽양여운형전집』 1, 626쪽.
78 「本黨紀略」, 『新韓靑年』(중국문), 창간호(1920. 3. 1), 77쪽.

통령에게 청원서를 쓴 날짜가 창당일임을 밝힌 것이다. 또한 여운형의 동생 여운홍은 청원서 제출을 위해 신한청년당이 벼락정당·급조정당으로 만들어졌다고 회고했다.[79]

이런 사실을 종합하면 여운형은 1918년 여름부터 장덕수, 김철, 선우혁, 한진교, 조동호 등과 긴밀한 연관을 맺고 있었으며, 크레인 청원서 제출을 계기로 1918년 11월 28일 신한청년당을 공식 조직한 것으로 판단된다. 여운형은 20세 이상 40세 이하의 사람들로 당원을 구성했는데, 상해 주재 터키청년당의 일원인 아멜 베이(Armel Bey)로부터 터키청년당과 관련한 얘기를 듣고 이를 모방했다고 한다.[80]

여운형은 신한청년당의 당헌과 조직체계가 1919년 1월경에 확정되었다고 했는데, 김규식이 파리로 떠나고 여운형 등 핵심당원이 국내외로 파견되는 1919년 2월 1일 이전에 조직체계가 완비되었을 것이다. 김규식이 이사장으로 추대되었고, 총재는 공석으로 두었다. 국내 지도자였던 손병희를 총재에 추대하자는 의견이 있었지만 교섭에 이르지 못했다는 것이다.[81] 조직체계는 총재-이사장-이사-직원(서기·사무원)의 구조였다. 김규식이 이사장을 맡고, 그 밑에 서무부(이사 서병호), 교제부(이사 여운형), 재무부(이사 김인전)를 두었다.[82] 크레인에게 청원서를 쓸 때 임시로 총무 직제를 설치했다가 곧 폐지했다.

그렇다면 왜 신한청년당을 실제로 조직한 여운형 대신 김규식이 이사장에 선임된 것일까 하는 의문이 생긴다. 이는 김규식과 여운형 간 초기 관계 및 중국 내 입지의 차이 때문이었을 가능성이 높다. 여러 가지 이유와

---

79 여운홍, 1967, 위의 책, 26쪽.
80 「피의자신문조서(제5회)」(1929. 8. 5. 경성지방법원 검사국),『몽양여운형전집』1, 505~511쪽. 터키청년당에 대한 추가 정보는 현재 확인되지 않는다.
81 「피의자신문조서(제2회)」(1929. 8. 1. 경성지방법원 검사국),『몽양여운형전집』1, 467~470쪽.
82 「피고인신문조서(제2회)」(1930. 2. 27. 서대문형무소),『몽양여운형전집』1, 563쪽.

배경을 생각해 볼 수 있다.

첫째, 김규식과 여운형은 1900년대 중반 흥화학교 총교사와 학생, YMCA의 한국인 이사와 학생의 관계였다. 첫 만남과 관계에서 김규식과 여운형은 선생과 학생의 위계를 가졌다. 김규식에게 여운형은 처음 만났을 때의 미숙한 학생 또는 자신의 기준에 미치지 못하는 국제적 감각과 언어 능력을 가진 사람으로 비쳤을 가능성이 있다.

둘째, 여운형에게 큰 영향을 끼친 여씨 집안의 족숙 여병현은 김규식과 같은 시기 도미한 유학생 출신이었으며, 계몽운동 시기 다양한 단체에서 함께 활동했다. 국내 사회 활동에서 김규식은 여운형의 집안 어른 여병현과 같은 등급의 도미 유학생 출신 계몽운동가였다. 반면, 여운형은 아직 학생 신분이었으며, 평양 신학교를 졸업한 후 교회 전도사로 일했다. 국내 사회 활동에서 두 사람의 위상이 달랐던 것이다.

셋째, 중국 내 활동에서도 김규식은 1913년 이래 동제사를 비롯한 한국 독립운동 진영의 지도자였던 반면, 여운형은 동제사의 예비교육을 받고 남경 금릉대학에서 수학했으며 1917년 상해로 내려온 후에야 상해 한인 교민사회에서 활동을 시작했다. 여운형이 중국 유학 이후 영어와 중국어를 구사하고, 도미 유학생을 알선하는 상해 기반의 국제적 활동을 펼쳤으나, 김규식은 이미 미국 유학을 마친 사회 중진이자 어학 천재였으며, 여운형이 알선하는 도미 유학의 방도를 처음 마련한 사람이었다. 게다가 김규식은 동제사, 1915년 신한청년당, 1917년 대동단결선언 등 중국 내 한국 독립운동에 깊숙이 관여한 반면, 여운형과 몇몇 청년들이 조직한 신한청년당은 신생 조직이었다. 즉, 중국 내 활동의 연륜과 관계망에서 김규식의 입지가 여운형보다 훨씬 두터웠다.

넷째, 이러한 측면에서 김규식은 신한청년당의 파리강화회의 대표로 선임되면서, 동시에 신한청년당 이사장 직함을 맡게 된 것으로 생각된다. 재중 한국 독립운동 진영의 선배로서 김규식의 입장을 고려하고, 여운형-

김규식의 사적 연원을 생각해서 김규식이 신한청년당 이사장으로 추대된 것으로 볼 수 있다. 김규식과 여운형을 연결한 것은 동제사로, 신한청년당의 핵심 중 동제사 출신이 상당수였다. 김규식은 파리강화회의의 기회와 대표 파견이라는 임무의 중요성을 인지하고 여운형과 신한청년당의 초대를 수용했으나, 여운형이나 신한청년당의 공로에 대해 높게 평가하거나 그들의 이름을 칭송하지는 않았다.

김규식이 여운형과 신한청년당 동지들을 언급하지 않은 부작위에는 아마도 그들을 대하는 태도가 담겨 있다고 생각된다. 파리행 임무의 중요성과 기회 포착의 가능성을 인정하지만, 여운형과 신한청년당 핵심당원들에 대해서는 높게 평가하지 않았던 것이다.

이러한 김규식의 대인접물 태도는 냉정하고 냉랭하다고 표현되는 그의 기질과 인간적 풍모를 보여 주는 것이다. 반면, 호방하고 적극적이며 포용력이 강한 교회 전도사 출신 여운형은 김규식을 신한청년당 이사장에 추대하고 그를 파리강화회의에 파견하는 데 어떤 주저함이나 사심이 없었다. 전혀 다른 성벽과 기질을 지닌 두 사람이 처음으로 함께 일을 도모하는 순간 벌어졌을 상황은 상상의 영역에 속하는 것이지만, 이 시점에 두 사람의 성격은 물과 불처럼 상반되고 상극이었던 것으로 보인다. 시대와 역사 속에 두 사람의 경력과 활동이 축적되고 온갖 풍상을 겪은 후에야 두 사람의 정치적 공동 활동이 만개하게 된다.

(2) 신한청년당의 조직과 당원들

신한청년당 당헌에는 당원 기준을 신한청년당의 이상을 동경하는 "20세 이상의 남녀"라고 했고, 여운형은 일제 심문 과정에서 '20세 이상 40세 이하' 연령을 대상으로 했다고 진술했다. 당헌 제7조에는 "신입당원은 반드

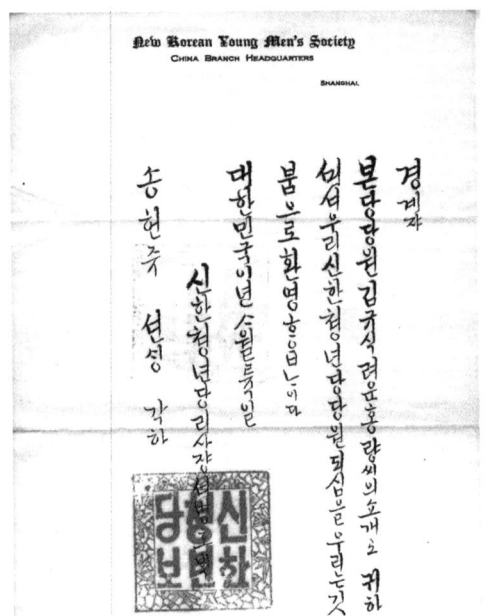

송헌주의 신한청년당 입당 허가증
(1920. 4. 6). 김동국 소장.

시 당원 2인 이상의 소개를 요하되 이사회에서 그 허부(許否)를 결정함"이라고 되어 있다. 현재 송헌주에게 발급된 신한청년당 당원 허가증이 남아 있어 전후 사정을 살펴볼 수 있다. 이에 따르면 송헌주는 김규식과 여운홍의 소개로 당원이 되었으니,[83] 기성 당원 2명의 추천으로 새로운 당원이 입당하는 절차가 지켜진 것은 사실이었다.

송헌주는 김규식의 로녹대학 후배였으며, 김규식이 구미위원부 위원장 시절 위원을 지낸 바 있다. 송헌주는 로녹대학 상업과·경영과·본과를 수료했으며, 프린스턴대학 대학원을 다녔다. 영문 레터헤드(Letter Head)에 "신한청년당 중국 지부 본부 상해"라는 표현이 있는 점, 송헌주가 구미

---

[83] 송헌주의 외손자 김동국 소장. 최기영 교수 제공. 송헌주에 대해서는 최기영, 2015, 「송헌주의 재미민족운동과 한인단체 연합활동」, 『한국독립운동사연구』 51 참조.

위원부 위원이었던 점을 고려하면 1920년경 미주에 여러 명의 신한청년당 당원이 존재했으며, 나아가 미주 지부 등 지역 지부가 조직되었을 가능성이 있다.

　1918년 8월 창당 논의가 시작될 무렵 신한청년당의 핵심은 여운형, 장덕수, 조동호, 김철, 선우혁, 한진교 등 6명이었으며, 그 후 당원 14~15명을 모집했다. 여운형은 신한청년당 당원 총수가 약 30명 정도였다고 일제 심문 과정에서 밝혔는데, 이미 일제가 파악하고 있던 신한청년당원을 진술한 것으로 추정된다. 여운형이 기억하는 신한청년당원은 장덕수, 김철, 한진교, 이유필, 선우혁, 조동호, 김규식, 조상섭, 서병호, 김순애, 김인전, 신국권, 김갑수, 이광수, 임성업, 김병조, 손정도, 이원익, 도인권, 양헌 등이었다. 여운형은 입당 권유는 주로 자신이 했고 그 외 약간은 서병호, 선우혁, 조동호 등이 권유했다고 밝혔다.[84]

　송헌주의 입당 허가증에는 1920년 1월 현재 서병호가 이사장으로 되어 있다. 초대 이사장 김규식이 파리, 워싱턴에서 활동하고 있었기 때문에, 서병호가 이사장을 맡은 것으로 추정된다. 서병호는 자신이 어느 날 갑자기 신한청년당 당수가 되었다는 취지의 증언을 남긴 바 있다. 서병호는 김구례와 결혼했는데, 김규식의 부인 김순애의 언니였다. 김규식과는 동서지간이었다. 또한 서병호는 김규식, 언더우드의 아들과 함께 유아세례를 받은 한국 개신교의 첫 세대였다. 서병호는 경신학교를 졸업한 후 모교 학감을 지내다 1914년 금릉대학으로 유학을 떠났다. 경신학교 출신 나기호에 따르면 1918년 제1차 세계대전의 전황이 급박해지자 서병호와 함께 상해로 내려왔다. 서병호가 김규식과 밀접한 사이였음은 분명하지만, 여운형

---

[84] 「피고인신문조서(제2회)」(1930. 2. 27. 서대문형무소), 『몽양여운형전집』 1, 563쪽. 여운형이 권유한 입당자는 김규식, 서병호, 김순애, 신국권, 김갑수, 이광수였으며, 조동호가 권유한 입당자는 임성업, 선우혁이 권유한 입당자는 양헌, 권유자 미상은 도인권, 이유필 등이었다.

과는 관계가 어떠했는지 분명하지 않다.

신한청년당 간부진에 대한 마지막 정보는 1925년 일제 정보자료에 등장하는데, 이사장 김규식, 이사 여운형, 박진, 정광호, 서병호, 한진교(별명 韓松溪), 김철로 되어 있다.[85] 창당 시점부터 꼽아 보면 여운형, 김규식, 서병호, 한진교가 당의 핵심이었음을 알 수 있다. 여운형, 김규식, 정광호는 1922년 모스크바 극동민족대회에 함께 참가하기도 했다.

지금까지 확인된 자료에 근거한다면, 신한청년당 이사장은 1919년 김규식, 1920년 서병호, 1925년 김규식이다. 여운형은 신한청년당을 창립한 핵심인물이자 조직자였지만, 한 차례도 신한청년당 이사장을 맡지 않았다는 점을 특기할 수 있다. 신한청년당의 주요 특징이자 여운형의 활동 스타일을 반영하는 것으로 볼 수 있다.

신한청년당 당원 중 알려진 주요 인물을 정리하면 다음과 같다.

〔표 2-1〕 신한청년당 당원 이력

이름	출생지 (이명)	출생년 (1919년 나이)	망명 시기	출신 학교	종교	입당 전/후 활동	신한청년당 내 역할(비고)	임정 내 역할
강규찬 姜奎燦	평남 평양 (金文淑)	1874 (45)	—	한학	기독교	목사, 105인사건, 평양만세운동		—
김갑수 金甲洙	충남 서천	1894 (25)	1915	남양대학		여운형 교류·축구 선수·상해유학생회	(베를린 유학)	의정원 의원
김구 金九	황해 해주	1876 (43)	1919	한학	기독교	교육, 신민회	이사? (탈당)	경무국장
김규식 金奎植	경남 동래	1881 (38)	1913	로녹대학	기독교	선교, 교육, 동제사	이사장, 파리 파견	외무총장, 구미위원장

85 「新韓靑年黨의 부흥에 관한 건」(高警 제1479호, 1925. 5. 4. 조선총독부 경무국장), 『대한민국임시정부자료집』 32(관련단체).

김병조 金秉祚	평북 용천	1877 (42)	1919	평양신학	기독교	목사, 33인	(탈당)	의정원 의원
김석황 金錫璜	황해 봉산	1894 (25)	1919	와세다 대학		2.8독립선언	1920 체포	의정원의원, 병인의용대
김순애 金順愛	황해 장연	1889 (30)	1912	정신학교, 남경명덕 학교	기독교	교육, 김규식 부인	국내 파견	대한애국 부인회
김인전 金仁全	충남 서천	1876 (43)	1910		기독교		이사(탈당)	의정원의원, 부의장
김철 金澈	전남 함평	1886 (33)	1917	메이지 대학	기독교		이사,국내 파 견,자금 모금	교통차장, 의원
나기호 羅基瑚	경기 가평	1895 (24)	1917	금릉신학, 컬럼비아 대학	기독교		국내 파견	적십자
도인권 都寅權	평남 평양	1879 (40)	1919	무관학교	기독교	신민회	(탈당)	군무부 군사국장, 비서장
류자명 柳子明	충북 충주	1894 (25)	1919	수원농림		충주간이 농업학교	비서, 국내 파견	(의열단)
민병덕 閔丙德				일본대학		학우회 웅변	창당	상해민단, 시사책진회
박은식 朴殷植	황해 황주	1859 (60)	1910	한학	대종교	동제사	신한청년 주필	국무총리, 대통령
박진 朴震	전남 장흥	1897 (22)	미상	상해 YMCA, 윌리엄스 대학		재상해청년단	이사	의정원 의원
백남규 白南圭	경북 대구	1888 (21)	1919		기독교	노령·중국 활동, 백남채 동생		의정원 의원
서병호 徐丙浩	황해 장연	1885 (34)	1918	금릉대학	기독교	교육, 김규식 동서	이사, 국내 파견	내무부 지방국장
선우혁 鮮于爀	평북 정주	1882 (37)	1916	숭실중학, 금릉신학	기독교	교육, 신민회, 동제사	(1918), 국내 파견	교통부 차장
손정도 孫貞道	평남 강서	1872 (47)	1919	숭실전문	기독교	목사	(탈당)	의정원 의장

이름	출신	생년(나이)	도미/도일	학교	종교	경력	비고	임정 직책
송병조 宋秉祚	평북 용천	1881 (38)	1919	평양신학	기독교	목사, 1912 유배형		재무부 참사
송헌주 宋憲澍	경기 고양	1880 (39)	1904	로녹대학, 프린스턴 대학	기독교	하와이 한인상조회, 헤이그밀사 통역	(1920)	구미위원부 위원
신국권 申國權	서울 (申基俊)	1897 (22)	미상	남양대학, 오벌린대학		1915 상해한인 유학생회, 체육	(1918)	외무부 외사 국장
신창희 申昌熙	간도 연길	1877 (42)	1921	세브란스 의전	기독교	1921 상해	(탈당)	
안정근 安定根	황해 신천	1885 (34)	1910	양정의숙, 금릉대학	가톨릭	1919 길림 독립선언	(1919),이사, (탈당)	내무부차장
양헌 梁憲	평북 선천 (梁瀞明)	1876 (43)	1919			신민회, 105인 사건, 신성중학		안동교통 사무국장
여운형 呂運亨	경기 양평	1886 (33)	1914	금릉대학	기독교	전도사, 교육	이사,만주·노령 파견	외무부 차장
여운홍 呂運弘	경기 양평	1891 (28)	1919	우스터 대학	기독교		파리 파견	의정원 의원
유경환 柳璟煥	경남 산청	1891 (28)	1919	주오대학		일본 유학생, 상해 청년단 부단장		의정원 의원
이광수 李光洙	평북 정주	1892 (27)	1919	와세다 대학	기독교	교육, 동제사 1913·1918·1919	(1918), 신한 청년 주필	의정원 서기
이규서 李奎瑞	평북 의주	1887 (32)	1919			교원	(탈당) (1932 밀정 처단)	재무부 참사, 의정원 의원
이원익 李元益	평북 선천	1885 (34)	1919		기독교	목사		국무원 서무국장
이유필 李裕弼	평북 의주	1885 (34)	1919	경성법학 전문	기독교	신민회, 105인 사건	(탈당)	내무부 비서국장
임성업 林盛業	평남 평원 (金利寶)	1890 (29)	1919			상해 임성공사, 상해고려상업 회의소	국내 파견	내무부, 특파원
임재호 任在鎬	경기 인천					은행원, 상해 거류 민단 간사		재무부 참사, 의정원 비서
장덕수 張德秀	황해 재령	1894 (25)	1916	와세다 대학	기독교		(1918), 일본 파견, 1919 체포	—

2장　한국인들의 파리강화회의 대표 파견 시도와 3·1운동

장붕 張鵬	서울	1877 (42)	1919		기독교	내부주사, 전도사	(탈당)	의정원 의원
정광호 鄭光鎬	전남 광주	1895 (24)	1919	메이지 대학		2.8독립선언	이사	교통부 참사
정대호 鄭大鎬	평남 진남포	1884 (35)	1916			안중근의거, 한인 회하얼빈지방총회		의정원 의원
조동호 趙東祜	충북 옥천	1892 (27)	1914	금릉대학	기독교	동제사	(1918), 이사	국무위원
조상섭 趙尙燮	평북 의주	1884 (35)	1919		기독교	목사, 지창공사	(탈당)	학무총장, 인 성학교 교장
조용은 趙鏞殷	경기 양주	1887 (32)	1913	메이지 대학	육성교	동제사, 박달학원, 대동단결선언	(파리외교 특파원)	국무원 비서장,의원
주요한 朱耀翰	평남 평양	1900 (19)	1919	메이지중 학,상해滬 江대학		창조 등단		『독립』 편집
주현칙 朱賢則	평북 선천	1882 (37)	1919	세브란스 의전	기독교	의사, 신민회, 105인 사건		재무부 참사
최일 崔一	황해 안악 (崔明植)	1880 (39)	1919			신민회, 해서교육 총회, 안악 사건	(탈당)	시사책진회 (임정유지파)
한원창 韓元昌						함흥자유노조	창당	
한진교 韓鎭敎	평남 중화	1887 (32)	1911	양정의숙, 금릉대학	기독교	해송양행, 동제사	이사	의정원 의원

〔출전〕 신용하, 1986, 「신한청년당의 독립운동」, 『한국학보』 44; 김희곤, 1986, 「신한청년당의 결성과 활동」, 『한국민족운동사연구』 1, 154쪽; 이연복, 1970, 「대한민국임시정부의 성장과정」 하, 『경희사학』 3, 103~108쪽; 류자명, 1985, 『나의 회억』, 료녕민족출판사; 나가호, 1982, 『비바람 몰아쳐도』, 양서각; 몽양여운형선생전집발간위원회 편, 1991, 『몽양여운형전집』 1, 한울; 최명식, 1970, 『안악사건과 삼일운동과 나』, 서울문예사; 국가보훈처 공훈전자사료관, 『독립유공자공훈록』.

    1919년 이전 신한청년당은 여운형을 중심으로 중국·일본 유학 경험이 있는 엘리트 출신들이 중심을 이루었는데, 크게 4개 그룹이 결합해서 정당으로 정립된 것으로 판단된다.
    첫 번째는 여운형을 중심으로 한 중국 유학생 그룹이다. 여운형, 조동호, 김철, 선우혁, 한진교 등은 1914년 전후 중국에 유학한 후 상해에 생활 근거를 마련하고 활동 중이었다. 여운형은 기성의 재중국 독립운동 그룹과 직접적으로 연계되지 않았지만, 조동호·선우혁·한진교 등은 동제사 회원으로 직접적 연계를 맺고 있었다.[86]

두 번째는 장덕수, 이광수 등 일본 유학생 그룹이다. 일본 유학 후 1914~1918년 사이 중국 독립운동·혁명운동에 관련된 인물들이었다. 장덕수와 이광수는 모두 동제사와 연관을 맺고 있었으며, 한중 연대에 관심을 갖고 있었다.

세 번째 그룹은 1919년 김규식의 파리 파견을 계기로 합류한 서병호, 김순애 등 김규식과 개인적으로 밀착된 인물들이었다. 이들의 리더인 김규식은 1914년 망명 이후 동제사 그룹의 핵심적 역할을 담당하고 있었고, 서병호와 김순애는 중국 유학생 출신이었다. 위의 세 그룹이 3·1운동 이전 신한청년당의 핵심이었는데, 중국 유학생 출신을 중심으로 여운형 측근과 김규식 측근들이 결합한 형태였다.

네 번째 그룹은 1919년 3·1운동 이후에 가담한 사람들로 출신과 배경이 다양한 인적 자원들이었다.

당원 규모는 1918년 8월 이래 여운형, 장덕수, 김철, 선우혁, 한진교, 조동호 등 6명이 핵심이었으며, 1918년 11월 창당한 후 15명 정도가 참가해 20여 명으로 증가했다. 신한청년당은 소수 정예주의 조직 원칙을 고수했으며, 초기 당원 수는 50명 정도로 추정된다.[87]

김희곤에 따르면 신한청년당은 지역적으로 평안·황해·경기 지역 출신이 다수를 점했으며, 연령별로는 20~40대가 다수이고 40대 이상도 5명이

---

86 장건상 외, 1966, 『사실의 전부를 기술한다』, 희망출판사, 413쪽. 장건상은 1916년 가을 동제사에서 김규식과 한진산(한흥교)을 만났고, 김원봉의 상해행 길안내도 담당했다. 이정식 면담, 김학준 편집해설, 김용호 수정증보, 2006, 『혁명가들의 항일회상』, 민음사, 200~201쪽.
87 신용하는 31명, 김희곤은 36명의 이름을 거론한다.

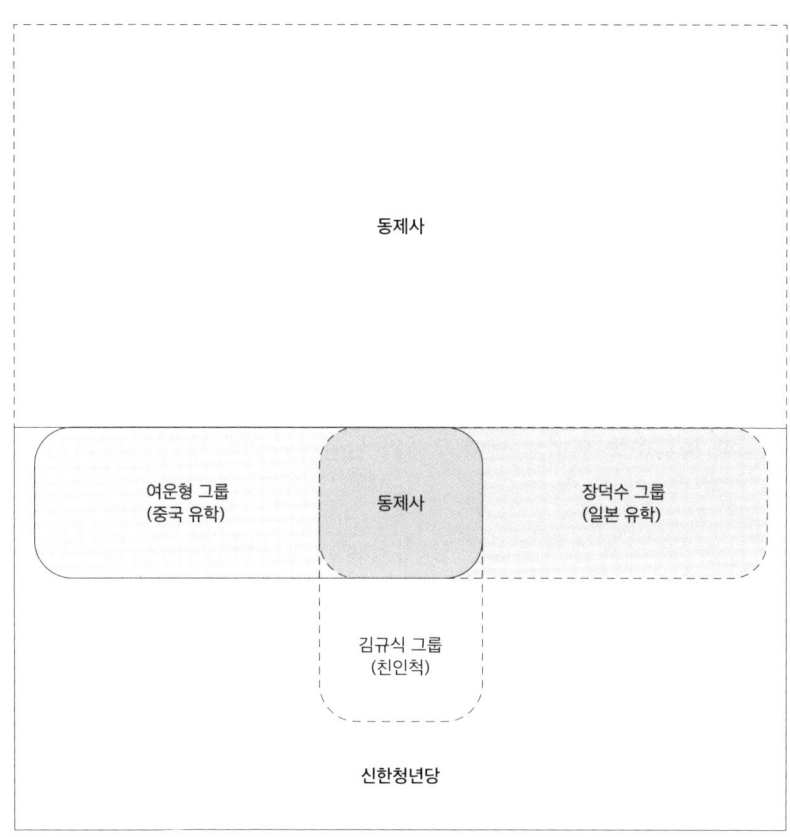

동제사와 신한청년당의 인적 구성과 관련성.

동제사의 구성원과 영향력은 점선으로 표시했다. 신한청년당의 구성원과 영향력은 굵은 실선으로 표시했다. 동제사는 비밀조직으로 정확한 구성원과 영향력을 파악할 수 없지만 상해·남경에서 전반적 영향력을 행사했다. 신한청년당의 내부에는 (1) 여운형 그룹, (2) 장덕수 그룹, (3) 김규식 그룹, (4) 기타 세력이 존재했는데, 가장 중요한 것은 여운형 그룹이었다. 이들의 교집합에 해당하는 것이 동제사와의 연관이었다. 신한청년당은 동제사의 직간접적 영향력 속에 위치했는데, 동제사는 실선의 신한청년당이 점선의 동제사 영향력 속에 들어 있다고 판단했을 것이다.

포함되어 전반적으로 소장층 중심이었다. 중국 망명 시기는 1919년 3·1운동 이전이 12명, 3·1운동 이후가 5명이었고, 학력별로는 대부분 고등교육을 받아 중국 유학생 4명, 일본 유학생 3명, 미국 유학생 1명 등이 포함되었다. 종교는 대부분이 기독교 신자였으며 목사 4명(손정도·조상섭·송병조·김병조), 전도사 2명(여운형·장붕)이 포함되어 있었다.[88] 신용하는 이들이 신민회 회원과 그 계열로, 대부분이 기독교인들이며, 완강하고 헌신적인 민족주의자이자 공화주의자들이었다고 평가했다.[89]

(3) 상해 독립운동 세력의 세대 교체와 신한청년당의 사상적 지향

신한청년당을 조직한 여운형은 당 창립 배경에 대해 일제 심문 과정에서 몇 가지 단서를 남겼다. 그중 가장 주목되는 것은 여운형이 종래 상해 내 한인 독립운동 지도부에 대해 밝힌 소회이다.

> 마침 그때 [1914년] 유럽대전쟁이 발발해 세계적 대동란의 징조가 나타났기 때문에, 나는 이때를 이용해 조선을 독립시켜 동포를 구하기 위해, 조선의 독립운동 관계로 상해에 망명해 온 <u>신규식, 조성환, 이승만, 서재필, 이동녕, 이시영</u> 등의 의견을 들어 보았지만 그들의 운동 방법이 너무 봉건적, 지방적, 당파적, 임시적이었기 때문에 나는 수수방관의 태도를 취했다. 그 후 시기의 도래를 기다리던 중에 장덕수가 1917년 여름 동경에서 상해로 건너왔기에 나는 다시 그와 의견을 교환해 보았던 바, 그는 조선의 독립은 지금과 같은 상태에서는 실력이 따르지 못하

---

88 김희곤, 1995, 위의 책, 81~83쪽.
89 신용하, 1986, 위의 논문, 104쪽.

므로 하루아침, 하루 저녁의 과업으로는 불가능하니, 먼저 조선의 독립을 목적으로 하는 단체를 조직하여 조선민족 전체의 통일을 꾀하고, 조선민족 일동이 협심 진력하여 천천히 실력을 양성해 그 위에 조선민족 일동 전선적으로 떨쳐 일어나 당당히 조선 독립을 향해 매진하는 것 외에 다른 방법은 없다고 했다. 이는 내 생각과 거의 합치했으므로 장덕수와 제휴하여 김철, 선우혁, 한진교, 조동호 등과 협력해서 신한청년당을 조직하게 되었다.[90]

즉, 여운형은 신규식·조성환 등의 운동방법이 봉건적·지방적·당파적·임시적이어서 수수방관의 태도를 취했다고 한 것이다.[91] 여운형은 신규식에 대해서 몇 차례 언급했는데, 1917년 8월 상해 거주 한국인들이 조선사회당 명의로 스톡홀름에서 개최된 만국사회당대회에 조선 독립을 요청한 일이 있는데, 대부분의 일을 신규식 등이 했으며,[92] 3·1운동기에는 항주에 병간호를 하러 갔다가 그 후에 상해로 돌아왔다고 진술했다.[93]

신규식 중심의 동제사 그룹은 1917년 7월 대동단결선언, 8월 만국사회당 대회 독립청원서를 제출하는 등 활동을 주도한 것으로 보이지만, 가시적 성과를 거둘 수 없었다. 때문에 정작 1918년 말 제1차 세계대전이 종결되고 파리강화회의가 개막되는 결정적 시점에 적극적이고 조직적인 활동을 벌이지 못했던 것으로 추정된다. 1917년 5월 신규식이 상해를 떠나 남경으로 몸을 피해 그의 조직이 해산되었다는 오정수의 회고가 있으며,[94]

---

90 「피고인신문조서(제2회)」(1930. 2. 27. 서대문형무소), 『몽양여운형전집』 1, 566~567쪽.
91 여기에서의 인물 평가는 3·1운동 이후 접촉 경험을 반영한 것으로 보인다. 이승만은 1920년에야 상해에 도착했고, 서재필은 상해에 온 적이 없으므로 1919년 이전 상황에 대한 진술로는 생각할 수 없다. 이동녕·이시영도 3·1운동 이후에 상해에 왔다.
92 「피의자신문조서(제5회)」(1929. 8. 5. 경성지방법원 검사국), 『몽양여운형전집』 1, 505~511쪽.
93 「피의자신문조서(제5회)」(1929. 8. 5. 경성지방법원 검사국), 『몽양여운형전집』 1, 511~512쪽.
94 고춘섭 편저, 1984, 『정상을 향하여, 추공 오정수 입지전』, 샘터, 67쪽. 오정수는 1917년 7월

1917년 봄 금릉대학 영문과를 중퇴하고 상해로 내려온 여운형은 상해 한인사회의 중견인물이 되었으나, 동제사 회원 명단에 등재되지 않았다.[95] 여운형이 신규식의 활동을 고루하다고 평가한 것도 이러한 상황을 뒷받침한다.

여운형의 진술처럼, 그는 동제사, 동제회, 공진회, 체화동락회, 대동회, 혁명단 등으로 알려진 상해 내 기성 한인 독립운동 세력의 존재와 활동을 인지하고 있었지만, '수수방관'하며 직접적 관련을 맺지 않았던 것이다. 반면, 여운형과 긴밀한 관계를 맺고 있던 조동호, 선우혁 등은 동제사 회원으로 활동했으며, 장덕수도 신규식과 밀접한 관계를 맺고 있었던 것으로 보인다.

즉, 여운형은 동제사 회원이 아니었으나, 그의 절친이던 조동호, 선우혁, 장덕수 등을 통해서 동제사 그룹과 간접적 연계 및 상호 유대관계를 맺고 있었던 것으로 판단된다. 여운형을 중심으로 한 이러한 새로운 소장파 토론 그룹 혹은 소규모 모임이 제1차 세계대전 종전과 미국 대통령 특사 크레인의 상해 방문을 계기로 정당조직으로 확대되었고, 김규식의 파리강화회의 파견을 뒷받침하기 위한 논의 과정에서 독립운동 정당으로 확대·재편된 것이다.

그렇다면 여운형은 어떻게 상해에서 신한청년당이라는 새로운 정당을 결성할 수 있었는가? 다음과 같은 몇 가지 배경과 이유를 생각할 수 있다.

첫 번째는 여운형의 활발한 청년 구제 활동이었다. 1917년 상해로 내려온 여운형은 곧바로 상해 한인사회의 중심인물로 부각하였다. 그는 조지 핏치(George Fitch) 목사가 운영하는 기독교 협화서국(Mission Book

---

16일 상해를 거쳐 미국 유학길에 올랐다. 그에 따르면 신규식이 상해에서 유지하던 '한인합숙소'는 1917년 5월경 신규식이 남경으로 몸을 피하자 자연히 해산하게 되었다.
95 민필호, 「대한민국임시정부와 나」, 김준엽 편, 1995, 『석린민필호전』 나남출판, 70~71쪽; 민필호, 「예관 신규식선생전기」, 『석린민필호전』, 302쪽.

Company)에서 일하는 한편, 한인 교회와 교민단에서 열심히 활동했다. 영어와 중국어에 능통한 여운형은 상해를 거쳐 구미로 유학하려는 학생들에게 다양한 도움을 제공했다.

여운형은 1917년 7월부터 1918년 3월까지 30명을 도미시켜 주었고, 파리평화회의까지 40명의 도항을 도와주었다고 밝힌 바 있다.[96] 그 이후는 미국의 세계대전 참가로 여권이 필요하게 되어 도항이 금지되었다. 여운형은 주로 미국에 있는 사람을 위한 결혼 도항, 즉 사진신부를 도와주었다고 진술했다.[97]

1916년 8월 상해에 와서 거의 10개월 만에 도미에 성공한 송철은 여운형과 핏치 목사의 주선으로 미국에 도항할 수 있었다.[98] 1917년 7월 도항한 오정수도 자신의 배표 마련과 위생검사 등에 여운형의 적극적인 도움이 있었다고 기억했다. 그에게 승선을 위한 눈병 치료비를 제공한 사람은 여운형의 교회에서 만난 해송양행 주인 한송계(한진교)였다.[99] 두 사람 모두 상해 한인사회의 중심이자 신한청년당 핵심이었다.

두 번째는 목회 활동과 교민회 활동이었다. 여운형은 1917년 상해에 도착한 이후 한인 교회의 전도사로 활동하는 한편, 교민 상호부조에 열심이었다. 오정수는 "여운형은 영국 조계의 미국 선교회 서점에 근무하면서 자신이 설립한 예배당을 근거지로 한인 망명객을 지도하며 도미 수속을 기꺼이 협조해 주는 영어에 능통한 사람"이라고 묘사했다.[100] 1919년 프랑

96　「피의자신문조서(제5회)」(1929. 8. 5. 경성지방법원 검사국), 『몽양여운형전집』 1, 506~507쪽.
97　여운형은 자신이 일했던 "協和書局이라 함은 대개 여행권 업시 米國으로 가려는 사람이나 또는 사진결혼으로 米國을 건너가려하는 사람들을 米國 汽船회사와 관계 당국에 교섭하여 주는 일종 周旋 기관이엇는데 매년 수백명식 지원자가 잇서 일이 몹시 분주하엿다"라고 회고했다. 여운형, 1932, 「나의 상해시대, 자서전 제2」, 『삼천리』 제4권 제10호.
98　이상수, 1985, 『송철회고록』, 키스프린팅, 54~55쪽.
99　고춘섭, 1984, 위의 책, 68~71쪽.
100　고춘섭, 1984, 위의 책, 68쪽.

스를 거쳐 미국에 유학한 나기호는 1917년 상해로 건너가는 배 안에서 여운형의 부인과 돌 지난 아들 봉구를 돌봐 준 인연으로 여운형 부인 진상하와 의남매를 맺었고, 여운형도 그를 처남으로 대해 주었다.[101] 경신학교 졸업생으로 경신학교 교감이었던 서병호의 주선으로 중국 금릉신학교에 입학했던 나기호는 1918년 9월 초 상해에 이르러 신한청년당에 입당했으며, 1919년 8월경 안창호의 밀명을 받고 중국·만주·국내에 잠입해 임무를 수행했다.[102]

1918년 가을 여운형은 상해고려교민회를 창립하고 총무로 선출되어 교민 조직사업을 수행했다(회장 신석우). 약 100여 명이 가입한 이 고려교민회에서 청년들은 『우리들 소식』이라는 선전잡지를 발행했는데, 이는 "신한청년당 자매단체로서 활동의 직접적 토대"가 되었다.[103]

세 번째로 이런 일상적 활동에 더해 여운형은 1918년 여름부터 본격적으로 제1차 세계대전 종전 후 대책을 모색하기 시작했다. 그 출발점은 1918년 5월 상해로 건너온 장덕수와의 만남이었다. 강덕상에 따르면 여운형은 카리스마를 지닌 지도자이자 사범(師範)적 존재였고, 장덕수는 치밀하고 계획적으로 사범을 보좌하는 일본통이자 참모적 존재로, 이들 주위에 모인 청년그룹은 신규식·조성환·박은식 등 신민회·동제사 계열 인사들과는 일 처리 방식이나 인간관계의 성격이 달랐다. 이런 측면에서 신한청년당 설립은 상해 독립운동의 세대 교체 내지는 재편을 의미하는 것으로, 여운형은 신규식 등 선배들의 사상과 행동을 이어받으면서도 그것을 능가하는 지도력을 지닌 핵심인물이 된 것이다.[104]

---

101 나기호, 1982, 『비바람 몰아쳐도』, 양서각, 68~69쪽.
102 나기호, 1982, 위의 책, 75쪽.
103 「피의자신문조서(제5회)」(1929. 8. 5. 경성지방법원 검사국), 『몽양여운형전집』 1, 509~510쪽; 신용하, 1986, 위의 논문, 100~101쪽.
104 강덕상, 2007, 위의 책, 143쪽.

한편 신한청년당 이사장을 맡게 되는 서병호는 1914년 9월 남경 금릉대학을 다니며 동서이자 친구인 김규식과 연락을 주고받았다. 1918년 독일의 패전으로 강화회의가 열리게 되자, 김규식이 여권 문제 등을 논의하며 중국에 와서 중국 국적을 가지고 있던 자기들은 중국인 행세를 하고 파리에 갈 수 있을 것이 아닌가 하는 말을 하였다고 회고했다. 1919년 여름 졸업 예정이던 서병호는 공부를 제쳐 놓고 연일 김규식과 편지로 연락하였다.[105]

이처럼 여운형을 중심으로 상해지역 한인 청년들의 사전 모임·준비와 독립에 대한 기대감이 고조되어 가는 가운데, 1918년 11월 11일 제2차 세계대전 종전 소식과 강화회의 개최 소식이 전해졌고, 곧이어 미국 대통령의 특사 크레인의 상해 방문이 이뤄졌다. 여운형은 11월 28일 크레인을 만난 후 윌슨 대통령에게 보내는 청원서를 작성했으며, 크레인에게 편지 및 청원서를 전달했다. 기회를 포착한 여운형과 신한청년당 준비 그룹은 크레인을 만나 신한청년당 명의의 독립청원서를 전달하는 한편 동일한 청원서를 상해의 언론인 밀러드에게 전달한 후, 김규식을 신한청년당 대표로 파리에 파견했다. 이처럼 신한청년당은 한국 독립을 호소하는 청원서를 세 갈래 통로로 파리강화회의에 전달한 것이다.

신한청년당 창당이 조직적 측면에서 상해 독립운동 진영의 세대 교체·재편을 의미한다면, 사상적 측면에서는 윌슨의 민족자결주의와 파리강화회의를 향한 기대와 함께 새로운 사조인 사회주의 사상에 대한 관심을 제고한 것으로 볼 수 있다.

신한청년당 당강(黨綱), 즉 당의 강령은 한국 독립의 완성, 건전한 국민사상의 기초 확정·사회제도 개량, 세계 대동주의 실현 등 3항을 제시하고 있으며,[106] 『독립신문』은 신한청년당 제1회 정기총회(1920. 2. 2~4)에

---

105   이정식, 1974, 『김규식의 생애』, 신구문화사, 51쪽; 나기호, 1982, 위의 책, 50쪽.

서 공표된 당의 강령이 (1) 대한독립, (2) 사회개조, (3) 세계대동이라고 보도했다.[107]

첫째인 대한독립의 완성이라는 강령에 대해서는 의문의 여지가 없다. 구체적인 방략에 대해서는 차이가 있겠지만, 독립 완성을 추구한다는 점이 제1의 강령이었다.

둘째 사회개조와 셋째 세계대동이라는 강령에 대해서는 다양한 해석이 가능하다. 신용하는 신한청년당의 이념을 민족주의, 민주주의, 공화주의, 사회개혁주의, 국제평화주의라고 해석했다.[108] 사회개조는 국내외 신구사상을 취사 선택하여 모든 측면의 사회제도를 개혁하는 것이며, 세계대동은 박은식의 주장과 같이 국가 간 강권주의와 제국주의를 폐기하고 모든 인류가 대동과 평화와 협조를 실현하자는 의미라고 해석했다.[109] 김희곤은 세계대동에 대해서는 박은식과 조소앙의 대동사상에 기초를 둔 것으로 추정했다.[110]

그렇지만 신한청년당이 주장한 사회개조와 세계대동은 박은식 등의 한국적 대동사상뿐 아니라 당시 세계개조의 이념적 동력이던 사회주의·공산주의를 지향하는 의미였다고 판단된다.[111]

『신한청년』 지면상으로 나타난 세계의 대세는 '국제연맹의 외교노선'과 '러시아혁명 이후의 사회주의·공산주의적 지향'이라는 2가지 노선이었으며, 그중에서도 후자에 대한 관심과 강조가 큰 비중을 차지했다.

---

106 "당강(黨綱) 1. 대한민국 독립의 완성을 기도함. 1. 내외 급 신구 사상을 取捨融合하야 건전한 국민사상의 기초를 확정하며 학술과 기예를 장려하야 세계의 문화에 공헌하며 아울너 사회 각항 제도를 개량하야써 세계의 대세에 순응케 함. 1. 세계 대동주의의 실현에 노력함." 「新韓靑年黨 黨憲」, 『新韓靑年』 창간호(1919. 12. 1), 132~133쪽.
107 「신한청년당총회」, 『독립신문』(1920. 2. 5); 신용하, 1986, 위의 논문, 102쪽.
108 신용하, 1986, 위의 논문, 138쪽.
109 신용하, 1982, 『박은식의 사회사상연구』, 서울대학교출판부; 신용하, 1986, 위의 논문, 102쪽.
110 홍선희, 1982, 『조소앙의 삼균주의 연구』, 한길사, 39쪽; 김희곤, 1995 위의 책, 84쪽.
111 정병준, 2019, 위의 논문.

1918~1920년 시기 상해의 신한청년당 당원들이 정확하게 사회주의·공산주의를 어떻게 해석하고 수용했는지는 추가 분석이 필요하다. 다만 이들이 1차 대전 이후 세계를 뒤흔든 파리강화회의와 국제연맹에 대한 외교적 기대를 한편으로 하고 러시아혁명으로 대표되는 사회주의·공산주의에 대한 새로운 기대를 품고 있었던 점은 분명한 사실이다. 그 기대가 어떤 방향과 방법으로 실현되고 확장되는가 하는 점은 다른 차원의 문제였다. 여운형·김규식·현순·최창식 등 3·1운동기 외교독립노선의 핵심 주창자이자 친미·기독교 인사들은 이후 1921~1922년 모스크바 극동민족대회에 참가함으로써 새로운 사상적 전환의 시대가 도래했음을 공표했다.

신한청년당이 파리강화회의에 독립청원서를 제출하며, 그 대표가 파리강화회의에 파견되었다는 점은 3·1운동기 한국인들이 의지할 수 있는 독립운동의 근거와 정당성이 되었다. 뒤이어 신한청년당 핵심당원들은 국내·일본·만주·노령에서 김규식의 파리강화회의 파견을 후원하기 위한 선전·모금 활동을 열렬히 펼침으로써 국내외에서 2·8만세운동과 3·1운동이 폭발할 수 있는 기폭제를 제공했다.[112] 『독립신문』은 여운형이 크레인에게 보낸 청원서가 한국 독립운동의 첫 '발단'이었으며, 신한청년당이 김규식·장덕수·여운형·김철·선우혁·서병호를 파리·일본·러시아령·국내로 파견함으로써 "정숙(표면상)하던 한토(韓土) 삼천리에 장차 일대풍운이 일어날 조짐이 있더라(起할 兆가 有하더라)"라고 평가했다.[113]

---

112 정병준, 2017b, 위의 논문.
113 「한국독립운동사(1)」, 『독립신문』(1919. 8. 26); 정병준, 2017b, 위의 논문.

파리로 가는 김규식,
알려지지 않은 행적

3

1919년 2월 1일 김규식은 상해 신한청년당 대표로 파리로 떠났다. 여운형의 신한청년당 조직, 크레인과 밀러드에게 청원서 전달, 김규식의 상해 초청 및 파리강화회의 대표 파견, 국내외 밀사 파견의 숨가쁜 일정이 사슬처럼 연결되었다. 여기에는 여운형과 신한청년당 그룹의 추진력과 돌파력이 결정적 역할을 했다.

지금까지 학계에서는 파리로 떠나기 전 김규식이 특별한 활동을 기획하거나 시도할 여력이 없었던 것으로 생각해 왔다. 급변하는 긴박한 상황 속에서 김규식도 간신히 파리행 배편에 오른 정도로 생각했다. 또한 김규식은 영어 등 어학적 재능이 있는 연고로 파리강화회의 대표로 선출되었으리라는 정도의 인식이 지배적이었다. 일제 심문 과정에서 여운형은 전후 사정을 상세히 설명하지 않았으며, 김규식이 만년에 작성한 자필 이력서에도 파리강화회의로 출발하기 전 활동에 대해서 전혀 언급하고 있지 않다. 선행 연구자들은 이 시기 김규식과 관련해 새로운 자료들을 발굴했지만, 그 의미를 제대로 분석할 수 없었다.[1] 자료가 제한적이고 파편적인 데

---

1   방선주, 1989a, 「박용만평전」, 위의 책; Dae-yol Ku, *Korea under Colonialism*, the Royal

다 중국 망명 이후 김규식의 활동을 정확하게 파악하지 못했기 때문이다.

그렇지만 새로 발견된 자료들은 김규식이 파리강화회의로 출발하기 전 중국 내에서 맹렬한 외교·선전 활동을 벌였으며, 나아가 파리에서 수행할 선전 활동을 철저하게 준비했음을 보여 준다. 이는 지금까지 전혀 알려지거나 주목받지 않은 점이다.[2]

나아가 신한청년당 대표로 선발된 김규식이 이러한 외교, 선전, 준비 활동을 함께한 사람은 여운형이 아닌 신규식(申圭植)이었다는 사실이 드러났다. 기성의 인식이나 통설과는 다르게 김규식은 파리강화회의에 파견되기 전에 자신이 가지고 있던 동제사 계열 조직망, 연락망, 혹은 인간관계에 기초해 파리강화회의행이 성사되도록 최선의 노력을 기울였다. 이 장에서는 파리강화회의로 떠나기 전 중국 내에서 김규식의 행적과 활동을 살펴보겠다.

Asiatic Society Korea Branch, 1985, pp.40~41; 구대열, 1995, 『한국국제관계사연구』 1, 역사비평사, 260~261쪽; 이정식, 1974, 위의 책, 57~58쪽.
2 정병준, 2017b, 위의 논문.

1   김규식의 중국 내 행적(1918. 12~1919. 1)

(1) 박용만에게 쓴 편지(1918. 12. 10. 천진)

김규식이 정확하게 언제 파리강화회의 특사로 결정되었는지는 미상이다. 김규식 스스로의 진술에 따르면 그는 제1차 세계대전의 추이를 면밀히 지켜보았으나, 제1차 세계대전이 그렇게 신속하게 종결될 줄은 몰랐다. 즉, 김규식은 제1차 세계대전이 종결된(1918. 11. 11) 이후 상해로 돌아왔다. 여운형이 크레인을 만나 청원서를 수교한 게 11월 말이었으므로 신한청년당 측 연락을 받고 김규식이 상해에 들어온 것은 아무리 빨라도 그 이후였을 것이다.

    김규식은 1918년 12월 10일 하와이의 박용만에게 편지를 보내 자신이 파리강화회의 대표로 파견된다는 사실을 알렸다. 그렇다면 최소한 1918년 12월 10일 이전에 신한청년당과 김규식 사이에 파리강화회의 대표 파견이 결정되었으며, 김규식은 이에 맞춰 준비 작업에 착수했음을 의미한다.

    김규식은 1918년 12월 10일 중국 천진에서 하와이 호놀룰루의 박용만에게 편지를 보냈는데, 이 편지는 1919년 1월 9일 미 우편검열국(US

Postal Censor)에 의해 제21453호 검열보고서로 보고되었다.[3]

이 편지에서 김규식은 자신이 파리강화회의 대표로 갈 것이며, 1919년 1월경에는 출발할 것임을 알리고 있다. 여운형이 크레인과 밀러드에게 청원서를 전달한 것이 1918년 11월 말~12월 초였는데 그 며칠 뒤인 12월 10일 이전에 김규식 파견이 결정되고, 김규식은 자신의 파리행 임무와 관련한 구체적 계획을 수립하기 시작한 것이다. 여운형은 김규식이 북경에 체류하던 1919년 1월 그를 상해로 초청해 파리강화회의 파견 문제를 결정했다고 했는데,[4] 이미 1918년 12월 10일 이전에 김규식의 파리강화회의 파견이 결정된 상태였음을 알 수 있다.

이 편지에서 가장 특이한 점은 김규식이 파리강화회의행과 관련해 여운형과 신한청년당의 역할·위치·공로 등을 드러내지 않고 있다는 사실이다. 김규식은 파리강화회의 파견 대표로서 자신이 누구와 협의할 것인가에 대해 설명하고 있는데, 여운형·신한청년당 등 상해 한국인들보다는 하와이의 박용만 혹은 상해의 소콜스키 등 미국 언론인 등을 염두에 두고 있었다. 이는 김규식이 신한청년당 대표로 파리에 가면서도 실제로 수행할 파리 외교 임무의 주요 조언자 및 협의 대상자로는 해외 사정에 밝은 재미 한인 지도자나 미국 언론인 등을 상정하고 있었음을 의미한다.

김규식은 1920년 11월 미군 수송함 토머스호(USAT Thomas)로 밀항을 시도하다 체포되어, 소지하고 있던 중요 문건을 미군 정보당국(MID)에 압수당한 바 있다. 그런데 김규식이 소지하고 있던 문건 가운데는 신한청년당 당명이 들어간 문건이나 여운형 등의 이름이 들어간 문건이 단 한 건도 존재하지 않았다. 또한 신한청년당 당원들과 함께 찍은 사진도 포함

---

3 U. S. Postal Censorship, Honolulu, T. H., Jan. 9, 1919. RG 165, Military Intelligence Division, Correspondence, 1917-41, Box. 538. MID 1766-918-3.
4 「피의자신문조서(제1회)」(1929. 7. 8. 경기도 경찰부), 『몽양여운형전집』 1, 410쪽.

되어 있지 않다. 작자 미상에 제목이 표기되지 않은 채로 여운형이 찰스 크레인에게 수교한 윌슨 대통령 앞 청원서만 들어 있을 뿐이다.[5]

이러한 상황을 종합하면, 신한청년당은 급변하는 정세에 민활하게 조응해서 김규식을 파리강화회의 특사로 파견했고, 김규식도 이에 응해서 파리행이라는 결단을 내렸지만, 신한청년당 자체에 대해서는 큰 무게나 신뢰감을 두지는 못했던 상황이었다고 판단된다. 가장 큰 이유는 이 정당이 찰스 크레인에게 청원서 수교를 위해 급조된 것으로 역사가 짧다는 점, 주도자인 여운형이 상해는 물론 한국 독립운동 진영 내부에서는 신진에 불과했다는 점, 때문에 신한청년당으로는 한국 독립운동 혹은 한국 독립운동 진영을 대표하는 지도적 역할을 주장하기 곤란하다는 판단이 복합적으로 작용했다고 판단된다.

김규식은 신한청년당이 정세를 포착해서 기민하게 대응한 결과 파리강화회의 특사로 파견되지만, 중국 망명 이후 가져왔던 동제사·신규식 등 옛 중국 내 한국 독립운동 진영과의 연계성, 그 관성에 의지하는 면모를 보인 것으로 생각된다. 또한 미주 쪽에서는 박용만과 이승만을 중요한 외교 상대역으로 설정하는 판단을 했던 것으로 볼 수 있다.

김규식이 박용만에게 보낸 편지의 전문은 다음과 같다.

중국 천진 앤더슨마이어사(社) C. T. 보이스 씨(Mr. C. T. Boyce) 댁내
1918년 12월 10일

박용만 귀하

---

[5] Enc 46. 「[1918년 11월 28일 여운형이 Charles Crane에게 수교한 비망록 사본]」(1918. 11. 28) MID 1766-1391-3 Subject: Confidential Korean papers. (1921. 1. 19), Assistant Chief of Staff for Military Intelligence to Director, Military Intelligence, General Staff, RG 165, Boxes 544-545.

내가 장가구의 앤더슨마이어사에 있을 때 한두 차례 편지를 썼지만 보낸 편지에 대한 귀하의 답장을 받는 즐거움을 갖지는 못했습니다. 지난여름 귀하가 호놀룰루에 부재 중이라고 들었지만 그 이후 귀하가 돌아왔다고 들었습니다. 현재 귀하의 정확한 소재를 알지 못하기에 나는 이 편지를 어떻게든 한번 호놀룰루에 보내려고 합니다.

이 편지와 함께 오늘 아침 북경 신문 중 하나를 발췌해 동봉하는데, 그곳의 귀하께서 관심을 가질 만한 일입니다.

지금 나는 다음 달 무렵 이곳을 떠나 유럽으로 가려고 매우 노력하고 있습니다. 나는 친구 두어 명과 함께 여행을 하려고 하며, 그 가운데는 풍부한 경험과 큰 동정을 가진 미국인 언론인이 포함되어 있습니다. 유일한 문제는 재정 문제입니다. 우리가 〔재정 확보에〕 성공한다면 우리 출발일을 귀하에게 전보로 알리겠습니다. 그동안 귀하의 뉴욕 주소를 내게 알려 주기 바라며, 그래야 우리가 유럽에 도착하기 전은 아니라고 해도 도착했을 때 내가 귀하와 통신할 수 있습니다.

우리는 귀하가 유럽에서 합류하길 바라며 다른 무엇보다도 우리 민족을 위해 공보국을 개설하고 운영하는 데 조력하길 바랍니다. 우리는 최소한 약 1년간 파리에 체류할 예정입니다. 귀하가 그곳에 오는 것이 절대적으로 필요하며, 만약 귀하가 아직 출발하지 않았더라도 동일한 목적을 위해 역시 일하게 될 것은 의문의 여지가 없습니다. 우리는 귀하의 비용을 제공하기 위해 그곳 우리 사람들로부터 충분한 자금을 확보할 수 있기를 기대하며, 우리가 이쪽에서 건너가는 일행의 비용에 충분한 금액을 얻을 수 있다면 일을 잘해 나갈 수 있으리라고 생각합니다. 필요한 모든 책자, 문헌, 자료 등을 가져오십시오.

우리가 출발하기 전에 귀하의 답장을 받을 시간이 없기 때문에, 내게는 파리로 편지를 쓰는 편이 좋겠습니다. 봉투 안에 내게 보내는 편지를 동봉하고, 겉봉에는 다음 주소를 기입하십시오.

조지 E. 소콜스키 씨(Mr. George E. Sokolsky)
프랑스 파리, 미국대사관 "지시받을 때까지 보류"
내 이름은 안 봉투에 쓰고 상기 주소로 사본을 보내십시오.

이만 줄입니다.
김규식(J. K. S. Kimm).[6]

김규식은 장가구에 거주하는 동안 1~2차례 박용만에게 편지를 보냈지만 답신을 받지 못했다. 김규식은 다음 달쯤 파리로 출발할 계획이며 가장 큰 문제는 여행비용이라고 썼다. 김규식은 동료들과 동행할 것이며, 일행에 "풍부한 경험과 큰 동정을 가진 미국 언론인"이 포함되어 있다고 했다. 김규식이 박용만에게 알려 준 편지 수신처가 프랑스 파리 미대사관의 소콜스키로 되어 있으니, 동행할 미국 언론인으로 소콜스키를 생각한 것이 분명하다. 소콜스키(George E. Sokolsky, 1893~1962)는 유태계 미국인으로 컬럼비아대학에서 언론학을 공부하다 1917년 러시아혁명에 관심을 갖고 상트페테르부르크로 건너갔다. 케렌스키(Kerensky) 정부가 볼셰비키에 의해 전복되자 1918년 5월 중국으로 건너와 러시아통이자 미국 신문들의 통신원으로 일했다. 1919년 상해로 내려와 『뷰로 오브 퍼블릭 인포메이션』(Bureau of Public Information)이라는 언론사의 국장이 되었는데, 이는 서방 언론에 친(親)손문적이며 반(反)일본적 정보를 뿌리는 기관이었다. 1918~1919년간 소콜스키의 주요 주제는 중국 내 일본 제국주의에 대한 반대였다.[7] 소콜스키는 1920년 초 상해 주재 미국총영사 커닝햄(Edwin

---

6 U. S. Postal Censorship, Honolulu, T. H., Jan. 9, 1919. RG 165, Military Intelligence Division, Correspondence, 1917-41, Box. 538. MID 1766-918-3.
7 Warren I. Cohen, "George E. Sokolsky: A Jew Anders to China," *The Chinese Connection: Roger S. Greene, Thomas W. Lamont, George E. Sokolsky and American-*

U. S. POSTAL CENSORSHIP
Honolulu, T.H., Jan. 9, 1919.

From: J. K. S. Kimm
c/o C.T.Boyce, Anderson, Myer & Co.,
Tientsin, China.

To: Mr. Y. M. Park,
P.O.Box 688, Honolulu, T.H.

Subject: Korean National Movement.

English Letter - Postmark illegible.

COMMENT: The following is a copy of a registered letter,
No. 21453:

"c/o Mr. C.T.Boyce,
Anderson, Meyer & Co., Ltd.,
Tientsin, China.
Dec. 10th, 1918.

Dear Park, I wrote you once or twice when I was with Anderson Meyer in Kalgan, but have never had the pleasure of hearing from you in reply to these letters. Last summer I heard that you were not in Honolulu, but since I have heard that you have returned. Not knowing your exact hereabouts now I am taking chances and sending this letter to Honolulu anyway.
Herewith I am enclosing an extract of one of the Peking papers this morning, which may be of interest to you over there.
I am now trying very hard to leave here for Europe within the next month or so. I should like to take a trip with a couple of other friends, among whom there is an American Journalist of vast experiences and great sympathy. The only question is finance. If we succeed I will cable you the date of our departure. In the meantime I should like for you to give me your New York adress so I can communicate with you when we get to Europe, if not beforehand.
We want you to join us in Europe and among other things help us open up and run a Press Bureau for our people. We contemplate being in Paris at least about a year. It is absolutely necessary that you should be there, and undoubtedly you are also working for the same end if you have not started out already. We expect you to be able to get sufficient funds from our people over there to meet your own expences, as I think we shall be doing well if we get sufficient amount for expenses for the party going over from here. Bring all your necessary books, literature, data etc.
As there is not time to get your reply before we start, you better write me in Paris. Enclose your letter to me in an envelope and address on the outside:
"Mr. George E. Sokolsky,

김규식이 박용만에게 보낸 편지(1918. 12. 10). NARA.

S. Cunningham)에게 손문이 볼셰비키의 특사인 포타포프(Potapoff) 장군과 포포프(Popoff) 대령을 만나 국민당과 볼셰비키의 협력을 논의하려 한다고 알리기도 했다.[8] 김규식이 1921년 미군 수송함 토머스호로 밀항하려다 붙잡혔을 때 소지하고 있던 중요 서류철에는 소콜스키와 주고받은 편지가 포함되어 있다.[9] 그러나 소콜스키는 파리행에 동반하지 못했다. 김규식은 여운형이 청원서 전달을 부탁한 크레인이나 밀러드가 아닌 소콜스키를 선택했는데, 이는 1918년 12월 이전에 김규식이 소콜스키와 최소한 긴밀한 연락관계를 맺고 있었음을 의미한다. 1919년 상해로 내려온 소콜스키가 어떻게 김규식과 연계되었는지 알 수 없으나, 김규식은 분명 반일적이고 친중국적이며 러시아 정보통인 소콜스키의 입장에 공명했을 것이다.[10]

김규식은 박용만에게 뉴욕 주소를 가르쳐 달라고 요청하며, 파리 일의 진행 경과를 상의하고 싶다고 했다. 김규식은 자신이 파리에서 한국인들을 위한 "공보국"(a Press Bureau)을 설치해 최소한 1년간 운영할 계획이라며, 박용만이 반드시 파리에 와주기를 고대한다고 밝혔다. 김규식은 중국에서 자기 일행의 비용을 댈 예정인 것처럼, 하와이에서도 박용만의 여행경비를 충분히 조달할 수 있기를 기대한다고 썼다. 김규식은 박용만에게

East Asian Relations, Columbia University Press, New York, 1978, pp.71~74.
8   C. Martin Wilbur, *Sun Yat-sen: Frustrated Patriot*, Columbia University Press, New York, 1976, pp.115~116. 소콜스키는 1935년 미국으로 돌아온 이후 열렬한 반공주의자가 되었다. 전후 냉전 시기 맥카시(John McCarthy) 상원의원의 지지자이자 에드가 후버(Edgar Hoover) FBI 국장의 친구였으며, 더글라스 맥아더(Douglas MacArthur) 원수의 대통령 출마를 지지했다.
9   「George E. Sokolsky to Kiusic Kimm」September 14, 1920. Enc. 27. 1766-1391-22. RG 165, (Records of the WFGS) Military Intelligence Division Correspondence, 1917-41. Box No. 545. 소콜스키의 직함은 "Bureau of Public Information"의 manager로 표기되어 있다.
10 소콜스키는 러시아 출생 언론인으로 오인되기도 했다. 1930년 홍양명이 쓴 글은 "소콜스키는 노국 출생으로 평론가로 구미에도 명성이 큰 사람이다"라고 소개하고 있다. 홍양명, 1932,「동란의 도시 상해의 푸로필」,『삼천리』제4권 제3호, 34쪽.

편지를 보내면서 상해의 여운형·신한청년당을 언급하지 않았을뿐더러, 미국의 이승만·안창호 역시 거론하지 않았다.

박용만은 1915년 이승만과의 최종대결에서 패배한 후 하와이를 떠났고, 1917년 뉴욕에서 개최된 소약국동맹회에 참석해 연설한 바 있다. 김규식은 1919년 3월 13일 파리에 도착한 사실을 박용만에게 전보로 알렸는데, 박용만은 『퍼시픽 커머셜 애드버타이저』(Pacific Commercial Advertiser) 기자에게 김규식의 전보를 받았다고 알리면서, 1918년 김규식으로부터 받은 편지(1918. 12. 10)를 함께 소개했다.[11] 박용만은 즉각 1919년 3월 하와이에서 대조선독립단을 창설하고, 기관지 『태평양시사』를 간행했다. 4월 국내에서 선포된 한성정부에서 박용만은 외무총장으로 추대되었으며, 그 직후인 5월 박용만은 호놀룰루에서 미군 수송선 토머스호를 타고(1919. 5. 17) 마닐라를 경유해 블라디보스토크로 건너갔다. 박용만은 미 시베리아 원정군과 긴밀한 유대관계를 맺고 활동했다.[12] 박용만은 3·1운동기 상해 임시정부가 조직되면서 외무총장에 선정되었으나 이승만 대통령이 위임통치청원을 제출한 것을 문제 삼아 취임하지 않았다.

김규식이 박용만과 접촉한 이유는 아마도 박용만이 1917년 뉴욕 소약국동맹회에 대한인국민회 대표로 공식 참석했던 것과 관련이 있을 것이다. 즉, 박용만은 국제외교 무대에서 한국 독립 문제를 논의해 본 가장 최근의 경험을 가지고 있었고, 그의 활동은 『신한민보』 등을 통해 중국·만주·연해주의 한인 독립운동가들에게 잘 알려져 있었기 때문이다. 김규식의 토머스호 밀항 실패 후 미 정보당국이 입수한 문건 중에는 바로 박용만이 1917년 뉴욕 맥알핀호텔(Hotel McAlpin)에서 개최된 소약국동맹회에서 행한 연

11　방선주, 1989a, 「박용만평전」, 위의 책, 108쪽. "Korean Envoy in Paris, Cable Says," *Honolulu Pacific Commercial Advertiser*(1919. 3. 23).
12　방선주, 1989a, 위의 책, 108~110쪽.

설문이 들어 있었다.[13]

또한 재정적 측면에서 박용만이 하와이 한인들의 후원으로 파리에 올 수 있다고 판단했을 가능성이 높다. 김규식은 자신의 파리행과 관련한 재정 문제를 해결하지 못했다고 했으므로, 박용만의 재정적 후원을 기대했을 가능성도 배제할 수는 없다. 나아가 1917년 대동단결선언 당시 박용만 측이 미주 쪽에서 참가한 가장 중요한 협력자였던 점을 고려할 수도 있다. 더 거슬러 올라가면 박용만은 이상설의 대한광복군정부 설립(1914)에 조응해서 하와이에 대조선국민군단을 창설해 중국·만주·노령의 독립전쟁 세력과 연대한 바 있다.[14]

앞서 언급한 것처럼 박용만은 상해의 신규식 등이 조직한 동제사와 연계된 비밀활동에 참가했으며, 신규식·김규식 등 상해 한인 독립운동가들이 주도한 대동단결선언에 동참한 유일한 재미 한인 지도자였다.[15] 김규식이 이승만·안창호에게 파리강화회의와 관련한 연락을 취한 흔적은 확인되지 않는다. 훗날 김규식은 자신이 파리에 도착하면 다수의 한국대표 중 한 사람으로 활동할 것으로 예상했는데, 실제 도착해 보니 자기 혼자뿐이었다는 회고를 남겼다.[16] 김규식이 생각한 가장 유력한 후보자는 박용만이었을

13　Enc. 44, 「박용만이 1917년 10월 29일 뉴욕 맥알핀호텔 소약국동맹회(At the Congress of Small, Subject and Oppressed Nationalities, Hotel McAlpin, New York, Oct. 29, 1917) 에서 행한 연설」, MID 1766-1391-5, Subject: Confidential Korean papers. (1921. 1. 19), Assistant Chief of Staff for Military Intelligence to Director, Military Intelligence, General Staff. RG 165, Boxes 544-545.

14　윤병석, 1984, 『이상설전』, 일조각, 159쪽.

15　대동단결선언에 미주대표로는 박용만이 이일(李逸) 두 사람이 참가했다. 이일의 본명은 이용혁(李龍爀)으로 신민회 회원이자 105인 사건 관련자로 1913년 김규식의 도움으로 곽림대(본명 곽태종)와 함께 도미했다. 안창호의 흥사단에서 활동했다(조동걸, 1986, 위의 논문, 134~135쪽). 그러나 미주 본토의 위치나 중량감으로 볼 때 박용만과 같은 지도자급은 아니었다. 그가 포함된 것은 김규식·신규식과의 관계 때문으로 추정된다. 현재 대동단결선언의 실물은 안창호의 유품에서 발견되었는데, 대동단결선언의 주체 측이 안창호를 주요 동반자로 판단했음이 분명함을 알 수 있다. 『신한민보』도 대동단결선언을 보도하고 있다. 반면, 이승만문서철에는 이 문서가 포함되어 있지 않다.

것이다.

　이 시점에 이미 김규식의 파리 체류가 1년으로 예정되어 있으며, 가장 중요한 임무가 공보국(a Public Bureau)을 설립해 한국 실정을 설명하고 한국 독립의 정당성을 홍보하는 것으로 설정된 부분에 주목할 필요가 있다. 파리강화회의에 한국대표로 파견되지만, 실질적으로는 전승국과 패전국의 회의에 참석할 자격을 획득하기 어려운 처지였으므로, 다양한 경로로 일본 통치하 한국의 억압적 상황을 설명하고, 한국 독립의 정당성을 선전하는 것이 주요 임무이자 목표로 설정된 것을 알 수 있다. 박용만에게 필요한 책자, 문헌, 자료 등을 파리로 가져오라고 한 데에서 그 활동의 방향을 헤아릴 수 있다. 기한이 1년으로 설정된 것은 장기적인 선전전을 펼치겠다는 목표를 가지고 있었음을 보여 준다.

　김규식은 『북경일보』(Peking Daily News)의 1918년 12월 10일자 「한국인들 독립운동을 시작하다」(Koreans Starting Independence Movement)라는 기사를 동봉했는데, 국내에서 박상진이 이끄는 독립단 200명이 일본 경찰에 의해 검거되어 가혹한 고문을 받았으며, 국외에서는 중국의 한국 청년들이 파리강화회의에 공식 대표를 파견해 한국의 실정을 호소할 것이라는 내용이었다. 기사는 중국의 한국 청년들이 파리평화회의라는 전대미문의 대기회를 맞아 독립운동에 열성적이라며 이렇게 설명하고 있다.

　근대 외교의 방식을 잘 알지 못하더라도 이들〔중국 내〕한국 청년들은 유럽으로 공식 대표를 파견해 지지를 요청하려는 필사적인 노력을 경주하고 있지만 이들의 노력이 수포로 돌아가리라는 것이 일반적인 관측이다. 정의 앞에서 반드시 싸워 이겨야만 한다는 소위 정의의 전쟁이 억압

---

16 「학무총장의 연설」, 『독립신문』(1921. 2. 5).

받는 한인들에게 펼쳐졌다.[17]

　이 기사가 의미하는 것은 이중적인데, 첫째는 김규식의 이름이 특정되지는 않았지만 중국 내 한국 청년들이 공식 대표를 파리강화회의에 파견하려고 한다는 정보가 1918년 12월 10일 이미 『북경일보』에 게재되었다는 사실이다. 이는 김규식의 파리강화회의 파견 결정이 최소한 1918년 12월 10일 이전에 이뤄졌으며, 그 내용이 중국 언론을 통해 확산될 수 있을 정도로 구체화된 상태였음을 의미한다. 천진의 김규식이 당일 자 『북경일보』 가운데에서 정확하게 자신의 파리강화회의행을 거론한 기사를 발췌해 보냈다는 점은 천진과 북경 사이에 긴밀한 연락·협력 관계가 있었음을 의미한다. 김규식 자신이 『북경일보』 기사의 제공자였을 가능성이 제일 높다. 혹은 김규식이 북경 연락원을 통해 『북경일보』에 기사를 게재할 수 있을 정도의 공작력·조직력을 갖고 있었음을 의미한다. 때문에 여운형이 북경에 상용으로 체재하고 있던 김규식과 접촉했다는 진술이 상당히 신빙성을 갖게 되는 것이다.

　둘째로 김규식은 중국 언론이 파리강화회의 파견의 결과를 부정적으로 전망하고 있음을 알고 있었다. 그럼에도 불구하고 파리강화회의를 통한 한국 실정 폭로와 선전, 한국 독립의 정당성 피력을 위해 파리행을 결심했으며, 이것이 다시 올 수 없는 기회라고 판단했음을 알 수 있다.

　이상을 종합하면 1918년 12월 10일 이전 김규식이 파리강화회의 특사로 결정되었으며, 김규식은 파리에 공보국을 설립해 최소 1년 이상 운영하면서 일본 압제하의 한국 실정을 폭로하고 한국 독립의 정당성을 파리강화회의를 통해 역설하는 것을 자신의 중요 임무로 설정하고 있었다. 김규

17　"Koreans Starting Independence Movement," Extract from the *Peking Daily News*, Dec. 10th, 1918.

식은 파리강화회의 파견과 관련해 하와이의 박용만, 상해의 소콜스키 등과 협력할 계획이었다.

　　김규식이 상해를 떠나기에 앞서 당면한 가장 중요한 문제는 여행경비와 파리에서 공보국을 운영할 활동경비였다. 여운형은 파리 대표자 파견에는 5만 원이 필요했는데, 그중 3만 원은 대표 김규식의 파리행 비용으로 하고, 2만 원은 한국 사정을 선전하고 역사를 알리는 데 필요한 잡지 비용으로 생각했다.[18] 김규식이 파리로 가기 전에 5만 원, 즉 5만 달러라는 거금을 마련했을 가능성은 적다. 왜냐하면 김규식은 파리에 도착한 이후 1919년 5월 8일 7천 원이 필요하다는 전문을 상해로 보냈기 때문이다.[19]

(2) 북경 주재 미국공사에게 보낸 청원서(1919. 1. 북경)

상해를 떠나기 전 김규식의 또 다른 행적은 북경에서 발견된다. 가명을 쓴 일단의 한국인들이 1919년 1월 북경 주재 미국공사에게 청원서를 제출했는데, 그 내용은 김규식이 파리에 도착해서 수행할 임무를 진술한 것이었다. 청원서의 내용과 북경 주재 미국공사관 접촉의 의미를 연결해 본다면, 김규식이 청원서 제출에 직접 관여했음은 의문의 여지가 없다. 즉, 김규식은 파리로 떠나기 전 북경 주재 미국공사관을 통해서 자신이 파리에서 수행할 임무를 통보하고 이에 대한 미국정부 혹은 파리강화회의 미국대표단의 협력·협조를 요청한 것으로 판단된다.

　　청원서 작성자는 차오유푸(Ch'ao Yu-fu), 치티엔푸(Chi T'ien-fu)로

---

18 「피의자신문조서(제5회)」(1929. 8. 5. 경성지방법원 검사국), 『몽양여운형전집』 1, 505~511쪽.
19 「대한민국임시정부에 관한 상해정보보고(4)」(1919. 5. 22), 국사편찬위원회, 1968, 『한국독립운동사』 4, 560쪽.

되어 있는데, 실체가 확인되지 않는다. 다만 위에서 살펴본 것처럼 김규식은 이 시점에 '상용'(商用)으로 북경에 체재하고 있었으며, 이광수도 북경에 머물고 있었다. 북경은 동제사, 신한혁명당의 주요 거점이자 중국 내 한국 독립운동의 중심지였다. 따라서 청원서가 북경 주재 미국공사관에 제출된 데에는 이러한 연관성이 작용했을 것이다.

이런 청원서들이 어떻게 전달되었는지에 대한 단서는 3·1운동기 국내에서 파견된 연락책이던 현순의 경험을 미루어 유추할 수 있다. 현순은 상해에 도착한 후 신헌민(申憲民)의 소개로 손문의 기관지인 『상하이 가제트』(The Shanghai Gazette)의 주필 장경여(張敬予)를 만났고, 3월 8일 최창식·장경여와 함께 북경으로 올라갔다. 북경에서 현순은 감리교병원에 묵으며 병원장 홉킨스(Dr. N. S. Hopkins)의 도움을 받았고, 북경기독교 청년회를 방문해 미국인 총무 임격(林格, R. R. Gailey)과 중국인 총무 장패지(張佩之) 등을 만났다. 이후 현순은 임격과 함께 미국공사관을 방문해 1등서기관 테니(A. Tenney)를 만나 이면적 방조를 받았으며, 임격을 통해 상해 미국총영사 커닝햄, 중국기독청년회 전국총무 여일장(余日章) 등을 소개받았다. 이러한 커넥션은 중국 내 YMCA와 기독교회·기독교병원을 통한 미국 공사관·영사관과의 연결을 보여주는 것이다.[20] 현순은 북경에서 김규식을 파견할 때 "김군(金君)에게 만흔 방조(傍助)가 잇섯든 영인 저술가(英人 著述家) 씸손씨(Lenor B. Simpson)를 방문"하고 그의 도움으로 국제기자단 수십 명과 회견하고 일본의 폭정과 한국 독립운동의 실정을 해설하였다고 기록했다.[21]

현순의 사례로 본다면 북경 주재 미국공사관에 청원서를 제출할 경우,

---

20 현순, 「삼일운동과 아(我)의 사명」, 『현순자사(玄楯自史)』(David Hyun and Yong Mok Kim, ed., *My Autobiography: The Reverend Soon Huyun*, Yonsei University Press, 2003), 297~298쪽.
21 현순, 2003, 위의 책, 296쪽.

우편을 통해 일방적으로 전달했다기보다는 북경이나 상해 YMCA 혹은 기독교계 병원·교회·신문 등 관계자의 소개와 주선을 통해서 인편으로 전달하면서 사정을 진술했을 개연성이 높다는 것을 알 수 있다. 이는 북경 주재 미국공사관이 이 청원서를 다루는 경로와 방식에서도 잘 드러났다.

청원서를 접수한 북경 주재 미국공사 라인쉬(Paul S. Reinsch)는 1919년 2월 16일 미 국무장관에게 보고서를 발송했다.[22] 라인쉬는 한국혁명당(the Korean Revolutionary Party) 대표들이 "한국 독립을 청원"했다며 1919년 1월 미국공사 앞으로 보낸 비망록의 번역본을 보고하고 있다. 이 보고서는 3·1운동 발발 이후인 4월 24일 국무부 극동국에 의해 국무장관에게 보고되었다. 1919년 1월 한국혁명당의 독립 청원 보고서가 2월 미국공사관에 의해 번역된 후 4월 국무장관에게 보고된 것이다. 극동국 메모에 따르면 한국인들은 북경 주재 미국공사가 자신들의 청원을 미국정부에 전달해 줄 것을 요청했는데, 그 청원인즉 평화회담에서 한국 문제를 다뤄 달라는 것이었다. 또한 유사한 요청을 미국인들에게 발송했다고 밝히고 있다.

라인쉬의 보고서는 단지 한국인들의 청원서 문제만을 다룬 것이 아니었다. 여기에는 구체적으로 김규식이 중국 이름으로, 중국 여권을 소지하고 파리로 출발했다는 정보가 담겨 있었다. 이는 북경 미국공사관에 청원서를 제출한 한국인들이 1919년 1월부터 2월에 걸쳐 지속적으로 미국공사관과 연락을 취하며 파리강화회의 관련 정보를 제공했음을 의미한다.

북경공사관 내 공보위원회(the Committee on Public Information)의 칼 크로(Carl Crow)는 라인쉬에게 이렇게 보고했다.

중국과 시베리아의 한국혁명당을 대표하는 한 한국인이 한 주쯤 전에

---

22 Paul S. Reinsch (Peking) to Secretary of State, February 16, 1919. No.2631. 895.00/581. RG 59, Records of the Department of State, Relating to Internal Affairs of Korea (Chosen), 1910-29. MF. M-426, Roll 3.

상해를 출발해 파리로 떠났다고 하는 점을 보고합니다. 파리에서 그는 한국 독립 요청을 제출할 것을 희망합니다. 이 사람은 중국 여권을 가지고 정춘웬(Chung Chun Wen)이라는 중국 이름으로 여행하고 있으며 상당한 지원을 향유하며 미국인들과 영국인들로부터 다수의 소개장을 동반하고 있습니다.[23]

여기서 우리는 1주일 전에 파리로 출발한 정춘웬(Chung Chun Wen)이 김규식의 중국명이자 자(字)인 김중문(金仲文, Chin Chung Wen)임을 알 수 있다. 김규식이 2월 1일 자로 프랑스 우편선 포르토스호로 상해를 출발했고, 북경공사관 공보위원회의 보고일이 2월 16일이므로 김규식의 출발을 지적한 것임을 알 수 있다. 한국대표자들이 1919년 1월 청원서를 북경 미국공사관에 접수했을 뿐만 아니라 김규식의 출발 사실, 그가 한국 독립을 요청할 계획이라는 점, 중국 여권을 보유하고 중국 이름으로 여행한다는 사실, 상당한 여행경비를 지닌 사실, 미국인·영국인들로부터 다수의 소개장을 받았다는 점 등을 구체적으로 통보했음을 알 수 있다. 이는 청원서 제출자들이 북경 주재 미국공사관 관원과 접촉을 유지하면서 청원서를 제출했을 뿐 아니라 관련 정보를 구체적으로 제공했음을 의미한다.

여기서 우리가 궁금한 것은 "중국과 시베리아의 한국혁명당"의 정체이다. 왜냐하면 1918년 11월 28일 창당된 여운형의 신한청년당은 중국 상해를 근거지로 한 것인데, 여기서는 중국과 시베리아를 근거로 거론하고 있기 때문이다. 또한 이 청원서가 전달된 곳이 상해 미국영사관이 아니라 북경 미국공사관이었다는 점에 주목해야 한다. 즉, 북경그룹의 청원서는

---

23 Paul S. Reinsch (Peking) to Secretary of State, February 16, 1919. No.2631. 895.00/581. RG 59, Records of the Department of State, Relating to Internal Affairs of Korea (Chosen), 1910-29. MF. M 426, Roll 3.

OUTLINE OF PROCEDURE

1. SUPPORT AND SYMPATHY.

    1. Interviews with official delegates.
    2.   "   " unofficial   "
    3. Pressmen.
    4. Parties, Political Bodies, Socialistic Organizations, etc.

2. PUBLICITY:

    1. Organs -
        a. Press Bureau - Paris, London, New York, San Francisco, China, Siberia, Korea.
        b. Influential organs of the world.
        (Direct and indirect method to be used in both cases. The West to be constantly informed of what is going on in the East, and the East of how Western public opinion is changing regarding the Far Eastern questions.)

    2. Propaganda -
        a. Speeches - Public and Private.
        b. Literature and pamphlets.

    3. Presentation of Facts
        a. Condition of affairs in Korea under Japanese military rule, politically, economically, educationally and religiously.
        b. People's desire and ability:
            (1) Desire for freedom and liberty and a truly democratic form of government as against Japanese military oppression.

            (2) Intellectual and material capability to govern themselves.

        c. Historical facts:
            (1) Korea's gift to the Japanese and Far Eastern civilization.

            (2) Racial feeling of hatred of Koreans for the Japanese.

    4. Japan's aims:
        a. Regarding Korea.
        b.   "   China and the Far East.
        c. Japan's unscrupulous methods:
            (1) Manchurian and Mongolian independence.
            (2) China - North and South.
            (3) People's societies and espionage.
            (2) World opinion.

        b. Liberation of Korea.
          2. Representation at the Conference.

김규식이 북경 주재 미국공사관에 전달한 비망록(1919. 1). NARA.

상해 신한청년당과는 다른 결의 움직임에 기초한 것으로 볼 수 있는 여지가 있다.

이들의 활동에 주목한 구대열은 이들이 상해 한인들과 다른 그룹이라고 판단했다.[24] 구대열은 상해그룹이 파리평화회의 직접 참가를 시도한 반면, 이들은 북경 주재 미국공사에게 청원서를 제출했고, 양측 청원서가 동일하지 않기 때문에 이들이 상해그룹과는 독립적으로 행동했다고 판단했다. 이들의 이름과 신상은 확인되지 않으며, 그 활동도 완전히 잊혔지만, 이들의 활동은 당시 상해그룹의 활동보다 중국사회 내에서 더 많은 관심을 끌었으며, 『노쓰차이나헤럴드』(North-China Herald)는 전면을 할애해 이 기사를 다루었을 뿐 아니라 훗날 이 사건을 사설로 다루었다고 지적했다.[25] 탁견이지만 구대열은 이 그룹의 중심인물이 김규식이라는 사실은 알아차리지 못했다. 라인쉬 공사의 보고서를 검토했음에도 불구하고, 여기 나오는 "정춘웬"(Chung Chun Wen)이 김규식, 즉 김중문(Chin Chung Wen)임을 알지 못했던 것이다.[26]

『노쓰차이나헤럴드』1919년 2월 22일 자는 「한국의 독립: 일본정부와 통치에 반대하는 심각한 주장, 북경 주재 미국공사에 청원서」라는 기사를 싣고 있다.[27] 이 기사는 2월 13일 북경발 로이터 경유로 되어 있다. 즉, 2월 13일 북경발 보도를 2월 22일 게재한 것이다. 보도에 따르면 재중 한국인을 대변하는 한국독립위원회(the Korean Independence Committee)의

---

24 이하는 Dae-yol Ku, 1985, 위의 책, pp.40~41; 구대열, 1995, 『한국국제관계사연구』 1, 역사비평사, 260~261쪽 참조.
25 *North-China Herald*, 1 March 1919.
26 이 자료를 처음 발굴해 소개한 것은 이정식이었다. 그는 독립지사들이 중국어로 된 각서를 북경 미국대사관에 통고하여 원조를 구한 것으로 보았다. 이정식, 1974, 위의 책, 57~58쪽.
27 "Independence of Korea: Serious Allegations against Japanese Government and Its Administration, Appeal to U.S. Minister in Peking," *The North-China Herald*, February 22, 1919.

1 김규식의 중국 내 행적

차오 유푸(Chao Yu-fu)와 치 티엔푸(Chi Tien-fu) 등이 얼마 전 북경 주재 미국공사에게 청원서를 제출했고, 한국독립위원회는 2월 13일 현지 언론기관에 청원서 사본을 전달하며 이 사실을 공개했다. 미국공사에게 전달한 편지의 내용은 신문기사에 소개되었다.

청원서 사본은 1919년 1월에 북경 주재 미국공사관에 전달되었고, 2월 13일 북경발 언론 보도로 2월 22일 중국 언론에 공개되었으며, 2월 16일 라인쉬 북경 주재 공사가 이를 미 국무부에 보고한 것이다. 즉, 청원서는 1월에 북경 주재 미국공사관에 전달되었지만, 김규식의 출발에 맞춰서 청원서 공개 일정이 조율된 것으로 판단된다.

라인쉬 공사가 국무부에 보고한 것이 2월 16일이니, 북경 주재 미국공사관의 보고와 『노쓰차이나헤럴드』의 정보 수집·보도가 거의 동시에 이루어졌음을 알 수 있다. 『노쓰차이나헤럴드』는 이들이 한국독립위원회라고 했으나 라인쉬의 보고에는 한국혁명당이라는 조직명이 사용되었다.

『노쓰차이나헤럴드』는 라인쉬 공사에게 제출된 한국혁명당의 청원서를 요약해서 보도했다. 기사의 소제목은 「청원서」, 「흥미로운 주장」, 「주권의 상실」, 「부도덕의 문제」 「민족말살」 등이다.[28] 이는 라인쉬 보고서에 등장하는 청원서의 내용과 일치한다.

먼저, 「청원서」는 라인쉬 보고서의 「미국 관리들에게 보내는 편지」와 동일하다. 편지 내용에 일련번호를 붙이고 여기에 별도의 소제목을 붙인 것이다. 「흥미로운 주장」에는 1~5번, 「주권의 상실」에는 6~9번과 새로운 1~3번, 「부도덕의 문제」에는 4~6번이 붙어 있다. 1~9번은 라인쉬 보고서의 「한국약사」와 동일하며, 그다음 1~6번은 라인쉬 보고서의 「한국 병

---

28 「청원서」(The Petition), 「흥미로운 주장」(Interesting Claims), 「주권의 상실」(Passing of Sovereignty), 「부도덕의 문제」(Question of Immorality), 「민족말살」(Racial Extermination).

합 이후 일본의 한국 실정」과 동일하다. 이 기사에는 김규식이 프랑스에 가서 수행할 독립 프로그램의 내용 및 절차에 관한 내용은 생략되어 있다. 다만 「민족말살」 부분에는 라인쉬 보고서에 등장하지 않는 내용이 들어 있다.

> 일본의 한국 통치를 특징 지우는 무수한 형태의 억압과 실정은 한국에 거주하는 모든 외국 영사관 관원과 선교사들에게 잘 알려져 있습니다. 어떻게 우리 민족이 말살을 피할 수 있을까? 일본정부가 우호적이라고 하더라도 일본인들이 다른 민족의 고통과 아픔을 이해할 수 있을 것인가? 이런 사악한 정부라면 우리에게는 민족 말살밖에 더 있겠는가? 하나님이 불쌍히 여기사, 하늘이 유럽전쟁을 종식케 했고, 윌슨 대통령 각하로 하여금 하늘이 정한 원칙을 지지해 <u>모든 민족이 자결할 수 있는 권리</u>를 갖도록 선포하게 했습니다. 그러므로 우리 한국인들은 귀하께 평화회의 앞에 현재 우리의 가련한 처지를 제기해서 우리가 자유와 국가주권의 은총을 향유할 수 있도록 해주길 청원합니다.[29]

한국혁명당이 미국공사관에 제출한 청원서는 미 국무부 십진분류문서 철에 들어 있다. 청원서는 「차오 유푸·치 티엔푸 등이 미국 관리들에게 보내는 편지」(1쪽), 「한국약사」(1쪽), 「한국 병합 이후 일본의 한국 실정」(3쪽), 「한국이 독립되어야만 하는 이유」(1쪽), 「독립 프로그램에 관한 메모」(1쪽), 「절차개요」(1쪽) 등 8쪽 문서로 구성되어 있다.

이들 문서는 밀접하게 서로 연계되어 있는데, 한국인들이 파리강화회의에서 어떤 논리로 한국 독립을 주장할 것이며, 어떤 방법으로 그 주장을

---

[29] "Independence of Korea: Serious Allegations against Japanese Government and Its Administration, Appeal to U.S. Minister in Peking," *The North-China Herald*, February 22, 1919.

실현하고 선전 활동을 펼 것인가 하는 점을 다루고 있다.

이런 세부적이고 구체적인 내용을 미국공사관에 제출한 유일한 이유는 미국의 동정이나 협력을 구하기 위한 것이었다. 그런데 문제는 이 청원서·비망록의 제출자가 김규식, 여운형, 신한청년당 등이 아니라 익명의 인물들이며 이들이 한국혁명당을 자처했다는 점에 있다.

그런데 2월 중순이면 신한청년당의 중요 인물들은 이미 국내, 일본, 만주·시베리아로 잠입해 선전 활동과 모금 활동을 벌이던 때였으므로 이에 관여할 수 없었다. 또한 조직명을 한국혁명당이라고 한 것에서 알 수 있듯이 신한청년당과는 다른 조직임을 자처했다. 그렇다면 신한청년당 핵심 인물이 아니면서 김규식의 파리강화회의 파견과 그의 활동 내용을 정확히 알 수 있는 조직·인물이 개입한 것을 알 수 있다. 바꿔 말하면, 김규식은 왜 자신이 신한청년당 대표로 파견된다는 점을 강하게 피력하지 않고, 한국혁명당이라는 정체불명의 단체를 내세우고, 실명이 확인되지 않은 인물을 청원서 제출자로 내세운 것일까 하는 의문이 제기되는 것이다.

이에 대한 가장 합리적인 설명은 이런 교섭 활동에는 김규식이 중국 망명 이래 관여해 온 동제사, 신한혁명당, 대동단결선언 등 중국 내 독립운동의 중요 흐름 및 관성이 반영되었으며, 그 중심에는 신규식과 연결된 계열의 인맥과 활동이 잠복해 있었다는 해석이다.[30] 즉, 이 청원서는 김규식이 직접 작성했을 가능성이 높으며, 이를 북경 미국공사관에 제출한 것은 김규식-신규식의 조직·인맥이었을 가능성이 높다. 특히 청원서 뒤에 첨부된 일련의 문건은 김규식이 작성한 것이 분명하며, 나아가 이를 제출한 이유는 김규식이 파리에 도착한 후 미국대표단의 동정과 후원을 얻기 위한 사전 포석 겸 양해의 차원이었을 것이다.

전반적으로 한국혁명당은 매우 정교한 기획과 준비 작업을 펼쳤음을

---

30 김규식의 망명 이후 활동(1913~1918)에 대해서는 1권을 참조.

알 수 있다. 이는 세 가지 측면에서 그러하다. 첫째, 김규식이 파리에서 수행할 활동의 범위와 내용을 아주 구체적이고 세밀하게 규정했다. 둘째, 김규식의 파리강화회의 파견과 활동 범위를 미국공사관에 통보함으로써 파리와 북경에서의 협력을 구했다. 셋째, 김규식의 파리강화회의 파견을 북경 영자신문에 알리고, 보도 시점을 조정함으로써 선전·파급 효과를 세심하게 조율했다. 또한 이들은 매우 조직적으로 움직이며 시간 안배를 적절하게 함으로써 미국공사관, 북경 영자신문 등을 통해 자신의 활동을 적극 홍보하고 확산시키는 데 성공했다. 이는 여운형과 신한청년당이 시도하지 못했던 것으로, 이러한 활동은 이 그룹이 보유하고 있는 인적·조직적 연계망을 반증하는 것이다.

먼저「편지」를 살펴보자.

1919년 1월

귀하

중국 내 망명 중인 한국인들은 삼가 피눈물을 흘리며 미국정부의 다양한 관리들에게 우리 사정을 호소합니다.

일본의 한국 강제 병합 이후, 우리 한민족은 거의 말살되었습니다. 하나님의 섭리로, 유럽전쟁이 종식되어 막강한 괴물이 파괴되었습니다. 인권을 옹호하는 귀국의 존경하는 대통령께서는 민족들은 자결권을 갖는다고 선언했습니다. 한국인들은 비통함의 밑바닥으로부터 존경하며 심심한 감사를 드립니다. 또한 귀하에게 평화회의가 2백만 억압받는 사람들의, 우리 발언권 없는 국가의 상황 개선 문제를 다뤄주실 것을 겸허하게 간청합니다. 우리의 다함 없는 감사를 귀하께 표합니다.

(서명) 차오 유푸, 치 티엔푸 등 (한국인을 대신해)

구주강생 1919년 1월.[31]

「편지」의 작성일자는 미상이지만,「한국 병합 이후 일본의 한국 실정(失政)」에 1919년 1월 14일 자『오사카마이니치』를 인용하고 있으므로 이 문서의 작성일은 1월 하순경으로 추정할 수 있다. "하나님의 섭리로, 유럽 전쟁이 종식되어 막강한 괴물이 파괴되었습니다"(By the will of God, the European War has come to an end, and the powerful monster has been destroyed)라는 문장은 여운형이 크레인에게 수교한 청원서에 등장하는 문장과 내용 및 구성이 거의 일치한다.[32]

그런데 여기에 등장하는 차오 유푸(Ch'ao Yu-fu), 치 티엔푸(Chi T'ien-fu)가 누구인지는 확인되지 않는다. 중국 거주 한인들이 대부분 가명을 사용했으므로, 이들의 이름도 가명으로 추정된다. 다만 발음 그대로 추정하자면 조유부(趙遊夫), 지철부(池鐵夫) 등의 이름을 생각해 볼 수는 있다. 그렇다면 왜 김규식은 자신의 본명 혹은 중국명을 제시하는 대신 정체불명의 이름을 제시한 것일까? 가장 큰 이유는 파리강화회의 대표로 파견되는 본인의 이름을 미리 드러내기 곤란했기 때문이었을 것이다. 한편으로는 다양한 한인 독립운동 그룹이 자신의 파리강화회의 파견을 지지한다는 인상을 주기 위한 전략일 가능성도 있다.

우리가 좀 더 주목해야 할 지점은 청원서의 내용적 구성이다. 그 핵심에는 바로 김규식이 파리에 도착해서 수행할 중요 업무와 중요 절차가 담겨 있다.

「한국약사」는 한국이 4천 년 역사를 지닌 독립국가였으나, 1894년 이래 일본의 침략을 받아 식민지가 된 과정을 간략하게 서술하고 있으며, 그

---

31 "A Letter from Ch'ao Yu-fu, Chi T'ien-fu, and others, to the various officials of the United States".
32 "世界의 大戰爭은 遂히 止하니 惡魔가 殲滅되고 邪惡이 세계에서 除驅되엇슴을 神씌 感謝하는 바"(we thank God that He has worked and smitten the Devils to dust and the world is cleared of evils through the war).

과정에서 일본이 한국 독립을 여러 차례 국제적으로 공약했으나 결국 약속을 지키지 않았으며, 강제 병합이 이뤄졌다고 비판하고 있다.[33]

「한국 병합 이후 일본의 한국 실정」에서는 (1) 기독교의 억압, (2) 왕실 토지·재산 몰수 및 동척 설립으로 인한 한국민의 경제적 피해 및 이산, (3) 부자 간 소송 남발, (4) 부도덕의 고무(병합 7년 만에 이혼 건수 8만, 중국 도시에서 한국 어린 소녀 매춘 성행), (5) 총독부의 아편 판매 부서 설치, (6) 중학교 이상의 한국인 고등교육 불허 등을 지적하고 있다.[34]

「한국이 독립되어야만 하는 이유」는 이런 점들을 지목하고 있다.

1. 1896년 시모노세키조약에서 일본은 한국의 독립·보전을 보증.
2. 1904년 러일전 당시 일본의 한국 독립 및 동양평화 공개 약속.
3. 1882년 미국은 한미조약으로 한국의 보전 보증.
4. 한국은 일본에 정복된 것이 아니라 사기로 독립을 도둑질 당한 것. 한국의 사례는 안남, 필리핀, 인도, 버마의 사례와 다름.
5. 문명세계는 즉각 일본이 한국을 해방시키도록 압력을 가할 것.
6. 한국은 4천 년의 빛나는 문화를 지닌 국가로 2천만 명이 부정의에 고통받고 있음.
7. 연합국이 체코-슬라브, 벨기에, 세르비아를 독립시키면서 한국을 간과할 수 없음.
8. 한국은 극동 문제의 중심임. 한국이 해방되지 않으면 아시아는 서양이 이중 잣대를 가지고 있다고 생각할 것.
9. 만약 한국에 정의가 실현되지 않으면, 우리는 서양이 일본을 두려워한다고 결론지을 것.

33 "A Brief History of Korea".
34 "The Maladministration of Korea by Japan Subsequent to the Annexation of Korea".

10. 한국이 독립되어야 또 다른 세계대전을 회피하고 아시아가 제2의 발칸반도가 되는 것을 회피할 수 있을 것.[35]

가장 흥미로운 것은 「독립 프로그램에 관한 메모」와 「절차개요」이다. 여기에 김규식이 파리에 도착해 한국대표로서 수행하게 될 독립운동의 내용과 절차가 진술되어 있다.

「독립 프로그램에 관한 메모」는 이런 계획을 설명하고 있다.

1. 평화회의에서 각국 대표들과 인터뷰 및 한국 대의에 대한 동정 및 지원 확보.
2. 파리강화회의와 관련해 비공식 자격으로 파리에 집결하는 영향력 있는 인사와 인터뷰.
3. 일본의 군사 통치하 한국 상황에 대해 정치적, 경제적, 교육적, 종교적 측면의 정보를 제공.
4. 한국과 한국인에 대한 일본의 야욕을 제시.
5. 극동-만주, 몽고, 시베리아, 산동, 양자강 유역, 복건, 샴, 필리핀, 남중국 도서, 인도에 대한 일본의 야욕을 제시.
6. 한국이 역사적, 지리적, 전략적으로 극동 문제 안정의 열쇠임을 제시.
7. 미국, 영국, 프랑스, 이탈리아의 중요하고 영향력 있는 언론인들로부터 동정적 협력을 획득하고 한국 해방의 필요성에 대한 세계적 여론을 창출.
8. 미국, 영국, 프랑스, 이탈리아, 중국의 모든 영향력 있는 기관을 활용해 세계에 한국의 현 상황을 알리며 세계의 경세가들과 외교 지

---

35 "The Reasons Why Korea Should be Liberated".

도자 및 여러 나라의 국민들에게 동정적 여론을 불러일으킴.
9. 파리, 런던, 뉴욕, 샌프란시스코, 상해 등에 공보국(a press Bureau)을 개설하고 직간접으로 가능한 모든 선전 방법을 활용함.
10. 선전을 하며 문헌과 설명 전단을 배포함.
11. 왜 한국이 독립해야 하며 어떻게 한국인들은 자치 능력이 있는지 결론적 이유를 제시.
12. 한국 독립을 위해 (1줄 미상) 평화회의에서 승인과 대표를 공식 요구함. 간명하지만 포괄적인 비망록을 제출할 것.[36]

가장 중요한 것은 11번과 12번인데, 한국 독립과 자치 능력을 제시하고 한국대표가 평화회의에 참석해 비망록을 제출하는 것이었다. 즉, 파리에서 수행할 임무는 양면적이고 이중적인 목적을 가진 것이었다. 첫째는 공보국을 설치해 한국 상황을 알리고 세계의 동정을 호소하는 것, 둘째는 강화회의에 참가하여 비망록을 제시한다는 투 트랙이었던 것이다. 결국 가장 중요한 목적은 한국 독립에 대한 호소이자 요구였다.

김규식이 파리에 도착해 가장 먼저 개설한 것이 바로 공보국이었으며, 신한청년당과 한국인 대표로서 활동했다. 이후 3·1운동 소식과 대한민국 임시정부 수립 소식이 전해진 이후에야 김규식은 임시정부의 명의로 독립청원을 시작했다.

마지막으로「절차개요」는 파리에서 실행될 독립운동의 절차를 설명하고 있다.

1. 후원과 동정
   (1) 공식 대표 인터뷰

---

[36] "Memo for Program of Independence". 이정식, 1974, 위의 책, 57~58쪽.

(2) 비공식 대표 인터뷰

　　(3) 언론인

　　(4) 정당, 정치단체, 사회주의적 조직 기타

2. 공보

　　(1) 조직

　　　　a. 공보국: 파리, 런던, 뉴욕, 샌프란시스코, 중국, 시베리아, 한국

　　　　b. 세계의 영향력 있는 기관 (직간접 방식을 모두 사용. 서양에는 동양에서 벌어지는 일을 지속적으로 알리고, 동양에는 서양 여론이 극동 문제에 대해 어떻게 변화하는가를 지속적으로 알림)

　　(2) 선전

　　　　a. 연설-공공 및 개별적

　　　　b. 문헌 및 팸플릿

　　(3) 사실 전달

　　　　a. 일본 군사 통치하 한국의 정치적, 경제적, 교육적 및 종교적 상황

　　　　b. 인민의 희망과 능력

　　　　　① 일본 군사 압제에 맞서 자유와 해방, 그리고 진정한 민주적 형태의 정부를 향한 열망

　　　　　② 스스로 통치할 수 있는 지적이며 물질적인 능력

　　　　c. 역사적 사실

　　　　　① 일본 및 극동 문명에 미친 한국의 영향

　　　　　② 일본인에 대한 한국인의 인종적 증오감

　　(4) 일본의 목표

　　　　a. 한국에 관해

　　　　b. 중국과 극동에 관해

　　　　c. 일본의 파렴치한 수단

① 만주와 몽고 독립

　　② 중국-화북 및 화남

　　③ 민회 및 첩자

　　④ 세계여론

  3. 비망록의 제출

　　(1) 한국의 해방

　　(2) 대표의 회담 참석[37]

　이상에서 살펴본 바를 종합하면 북경 미국공사에게 제출된 것은 파리에서의 활동 계획이라는 물리적·조직적 내용과 선전 활동이라는 논리적·추상적 내용으로 구성되어 있다고 할 수 있다.

　결국 김규식은 이미 파리로 출발하기 전에 치밀한 활동 계획을 수립했으며, 그 핵심에는 각국의 동정과 지원을 획득하기 위한 선전 활동 및 공보 활동이 있었음을 알 수 있다. 또한 이 계획은 매우 구체적인 수준에서 조율된 것임을 알 수 있다. 후원과 동정을 요청할 대상에 공식·비공식 대표·언론인뿐 아니라 사회주의적 조직이 포함되어 있는 대목을 주목할 필요가 있다. 신규식은 1917년 스웨덴 스톡홀름에서 개최된 만국사회당(환구사회당협회)에 한국 독립을 청원하는 문서를 발송한 경험이 있으며, 김규식은 1919년 파리에서 활동하며 스위스 루체른에서 개최된 만국사회당대회에 조소앙과 이관용 등을 파견한다.

　만약 이러한 계획이 신한청년당 그룹과 밀접한 연계 속에서 구상된 것이었다면, 그에 관한 흔적이 신한청년당 관련 인물이나 기록에 남아야 하지만 현재로선 그런 흔적은 확인되지 않는다.[38] 앞에서 살펴본 여운형의

37　"Outline of Procedure".
38　예를 들어 신한청년당 기관지 『신한청년』은 당의 창당 과정과 여러 주요 문건을 소개하고 있

진술과 김규식의 「자필 이력서」 등을 종합하면, 김규식은 1919년 1월 북경·상해·천진·남경·상해를 왕래한 것인데, 이 편지와 비망록은 북경에서 제출되었을 가능성이 높다. 왜냐하면 북경 주재 미국공사관은 청원서·비망록을 수령했을 뿐 아니라 직접 접촉을 통해 정보를 확보하고 있었기 때문이다. 또한 그 접촉 시점이 1919년 2월 1일 김규식의 파리 출발 이후라는 점에서 편지·비망록의 전달자는 김규식이나 신한청년당 당원이 아닌 다른 제3자였을 가능성이 높다. 그렇다면 이 전달자 혹은 가명의 필자는 김규식과 가장 긴밀한 관계를 유지했던 신규식 혹은 동제사 계열 인물이었음이 분명하다.

김규식은 파리 도착 이후 「절차개요」에 따라 움직이기 시작했다. 이 절차는 거의 동시적으로 이루어졌다. 김규식은 제일 먼저 파리에 공보국을 설치한 후 조선의 실정과 일본의 악행에 대해 선전 활동을 펼치기 시작했다. 이와 함께 세계의 후원과 동정을 얻기 위해 파리강화회의에 참석한 각국 공식·비공식 대표와 인터뷰를 추진했고, 언론·정당·사회단체는 물론 사회주의 조직과 접촉했다. 김규식의 가장 큰 활동은 각 대표 및 단체들에 편지를 보내는 한편, 청원서와 비망록을 전달하고 언론을 통해 일본 통치하 한국의 참극을 알리고 독립을 호소하는 작업이었다. 그가 수행한 최종적이고 공식적인 임무는 파리강화회의에 공식 대표로 참석하기 위해 노력하고, 한국 해방을 주장하는 비망록을 제출하는 것이었다. 이러한 일련의 활동은 이미 1919년 1월 중순에 확정된 것이며, 김규식은 이를 실현에 옮길 구체적 방안과 준비를 마친 상태였던 것이다.

이와 관련해 김규식 자신의 기록이 있다. 김규식은 파리에서 미주 국

으나 김규식의 파리행과 관련한 구체적 계획에 대해서는 언급하고 있지 않다. 또한 신한청년당 지도자인 여운형 역시 경찰·검찰·재판 심문 과정에서 이에 대해 구체적으로 진술한 바 없다.

민회에 보낸 편지(1919. 4. 30)에서 자신이 파리로 건너오기 전에 이미 중국에서 몇몇 대사관을 방문했다고 밝혔다. 방문 이유는 국민회가 선정해 파리강화회의 대표로 파견할 이승만, 정한경, 박용만, 즉 3명의 대사 문제에 대한 상의가 필요했기 때문인데, 이들은 모두 1910년 한국 병합 이전에 미국으로 온 사람들로 일본 공민이 아니니 이들의 여행 편의를 제공해 달라는 내용이었다. 그러나 대사관으로부터 "시원한 회답"이 없어서 김규식은 미국정부에 전보하여 서재필 박사와 J. E. 무어와 정한경 학사가 프랑스로 건너올 수 있겠는가를 문의했으나 여기에도 회답이 없었다고 했다.[39] 무어(J. E. Moore)는 한국에서 태어난 미국인으로 3·1운동 이후 국민회에서 『민족자결을 향한 한국의 호소』(Korea's Appeal for Self-Determination)라는 23쪽 팸플릿을 간행한 인물이다.[40] 김규식은 중국에서 프랑스로 건너오기 전에 미국공사관을 비롯한 "몇몇 대사관"을 방문해 국민회 대표의 파리행 여권 획득과 관련한 주선을 했다. 북경 주재 미국공사관에 제공된 문서들도 이런 과정의 산물이었을 것이다. 김규식이 다수의 미국인·영국인으로부터 추천장을 받았다고 한 북경공사관 공보위원회의 보고도 이런 상황을 설명하는 것이다.

나아가 김규식이 파리강화회의에 제출한 비망록과 청원서들은 바로 「한국약사」-「한국 병합 이후 일본의 한국 실정(失政)」-「한국이 독립되어야만 하는 이유」 등의 핵심 내용을 보강·확대한 내용으로 채워졌다.[41] 구

39 「김규식대사 보낸 글: 나의 사랑하난 동포(두번째 이음)」, 『신한민보』(1919. 5. 29).
40 *Korea's Appeal for Self-Determination, By an American Born in Korea*, J. E. Moore, Published by Korean National Association. 샌프란시스코 일본총영사관은 이 팸플릿을 외무성에 송부했다. 「鮮人 獨立運動 宣傳書 送付의 件」(1919. 10. 22), 山崎(上海總領事)-內田康哉(外務大臣), 機密 제100호 『不逞團關係雜件-鮮人ノ部 在上海地方』 1.
41 김규식이 파리강화회의에 제출한 가장 상세한 청원서·비망록은 이런 방식으로 구성되어 있다. 「김규식이 파리강화회의 사무총장에게 보낸 서한」(1919. 5. 6); 「해방을 위한 한국 국민의 호소를 담은 비망록」(A Memorandum Presenting The Claims of the Korean People for Liberation), 『대한민국임시정부자료집』 43(서한집II), 18, 403~412쪽; 원문은 같은 책 24,

1 김규식의 중국 내 행적

체적 표현과 내용의 차이는 있지만, 큰 맥락에서 보자면 이는 여운형이 1918년 11월 28일 크레인에게 수교한 청원서의 구조와 동일한 것이었다. 여운형의 청원서는 서론·본론·결론으로 구성되었는데, 서론에서는 한국 역사와 일본·한국의 관계를 기술했고, 본론에서는 일본 통치하의 한국 상황을 기술했으며, 결론에서는 한국 독립에 대한 미국의 후원을 요청하며 그 이유를 제시하고 있다.[42] 이러한 논리적 구성은 여운형·신한청년당의 독립 청원·요구 프레임이 김규식을 통해 변용·발전된 형태로 전달된 것으로 평가할 수 있다.

(3) 윌슨 대통령에게 쓴 독립 청원 편지(1919. 1. 25. 상해)

신한청년당 대표로 파리에 가게 된 김규식은 출발 직전인 1919년 1월 25일 신규식과 연명으로 우드로 윌슨 대통령에게 독립 청원을 요청하는 프랑스어 편지를 썼다. 지금까지 제대로 알려지거나 평가되지 않았던 사실이다. 김규식은 이 편지를 직접 파리로 들고 갔으며, 파리 도착 후 파리강화회의 미국대표단에게 제출했다. 이런 연유로 파리강화회의 미국대표단의 문서철에 신규식·김규식의 프랑스어 편지 원본과 영어 번역본이 남아 있다.

프랑스어로 된 편지의 발신자는 신정(Shinjhung), 김성(Kinshung)이며 수신자는 우드로 윌슨이다.[43] 신정(申檉)은 신규식의 중국 이름이며, 김성(金成)은 김규식의 다른 이름이다. 신규식과 김규식은 각각 한국공화독

569~582쪽.
42 정병준, 2017b, 위의 논문.
43 Shinjhung and Kinshung to Woodrow Wilson, January 25, 1919. RG 59, General Records of the American Commission in Negotiate Peace, 1918-1939, 895.00/2, M 820, Roll 563.

립당(The Korean Republican Independence Party)의 총재(President)와 사무총장(Secretary General) 자격으로 서명했다. 이들이 프랑스어로 편지를 쓴 것은 프랑스가 강화회의 주최국이며 강화회의가 프랑스 파리에서 개최된 사정을 반영한 것으로 판단된다.

그런데 이들은 신한청년당이나 위의 북경청원서에 등장하는 한국혁명당·한국독립위원회가 아닌 한국공화독립당이라는 새로운 조직명을 내세웠다. 또한 발송 주체도 중국에서 사용하던 신규식과 김규식의 중국식 이름인 신정과 김성이라는 이름을 사용하고 있다.[44] 이는 김규식이 신한청년당과는 다른 조직을 대표한다는 인식을 분명히 보여주고 있으며, 그 중심에는 김규식과 신규식의 관계가 놓여 있다.

신한청년당 대표로 파리강화회의에 파견된 김규식이 동제사의 신규식과 함께 새로운 조직명으로 파리강화회의에 청원서를 제출한 사실은 충격적이다. 김규식이 신생 신한청년당보다 신규식과의 관계 및 동제사와의 연결을 좀 더 중요하게 여겼음을 의미하기 때문이다. 여운형이 작성해 신한청년당 명의로 크레인과 윌슨에게 제출한 청원서는 파리강화회의에 제출되지 않았고, 김규식이 제출한 다양한 청원서와 서한 등에도 여운형의 이름은 등장하지 않았다.

김규식의 프랑스어 청원서를 받은 후, 미국대표단의 혼벡(Captain S. K. Hornbeck)과 그루(J. C. Grew)는 대책을 논의했다.[45] 3월 25일 번역부(Translation Bureau)가 이 편지를 제466호로 영어로 번역해 보고한 후,[46]

---

44 일제 정보당국에 따르면 신규식은 김규식의 청원서 제출을 인지하고 있었다. 신규식은 1919년 4월 간도 한인에게 전보를 보내 프랑스에 파견된 대표자가 미국 대통령에 청원서를 제출했고, 미국 대통령은 이를 영국·프랑스 양국 위원회에 송부했다고 알렸다. 이 정보의 출처는 경무총감부 보고였다. 「在外鮮人ノ狀況 排日鮮人ノ首領逮捕」(秘受04736號, 1919. 4. 20), 『不逞團關係雜件 朝鮮人ノ部 在上海地方』1.
45 RG 59, General Records of the American Commission in Negotiate Peace, 1918-1939, M 820, Roll 563.

그루와 혼벡은 3월 28일 이 편지에 대한 대책을 논의했다.[47] 혼벡은 3월 25일 현재 한국대표가 파리에 도착했으며, 청원서는 "평화회의가 우리 대표를 만나 자유의지에 반해 일본의 속국이 된 한국 상황을 명확히 청취해 주길 바"라는 것이라고 파악했다. 혼벡은 "미국대표가 한국대표를 만나 사정을 청취하거나 그로부터 편지를 수령해도 좋을지 여부를 판단해 달라"고 권고했다.[48] 이를 종합하면 신규식·김규식 청원서 작성(1919. 1. 25)-김규식 상해 출발(1919. 2. 1)-김규식 파리 도착(1919. 3. 16)-김규식 미국대표단에 청원서 전달(일자 미상)-미국대표단 청원서 공식 논의(1919. 3. 25)의 일정으로 일이 진행되었다. 미국대표단이 논의한 핵심사항은 한국대표인 김규식을 만나는 것이 바람직한지, 그의 청원서를 공식 수령해도 되는지 여부였다.

이는 여러 가지 가능성을 열어 놓는 것이다. 김규식은 신한청년당 대표로 파리강화회의에 파견되었는데, 파리에 도착한 후 제일 먼저 신한청년당 명의의 청원서가 아니라 신규식이 총재로, 자신이 사무총장으로 표시되어 있는 한국독립공화당 명의의 청원서를 제출한 것이었다. 김규식과 신규식이 왜 한국독립공화당이라는 명칭을 사용했는지는 알 수 없다. 이 조직명은 이전에 사용하던 동제사, 공제회, 혁명당, 체화동락회, 신한혁명당, 대동보국단, 한국혁명당, 한국독립위원회 등과 다른 것인데, 다양한 한국독립운동 조직이 존재하며 모두 한국의 독립을 희망하고 있음을 표현하기

46 Subject: Korea. A Plea that the Peace Conference give a hearing to the representative who is being sent to make a statement on behalf of the Korean people. March 5, 1919. RG 59. General Records of the American Commission in Negotiate Peace, 1918-1939. M 820, Roll 563. 895.00/2.
47 Grew to Hornbeck, March 28, 1919. 895.00/8. RG 59. General Records of the American Commission in Negotiate Peace, 1918-1939. M 820, Roll 563.
48 American Commission to Negotiate Peace, Subject: Korea. A Plea that the Peace Conference give a hearing to the. March 25, 1919. 895.00/8. RG 59. General Records of the American Commission in Negotiate Peace, 1918-1939. M 820, Roll 563.

위한 노력의 소산이었을 것으로 생각된다. 또한 파리강화회의의 열강에게 온건하고 합리적인 모습으로 비치기 위해 혁명이라는 조직명 대신 독립과 공화를 사용했을 가능성도 있다.[49]

그럼에도 불구하고 김규식의 행동은 부분적으로 현명하고 부분적으로 혼란스러운 것이었다. 김규식은 자신의 본명인 김규식(John Kiusic Soho Kimm)을 드러내는 대신 김성(Kinshung)이라는 중국식 이름을 사용했으며, 공식 대표조직인 신한청년당 대신 한국독립공화당 명의를 사용함으로써 자신이 여러 조직을 대표한다는 인상과 의혹을 주지는 않았다. 다만 미국대표단 측에서 볼 때 '김성'이라는 또 다른 인물이 김규식과 별개로 파리에서 활동하며, 한국 측 대표단이 통일되지 못했다는 인상을 줄 수 있었다.

김규식의 청원서 내용을 살펴보자.

상해, 1919년 1월 25일

발신: 김성, 한국독립공화당 사무총장
수신: 미합중국 대통령 각하

베르사유평화회의에 국가들이 결집해 항구적인 세계평화를 수립하려고 협력하려고 하는 이때 한국인들은 각하께 우리 요구를 고려해 주실 것을 요청드립니다.
4천 년 이상 존재해 온 한국인들은 그리스-로마만큼이나 오래된 문명을 보유하고 있습니다. 기억할 수 없는 과거로부터 공포스러운 역경의

---

[49] 영국 국립문서보관소(TNA)를 조사한 결과 신정·김성 명의의 청원서는 영국대표단에게 전달된 흔적을 발견하지 못했다. 프랑스대표단의 경우도 동일했을 것으로 판단된다. 김규식이 왜 프랑스어 문서를 파리까지 가서 미국대표단에게 전달했는지, 그 배경과 이유는 명확하지 않다.

바람이 우리 불행한 국가의 국민과 정부를 전복시키기 이전까지, 한국은 자유 독립국가로 간주되었습니다. 다른 국가들과 외교관계를 유지했는데, 이 국가들은 한국의 전권공사를 받아들이고 자국의 대표를 한국정부에 파견했습니다. 한국과 다른 국가들 간에 체결된 수많은 정치 및 상업적 조약은 한국이 대외적 주권을 완벽하게 행사했음을 명백히 증명합니다.

대한제국정부의 태만과 무능으로 일본이 한국에 쉽게 침투했습니다. 다양한 구실을 내세워 일본은 1895년 서울을 점령했습니다. 한국의 황후는 살해되었습니다. 1904~1905년간 일본은 한국정부에 자신의 대외적 주권을 행사할 권리를 박탈하는 조약을 강제했습니다. 일본의 침략은 증가해서 1907년 제국은 소멸했습니다.

일본은 명백히 한국에 일본을 이식했습니다. 일본은 연약한 국가에 미카도(Mikado, 천황)의 정부를 설치했으며 우리 풍습과 관행을 일본화하려고 하고 있습니다.

공포에 질린 한국인들은 자국에 대한 일본의 음모를 무력하게 바라보았습니다. 가장 수줍어하는 사람들, 보통 가장 쉽게 확신시킬 수 있다고 생각되는 사람들도 일본에 좋은 결과를 초래하지만 우리의 국가적 열망과 양립할 수 없는 문명화를 거부하는 데 동의했습니다. 한국인들의 국가적 반대는 완전히 정당한 것이며 조만간 인정될 것이며 한국은 세계지도상에서 명백히 지워지지 않을 것입니다.

부정하고 부당한 조치들과 연관되어 야기된 모든 시도는 우리 핏속에 날인되어 있습니다. 어떤 동정도 어떤 용서도 없습니다. 반란군은 아마도 그들 반란의 대가를 치러야 할 것입니다. 그리고 그들의 피가 새로운 헌신을 창출할 것입니다. 한국인들은 일본의 문명화로 인해 멸망되길 원치 않습니다.

외국 열강들은 일본이 한국에서 어떻게 통치하는지 알지 못하는데, 가혹한 검열로 인해 모든 뉴스가 외부세계에 도달하지 못하고 있습니다. 이들은 일본의 자애로운 보호하에서 아마도 한국이 여전히 자유롭다고 믿으며, 우리나라가 현재 단지 일본의 식민지일 뿐, 곧 일본의 한 지방 군현이 될 때 한국의 모든 재부를 독점하는 일본은 이것이 극동의 평화 유지를 위한 것이라고 말할 것입니다.

열강들은 일본이 우리 정부를 몰락시킨 모든 조약을 승인했기 때문에 불행한 한국인들을 위해 개입할 수 없습니다. 그러나 이제 평화회의가 크고 작은 나라의 안전을 위협할 수 있는 분쟁의 원인을 찾으려 하고 있기 때문에, 이제 인종을 모두 조화롭게 하며 자신들의 법률과 관습에 따라 각자 살도록 허용하려고 하고 있기 때문에, 한국민족은 대통령 각하께 나아가 그들의 불행한 운명을 고려해 주길 요청드립니다. 부디 평화회의가 우리 대표를 만나 자유의지에 반해 일본의 속국이 된 한국 상황을 명확히 청취해 주길 바랍니다.

부디 한국에서 분쟁의 원인들이 사라지고 극동은 물론 모든 곳에서 영구적 평화가 확보되길 바랍니다. 한국인들은 자신들을 다시 한번 자유롭고 독립된 민족으로 만들어 줄 국가 권리(Right of Nations)에 내재하는 정의를 확신합니다.

한국인들에게 이 자유를 회복케 하는 과정에서, 우리는 동시에 미래의 분쟁 원인을 억제하게 될 것입니다.

이리하여 영구적 세계평화의 설립이라는 목적이 획득될 것입니다.

평화회의에 우리의 겸허한 요청을 제출함으로써, 귀하께 권리를 빼앗긴 불행한 국가의 영원한 감사를 표하며, 철쇄하에서 인사를 올립니다.

신정 김성 (서명)

한국독립공화당 총재 및 사무총장.[50]

---

50 Shinjhung and Kinshung to Woodrow Wilson, January 25, 1919. RG 59, General

청원서는 프랑스어로 작성되었고, 신규식·김규식이 신정·김성이라는 이름으로 서명했으므로, 1919년 1월 상해에서 작성된 원본을 그대로 제출한 것으로 판단된다. 이 청원서는 '영구적 세계평화'·'민족자결'의 정신하에 일본의 음모로 식민지가 된 한국의 사정을 청취하고 한국의 독립과 자유를 회복시켜 달라고 요청한 것이다. 한국의 독립 회복으로 극동의 평화가 유지되며 영구적 세계평화를 획득할 수 있다고 주장한 것이다. 청원서 문맥상으로는 한국이 독립해야 할 정당성이나 필요 등이 분명히 드러나 있지 않다. 다만 한국 실정을 호소하기 위해 대표가 파리평화회의에 파견되었으니 부디 만나서 사정을 청취해 달라, 한국이 자유독립 민족이 되는 것은 국가권리에 내재하는 정의이다. 한국에서 분쟁의 원인이 사라져야 극동과 세계에서 영구평화가 확보된다고 주장하고 있다.

아직 3·1운동 발발 이전인 1919년 1월 25일에 이 청원서가 작성되었음을 고려한다면, 한국 독립의 정당성과 가능성을 한국·극동·세계로 이어지는 영구평화라는 윌슨 14개조의 정신, 문명국이던 한국의 자유독립 회복에서 찾으려고 한 것이다.

김규식과 신규식이 공동으로 한국 독립을 호소한 것은 이때가 처음이 아니었다. 두 사람은 1917년 대동단결선언에서 한국 독립을 위한 해외 각 단체의 연합과 통일기관 설치를 주장했으며, 그 이전에는 1913년 이래 동제사를 통한 상호부조와 독립운동을 공동 모색한 바 있다. 일본 정보당국은 동제사를 동제회, 혁명당 등의 명칭으로 파악하고 있었다. '혁명당'이라는 명칭은 1915년 신한혁명당으로 재차 등장하며, 1919년 1월 북경그룹이 미국공사에게 보낸 청원서에서 '한국혁명당'으로 표현되기도 했다.

앞에서 설명한 것처럼 김규식은 1월 19일 남경에서 김순애와 결혼한

Records of the American Commission in Negotiate Peace, 1918-1939, 895.00/2, M 820, Roll 563.

Ainsi sera atteint le but poursuivi pour l'établissement d'une paix permanente universelle.

En soumettant à la Conférence de la Paix notre humble supplique, vous aurez la reconnaissance immuable d'un peuple malheureux, déprimé de ses droits, courbé sous un joug de fer.

Veuillez recevoir, Monsieur le Président, l'assurance de notre reconnaissance anticipée,

Le Secrétaire Général du Parti
Républicain indépendant Coréen,

Le Président du Comité,

Shinkbung   *Kinskung*

김규식·신규식이 윌슨 대통령에게 보낸 청원서(1919. 1. 25). NARA.

후 당일 상해로 내려왔고, 2월 1일 상해를 출발해 파리로 향했다. 그렇다면 짧은 그사이 김규식은 신규식과 공동 명의의 이 편지를 작성했고, 파리에 도착하자마자 이 편지를 파리강화회의 미국대표단에게 발송했음을 알 수 있다.

김규식은 자신이 막 조직된 신생조직 신한청년당의 대표라기보다는 1913년 이래 중국 내에서 항일 독립운동의 중심축이었던 동제사·혁명당·신한혁명당·대동단결선언의 계보를 계승한다는 자존적 의식을 갖고 있었음이 분명하다.

그러면 김규식·신규식의 청원서에 대한 미국대표단의 반응은 어떤 것이었는가? 그루는 혼벡에게 답장(1919. 3. 28)하기를 미국은 이미 일본의 한국 병합을 승인했으며, 현재 이 문제는 미국대표단에게 정식으로 제출할 사안이 아니라고 강조했다. 그루는 김규식의 청원서를 혼벡에게 돌려주며 현재로선 한국대표를 만날 필요가 없으며, 단지 "미래에 활용할 경우를 생각해 잘 보관하라"고 지시했다.[51]

파리 도착 직후 김규식의 첫 번째 청원서 제출은 이렇게 종결되었다. 김규식은 자신의 본명 John Kiusic Soho Kimm 대신 Kinshung이라는 가명을 사용했으며, 자신을 공식 대표로 임명한 신한청년당 대신 한국독립공화당을 사용했다. 이 시도가 좌절된 이후 김규식은 본격적으로 신한청년당 대표로 활동하기 시작했고, 3·1운동이 본격화된 후 대한인국민회, 대한민국임시정부의 대표 자격이 덧붙여졌다.

---

51 Grew to Hornbeck, March 28, 1919. 895.00/8. RG 59, General Records of the American Commission in Negotiate Peace, 1918-1939, M 820, Roll 563.

(4) 신규식의 전한족대표위원회 소집 요구(1919. 2. 9. 상해)

한편 김규식이 상해에서 파리로 떠난 직후 신규식은 1919년 2월 9일 자 상해발 소인이 찍힌 편지를 하와이 호놀룰루 『국민보』에 보냈다. 편지의 작성자는 S. Shin으로 표기되어 있는데, 편지의 내용과 형식, 수신자로 볼 때 신규식의 다른 이름인 신성(申誠)으로 판단된다. 편지가 영어로 번역된 것으로 미루어 볼 때, 원문은 국한문으로 작성되었으며, 편지 봉투에 발신자 이름을 S. Shin으로 표기한 것으로 보인다. 10쪽 분량의 이 편지는 하와이 호놀룰루 미 우편검열국에 의해 1919년 2월 25일 제2390호로 검열되었다. 편지 내용은 신성, 즉 신규식이 중국 상해 한국인 조직의 대표 자격으로 전한족대표위원회(a Korean National Convention)를 개최하자고 한 선언문을 송부한 것이다. 미 우편검열국에 따르면 유사한 편지가 박용만에게도 송부되었다.[52] 신규식의 상해 주소는 Bubbling Well Road 51번지로 적혔는데, 이는 정안사로(靜安寺路) 51번지이다.

신규식이 하와이 『국민보』에 보낸 전한족대표위원회 소집 선언은 기시감을 불러일으킨다. 바로 1917년 대동단결선언이다. 현재 남아 있는 대동단결선언 원문 및 동참 요청서는 독립기념관에 기증된 안창호 유품에서 나온 것이다. 상해에서 안창호에게 송부된 선언은 해외 주요 단체가 대동단결해 독립운동의 중심기관을 설립하자는 취지였다. 이는 『신한민보』에도 보도되었으며, 노령에서도 동참하려는 움직임이 존재했다.[53]

---

52 U. S. Postal Censorship Honolulu, T. H. Feb. 25, 1919. 1766-918, Record #2390. RG 165, Military Intelligence Division, Correspondence, 1917-41, Box. 538. MID 1766-918-8. 필자는 이전에 Korean National Convention을 한국국민대회로 해석했고, 방선주는 대민족회의로 해석했다. 그런데 다음에서 살펴볼 「상해의 신성 등이 대한인국민회 중앙총회장 안창호에게 보낸 통첩」(1919. 2. 8)에 따르면, 이는 전한족대표위원회로 명시되어 있다. 이 통첩의 용례에 따라 신규식이 하와이 『국민보』에 보낸 서한에 거론된 단체명, 조직명 등을 수정했다.

1919년 신규식의 전한족대표위원회 소집 선언은 1917년 대동단결선언과 동일한 경로와 방식을 취한 것이다. 1917년 대동단결선언 당시 미주의 지도자급 인사로 이름을 올린 것은 박용만뿐이었는데, 1919년에도 신규식은 박용만과 『국민보』를 통해 전한족대표위원회 소집을 제안한 것이다.

　1917년 대동단결선언은 근왕주의적 고종 망명 노선에서 공화주의적 임시정부 수립 노선으로의 전환을 알린 것이었다.[54] 전한족대표위원회를 개최해 의회를 구성하고, 의회를 통해 국무회의를 조직함으로써 임시정부를 수립하자는 1919년 전한족대표위원회 소집 선언은 1917년 대동단결선언의 재현이자 복사판이었다.

　현재 미 우편검열국에 입수된 신규식의 '전한족대표위원회' 선언문의 전문은 발견되지 않는다. 다만 부분적으로 번역된 내용은 다음과 같다.

　모든 한국인이 바라왔던 최고의 순간이 드디어 우리에게 왔다. 이 시기는 우리 세대에게는 물론 아마도 다음 세대에도 결코 찾아오지 않을 것이다. 지난 10년 동안, 우리는 끈질기게 기다렸으며, 야만적 일본의 속박하에 국가적 수치와 불명예, 개인적 고통과 난관이 없을 수 없지만 우리의 국가적 회복의 이날을 기다렸다. 이제 우리는 적들의 가혹한 통치를 몰아낼 그날이 다가왔다.

　모든 한국인이 모든 지방에서 기회의 때를 붙잡지 않을 수 없다는 간단한 사실을 축하하고 싶다. 때가 되면 국가의 회복을 위해 그를 실행할 것이다.

　모든 곳의 한국인들이 동시에 하나의 목소리로 타인의 초대 없이 단 하나의 사실, 즉 우리는 <u>파리평화회의에 우리 대표단을 파견해서 우리 독</u>

53　조동걸, 1986, 위의 논문.
54　조동걸, 1986, 위의 논문, 129쪽.

립을 호소해야만 한다고 울부짖고 있다는 점을 지적하는 것은 진정 감동적인 일이다. 그래서 그들은 미합중국의 한국인 사회로부터, 하와이준주로부터, 중국과 극동으로부터 파리에 파견되어 평화회의에 자신들을 대표하게 되었다. 고귀한 사실은 이런 애국적 운동이 어디에서나 한국인들에 의해 수행되었다는 것이다. 그러나 만약 우리 모두가, 미국, 하와이준주, 중국, 만주, 시베리아, 한국 및 일본의 다양한 한인 조직들이 여러 개의 별개 조직의 대표로 그들을 파견하는 것보다는 <u>하나의 조직으로 통합해서 평화회의에서 우리 대표들을 자신들의 대표로 후원한</u>다면 이는 우리의 목적과 결과의 양 측면에서 보다 더 고귀하고 보다 효율적일 것이다. 그런 분열은 교활한 일본에 한국인들은 전체적으로 일본 통치에 만족하고 있지만 일부 해외 한국인들이 그들의 독립을 선동하고 있다고 말할 수 있는 공간을 제공할 것이다. 그러므로 일본은 세계를 향해 우리의 고귀한 목적과 인민 전체를 오도하려고 노력하고 있다.[55]

즉, 한국대표가 파리평화회의에 참석하게 되었는데, 이는 미국, 하와이, 중국, 극동의 한인을 대표하는 것이며, 때문에 미국, 하와이, 중국, 만주, 시베리아, 한국, 일본 내 모든 한인 조직이 파리평화회의 대표를 후원하기 위해서 통일할 필요성이 있다고 주장한 것이다. 즉, 김규식의 파리강화회의 파견을 계기로 국내외 한인 조직들이 통일하자는 것이다. 그 구체적 방안은 다음과 같이 제시되었다.

우리의 국가적 목적을 강화하고 통일하기 위해, 본국(한국 영토)과 해외

---

[55] U. S. Postal Censorship Honolulu, T. H. Feb. 25, 1919, 1766-918, Record #2390, RG 165, Military Intelligence Division, Correspondence, 1917-41, Box. 538. MID 1766-918-8. 방선주, 1988, 위의 논문.

의 모든 한인 조직은 하나의 거대한 조직으로 통합해야만 한다. 그러므로 우리는 세계의 다음 조직과 협회들에게 중국 상해에서 개최될 거대한 전한족대표위원회(Korean Nat'l Convention)를 소집할 자유를 갖고 있다.

한국 내	청년단(Young People's Ass'n) (일본 동경 유학생 포함)
	기독교 교회
	천도교(Shinto Ass'ns)
미국	하와이국민회
	북미국민회
	남미국민회
러시아령	한족연합회(Korean United Ass'n)
중국	북간도한족단체(Korean Peoples' Union in North Kanto)
	서간도한족단체(Korean Peoples' Union in South Kanto)
	북경한족단체(Korean Peoples' Union in Peking)
	상해한족단체(Shanghai Korean People's Union)

위에 언급된 모든 그리고 각각의 조직은 상기 언급된 지역의 규모에 맞춰 각각 2명 혹은 3명의 위원(commissioners)을 대표로 파견해 줄 것을 요청한다. 모든 이가 모든 조직의 대표들로 결집할 때, 이들은 전한족대표위원회(a Congress)를 조직할 것이고, 이 조직을 통해 한국의 독립이 선언될 것이며, 새로 수립될 국가의 최고위원회(a Supreme Council) [국무회의]가 창출될 것이다. (유럽에 이미 파견된 대표들은 이 최고위원회의 성원 자격을 부여받을 것이다)

이는 정부의 최초 대표 형태가 될 것이며, 모든 한국인을 완벽하게 통치하게 될 것이다. 따라서 모든 조직은 성실하게 자신의 대표자로 훌륭

한 인성을 갖춘 인물을 파견하며 또한 이들을 아주 빠른 속도로 파견해서 제안된 전한족대표위원회가 3월 중에 개최되어 고도의 중요한 문제들, 특히 파리평화회의 등등의 문제를 처리하게 할 것을 진지하게 요청한다.

자신의 위원을 파견할지 말지 여부는 각 조직이 자유롭게 결정할 문제이지만 동양과 극동의 모든 조직은 이미 우리의 제안을 접수하고 자신의 대표들을 제안된 의회에 파견하는 데 동의했다는 점을 알리게 되어 기쁘다. 전체 한국인은 자기 조국을 위한 봉사의 모든 요구에 응답하면서, 그들이 사랑하는 나라에 대한 자신들의 분열되지 않은 애국심을 축하하려 한다.[56]

결국 이 취지서는 김규식을 파리강화회의 한국대표로 파견하게 된 것을 계기로 상해에서 전한족대표위원회를 개최해 의회를 구성한 후, 독립을 선언하고, 최고위원회(국무회의)를 조직함으로써 "정부의 최초 대표 형태", 즉 임시정부를 수립하자고 제안한 것이다. 상해에서 임시정부를 수립하자는 제안이었던 것이다.

신규식은 1919년 3월 상해에서 이런 조직체를 만들자고 제안했지만, 이는 물리적으로 불가능했다. 1917년 대동단결선언은 '민족대회'를 개최해 최고민족회의를 결성하자고 했으나, 대회 소집 장소는 특정하지 않았다. 구체성과 실현성이 부족했다고 할 수 있다. 상황은 1919년 전한족대표위원회 소집 선언의 경우에도 크게 달라지지 않았다. 2월 9일에 하와이로 편지를 보내 3월에 상해에서 한국국민대회를 소집하자는 제안은 실현 가

---

56 U. S. Postal Censorship Honolulu, T. H. Feb. 25, 1919. MID 1766-918, Record #2390. RG 165, Military Intelligence Division, Correspondence, 1917-41, Box. 538. MID 1766-918-8.

능성이 현저히 떨어졌다. 이 편지가 『국민보』 수중에 들어간 것은 빨라야 2월 말이었을 테고, 만약 만주·노령 등 타 지역으로 발송된 편지의 경우도 사정은 마찬가지였을 것이다. 다만 신규식이 동경과 서울에서 벌어질 독립선언 등의 사태 변화를 염두에 두고 급박하게 상해에서 전한족대표위원회 소집을 제안했을 가능성은 있다.

 신규식의 전한족대표위원회 소집 제안은 동경 2·8독립선언과 서울 3·1독립선언으로 이어지는 대격동 속에서 구체적으로 논의되거나 주목받지 못했다. 신규식의 최초 구상과는 차이가 있지만, 결국 대한민국임시정부가 1919년 4월 상해에서 수립되었다. 국내, 만주, 노령, 일본에서 상해에 도착한 독립운동가들이 임시의정원을 결성하고, 임시의정원이 헌법을 공포하고 내각을 구성함으로써 임시정부가 성립하게 된 것이다. 신규식이 제안한 전한족대표위원회는 해내외에서 상해에 집결한 독립운동가들의 회의로 대체되었으나, 그가 생각한 국회, 국무회의, 임시정부는 동일한 경로를 밟아 결성되었다.

 1919년 2월 전한족대표위원회를 통해 최고위원회(국무회의)를 구성하고 임시정부를 수립하자는 제안은 당시 상해뿐 아니라 국내외 한국 독립운동 진영의 공통된 의견을 반영하는 것이었다. 즉, 임시정부를 수립해 한국 독립운동을 통솔하며, 파리강화회의 대표를 지원해야 한다는 공감대가 있었다고 할 수 있다.

 신규식의 1919년 2월 전한족대표위원회 소집 제안은 1917년 대동단결선언의 재현이었으며, 특히 김규식의 파리강화회의 파견이라는 구체적인 프로그램의 실행 과정 속에서 제안된 것이었음을 알 수 있다. 그 핵심에는 임시정부 수립 구상이 자리하고 있었다.

 1918년 11월 여운형의 크레인 면담 및 청원서 전달, 김규식의 파리강화회의 파견 이후 숨 가쁘게 벌어진 상해, 북경에서의 대응은 새롭게 운동선상에 등장한 여운형·신한청년당의 인적·조직적 연계망뿐 아니라 김규식·신규식이 이미 가지고 있던 기성 인적·조직적 연계망과도 밀접한 관계를 맺고 있었던 것이다. 김규식을 파리강화회의에 파견하고 3·1운동이라는 대폭발을 일으킨 기폭제는 여운형과 신한청년당의 발 빠른 대처였지만, 이를 가능케 한 구조적 힘은 기성의 재중국 한국 독립운동 진영에서 나온 측면이 있다.

때문에 우리는 1918년 김규식이 박용만에게 편지를 보낸 이래, 1919년 1월 북경 미국공사에게 보낸 청원, 1919년 2월 신규식·김규식의 윌슨 앞 청원, 1919년 2월 신규식의 한국국민대회 소집 선언서 등으로 이어지는 맹렬한 활동에서 가깝게는 1917년 대동단결선언, 멀리는 1912년 이래 동제사·신한혁명당으로 이어지는 중국 내 한국 독립운동의 역사적 관성과 기맥을 발견할 수 있다.

신규식은 하와이『국민보』와 박용만에게만 편지를 보낸 것이 아니었다. 정원택(鄭元澤)의 일기인『지산외유일지』(志山外遊日誌)에 따르면 신규식은 간도의 정원택에게 비밀편지(1919. 1. 21)를 보냈다. 그 내용은 다음과 같았다.

> 방금 구주 전란이 종식되고 미국 대통령 윌슨이 민족자결을 제창하며, 파리에서 평화회를 개최하니 약소민족의 궐기할 시기라. 상해에 주류하는 동지들이 미국에 있는 동지와 국내 유지를 연락하여 독립운동을 적극 추진하며, 일면으로 파리에 특사를 파송 중인데, 서간도와 북간도에 기밀을 연락치 못하였으니, 군이 길림에 빨리 가서 남파(박찬익)와 상의하고 서간도에 있는 동지와 연락하고 각 방면으로 주선하여 대기 응변하기를 갈망하노라. 만일 길림에 직접 가지 못할 경우이면 적당한 인사를 택하여 대행하든지, 그도 못할 경우에는 이 서류를 소각하고 사정을 지적해서 알려 달라.[57]

즉, 상해의 동지들이 미국·국내와 연락해 독립운동을 추진하는 한편 파리강화회의에 특사를 파견했으니, 서간도·북간도와 연락해서 독립운동에 호응해 달라는 내용이었다. 여기서 의미하는 '상해의 동지들', '미국·국내'와의 연락은 우리가 살펴본 바와 같다. 신규식이 말한 국내와의 연락은 선우혁·김순애·서병호 등 신한청년당 청년들이 담당했다. 신규식과 신한청년당은 긴밀한 연계 속에 움직였으며, 신규식의 정세관 속에 신한청년당은 일종의 하부조직과 같은 성격으로 비쳤을 가능성이 높다.

　신규식이 정원택에게 보낸 편지는 『국민보』·박용만 등 하와이의 동지들에게 보낸 것과 동일한 내용이었다. 정원택은 길림으로 올라가 여준 등과 상의했고, 그 결과 독립의군부가 조직되고 조소앙이 기초한 대한독립선언서가 발표되었다.[58] 여운형 역시 노령으로 가는 도중 족친이던 여준과 만나 김규식의 파리강화회의 파견 및 독립운동 고취 등을 상의했다.

　이상을 통해 신규식이 하와이의 박용만, 만주의 정원택 등에게 전한족대표위원회 소집과 관련한 연락을 취했음을 알 수 있다. 나아가 신규식은 중요 해외 한인조직 및 지도자들에게 1919년 전한족대표위원회 개최를 알리는 선언문을 우송하고 동참을 호소했을 것이다.[59] 이것이 김규식의 파리강화회의 대표 파견이 결정된 이후 3·1운동이 발발하기 직전 확인되는 신규식의 마지막 행적이며 이는 김규식과 긴밀한 협의의 산물이었음이 분명했다.

57　『지산외유일지』(志山外遊日誌), 427쪽.
58　조동걸, 2010, 「3·1운동의 사상」, 『우사 조동걸 저술전집 6: 3·1운동의 역사』, 역사공간, 47~55쪽; 송우혜, 1988, 「세칭 '무오독립선언서'의 실체 -발표시기의 규명과 내용 분석-」, 『역사비평』 3.
59　1917년 대동단결선언은 2개월 후 『신한민보』에 게재되었는데, 1919년 2월 전한족대표위원회 소집 선언은 3·1운동 발발로 큰 주목을 얻지 못한 것으로 추정된다. 현재 남아 있는 『신한민보』·『국민보』 등 재미 한인 신문에는 신규식의 전한족대표위원회 소집 요구서가 보도되지 않았다.

(5) 신규식이 안창호에게 보낸 전한족대표위원회 개최 요구(1919. 2. 8)

신규식은 1919년 2월 8일 자로 미주 대한인국민회 중앙총회장 안창호 앞으로 편지를 보냈다.[60] 이 편지는 김도형이 최초로 공개해 학계에 알린 것으로, 상해 동제사와 미주 국민회의 연관, 안창호의 조기 하와이행, 상해 임시정부의 성립 과정에 대한 중요한 정보와 연결고리를 제공한다.[61] 이 편지(통첩)는 앞서 신규식이 하와이『국민보』에 보낸 편지(1919. 2. 9)와 동일한 내용을 담고 있다. 신규식이 하와이『국민보』에 보낸 편지는 원본이 아니라 영문 발췌 번역본만 남아 있는 반면, 신규식이 안창호에게 보낸 편지는 원본이 남아 있다.[62] 이 편지의 발견은 1917년 대동단결선언의 발견에 필적할 정도로 1919년 3·1운동 시기 상해와 미주의 연계 및 초기 상해 임시정부 수립과 운영을 규명하는데 중요한 의미를 지닌다.

이 편지(통첩)는 상해의 신정(申檉, 신규식) 등이 미국 국민회 중앙총회장 안창호에게 보내는 형식으로 되어 있다. 화초가 그려진 꽃 편지지에 단정하고 정성스럽게 쓴 총 7장의 편지는 신규식의 친필로 작성된 것이다. 편지의 핵심적인 내용은 1919년 3월 상해에서 국내외 한민족 단체 대표들이 회동해서 전한족대표위원회를 열어 독립을 선언한 후 최고위원회(국무회의), 즉 사실상 임시정부를 수립하자는 제안을 담고 있다.[63]

60　이 소절은 보론(補論)이다. 이 책의 원고를 모두 완성한 후 신규식이 안창호에게 전한족대표위원회 소집을 요구한 편지(1919. 2. 8) 원본이 존재함을 알게 되었다. 편지는 2003년 8월 로스앤젤레스 대한인국민회 총회관 다락방에서 발견된「대한인국민회 자료」에 포함되어 있었고, 최근 독립기념관 한국 독립운동 정보시스템에 공개되었다.
61　김도형,「제1차 한인회의의 개최와 유일한의 독립국가 구상」, 유일한의 독립운동(2025. 7. 11. 고려대학교, 광복 80주년 기념 학술회의).
62　「상해의 신성 등이 대한민국회 중앙총회장 안창호에게 보낸 통첩」(1919. 2. 8). 독립기념관 소장 대한인국민회자료, 자료번호 2-K05794-000. https://search.i815.or.kr/sojang/read.do?isTotalSearch=Y&doc=&adminId=2-K05794-000 (2025. 7. 11. 검색).
63　이 편지의 원문과 풀어쓴 글은 부록1에 첨부하였다.

그렇다면 상해의 신규식은 왜 미주 국민회의 안창호에게 이런 제안을 했으며, 그 영향은 어떠했는가를 살펴보자. 이 편지는 국제정세 인식, 이에 대한 한국 독립운동 진영의 대응, 객관적 정세와 주관적 대응에 따른 후속 조치의 필요성, 최종적인 해법(전한족대표위원회의 개최 및 최고위원회 조직) 제시 등으로 구성되어 있다.

먼저 국제정세 인식의 차원에서 세계정세의 대변동에 따라 한국 독립운동의 좋은 기회를 맞았다고 판단하고 있다. 1차 세계대전 종전과 파리평화회의 개최라는 세계대변동의 좋은 기회를 맞았다는 것이다.

다음으로 이에 대한 한국 독립운동 진영의 대응으로 미주 국민회가 파리평화회의에 대표를 파견했다는 사실(신문 보도), 원동 동포도 김규식을 파리평화회의에 대표로 파견했다는 사실, 시베리아 한인들도 대표를 파견할 것이라는 예상을 언급하고 있다. 이는 크게 기쁘고 환호작약할 일이라는 것이다.

이를 통해 상해의 신규식 등이 미주의 소식을 정확하게 파악하고 있었음을 알 수 있다. 또한 신규식은 김규식의 파리강화회의 행을 명확히 알고, 이를 미주에 알렸다. 그런데 신규식은 김규식을 '원동 동포가 대표'로 파견한 것이라고 지적하고 있다. 신한청년당이나 동제사를 거론하지도 않았고, 상해를 특정하지도 않았다. 역시 신한청년당이라는 신생 조직이나 비밀 조직인 동제사를 김규식 파견의 주체로 거론할 수 없는 상황임을 반증한다. 미주의 대한인국민회는 국내외 한인들에게 그 조직의 명성과 활동이 명백하게 잘 알려진 공개 대중조직이지만, 신한청년당과 동제사는 신생 조직, 비밀조직이므로 그 이름이 대중적으로 알려지지 않았고, 활동이 공개된 것도 아니었기 때문이다. 이런 연유로 김규식의 파견 주체를 '원동'이라고 적은 것으로 보인다.

그런데 미주 대표, 원동 대표, 시베리아 대표 등 2~3명이 파리강화회의에 개별적으로, "부분적 대표"로 파견되는 상황이 조성되었으니, 세계가

上海에 僑居하난 申檉及其同人은 遠히 萬里異域에
在하야 祖國光復을 爲하야 一宵도 佳慮하고 勞苦
하고 在米 大韓人國民會모든 同胞에게 血을 泣하나
謹告하나이다
國恥十年에 先輩憂國者의 勤苦와 光復運動도
屢起하나은 내러 有爲한 同胞老士가 敵手에 犧牲이
되니슨나 時機가 未熟하야 所期를 達치못하더니 今에
天이 吾族을 寵愛하야 正義와 自由로 世界를 改造하난
機會를 주시니 實로 此난 吾族이 國恥以來로 初遇하난
之好機會 본 단데 此機를 失하면 次世界的
大變動이 起하기까지 如此한 好機會은 得하기 難할지라

신규식이 안창호에게 보낸 편지(1919. 2. 8). 독립기념관 소장.

한민족의 일치단결을 의심하게 될 것이다. 즉 여러 지역·단체·조직에서 독자적 대표를 파리강화회의에 파견한 상황을 짚었다. 사실 파리강화회의 개최 시기에 파리에 도착한 것은 상해 신한청년당의 김규식뿐이었지만, 앞서 살펴본 것처럼 신규식과 김규식 등은 미주에서 박용만, 정한경 등의 대표가 파리에 도착할 것으로 예상하고 있었다. 다양한 지역·단체에서 고립 분산적으로 파리강화회의에 대표를 파견한 상황 때문에 세계는 대동단결하지 못한 한국인 일부 소수의 독립운동이라고 인식할 우려가 있다는 것이다.

그렇다면 해법은 무엇인가? 이 편지에서 신규식은 여러 차례 "대동단결"을 강조하고 있다. 1917년 대동단결선언의 데자뷔인 것이다. 신규식은 국내외 각 단체에 연락원을 파견해서 대동단결의 필요성을 강조하고, 그 방침을 문의했다고 쓰고 있다. 위에서 살펴본 바대로 신규식은 간도의 정원택에게 서간도·북간도와 연락해 독립운동에 호응해달라는 편지를 보냈고, 김규식은 국내로 밀사 방효상·곽경 2명을 파견했다고 했으며, 민필호는 1차 대전 종전 이후 신규식이 비밀 서한 수십 통을 써서 밀사 5명을 국내로 파견했다고 했다. 모두 일맥상통하는 이야기이다.[64]

대동단결의 구체적인 방침은 무엇인가? 신규식은 자기 의견의 '대강령'(大綱領)을 이렇게 설명했다. 먼저 초청·참가할 대상으로 국내에서는 청년단(동경 유학생 포함), 예수교도, 천주교도, 유림, 국외에서는 재러 고려민족대회, 북간도한족대회, 서간도한족대회, 북경·남경·상해 등 한족 각 단체를 꼽았다.[65] 이 단체들이 2~3명의 대표자를 선발해 1919년 3월 이전에 상해에서 회동하자는 것이다.

이처럼 국내외 한민족단체의 회의를 통해 전한족대표위원회(全韓族代

---

64 이 책의 196~197쪽 참조.
65 신규식이 하와이 『국민보』에 보낸 편지의 영문 번역본에는 서간도한족대회가 아닌 남간도한인협회로 되어 있다.

表委員會)를 조직하면, 이 위원회의 명의로 독립을 선언하고, 새로운 국가 건설의 최고위원회를 조직하자는 것이다. 이러한 방략은 1917년 대동단결선언의 재판이다. 명백하게 임시정부라는 명칭을 사용하지 않았지만, 독립을 선언한 후 조직될 국가 건설의 최고위원회는 국무회의 혹은 정부의 역할을 하게 되는 것이었다.

신규식은 이미 원동 각 단체 중 두세 곳은 자신의 계획에 동의했다며 대한인국민회의 동참을 촉구했다. 아울러 국민회 북미지방총회와 하와이 지방총회에도 동일한 서한을 보냈으며, 엄밀하게 비밀을 지켜달라고 요청했다.

그런데 이 편지(1919. 2. 8)는 최소한 2월 중순이 넘어야 미주에 도착하는 것이며, 미주와 상해의 거리와 여행 수속·수단·비용 등의 난관을 고려한다면 3월에 상해에 모여서 전한족대표위원회를 개최한다는 것은 지상(紙上) 계획에 가까운 것이었다. 때문에 구체적 실현가능성은 거의 없는 방안이고, 1917년 대동단결선언처럼 '선언'적 의미가 강했다고 볼 수 있다.

1917년과 다른 상황은 파리강화회의에 대표가 파견되었다는 사실이었다. 3·1운동이 발발한 소식이 아직 상해와 미주에 전파되기 이전의 상황이었다는 점도 염두에 두어야 한다.

독립기념관에 소장된 「대한인국민회자료」에는 안창호가 신규식에게 쓴 1919년 2월 10일 자 답장 초안이 소장되어 있다.[66] 대한인국민회 중앙총회 영문 레터헤드(The Headquarter, The Korean National Association) 용지 6장에 안창호가 만년필로 기록한 공문 제18호이다. 이 편지에서 안창호는 신정(申檉, 신규식) 등의 편지를 받고, "대한국민대회"(大韓國民大會)를 발기하자는 뜻을 알겠다고 하고 있다. 즉 2월 8일 자 신규식 편지에 대

---

66 「대한인국민회 중앙총회장 안창호가 상해에 있는 신정(신규식)에게 보낸 공문」 제18호 (1919. 2. 10). 독립기념관 소장 대한인국민회자료, 자료번호 2-K03607-000.

한 답장인 셈이다. 그러니 이 편지의 날짜는 2월 10일이 될 수 없다. 전후 사정을 살펴보면 2월 중순 이후 작성된 것으로 추정된다. 편지는 초안의 형식이며 최종적으로는 발송되지 않은 것으로 판단된다. 3·1운동 발발 소식이 미주에 전달(1919. 3. 9) 이전에 작성된 것으로 아직 명확한 상황 분석과 판단이 이뤄지기 전의 일이었다. 1919년 3월 10일 이후에 미주 안창호·국민회와 신규식의 접촉이 밀접해졌는데, 이는 3·1만세운동의 폭발 소식이 미주에 전달되었고, 이후 안창호와 국민회, 재미 한인사회가 흥분의 도가니가 된 직접적 결과였다.[67]

안창호는 처음에는 신규식의 '전한족대표위원회' 개최 제안에 소극적이거나 부정적인 태도를 취한 것으로 보인다. 안창호는 편지 앞부분에서 1차 대전 종전 이후 정세 분석과 대한인국민회의 활동을 설명하고 있다.

안창호는 "1차 대전의 종전으로 강력했던 독일, 오스트리아가 모두 패배하고, 제왕의 목은 잘리고(帝王授首), 천하의 공리(公理)가 크게 발현(大彰)되었다. 수백 년간 신음하던 폴란드 민족 역시 독립을 얻었다. 우리 국민회도 작년 11월 상순 대전 종전 후 미국, 하와이, 멕시코 재류 동포 8천여 명 역시 시세에 조응해 일어나 국민회 명의로 대표자 민찬호, 정한경 2명을 선출해 뉴욕에 가서 소약국민동맹회(小弱國民同盟會)에 참가했고, 이후에 누차 윌슨대통령과 상원의원에 편지를 보내 전쟁 승리를 축하하며 한일관계에서 원조를 구하며 또 큰 신문에 글을 보내 일본의 잔인무도함을 통박했다. 소약국민동맹회(소약국동맹회)는 결의를 통해 대표를 선출해 곧바로 프랑스 파리로 가서 강권자(强勸者, 강대국)의 불법을 공소(控訴) 제기할 것이므로, 이것이 국민대회 소집과 같은 전사(前事)였다. 우리 한인

---

67 1919년 3월 1일 상해의 현순은 샌프란시스코의 안창호에게 3·1운동 발발에 대한 전보를 발송했고, 이 전보는 해저 전신 고장으로 3월 9일에야 미주에 도착했다. 이후 미주에서 독립운동열이 폭발하였다. 『신한민보』(1919. 3. 13), 정병준, 2005, 위의 책, 161~162쪽.

역시 사절을 프랑스 파리로 파견하는 것이 타당하기에 대표자 2인 박사 이승만, 학사 정한경 두 명을 선발했다. 우리 대표가 곧바로 평화대회에 가서 일본의 죄악을 폭로하고 세계 동정을 구하면, 이는 일본이 바라지 않는 바"라고 설명했다.

이런 상황 판단하에서 안창호는 신규식이 보낸 "대한국민대회"(大韓國民大會), 즉 전한족대표위원회의 제안이 지금 〔국민회 중앙총회〕 조사재료가 되었다며, 사실상 거절의 뜻을 표했다. 즉시 수락이나 환영하는 것이 아니라 국민회 중앙총회가 연구 조사해보겠다는 정도의 의사표현을 한 것이다. 이 편지는 중간에 삭제, 가필이 되어 있으니 초안임이 분명하다. 안창호가 필사로 공문 제18호로 적었으나, 전후 사정을 미루어 생각건대 이 편지는 신규식에게 전달되지 않은 듯하다.

그리고 1919년 2월 24일 국민회 중앙총회 임시위원회가 개최되자, 안창호와 국민회 중앙총회는 신규식 제안에 대해 적극적인 대응을 결정하게 된다. 신규식의 제안에 대한 미주의 반응이 긍정적·적극적으로 전환된 것이다.

안창호는 3월 19일에 신규식에게 편지를 보내 전한족대표위원회에 대한민국민회 중앙총회의 대표자로 신규식(신정)과 조성환(曺煜)을 지정한다는 위임장을 발송했다.[68] 안창호는 "상해에서 회집(會集)하난 대한민족 전체의 대동단결 협의회"에 대한인국민회 중앙총회 대표자가 상해에 도착하기까지 신규식(신정)과 조성환(曺煜)이 대리대표자로 출석한다는 위임장을 전달한 것이다. 안창호는 두 사람이 상해의 대동단결협의회에 참석하지 못하는 경우 대리대표자 추천권도 아울러 위임한다고 쓰고 있다.

3·1운동의 대폭발 이후 신규식이 제안한 전한족대표위원회의 실현가

---

68 「중앙총회장 안창호가 상해의 신징(신규식)에 보낸 대한인국민회 중앙총회 대표자 위임장」(1919. 3. 19). 독립기념관 소장 대한민국민회자료, 자료번호 2-K03623-000.

능성에 대해 안창호와 국민회중앙총회, 재미 한인사회가 적극적으로 해석하고, 직접 대표자의 상해 파견을 추진하게 된 사정을 알 수 있다. 상해로 파견될 대표자는 바로 중앙총회장 안창호였다. 안창호는 신규식에게 편지(1919. 3. 13)을 보내 자신이 중앙총회 파견대표로 원동에 특파될 예정이라고 밝히고 있다.[69] 이 편지를 통해 안창호는 신규식이 국민회 북미지방총회장 이대위에게 대동단결을 위한 전한족대표위원회 소집을 제안하는 편지(1919. 2. 12)를 보냈다는 점을 확인하고 있다. 안창호는 상해의 한국독립단 특별대표원 현순이 3월 9일 자 전보로 3·1독립선언 소식을 알려왔고, 이에 따라 재미 한인들이 기뻐하며 대동단결을 위한 6개 조건을 의결했다고 밝히고 있다.[70]

즉 신규식의 전한족대표위원회 제안 편지(1919. 2. 8)—국민회 중앙총회의 대동단결 6개 조건 결정(1919. 2. 24)—현순의 3·1운동 발발 소식 미주 전달(1919. 3. 9)—안창호의 상해행 통보(1919. 3. 13)—신규식·조성환을 국민회 중앙총회 대리인으로 위임(1919. 3. 19)—안창호·정인과·황진남의 상해행 출발(1919. 4. 1)의 급박한 일정이 전개된 것이다. 이로써 우리는 왜 도산 안창호가 3·1운동 발발 직후 곧바로 미국을 떠나 상해로 향하게 되었는지를 이해할 수 있게 되었다. 그 가운데는 신규식의 대동단결 회의 제안과 3·1운동 발발이라는 상해—미주—국내의 연동과 상호작용이 존재했던 것이다.

---

69 「대한인국민회 중앙총회장 안창호가 신정(신규식)에게 보낸 공문」 제45호(1919. 3. 13). 독립기념관 소장 대한인국민회자료, 자료번호 2-K03615-000.
70 국민회 중앙총회는 1919년 2월 24일 임시위원회를 개최하고 대동단결의 6개 조건을 승인했다. 해외 전체 한인의 합동 진행을 하며, 영구적 해외 한인의 '대동단결'을 위해 원동에 전권대표자를 파견한다는 내용이었다. 특히 "5. 영구적 대한민족의 대동단결이 성립되는 시에는 본 중앙총회는 해산하고 각 지방총회가 대동단결한 중앙총기관에 직접 연락함"이라는 대목은 임시정부 수립을 염두에 둔 것이었다. 「대한인국민회 중앙총회장 안창호가 백일규에게 보낸 詢議書 공문」 제121호(1919. 2. 28). 독립기념관 소장 대한인국민회자료, 자료번호 2-K03757. 김도형, 2025, 위의 논문, 7쪽.

안창호는 여권 없이 출국한 것으로 알려졌는데, 김도형에 따르면 국민회 중앙총회는 1919년 3월 20일 안창호·정인과·황진남 3명이 출국할 수 있도록 미 국무부에 청원을 제출했고, 안창호 일행은 3월 28일 재무부 관세청으로부터 무여권 출국을 허가받았다.[71] 온갖 어려움을 극복하고 안창호 일행이 상해에 도착(1919. 5. 25)했고, 상해 임시정부는 분명한 활력과 활기를 얻었다. 안창호가 상해에 도착함으로써 상해 임시정부는 임시 '정부'로서의 기능과 체제를 갖추고 본격적인 역할을 개시하게 되는 것이다.

---

71 「안창호 등의 미국 출국 수속을 해준 액턴(William B. Acton) 변호사가 받은 수수료 영수증」 (1919. 3. 26). 독립기념관 소장 대한인국민회자료, 자료번호 2-K02665; W. R. Hamilton to Customs Officers(1919. 3. 28). *The Syngman Rhee Correspondence in English, 1904-1948*, Volume IV, Institute for Modern Korean Studies, Yonsei University, 2009, p.156; 김도형, 2025, 위의 논문, 9쪽.

2 포르토스호의 김규식, 파리강화회의 청원서 초안을 준비

김규식의 「자필 이력서」(영문)는 파리행 경과에 대해 이렇게 설명하고 있다.

> 1918년 11월 강화가 성립되었을 때, 파리에 가기로 결정했으며 평화회의에서 세계 앞에서 한국의 실정을 최소한 호소하거나 폭로하기로 결정했다. (중략) 천진에서 출발해 남경으로 가서 [1919년] 1월 19일 [김순애와] 결혼했으며 (중략) 즉시 상해로 가서 파리행 여행을 준비했다. (중략) <u>1919년 2월 1일 프랑스 우편선 포르토스(Porthos)호를 타고 파리를 향해 상해를 떠났으며 3월 13일에 도착했다.</u> 한국에서 3·1운동이 실행되고 있었음에도 불구하고, 전쟁 직후 통신 및 연락 두절로 인해 그동안 4월 2일까지 파리에 어떤 뉴스도 알려지지 않았다.[72]

김규식은 1919년 2월 1일 프랑스 우편선 포르토스호(S.S. Porthos)를 타고 상해를 출발했다. 프랑스행 배는 3~4월까지 만석이어서 자리를 얻

---

72 「김규식 자필 이력서」(영문, 1950), 2~3쪽.

을 수 없었다. 여행경비와 배표를 구한 경위에 대해서는 여운형의 설명이 있다.

여운형은 천진의 김규식을 상해로 초청하는 한편 장덕수를 부산에 보내 2천 원을 얻어오게 했고, 김규식도 돈을 수천 원 가지고 왔으며, 상해 교민들로부터 1천 원을 모았다.[73] 당시 신석우가 돈 만 원을 가지고 있어 장덕수가 교섭했으나, 신석우가 자신을 수석으로 하고 김규식·여운형을 통역으로 해 달라고 요구해 성사되지 않았다.[74]

배표 문제는 중국대표단 수행원으로 파리에 가게 된 정육수(鄭毓秀)의 도움을 받았다. 여운형이 정육수를 찾아가 사정을 말하니 자기 배표를 양보했다는 것이다. 일제 자료는 김규식의 "도항에 관해서는 당시 귀국 중인 파리 거주의 지나 혁명가 모 부인이 주선하여 승선권을 구입했"다고 되어 있다.[75] 여운형 자신의 회고는 이렇다.

그 여성(정육수)은 갑자기 "보아하니 조선사람이군요. 여기서 승선권을 입수하면 요코하마를 경유하게 되지요? 붙잡히게 되면 대서양까지 갈 수 없게 돼요. 무리한 얘기군요"라고 했다. 어떡하면 좋을지 묻자 인도양을 경유하여 가는 게 좋다. 승선권을 아직 입수하지 못했다 말하자 "여기 제 동승자의 승선권이 있어요. 이걸 이용하세요" 하고 2매의 표를 양보해 주었다. 후에 판명된 바에 따르면 그 여성은 손중산을 수령으로 하는 광동혁명정부에서 王友仁(陳友仁의 오기)과 함께 파리로 파견된 정육수 여사로 남성에게 전혀 뒤떨어지지 않는 정력을 갖춘 외국어에 능통한 외교가였다. 정 여사는 후에 프랑스에서 법률을 공부하고 상

---

73 이만규, 1946, 『여운형투쟁사』, 민주문화사, 「二. 신한청년당과 평화회의」. 여운홍의 회고에는 장덕수가 2천 원, 김규식이 1천 원을 가져왔다고 되어 있다. 여운홍, 1967, 위의 책, 27쪽.
74 이런 연유로 신석우는 상해 독립운동에 가담하지 않았고, 신한청년당에 입당하지도 않았다.
75 「독립운동에 관한 건」(1919. 5. 13), 騷密 제2219호; 강덕상, 2007, 위의 책, 166쪽.

해에서 대법원장까지 지냈다고 한다.[76]

정육수(鄭毓秀, 1891~1959)는 신해혁명 이후 1912년 원세개 암살을 시도한 바 있으며, 1914~1917년간 근공검학(勤工儉學)으로 프랑스 파리에 유학해 법학석사 학위를 받은 최초의 여성 변호사였다. 파리강화회의 중국대표단 중 유일한 여성이었으며, 파리강화회의에서 중국 여성을 대변하는 역할을 부여받았다. 파리강화회의에서 북경정부 대표로 구성된 중국대표단이 일본에 21개조를 양보하는 조약에 서명하려 하자, 6월 27일 중국 유학생들을 동원해 중국 수석 육징상(陸徵祥)을 막아서며 반대시위를 벌이기도 했다. 파리 유학 동료이자 국민당 정부 주미대사를 지낸 위도명(魏道明)과 결혼했고, 국민정부의 입법의원, 교육부차관 등을 지낸 당대 여걸이었다.[77] 여운형이 어떻게 정육수를 알게 되었는지는 모르겠지만, 정육수의 배표를 양보받아 김규식이 파리행에 오르게 된 것이다. 이후 여운형은 한국 독립운동에 도움을 준 장태염(章太炎), 정육수 등 수삼 인을 초대해 감사의 뜻을 표했다고 한다.[78]

중국인 인맥에 대해서는 해방 후 여운형의 증언이 있다. 이만규의 『여운형투쟁사』에 따르면 여운형은 1918년 11월 파리강화회의 대표 파견 문제로 손문을 만났다.

> 1918년 11월 파리에 대표를 파견하는 문제로 당소의(唐紹儀), 장태염(章

---

76 여운형, 1932, 「왕정정(王正廷)군의 회상」, 『삼천리』 12월; 강덕상, 2007, 위의 책, 549쪽.
77 "Tcheng Yu-hsiu" https://en.wikipedia.org/wiki/Tcheng_Yu-hsiu(2022. 1. 30. 검색); "郑毓秀" https://baike.baidu.com/item/%E9%83%91%E6%AF%93%E7%A7%80/5247687(2020. 1. 30. 검색).
78 김승학은 파리행 배편을 남방호법(南方護法) 정부 대표 진경민(陳庚民)이 마련해 주었다고 주장했다. 김승학, 1970, 『한국독립운동사』 상, 독립문화사, 264쪽; 이옥, 1989, 「프랑스와 한국 독립운동」, 『한민족독립운동사』 6, 국사편찬위원회.

포르토스호
(S.S. Porthos)

太炎), 서겸(徐謙)과 상의할 때에 서겸의 말이 이런 문제는 "손중산(孫中山) 선생과 상의하는 것이 좋다" 하고 동반하여 손중산을 만났다. 손은 뜻밖에 환대하고 자기의 부인 송경령(宋慶齡)을 불러 소개하고 대기염을 토하며 왕정정(王正廷), 고유균(顧維均)을 배신자라고 매도하였다. 매도하는 까닭은 왕씨가 구주전쟁(歐洲戰爭) 중에 남방정부(南方政府) [손문 정부] 승인운동을 하라고 파견한 것인데 평화회의에 북방정부 대표로 출석하여 남방을 배반하였다는 것이다. 손문(孫文)은 "김규식(金奎植) 씨가 파리를 가거던 진우인(陳友仁), 오조추(伍朝樞)들과 동심활동(同心活動)하라"고 하였다. 김규식은 그 후 진오(陳伍) 양인과 상종하여 다대한 효과를 얻었다. 이로부터 몽양은 막애리로(莫愛利路) 29호 손문 사저에서 가끔 손문을 만나 혁명의 일을 상의하였다. 손은 조선 독립운동에 대하여 열심으로 원조하였다.[79]

여운형이 파리강화회의 대표 파견 문제로 당소의, 장태염, 서겸 등 손

---

79 이만규, 1946, 위의 책.

2   포르토스호의 김규식, 파리강화회의 청원서 초안을 준비

문 측근들과 상의했을 뿐 아니라 손문을 직접 만났으며, 손문은 파리강화회의에 남방정부 대표로 가는 진우인·오조추와 함께 활동하라고 조언했다는 것이다. 또한 김규식은 파리에서 진우인·오조추와 함께 어울려 "다대한 효과"를 얻었다고 회고한 것이다. 김규식은 프랑스를 방문해 본 경험이 없으며, 아는 인맥은커녕 한국인이 존재하지 않던 파리에서 한국을 대표하는 파리강화회의 특사로 활동하기 위해서는 누군가의 도움을 받아야 했다. 그 직접적 도움을 중국 친구들이 제공한 것이다. 주거, 생활, 접촉해야 할 기구·기관·언론·인물 등에 대한 정보와 소개, 접근 방법 등을 제공한 누군가가 진우인과 오조추였을 것이다.

진우인(陳友仁, 1878~1944)은 태평천국의 난에 동참한 후 박해를 피해 베네수엘라 인근 트리니다드(Trinidad)섬에 이민 온 중국인 2세로 출생했으며, 가족은 집안에서 중국어를 사용하지 않아 영어를 모국어처럼 사용했다. 진우인은 런던에서 손문을 만나 동료가 된 후 신해혁명에 참가하기 위해 1912년 북경에 들어왔다. 언론인이 되어『페킹가제트』(Peking Gazette) 편집인(1913~1917)을 맡았으며, 북경정부의 매판정책을 비판해 투옥되었다. 1918년 광동에서 손문과 결합해 남방정부를 후원했으며, 파리강화회의 대표로 출석하는 것을 도왔다. 1922년 손문의 외교고문이 되었으며, 반제국주의 민족주의 좌파적 입장을 견지하며 손문과 소련의 연대를 후원했다. 중국 국민정부의 외교부장(1931~1932)을 지냈다.[80]

오조추(伍朝樞, 1887~1934)는 주미공사를 지낸 외교관 오정방(伍廷芳)의 아들로 태어나 1897년 미국에서 공부했으며, 영국 런던대학을 졸업(1911)했다. 1913년 입법의원이 되었으며, 1917년 손문의 호법운동에 동

80　"Eugene Chen" https://en.wikipedia.org/wiki/Eugene_Chen(2022. 1. 31. 검색); "陈友仁(民国华侨外交家)" https://baike.baidu.com/item/%E9%99%88%E5%8F%8B%E4%BB%81/1800027(2022. 1. 31. 검색).

참했고, 1918년 외무차장이 되어 1923년까지 일했다. 1919년에는 파리강화회의 중국 남방정부 수석으로 임명되었다. 장개석 국민정부의 외교부장(1927~1928), 주미대사(1928~1931) 등을 지냈으며 국제연맹 중국대표(1929~1930)를 지냈다.[81] 즉, 진우인, 오조추는 모두 남방정부 대표로 파리강화회의에 파견된 인물들인데, 손문은 이 두 사람과 김규식이 잘 상의하라고 했다는 것이다. 여운형은 손문과의 회견 결과를 김규식에 전달했을 것이다. 김규식은 이 가운데 오조추와 같은 배를 타고 떠났다.

김규식이 타고 간 포르토스호는 중국 상해, 인도차이나 사이공, 인도양 스리랑카의 콜롬보를 경유한 후 수에즈 운하를 통과해 프랑스로 향하는 우편선이었다. 이 배에는 중국과 베트남에서 프랑스로 유학을 가는 새로운 지식인들이 탑승했다. 중국현대사의 중요 인물이 된 주은래(周恩來)·등소평(鄧小平)은 물론 베트남의 국부 호치민도 포르토스호를 타고 프랑스로 갔다. 주은래·등소평은 프랑스에 가서 노동하며 공부한다는 유법(留法) 근공검학(勤工儉學)운동의 일원이었고,[82] 호치민 역시 견문을 넓히는 유학의 목적으로 이 배를 타고 갔다.[83]

1919년 2월 1일 상해를 떠난 포르토스호에는 김규식과 마찬가지로 파리강화회의에 참석하기 위해 출발하는 인사들이 다수 승선하고 있었다. 중국 신문들은 이렇게 보도하고 있다.

---

81 "Wu Chaoshu" https://en.wikipedia.org/wiki/Wu_Chaoshu(2022. 1. 31. 검색); "伍朝樞" https://baike.baidu.com/item/%E4%BC%8D%E6%9C%9D%E6%9E%A2/1800007(2022. 1. 31. 검색).

82 Marilyn A. Levine, *The Found Generation: Chinese Communists in Europe during the Twenties*, 2017; Mayumi Itoh, *The Making of China's War with Japa: Zhou Enlai and Zhang Xueliang*, 2016.

83 Sophie Quinn-Judge, *Ho Chi Mihn: The Missing Years, 1919-1941*, University of California Press, 2003.

당시는 유럽대전이 종식된 지 얼마 지나지 않은 때라 유럽으로 가는 배마다 승객이 가득했다. 김규식이 승선한 배에도 국제문제에 관계하는 인사들이 적지 않게 타고 있었다. 중국 남방정부 대표 오조추(伍朝樞) 외에도 체코슬로바키아 부총통, 소련 하원의장과 하원의원, 우크라이나 외교대표 등이 강화회의에 출석하기 위해 김규식과 같은 배편으로 파리로 향하고 있었다. 배 안에서 김규식은 이들과 많은 의견을 나누었다. 소수민족에 동정적인 입장을 취하고 있던 각국 인사들은 모두 김 씨의 의견에 동조하였다.[84]

"4월 5일 파리통신사" 발로 된 이 기사는 『민국일보』(民國日報)·『시사신보』(時事新報)에 게재되었다. 손문이 얘기한 남경정부 대표 오조추(伍朝樞)가 탑승한 것이 분명하니 여운형 증언이 사실임을 알 수 있다. 중국 남경정부, 체코슬로바키아, 소련, 우크라이나 대표 등과 동행하며 김규식이 나름대로 한국 독립운동에 대한 견해를 피력하고 이들의 반응을 들었다는 것이다. 이들은 "소수민족에 동정적인 입장"을 취하며 김규식의 의견에 동조한 것으로 되어 있다. 1940년대 중국 국민정부 외교부 차장을 지낸 전병상(傅秉常)도 "이전 파리강화회의에 참가했을 때 한국대표 김규식 선생과 여러 차례 의견을 교환한 적이 있다"고 밝힌 바 있다.[85]

3월 13일 프랑스 마르세유에 도착할 때까지[86] 김규식은 각국 대표단

---

84 「한국 독립운동과 파리강화회의」, 『民國日報』(1919. 6. 5); 『時事新報』(1919. 6. 5); 『民國日報』(1919. 6. 5), 『대한민국임시정부자료집』 39(중국보도기사 I).
85 「중국외교부 傅秉常 차장과 대한민국임시정부 외무부장 조소앙의 회담 기요」(1942. 4. 4), 『대한민국임시정부자료집』 25(중국의 인식 I).
86 포르토스호는 상해-마르세유를 40여 일 일정으로 오갔다. 중국 근공검학회 자료에 따르면 포르토스호는 1919년 9월 28일 상해 출발, 11월 12일 마르세유 도착, 1920년 2월 15일 상해 출발, 3월 25일 마르세유 도착, 11월 7일 상해 출발, 12월 13일 마르세이유 도착 기록이 있다. 박제균, 1996, 『중국 파리그룹(1907~1921)의 무정부주의 사상과 실천』, 경북대학교 대학원 사학과 동양사전공 박사학위논문, 234쪽.

SUGGESTED DRAFT OF MEMORANDUM.

While the most significant conference in the history of mankind is now is session and deliberating and deciding, upon, once for all, the destinies of all humanity on a permanent basis of a world wide peace, we, the undersigned, voicing the sufferings of 20,000,000 Koreans oppressed by Japan under the most violent and cruel military rule, wish to submit the question of Korea's claims for liberation. We wish to submit the question before this most distinguished conference for a just and impartial judgment on its own merits so that justice, liberty, humanity and peace may also be shared by the most unfortunate Korean people, and thus be maintained the permanent peace of the Far East and the world at large.

FIRSTLY. Korea has never been really nor rightfully conquered by Japan by force of arms. She has been acquired by deceitful means. The Korean people have been only cheated out of their independence and robbed of their liberty, even in direct contradiction to Japan's repeated declarations to the world and numerous treaties with Korea as well as with other nations.

In the treaties, between Korea and Japan of 1876 at Seoul, between China and Japan of 1885 at Tientsin and of 1895 at Shimonoseki, and even in the Portsmouth treaty of 1905, Japan repeatedly promised to guarantee and uphold the independence and integrity of Korea. Japan's declarations of war against China in 1894 and against Russia in 1904 distinctly stated that the independence and integrity of Korea and the maintenance of peace on the Far East was her paramount aim. Subsequent events show that she only deceived the world with high sounding language and camouflaged

her

김규식이 김순애에게 보낸 편지(콜롬보, 1919. 2. 25), TNA.

과 논의하며, 파리강화회의에 제출할 한국 측 입장을 정리했다. 김규식은 2월 25일 인도양의 스리랑카 콜롬보에서 흑룡강성 치치하얼 남문 밖 북제(北齊)의원의 부인 김순애에게 편지를 썼다. 이 편지는 콜롬보의 영국 우편검열국(Censor Office)에 의해 검열된 후 그 내용이 영국 전쟁성에 송부되었고, 사본이 영국외무성 기록에 남겨졌다.[87] 김규식은 자신이 3월 중 프랑스에 도착할 것이라며 파리 주소를 남겼다.[88] 영국 우편검열국이 발췌해 보고한 김규식의 편지는 다음과 같다.[89]

> 순애(Stella)에게
> ················· 나는 파리에서 사용할 비망록의 초안을 만들고 있소 ················· 나는 당신과 Phil, P. H. S.가 읽을 수 있도록 사본을 동봉하려고 하오 ················· 물론 이는 우리가 제출하려는 최종 비망록은 아니오. 그러나 내가 파리에 도착했을 때 이승만 박사 및 다른 이들과 협의에 사용하기 위한 기초일 뿐이오.

김규식은 파리로 가는 선상에서 제출할 비망록 초안을 만들고 있다며, 이를 Phil과 P. H. S.가 볼 수 있도록 사본을 동봉한다고 쓰고 있다. 여기서 Phil은 김필순, P. H. S.는 서병호로 추정된다.[90] 김필순은 세브란스의

---

87 Office of the Censor, Colombo to the Secretary, War Office, February 25, 1919, (No. 4, April 4, 1919 in Foreign Office), FO 371/3817. Political, Japan Files, 4182-7283. 같은 문서가 FO 608/211/19 Peace Conference (British Delegation)에도 포함되어 있다. Subject: Future of Korea(1919. 4. 7).
88 김규식의 편지 수신처는 J. K. S. Kimm, c/o R. M. Horsey, 12 Rue D'Aguesseau, Paris, France이며, 김순애의 편지 수신처는 Mrs. Chin Chung Wen, c/o Dr. K. T. Chin, Pei-Chi, Hospital, Outside Southgate, Tsitsihar, Heilung-kian Prov. Manchuria로 되어 있다.
89 「김규식이 김순애에게 보낸 편지 및 청원서 초안」(스리랑카 콜롬보, 1919. 2. 25)을 이 책에 부록2로 수록했다.
90 김필순은 안창호에게 보내는 영문편지에서 자신을 Philip으로 쓰고 있다. 「김필순(Philip)이 안창호에게 보낸 편지」(만주 通化縣, 1912. 3. 11), 도산안창호선생전집편찬위원회 편, 1991,

학교 1회 졸업생으로 1911년 신해혁명에 참가하기 위해 세브란스의학교 제자이자 친구인 이태준과 함께 중국으로 망명했다. 김필순은 김규식과 공적·사적으로 밀접한 관계였으며 처남·매부 사이였다. 김필순의 첫째 여동생 김구례는 서병호와, 둘째 여동생 김순애는 김규식과, 셋째 여동생 김필례는 최형욱과 결혼했다. 김필순과 서병호는 황해도 장연군 송천리, 일명 소래에서 함께 자라며 기독교를 최초로 접했는데, 소래에는 1884년 한국 최초의 교회가 설립되었다. 또한 서병호와 김규식은 언더우드 2세와 함께 언더우드 목사에게 유아세례를 받은 최초의 한국인이었다. 서병호는 남경 금릉대학에 다니고 있었고, 김순애도 남경 명덕학교에서 수학했다. 1919년 남경에서 김규식과 김순애가 결혼할 때 당연히 서병호가 함께했으며, 김규식이 파리로 떠난 후 두 사람은 함께 국내로 잠입했다. 이들은 모두 기독교, 세브란스, 독립운동, 가족이라는 공통분모로 묶인 것이다.

김필순은 세브란스의학교 1회 졸업생이며, 주위에 다수의 세브란스의학교 출신들이 있었다. 첫째 매제인 서병호의 형 서광호(2회), 둘째 매제인 김규식의 조카 김진성(6회), 셋째 매제인 최형욱(6회)이 모두 세브란스 출신이었다. 김필순과 함께 중국혁명에 동참하기 위해 망명한 이태준은 김규식의 사촌여동생 김은식과 결혼했는데 이태준 역시 세브란스(2회) 출신이었다.[91] 김필순은 1916년 이래 치치하얼에서 병원을 개업하며 셋째 여동생 김필례·최형욱 부부와 함께 지냈다.

김순애는 김규식이 파리로 떠난 후 국내로 잠입해 정세를 파악하고 독립운동 자금을 모금한 후 오빠 김필순이 있는 흑룡강성 치치하얼로 피신해 있었다. 김규식이 치치하얼로 편지를 보낸 것은 김순애의 동선에 대한 사전 논의가 있었음을 의미한다.

『도산안창호전집』 2(서한II), 86~89쪽.
[91] 박형우, 1994, 「세브란스의학교 1회 졸업생의 활동」, 『연세의사학』 제2권 제2호.

나아가 김규식은 파리에서 이 비망록을 이승만 박사 및 다른 이들과 협의하려고 한다고 밝히고 있으므로, 김규식이 상해 출발 이전에 최소한 샌프란시스코 대한인국민회가 이승만과 정한경을 파리강화회의 대표로 파견할 계획을 인지하고 있었고, 또한 이들과 협력할 계획이었음을 보여준다. 또한 김규식은 박용만에게 편지를 보내 파리행을 권유하며, 그의 도착을 기다리고 있었다.

김규식의 파리행은 기본적으로 미국에서 오는 이승만, 정한경, 박용만 등과 함께 공보국을 설치하고 자신은 한국 외교사절단의 한 명으로 활동한다는 구상에 입각한 것이었다. 이에 대해서는 여러 차례 김규식의 소회가 발표된 바 있다. 그러나 최초 구상과는 달리 김규식만 홀로 파리에 도착했고, 전혀 예상하지 못했던 3·1운동이 발발하게 되는 것이다. 이로 인해 김규식의 파리행 목적도 변경되었는데, 최초에 수립된 각국의 동정적인 여론을 얻고 독립을 청원하는 작업에서 한 걸음 더 나아가 3·1운동으로 분출된 한국 독립의 의지와 열의, 임시정부 수립과 한국 독립의 정당성을 홍보하는 쪽으로 변경된 것이다.

김규식은 치치하얼의 김순애에게 편지를 보내며 김필순·서병호와 함께 비망록 검토를 요청하는 한편, 비망록 사본을 상해 협화서국의 조지 F. 핏치(George F. Fitch) 박사 및 프램(K. Fram Esqr.) 앞으로 보냈다. 핏치는 협화서국 운영자이자 한국 독립운동을 후견한 조지 A. 핏치(George A. Fitch)의 아버지이다. 프램이 어떤 인물인지는 분명하지 않지만, 1919년 상해에서 김규식의 가장 중요한 연락책 중 한 명이었던 것으로 보인다.[92]

---

92 김규식은 1919년 5월 30일 프램에게 보낸 편지에서 상해와의 연락, 파리위원부 현황, 국제연맹 대책, 자금 현황 등 내밀한 상황을 상의하고 있다. 또한 파리위원부의 황기환은 같은 해 9월 2일 프램이 샌프란시스코와 상해에서 1만 8천 프랑을 수령했다고 워싱턴의 김규식에게 보고하고 있다. 「김규식이 프램에게 보낸 서한」(1919. 5. 30); 「황기환이 김규식에게 보낸 서한」(1919. 9. 2), 『대한민국임시정부자료집』 43(서한집II), 39~40, 92쪽.

이상에서 알 수 있듯이 김규식은 파리강화회의에 제출할 비망록의 검토를 공적 통로인 신한청년당 관련자보다는 친족인 김순애·김필순·서병호, 외국인인 핏치·프램 등과 상의하고자 했다. 김규식이 여운형과 신한청년당 측과 파리강화회의에 제출할 비망록·청원서에 대한 상의를 했는지는 알 수 없다.[93] 김규식의 이러한 태도는 구래 동제사와 신생 신한청년당 사이에서 부동하는 그의 정체성을 반영하고 있다. 좀 더 현실적으로 생각하자면, 신한청년당의 핵심당원들은 김규식이 파리로 파견된 것과 마찬가지로 노령·간도(여운형), 일본(장덕수), 국내(선우혁·김철)에 밀사로 파견될 계획이었으므로, 실제로 신한청년당 핵심들이 상해에서 김규식의 청원서 문안을 가다듬을 여력이 없었을 것이다. 그리고 김규식 측에서 볼 때 신한청년당 당원들은 기회 포착적 실행력과 중국 내 공작력은 인정할 수 있으나 영문 비망록을 수정할 수 있을 만큼 외교적 언어 구사력이 부족했다고 판단했을 수도 있겠다.

　　「제안된 비망록 초안」(Suggested Draft of Memorandum)은 총 10쪽에 달한다. 이미 김규식이 파리로 향하기 전부터 한국 독립을 호소하는 청원서·비망록을 준비하고 있었으며, 거의 완성된 상태였음을 알 수 있다. 이 비망록 초안은 김규식이 파리에 도착한 후 수정 작업이 이뤄졌다.

　　김규식이 콜롬보에서 김순애에게 보낸 비망록 초안은 대체적으로 여운형이 크레인에게 제출한 청원서, 김규식이 파리로 출발하기 전 한국독립위원회·한국혁명당 명의로 북경 주재 미국공사관에 제출된 청원서의 내용과 일치했다. 그 핵심 논지는 다음과 같았다.

　　첫째, 한국은 사실상 또는 적법하게 일본의 무력에 정복된 것이 아니다. 한국은 일본의 속임수에 넘어간 것이다. 일본은 다수의 조약에서 한국

93　김규식은 파리 체류 시절 다양한 비망록, 서한, 청원서 등을 남겼는데, 여운형에게 보낸 서한은 현재까지 발견되지 않는다.

독립을 공약했으나 이를 위반했고, 을사보호조약도 강요되고 사기에 의한 것이었다.[94]

둘째, 한국은 역사적으로, 지리적으로 그리고 전략적으로도 반드시 독립국가로 남아 있어야만 된다. 한국을 해방시키고, 한국을 벨기에의 경우처럼 혹은 "국제연맹의 영구적 보호하에 국제적 보증하에서 독립시킴"으로써 일본의 지배권을 저지하는 것이 필요하며, 이를 통해 극동의 영구평화를 확보하고, 인류의 생명과 권리를 위한 세계안전을 이룩할 수 있다.[95]

셋째, 한국을 독립시키고, 중국이 필요로 할 때에만 우호적이고 순수하게 상업적인 지원을 제공하고, 스스로 운명을 개척할 수 있게 함으로써, 일본의 제국주의적 야심을 저지하지 않고서는, 중국과 한국, 시베리아와 몽골은 일본의 절대적인 영향력 아래 놓일 것이다.[96]

넷째, 가장 중요한 문제는 인류의 정의라는 인도주의적 관점에서 제기된 것이다. 역사, 언어, 문화, 금전, 교육, 종교상 박해 등이다.

다섯째, 대부분의 한국인은 일본의 군사정부하에 있기보다는 스스로의 자치를 선호한다. 국민투표를 실시해도 모든 한국인이 일본의 지배보다는 한국인 스스로의 자치정부를 선택할 것이다.

비망록 초안은 서명자의 자격으로 (1) 한국인을 대표해 (2) 대한인국민회 대표 (3) 신한청년당 대표라고 3가지를 적고 있다. 자신을 파리에 실제 파견한 신한청년당보다 아무도 오지 않은 대한인국민회의 대표성이 더

---

94 제출 비망록에는 "국제법상 불법적으로 일본에 병합당했다"라고 설명되었다.
95 원문은 다음과 같다. "Is it not essential to stem this ascendency now by liberating Korea at this moment and putting her independence under international guarantee, so in the case of Belgium, or under the permanent protection of the League of Nations and thus insure permanent peace in the Far East and thereby make the world safe for the life and right of manhood?"
96 제출 비망록에는 "서구 국가의 기업들은 점진적으로 잠식당하고 추방당할 것"이라는 설명이 덧붙여졌다.

중요하다고 적은 것이다. 김규식은 신한청년당의 대표성에 완벽하게 동의하지 못하는 상태였던 것이다.

그러나 결국 파리강화회의에 정식으로 제출된 비망록의 제출 자격은 (1) 한국인을 대표해 (2) 신한청년당 대표라고 적었다. 미주 국민회 대표가 파리에 도착하지 못한 상황에서 결국 자신을 프랑스에 파견한 신한청년당의 대표성이 가장 중요한 법적 근거가 되었던 것이다.

김규식의 편지와 비망록을 최초 발견해 학계에 소개한 것은 구대열 교수였는데, 그는 이 비망록의 내용이 여운형이 크레인에게 전달한 청원서와는 다른데, 김규식이 "상해그룹의 문서에 만족하지 않았기 때문"이며 그 접근 방법이 재미 한인의 것과는 차이가 있었기 때문으로 추정했다. 김규식의 초안은 매우 수사적이지만 모호한 내용이라고 평가했다.[97]

콜롬보 우편검열국의 보고를 접한 영국외무성 담당자는 1919년 3월 29일 분홍색 부전지에 이런 메모를 남겼다. "문서 사본은 외무성이 보관해야 하며 한 부는 파리의 맥코이(Mackoy)에게 보냈다. 한국에 관한 사실은 인도와 이집트에서 영국 통치에 반대하는 일본의 모든 고발적 주장에 대한 완벽한 해답을 제공할 것이지만 일본은 한국에서 자신의 사악한 지위를 포기하는 대신 계속 싸울 것이다. P. R."[98]

---

97 Dae-yol Ku, 1985. 위의 책, Chapter II. The March First Movement (I) Wilson's Fourteen Points and Koreans Abroad; Enclosure in Censor Office to War Office, 25 February 1919, F.O. 371/3817 (52102/7293).
98 문서 작성자 P. R.은 극동국(Department of the Far East) 사무관(Clerk)으로 한국 문제를 1차적으로 검토하는 램지(Patrick W. M. Ramsey)로 추정된다.

3   김규식의 부동(浮動)하는 대표성

(1) 갈등하는 두 가지 대표성

이상 살펴본 바를 정리하면 다음과 같다.

첫째, 김규식은 1913년 봄 중국 망명 이래 동제사의 중심인물이자 재중 한국 독립운동의 중추였던 신규식과 밀접한 연계 속에 활동했다. 김규식의 중국 내 활동은 신규식·동제사·신한혁명당 그룹과의 관련 속에서 이루어졌으며, 여운형·신한청년당은 이들의 영향 속에 위치하고 있었다.

둘째, 김규식은 1918년 12월부터 1919년 2월 사이에 윌슨 미국 대통령, 라인쉬 북경 주재 미국공사 등에게 청원, 호소 외교를 시도했다. 김규식은 신규식과 함께 윌슨 미국 대통령에게 보내는 청원서를 작성(1919. 1. 25)했고, 파리에 도착한(3. 13) 후 직접 미국대표부에 수교했다. 김규식은 자신의 파리강화회의 파견 및 임무 등을 담은 자세한 비망록을 북경 주재 미국공사에게 제출(1919. 1)해 도움을 청했다. 또한 북경 언론 등에 자신의 파리행을 알렸다.

셋째, 김규식은 하와이의 박용만에게 편지를 보내(1918. 12. 10. 천진) 파리에서 선전 활동을 도와줄 것을 요청했다. 또한 신규식은 김규식이 파리로 떠난 후 하와이 『국민보』 등에 전한족대표위원회 소집을 요구하는 편지(1919. 2. 9. 상해)를 발송했다. 1917년 대동단결선언과 같은 방식이었다.

넷째, 김규식은 파리로 가던 도중 스리랑카 콜롬보에서 흑룡강성 치치하얼의 김순애에게 편지를 보내 파리강화회의에서 제출할 청원서를 상의(1919. 2. 25)했다. 김규식은 자신이 제출할 청원서의 상담자로 김필순, 서병호, 이승만 등을 상정하고 있었다. 여운형은 거론되지 않았다.

다섯째, 파리로 향하는 김규식에게는 아직 적절하게 조화되지 않은 두 개의 대표성·정체성이 자리하고 있었다. 오래된 대표성·정체성이 신규식 중심의 비밀결사인 동제사의 회원이라는 관성이었다면, 새로운 대표성·정체성은 신한청년당으로 표현되는 여운형·장덕수·조동호 중심의 새로운 동력이었다. 파리로 떠나는 김규식은 두 개의 조화되지 않은 정체성 사이에서 부동(浮動)하고 있었다.

김규식이 파리로 떠나기 전 중국 내 활동을 되짚어 본다면 김규식이 여운형과 신한청년당보다는 신규식과 동제사 측을 더 크게 신뢰하고 의지하고 있음을 분명히 알 수 있다. 윌슨 대통령 앞 청원서를 신규식과 함께 작성하고, 주중 미국공사에게 파리강화회의 관련 비망록을 제출하고, 북경 언론에 이 사실을 알리는 등의 활동을 했지만, 여운형이나 신한청년당에 관한 언급은 전무했다. 또한 미국의 박용만, 『국민보』 등과 연락하고 연결하려 했지만, 여기에서도 신한청년당과의 관계는 거론되지 않았다. 결정적으로 부인 김순애 및 처남 김필순과 파리강화회의에 제출할 청원서를 상의했지만, 여운형과 신한청년당 핵심당원들과는 상의하지 않았다. 전반적으로 김규식은 신규식을 신뢰하며 여운형과 신한청년당의 비중을 높게 평가하지 않은 것으로 보인다. 그러나 이미 신규식·동제사의 구성원, 활동 방식, 활동력은 이미 낡은 것이 되었고, 상해 독립운동의 중추는 신한청년당의 젊은 세대로 급속히 교체되고 있었다. 또한 김규식을 파리에 보낼 수 있는 기회 포착적 대응력, 정보력, 실행력, 추진력은 신한청년당이 제공한 것이었다. 신한청년당은 3·1운동과 그 이후 과정에서 상해 독립운동의 중심으로 부각하였으며, 임시정부의 견인차이자 중추를 형성했다. 확실한 세대 교체이자 세력 교체였다. 그 속에서 김규식의 위상과 입장도 전환되어 가고 있었다.

김규식은 1919년 3월 13일 파리에 도착한 직후까지 자신이 첫 번째 정체성을 대변한다는 생각이 강했다. 그의 주된 활동 파트너는 여운형·신한청년당이 아닌 신규식이었다. 또한 신한청년당 그룹에서는 여운형·장덕수가 아니라 김필순·서병호 등 자신의 인척이자 오랜 동지들이 주요 협의 파트너였다.

이러한 김규식의 부동(浮動)하는 태도와 지향은 지금까지 알려지지 않았는데, 그의 태도는 신정·김성 명의의 청원서를 파리에서 윌슨 대통령에게 제출한 시점까지 이어졌다. 김규식은 1913년 중국에 도착한 이래 자신이 몸담았던 독립운동 그룹의 노선과 관성에 익숙했으며, 그에 의지했다. 제1차 세계대전의 종료와 파리강화회의 개막이라는 새로운 정세의 전개가 그의 파리강화회의 대표행을 결정지었으나, 그는 여전히 구래의 관성에 익숙했고 그에 의지했다. 새로운 동력, 새로운 에너지, 새로운 인물들과의 관계는 아직 시간과 노력이 필요했다. 그러나 김규식은 곧 자신이 공식적으로 신한청년당과 한국인을 대표하는 것임을 자각했다. 때문에 김규식은 곧바로 신한청년당 명의의 청원서·비망록을 제출했다. 4월 이후 대한민국임시정부 수립 소식이 전해지자, 김규식은 이제 신한청년당이라는 협소한 정당의 대표가 아니라 임시정부라는 정부의 대표로 활동하기 시작했다. 그에게는 하나의 대표성과 정체성이 아니라 계속 변화하는 대표성과 정체성이 부여되었던 것이다.

한편 김규식의 파리강화회의 파견이 실현된 것은 재중국 한국 독립운동 세력 내부에서 중요한 변화와 세대 교체가 시작되었음을 의미하는 것이었다. 신규식을 중심으로 동제사·신한혁명당·대동단결선언을 이끌어 온 비밀조직·비밀활동은 김규식의 파리행을 마지막으로 그 임무를 다하게 되었다. 이 비밀조직·비밀그룹은 1912~1918년간 재중 한국 독립운동의 중요한 동력이자 자양분이었지만, 표면 활동을 벌이지 못하는 한계와 활동 방식을 지니고 있었다.[99]

반면 여운형을 중심으로 한 신한청년당 그룹은 크레인을 통해 윌슨 대통령에게 청원서를 제출했을 뿐 아니라 동경, 서울, 만주·노령에서 적극적인 활동을 펼침으로써 3·1운동의 대폭발을 가져오는 데 중요한 전기를 제공했다. 특히 여운형의 활동은 특별한 것이었는데, 정세를 신속·정확하게 판단하고 기회를 포착한 후 기민한 돌파력과 실행력으로 3·1운동 공간에서 그 누구보다 먼저 파리강화회의에 대표를 파견하는 데 성공했던 것이다. 3·1운동으로 한국 독립운동의 새로운 공간과 장이 펼쳐지자, 이들의 성가와 활약상은 배증되었다. 결국 신규식 중심의 비밀그룹과 여운형 중심의 신한청년당 그룹은 상해 임시정부의 중요한 동력으로 결합하게 되었다. 신규식·김규식의 비밀활동과 여운형·신한청년당의 활동은 임시정부 수립으로 수렴되면서 3·1운동의 거대한 용광로 속에서 용해되었다.

(2) 재중 한국 독립운동의 세력 교체, 노선 변화

김규식의 파리강화회의 파견은 제1차 세계대전을 전후한 시점에서 재중국 한국 독립운동노선의 변화를 상징하는 것이었다. 제1차 세계대전은 한국

99　조소앙은 3·1운동 이후 상해에 도착해 목격한 풍경을 이렇게 회고했다. "종래의 동제사를 중심으로 하는 독립운동자의 그룹을 위시하여 여러 그룹이 대립 상쟁하든 알력은 일소되고 모두 한마음 한뜻으로 단결되어 산천초목까지도 모두 독립운동만으로 단합된 것같이 보였다." 조소앙, 「3·1운동과 나」, 『자유신문』(1946. 2. 26)(삼균학회, 1979, 『소앙선생문집』하, 횃불사, 57쪽).

독립운동에 커다란 전환점을 부여했다. 재중국 한국 독립운동 진영을 대상으로 한다면 여기에는 크게 세 차례의 변곡점이 존재했다. 그것은 1915년 신한혁명당의 결성과 활동, 1917년 대동단결선언, 1918~1919년 파리강화회의 대표 파견과 그 후속 활동 등이었다.

    1914년 제1차 세계대전 발발은 국망 이후 최대 국제정치적 호기로 해석되었고, 그에 따른 기회 포착적 대응을 불러일으켰다. 일본의 패전과 독일의 승리를 예상하고 희망하는 정세 인식 속에서 중국·독일·러시아·일본 등 전제군주정의 세계적 추세, 독립운동의 구심으로서 고종과 왕실에 대한 근왕주의적 기대를 기초로 1915년 신한혁명당이 결성되었다. 신한혁명당은 고종의 국외 탈출 및 중국 내 망명정부 수립, 중한의방조약(中韓誼防條約) 등 외교독립노선을 추진했고, 실제로 밀사가 파견되어 고종과 접촉했으나 실패로 귀결되었다.[100] 그 중심에는 이상설, 신규식, 유동열 등 근왕주의와 공화주의를 오고 간 인물들이 있었다. 이상설은 근왕주의의 대표적 인물이지만, 신규식은 근왕주의와 공화주의의 중간 위치에 있었고, 유동열은 신민회 출신으로 공화주의에 속하는 인물이었다. '신한혁명당'이라는 당명 역시 『신한민보』 등 재미 한인의 공화주의적 노선을 떠올리게 하는 동시에 '신민설' 등 양계초류의 보황주의적 노선 혹은 '새로운 대한, 대한의 복국' 등을 연상케 한다. 또한 일제 정보문서가 동제사를 공제회·혁명당으로 부른 데에서 알 수 있듯이, 신한혁명당은 동제사의 기맥을 계승한 것이 분명했다. 신한혁명당 결성 이후 김규식은 내몽고 고륜과 장가구에 체류하고 있었지만, 신규식을 통해 '혁명당'의 진행 경과를 잘 알고 있었고, 아마도 관여했을 가능성이 높다. 이 시기 이회영 역시 고종의 망명 궁궐을 조성하기 위해 국내와 긴밀한 접촉을 유지했다. 때문에 고종의 중국 망명과 망명정부 수립, 외교적 방략에 의한 독립 모색은 이 시기 재중국

---

100 이에 대해서는 다음을 참조. 윤병석, 1984, 위의 책, 163~168쪽; 강영심, 1988, 위의 논문.

독립운동 진영에서 진지하게 모색하고 시도했던 독립운동 방략의 하나였다.[101]

그러나 신한혁명당의 근왕주의적·복벽주의적 노선은 성공할 수 없었다. 가장 큰 이유는 정세의 오판이었다. 일본의 패전과 독일의 승리라는 주관적이고 낙관적 정세관의 실패였다. 또한 근왕주의적 노선의 실패였다. 러시아혁명, 원세개 사망, 독일 패전 등은 모두 전제군주정의 몰락과 공화주의 '혁명'으로의 전환을 알렸다. 또한 고종의 망명 계획도 실패로 귀결되었다. 마지막으로 지도부가 교체되었다. 강력한 근왕주의자·복벽주의자였던 의병장 유인석(1915)과 이상설(1917)이 모두 사망함으로써 근왕주의·복벽주의 노선은 더 이상 주류적 노선이 되기 어려웠다.

그다음 찾아온 것이 바로 1917년 대동단결선언이었다.[102] 만주, 노령, 중국, 미주의 지도자들이 '대동단결'해서 일종의 임시정부를 수립하자는 이 선언은 한국독립운동사에서 중대한 전환이었다. 그것은 왕정이 아닌 공화정의 추구, 그 이념으로서 근왕주의를 대체한 공화주의의 전면화, 대동단결의 구현체인 해외 각 단체를 망라한 통일기관, 즉 임시정부의 설립, 그리고 임시정부 주도의 외교 실현 등이었다. 이는 1915년 신한혁명당의 노선 가운데 근왕주의가 공화주의로, 망명정부가 해외단체의 통일기관·임시정부로 변화된 것임을 알 수 있다.[103] 즉, 1917년 대동단결선언은 1915년 신한혁명당의 노선을 국내외 정세 변화 및 주체 역량의 재편에 맞춰 변용한 것임을 알 수 있다. 이러한 측면에서 1917년 대동단결선언은 1915년 신한혁명당의 경험을 비판적으로 성찰한 토대 위에 마련된 것으로 볼 수 있다. 1905년 을사조약 이후 고종의 독립 회복을 위한 밀서·밀사 외교가

---

101 이에 대해서는 다음을 참조. 윤병석, 1984, 위의 책; 강영심, 1988, 위의 논문.
102 조동걸, 1986, 위의 논문, 140~142쪽.
103 제1차 세계대전 기간에 구상되고 시도되었던 근왕주의적 망명정부 수립 및 외교독립노선은 1919년 고종 승하와 1920년 의친왕 망명 시도였던 대동단 사건으로 종막을 고했다.

한국 독립운동에서 외교독립노선의 출발이 되었다고 한다면, 1915년 신한혁명당의 망명정부 수립 및 외교 시도는 이후 임시정부 수립 및 외교노선의 토대를 마련한 것이었다.

이는 제1차 대전 종료 이후 추진된 파리강화회의 대표 파견으로 이어졌다. 여운형이 윌슨의 특사 크레인을 만나 한국의 독립청원서 제출을 부탁한 후 매우 급박하게 진행된 파리강화회의 대표 파견은 1차 대전 시기 한국 독립운동 진영이 시도한 기회 포착적 대응 가운데 신속하고 파급력이 큰 것이었다. 파리강화회의 대표 파견은 상해 신한청년당과 미주 대한인국민회에 의해 시도되었다. 미주 대한인국민회는 이승만·정한경을 파견하려 했으며, 이 소식이 일본 동경의 2·8독립선언과 서울의 3·1만세운동에 영향을 미쳤다. 그러나 한국대표를 파리에 실제로 파견한 것은 상해 신한청년당뿐이었다. 김규식의 파리 파견을 전후한 시점에서 신한청년당은 국내, 일본, 만주·연해주에 대표를 파견해 파리강화회의 대표를 후원하고 성과를 확대하기 위해 국내외 독립운동의 고취와 자금 모집에 나섰다. 여운형과 그 동료들은 상해·남경·북경 등지에서 활발하게 이뤄졌던 신규식 중심의 독립운동의 직간접적 영향과 유산을 승계했다.

나아가 신규식과 김규식은 1918년 12월부터 1919년 2월까지 맹렬하게 움직였다. 신규식과 김규식의 이러한 활동은 1918년 12월부터 1919년 2월 사이에 집중되었는데, 곧바로 동경 2·8독립선언과 서울 3·1독립선언이 폭발하면서 공론화되지 못했고 큰 주목을 받지 못했다. 그럼에도 불구하고 1918년 11월 여운형의 기민한 기회 포착적 대응과 파리강화회의 대표 파견은 신규식·김규식 등 기성의 재중국 독립운동 진영의 활동과 영향 속에서 실현 가능한 것이었으며, 신규식·김규식은 그 성과를 확산시키기 위해 다양한 노력을 경주했다. 그 연장선상에서 동경 2·8독립선언과 서울 3·1독립선언이 시작되었던 것이다.

국내외로 파견된
신한청년당 밀사들

4

1 　　　　　　　　　　　신한청년당과 동제사의 관계

신한청년당은 김규식을 파리강화회의 특사로 파견하는 데 성공했다. 이와 동시에 신한청년당 주역들이 국내외로 파견되어 김규식의 파리행을 알리고 선전 활동과 자금 모집을 시도했다. 즉, 김규식이 파리강화회의로 특파되었다면, 여운형은 간도·노령으로, 장덕수는 일본으로, 선우혁·김철·김순애 등은 국내로 파견된 것이다. 이들이 세계 각지에서 3·1운동의 문호를 여는 중요한 작업에 착수했던 것이다. 신한청년당의 공로 중 잘 알려지지 않은 부분이기도 하다.

　이들을 중심으로 3·1운동의 중심축이 만들어졌고, 이는 동심원을 그리듯 한반도 전역으로 퍼져 나갔다. 신한청년당 자신은 이렇게 평가했다.

「본당기략」(本黨紀略), 1919년 2월 1일 김규식이 먼저 프랑스에 갔다(首途赴法), 6인을 다시 파견해 동경 급 내지(한국) 각 처에 가게 해 학생 및 각계와 연합해 함께 진행 방법을 상의했다.[1]

1　「本黨紀略」, 『新韓靑年』(중국문) 창간호(1920. 3. 1), 77쪽.

「독립운동의 초성(初聲)」: 건국기원 4352년 2월 1일 신한청년당원인 여운형, 김철, 김규식, 선우혁, 한진교, 장덕수, 조동호, 서병호 등은 상해에 모여 광복대계를 논의하였다. 이 자리에서 참석자들은 파리강화회의에 대표를 파견하기로 결정하였고, 논의 결과 김규식이 대표로 당선되었다. 아울러 장덕수를 일본에 파견하여 재일 유학생들과 연계를 취하도록 하였다. 또한 김철, 선우혁, 서병호, 백남규, 김순애, 이화숙을 내지에 파견하고, 여운형을 러시아령 연해주에 파견하여 사회 각계각층 요인들과 함께 독립운동의 진행 방법을 상의하도록 하였다.[2]

『신한청년』은 신한청년당 핵심인사들이 1919년 2월 1일 회의를 개최한 결과, 김규식(파리), 장덕수(일본), 여운형(러시아령 연해주), 김철·선우혁·서병호·백남규·김순애·이화숙(국내)을 각지에 파견했다고 쓰고 있다. 『독립신문』은 신한청년당이 김규식·장덕수·여운형·김철·선우혁·서병호를 파리·일본·러시아령·국내로 파견했다고 기록했다.[3]

앞에서 살펴본 것처럼 1918년 11~12월이면 중국 상해, 미국 샌프란시스코, 일본 동경에서 파리강화회의를 향한 기대와 한국대표 파견 문제가 동시다발적으로 논의되고 시도되었다. 그런데 실제로 대표를 파견한 것은 중국 상해의 신한청년당뿐이었다. 나아가 신한청년당은 파리행 대표를 응원하기 위해 국내, 일본, 만주, 시베리아로 밀사단을 파견했다. 이러한 적극적 행동은 신한청년당이 동경 2·8독립선언과 서울 3·1운동 폭발에 끼친 가장 중요한 기여이자 공로였다.

신한청년당 그룹은 정확한 정세 판단과 기획 능력, 과감한 결정과 추진력, 타이밍을 놓치지 않은 실행력, 자금 조달과 공작력, 중국·미국 등 외

---

2 「독립운동의 初聲」, 『新韓靑年』(중국문) 창간호(1920. 3. 1).
3 「한국독립운동사(1)」, 『독립신문』(1919. 8. 26).

국인과의 국제적 연대·교섭력 등에서 3·1운동 이전의 해외 독립운동 진영에서 발군의 역량을 보여 주었다.

나아가 파리강화회의 특사인 김규식의 존재는 3·1운동기 한국인들이 파리강화회의에 대한 현실적 기대와 염원을 가질 수 있게 하는 거울이자 징표가 되었다. 파리의 김규식은 한국인들이 대한제국 몰락 이후 지녔던 정치적 좌절과 분노를 딛고 독립 의지와 염원을 공개적이고 집단적으로 표출함으로써 한국인들의 독립 역량과 능력을 스스로는 물론 세계에 각인시키는 데 중요한 구심적 역할을 했다. 김규식이 파리로 출발하던 1919년 2월 1일 시점에는 그 누구도 3·1운동이라는 200만 이상의 민족적 에너지가 폭발하는 역사적 대전환의 순간을 예상하지 못했다.

한편 신한청년당의 활동은 중국 내에서 활동하던 동제사의 기맥을 계승한 것이기도 했다. 1919~1920년간 일제의 정보보고들은 여운형·신한청년당과 함께 신규식·동제사(공제회)를 활동의 주역으로 꼽고 있다. 1920년 일본 상해총영사(山崎馨一)가 외무대신(內田康哉)에게 보고한 내용에 따르면, 신규식은 여운형 등과 함께 배일사상을 고취했고, 1918년 11월 파리강화회의에 자신 명의의 독립청원 전보를 보냈다고 한다.[4]

『조선민족운동(연감)』도 1918년 12월 여운형·선우혁·한진교가 회동해 숙의한 결과, 신정 명의로 우선 파리강화회의 앞으로 조선 독립을 원조해 주기 바란다는 뜻의 전보를 보낸 후 김규식을 파리로 파견했다고 쓰고 있다.[5] 이는 당시 일제 정보당국의 정보망에 이러한 유형의 정보가 다수 존재했음을 의미한다.

일제 정보에 따르면 신규식과 한진교·선우혁·여운형은 1915년 이래

---

4 「重ナル排日派鮮人ノ略歷送附ノ件」(機密 제42호, 1920. 3. 15), 『不逞團關係雜件 朝鮮人ノ部 在上海地方』 2.
5 독립운동사편찬위원회, 1975, 『독립운동사자료집』 9(임시정부사자료집), 원호처, 194쪽.

긴밀한 관계였다. 신규식·박은식은 1915년 상해에서 대동보국단(大同輔國團)을 조직해 프랑스 조계 명덕리(明德里)에 본부를 두고, 시베리아·간도 방면은 물론 평남 평양의 한진교, 평북 정주의 선우혁과 연락하며 단세 확장을 노력했다. 1916년 한진교·선우혁은 함께 상해로 도항해, 금릉대학을 졸업하고 협화서국에 취직한 여운형과 합류했다.[6] 이들은 핏치 목사의 주선하에 1918년 10월까지 한국 학생 3백 명의 미국 밀도항을 주선했다. 신규식은 1917년 8월 스웨덴 스톡홀름에서 개최된 만국사회당대회에 조선사회당 명의로 전보를 보내 독립을 요구했다.[7] 결국 여운형·선우혁·한진교 등 신한청년당의 핵심인물들이 1915년 이래 신규식의 영향력하에 함께 활동했다는 것이다.[8]

3·1운동 직후 작성된 일제의 또 다른 정보보고서는 신규식이 3·1운동의 주요한 주모자라고 쓰고 있다. 신규식이 중국 상해에서 공제회(혁명당)를 조직하고 그 이사장이 되었으며, 동경에 조용은, 한국에 선우혁, 동경·서울에 장덕수를 파견함으로써 3·1운동의 '원흉'이 되었다고 쓰고 있는 것이다.[9] 여기서 공제회는 1912년 신규식이 조직한 동제사를, 혁명당은 1915년

---

6 한진교 아들 한태동(韓泰東)의 증언에 따르면 한진교는 1914년 이래 북경에서 이발소를 운영하며 연락소 역할을 했고, 김규식·김철·선우혁·서병호·한진교 5명과 의형제를 맺은 사이였다. 한진교는 해송양행을 운영했는데, '해송'은 한진교가 거주지 상해와 출신지 개성(송도)의 한 글자씩을 따서 만든 상호였다. 해송양행은 개성에서 고려인삼을 수입해 판매했다. 「韓泰東(한진교의 3남2녀 중 막내아들) 인터뷰」(2010. 4. 9. 대담자 김광재).
7 「上海在住不逞鮮人ノ行動」(警務局, 1920. 6), 『不逞團關係雜件 朝鮮人ノ部 在上海地方』2; 「上海假政府의 內幕(二): 처음에는 불국조계에다 대동보국단이 설시되여」, 『每日新報』(1920. 10. 16); 독립운동사편찬위원회, 1975, 『독립운동사자료집』9(임시정부사자료집), 원호처, 192쪽.
8 1917년 일제 정보망에 따르면 하와이에서 이승만과 갈등을 벌이고 있던 박용만은 상해 재류 양기탁, 박은식, 신규식, 신주철(申朱喆) 등과 대동보국단이라는 비밀결사를 조직해 '불령선인'을 규합 중이라고 보고했다. 이 조직이 1917년 대동단결선언의 모체가 되었을 것이다. 「京城民情彙報: 在外排日鮮人 李承晩及朴容萬等ノ行爲」(高秘 第19442號 秘11469號, 1917. 10. 18), 『不逞團關係雜件 朝鮮人ノ部 在歐米』3.
9 「獨立運動ニ關スル件(國外第44報)」(騷秘第672號, 1919. 4. 22), 『不逞團關係雜件 朝鮮人ノ部

결성된 신한혁명당 혹은 동제사의 다른 이름을 의미함을 알 수 있다.

지금까지 신한청년당과 상해·남경을 중심으로 한 동제사·신아동제회 등 한국 독립운동 기성 세력과의 연대·연결 등의 문제는 명확하게 밝혀지지 않았다. 비밀조직이던 동제사 그룹과 공개 정당이던 신한청년당의 존재 방식, 조직·활동 방식의 차이가 존재했다.[10]

동제사는 1910년대 상해·남경을 근거지로 전개된 한국 독립운동의 중심 조직이었다. 동제사는 1912년 7월 4일경 조직되었는데, 박은식이 총재, 신규식이 이사장을 맡았고 간사와 사원 등으로 구성되었으며, 전성기에는 300여 명의 회원이 있었다.[11]

동제사는 중국 각지와 구미·일본에 분사(分社)를 두었으며,[12] 재미 한인 신문『신한민보』·『국민보』 등을 안동현을 통해 국내에 반입하기도 했다. 동제사 주역인 신규식은 중국 혁명의 중심인물과 함께 신아동제회를 조직해 한중 연대의 새 장을 열기도 했다. 신아동제회(新亞同濟會)에는 중국동맹회원으로 일본 유학 경험자 등 21명이 망라되었다.[13]

在上海地方』1.

10 신한청년당과 동제사의 관계에 대해서는 여러 견해가 있다. 첫째, 신한청년당이 동제사의 전위단체이자 소장층 조직이었다는 견해(김희곤, 1995, 위의 책; 강영심, 2008, 위의 책), 둘째, 신한청년당이 동제사와 긴밀한 관계였지만, 직접적인 관계는 상해고려교민친목회였다는 견해(신용하, 1986, 위의 논문). 셋째, 한국과 중국의 연대조직인 신아동맹당을 모태로 한국인 측이 새롭게 민족 독립을 지향할 목적으로 신한청년당을 조직했다는 견해(강덕상, 2007, 위의 책) 등이 있다.

11 김희곤, 1995,「동제사와 상해지역 독립운동의 태동」, 위의 책; 한상도, 2003,「중국 관내지역」, 국사편찬위원회,『한국사』47(일제의 무단통치와 3·1운동), 탐구당.

12 민필호,「예관 신규식선생전기」,『석린민필호전』, 302쪽.

13 신아동맹당의 중국 측 당원들은 그 후 반제국주의 국제 혁명조직인 대동당(大同黨)을 조직했고, 러시아혁명정부가 중국에 파견한 밀사 포타포프도 1920년 5월 대동당에 가입했다고 한다. 石川楨浩, 2001,『中國共産黨成立史』, 岩波書店, 151쪽; 강덕상, 2007, 위의 책, 160~161쪽. 또한 여운형도 이에 직간접적으로 관여했으며, 조선에 돌아온 장덕수는 신아동맹당을 재조직하고, 1920년 6월 사회혁명당으로 개명했다. 장덕수, 김철수 등이 주도한 이 조직의 대표자 8명은 1921년 5월 상해에서 열린 고려공산당(상해파) 대회에 참석했다. 임경석, 1998,「서울파 공산주의자그룹의 형성」,『역사와 현실』28.

---

1 신한청년당과 동제사의 관계

신규식의 비서이자 사위인 민필호는 동제사가 '중국 대륙의 유일한 한국인 독립운동 중추'로 신규식이 창설하고 경비도 조달하였다고 회고했다.[14] 동제사 중심인물로 거론된 것은 신규식, 박은식, 박찬익, 김규식, 문일평, 신채호, 조소앙, 이광수, 홍명희, 정원택, 조동호, 신석우 등 40여 명이었다.[15] 모두 한국 독립운동 및 한국현대사의 쟁쟁한 인물들이다.

동제사의 성격은 복합적인 것이었다. 즉, 1911년 신해혁명 이후 중국의 공화혁명에 매료된 한국인들은 시대의 혁명적 분위기에 편승해 중국 혁명에 동참하려는 움직임을 보이는 한편 중국·미국에서 유학하려는 청년·학생층의 움직임이 존재했는데, 이러한 한인 유학생 생활공동체, 예비학교, 정치적 비밀결사가 동제사라는 이름으로 묶여 있었던 것이다.[16] 동제사는 일제 정보자료에 다양한 이름으로 등장하는데, 동제회, 동주회, 공제회, 혁명당, 체화동락회 등의 이명(異名)이 그것이다.

일제의 정보보고에 따르면 신규식은 1916년에도 민충식, 박은식, 장건상 등과 함께 남양중학회(南洋中學會)를 설립하고 미국·중국·서북간도·노령의 한국 독립운동가들과 "기맥을 통해" 비밀리에 상해 한국 청년들의 배일사상을 고취하려고 했다.[17]

동제사의 한인 유학생 생활공동체, 예비학교적 기능은 1917년경까지 지속된 것으로 보인다. 1917년 상해를 거쳐 미국으로 유학길에 오른 오정수는 상해 체류 시절 "상해 거주 한인 중 최고령자이며 지도급 인사인 50세가량의 신성(申檉)을 소개"받았고, 신성이 주도하는 한인합숙소에서 생

---

14 민필호, 「대한민국임시정부와 나」, 『석린민필호전』, 70~71쪽.
15 민필호, 「대한민국임시정부와 나」, 『석린민필호전』, 70~71쪽; 민필호, 「예관 신규식선생전기」, 『석린민필호전』, 302쪽.
16 배경한, 1999, 「상해·남경지역의 초기(1911-1913) 한인망명자들과 신해혁명」, 『동양사학연구』 67, 62쪽.
17 「在上海 不逞鮮人 情況」警高機發 제266호(1916. 5. 1), 『不逞團關係雜件 朝鮮人ノ部 在上海地方』 1.

활했다. 즉, "한인합숙소는 독립투사인 신성을 중심으로 망명인들의 집합소이자 직업·거처를 알선해 주며 소규모 식당을 운영"하는 곳이었다.[18] 그러던 중 1917년 5월경 신성이 남경으로 몸을 피하자 '한인합숙소'는 자연히 해산하게 되었다는 것이다.[19]

민필호는 1918년 제1차 세계대전 정전 이후 민족자결주의를 인지한 신규식이 비밀서한 수십 통을 써서 밀사 5명에게 주어 국내로 파견했다고 회고했다. 또한 이승만에게도 프랑스에 갈 것을 권유했다는 것이다.[20] 민필호에 따르면 국내로 파견된 방효상·곽경은 입국 즉시 체포되어 악형으로 옥중에서 죽었고, 정원택·신건식 역시 입국 후 체포되어 반년 이상 옥고를 치르다 병보석으로 출옥했으며, 정항범만 스코필드의 일본군 학살 사진을 가지고 귀환했다.[21] 김규식이 「자필 이력서」에 자금 모집과 전국적 시위운동을 선동하기 위해 국내로 파견했다고 한 2명의 밀사는 바로 방효상·곽경이었을 것이다. 김규식은 1919년 1월 중순까지 이들로부터 아무런 소식을 듣지 못했다고 했다. 그런데 방효성과 곽경이 순국했다는 민필호의 회고는 사실과 거리가 있다.[22]

신규식은 신정이라는 이름으로 김규식(김성)과 함께 1919년 1월 5일 윌슨 대통령에게 한국 독립을 촉구하는 프랑스어 청원서를 작성했고, 김규식은 이를 후에 파리강화회의 미국대표단에 제출했다. 또한 신규식은 하와

18　고춘섭, 1984, 위의 책, 61~62쪽.
19　고춘섭, 1984, 위의 책, 67쪽. 오정수는 1917년 7월 16일 상해를 출발했다.
20　「一.三一運動의 先聲」, 『申公逸話二三事』, 『석린민필호전』, 331~332쪽.
21　민필호, 「대한민국임시정부와 나」, 『석린민필호전』, 73쪽; 「연보」, 같은 책, 341쪽.
22　곽경은 곽재기(郭在驥)의 이명 중 하나(金光三, 金在萬, 郭敬, 金光三)인데, 그의 생몰은 1893~1952년이다. 1963년 독립유공자로 포상받았는데, 1919년 7월 길림으로 건너가, 9월 상해에서 폭탄 구매를 시도했고, 의열단 조직에 참가해 밀양폭탄 사건으로 수형한 기록이 있다. 한편, 장붕은 이승만에게 보내는 1920년 편지에서 방효성(方孝誠)이란 청년이 신규식의 편지와 교통부 서류를 지니고 국내로 가다가 영국에 최근 체포되었으나 자세한 사정은 아직 알 수 없다고 보고했다. 「장붕이 이승만에게 보낸 서한」(1920. 8. 8), 『대한민국임시정부자료집』 42(서한집I). 즉, 방효성도 1920년 이전에는 체포되지 않은 것이 분명하다.

이 호놀룰루 『국민보』에 전한족대표위원회 소집을 요청하는 편지(1919. 2. 9. 상해)를 발송했다. 신규식은 여러 명의 대표를 국내에 파견했을 뿐 아니라, 정원택에게 편지를 보내(1919. 1. 21) 길림으로 파견했다. 목적은 한국국민대회 소집과 관련한 연락이자 김규식의 파리강화회의 파견 및 독립운동 고취 등이었음이 분명했다.[23] 정원택은 길림으로 올라가 여준 등과 상의했고, 그 결과 독립의군부가 조직되고 조소앙이 기초한 대한독립선언서가 발표되었다.[24]

이상과 같이 신한청년당이 조직된 후 김규식이 파리에 파견되는 과정, 그리고 파리로 가는 도중 김규식의 활동을 종합하면 여운형을 중심으로 한 신한청년당 활동에는 새로 부상하던 신흥 소장그룹의 기획·돌파·활동력과 구래 상해지역 독립운동 그룹의 연계망과 활동 방략이 결합되어 있음을 파악할 수 있다. 신한청년당과 동제사가 서로 기맥을 상통하며 각자의 장점과 연계망을 활용해 적극 움직이면서 2·8독립선언과 3·1운동의 교량이 만들어졌다.

23 정병준, 2017b, 위의 논문.
24 조동걸, 2010, 위의 논문, 47~55쪽; 송우혜, 1988, 위의 논문.

2 국내외로 파견된 신한청년당의 밀사들

(1) 간도·연해주로 간 여운형

이 시기 여운형의 활동은 놀라운 것이었다. 1918년 11월 윌슨의 특사 크레인을 만나 한국 독립 청원서를 전달했고, 재차 청원서를 상해 언론인 밀러드에게 전달했다. 김규식을 상해로 초빙해 파리강화회의 파견 대표로 결정한 후, 김철·장덕수를 국내로 파견해 활동자금을 모금했다. 김규식이 사재 1천 원, 장덕수는 안희제를 만나 2천 원, 김철은 천도교 측에서 3만 원, 여운형은 동삼성·블라디보스토크에서 자금을 모았다. 여운형은 당소의(唐紹儀)·서겸(徐謙) 등과 파리에서의 외교 활동, 여권 발급 문제를 논의하고 손문을 재차 면담했다. 중국대표단의 일원으로 파리강화회의에 참석할 예정이었던 정육수(鄭毓秀)의 도움으로 배표를 구했고, 김규식은 진충웬(金仲文, Chin Chung Wen)이라는 중국 이름의 여권을 가지고 1919년 2월 1일 파리로 출발했다. 여운형은 신한청년당의 선우혁, 김철, 서병호 등을 국내로 잠입시켰고, 장덕수·여운홍은 일본을 거쳐 다시 국내로, 자신은 간도·시베리아로 들어가 파리강화회의 대표 파견 사실과 독립운동 전반에 관한 의견을 교환했다.

여운형은 1919년 1월 20일 장춘, 하얼빈, 블라디보스토크로 향했다. 여운형은 "장춘에서 길림 거주 여준(呂準)이란 유력자에게 편지로 조선 독립의 의견을 묻고 동시에 동지가 되자는 권유를 의뢰"했다. 여준은 길림의 독립운동가이자 여운형의 족친이었다. 여운형은 블라디보스토크에서 2주간 체류하면서 이동녕·문창범·박은식·조완구·정재관·강우규 등과 회견하며 독립운동의 호기가 도래했다고 강조했다.[25] 애초 여운형의 계획은 파리강화회의 대표 파견과 관련해 시베리아 동지들의 찬동과 재정적 후원을 얻는 것이었지만, 연해주 국민의회 측에서 독자적으로 고창일, 윤해 등을 파리로 파견하기로 하고 그 비용을 해당 지역 한인들에게 갹출하였기 때문에 블라디보스토크에서의 자금 조달은 불가능했다.[26]

여운형은 시베리아 체코군 사령관 가이다(Radola Gajda) 장군과 회견하고, 미국·영국·캐나다 3군사령부를 방문하고, 일본의 한국정책을 규탄하는 수만 장의 전단을 미국·영국·캐나다 연합군에 뿌리기도 했다. 미군 시베리아 원정군 가운데는 금릉대학 시절 여운형의 영어교사였던 클라멘트가 있어 그의 문장을 수정·첨삭해 주었다고 한다.[27] 여운형은 3월 6일 블라디보스토크를 떠나 상해로 귀환했다. 여운형은 3월 6~7일경 하얼빈의 러시아인 여관에서 머무는 동안 한명성으로부터 한국에서 독립만세 사건이 일어났다는 이야기를 처음 들었고, 3월 15일 봉천에 도착했을 때 위혜림에게 독립만세 사건의 상세한 내막을 들었다. 여운형은 급히 상해로 돌아갔다.[28] 상해에 도착한 여운형은 원래 파리로 향할 계획이었으나, 동

---

25 「피의자신문조서(제1회)」(1929. 7. 8. 경기도 경찰부), 『몽양여운형전집』 1, 414쪽.
26 「(공판조서) 피고인신문조서(제1회)」(1930. 2. 22. 서대문형무소), 『몽양여운형전집』 1, 559~560쪽.
27 강덕상, 2007, 위의 책, 187~188쪽. 가이다는 1919년 12월 4일 상해에 와서 일본을 거쳐 귀국했는데, 상해 팔레스호텔에 머무는 동안 여운형은 그를 병문안하고 임시정부 명의로 체코 건국 축하 기념배를 만들어 증정했다. 강덕상, 2007, 위의 책, 551쪽, 각주 146.
28 「피의자신문조서(제1회)」(1929. 7. 8. 경기도 경찰부), 『몽양여운형전집』 1, 414쪽.

생 여운홍이 대신했다.²⁹

여운형 자신도 일제 심문 과정에서 "만세시위운동" 정도로는 독립이 달성되지 않을 것으로 생각했다고 진술했다. 그런데 그가 인식하지 못한 채 기획하고 주역으로 참가한 만세시위운동은 한국 독립운동의 중대한 전환점이자 분수령을 향해 나아가고 있었다.

(2) 일본으로 파견된 장덕수

신한청년당의 결정에 따라 장덕수는 일본으로 향했다. 그런데 체포 후 일제 심문 과정에서 장덕수는 의외의 발언을 했다. 장덕수는 1919년 1월 16, 17일경 상해에서 "상해 거주 불령선인의 수령으로 당시 광동을 여행 중이던 신정(申檉, 일명 申圭植, 申誠)"으로부터 편지를 받았다고 진술했다. 신규식은 세계정세의 변화로 약소민족 해방의 기회가 왔고, "각지에 있는 우리 동포는 독립을 선언하는 운동을 개시할 것"이므로 동경 및 경성에 가서 운동 정황을 상해 『중화신보』(中華新報) 기자인 조동호(趙東祜)에게 통신하고 또 동경으로 파견한 조용운(趙鏞雲)과 회견할 것을 지시했다. 신규식은 "동경의 운동은 2월 초순, 경성의 운동은 3월 초순에 실행될 것"이므로 경성에 가서 상황을 보고하고, "만일 일본 관헌에 체포되어도 당의 행동 및 나의 씨명은 절대 비밀을 엄수"할 것을 요구했다.³⁰

장덕수는 여운형과 함께 신한청년당 주역이자 동지로서 활동했는데, 정작 일제에 체포된 뒤에는 여운형이나 신한청년당을 거론하지 않고 신규

29　강덕상, 2007, 위의 책, 187~188쪽.
30　「騷擾事件ト在外排日鮮人トノ關係」(高第10719號, 1919. 4. 11), 『不逞團關係雜件 朝鮮人ノ部 在內地』 4.

식과 조동호·조소앙 등 동제사 핵심인물들을 강조한 것이다. 이는 장덕수가 신한청년당의 비밀을 보호하기 위해 의도적으로 진술한 결과였거나, 아니면 작은 조직 규모와 정체성이 명확치 않았던 신생정당 신한청년당 대신 연륜 있고 지명도가 높은 동제사를 내세웠기 때문일 것이다.

장덕수는 와세다대학에 재학 중이던 1916년 김철수·김영섭·전영택·정노식·김도연·윤현진·홍진희·최팔용·하상연 등 재일 한국인 유학생과 함께 중국 유학생, 대만 유학생을 결합한 반일·반제국주의 국제연대 조직인 신아동맹당(新亞同盟黨)을 조직해 간사로 활동한 바 있다. 이들은 10만 원의 자금을 모집하고 당원 수백 명을 모집해 중국 상해에 당 본부를 설치하고 지부를 하와이, 블라디보스토크, 북경, 안동현, 서간도, 북간도 등에 설치해 독립운동을 전개한다는 계획을 수립했다. 특히 제1차 세계대전을 기회로 청년들을 선정하여 독일에 파견해서 군사학을 학습하는 한편, 반일운동을 펼칠 적절한 기회를 모색하고 있었다.[31]

일제의 파악에 따르면 동경외국어학교 지나어과(支那語科) 학생이던 하상연이 중국 유학생 포섭을 담당했다. 명단이 파악된 가담자는 위의 한국인 유학생 외에 백남규·최두선·현상윤·신익희·윤홍균 등 20여 명, 요천남(姚薦楠) 등 중국인 12명, 채국정(蔡國禎) 등 대만인 2명 등이었으며, 심지어 인도혁명파도 참가해 그 회원 수가 70여 명에 달했다.[32]

하상연은 중국 정계 상황 시찰 및 중국어 학습을 위해 상해로 건너가 1918년 3월 현재 북경에 체류 중이었고, 장덕수도 신아동맹당 본부를 상해에 설치하기 위해 중국에 건너갈 의향을 갖고 있었다.[33] 실제로 장덕수

---

31   강덕상, 2007, 위의 책, 120~137쪽; 小野容照, 2010, 「新亞同盟黨の硏究—朝鮮·臺灣·中國留學生の民族を越えるネットウークの初期形成過程」, 早稻田大學アジア硏究機構, 『此世代アジア論集』 3.
32   강덕상, 2007, 위의 책, 129~131쪽.
33   「新亞同盟黨組織ニ關スル件」(中第274號, 1918. 3. 14), 『不逞團關係雜件 朝鮮人ノ部 在內地』 2.

는 1918년 5월(여운형 심문조서에는 7월)부터 상해에 거주하며, 여운형과 여러 차례 만났다. 여운형은 1918년 11월 윌슨 대통령의 특사 크레인에게 건넬 청원서를 작성할 때, 3일간 상해 프랑스 조계 장덕수의 집에서 작업했다고 할 정도로 장덕수와 긴밀한 관계였다.[34]

조선총독부 경무총장(警務總長)의 보고에 따르면 장덕수가 중국에 '파견'된 것은 재일 유학생들의 파리강화회의 조선인 대표 파견 기획의 결과였다. 이에 따르면 재일 조선인 유학생의 수뇌부인 이광수, 현상윤(원문에는 廣相元으로 표기), 정노식 등은 동경에서 밀회를 하고 미국 대통령 윌슨이 성명한 민족자결주의가 자신들의 오랜 뜻(宿志)과 같으므로 이번 강화회의를 이용해 미국 대통령의 원조를 얻기 위해 무슨 일을 벌여야 한다고 얘기했다. 강화회의에 조선인 대표자를 파견하기 위해서는 유학생뿐 아니라 각 방면과 협동해야 효과가 클 것이므로, 미국, 서북간도, 노령, 상해 방면의 동지와 연락을 취해 결행하며, 우선 중국 북경에서 비밀리에 회동하기로 해 이광수를 동경 유학생 대표자로 비밀리에 파견하며, 상해 방면에서는 장덕수, 노령 방면에서는 양기탁이 대표자로 참집했다는 것이다. 강화회의에 참석할 대표로는 호놀룰루의 박용만(뉴욕 25국 소약국동맹회, 국민회 대표자로 참석), 샌프란시스코의 안창호(전 평양 대성학교 교장) 2명이 추천되었다. 대표 파견에 관한 운동 방법은 북경에서 비밀회의의 결의 조건에 따라 각지 동지가 협력해 이를 수행하기로 했다.[35]

장덕수의 발언과 여운형의 진술을 종합해 보면 장덕수는 1918년 5월 상해로 건너온 이후 여운형만 접촉한 것이 아니라 신규식을 비롯한 한국 독립운동가들과 적지 않은 유대 혹은 연계를 가지고 있었다. 신규식이 조

---

34 『몽양여운형전집』 1, 602쪽.
35 「講和會議ニ鮮人代表者派遣ニ關スル件」(1918. 12. 朝鮮總督府 警務總長), 「要視察朝鮮人李光洙ニ關スル件」(機密第82號, 1919. 2. 18), 『不逞團關係雜件 朝鮮人ノ部 在支那各地』 1.

직·운영한 신아동제사(新亞同濟社)는 장덕수가 관계한 신아동맹당과 그 취지와 목적이 거의 동일했다. 신아동제사가 중국 거주 한중 인사들의 연대조직이라면, 신아동맹당은 일본 거주 한국·중국·대만 유학생들의 연대이며, 전자가 중견들의 조직이라면 후자는 청년들의 조직인 차이가 있었다. 즉, 장덕수와 신규식 사이에는 운동 노선상 동일한 지향성이 있었다고 할 수 있다.[36] 여운형도 신규식·김규식 중심의 동제사·혁명당의 움직임과 활동을 눈여겨보고 있었을 것이다.

장덕수는 신규식으로부터 일본 동경과 서울을 왕래하라는 '편지' 지시를 받고, 또한 여비로 은 1백 불을 받아 동경 유학생 중국인 유모(劉某)로 위장하고 1월 27~28일경 상해를 출발해 나가사키를 경유하여 2월 3일경 동경에 도착했다.[37] 장덕수는 2월 5일 밤 동경 시바코엔(芝公園) 산문(山門) 앞에서 조용운을 만났는데, 조용운은 이미 동경 유학생 측에 권유한 결과 2월 8일 독립을 선언하기로 결정했기에 임무를 완수했다고 알려 왔다. 장덕수는 김규식이 신한청년당 대표이자 한인 대표로 파리강화회의에 파견되었음을 도쿄 유학생들에게 알렸을 것이 분명하다. 그와 밀접한 신아동맹당의 핵심인물(김철수·김영섭·전영택·정노식·김도연·윤현진·홍진희·최팔용·하상연 등)이 바로 동경 2·8독립선언의 주역이었기에 신한청년당 핵심밀사인 장덕수의 급선무는 김규식이 파리강화회의에 특사로 파견되었음을 알리는 일이었다.

2·8독립선언은 미국 샌프란시스코와 뉴욕, 중국 상해와 북경에서 추진하고 있던 파리강화회의 대표 파견 등의 독립운동 소식이 동경에 전해지고 공명 효과를 불러일으킨 결과 벌어진 것이었다. 동경을 경유한 정보의

---

36 강덕상은 신아동맹당이 신아동제사의 일본 지부라고 해석했다. 강덕상, 2007, 위의 책, 128~129쪽.
37 다른 기록에는 은 2백 불을 받았다고 되어 있다. 「騷擾事件報告旬報 第一: 在外鮮人ノ狀況」 (1919. 4. 20), 『不逞團關係雜件 朝鮮人ノ部 在上海地方』 1.

국제적 교류가 있었고, 중국 북경과 상해, 미국 샌프란시스코로부터 정보원·연락원이 도착했다. 정보와 정보원의 연계망이 긴밀하게 존재했던 것이다.

먼저, 동경 유학생들은 1919년 1월 무렵 미국에서 귀국한 지용은(池鏞殷)으로부터 미주 독립운동 소식을 들었다.[38] 미국에서 유학하던 여운홍도 형 여운형의 지시로 일본에 도착했다. 여운홍은 로스앤젤레스에서 대한인국민회 총회장 안창호를 만나고, 샌프란시스코에서 대한인국민회 북미총회장 이대위를 만나 여비 보조를 받은 후 1919년 1월 14일 미국을 출발해 2월 1일 일본에 도착했다. 여운홍에 따르면 자신이 국민회의 파리강화회의 대표 파견과 독립 청원 소식을 전하기 전에 이미 동경 유학생들은 미주의 진행 상황을 알고 있었다.[39]

중국에서는 북경·서울을 거쳐 이광수가 동경에 도착했고, 상해에서는 장덕수가 동경으로 향했다. 신한청년당과 동경 2·8독립선언의 관계에서 가장 중요한 역할을 한 것이 이 두 사람이었다. 둘 다 신한청년당 핵심인물이었다.

장덕수는 2·8독립선언을 도쿄에서 지켜보았으며, 다시 상해로 돌아가기 위해 2월 17일 도쿄를 출발해 요코하마를 경유하여 조선에 들어왔다.[40] 장덕수는 요코하마에서 상해 『중화신보』의 조동호에게 모금한 8백 엔을 송금했다.[41] 즉, 장덕수는 재일 한인 유학생들과 상해 신한청년당·동제사를 연결해 파리강화회의 대표 파견과 동경 2·8독립선언을 연계시키는 데 중요한 역할을 담당했다. 장덕수는 2월 20일 서울에 들어와 인천에 머물다

---

38 전영택, 1946, 「동경 유학생의 독립운동」, 『신천지』 제1권 제3호(3월호), 98쪽.
39 여운홍, 1967, 위의 책, 28~35쪽.
40 「騷擾事件報告旬報 第一: 在外鮮人ノ狀況」(1919. 4. 20), 『不逞團關係雜件 朝鮮人ノ部 在上海地方』 1.
41 「騷擾事件報告旬報 第一: 在外鮮人ノ狀況」(1919. 4. 20), 『不逞團關係雜件 朝鮮人ノ部 在上海地方』 1.

체포되었다.⁴²

일제는 장덕수를 취조한 결과, 이 사건 배후에 공제회(共濟會)라는 비밀결사가 존재한다고 판단했다. 상해에 존재하는 이 조직은 표면상 한국인들 간 친목, 융화, 간난상구를 목적이라 하며 내실로는 국권 회복을 목적으로 하는 것이며, 회원들은 공제회를 혁명당으로, 회원은 당원으로 부르는 것으로 파악했다. 당원 수는 4~5백 명에 달하며, 지역적으로는 북경, 천진, 만주 각지, 노령, 한국 내에도 존재한다고 했다.⁴³ 명칭과 조직 형태로 미루어 이는 1912년 신규식을 중심으로 조직된 동제사를 의미하는 것이었다. 혁명당이라는 명칭이 사용된 데에서 알 수 있듯이 1915년 신규식·이상설을 중심으로 결성되었던 신한혁명당의 분위기도 감지되고 있다. 즉, 장덕수는 1918년 여름 이래 신규식 등 동제사·신한혁명당 계열 인사들과 접촉하면서 이를 공제회·혁명당으로 파악하고 있었던 것을 알 수 있다. 장덕수의 자백에 기초해 일제가 파악한 공제회·혁명당의 핵심인물은 다음과 같았다.

혁명당 이사장 신정(申檉)(일명 誠, 圭植, 47세): 충청북도 청주군 남일면 은행리
혁명당 이사 김규식(金圭植)(37, 8세): 경성부 남대문 외
신석우(申錫雨)(27세): 경성부 수표정
여운형(呂運亨)(35세): 경기도 양평군 서면 신원리
선우혁(鮮于爀)(37세): 평안북도 정주군 서면 하단리

42 신익희는 "상해에 신한청년단이 결성되어 일본서 작별하고 그리로 갔던 장덕수가 사명을 띠고 비밀히 입국하여 진고개(지금 충무로) 일본여관에 일인으로 가장하고 묵고 있으면서 여러 번 만나 보았다"라고 회고했다. 신익희, 「나의 자서전(抄) 3」, 『동아일보』(1960. 5. 11).
43 「騷擾事件報告旬報 第一: 在外鮮人ノ狀況」(1919. 4. 20), 『不逞團關係雜件 朝鮮人ノ部 在上海地方』 1.

서병호(徐炳浩)(35세): 황해도 장연군 대구면 송천리 남경 금릉대학 학생(현재 상해 재류)

조동호(趙東祜)(30세): 본적 불명, 상해 중화신보 기자

조용운(趙墉雲)(일명 嘯印 34, 5세): 본적 불명[44]

잘 알려진 것처럼 신규식, 김규식, 조동호, 조소앙은 동제사 회원이었고, 신석우·여운형·선우혁·서병호·조동호는 신한청년당 핵심인물이었다. 장덕수는 1918년 여름 이래 신규식을 재상해 한국 독립운동의 중심인물로 파악했으며, 여운형의 신한청년당 활동을 신규식의 동제사·신한혁명당 활동의 연장선이자 동일 활동으로 이해했음을 의미한다. 때문에 신한청년당이 동제회·신한혁명당·신아동제회의 영향하에서 조직된 청년그룹이었다는 평가가 가능한 것이다.[45]

일제 정보당국은 조용운(趙墉雲)을 조소앙으로 파악했는데, 조소앙은 일본이 아니라 만주 길림에 있었다.[46] 아마도 장덕수는 자신이 2월 14일 동경 우에노공원에서 만난 여운형의 동생 여운홍을 감추기 위해 조용운을 거론했을 수도 있다. 미국 유학 중이던 여운홍은 형 여운형의 지시에 따라 1919년 1월 14일 샌프란시스코를 출발해 2월 1일 요코하마에 도착한 후 다음 날 종형 여운일의 소개로 다수의 유학생을 만났다. 여운홍은 최팔용을 통해 동경 유학생의 움직임을 들었고, 직접 2·8독립선언을 목격했다. 여

---

44 「騷擾事件ト在外排日鮮人トノ關係」(高第10719號, 1919. 4. 11),『不逞團關係雜件 朝鮮人ノ部 在內地』4;「在外鮮人ノ獨立運動槪況(四月二十五日迄ノ受報)」(秘受05017號/騷密第968號, 1919. 4. 26),『不逞團關係雜件 朝鮮人ノ部 在內地』5.

45 신용하, 1986, 위의 논문; 김희곤, 1986, 위의 논문.

46 조소앙, 「3·1운동과 나」, 『자유신문』(1946. 2. 26)(삼균학회, 1972, 『소앙선생문집』하, 횃불사, 57쪽); 김희곤, 1995, 위의 책. 정원택은 신규식의 편지(1919. 1. 21)를 받고 길림에 가서 1918년 12월 25일(양력 1919. 1. 26) 조소앙을 만났다. 조소앙은 자신이 이미 길림에 온 지 수개월인데 세간 일에 간섭하지 않고 자기 수양만 하기로 결심했다고 발언하고 있다. 『지산외유일지』, 428쪽.

운홍은 2월 14일 우에노공원에서 장덕수를 만나 여운형의 편지를 건네받았다. 이를 통해 김규식의 파리행을 알게 되었다는 것이다.[47] 여운홍은 2월 16일 귀국했고, 이상재·최남선·함태영·이갑성 등을 만난 후 2월 27일 밤 서울을 출발해 상해로 갔다.

(3) 중국과 일본을 왕복한 이광수

한편 신한청년당 대표들이 세계 각지로 파견되던 시점에 이광수도 중국과 일본을 왕복하며 이 흐름에 동참했다. 이광수는 허영숙을 동반하고 1918년 11월 8일 북경에 도착해 체류하다 1919년 1월 10일 도쿄로 회환했다. 이광수의 행적은 봉천, 천진, 북경 경찰의 보고에 드러나 있다. 이광수는 1918년 10월 16일 동경을 출발해, 고향인 평북 정주군을 들렀다 10월 30일 중국 봉천, 대련, 영구, 천진, 북경, 남경 등지를 시찰한다며 떠났다. 그는 11월 1일 봉천에 도착해 『경성일보』 기자라 칭하며 1주일간 체류한 후 11월 8일 봉천을 떠나 북경으로 향했다. 11월 8일 북경에 도착한 이광수는 허영숙을 동반하고 있었는데, 『국민신문』 외보부(外報部) 기자 옥생무사랑(玉生武四郞)의 편지를 가지고 와 북경에 있는 『국민신문』 통신원 송촌태랑(松村太郞)을 방문했다. 조선총독부 경무총장은 북경 헌병분주소 앞으로 2차례나 통첩을 보내 주의를 촉구했으나, 북경영사관 경찰은 이광수가 본처와 이혼하고 재혼할 상대자인 허영숙을 동반한 "애정의 도피행각"을 벌이고 있으며, 이상한 행적은 발견하지 못했다고 보고했다. 허영숙이 서울의 모친으로부터 여비를 송금 받아 쓰고 있기 때문에 이광수의 북경행은 애정행각일 뿐, 강화회의를 기화로 윌슨 대통령의 민족자결주의에 따라

---

47 여운홍, 1967, 위의 책, 33~34쪽; 여운홍, 「내가 겪은 20세기」, 『경향신문』(1972. 1. 8).

"대세에 몽매한 우민을 현혹시켜 사기적 수단으로써 금품을 편취하려" 북경에 모여든 분자 2~3인과는 무관하다고 보고했다.[48]

그런데 이광수는 중국 내 한인 독립운동가들과 역사적 인연이 있었다. 5년 전인 1913년 11월부터 1914년 1월까지 이광수는 상해에서 동경 유학 시절 친구들인 홍명희·조소앙·문일평과 한집에 거주하며 김규식·신규식·신채호와 긴밀하게 지냈다. 그는 동제사 회원이 되었고, 김규식으로부터 성요한대학 입학 소개장을 얻기도 했다.[49] 즉, 이광수는 상해 및 중국 내 한인 독립운동가들과 밀접한 사이로 동제사 회원이었으며, 이러한 접촉과 인연은 1918년까지 지속되었을 가능성이 높다.

이광수는 허영숙과의 애정행각으로 위장했지만, 1918년 11월 8일부터 1919년 1월 10일까지 북경에 체류했으며, 그 배경에는 파리강화회의 대표 파견을 위한 재일 유학생들의 움직임이 존재했다. 이 시기 상해에서는 여운형·선우혁·신석우·조동호·장덕수를 중심으로 신한청년당이 조직되어 크레인·밀러드에게 파리강화회의 청원서가 제출되는 한편, 김규식이 파리강화회의 특사로 결정되는 중요 시기였다. 또한 1919년 1월 북경에는 김규식이 체류했고, 김규식의 파리행에 관한 비망록·청원서가 북경 주재 미국공사에게 전달되기도 했다. 나아가 이광수는 동경에 돌아가자마자 2·8독립선언을 기초하는 결정적인 역할을 수행했으므로 그가 북경에 체류하는 동안 재북경, 재중국 독립운동 진영과 일정한 연락·연대 활동을 펼쳤다고 보는 것이 타당할 것이다.

동경에서 2·8독립선언의 준비를 마친 이광수는 동경 『국민신문』 기자

---

48 「要視察鮮人滯京中ノ行動」(北警秘發第1號, 1919. 1. 30), (警部 波多野龜太郎→公使館);「要視察朝鮮人李光洙ニ關スル件」(機密第82號, 1919. 2. 18),『不逞團關係雜件 朝鮮人ノ部 在支那各地』1.

49 이광수, 1936,「탈출 도중의 단재 인상」,『조광』4월(우신사, 1979,『이광수전집』8, 516쪽); 이광수, 1936,「문단고행30년(기2) 서백리아(西伯利亞)서 다시 동경으로」,『조광』5월, 98~99쪽; 이광수, 1948,「나의 고백」,『이광수전집』, 239~241쪽.

의 소개로 북경『순천시보』(順天時報)에 영어 잘하는 기자로 취업차 간다고 위장하고 재차 중국으로 떠났고, 1919년 2월 5일 상해에 도착했다. 이광수는 1918년 11월부터 1919년 2월까지 동경-북경을 두 차례 왕복한 것이다. 그는 당일로 장덕수를 만났으나, 장덕수는 "대세를 보매, 자기는 기어히 조선 내지로 들어가야 할 터"라며 여비를 요청해 남은 여비 10원을 주었다고 회고했다.[50] 장덕수는 1919년 1월 27, 28일경 상해를 떠나 2월 3일경 동경에 도착했기에 이광수가 2월 5일 상해에서 장덕수를 만났을 수는 없다. 그러나 이광수의 이러한 회고는 1918년 11월부터 1919년 1월 사이 북경에서 장덕수를 만났거나, 장덕수와 긴밀한 연락을 취했음을 의미한다. 이광수는 자신이 상해에서 조동호와 "한집, 한방, 한 침대" 속에서 잤다고 했는데, 조동호는 신한청년당 핵심이자, 동제사 회원이었으며, 신규식이 장덕수에게 동경·서울의 정세를 전달하라고 지령했을 때의 상해 연락책이었다. 이광수·장덕수·조동호 등의 관계로 미루어 볼 때 적어도 동경 2·8독립선언을 주도한 재일 유학생 그룹과 중국 북경·상해 독립운동 진영 간에 긴밀한 연락·연대가 존재했으며, 서로 영향을 주고받았다고 판단된다. 이광수는 신한청년당의 기관지『신한청년』의 주필을 맡기도 했다.

　재일 유학생 측에서는 2·8독립선언의 주역인 최팔용이 상해의 장덕수와 비밀리 연락을 주고받고 있었는데, 둘은 와세다대학 동창이자 신아동맹당 당원이었다. 북경과 동경을 연결한 이광수 역시 최팔용과 긴밀한 관계를 유지하고 있었다.[51] 또한 재일 유학생들은 국내 운동 진영과도 긴밀한 연관관계를 맺었다. 2·8독립선언이 완성된 이후 송계백이 선언서를 들고 조선을 방문해 최린, 송진우, 정노식 등에게 전달했을 뿐 아니라 정노식으

50　이광수, 1932,「상해의 2년간」,『삼천리』1월호(1962,『이광수전집』14, 삼중당, 346쪽).
51　백관수, 1960,「조선청년독립단 '2.8선언' 약사」,『인물계』4-3; 윤재근, 1996,『근촌 백관수』, 동아일보사; 이광수, 1948,「기미년과 나」,『나의 고백』, 춘추사, 251~252쪽. 이상 윤소영, 2017, 위의 논문, 58~59쪽.

로부터 받은 자금 3천 원을 가지고 돌아와 2·8독립선언문, 결의문, 민족대회 소집청원서 등을 제작할 수 있었다.[52] 동경 2·8독립선언은 상해의 동제사·신한청년당 그룹, 국내의 3·1운동 준비 그룹과 긴밀한 연락·연대 관계 속에서 진행된 것이었다.

(4) 국내로 잠입한 선우혁·김철·서병호·김순애

신한청년당 당원으로 국내에 파견된 여러 명의 밀사가 있는데, 그중 가장 자세한 행적이 밝혀진 것은 선우혁이다. 선우혁은 신민회 회원이자 105인 사건 관련자로 1913년 경성복심법원에서 무죄로 석방된 후, 평안북도 일대에서 전도 활동을 하다가 1916년 상해로 건너갔다.[53] 선우혁은 상해에서 신규식의 동제사에 참여했으며, 한진교의 해송양행에 거주하고 있었다. 그는 1919년 1월 25일경 상해를 출발해 2월 초 국내로 잠입해 신민회 회원 출신이자 105인 사건과 관련된 기독교 지도자들을 만났다. 2월 초 평북 선천에서 양전백(梁甸伯) 목사를 만난 선우혁은 윌슨의 민족자결주의를 거론하며 재미 동포는 이승만 등 3명의 대표를 파리에 파견하고 상해 동포도 김규식을 대표로 파견한다며, 이를 후원하기 위한 독립운동 실행과 운동비 모집을 권유했다.[54] 선우혁이 국민회의 이승만 파견과 상해의 김규식 파견을 모두 언급했다는 점이 주목할 만하다. 이는 상해 신한청년당 그룹이 미주의 움직임을 잘 인식하고 있었을 뿐 아니라 기회 포착적으로 대응하고 있음을 보여주기 때문이다.

---

52 윤소영, 2017, 위의 논문, 69~72쪽.
53 윤경로, 2012, 『105인사건과 신민회연구』, 한성대학교출판부, 363쪽.
54 이병헌, 1959, 「양전백선생 취조서」, 『3·1운동비사』, 시사시보사출판국, 258~259쪽; 김희곤, 1986, 위의 논문에서 재인용.

선우혁은 이후 평북 정주의 이승훈,[55] 평양의 길선주 목사 및 강규찬, 안세항, 변인서, 이덕환, 김동원, 도인권, 김성탁, 윤원삼, 윤성운 등 기독교계 유력인사를 만나 독립운동 및 운동자금 거출을 협의했다. 이승훈은 1919년 1월 26일 오산학교 교장 조만식, 교사 조철호·김이열·박기선 등 4명을 초청해 "이번 강화회의에서 세계 약소국을 독립시킬 형세에 있다. 이것은 선천 미국인 선교사 매퀸의 서신에 의하여 양전백으로부터 의논해 온 바 있는 것인데, 이 기회에 우리 조선민족은 독립을 위해 활동하지 않으면 안 되지만, 이 일은 한 학교나 한 부락에서 소규모로 운동을 해도 아무 효과가 없다. 따라서 일본 유학생과 기맥을 통하여 서로 호응하여 전 조선이 일제히 거사하지 않으면 안된다. 이를 위해 적당한 대표자를 선정할 필요가 있으므로, 2월 4일 선천에서 열리는 평북장로회에서 세부적인 합의를 하자"라고 발언했다. 이들은 2월 4~8일간 선천 평북부사경회에서 이 문제를 논의한 후 이승훈은 보안 유지를 위해 평양 기홀병원에 입원했다.[56] 정주 오산학교 교장 조만식은 3·1운동 공판에서 2월 2일 이승훈의 초청으로 그를 만났는데, 상해에서 온 선우혁으로부터 조선 독립운동 자금을 조달해 달라는 부탁을 받았다는 얘기를 들었다고 밝혔다.[57] 이후 평안도 기독교계 인사들은 학교 학생과 교사를 동원해 독립선언과 시위운동을 하기로 했다. 나아가 이들은 천도교 측과 연계가 되어 협동하기로 했다. 선우혁은 3월 20일 상해로 귀환했다.[58]

---

55 「이승훈 취조서」에는 선우혁과 이승훈이 1918년 12월 20일경(양력 1919. 1. 21), 양력 1919년 2월 10일경 두 차례 만난 것으로 되어 있다(이병헌, 「이승훈 취조서」, 『3·1운동비사』, 357쪽); 김희곤, 1986, 위의 논문에서 재인용.
56 독립운동사편찬위원회, 1973, 『독립운동사자료집』 6(삼일운동사자료집), 원호처, 616~617쪽.
57 독립운동사편찬위원회, 1972, 『독립운동사자료집』 5(삼일운동재판기록), 원호처, 860~861쪽.
58 「騷擾事件ト在外排日鮮人トノ關係」(高第10719號), 1919. 4. 11), 『不逞團關係雜件 朝鮮人ノ部 在內地』 4; 朝鮮總督府, 「上海在住不逞鮮人の行動」(1920. 6), 강덕상, 2007, 위의 책, 172~173쪽. 선우혁은 이러한 활약의 결과 임시정부에서 국내와 연락을 담당하는 교통부 차장, 안동교통국 국장으로 선출되었다.

한편, 김철은 1915년 메이지대학 법과를 졸업한 후 1917년 상해로 망명한 인물인데, 1919년 2월 서울로 잠입해 천도교와 접촉해 운동 방향을 논의했다. 현순 자서전에 따르면 2월 22일 이전 천도교 측은 김철에게 독립운동 자금으로 1만 원을 제공했다.[59] 천도교 측 기록을 보면 손병희가 그에게 3만 원의 송금을 약속했다고 한다.[60] 또한 김철은 3월 초순 전남 장성의 양반 출신 기산도(奇山度, 일명 奇寔)를 만나 해외 독립운동을 후원하기 위한 독립자금 출자를 요청하기도 했다.[61] 즉, 김철은 주로 서울에서 독립운동 자금 모집에 주력했던 것이다.[62]

　서병호는 1915년 9월 남경 금릉대학에 입학했으며,[63] 김규식과는 어릴 적부터 친밀한 사이였다. 서병호·김규식·언더우드는 조선 첫 유아세례를 받은 인물들이었으며, 언더우드의 입학추천장을 받았다. 김규식과는 동서지간이다. 서병호는 경신학교의 전신인 민노아학당을 거쳐 경신학교를 졸업(1905)한 후, 해서(海西)제일학교와 대성학교를 거쳐 경신학교에서 교사·학감으로 일한 바 있다.[64] 1919년 여름 졸업 예정이었는데, 김규식과

59　1918년 2월 22일 현순은 이승훈과 함께 최린을 만나서 천도교 경비 2천 원 제공을 약속받고, "상해에서 잠입한 김철에게 운동금 1만 원을 주었으니 사세를 따라 쓰라"는 얘기를 들었다. 현순은 천도교 측이 제공한 2천 원을 이승훈을 통해 수령한 후 1천 원은 여비로, 1천 원은 기독교 간부에게 맡겼다. 현순, 「삼일운동과 아의 사명」, 『현순자사』(David Hyun and Yong Mok Kim, ed., *My Autobiography: The Reverend Soon Huyun*, Yonsei University Press, 2003 수록), 291~292쪽.
60　의암손병희선생기념사업회, 1967, 『의암손병희선생전기』, 대한교과서주식회사, 341쪽.
61　「獨立運動資金募集者檢擧ノ件」(秘受12935號/高警第31411號, 1919. 11. 5), 『不逞團關係雜件 鮮人ノ部 在內地』9.
62　1919년 2월 상해에 도착한 이광수는 김철이 국내에서 가져온 1만 원으로 프랑스 조계에 셋방을 얻고, 타이프라이터 한 대를 사서, 윌슨, 클레망소, 로이드 조지 등에게 전보를 보내는 한편, 상해 영자신문에 기사를 보냈다고 회고했다. 李光洙, 1932, 「上海의 二年間」, 『三千里』 1월호(『이광수전집』 제14권, 삼중당, 1962, 347쪽).
63　윤은자, 2008, 「20세기초 남경의 한인유학생과 단체(1915~1925)」, 『중국근현대사연구』 29, 34쪽.
64　고춘섭, 1980, 「잊지못할 교육자 송암(松岩)서병호선생」, 『사학』 15, 대한사립중고등학교장회, 47~50쪽.

편지 연락을 주고받으며, 제1차 세계대전 종전 이후 파리강화회의 참석 문제를 논의했다고 한다.65 고춘섭에 따르면 서병호는 김순애 등과 동반해 2월 중순경 부산으로 잠입해 김성겸의원(金性謙醫院)에 머물며 백신영(白信永)·안희제(安熙濟) 등을 만났고, 대구·광주를 경유하여 상경하는 길에 일본에서 유학생 대표로 귀국하는 조카 김마리아를 만나 2월 24일 서울에 들어왔다. 이후 경신학교 후배이며 33인의 하나인 이갑성의 집에서 이승훈·현순과 협의하고 이갑성의 주선으로 세브란스에 잠복하며 정보를 수집하고 함태영과 협의했다. 3·1운동 발발 이후인 3월 13일 압록강을 건너 만주 흑룡강을 거쳐 상해로 귀환했다.66 총독부 기록에는 서병호가 2월 20일경 서울에 와서, 남대문 밖 세브란스병원에 체재하던 중, 2월 25일 늙은 부모의 병문안을 위해 본적지로 향했고, 동정을 살피다 3월 7일 고향을 출발했다고 되어 있다.67

김순애의 회고에 따르면 김규식은 파리강화회의에서 신용을 얻으려면 신한청년당이 국내에 사람을 보내어 독립을 선언해야 하고, 희생이 있더라도 국내에서 움직임이 있어야 사명이 잘 수행될 것이라고 강조했다.68 이 결과 서병호, 백남규, 이화여전 출신 이화숙, 김순애가 국내로 잠입하기로 결정되었다. 김순애는 상해의 선교사와 중국인의 자금 도움으로 부산항에 잠입했고, "여러 친지들에게 수소문한 결과" 국내에서 3·1운동 준비가 다 된 것을 알았다는 것이다.

김희곤에 따르면 김순애는 서병호·백남규, 대구의 홍주일(洪宙一)·이만집(李萬集), 동경에서 온 조카 김마리아와 함께 2월 13일 대구에서 백남

---

65 「서병호씨담(1967. 5. 24)」, 이정식, 1974, 위의 책, 51~52쪽.
66 고춘섭, 1980, 위의 글, 47~50쪽.
67 朝鮮總督府 警務總監 兒島惣太郎, 「朝鮮人身元調査の件」(1919. 4. 12); 강덕상, 2007, 위의 책, 175쪽.
68 「김순애여사담(1970. 3. 18)」, 이정식, 1974, 위의 책, 52~53쪽.

채(白南採, 백남규의 형, 계성학교啓星學校 교감·남산교회 장로)를 만나 거사를 모의했다.[69] 다른 기록에는 김순애가 2월 16일 대구에 들어와 북경 시절 친분이 있던 백남채(북경대학 졸업)를 만났고, 2월 26일 서울에서 내려온 이갑성이 백남채, 이만집(남성南城교회 목사), 김태련(金兌鍊, 남성교회 조사助師)을 만나 3·1운동 계획을 전달했다. 3월 3일 서울에서 독립선언서가 이만집 목사에게 전달된 후, 이 목사는 김영서, 백남채, 정재순, 정광순, 최교학 등과 상의해 3월 8일 대구 큰 장날 거사하기로 합의했다.[70] 백남채는 대구 3·1운동의 중심인물인데, 신한청년당 중심인물인 한진교가 1918년 6월경 국내로 잠입해 대구에서 백남채·서상일과 접촉한 바 있다.[71]

김순애는 서울로 올라와 함태영을 만났고, 옥고를 함께 치르려 했으나 일제에 체포되면 김규식의 사기에 영향을 줄 것이라는 만류로, 2월 28일 압록강을 건넜다고 한다.[72] 『독립신문』에 실린 김순애의 회고에 따르면 김순애는 2월 하순 평양에 도착해 숭의여학교 교사였던 김경희(金敬喜)의 집에 유숙하며, 다수의 동지를 소개받았고, 2월 28일 평양을 떠나 상해로 돌아왔다.[73]

백남규와 이화숙은 김순애·서병호와 함께 국내로 잠입한 것으로 되어 있는데 구체적인 행적은 확인되지 않는다.[74]

---

69 윤보현, 1961, 『영남출신독립운동약전』 제1집, 광복선열추모회, 38쪽; 김희곤, 1986, 위의 논문에서 재인용.
70 이재인, 1965, 「상해서 잠입한 김순애여사: 대구」, 『신동아』 3월호, 101쪽.
71 「공적조서(한진교)」 및 「한진교 자필[독립운동이력서]」. 한진교의 다른 기록에는 1917년으로 되어 있다. 한에녹, 1955, 『창세이전과 창세: 영원한 복음』, 영원한복음사, 1~2쪽.
72 이정식, 1974, 위의 책, 54쪽. 김순애는 이후 흑룡강성 치치하얼의 김필순을 찾아가 현지 사범학교 교감으로 일했으나, 일본영사관 경찰에게 납치되었다. 그러나 중국에 입적했기에 얼마 후 석방되었고, 중국 관헌의 도움으로 탈출해 상해로 귀환했다.
73 「애국심의 화신 김경희여사의 생애와 임종」, 『독립신문』(1920. 2. 14). 신한청년당 추도회에서 행한 김순애의 회고.
74 「독립운동의 初聲」, 『新韓靑年』(중국문) 창간호(1920. 3. 1). 『독립유공자공훈록』에 따르면 백남규는 "1919년 2월 10일 상해로 망명하여 경상도 대표로 활동"한 것으로 되어 있으며,

〔표 4-1〕 1919년 1~2월 신한청년당 밀사 국내외 파견 상황

일시	이름	활동	출처
1919. 1. 16.	장덕수	신규식으로부터 동경·서울 잠입 지시 받음.	장덕수, 1919년 진술
1919. 1. 19.	김규식	남경에서 김순애와 재혼, 당일 상해행, 신한청년당 6명 한국, 일본, 만주, 시베리아 잠입 개시.	김규식, 자필 이력서
1919. 1. 20.	여운형	간도·시베리아로 출발, 1~2일 전 장덕수, 일본행.	여운형, 1929년 진술
1919. 1. 25.	선우혁	국내로 출발.	
1919. 1. 27.	장덕수	상해 출발, 동경행, 2. 3 도착, 2. 17 서울행.	장덕수, 1919년 진술
1919. 2. 1.	김규식	상해 출발, 파리행.	김규식, 자필 이력서
1919. 2. 1.	신한청년당	여운형·김규식·김철·선우혁·한진교·장덕수·신석우·서병호 회동, 김규식(파리), 여운형(만주·노령), 김철·선우혁·서병호(국내), 장덕수(동경·서울)로 출발.	독립신문, 1919. 8.

이상을 종합하면 여운형은 1919년 1월 20일경 상해를 출발해 간도·시베리아로 향했고, 선우혁은 1월 23일경 국내로, 장덕수는 1월 27일경 일본으로 출발했다. 김규식은 2월 1일 상해를 출발해 파리로 향했다.

가장 중요한 것은 김규식의 파리행이었다. 2월 1일 김규식의 출발은 상징적 의미를 지녔을 것이다. 보안 유지와 체포 위험 등을 고려한다면 밀사들이 모두 같은 날 출발하는 것은 현명한 선택지는 아니었다. 때문에 출발일은 배편, 기차편 등 여행 수단 등을 고려해 1월 25일경부터 2월 1일 사이에 실행에 옮겨진 것으로 볼 수 있다. 이것이 현재로선 가장 합리적인 해석이다. 강덕상의 평가에 따르자면 "이들의 활동이 2·8독립선언과 3·1독립선언에 미친 영향은 자못 컸다."[75]

이화숙 역시 "1919년 한성 임시정부 성립시 작성된 공약 삼장의 대한민족대표 30명 중 한 사람으로 참가한 뒤, 중국 상해로 망명"했다고 되어 있다. 이화숙은 상해에서 대한애국부인회 재무를 담당했고, 1920년 도미해서 정순만의 아들 정양필과 결혼했다.
75   강덕상, 2007, 위의 책, 162~194쪽.

제1차 세계대전 종식과 파리강화회의 개최라는 국제정세의 변화, 상해·샌프란시스코의 파리강화회의 대표 파견 시도라는 해외 독립운동의 자극과 그 연장선상에 놓인 동경 2·8독립선언은 결국 3·1독립선언이라는 국내적 대폭발을 이끌어 냈다. 해외와 국내가 서로 영향을 주고받은 이러한 메아리 효과는 다시 해외에서 독립운동의 대고조와 상해 임시정부 수립이라는 한국독립운동사상의 일대 성취를 이뤄냈다.

3   3·1운동 이후의 신한청년당

우리가 주목해야 할 점은 여운형과 김규식 등 신한청년당 주역들은 3·1운동이 발발하리라는 것을 예상하기 전에 독립운동의 최전선에 뛰어들었다는 사실이다. 여운형은 봉천에서 3·1운동 발발 소식을 들었고, 김규식은 파리에 도착해 몇 주가 지난 뒤에야 3·1운동 소식을 들었다.

이들은 20여 명 안팎의 소수정당을 조직하고, 윌슨 대통령과 파리강화회의에 독립청원서를 제출하는 한편 대표를 파리에 파견했고, 스스로 밀사가 되어 국내외에 들어가 선전 활동과 모금 활동을 함께 펼쳤다. 이들은 3·1운동을 예견할 수 없었지만, 3·1운동이 발발하자 독립운동의 최전선에서 활약하게 되었다.

1919년 4월 상해에서 독립임시사무소가 조직되었고, 이를 기반으로 초기 상해 대한민국임시정부가 조직(1919. 4. 11)되었다. 국내외에서 독립운동가들이 상해로 결집했고, 신한청년당은 초기 상해 임시정부의 중요한 인적 자원이자 주력이 되었다. 이 시기 신한청년당의 가장 중요한 활동은 다음과 같다.

첫째, 임시정부의 조직과 유지에 필요한 인적·물적·정신적 자원을 제공했다. 신한청년당 당원들 중 일제에 체포·투옥되지 않고 상해에 있던 모든 사람이 임시정부의 주역으로 활동했다.

둘째, 신한청년당은 정당으로 활동하면서, 독자적 기관지인 『신한청년』을 간행했다. 현재 총 3개 호수의 『신한청년』이 확인된다. 국한문 창간호, 제2권 제1호, 중국문 창간호 등 3권이다.[76] 주필은 이광수(국한문·중국문), 박은식(중국문)으로 되어 있다. 국한문 창간호의 책등에 "대한민국 원년 12월 1일 발행(매월 1회)"이라고 표기된 데에서 알 수 있듯이 월간잡지를 표방한 것으로 보이나, 발행비용 및 원고·필자를 모두 구하기 어려운 상황 탓에 월간지 발행은 불가능했던 것으로 보인다.[77]

셋째, 신한청년당은 3·1운동기 외교독립노선에 입각해 파리강화회의에 대표를 파견하고 윌슨의 민족자결주의에 대해 기대한 것처럼 1917년 러시아혁명과 신흥 러시아에 대해서도 새로운 가능성을 타진했다. 1921~1922년 모스크바에서 개최된 극동민족대회에는 신한청년당 대표들이 파견되었다. 김규식은 신한청년당 대표이자 고려공산당 후보당원의 자격으로 파견되었고,[78] 신한청년당 당원인 여운형은 고려공산당 대표로, 정광호는 화동한국학생연합회 대표로 파견되었다.[79]

넷째, 신한청년당 해체일에 대해서는 여운형의 진술이 엇갈리고 있다. 여운형은 일제 심문 과정에서 1922년 12월 중순에 해산했다는[80] 진술과

---

76 정병준, 2020, 「해제: 신한청년당 기관지 『신한청년』(The New Korea)」, 『신한청년』, 한국독립운동사자료총서 54.
77 여운형은 일제 심문 과정에서 자신의 블라디보스토크행은 선전 활동의 목적과 자금 모집의 목적이 있었는데, 파리강화회의 대표 파견과 관련해 김규식 파견에 3만 원, 잡지 발행에 2만 원 등 총 5만 원이 필요했으며, 잡지는 한국 사정을 선전하며 오랜 역사를 알리기 위한 목적이었다고 했다. 비용 중 일부는 신석우가 보조했고, 장덕수와 여운형은 자금을 모으러 국내외로 떠난 것이었다. 「피의자신문조서(제5회)」(1929. 8. 5. 경성지방법원 검사국), 『몽양여운형전집』 1, 505~511쪽.
78 임경석, 1999, 위의 논문, 38~46쪽; 한규무, 2004, 위의 논문, 206쪽.
79 여운형은 일제 심문 과정에서 자신과 김규식은 신한청년당 대표였다고 진술했다. 「피의자신문조서(제4회)」(1929. 8. 3. 경성지방법원 검사국), 『몽양여운형전집』 1, 491쪽.
80 상해 프랑스 조계 서병호의 집에서 여운형, 서병호, 김규식, 김순애, 한진교, 신국권, 도인권

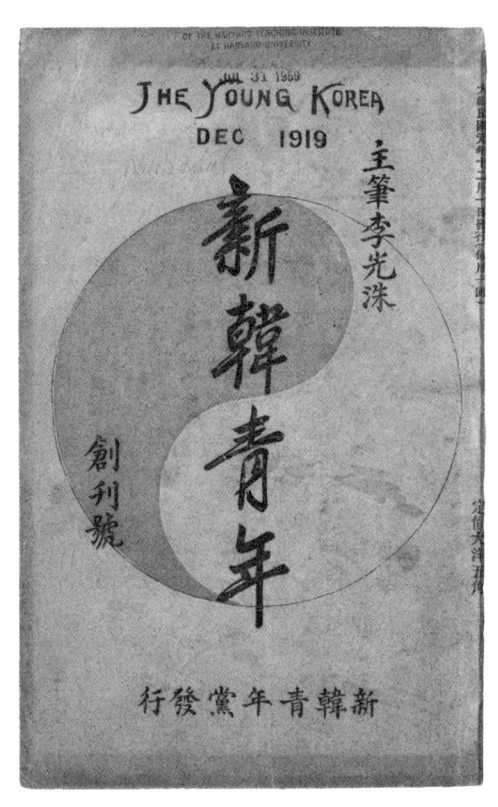

「신한청년」 창간호(국한문본).

1924년 3~4월경에 해산했다는[81] 2가지 진술을 했다. 1922년 12월에 해산하게 된 이유로는 임시정부와 신한청년당이 동일한 목적, 즉 독립운동을 추구하면서 2개의 명칭, 별개 조직으로 운영하는 것이 불편했기 때문이라고 지적했다.[82] 1922년 6월 일제 정보보고에 따르면 신한청년당은 "신문, 잡지 등의 선전을 통해 독립을 달성하려는 목적의 조직으로 현재 김철 이하 12명이 있다"라고 되어 있다.[83] 1923년 6월 일제 정보보고에는 신한청년단(新韓靑年團) 단장은 김규식, 단원은 30명, 목적은 독립 선전이며, 단원은 흥사단에 전입되는 경향이 있다고 기록하고 있다. 같은 보고에 여운형은 노동단(勞動團) 단장으로 단원은 약 100명이고 경성 출신자로 구성되었으며, 이 단체는 안창호의 흥사단에 대항해 생겨난 것으로 특색은 불명확하다고 되어 있다.[84] 여운형이 진술한 1922년 12월 해산설에 일정한 무게가 실리는 대목으로, 여운형은 이 시점에 신한청년당과 결별했을 가능성이 높다.

  1925년 5월 일제 정보당국은 신한청년당이 안창호의 흥사단에 흡수되어 거의 "자연 소멸" 상태에 이르렀다가 1925년 3월 새로운 간부진을 선임해 부흥을 꾀하고 있다고 보고했다.[85] 1925년 11월 상해 거주 한국인의 상황을 조사한 일제 정보보고에 따르면 신한청년당은 회원 약 50명으로 1919년 정치문제 연구를 위해 조직되었으며 간사는 닥터 김규식이라고

  이 모여 해산을 결의했다. 이광수, 장덕수, 임성업은 조선 귀국, 선우혁은 남경, 이원익은 청진, 양헌은 안동현, 김갑수는 독일에서 생업에 종사했고, 김철은 해산에 반대해 불참했다. 「피고인신문조서(제2회)」(1930. 2. 27. 서대문형무소), 『몽양여운형전집』 1, 563~567쪽.
81 「피의자신문조서(제2회)」(1929. 8. 1. 경성지방법원 검사국), 『몽양여운형전집』 1, 470쪽.
82 「공판조서」(1930. 4. 9. 경성지방법원 공개법정), 『몽양여운형전집』 1, 605쪽.
83 「不逞鮮人ノ組織スル團體(在上海木下內務事務官報告)」, 『臨時報』 제358호(1922. 6. 16. 關東廳警務局), 『不逞團關係雜件 朝鮮人ノ部 在上海地方』 4.
84 「上海ニ殘存セル鮮人政治團ノ情況」, 『臨時報』 제279호(1923. 6. 6. 關東廳警務局), 『不逞團關係雜件 朝鮮人ノ部 在上海地方』 5.
85 「新韓青年黨의 부흥에 관한 건」, 高警 제1479호(1925. 5. 4), 『대한민국임시정부자료집』 32(관련단체 II).

되어 있다.[86] 이것이 신한청년당에 대한 마지막 기록이다. 이후 신한청년당은 1925년 말 이후 최종적으로 소멸한 것으로 추정된다.

---

86 「上海在留鮮人ノ狀況ニ關スル件」, 木村亞細亞局長→朝鮮總督府 三矢警務局長(1925. 11. 11), 『不逞團關係雜件 朝鮮人ノ部 在上海地方』 6.

4   3·1운동의 빛이 한반도에 비치다

   신한청년당 밀사들은 파리, 서울, 간도, 블라디보스토크, 동경에 파견되었고, 2·8독립선언과 3·1운동의 출발에 크게 기여했다. 누구도 예상하지 못한 2백만 한국인이 참가한 3·1운동의 대폭발은 한국사에서 중요한 분기점으로 작용했다. 3·1운동은 일제강점기 한반도를 비추는 한줄기 빛이었다. 3·1운동으로 시대가 전변되었으며, 3·1운동은 이후 시대와 후예들이 추구해야 할 민족 에너지의 대폭발이었다.

     3·1운동을 전후한 시점에 한국인들 속에서는 첫째 파리강화회의, 둘째 윌슨과 미국, 셋째 기독교 혹은 만국공법에 따른 정의와 인도에 의지해 독립을 찾으려는 기대와 시도가 존재했다. 즉, 외교독립노선, 미국과 윌슨의 민족자결주의, 기독교에 대한 기대가 있었다.[87]

     보다 넓게 보자면 3·1운동은 부정적이고 비관적인 국내 상황 인식에 기초한 과거 지향적 회한, 낙관적이고 희망적인 국제정세 인식과 세계변혁의 기운에 대한 공감, 절망 속에서 희망을 파악하려는 해외 독립운동 진영의 시도와 그 속에서 형성된 미래 지향적 동력이 서로 상승작용을 벌여 폭

---

87   정병준, 2005, 위의 책, 277쪽.

발한 결과였다. 즉, 3·1운동의 발발에는 크게 세 가지 동력이 복합적으로 작용했다.

첫째는 고종의 죽음으로 대표되는 한 시대, 한 국가의 종말에 대한 애도의 분위기였다. 과거를 향한 애도와 울분의 시간이자 절망의 동력이었다. 고종은 무능하고 유약한 군주로 망국의 주인공이라는 원혐의 대상이 되었지만, 다른 한편으로 부정할 수 없는 한국인 자신의 삶과 궤적을 함께 해 온 지난 시대·국가의 상징이었다. 고종의 죽음은 진정한 국망(國亡)과 애도의 분위기를 자아냈다. 1910년 강제 병합되었으나, 이미 1905년 을사조약으로 사실상 반식민지가 되었고, 거슬러 올라가면 이미 1894년 청일전쟁과 갑오농민전쟁 이후로 주권 상실 시대는 오랜 것이었다. 강대국 사이에서 독립자주의 기운은 쇠미해졌고, 국내 정치는 새로운 기풍을 더하지 못하고 공포와 실망으로 점철되었다. 모든 것을 체념하고 포기한 상황에서 국망이 다가왔고, 일제의 무단통치 속에서 포기하고 체념한 채 9년이 흘렀다. 고종의 죽음은 이런 순간 발생했다. 한국인들 속에서 비관적·절망적 감정이 만연했고 애도의 물결이 이어졌다. 이를 상징하는 것이 바로 고종 독살설, 자살설, 타살설 등이었다. 부정적이며 애수적이고 비통하며 침울한 울분의 기운이 가득한 것이었다. 고종에 대한 애도는 한국인들 자신에 대한 위안이었고, 한국인들의 절망과 좌절을 반영하는 것이기도 했다. 부정할 수 없지만 긍정하기도 힘든 자기 시대에 대한 원망이자 애증의 힘이었다. 고종의 서거에 애통해했지만, 3·1운동 과정에서 대한제국의 부활이나 군주 중심의 독립운동 방략은 더는 제출되지 않았다. 3·1운동 이후 공표된 10여 건 이상의 임시정부 전단에서 군주제·대한제국 부활 등은 전혀 나타나지 않았다. 모두 헌법에 근거한 공화제를 지향했으며, 대한제국에서 발원한 망명정부가 아니라 '국민주권론'에 입각한 임시정부를 주창했다. 이런 의미에서 3·1운동은 대한제국의 완벽한 종점이자, '한국인'이 역사의 주인공으로 등장하는 새로운 시대의 서막이었다.

둘째는 제1차 세계대전의 종식과 러시아혁명으로 대표되는 미래를 향한 희망과 낙관의 분위기였다. 미래를 향한 긍정과 낙관의 시간이자, 희망의 동력이었다. 독일이 패전하고, 여러 식민지·속국들이 해방되어 독립국이 되었다. 독일, 오스트리아, 오스만튀르크, 러시아, 중국에서 제정이 몰락하고 공화정의 시대, 혁명의 시대가 되었다. 독립과 공화로 표상되는 새로운 시대는 세계대전 종전과 러시아혁명으로 대표되는 세계대개조의 기운, 정의와 인도에 기초한 새로운 세계질서, 민족자결에 입각한 식민지·약소민족의 해방과 독립, 영구평화를 향한 국제연맹, 이를 주도한 우드로 윌슨 대통령과 파리강화회의에 대한 기대를 불러일으켰다. 일본은 제1차 세계대전의 전개 과정과 일본의 승리 가능성을 신문·잡지 등을 통해 열렬히 선전했지만, 한국인들은 이러한 정보들을 통해 식민지·약소민족들에게 열리는 기회를 포착하고 한국인들에게 새로운 가능성과 기회가 열릴지 모른다는 기대감, 희망, 낙관적 전망을 가지게 되었다. 세계의 대세가 한국인들에게 긍정적이며 미래 지향적인 희망을 불러일으켰다. 국망 이후 거의 10년 만에 제기된 실낱같은 기회를 맞아 한국인들은 능동적으로 세상을 해석하기 시작했다.

셋째는 절망과 희망의 동력이 교차하는 가운데 실현 불가능한 기회를 현실로 바꾸기 위해 노력하는 해외 한국 독립운동 진영의 활동과 국내외 독립운동 진영의 연계망 형성이 3·1운동의 견인차이자 기폭제로 작용했다. 1919년 한국인들이 느끼던 절망적 감정과 희망적 예감에 실현 가능성이라는 폭발력을 불어넣어 준 것은 미국, 중국, 일본에 거주하던 한국 독립운동 진영의 활동이었다. 이미 1917~1918년간 해외 한인들은 제1차 세계대전 종식과 러시아혁명이라는 기회를 포착해 활발한 독립운동을 전개했다.[88] 이들은 각지에 흩어져 자신이 처한 지역에서 최대한의 노력과 활동

---

88 윤병석, 2004, 『3·1운동사』, 국학자료원, 23~26쪽.

을 경주했다. 지역 범위를 벗어나기 어려운 작고 미약한 목소리였으나 끊이지 않고 지속되었다. 이 목소리들은 한국 내에 미래와 희망에 대한 한국인들 마음의 고동을 불러왔다. 국내외 운동 진영이 연계망을 통해 정보와 영향을 주고받으면서, 절망과 희망이 교차하는 가운데 주관적이고 낙관적 실현 가능성이 내비치자 한국인들은 미래에 대한 두근거리는 마음을 갖게 되었다.

제국주의의 무력과 국내 정치의 무능 속에 좌절하고 체념으로 감내해야 했던 국치의 세월을 뒤엎을 수 있는 기회가 다가온 것을 깨닫게 되자, 한국인들은 각성하게 되었다. 미국 샌프란시스코·뉴욕에서, 중국 상해에서, 일본 동경에서, 러시아 블라디보스토크에서 시작된 작은 움직임들은 최초에 가냘픈 독창의 목소리였지만, 바다를 건너 다른 목소리와 만나 화음을 이루며 중창이 되었고, 서로 울림을 주고받아 점점 큰 목소리를 이룬 끝에 마침내 한반도 수백만의 에너지가 집결되어 민족의 대합창이 되었다.

1919년 1월에 이르면 천도교와 기독교, 학생계에서 대대적인 독립운동을 준비하기에 이르렀다. 국내외 주요 세력들이 전면적 독립운동을 동시다발적으로 준비했다는 동시성은 우연이 아니었으며, 국내외는 물론 각 교파·세력들이 종횡으로 연대하면서 3·1운동을 이뤄낸 것 역시 우발적인 것이 아니었다. 직접적으로는 제1차 세계대전 이래 세계정세의 변화와 국내외 독립운동의 경험이 총결된 결과였으며, 내적으로는 국망 이후 억눌린 한국인들의 독립열과 민심이 폭발 직전에 도달했기 때문이었다.

천도교·기독교·불교 지도자가 33인의 서명대표가 되고, 기독교계 학교, 청년학생, 지식인이 주도했지만, 그 주역은 한국인들이었다. 식민지로 전락하는 과정에서 국제적 조롱과 국내적 체념 속에 절망했던 한국인들은 식민지 이후 스스로 독립할 자격이 있음을 자각하게 되었고, 나아가 이를 세계에 알렸다. 한국인들은 스스로 존엄성을 확인한 주체로서의 개인, 국가의 주인, 정치 주체, 행동하는 인간으로서 자신의 집단적 정체성을 갖게 되었다. 세계사의 조류가 공화와 혁명의 시대였을 뿐만 아니라 한국사의 흐름도 국민주권론에 입각한 임시정부 수립과 독립운동으로 전환되는 순간이었다. '민'이 역사의 주인공이 되어 독립운동의 주역이자 임시정부라는 '민주공화국'의 중심세력이 되는 순간이었다.

3·1운동의 민족사적 좌표는 바로 이 지점에 있었다. 한국인들이 비극적 자의식과 절망적 자기정체성을 극복하고 능동적이며 자주독립 할 수 있다는 새로운 자기정체성을 획득했고, 일본 제국주의와 세계를 향해 이를 표출했던 것이다. 한국역사상 최초로 한국인이 스스로를 역사의 주인공으로 정립시키고 호명했던 것이다. 200만 명 이상의 민족적 에너지가 표출된 이 시간과 공간을 통해 한국역사는 재탄생될 수 있었다.

3·1운동의 가장 큰 역사적 교훈은 한국인들이 스스로에 대한 자신감과 자긍심을 갖게 되었고, 독립할 수 있다는 희망의 불씨를 품게 되었다는 점이었다. 그 이후 독립운동은 모두 3·1운동을 기준으로 삼게 되었다. 3·1운동은 한국 독립운동이 의지할 수 있는 역사적 언덕이 되었고, 1920년대 이후 독립운동의 활성화는 모두 3·1운동의 후기였다.

파리강화회의의 유일한 한국대표
김규식의 외교·선전 활동

5

1   파리 도착 직후 제출한 청원서들

(1) 이욱영의 하숙집에서 작성된 청원서들(1919. 3. 20~1919. 4. 14)

3월 13일 파리에 도착한 김규식은 아마도 김순애에게 알려준 파리 주소(12 Rue D'Aguesseau, Paris, France)로 갔을 것이다. 현재 파리시 16구에 속해 있으며 다구소 12번지인데, 거주자인 호시(R. M. Horsey)가 누구인지는 알 수 없다. 그러나 김규식은 이곳에 오래 머물지 않았다.

    파리위원부가 발행한 『구주의 우리 사업』에 따르면 3월 17일 김규식은 뜻밖에 헐버트(Homer B. Hulbert)를 파리에서 만나 "간독(懇篤)한 위로"를 받았다. 당시 헐버트는 YMCA 관련 일로 파리를 방문 중이었다. 한말 고종의 밀사로 포츠머스강화회의, 헤이그평화회의 등에 파견되었던 헐버트가 파리강화회의가 열리던 현장에 등장한 것은 역사의 우연이라기에는 너무나 필연적이었다. 헐버트는 1905년, 1907년, 1919년 한국의 운명이 논의되거나 논의될 수 있는 국제회의장에 모두 존재했던 것이다. 그러나 이 시점에 헐버트는 김규식의 공적 업무를 도와줄 형편이 아니었다. 김규식은 헐버트에게 "온전한 시간을 허비하여 우리의 일을 보아 달라"고 간청했지만, YMCA 사무를 중단하고 '우리 일을 전무(專務)'하기로 힘써 보았으나 1919년 10월까지 YMCA 일을 하기로 계약되었기 때문에 여의치 않았다고 답한다. 김규식은 안중근의 유언 고백성사를 한 프랑스인 홍신부(벨름)의 도움을 받기도 했다.¹ 그러나 파리에서 김규식의 가장 중요한 조력자는 중국인 친구들이었다.

앞에서 살펴본 것처럼 김규식이 상해를 떠나 프랑스 파리로 향한다는 소식은 북경 주재 미국공사관에 전해졌다. 1919년 2월 16일 칼 크로(Carl Crow)는 라인쉬 공사에게 파리강화회의에 파견되는 한국혁명당 대표가 청춘웬(Chung Chun Wen, 金仲文)이라는 중국 이름으로, 중국 여권을 가지고 떠났다고 보고한 바 있다.² 상해 주재 일본총영사는 1919년 3월 6일 믿을 만한 소식통을 인용해 "I. S. KIM이라는 조선인이 독립운동을 위해 중국인 C. C. WEN이라는 이름으로 지나 관헌으로부터 여권을 받은 뒤, 2천 달러의 수표를 갖고 프랑스를 향해 출발"했다고 보고했으므로,³ 일본도 김규식이 프랑스 파리로 떠난 정확한 사정을 파악하고 있었다. 이 보고에는 또한 미국에 거주하는 조선인(이름 불명) Mr. Park도 같은 목적으로 이미 프랑스로 건너갔다고 한다고 쓰고 있다. 박용만을 지칭하는 것이 분명하다. 즉, 김규식과 박용만이 함께 프랑스 파리에서 활동할 것이라는 소식이 상해 한국 독립운동 진영에 만연했고, 일본 첩자가 이를 전한 것이다.

프랑스 외무부는 이미 3월 25일과 4월 3일 김규식(Kiusic S. Kimm)에 대한 정보조사를 내무부에 요청했다. 이에 따라 프랑스 내무부는 조사 결과를 보고(1919. 5. 9)했다.⁴ 이에 따르면 김규식은 3명의 중국인과 함께

---

1 「프랜쓰로부터 오난 깃분 소식」, 『신한민보』(1919. 5. 10).
2 Paul S. Reinsch (Peking) to Secretary of State, February 16, 1919. No.2631. 895.00/581. RG 59, Records of the Department of State, Relating to Internal Affairs of Korea (Chosen), 1910-29. MF. M-426, Roll 3.
3 〔상해에서 I.S. Kim과 C.C. Wen이 渡佛〕(1919. 3. 6), 有吉(상해총영사)-內田(외무대신). 3325 暗 제94호, 『不逞團關係雜件 朝鮮人ノ部 在上海地方』 1. 이 뒤에 '4천 불 後送'이라는 내용이 있다. 강덕상, 2007. 위의 책, 166~165쪽.

파리에 도착했으며, 이들 4명은 3월 20일 뇌이쉬르센(Neuilly-sur-Seine) 부르동가(Bourdon boulevard) 72번지 2호의 하숙집에 투숙했다. 김규식이 머물렀다는 뇌이쉬르센은 파리 서쪽 오드센(Hauts-de-Seine) 지역의 주거구역으로 시 중심과 직결되는 부촌 지역이다. 김규식 일행은 매월 임대료 400프랑을 내고 가구가 갖춰진 하숙집에서 살다가 4월 14일에 떠났고, 현재 주소는 미상으로 되어 있다.[5]

김규식이 머물던 하숙집에는 중국인 친구 이욱영(李煜瀛, Li Yu-Ying)이 살고 있었다. 이욱영(리유잉)은 매일 아침 8시 집에서 출발해 자신의 사무실에 출근한다고 되어 있다. 그는 1916년 프랑스·중국교육협회를 설립했고, 협회 사무실은 뷔조가(Bugeaud rue) 8번지에 위치해 있으며, 이 사무실은 평신도프랑스어보급회(Mission La'ique)가 마련해 준 것이라고 했다.[6] 그러니 파리에서 김규식의 첫 번째 접촉자는 중국인 이욱영인 것이다. 김승학은 김규식이 파리강화회의 중국대표 왕정정(王正廷)과 이석증(이욱영)의 도움을 받았다고 썼다.[7]

이욱영은 이석증(李石曾, Li Shizeng, 1881~1973)이라는 이름으로 더 잘 알려진 인물이다. 부친 이홍조(李鴻藻)는 청조 군기대신을 지낸 보수파였다. 이욱영은 1902년 프랑스에 유학해 소르본대학교 산하 파스퇴르연구소에서 생물학을 연구했다. 1906년 파리에서 손문의 중국동맹회에 가입했고, 초기에는 무정부주의자였다. 1911년 신해혁명 이후 귀국해 혁명에 참여했다. 1912년 북경에서 유법검학회(留法儉學會)를 조직하고 프랑스에서 노동하며 유학하는 근공검학운동을 벌였다. 1913년 원세개 타도에 실패

4 「프랑스 내무부의 김규식에 대한 사찰내용 통보」(1919. 5. 9), 『대한민국임시정부자료집』 23(대유럽외교 I).
5 프랑스 내무부의 김규식 사찰자료를 처음 활용한 것은 이옥 교수였다. 이옥, 1989, 위의 논문.
6 「프랑스 내무부의 김규식에 대한 사찰내용 통보」(1919. 5. 9), 『대한민국임시정부자료집』 23(대유럽외교 I).
7 김승학, 1970, 위의 책, 264쪽.

1 파리 도착 직후 제출한 청원서들 243

한 후 프랑스로 망명해 중국인들의 프랑스 유학과 이주를 도왔다. 1917년 중국으로 돌아와 북경대학 생물학과 교수가 되었다. 1918년 파리강화회의 당시 광동군정부 대표로 참가할 예정이었으나 북양정부의 반대 등으로 무산되었다.[8] 그는 1920년 중법대학(中法大學)을 만들었고, 1924년 국민당 중앙감찰위원, 1925년 고궁박물원 이사장이 되었다. 이욱영은 1913년 프랑스에서 카제오-소자인(Basao-Sojain, 巴黎中國豆腐工廠)이라는 중국 두부공장을 설립한 것으로도 유명하다. 국민당 내에서 장개석을 지지하는 입장을 취했다.

김규식이 이색적인 경력의 이욱영을 파리에서 만날 수 있었던 것은 여운형이 소개한 오조추 등을 포르토스호에서 만났기 때문일 것이다. 김규식은 3명의 중국인과 함께 이욱영의 하숙집에 머물렀다. 김규식은 자신을 교수라고 말했고, 다른 중국인들은 그에게 공손한 태도를 보였으며, 김규식은 이들에게 영향력이 있는 것으로 보였다. 김규식의 첫 번째 행적은 중국 청년 3명과 함께 이욱영의 하숙집에서 일을 추진하는 것이었다. 프랑스 내무부에 따르면 중국 청년 3명의 인적사항은 다음과 같았다.

- 장태준(THANG TAI CHUIN), 24세, 학생, 상해에서 출생했고 상해에서 파리로 옴.
- 서유두(SHO YU TOU), 1895년생, 하남(河南) 출신, 학생, 상해에서 파리로 옴(영어를 구사한다).
- 이여전(LI YEOU TCHUEN), 24세, 학생, 사천(四川) 출생, 상해에서 파리로 옴(불어와 영어를 완벽하게 구사한다. 경비 지출을 담당한다).[9]

8 "Li Shizeng" https://en.wikipedia.org/wiki/Li_Shizeng(2022. 1. 31. 검색); "李石曾" https://baike.baidu.com/item/%E6%9D%8E%E7%9F%B3%E6%9B%BE/8122577(2022. 1. 31. 검색).
9 「프랑스 내무부의 김규식에 대한 사찰내용 통보」(1919. 5. 9), 『대한민국임시정부자료집』

프랑스 내무부에 따르면 이들은 아파트를 벗어나지 않고 온종일 글을 쓰거나 타이프라이터 작업을 했다. 이들이 하숙집에서 받아 보는 편지 중에는 발신자가 하원이나 평화회의로 되어 있는 편지들도 몇 통 보인다고 되어 있다. 상황을 종합하면, 김규식은 파리에 도착한 이후 이욱영의 하숙집을 임시 거처로 삼았고, 영어와 프랑스어를 구사하는 중국 학생 3명의 도움을 받으며 활동을 개시한 것이다. 이들은 이욱영(이석증)이 지도자로 추진하고 있던 유법근공검학운동(留法勤工儉學運動)으로 파리에 온 중국 학생들이었을 것이다.

　　미국에서 올 것을 기대했던 이승만·정한경, 박용만 등은 파리에 도착하지 않았다. 이미 1919년 1월 3일 프랑스 주재 일본대사관이 한국인 입국 제한을 요청한 상황이었고,[10] 이 요청은 미국에도 전달된 상태였다. 미국의 이승만은 파리행 비자를 미 국무부에 요청했고, 국무장관 대리 폴크(Polk)는 1919년 3월 1일 이승만에 대한 출국허가를 내줄지 여부를 파리 미국대표부에 문의했다.[11] 그러나 미 국무부는 출국허가를 내주지 않았다. 정한경 역시 1918년 말부터 미 국무부를 상대로 여권 획득 운동에 나섰지만, 일본대사관은 이를 적극 저지하고 한국 독립운동가들을 감시하고 있었다.[12] 김규식도 이승만의 여권 문제에 대한 부탁을 받고, 1919년 4월 10일 윌리엄스(Edward T. Williams)에게 도움을 청하는 자필 편지를 보냈다. "어젯밤 미국에서 오기로 했던 우리 대표 3명 중 1명인 이승만 박사의 전

　　　23(대유럽외교 I).
10　「주프랑스 일본대사관의 한국인 입국 제한 요청」(1919. 1. 3), 『대한민국임시정부자료집』 23(대유럽외교 I). 일본대사관은 난파된 선원을 제외하고, 일본 여권, 일본 외교관원, 영사직원 발급 사증을 소지하지 않은 한국인은 평화회의 폐회 때까지 프랑스 입국을 막아 달라고 요청했다.
11　Polk, Acting Secretary of State to Ammission, Paris, March 1, 1919. Stanley Kuhl Hornbeck Papers, Box 329 Korea at the Peace Conference, Hoover Institute Archives, Stanford University.
12　정병준, 2005, 위의 책, 154쪽.

보를 받았다. 당신이 개인적으로 이 문제로 다시금 랜싱 국무장관이나 윌슨 대통령에게 접촉해서 한국대표단이 파리에 오게 허락할 수 있는 방법이 없겠는가? 우리는 우리 불행한 민족의 현실을 세계에 전달하고 싶다. 개인적으로라도 어떻게든 도와 달라. 당신을 괴롭혀서 미안하지만 우리 민족과 국가의 운명이 생존이냐 아니면 완전한 멸망으로 귀착되느냐가 결정되는 판국이다"라는 내용이다.[13] 윌리엄스는 중국 선교사로 파견된 경험이 있는 외교관으로, 1896년부터 상해, 북경, 천진 등에서 근무했고, 국무부 극동국 부책임자를 거쳐 1911년 북경 주재 미국공사관 비서 및 부책임자, 국무부 극동국장(1914~1918)을 지낸 중국 전문가였다. 1918년 국무부를 떠나 UC 버클리에서 동양어문학 교수가 되었다가, 파리강화회의에 극동문제 전문가(기술고문)로 참가했다. 이후 1921년 워싱턴해군군축회담 미국대표단의 자문역으로 참가하는 경력의 소유자이다.[14] 윌리엄스는 일본의 한국 통치를 미화·선전하는 일본 측 주장에 비판적이었지만, 이미 미국이 일본의 한국 병합을 승인한 상태이므로 한국 측 호소가 수용되지 않을 것이라고 평가했다.[15] 파리의 일본대표단은 김규식의 활동을 감시하며 그의 활동 상황과 자신들의 저지 공작을 본국에 보고하고 있었다.

"최초 파리에 적어도 5~6명 이상의 대표가 단회(團會)하여 만사에 합의분로(合議分勞)할 것을 일반이 기대"(『구주의 우리 사업』)했지만 혼자서 상황을 헤쳐 나가야 했던 김규식은 이욱영의 하숙집에 머무는 동안 2가지 방향으로 일을 추진했다. 먼저 김규식은 이미 준비했거나 완성 단계에 놓여 있던 2통의 청원서를 우드로 윌슨 대통령에게 전달했다. 그다음으로

---

13 J. K. S. Kimm (John Kiusic Soho Kimm) to Williams, April 10, 1919. RG 59, General Records of the American Commission in Negotiate Peace, 1918-1939, M 820, Roll 563.
14 Guide to the Edward Thomas Williams Papers, The Bancroft Library, University of California Berkeley.
15 나가타 아키후미, 2008, 위의 책, 176~177쪽.

김규식은 프랑스 및 유럽에 체류하는 한국인 중 자신을 도와줄 수 있는 사람들을 수소문했다.

김규식의 첫 번째 청원서는 앞서 살펴본 한국공화독립당의 신정·김성 명의로 된 1919년 1월 25일 자 청원서로 1919년 3월 25일 파리강화회의 미국대표단에 전달되었다. 김규식의 청원서와 미국대표단의 실무자 혼벡·그루의 논의는 파리강화회의 미국 사절단 문서철·혼벡문서철에 소장되어 있으나, 윌슨에게 전달되지는 않았다.[16]

김규식의 두 번째 청원서는 스리랑카 콜롬보에서 김순애 등에게 보냈던 초안을 수정한 것으로 「해방을 위한 한국 국민의 호소를 담은 비망록」(A Memorandum Presenting The Claims of the Korean People for Liberation)이라는 제목으로 우드로 윌슨 대통령에게 전달되었다. 표지 1쪽을 포함해 총 14쪽 분량의 비망록은 미 의회도서관 우드로 윌슨 문서철(Woodrow Wilson Papers)과 스탠퍼드대학 혼벡문서철(Stanley K. Hornbeck Papers)에 소장되어 있다.[17] 비망록에는 일자가 표시되어 있지 않지만, 1919년 4월 5일 자로 추정된다. 김규식이 윌슨 대통령에게 제출한 비망록을 3쪽, 12항목으로 요약 정리해서 1919년 4월 5일 자 서한으로 파리평화회의(The International Peace Conference, Paris, France)에 제출했기 때문이다. 김규식은 신한청년당 대표라고 친필로 서명했다.[18]

---

16 Grew to Hornbeck, March 28, 1919. 895.00/8. RG 59. General Records of the American Commission in Negotiate Peace, 1918-1939, M 820, Roll 563; Stanley Kuhl Hornbeck Papers, Box 329.
17 A Memorandum Presenting The Claims of the Korean People for Liberation, by J. Kiusic Kimm. [undated. April 5, 1919]. Presidential Papers Microfilm, Woodrow Wilson Papers, Series 5B: Peace Conf. Corrs. 1919 Apr 3-9. Reel # 399, Library of Congress.
18 To the International Peace Conference, J. Kiusic Kimm, April 5, 1919. Presidential Papers Microfilm, Woodrow Wilson Papers, Series 5B: Peace Conf. Corrs. 1919 Apr 3-9. Reel # 399, Library of Congress.

신정·김성 명의의 첫 번째 청원서는 미 국무부 파리강화회의 대표단 문서철에 철해져 윌슨에게 보고되지 않은 반면, 두 번째 비망록은 우드로 윌슨 문서철에 소장되어 있으니 최소한 대통령이 검토했을 가능성이 있다.

김규식의 두 번째 비망록이 완성되는 과정에서 김순애에게 보낸 초안(1919. 2. 25)과 윌슨에게 제출한 비망록(1919. 4. 5) 사이에는 정세 변화를 반영한 수정사항이 존재한다. 이를 정리하면 부록3과 같다.[19]

첫째, 둘째, 셋째 항목에는 수정사항이 없다. 넷째 항목 뒤에 한국 내 한국인과 일본인 교육 상황에 대한 1917년 통계를 넣었다. 다섯째 항목에는 변화된 정세, 즉 3·1운동 발발 소식을 넣었다. 김규식은 훗날 자신의 영문 이력서에서 4월 2일까지 전쟁으로 인한 전보와 통신 두절로 한국의 상황이 전해지지 않았다고 기록했지만, 실제로는 3월 17일부터 파리에 한국의 3·1운동 소식이 전해지고 있었던 것을 알 수 있다. 김규식은 자신이 3월 17일 파리에서 수신했다는 전문을 소개하고 있다.

"3,000개의 기독교 교회와 5,000개의 천도교당, 모든 대학과 학교, 기타 단체에 속하는 300만 명으로 구성된 독립운동연맹은 3월 1일 오후 1시에 한국의 독립을 선언하였습니다. 우리는 특사를 파견할 예정입니다. 특사가 도착하게 되면, 우리는 여러분에게 최대한의 노력을 요청하겠습니다." 대표 손병희, 이상재, 길선주.[20]

이 전문은 상해의 현순이 보낸 것이다. 현순은 샌프란시스코의 안창호에게도 동일한 전보를 보냈다. 원래 보낸 날짜는 3월 1일이었는데, 해저

---

19 「해방을 위한 한국 국민의 호소를 담은 비망록」(A Memorandum Presenting the Claims of the Korean People for Liberation)의 변화 과정을 이 책에 부록3으로 수록했다.
20 「해방을 위한 한국 국민의 호소를 담은 비망록」(1919. 4. 5), 『대한민국임시정부자료집』 43(서한집 II), 403~412쪽.

전신 고장으로 3월 9일에야 샌프란시스코에 도착했고, 이것이 3월 13일 자 『신한민보』에 게재된 것이다. 현순은 제일 먼저 "리승만 박사는 어데 잇소. 회전(뎐)하시오" 함으로써 일약 이승만은 3·1운동의 중심인물로 부각되었다.[21]

마지막으로 수정된 것은 서명 자격으로, 김순애 앞 초안(1919. 2. 25)에는 한국인 대표, 대한인국민회 대표, 신한청년당 대표였는데, 윌슨 대통령 비망록(1919. 4. 5)에는 한국인 대표, 신한청년단 대표 김규식으로 표기되었다. 국민회 대표가 파리에 도착하지 못한 사정을 반영한 것이다.

김규식의 두 번째 비망록과 이를 요약한 파리강화회의 앞 서한(1919. 4. 5)은 김규식이 파리에 도착한 지 20여 일 만에 혼자 완성한 단독 작품이었다. 비망록은 인쇄물로 제작되었으나, 지질과 인쇄 품질이 세련되지는 않았다. 김규식이 1919년 5월 10일 파리강화회의 사무국에 공식 제출하게 되는 비망록·청원서·부록 세트와 비교해 본다면, 형식과 체재가 외교적 격식에 미흡한 면이 있으며, 지질과 인쇄 자체도 미흡한 점이 있었다. 그럼에도 불구하고 상해에서 파리까지 혼자 건너와, 1인 외교의 결과물로 이런 작업을 완성했다는 점은 뛰어난 성취가 아닐 수 없다.

그런데 일본의 나가타 아키후미(長田彰文)는 파리강화회의 앞 서한의 12번째 항목을 특별히 지목하면서 "일본이 감독의 일원이 아니라는 조건 아래 조선은 스스로를 일정한 기간 동안 국제적 감독에 맡길 것을 바란다"라는 문구를 특정해 이것이 이승만 등의 위임통치청원과 거의 차이가 없다고 비판했다. "이승만 등이 미국에서의 상황을 파악하고 위임통치청원을

---

21 『신한민보』1919년 3월 13일 자에 게재된 원문은 다음과 같다. "상항 한인 안창호. 한인 3백만 명 독립단은 예수교회 3천과 천도교회 5천과 각 대학교와 모든 학교들이 및 각 단체들이 일어나 조직한 자라. 독립단은 3월 1일 하오 1시에 서울, 평양과 및 그밖의 각 도시에서 대한독립을 선언하고 대표자는 손병희, 이상재, 길선주 3씨를 파송하였소. 이승만 박사는 어데 있소. 회전하시오. 상해특별대표원 현순."

> A
>
> MEMORANDUM
>
> PRESENTING
>
> THE CLAIMS OF THE KOREAN PEOPLE
>
> FOR LIBERATION

신한청년당 대표 김규식이 파리강화회의에 제출한 비망록(1919. 4. 5).
Taker H. Bliss Papers.

했던 것처럼, 김규식도 파리에서의 상황을 인식하고 이와 같은 문구를 넣었다는 것은 충분히 상상할 수 있다"라고 했다.[22] 나가타 아키후미는 파리강화회의와 관련한 미국 측 공기록, 개인 문서철을 누구보다 가장 많이 섭렵했는데, 김규식의 청원서를 정밀하게 분석하기보다는 이승만 위임통치론과 동일한 노선이라며 냉소적으로 평가했다.[23]

김순애 앞 「비망록」 초안 2항, 우드로 윌슨 앞 「비망록」 2항, 파리강화회의 앞 「서한」 12항에 해당 구절이 등장한다.

> 둘째, 한국은 역사적으로, 지리적으로 그리고 전략적으로도 반드시 독립국가로 남아 있어야만 된다. 한국을 해방시키고, 한국을 벨기에의 경우처럼 혹은 "국제연맹의 영구적 보호하에 국제적 보증하에서 독립시킴"으로써 일본의 지배권을 저지하는 것이 필요하며, 이를 통해 극동의 영구평화를 확보하고, 인류의 생명과 권리를 위한 세계안전을 이룩할 수 있다. (김순애 앞 비망록. 1919. 2. 25)

> 둘째, 한국은 역사적으로, 지리적으로 그리고 전략적으로도 반드시 독립국가로 남아 있어야만 됩니다. 현 시점에서 한국을 해방시킴으로써 그리고 벨기에의 사례와 같이 한국의 독립을 국제적 보장하에 두거나 혹은 국제연맹의 영구적 보호 아래 둠으로써 현재 이러한 일본의 주도권을 저지하고, 그리하여 극동의 항구적인 평화를 보장하며, 나아가 인류의 생명과 권리를 위해 세계를 안전하게 만드는 것이 중요하지 않겠습니까? (윌슨 대통령 앞 비망록. 1919. 4. 5)

22　나가타 아키후미, 2008, 위의 책, 174쪽.
23　이후 나가타로부터 이 자료를 얻어 이승만의 위임통치청원을 미국에서 교육받은 합리적 지식인 엘리트가 할 수 있을 법한 합리적인 독립운동 방략으로 설명하는 글이 발표되기도 했다. 오영섭, 2012, 「대한민국임시정부 초기 위임통치청원 논쟁」, 『한국독립운동사연구』 41.

12. 일본의 점령 이후 날이 갈수록 점점 격렬하고 증오로 가득 차고 있는 한국인 내면의 민족적 정서로 인해 한국인들은 일제 지배하에서 일정 정도의 자유가 허락된다고 해도 이민족의 지배하에서 평화롭게 살 수 없습니다. 한국은 일본이 감독하는 그룹이 아니라면, 차라리 국제적인 감독하에 있으려고 할 것입니다. (파리강화회의 앞 서한. 1919. 4. 5)

김규식은 파리로 향하는 포르토스호 위에서 이 비망록을 작성한 것인데, 중국 측 오조추(伍朝樞) 등의 의견을 반영했을 가능성이 있다. 벨기에의 사례는 1916년 이후 호머 헐버트가 한국 독립과 관련해 강조한 바 있다. 헐버트는 제1차 세계대전 중 루스벨트(Theodore Roosevelt) 전 대통령이 윌슨(Woodrow Wilson) 현 대통령에 대해 벨기에 독립을 지키지 못했다고 비판하자, 이를 반박하는 기사를 『뉴욕타임스』(New York Times)에 게재했다.[24] 헐버트는 자신이 1905년 한미조약의 거중조정 조항에 따라 한국 독립을 지켜 달라는 고종황제의 특사로 루스벨트를 만나려 했지만 실패했다며, 루스벨트가 벨기에 독립 보존 운운하는 것은 그의 대한정책에 비춰 보면 이치에 맞지 않는다고 비판했다. 이후 헐버트의 입장을 지지하는 리치(R. W. Ritchie), 래드(Ladd) 교수의 기사,[25] 헐버트와 래드를 반박하는 맥코믹(Frederick McCormic)의 기사가 연달아 『뉴욕타임스』에 실렸다.[26] 헐버트로서는 시대적 이슈에 편승해 한국 독립 문제, 미국의 대한정

---

[24] Homer B. Hulbert, "American Policy in the Cases of Korea and Belgium: The Special Envoy of the Korean Emperor Tells for the First Time the Full Story of His Attempt to Get President Roosevelt to Intervene Against Japan," *New York Times*, March 5, 1916. Stanley Kuhl Hornbeck Papers, Box 270. Annexation. Hoover Institute Archives, Stanford University.

[25] "Korea's Vain Appeal: R. W. Richie Adds Corroborative Details to the Hulbert Account," *New York Times*, March 7, 1916; "Korea, Japan, and America: Professor Ladd Tells Another Story of the 1905 Treaty," *New York Times*, March 9, 1916. Stanley Kuhl Hornbeck Papers, Box 270. Annexation.

책 문제 등을 적절하게 부각시킨 셈이었다. 벨기에는 1870년대 독일·프랑스전쟁 동안 중립을 유지했으나 1차 대전 중 독일에 점령되었고, 베르사유 조약에 따라 중립국 지위를 포기했으며, 이후 제2차 세계대전 시기 독일의 침략을 다시 받은 바 있다. 벨기에의 중립, 독립, 전쟁, 독립의 국제적 보장, 국제적 감독 등은 한국 엘리트들에게도 익숙한 이야기이다. 한국 독립을 위한 국제적 보증하의 한국 중립국화가 그 중심에 놓여 있었다.

김규식은 4월 5일 자 「비망록」과 「서한」을 윌슨 대통령·파리평화회의에 제출하기 이틀 전인 4월 3일 중국 기자들과 만나 이야기를 나눴다.[27] 기록으로 남은 김규식의 첫 번째 기자회견인데, 파리에 있는 중국 기자 혹은 중국 학생을 상대로 한 것으로 볼 수 있다. 이에 따르면 김규식은 파리 도착 후 단독으로 활동하며 취재차 파리에 온 각국 기자들과 프랑스 재야인사들을 상대로 한국 상황을 널리 알리고 한국 독립의 당위성을 설명하였고, 프랑스 하원의 여러 의원들이 김규식의 주장에 지극한 관심과 동정을 표시하였다. 김규식은 한국이 독립해야 하는 이유를 담은 청원서를 평화회의에 제출하였고, 또 다른 청원서를 준비해 윌슨 대통령에게 직접 전달하고자 시도했다. 그러나 윌슨은 바쁜 데다 일본과의 관계를 고려해 김규식을 공개적으로 만나기를 꺼렸다는 것이다. 일본이 5대 강국 중 하나로 참가하는 회의였기에, 각국 대표들은 일본 눈치를 봐야 했고, 영국과 프랑스는 인도·베트남 문제가 걸려 있어 약소민족 문제에 깊이 개입할 수 없었다.

김규식은 다음과 같이 진술했다.

<u>망국 후 우리는 해외 각지에서 한국 독립을 호소하고, 독립투쟁을 전개</u>

---

26 "The End of Korea. Frederiick McCormick Rejects Both the Hulbert and Ladd Accounts of the Great Events in Seoul," *New York Times*, March 13, 1916. Stanley Kuhl Hornbeck Papers, Box 270. Annexation.
27 「한국 독립운동과 평화회의」, 『晨報』(1919. 6. 5).

하였다. 그러나 이 세상에 공리는 여전히 실현되지 않고, 약소민족에 대한 압박과 착취는 계속되고 있다. 무력을 앞세워 인방을 침략하던 독일은 협약국에게 패배를 당하였다. 미국 대통령은 정의와 인도를 주장하며 약소민족의 편에 설 것을 약속하였다. 이는 세계인의 미몽을 깨부순 결단이며 세계 인류가 진보하였음을 보여 주는 상징이다.

우리 한국은 4천여 년의 역사와 영광된 문화전통을 가지고 있다. 우리는 평화를 사랑하고 인도를 존중하여왔다. 그러나 일본은 조약에 규정된 약속을 어기고 기만적 수단으로 세상 사람들의 이목을 가린 채 한국을 병탄하고 말았다. 한인은 유사 이래 처음으로 망국의 치욕을 맛보았다. 한인의 치욕은 인류의 치욕이다. 한국 병탄은 정의를 욕되게 하는 것이다. 협약국이 독일을 공격한 것은 독일이 조약규정을 어겼기 때문이다. 마찬가지로 조약규정을 어기고 한국을 침략한 일본에 대해 협약국이 적절한 제재를 가하고, 한국 독립에 원조의 손길을 내밀어주길 바란다. 그렇지 않으면 이번 전쟁 승리의 가치에 대해 세상 사람들이 회의적인 입장을 보이게 될 것이다.

각국은 세계의 영구적인 평화를 정착시킬 방안을 모색하기 위해 이번 회의에 참가하였다. 세계의 영구적인 평화를 위해서는 각 민족의 자유로운 발전이 보장되어야 한다. 2천만 한국민족이 불평등한 지위에 처한 상황에서는 원동의 항구적인 평화를 기대할 수 없다. 따라서 우리는 이번 평화회의에서 모색하고자 하는 세계평화 정착방안에 무한한 기대와 희망을 갖고 있다. 혹자는 독립운동이 성공을 거두지 못한다면 한발 물러나 자치를 요구하는 것도 좋은 방안이라고 주장한다. 그러나 우리는 독립운동이 실패할 것이라는 생각을 가져본 적이 없다. 따라서 자치권 요구는 우리의 뜻과는 전혀 다른 것이다. 우리는 우리의 바람이 언젠가는 이루어질 것으로 굳게 믿고 있다.[28]

김규식은 강력하게 자치가 아닌 독립을 주장한 것이다. 이날 김규식은 파리강화회의에 제출할 서한을 기자에게 전달했다. 기자에게 전달한 것은 12개 항목이 아니라 13개 항목이었고, 내용과 표현이 제출 서한과 조금씩 달랐다.

신한청년당이 평화회의에 제출한 청원서 역문
신한청년당은 본국과 외국에 거주하는 1,870여만 동포의 대표자를 파견하여, 귀회에 출석한 각국 대표에게 한국의 독립 회복을 요청하는 청원서를 제출하는 바이다. 이에 그 이유와 우리의 바람을 밝히니 귀회에 출석한 각국 대표는 잘 살펴보기 바란다.

1. 1876년과 1904년의 한일조약, 1895년의 중일조약에서 일본은 한국의 영구적인 독립과 영토의 보전을 보증할 것이라고 성명하였다.
2. 일본은 1894년 중국에 선전을 포고할 때와 1904년 러시아에 선전을 포고할 때, 공히 한국의 독립을 존중하고 원동의 평화를 위해 전쟁을 벌이는 것이라고 공언하였다.
3. 1882년 미한수호조약이 체결될 때 미합중국 정부 역시 한국 영토의 보전을 보증한다고 성명하였다.
4. 일본이 한국을 점거한 것은 실로 국제공법에 위배되고 인권을 해치는 거동이 아닐 수 없다. 1905년 보호조약 체결은 무력적 강박에 의한 것이었다. 당시 일부에서는 일본의 만행을 미합중국 정부에 알려 도움을 청하자고 하였으나 끝내 이루어지지 못했다.
5. 한국 국민은 결코 일본정부의 권력에 복종을 원치 않는다.
6. 한국은 근 3세기 동안 중국정부와 친목관계를 맺고 명목상 중국의 보호를 받은 외에는 완전한 독립국의 지위를 누려왔다. 한국은

---

28 「한국 독립운동과 평화회의」, 『晨報』(1919. 6. 5).

4,200여 년에 걸친 유구한 역사를 가지고 있다. 한국은 독자적인 언어와 문자를 가지고 있으며, 정치와 교화 방면에서도 독립적 지위를 누려왔다.

7. 일본에 병탄된 뒤 1,870여만 명에 달하는 한인이 일본의 가혹한 통치 아래 신음하고 있다. 한인의 자유가 회복되지 않는 한, 원동의 평화도 보장할 수 없다. 한국이 발칸 반도의 전철을 밟아 또 다른 세계대전이 발발하는 것을 막으려면, 한국이 독립을 회복하도록 하지 않으면 안 된다.

8. 만일 한국이 자유를 획득하지 못하면, 일본은 분명 만주와 시베리아까지 차지하려는 야심을 갖게 될 것이다. 그다음에는 아시아의 모든 민족을 무력으로 굴복시키려 들 것이다.

9. 일본이 아시아의 패권을 장악하게 되면, 분명 열강 각국의 경제와 상업이익을 해치게 될 것이다.

10. 일본의 무단통치를 받은 이래 한인들이 당한 압박과 고통은 역사상 유례를 찾을 수 없는 것이었다. 일본은 우리의 언어를 말살하고, 우리의 지식이 성장하는 것을 막아 이 세상에서 한인을 절멸시키려 하고 있다.

11. 이번에 우리가 제출한 독립 회복의 요구는 1,870여만 한인 전체의 공통된 뜻이다. 지난 3월 1일 3백만 한인이 전국 각지에서 동시에 독립운동을 전개한 것은, 우리 한인이 모두 한마음 한뜻을 가지고 있음을 보여 주는 분명한 증거이다.

12. 우리 한국 민족은 천성이 강건하여 반드시 원수는 갚고야 만다. 우리는 이미 일본인들과 양립할 수 없는 지경에 이르렀다. 완전한 독립을 회복하지 못하면 우리는 모든 것을 걸고 생존을 위한 투쟁을 전개할 것이다.

13. 열강이 만일 한국과 영구중립조약을 맺을 의사가 있다면, 우리 한

국도 기꺼이 응할 것이다. 단 일본이 그 중간에서 우월적인 권리를 누려서는 안 된다.

귀회에 출석한 각국 대표들이 이상 13항목을 자세히 살펴보고, 한국 문제를 다룰 위원회를 따로 조직한다면 우리로서는 너무나 다행스러운 일이 아닐 수 없다. 아울러 우리 한국의 대표가 귀회에 출석하여 의견을 표시할 기회가 생긴다면 이 역시 다행스러운 일이 아닐 수 없다.

신한청년당 대표 金奎植
1919년 4월 3일.29

이에 따르면 김규식의 본뜻은 "13. 열강이 만일 한국과 영구중립조약을 맺을 의사가 있다면, 우리 한국도 기꺼이 응할 것"이었음을 알 수 있다. 1900년을 전후한 시점에 데니의 청한론을 필두로 한반도 중립화 혹은 전시중립 문제가 다각도로 검토된 바 있다. 이승만과 김규식 등 미국에서 공부하고 국제정세를 파악했던 외교독립론자들은 미약한 한국의 현실과 강대국 포위라는 객관적 상황 속에서 한반도 중립화를 독립 유지나 독립 회복의 방안으로 고려했던 것이다.30

김규식은 파리 도착 직후 고군분투하며 중국 학생들과 중국 기자, 이욱영 등의 도움을 받아서 각국 기자, 프랑스 재야인사, 프랑스 하원의원들과 접촉했으며, 2통의 청원서를 윌슨 대통령과 파리강화회의에 제출했던 것이다. 김규식은 파리 도착 후 20일 이내에 프랑스 재야인사, 하원의원, 각국 기자들과 긴밀히 접촉했고, 상해에서 준비해 간 신정·김성 명의의 청

---

29 「신한청년당이 평화회의에 제출한 청원서 역문」, 『晨報』(1919. 6. 5), 『대한민국임시정부자료집』 39(중국보도기사 I).
30 한말 서양 고문들 중 부들러는 스위스의 "이상적 완전 중립", 벨기에의 완충지대 중립 모델을 염두에 두고 독립과 중립국의 모델로 한국의 중립을 권고했다. 묄렌도르프는 벨기에 모델을 권했다. 정상수, 2017, 「부들러의 한국 중립론」, 『서양사연구』 57.

원서, 파리로 오며 준비한 신한청년당 명의의 비망록, 이를 간략화한 서신을 윌슨 대통령과 파리강화회의에 제출한 것이다. 김규식은 각고의 노력을 기울였으나 강대국은 자국의 이해관계에 따라 침묵과 무시로 일관했다.

혼자서는 도저히 업무를 감당할 수 없었던 김규식은 유럽에 있는 한국인들을 수소문하기 시작했다. 잘 알려진 『구주의 우리 사업』은 이렇게 설명하고 있다.

> 스위스(瑞西) 뮤릭대학 재학중인 이관용(李灌鎔) 씨를 급전(急電)으로 청하니 졸업시험 준비 중에 잇던 이씨는 이 전보를 받고 즉시 파리에 내착(來着)하여 대표관(代表館) 사무를 담임하다. 김탕(金湯) 씨는 상해로브터 오월 초순에, 미국 자원병으로 구주(歐洲)에 출전하엿던 황기환(黃玘煥) 씨는 육월 삼일에 독일(德國)으로브터 귀래(歸來)하여 대표관 사무를 찬조함애 김씨[김규식]는 황씨를 서기장으로 임용하다. 또 조용은(趙鏞殷) 씨는 유월 그믐(晦)에, 여운홍(呂運弘) 씨는 칠월 초에 각각 상해로브터 도착하여 대표관 사무를 찬조하다.[31]

첫 임무를 혼자 힘으로 마친 김규식은 4월 14일 이욱영의 하숙집을 떠났다. 프랑스 내무부는 김규식이 동료인 이욱영으로부터 임무를 받고 투르(Tours)로 간 것 같다고 보고했다.[32] 투르는 파리에서 남서쪽으로 240여 km 떨어진 대학도시이다. 투르에는 중국어로 발행되는 『르뷔시느와즈앙유럽』(Revue Chinoise en Europe, 유럽의 중국 잡지)과 『르뷔푸르에뒤카시옹포스트스콜레르』(Revue pour l'Education Posr Scolaire, 취학 후 교

---

31 대한민국 파리위원부, 1920, 『구주의 우리 사업』.
32 「프랑스 내무부의 김규식에 대한 사찰내용 통보」(1919. 5. 9), 『대한민국임시정부자료집』 23(대유럽외교 I).

육잡지)가 있는데 이욱영이 이곳에서 일하고 있었다. 또한 투르에는 치티(TSI THI)라는 이름의 26세 중국인 통신원이 있었는데, 4월 8일 파리의 이욱영 자택에 들른 바 있었다. 김규식은 중국어 신문·잡지와 인터뷰하거나 정보를 얻기 위해 투르로 향했을 것이다.[33] 김규식은 이욱영의 자택을 떠났지만, 두 사람의 친분은 지속되었던 것으로 생각된다. 김규식은 1919년 8월 9일 프랑스 불로뉴쉬메르(Boulogne-sur-Mer)항을 떠나 뉴욕으로 향하면서, 승선자 명부에 가까운 친구의 이름과 주소에 이욱영(리유잉, Mr. Liyuying) 프랑스 파리 뷔조가 8번지(8 Rue Bugeaud, Paris, France)라고 적었다. 출입국 기록에 적을 정도로 신뢰관계가 유지되었던 것이다.[34]

(2) 파리위원부 사람들

김규식이 이욱영의 하숙집을 나온 시점은 상해에서 임시의정원이 성립되어 대한민국임시정부를 수립(1919. 4. 11)한 직후였다. 임시정부 수립 소식이 즉시 파리에 전해지지는 않았지만, 김규식은 일단 상해에서 가져온 신정·김성 명의의 청원서, 포르토스호를 타고 오며 준비한 비망록, 이를 요약한 서한을 우드로 윌슨 대통령과 파리강화회의에 전달함으로써 초기 임무를 완성했다. 김규식은 한숨을 돌리며 사세를 살피고, 나아갈 방향과 전술을 가늠해야 했다.

김규식은 4월 초에 이르러야 상해, 샌프란시스코, 워싱턴의 독립운동

---

33 프랑스 내무부의 추가조사 결과, 김규식은 투르에 나타나지 않은 것으로 판명되었다. 중국어 신문사에 일하는 직공들도 김규식을 보지 못했다고 진술했다.「프랑스 내무부에서 김규식에 관한 사찰보고의 외무부 전달」(1919. 6. 3),『대한민국임시정부자료집』23(대유럽외교 I).
34 List or Manifest of Alien Passengers for the United. S. S. Noordam, Sailing from Boulogne-sur-Mer, August 9th 1919. http://www.ancestry.com(2022년 1월 15일 검색). 여운홍과 김탕은 에밀 블라베의 이름과 주소를 적었다.

진영과 연락을 취하기 시작한 것으로 보인다. 4월 3일 중국 기자와의 회견에서 김규식은 미국, 상해에서 온 4통의 전보를 받았다고 했는데, 상해 현순이 보낸 3·1운동 발발 소식 전문(3월 17일 파리 도착), 『신한민보』가 보낸 3·1운동 발발, 이승만·정한경 소식 전문(4월 3일 파리 도착), 워싱턴 이승만의 필라델피아 한인자유대회 개최 소식 전문(4월 5일 파리 도착), 상해 현순이 보낸 임시정부 수립 소식(손병희 대통령, 박영효 부통령, 국무총리 이승만, 파리강화회의 전권대표 김규식) 전문(4월 5일 파리 도착) 등이다. 4월 초순에 상해와 워싱턴 상황이 파리의 김규식에게 정확히 전달되기 시작한 것이다. 미주에서는 1919년 4월 5일 자 『신한민보』에 3·1독립선언서와 함께 '김규식 대사' 소식이 전재되고 있다. 김규식은 현순이 미주에 잘못 전달한 가공의 대한민주국임시정부(대통령 손병희, 부통령 박영효, 국무총리 이승만, 내무경 안창호)의 강화전권대사로 소개되었다.[35] 『신한민보』는 파리 3월 3일 『연합통신』을 인용해, 김규식을 한국청년독립당(신한청년당)을 대표한 대한국대사로 소개하며 2주일 안에 평화회의에 한국 독립 승인에 대한 청원서를 제출할 계획이라고 보도했다.[36] 김규식은 현순이 유포한, 존재하지 않았던 대한민주국임시정부 강화전권대사로 미주에 선전되고 각인되기 시작했다.

김규식은 파리 도착 직후 자신의 우편사서함을 개설하고 상해와 통신하기 시작했고, 3월 31일 상해 측이 미주에 김규식의 우편사서함 주소를 전달함으로써 파리-상해-워싱턴-샌프란시스코 간 연락망이 구축되었다.

이승만의 전보철에 따르면, 3월 16일 상해의 현순은 이승만에게 "김규식이 파리에 접근하고 있으니 파리에 전보하라"고 알렸고,[37] 3월 24일

---

35 「대한국임시정부 내각이 조직되어」, 『신한민보』(1919. 4. 5).
36 「김규식 대사는 평화회에 청원 중」, 『신한민보』(1919. 4. 5).
37 「현순→이승만」(1919. 3. 16), JoongAng Ilbo and The Institute for Modern Korean Studies, Yonsei University, *The Syngman Rhee Telegrams*, Volume I, 2000, p.38.

국민회 하와이 지방총회장 이종관은 이승만에게 "어제 김규식이 파리에 도착했다는 전보가 왔다"고 알렸다.[38] 3월 31일 현순은 이승만에게 김규식의 우편사서함 주소(Adresse Postale)가 "Bote Postale 369 Chin Chung Wen"이라고 알렸다.[39] 이승만은 즉시 김규식에게 전보를 보내 "〔파리〕 도착했다니 반갑습니다. 혼자입니까? 헐버트를 만나 보세요. 내 전보주소는 Phijasco Philadelphia입니다"라고 알렸다.[40] 4월 2일 샌프란시코의 이대위(국민회 중앙총회 총무)는 상해의 현순에게 4천 달러, 파리의 김규식에게 1천 달러를 송금했다고 밝히고 있다.[41] 4월 7일 김규식은 진충웬 명의로 이승만에게 전보를 보내 (1) 1876~1910년간 조약 사본, (2) 헐버트의 『History of Korea』, 『Passing of Korea』, (3) 맥킨지의 『Tragedy 〔of〕 Korea』, 『Unveiled East』, (4) 기타 책자와 문건을 즉시 송부할 것, (5) 귀하도 〔파리에〕 올 것을 요청했다.[42] 이승만은 같은 날 답전을 보내, 책자와 조약을 보내겠다며 자신의 여권 문제를 부탁했다. 국무부가 2월 27일 파리 랜싱 국무장관에게 자신의 여권에 대해 문의했는데, 랜싱은 여권 발급이 현재로서는 현명하지 않다고 답했다며, 미국대표단을 만나 자신의 출국허가를 내주라고 워싱턴 당국에 지시해 줄 것을 요청해 달라는 것이었다.[43]

김규식에 따르면 1919년 5월 현재 파리강화회의와 관련한 메시지로 전보가 폭주해서, 일반전보가 상해에 도달하는 데 빨라야 3~4주가 소요되고, '긴급'전보라 하더라도 공식 메시지와 언론 급보가 나간 이후에 전

---

38 「이종관→이승만」(1919. 3. 24), The Syngman Rhee Telegrams, Volume I, p.46.
39 「현순(상해)이 이승만(필라델피아)에게 보낸 전문」(1919. 3. 31), 「玄楯-李承晩 왕복 전문(1919. 3.~1919. 6.), 『대한민국임시정부자료집』 8(정부수반) : 「현순→이승만」(1919. 3. 31), The Syngman Rhee Telegrams, Volume I, 2000, p.56.
40 「이승만→김규식」(1919. 3. 31?), The Syngman Rhee Telegrams, Volume I, p.53. 전보에는 주소가 없으나, 현순의 전보(1919. 3. 31)를 받은 즉시 보낸 것으로 추정된다.
41 「이대위가 이승만에게 보낸 서한」(1919. 4. 2), 『대한민국임시정부자료집』 43(서한집 II).
42 「김규식(진충웬)→이승만」(1919. 4. 7), The Syngman Rhee Telegrams, Volume I, p.75.
43 「이승만→김규식(진충웬)」(1919. 4. 7), The Syngman Rhee Telegrams, Volume I, p.76.

달되는 상황이었다.⁴⁴ 김규식이 「자필 이력서」에 적은 것처럼 4월 2일까지 어떤 소식도 전해지지 않은 것은 이런 사정을 반영하는 것으로 보인다. 긴급전보를 통해도 시간 지체가 발생했던 것이다. 여러 정황을 종합하면 파리-상해, 파리-샌프란시스코 간에는 3월 말~4월 초에 연락망이 구축되었으며, 김규식에게 생생한 정보가 전달되기 시작했다.

3·1운동 발발 이후 상해에는 1천 명 이상의 독립운동가가 집결하였고, 임시의정원·대한민국임시정부가 설립(1919. 4. 11)되었다. 상해 임시정부는 4월 13일 김규식을 외무총장, 평화회의 대한민국 위원 겸 파리 주재 위원으로 임명하고 신임장을 파리로 발송했다.⁴⁵ 3·1운동의 에너지를 반영한 임시정부로부터 공식적 지위가 부여되자, 김규식은 4월 하순경 파리 제9구 샤토덩가 38번지에 사무실을 연 다음, 사서함-전화-텔렉스를 갖추고 본격적인 외교 홍보 활동을 펼쳤다.⁴⁶ 이곳은 프랑스 시인 블라베(Emile Blavet) 부부의 자택이었다. 김규식이 샤토덩가 38번지로 옮긴 정확한 일자와 배경, 블라베를 만나게 된 경위는 알 수 없다. 다만 이욱영, 진우인, 오조추 등의 조언과 인맥으로부터 도움을 받았을 것이다. 파리위원부에 합류했던 여운홍의 회고에도 중국인들의 도움을 많이 받았다는 내용이 나타난다.

> 더구나 중국사람과의 교제는 더욱 만핫습니다. 이 사람들과는 거지반 연일 맛나는 때가 태반이엇습니다. 그 중에 지금 기억에 뚜렷하게 남은 이로는 북경대학 교수로 잇든 이석증(李石曾) 그리고 지금의 국민정

---

44 「김규식이 이승만에게 보낸 서한」(1919. 5. 25), 『대한민국임시정부자료집』 43(서한집 II).
45 「독립운동에 관한 약사」, 『대한민국임시정부자료집』 7(한일관계사료집) 174~177쪽; 신재홍, 1981, 「대한민국임시정부와 구미와의 관계」, 『한국사론』 10, 국사편찬위원회, 308쪽; 이선근, 1956, 『한국독립운동사』, 231쪽.
46 이옥, 1989, 위의 논문.

파리위원부 사무실 건물(파리 제9구 샤토덩가 38번지. 2016). 저자 촬영.

부 행정원장 왕조명(王兆銘), 전 외교부장 왕정정(王正廷) 등등이엇습니다.[47]

여운홍은 이욱영(이석증), 왕조명, 왕정정 등을 기억하며 중국인들과는 거의 매일 만나는 게 태반이었다고 기억한 것이다. 김규식·파리위원부가 재불 중국 지식인 및 중국대표단의 도움을 받고 협력했다는 사실은 지금까지 전혀 주목받지 못했다. 심지어 중국대표단은 산동성 문제로 조선 문제에 눈을 돌릴 여유가 없었기 때문에, 강화회의에서 중국대표단과 김규식이 협력한 흔적이 눈에 띄지 않는다는 평가까지 있었던 것이다.[48]

이 사무실은 설치 일자가 미상인 것처럼 명칭도 분명하지 않다. 김규식은 상해를 출발할 당시 계획했던 공보국(Bureau of Information) 설치를

---

47 여운홍, 1932, 「나의 해외 망명시대」, 『삼천리』 제4권 제1호.
48 나가타 아키후미, 2008, 위의 책, 185쪽.

중요 업무로 생각했다. 김규식은 1919년 5월 10일 파리평화회의에 한국 독립을 요구하는 문서(청원서·비망록·부록)를 제출할 때는 한국대표부(La Mission Coreenne) 혹은 대표관(代表館)(『구주의 우리 사업』)이라는 명칭을 사용했지만, 이 사무실이 간행하는 회보인 「통신전」(通信箋, Circulaire)의 발행 주체로는 한국통신국(Bureau D'Information Coreen)을 사용했다. 상해 임시정부와 공식적인 관계가 설정된 전후에 김규식은 전보주소(Adresse Télégraphique)를 KOKIM으로 설정했다.[49]

한국대표부, 대표관, 한국통신국은 보통 파리위원부로 불렸다. 이 사무실에서 일한 사람들을 보여 주는 유명한 사진이 있다. 블라베 부부를 중심으로 김규식, 여운홍, 이관용, 조소앙, 황기환이 모두 자리한 사진이다. 파리위원부에서 일한 이들이 언제 파리에 도착했는가를 살펴볼 차례다.

먼저 김규식은 3월 13일 파리에 도착했다. 그다음으로 이관용이 도착해 파리위원부 위원이라는 공식 직함을 부여받았다. 이관용은 스위스 취리히대학 재학 중 졸업시험을 앞두고 김규식의 요청을 받아들여 급히 파리로 건너왔다. 김규식이 이승만에게 보낸 편지(1919. 5. 25)에 따르면 이관용은 파리에 도착한 지 일주일이 되었다. 즉, 5월 18일 전후에 파리에 도착한 것임을 알 수 있다. 김규식은 이관용이 "매우 유능한 인물"이라며 대표단 일원으로 임명하는 공식 신임장을 보내 달라고 이승만에게 요청했다. 또 국제연맹 첫 위원회가 9월 워싱턴에서 개최될 경우 이관용에게 파리사무소 업무를 맡길 계획이라고 밝혔다. 김규식이 이관용을 신뢰했음을 알 수 있다.[50]

---

49 김규식이 언제부터 전신부호로 KOKIM을 썼는지는 미상이다. 「통신전」 제1호(1919. 4. 26)에 사서함주소(Boite Postale 369)와 전보주소(KOKIM)가 함께 등장한다. 김규식은 이승만에게 보내는 편지(1919. 5. 25)에서 전보주소로 KOKIM을 알렸다. 상해 임시정부는 KOPOGO(Korean Provisional Government), 워싱턴 이승만 사무소(구미위원부)는 KORIC(Korean Commission)이라는 전보주소를 사용했으니, 파리, 상해, 워싱턴은 서로 연결된 기관이란 의미로 KO(Korea)로 시작하는 전보주소를 사용했다.

파리위원부의 사람들. 1열 왼쪽부터 여운홍, 에밀 블라베, 블라베 부인, 김규식.
2열 왼쪽부터 람브레흐, 이관용, 조소앙, 마티안 부인, 마티안 부인 가족들 3명(추정), 황기환(1919).

김규식이 이승만에게 보낸 편지(1919. 5. 25)에 따르면 김규식은 영국 런던에 유학 중인 장택상(T. S)에게 도움을 청했지만, 답장을 받지 못했다. 아마도 여권 획득의 어려움 때문일 것으로 추정했다. 또한 독일 베를린의 김중세(金重世, Kim Chung Seh)라는 인물에게 도움을 청하는 편지를 보냈지만, 도움을 받을 가능성은 없다고 했다. 일본외무성 기록에 따르면 김중세는 개성 출신으로 경성 한국왕립중학(성균관), 동경 도요대학(東洋大學), 게이오기주쿠(慶應義塾), 와세다대학(早稻田大學) 출신으로, 1912년 독일에 유학해 정치철학을 전공하는 것으로 파악되었다.[51]

그런데 이관용에 앞서 파리위원부에 제일 먼저 도착한 인물은 상해에서 건너온 김탕(金湯)이라는 학생으로 생각된다. 『구주의 우리 사업』에 따르면 김탕은 상해에서 1919년 5월 초순에 건너온 것으로 되어 있다. 하지만 김탕은 이미 한국통신국(Bureau d'information coréen)의 설립 목적과 한국 문제의 중요성을 알린 「통신전」 제1호(1919. 4. 26)에 대표자로 서명하고 있다.[52] 이후 「통신전」에 계속 김탕이 서명하고 있으므로, 김탕은 1919년 4월 말 샤토뎅가에 대표관이 설립된 시점부터 이미 김규식과 함께 일했으며, 「통신전」을 전담한 것이 분명하다. 그럼에도 불구하고 여운홍은 파리위원부에 도착한 순서를 김규식, 이관용, 김쇠울〔김탕〕, 조소앙, 황기환, 여운홍으로 기억했고,[53] 『구주의 우리 사업』에서도 김탕이 5월 초순에

50 「김규식이 이승만에게 보낸 서한」(1919. 5. 25), 『대한민국임시정부자료집』 43(서한집 II).
51 「英獨 留學 朝鮮人에 관한 건」 官秘 제173호(1912. 12. 28), 山縣伊三郎(朝鮮總督府 政務總監) - 創知鐵吉(외무차관), 『不逞團關係雜件 朝鮮人ノ部 在歐米』 1; 「在伯林 朝鮮人 金重世의 性行 등 取調의 건」 機密 제6호 秘受 0929호(1913. 2. 28), 『不逞團關係雜件 朝鮮人ノ部 在歐米』 1. 1925년 조사에서 김중세는 미국 모대학 조교수로 근무하는 것으로 조사되었다. 「獨逸 在留朝鮮人의 動靜에 관한 건」 高警 제558호(1925. 4. 20), 三矢宮松(조선총독부 경무국장) - 木村銳市(외무성 아세아국장), 『不逞團關係雜件 朝鮮人ノ部 在歐米』 8.
52 「한국통신국 설립의 목적 및 한국 문제의 중요성을 알림」(1919. 4. 26), 한국통신국, 『대한민국임시정부자료집』 24(대유럽외교 II). 이옥 교수는 이를 「통신전」 1호(1919. 4. 26)로 판단했다.
53 여운홍, 1932, 위의 글.

파리에 도착했다고 쓴 것은 모두 김탕을 파리위원부의 위원이 아니라 급사 역할을 하는 학생 정도로 여겼기 때문으로 생각된다. 김탕은 공식 직함이 없이 파리위원부가 간행한 「통신전」의 일부 작성자로 이름을 올리고 있다. 김규식은 "김군은 전반적인 세부 과업에서 우리에게 도움을 제공하고 있습니다"라고 했다. 김탕은 「통신전」 발행을 맡으며 김규식과 더불어 가장 많이 고생했을 것이다. 다만 일본 대학에서 공부한 정도로는 파리에서 필요한 영어·프랑스어 어학 실력을 갖추기는 어려웠을 것이다. 여운홍 회고에 따르면 대표관에서 살고 있던 사람은 김규식, 여운홍과 조소앙으로 각각 방 하나씩을 사용하고 있었다고 하니 김탕은 여기에 포함되지 않은 것으로 보인다.

김탕의 약력 자체가 미스터리이고, 국내에서는 심지어 김탕이 사실은 김규홍(金奎興, 金復)의 다른 이름이라는 믿기 힘든 주장까지 있을 정도이다. 이런 오류의 출처는 국가보훈처로 「독립유공자공적조서」에 따르면 김규홍이 "프랑스 파리로 와서 김규식의 대유럽 외교 활동을 지원"하였다고 되어 있다.[54] 윤선자는 이를 인용해 김규홍이 김탕이라고 단정한 후 김규홍이 김규식과 함께 파리로 출발했거나 4월 26일 이전에 파리에 도착했으며, 1919년 8월 8일 김규식, 여운홍과 함께 미국으로 떠났다고 썼다.[55] 제대로 자료를 조사하거나 선행연구를 검토하지 않은 채 국가보훈처의 엉터리 주장을 확대 재생산한 결과였다.

이미 고정휴는 방선주 박사가 발굴한 상해 공동 조계 공무국(工務局) 자료에 근거해 김탕이 김종의(金鍾意)라는 가명을 사용하는 김인태(金仁泰)라고 지적한 바 있다. 김인태는 1896년 6월 부산에서 출생해, 1910~

---

54 「김규홍(독립유공자공적조서)」, 관리번호 70364. https://e-gonghun.mpva.go.kr/diquest/Search.do(2022. 2. 1. 검색).
55 윤선자, 2016, 「1919~1922년 황기환의 유럽에서의 한국 독립운동」, 『한국근현대사연구』 78.

1914년 일본 오카야마(岡山) 소재 중학교에 재학한 후, 1915년부터 2년 간 상해 동제대학(同濟大學)에서 수학했고, 그 후 중국 당국으로부터 여권 을 발급받아 유럽을 경유해 미국으로 건너갔다. 1923~1928년 시카고대 학을 거쳐 컬럼비아대학을 졸업하고 이후 뉴욕에서 중국식당을 개업했다 가 1932년 귀국했다. 1934년 1월부터 다시 중국 상해로 건너와 과격단체 (義烈團)의 한인 및 중국 내 유력자들과 접촉하다 1935년 4월 일본 영사경 찰에 체포되었다. 고정휴는 이러한 행적을 볼 때 파리위원부에서 「통신전」 발행을 책임졌던 김탕이 1935년 상해에서 일본 경찰에 체포되었던 김인태 (김종의)와 동일인이라고 판단했다.[56]

김탕은 파리위원부에서 일하다가 1919년 8월 9일 김규식, 여운홍과 함께 도미길에 올랐다. 김규식이 워싱턴에서 1919년 11월 26일 자로 작성 한 「파리평화회의대표부 공문 제2호 경과보고」에 따르면 김탕은 자호(自 號)를 "쇠울"이라고 하며, "파리에서 대표단을 방조하던 학생"으로 기록 하고 있다. 미국 시절 김탕은 자신의 본명 대신 김쇠울이라는 이름을 사용 했다. 여운홍은 1932년 회고에서 김탕이라는 이름 대신 파리위원부에서 활동한 중국 유학생 김(金)쇠울을 거론하고 있다.[57] 왜냐하면 이 해 김탕이 미국에서 한국으로 귀국했기 때문이다. 〔김〕쇠울이라는 이름은 미주에서 1919년부터 1932년까지 지속적으로 등장한다. 『신한민보』에는 1919년 9 월부터 1932년까지 김쇠울이라는 이름으로 의금, 관동대지진 진재동정금 납부 등의 재정적 후원과 함께 1932년 3월 1일 피츠버그 자택에서 3·1절 기념식을 거행했다는 기사가 나타난다.[58]

---

56 고정휴, 2010, 「해제」, 『대한민국임시정부자료집』 24(대유럽외교 I); 상하이 공동 조계 공무 국(工務局) 자료 중 일본 영사경찰의 「한인과격용의자 김탕 체포의 건」(1935. 4. 26), 1991, 『한국독립운동사』 자료20(임정편V).
57 여운홍, 1932, 위의 글.
58 1919년 9월 의무금 납부(5원), 1923년 11월 의무금 납부(20원), 1924년 3월 의무금 납부 (10원), 1924년 1월 관동대지진 진재동정금 납부(1원), 1932년 3월 1일 피츠버그 자택에서

허헌은 자신이 1926년 미국을 방문했을 때 낯선 청년 '쇠울'이 호텔로 찾아와 조선의 형편을 물어보고 7~8차례나 찾아와 처음에는 밀정인 줄 생각했으나 장덕수 등 유학생에게 물어보니 모두 하나같이 "그런 사람이 미국에 잇는데 도모지 우리 유학생들과는 한 번도 교유(交遊)를 아니하며 저 혼자 따로 떠도라 다니는 기인(奇人)임넨다. 그러나 채정(探偵)〔밀정〕 등의 인물은 아녀요"라고 대답했다는 것이다. 허헌이 사귀어 보니 "퍽으나 속이 깁고 입이 무거운 사람"이었고, 자신이 영국을 방문한다고 하자 "미국 안에는 별로 볼만한 유학생이라고 업고 또 영국이나 불란서에 가서도 그러케 쓸 만한 자식들이라고 업슴넨다. 다만 론돈에 가시거든 중국유학생회에 가서 정명구란 청년을 긔어히 차저보세요. 그는 우리 동포인데 조선의 장차 큰 인재가 될 분입니다"라고 했다는 것이다.[59]

　　김탕은 1932년 귀국한 이후 김인태(金仁泰)라는 변명을 쓴 것으로 보인다. 상해공무국 경찰의 보고에 따르면 김탕은 한국에서 구직에 실패한 후 1934년 1월 상해로 와서 김두봉 동생인 김병태(金餠泰, 金武, 金平國, 의열단 주요 단원)와 친해졌다. 김탕은 1934년 말경 중앙군관학교 교관으로 추천받았고, 학교장 장치중(張治中)으로부터 정식 임명될 것이란 통보를 받고 남경에서 상해로 돌아왔다. 김탕은 1935년 2월 5일 한국에서 상해로 오는 부인을 마중하기 위해 세관에 나갔다가 일본 영사경찰에 체포되었다.[60] 김탕(김인태)은 1935년 4월 21일 인천으로 압송되어 경기도 경찰부로 넘겨졌다가, 5월 6일 방면되었고 2년간 상해 재류 금지 처분을 받았다.[61] 이후 행적은 알 수 없다.

　　　3·1절 기념식 거행, 『신한민보』(1919. 9. 11, 1923. 11. 22, 1924. 3. 6, 1924. 1. 10, 1932. 3. 10).
59　「雜談室 許憲氏 曰」, 1929, 『삼천리』 제3호(11월).
60　「상해 공무국 경찰 보고서 1935년 4월 26일 과격한국인용의자 金仁泰, 일명 金湯, 金鐘意의 송환의 건」, 1991, 『한국독립운동사』 자료20(임정편V).
61　「김인태를 압래(押來)」, 『동아일보』(1935. 4. 23); 「김인태씨를 백방(白放)」, 『동아일보』

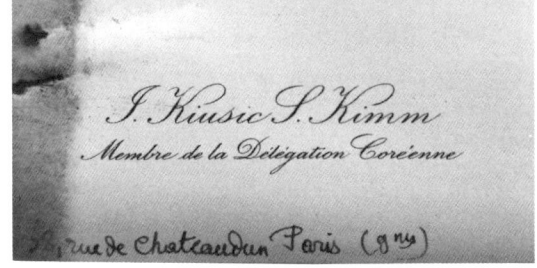

위: 1열 왼쪽부터 김탕, 여운홍, 김규식(1919. 9), 여운형기념사업회.
아래: 김규식 명함(1919), Taker H. Bliss Papers.

『구주의 우리 사업』에 따르면 황기환은 제1차 세계대전에 미국 지원병으로 출전하였다가 6월 3일 독일에서 파리로 찾아와 서기장으로 임용되었다. 6월 그믐에는 조소앙, 7월 초에는 여운홍이 상해로부터 도착했다.[62] 황기환, 조소앙, 여운홍의 경력과 파리행에 대해서는 이미 잘 알려져 있다.

한편 파리위원부에서 일을 도와준 프랑스인에 대해서는 여운홍의 회고가 있다. 파리위원부는 샤토덩가 38번지 블라베의 자택에 설치되었는데, 고전식 건축물 4층에 위치해 있었다. 이 건물은 현재 6층으로 증축되어 있다. 여운홍에 따르면 4층의 커다란 방 2개를 빌려, 한 방에는 김규식이, 다른 한 방에는 여운홍과 조소앙이 머물렀다. '미쓰 냄뿌리끼'라는 프랑스 여성이 타자원으로 일했고, 김규식의 비서로 '매담 매틔안'을 고용했다. 황기환이 김규식에 보낸 편지에 따르면 미쓰 냄뿌리끼는 람브레흐(Lambrecht) 양으로 타자수였고, 매담 매틔안은 마티안(Mathian) 부인으로 비서 겸 서기였다.[63] 마티안 부인은 파리위원부가 간행한 『자유대한』의 편집서기였으며, 1921년 결성된 한국친우회 서기를 맡기도 했다. 김규식은 1920년 구미위원부의 재정 상황이 악화되자 파리위원부와 런던사무소 등을 유지하는 유럽예산을 월 500달러로 축소했다. 이 중 200달러(2천 프랑)는 잡지 『자유대한』 발행비, 300달러는 런던사무실 운영비로 사용하고, 파리위원부 사무실 관리비는 쉬프 한인 등 재불 동포들이 보내오는 매월 900~100프랑으로 유지하며 이를 마티안 부인이 담당하게 하라고 지시

(1935. 5. 11).

62 여운홍 회고에는 자신이 파리에 도착한 것이 1919년 6월 3일이라고 되어 있으나, 상해 출발이 5월 23일이었으므로 6월 3일이 아니라 6월 말~7월 초였을 것이다. 여운홍, 1932, 「나의 파리시대 10여 년 전을 회상하면서」, 『삼천리』 제4권 제1호. 김규식이 이승만에게 보내는 1919년 7월 4일 자 편지에 따르면 이미 조소앙, 여운홍이 파리에 도착해 있는 상태였다. 여운홍은 즉시 미국으로 건너가겠다는 의사를 표명했다. 「김규식이 이승만에게 보낸 편지」(1919. 7. 4), 『대한민국임시정부자료집』 43(서한II).

63 「황기환이 김규식에게 보낸 편지」(1919. 8. 18, 1919. 8. 25), 『대한민국임시정부자료집』 43(서한II).

---

1 파리 도착 직후 제출한 청원서들

한 바 있다.[64] 그만큼 김규식의 신뢰가 깊었던 사람이다. 황기환이 김규식에게 보낸 편지(1919. 8. 18)에서 "추신: 마티안 부인과 람브레흐 양 및 그 가족은 귀하께 안부를 전하며 귀하가 여행을 무사히 마쳤다는 소식을 듣기를 바란다고 말하였습니다. 이들 가족에게 서신을 보내시기 바랍니다"라고 쓴 것으로 미루어 람브레흐와 마티안 부인은 가족이었던 것으로 보인다. 따라서 위의 파리위원부 사진 중 2열 왼쪽에서 첫 번째가 미스 람브레흐, 네 번째가 마티안 부인, 다섯 번째에서 일곱 번째까지 세 사람은 마티안 부인 가족으로 추정된다.

파리시 한가운데에 위치한 이 집에는 전등도 없어서 대표단은 촛불을 켜 가며 밤새 각지에서 오는 정보를 받고, 각지로 보낼 카피를 쓰고, 전보를 놓고 편지를 쓰고, 누군가를 방문하고, 신문사를 찾는 등 "실로 눈코 뜰 싸이 업시 우리 전원은 김규식 이하 만흔 분주를 거듭"하였다고 한다.

이상을 정리해 보면 김규식은 1919년 4월 말 샤토덩가 38번지에 사무실을 개소했으며, 4월 말 김탕, 5월 18일 전후 이관용, 6월 3일 황기환, 6월 말 조소앙, 7월 초 여운홍이 여기에 합류한 것이다. 결국 김규식의 가장 중요한 활동이던 한국 독립을 요구하는 공식 청원서·비망록·부록 세트를 5월 10일 파리평화회의에 제출했을 시점에 파리위원부에는 김규식만 자리를 지키고 있었다. 아직 이관용, 여운홍, 조소앙, 황기환 중 아무도 파리에 도착하지 않은 상태였다. 바꿔 얘기하면 김규식이 혼자 힘으로, 파리평화회의에 한국 측 청원서·비망록·부록을 제출했음을 알 수 있다. 김탕의 보조, 중국 친구들의 도움, 블라베 부부, 마티안 부인, 람브레흐 등의 조력을 생각할 수 있으나, 그것은 보조적 의미에 지나지 않았다. 김규식은 파리강화회의 특사로서 가장 중요한 임무를 완수했고, 그런 뒤에야 파리위원부에 사람들이 모여들었던 것이다.

---

64 「김규식이 황기환에게 보낸 편지」(1920. 6. 25), 『대한민국임시정부자료집』 43(서한II).

2 외로운 파리강화회의 외교

(1) 공식 청원서·비망록의 작성과 제출(1919. 5. 10)

1919년 4월 5일 월슨 대통령에게 비망록을 전달하는 한편 파리강화회의에 서한을 전달함으로써 김규식의 첫 단계 파리 외교 활동은 마무리되었다. 김규식은 한숨 돌리며 전후를 살펴보기 시작했다. 김규식은 4월 6일과 4월 30일 장문의 영문편지를 국민회 중앙총회에 보냈다. 편지는 『신한민보』에 전문 수록되었다. 김규식은 (1) 외교에 대한 빈번 교섭, (2) 통신에 대한 모든 사무, (3) 신문계에 대한 복잡한 일을 거의 혼자 추려 나가고 있다고 소식을 전했다. 파리에서 첫 20여 일을 보내고 난 뒤 김규식의 소회는 이러했다.

> 4월 6일
> • 나의 사랑하는 동포
> 당신네들이 다 아는 바와 같이 나의 맡은 바 큰 책임을 나 혼자 진행하여 나가므로 항상 시간이 부족하여 나의 원하는 바와 같이 일직이 당신들에게 글월을 쓰지 못함이 유감이외다. 비록 나는 밤과 낮을 헤아리지

않고 마땅히 볼 사람들을 심방하고 우리의 청원서를 제정하기로 시험하나 내가 스스로 보기에도 만족지 못하외다. 당신들이라도 나의 열심과 송구한 맘이 극도에 달할 줄로 추측할 듯 합니다.

나는 지금 당신들에게 나의 진행하여 오는 바 계획과 서차(序次)에 대한 글을 동봉하여 보내나이다. 이 가운데서 응당 당신들이라도 우리의 독립에 대하여 가장 필요한 것이 무엇인지 생각하실 줄 믿음은 다름 아니라 곧 우리가 원대하고 장구한 계획을 정하여 가지고 목적대로 나아가야만 되리라 함이외다.

내가 믿을만한 사람에게 듣는대로 미루어 보면 현금 평화회의에서는 오직 전쟁에 직접 관계된 문제만 해결하여 작정하고 그 나머지 간접상 모든 문제는 국제연맹회에서 해결하리라한 즉 우리가 비록 외교상의 모든 길을 열어놓고 공식으로 우리 문제를 평화회의에 제출한다 할지라도 우리에게 발원권을 아직 허락지 않으리라 합니다. 그런즉 우리의 희망은 곧 국제연맹회가 성립하는 때에 우리의 청원을 들여 놓기로 준비하는데 있다 합니다.

나는 나의 온갖 능력과 온갖 기능을 다하여 설명서와 청원서와 모든 서류를 법식대로 수정하는 중인즉 할 수 있는대로는 속히 평화회 서기생에게 정식으로 들여놓으며 각국 정부 대표자에게도 각기 한 벌식 보내고자 합니다.[65]

4월 6일 자 편지에서 김규식은 자신이 파리에서 진행한 일과 앞으로 할 일, 평화회의의 진행에 대한 전망을 설명했다. 첫째, 김규식은 윌슨 대통령, 평화회의에 제출한 비망록·청원서를 "시험"이라고 표현하며 자신이 보기에도 만족하지 않다고 했다. 둘째, 때문에 자신은 향후 설명서, 청

---

65 「김규식대사 보낸 글: 나의 사랑하는 동포」,『신한민보』(1919. 5. 27).

원서, 모든 서류를 "법식(法式)대로 수정"하여 평화회의 서기생[서기국]에 제출하며 각국 정부 대표에게 제출하려고 한다는 것이다. 본격적으로 외교적 격식과 문구를 갖춘 정식 청원서를 제출하기 위해 노력 중이라는 것이다. 셋째, 파리평화회의는 전쟁과 직결된 문제만 논의하기 때문에 한국 문제를 평화회의에 제출해도 발언권이 허락되지 않을 것이다. 나머지 문제는 국제연맹이 해결한다고 하니 이제 한국의 희망인 국제연맹이 성립된 후 한국의 청원을 제출하려고 한다고 밝히고 있다.

파리에 도착한 지 20일 만에 김규식은 파리평화회의의 실정과 판세를 읽었고, 자신이 해야 할 일의 범위와 순서를 정했던 것이다.

『신한민보』는 4월 30일 자 김규식의 편지도 함께 소개했다. 김규식이 두 날짜의 편지를 함께 보냈기 때문이다. 이 편지에는 4월 6일 이후 일의 진행 경과를 정리하고 있다.

4월 30일

당신들이 이 글을 보시면 내가 이 글을 4월 6일에 쓰기 시작하였으나 지금까지 마치지 못한 줄로 짐작하시리라. 나의 기약하기는 이달 초순에 우리 정식 설명서와 청원서를 평화회의에 들여놓을까 하였으나 그러나 나는 모든 조건에 대하여 평화회의에 정식으로 들여놓기 전에 우리를 참으로 도와줄 친구들의 값없는 찬성과 협의를 경유하여 뽑을 것을 뽑고 교정할 것을 교정한 후에 원만한 청원서를 만들고저 한 때문에 기약한대로 되지 못하였나이다. 나는 우리의 청원을 일직이 들여놓기를 심히 원하였으나 불완전한 글을 들여놓을 수 없고 또는 나의 일을 찬조하여 주는 자가 심히 적은 까닭이외다.

당신들이 아는 바와 같이 나는 만국공법이나 외교상 법문(法文)에 그리 한숙(嫺熟)지 못합니다. 그럼으로 나는 우리의 법식적 청원서를 저술하는데 조역할 사람이 있는 것이 제일 필요한 줄로 생각하였으나 그러나 나는 할 일 없이 나 혼자 모든 일을 보는 동시에 각국 외교원도 심방하며 인쇄소에도 가보아야 하며 통신도 하여야 됨으로 어떤 때는 앉아서 전보 한 장을 쓸 시간도 없었나이다.

만일 우리가 대한인국민회에서 파송하는 3대표자들이 오지 못하게 될 줄을 일찍이 알았다면 나는 여기 올 때에 비록 서역(書役)에 조역할 사람이라도 몇 사람 데리고 왔었을 것이외다. 당신들이 다 아시는 바와 같이 나는 아메리카에서 보내는 3대표자를 도와줄 목적을 가지고 유럽으로 건너올 때에 이와 같이 정계 파도가 흉흉한 가운데 호을로 일엽편주를 타고 애쓸 줄을 알았으리오. 어떻든지 우리는 우리 정형에 대하여 할 수 있는데까지는 능력과 정성을 다할 것뿐이라 하며 또는 우리 성공할 희망은 전능하신 하늘님께 맡겨둘 뿐이외다.

• 청원서를 들여놓음

우리의 일이 조금 늦은 듯 하나 평화회 행정위원들이 지금까지 저맨(독일) 문제에 분주하여 남은 겨를이 없었은 즉 그와 같이 심리상에 관계되는 시기에 우리의 문제를 들여 놓는 것도 지혜롭지 못한 듯 합니다. 지금 형편으로 보면 이 주일 안으로 우리의 청원서의 인쇄가 영문과 프랑스 국어로 필역(畢役)될 듯한즉 이 청원서를 들여놓는 날에는 곧 당신들에게 전보하오리다(신한민보 제551호에 기재된 바 5월 12일 파리전보를 참조).

• 신문계에 대한 일

우리의 청원서를 정식으로 들여놓은 뒤에 나는 나의 시간을 더 허비하여 신문계에 여론을 일으키는데 힘쓰고자 합니다. 내가 처음에 패리쓰에 올 때에는 패리쓰의 신문계 여론이 우리에게 대하여 냉냉한 듯 하더니 차츰 우리에게 동정을 표하는 언론이 나오는 동시에 나는 원동과 미국에서 건너오는 모든 전보와 논문을 패리쓰 유력한 신문지에 기재하였나이다. 그러나 신문계가 하도 많다 본즉 아직도 우리의 진행한 일이 만족지는 못하고 지금 시작한 줄로 내가 믿나이다.

● 재정상에 관한 형편

나의 지위에 대하여 내가 이곳에 올 때부터 지금까지 항상 재정이 넉넉지 못함으로 임시적 경비도 곤란한 점이 많습니다. 그런 까닭에 신문계에 우리의 소문을 널리 광포치 못합니다.

나의 인쇄비가-모든 공문과 여간 통첩 서류 등은 회계하지 않고 다만 평화회의에 들여놓을 설명서와 청원서를 발간한 인쇄비가-3만 프랑(약 5천 7백 달러)이라. 이 가운데 잉글랜드 내지에 수천 장 설명서를 박혀 돌린 경비와 아메리카와 중국에 1만 장 성명서를 박혀 돌린 경비는 들지 않았습니다.

첫 한 달 동안은 나의 거처 음식이 심히 불편하였으며 앉아서 일할 자리도 편리치 못하였습니다. 그러므로 손님을 접대하는 문제는 비록 필요한 때가 많았으나 경비문제로 인하여 생의(生意)도 못하였습니다.

현금 나의 경비는-생활비와 고문비와 서역비와 통신비와 기타 모든 것을 합하여-매삭 8천 프랑으로 1만 프랑(약 1천 5백 20달러로 1천 9백 달러가량)을 가져서야 씁니다. 이 가운데 접대비와 인쇄비와 외교비와 불항비(不恒費) 등 같은 경비는 들지 않았나이다.

내가 헐버트 박사의 온전한 시간을 허비하야 우리의 일을 보아달라고 간청한즉 그이도 지금 보는 청년회 사무를 내어놓고 우리의 일을 전무(專務)하기로 힘써 보았으나 오는 10월까지 청년회의 일을 보아주기로 계약한 고로 그것도 맘대로 되지 못하였으나 그러나 지금 나는 다른 율사(律士) 두 사람(그네들이 어느 나라 국민인 것과 성명은 아직 말하지 않음)을 고빙하여 쓰는데 이네들은 법률에만 능할 뿐 아니라 또한 신문학에 능한 사람들이라. 이네들이 나를 도울 때에 다만 우리에게 뜨거운 동정을 표하기 위하여 도와줌이오, 무슨 재정을 원하는 것은 아니외다. 그러나 우리는 마땅히 물질로 이네들의 수고를 보답하여야 되겠나이

다. 이런 경비는 이상에 말한 바 경비에 대강 포함하였나이다.[66]

　김규식이 진행하는 일은 첫째, 파리강화회의 서기국에 공식 청원서를 제출하는 것, 둘째로 이후 신문계를 중심으로 선전 활동을 펼치는 것, 셋째로 국제연맹에 한국 문제를 청원하는 것으로 순서가 정해져 있었음을 알 수 있다.
　파리강화회의 서기국에 제출할 문서는 설명서와 청원서로 번역되었는데, 비망록(Memorandum)과 청원서(Petition)였을 것이다. 문제는 김규식이 만국공법이나 외교적 법률문서(法文)에 익숙하지 않았던 것으로, 누군가의 도움이 절실히 필요한 상황이었다. 프랑스 파리에서 이런 도움을 제공할 한국인은 존재하지 않았다. 김규식 자신은 국민회 총회가 파리강화회의에 파견할 3명의 대표, 즉 이승만, 정한경, 박용만의 조력자로 생각하고 파리에 건너왔기 때문에 아무런 준비가 안 된 상태였다고 하소연하고 있다.
　우리가 이미 살펴본 것처럼 김규식은 중국을 떠나오기 전 신규식과 함께 윌슨 대통령 앞 청원서를 작성했고, 박용만에게 파리로 오라는 편지를 보냈고, 북경 주재 미국공사관에 파리행 여정의 목적과 일의 절차를 통보했으며, 포르토스호를 타고 오는 중에도 파리강화회의에 제출할 비망록 초안을 작성하는 등 할 수 있는 한 최선의 노력을 경주하며 파리에 도착했다.
　그럼에도 불구하고 "법식적 청원서"(legal petition)를 작성하기 위해서는 율사, 즉 법률가나 변호사의 도움이 절실했다. 김규식은 뜻밖에 헐버트를 만나 그에게 도움을 청했지만, YMCA 일로 계약이 되어 있던 헐버트는 파리위원부 일에 도움을 줄 수 없었다. 헐버트가 1905년 포츠머스회담, 1907년 헤이그만국평화회담에서 한국 독립 유지의 외교를 담당한 것을 떠올린다면 왜 김규식이 그에게 도움을 청했는지 알 수 있다. 헐버트는 1919

66　「김규식대사 보낸 글」, 『신한민보』(1919. 5. 27).

년 10월까지 YMCA와 계약이 된 상태였으며, 그 이후 파리위원부 고문으로서 역할을 했다. 구미위원부 재정 보고에 따르면 헐버트에게 1919년 12월부터 1920년 4월까지 총 680달러를 지불한 것으로 되어 있다.[67]

그렇다면 김규식은 누구의 도움으로 청원서를 완성했는가? 김규식은 2명의 성명 미상, 국적 미상의 율사에게 도움을 받아서 "뽑을 것을 뽑고 교정할 것을 교정한 후에 원만한 청원서"를 법률적으로 검토하여 완성했다고 했다. 이들이 누구인지는 밝히지 않았다. 김규식은 이들에 대한 기록을 남기지 않았으며, 파리위원부 문서 어디에도 이들의 이름은 거론되지 않았다.

가장 먼저 생각할 수 있는 사람은 파리위원부 숙소를 제공한 에밀 블라베 혹은 그가 소개한 인물일 가능성이다. 블라베는 프랑스의 저명한 극작가, 소설가, 보드빌 작가(vaudevilliste), 언론인으로서 잡지 『르루랄』(Le Rural)의 창립자였으며, 일간지 『르골로아』(Le Gaulois), 『라프레스』(La Presse), 『라비파리지엔느』(La Vie parisienne)의 편집장을 지냈다. 1884년부터 수십 년간 『피가로』(Figaro)의 기고가로 활동하였으며, 파리 오페라의 사무총장(1885~1892)을 역임했다. 이장규에 따르면 그의 폭넓은 인맥 덕분에 김규식이 인권연맹 인사들과 자연스레 교류할 수 있었고, 한국친우회(Les Amis de la Corée)가 창립될 당시 상당수 회원들이 인권연맹 소속이었다. 에밀 블라베는 그의 부인이 지병으로 사망(1919. 9)할 때까지 한국통신국에서 발간하는 불어판 간행물의 교정을 맡아 도와주었다.[68] 블라베가 법률가로서 경력을 지녔는지는 미상이지만, 신문·잡지·문화예술계 전반에 발이 넓은 인물이었음을 알 수 있다. 자연스레 김규식과 프랑스 언론의 관계 설정에 큰 도움을 주었을 것이다.

---

67 방선주, 1989b, 위의 논문, ([표] 구미위원부 봉급 및 해외 각 기관 지출표).
68 이장규, 2020, 「1919년 대한민국임시정부 '파리한국대표부'의 외교활동 -김규식의 활동을 중심으로-」, 『한국독립운동사연구』 70, 54쪽.

두 번째로 이욱영, 진우인, 오조추, 왕정정 등 중국 측 인사들의 도움을 받았을 가능성을 생각할 수 있다. 중국에서 온 인물들보다는 파리 사정과 인맥에 능했고 하숙집을 제공한 이욱영의 도움을 받았을 개연성이 높아 보이지만, 그는 생물학 전공으로 법률과는 거리가 먼 인물이었다. 또한 이욱영은 오치휘(吳稚暉) 등과 함께 프랑스에서 최초로 무정부주의 사상을 수용한 파리그룹에 속해『신세기』(新世紀)를 간행한 중국 '무정부주의 1세대'였다. 이들은 각계의 호응을 얻은 유법근공검학운동, 즉 프랑스에 유학해서 노동하며 공부하는 운동의 창시자였다. 이 운동은 1919년 3월 17일 87명의 유학 지망생들이 상해를 출발해 프랑스로 향한 이래 1920년 12월까지 20여 차례 2천여 명의 학생들을 프랑스로 유학 보냈고, 1921년 9월까지 지속되었다. 프랑스는 제1차 세계대전 당시 노동력 부족으로 중국인 노동자 약 20만 명을 수용하고 있었으나, 하층 노동자들의 무뢰배적 행동은 중국의 평판을 악화시킨 측면이 있었다. 이에 따라 이욱영 등은 중국 지식인, 학생 등을 프랑스에 유학시켜 장래의 인재로 자라게 만들자는 근공검학운동을 시작한 것이다. 이욱영은 훗날 북경대학 총장을 지내는 채원배(蔡元培), 손문의 동료이자 훗날 친일로 유명해진 왕정위(汪精衛), 오치휘, 장계(張繼), 오옥장(吳玉章) 등과 함께 유법근공검학회(留法勤工儉學會), 화법교육회(華法敎育會)를 주도했다. 그러나 이 운동은 유학생들의 생계 곤란, 학비 곤란, 리옹중법대학(里昂中法大學) 등의 문제로 결국 파탄났다.[69] 이욱영은 당시 근공검학운동에 몰두하고 있었지만, 파리강화회의 등 외교 문제에는 개입하지 않는 상황이었다.

세 번째는 김규식의 편지와 파리위원부의 행적에 근거한 합리적 추론이다. 만약 이런 헌신적이고 친한적이며 동정적인 율사들이 있었다면, 이들은 이후로도 파리위원부의 활동을 지속적으로 도와주었다고 보는 것이

---

69 박제균, 1996, 위의 논문, 190~240쪽.

타당하다. 김규식의 4월 30일 자 편지에 그 단서가 있다. 김규식은 이들이 진정으로 한국 독립운동을 위해 헌신하며, 대가를 바라는 것이 목적이 아니며, 법률에만 능할 뿐 아니라 신문학에 능한 사람들이라고 표현하고 있다. 즉, (1) 한국과 같은 약소민족 독립운동에 헌신적이며, (2) 법학과 신문에 능한 사람이며, (3) 한국 일을 도와주면서 돈을 벌고자 하는 등의 돈 문제에 별 관심이 없다는 것이다.

그렇다면 파리위원부의 공식 활동 공간으로 1920년 이래 간행된 『자유한국』, 1921년 발족한 한국친우회의 관계자들 가운데 이런 특징에 부합하는 사람이 누구인지를 찾아보는 게 합리적인 추론이다. 어렵지 않게 두 사람이 눈에 띄는데 바로 한국친우회 사무총장들이다. 페리씨앙 샬레(Félicien CHALLAYE, 파리대학 교수, 인권연맹 회원)와 사동발(謝東發, 중국인, 사회운동가)이다. 이옥 교수가 정리한 이들의 약력은 다음과 같다.

- 사동발(謝東發, SCIE Ton-Fa): 1880년 12월 5일 파리에서 중국계 아버지와 프랑스인 어머니 사이에서 태어났음. 1902년 10월 11일 프랑스 국적을 거부. 기혼이며 자녀는 없음. 1931년부터 파리 중심지 오스만가 93번지에 거주하며, 연 집세는 4000프랑. 파리대학교에서 법학박사 및 의학박사 학위를 받았으나 그 분야의 활동은 하지 않음. 1916년부터 자기 아파트에 주소를 둔 중국 홍보국을 운영하면서, 프랑스 신문 『라뻴』(Rappel)과 『라디칼』(Radica) 및 외국의 신문에 기고, 중국에 상당한 재산을 보유하며, 파리에서 상당히 호화로운 생활을 하고 있었음. 1904년부터 한국의 독립을 옹호하는 홍보 활동을 전개, 한국의 합방 이후에도 계속, 그는 『자유대한』의 발행에 필요한 자금의 일부를 제공하였으며, 한국친우회의 주된 설립위원 중의 하나이며, 친우회 본부 주소는 그의 아파트였음. 그는 同친우회의 목적 달성을 위해 인권연맹 및 프랑마쏘느리(직업 친목—유대 결사단) 회원들의 지지를 받고 있음.[70]

• 페리씨앙 샬레(Félicien CHAllAYE): 1875년 11월 1일 리용시(市)에서 출생. 딸 둘을 가진 이혼한 부인과 결혼, 샬레 부부 사이에는 1918년에 난 아들이 하나 있음. 1897년 문과(철학)교수 자격시험에 1등으로 합격. 1901~1920년 사이 지방 및 파리의 고용학교 철학 교수. 각종 문학지와 학술지에 기고하며, 자선가로 이름 높은 은행가 Albert KHAN의 개인 비서이기도 함. 그는 정부 장학금을 받아 극동과 아프리카를 여러 차례 여행했는데, 특히 1919년에는 한국과 일본을 다녀왔음. 그는 총명하고, 달변에 뛰어난 재능을 지닌 웅변가임. 『혁명적 노조운동』(1905), 『서화(畵報)로 본 일본(Le Japon illustré)』(라루쓰 출판사, 1915) 등의 저서가 있음. 인권연맹 회원이며, 한국친우회 주된 설립 위원임. 진보적 사상을 가진 그는 열렬한 약소민족의 권리옹호자이며, 공산당 당원으로, Bézinet 면(面) 공산당지부 서기. 덕성이 양호하며, 경찰의 감시 대상자는 아니었음.[71]

사동발은 법학박사 출신으로, 1916년부터 중국홍보국을 운영하며 신문 기고 활동을 하는 인물이며, 1904년부터 한국 독립운동을 후원했고, 『자유한국』의 발행비용 보조, 한국친우회 회원이자 본부 사무실을 제공한 인물이다. 인권연맹의 지지를 받는 진보적 인사인 것이다. 김규식은 1920년 구미위원부 재정 악화로 유럽예산을 월 500달러로 축소하면서, 프랑스의 『자유한국』 발행비로 2천 프랑(2백 달러)를 책정하고 이를 사동발이 관리하게 하라고 황기환에게 지시할 정도로 사동발에 대한 신뢰가 깊었다.[72]

---

70 이옥, 1989, 위의 논문; 「한국친우회 창립 모임에 관한 보고(프랑스 내무부장관-외무부장관)」(1921. 7. 7), 『대한민국임시정부자료집』 23(대유럽외교 I).
71 이옥, 1989, 위의 논문; 「국제연맹과의 펠리시앙 샬레에 관한 보고서(프랑스 외무부 국제연맹과-아시아과)」(1931. 12. 20), 『대한민국임시정부자료집』 23(대유럽외교 I).
72 「김규식이 황기환에게 보낸 편지」(1920. 6. 25), 『대한민국임시정부자료집』 43(서한집 II).

『구주의 우리 사업』에서도 샤동발을 법학박사이자 중국 각 신문의 통신원으로 프랑스 내 유명인사라고 소개했다. 특히 대한제국 주파리공사관 당시부터 한국과 밀접한 연락이 있었고, 1919년 한국 평화대표단에 대해 "다대한 노력을 하였"다고 설명하고 있다.[73]

샤레는 교수이자 아시아 전문가이며 『혁명적 노조운동』 등 다수의 책자를 간행한 저술가이자 인권연맹과 한국친우회의 주요 설립위원으로, 진보적 사상을 가진 공산당원이자 열렬한 약소민족 권리 옹호자였다. 다만 샤레의 경우 프랑스정부의 극동사절단으로 1919년 3~4월간 산동(山東)성 수도인 제남부(濟南府)를 거쳐 한국을 경유한 경험이 있는데,[74] 김규식이 청원서·비망록을 작성하던 1919년 4~5월에는 한국에 체류 중이었다. 『구주의 우리 사업』에 따르면 원래 샤레 교수는 2차례 극동을 시찰하고 일본을 신진 문명국으로 생각한 친일파의 일원이었으나, 1919년 3~4월간 제3차 극동 시찰에서 서울과 산동을 시찰하며 일본의 실상을 목도한 후 친일을 접고 한국과 중국을 대변하게 되었다.[75]

또 한 가지 고려할 사항은 1919년 5월 중순 김규식이 갑자기 국제사회주의운동과 연결된 사실이다. 물론 김규식이 상해를 떠나기 전 북경 주재 미국공사관에 제출한, 파리에서 수행할 과업과 관련한 「절차개요」에 향후 접촉할 대상으로 (4) 정당, 정치단체, 사회주의적 조직 기타가 들어 있었다.[76] 사회주의적 조직과의 접촉도 처음 구상에 들어 있었던 것이다. 그

---

73 대한민국 파리위원부, 1920, 『구주의 우리 사업』.
74 샤레 교수는 1920년 1월 8일 인권연맹(Liguedes Droits de l'Homme)의 후원 아래 지리협회(Société Géographie) 강당에서 열린 소르본 대학의 올라르(Aulard) 교수가 주재하는 친중(親中)·친한(親韓) 집회에서 「극동에서 위협받은 평화」라는 글을 발표했는데, 자신이 1919년 산동과 한국을 방문한 경험을 진술하고 있다. 『르라디칼』(1920. 4. 27), 『자유한국』(La Corée Libre) 제1호(1920. 5), 『대한민국임시정부자료집』 21(파리위원부).
75 대한민국 파리위원부, 1920, 『구주의 우리 사업』.
76 "Outline of Procedure" Paul S. Reinsch (Peking) to Secretary of State, February 16, 1919. No.2631. 895.00/581. RG 59, Records of the Department of State, Relating to

렇지만 프랑스에서 어떤 연고나 소개로 이들과 접촉할 수 있을지는 미지수였다. 그런데 돌연 김규식은 파리강화회의에 제출한 공식 청원서 프랑스어판 40장, 영어판 10장을 5월 16일 네덜란드 암스테르담 국제사회주의 사무국 서기 카미유 위스망(Camille Huysmans)에게 보내 가맹단체 배포를 요청했다.[77] 김규식이 이전에 사회주의적 지향이나 연결망이 있는 것도 아니었고, 생면부지의 파리에 도착했는데 어떤 설명도 없이 국제적 사회주의 조직과 연결된 것이었다. 누군가 신뢰할 만한 사람의 조언과 안내, 소개와 연결이 있었다고 보는 게 타당할 것이다. 사동발과 샬레는 모두 인권연맹과 관련을 맺고 있었는데, 인권연맹은 1932년 윤봉길 의거 이후 상해 프랑스 조계에서 체포된 한국인들의 석방을 요구한 데에서 알 수 있듯이 이후에도 지속적으로 한국 문제에 관심을 가졌다.

전후 사정을 살펴본다면 프랑스에서 인권연맹과 국제사회주의운동, 극동문제, 약소민족 문제에 관심을 가지고 있던 사동발의 권고와 연결로 김규식이 국제사회주의 사무국과 연결된 것으로 추정된다. 같은 맥락에서 스위스 루체른 국제사회주의자대회에 이관용과 조소앙이 파견된 것도 역시 사동발 등의 역할과 연결·소개가 작용했다고 추정된다. 이관용은 스위스에서 공부하기는 했으나 사회주의와는 무관한 경력의 인물이며, 그런 기획을 추진할 가능성이 적었다. 6월 말 막 상해에서 도착한 조소앙이 그런 경로를 스스로 개척해서 찾았다고 보기도 어렵다.

사동발과 샬레 교수 두 사람 중 적어도 사동발은 김규식의 청원서 작성에 도움을 주었을 가능성이 매우 크다. 사동발은 법학박사로 김규식이 필요한 청원서·비망록의 국제법적 주장과 근거에 능통했으며, 김규식이 강조한 신문계에 정통한 인물로서, 중국홍보국을 운영했고 한국 독립을 옹

Internal Affairs of Korea (Chosen), 1910-29. MF. M-426, Roll 3.
77 「김규식이 위스망에게 보낸 서한」(1919. 5. 16),『대한민국임시정부자료집』, 43(서한집 II).

호했다. 사동발은 경제적 여유가 있었으므로 돈 문제에 연연하지 않았다. 모두 김규식이 말한 율사의 특징에 해당한다.

이상을 종합한다면, 김규식 곁에서 아무런 대가를 바라지 않고 호의를 베풀고 국제법적 조언과 신문계와의 관계를 조언한 2명의 율사 중 한 명이 사동발이었을 가능성이 크다는 것이 현재로선 가장 그럴듯한 추정이다.

어느 쪽이든 4월 30일 현재 김규식은 영어·프랑스어로 된 청원서가 2주 안에 인쇄 완성될 것이라고 쓰고 있다. 5월 15일 이전에 청원서가 평화회의 사무국에 전달될 것임을 알린 것이다.

김규식의 곤고한 형편과 상황도 잘 묘사되어 있다. 파리 도착 후 한 달 동안 거처·음식이 심히 불편했고, 앉아 일할 자리도 불편했다는 것은 이욱영의 하숙집에서 중국 학생 3명과 한 방을 쓰며 생활하던 정황을 뜻한다. 모든 일을 혼자서 처리하며, 각국 외교관을 심방하고, 인쇄소도 방문하고, 통신도 하느라 시간이 없다는 것이다. 평화회의에 제출할 비망록과 청원서 인쇄비가 3만 프랑(5천 7백 달러)이며, 그 외 영국에 배포한 수천 장 비망록, 중국에 배포된 1만 장 성명서 비용은 포함되지 않았고, 생활비·고문비·문서 작성비·통신비·기타를 포함해 매달 8천~1만 프랑(1천 5백 2십~1천9백 달러)이 필요하다고 했다.

이런 노력 끝에 드디어 공식 비망록과 청원서가 영어판·프랑스어판으로 완성되었다. 김규식은 이를 1919년 5월 10일 자로 파리평화회의 사무총장 두타스타(Dutasta)에게 제출했다. 제출한 문서는 모두 3종류로 구성되어 있었다.[78]

• 청원서(Petition): 일본으로부터의 해방과 독립국가로서 한국의 재

---

[78] 『구주의 우리 사업』은 이를 공고서(控告書)라고 불렀으며, 땅끝까지 이른(地盡頭) 김규식이 필생의 정력을 다해 5월 10일 평화회의에 제출했다고 기록하고 있다. 김규식의 자필 메모와 이에 근거해 공식 제출일을 5월 10일로 판단했다.

건을 위한 한국 국민과 한국의 요구 청원서(The Petition of the Korean People and Nation for Liberation from Japan and for the reconstitution of Korea as an independent state), (8쪽, 표지·내표지 각 1쪽, 본문 6쪽)

- 비망록(Memorandum): 일본으로부터의 해방과 독립국가로서 한국의 재건을 위한 한국 국민과 한국의 요구 비망록(The Claim of the Korean People for Liberation from Japan and for the reconstitution of Korea as an independent state), (15쪽, 표지·내표지·목차·내표지 각 1쪽, 본문 11쪽).

- 부록(Appendices: 제1호 한국의 병합(No. 1 The Annexation of Korea), 제2호 105인 사건(No. 2 The Korean Conspiracy), (4쪽, 표지 1쪽, 본문 3쪽).

청원서·비망록·부록이 한 세트로 이루어진 문서는 총 27쪽 분량이고, 리걸 사이즈 크기의 백색 양지(洋紙)에 인쇄되어 있으며, 인쇄 품질이 매우 좋다. 뒷표지 아래에 인쇄소 이름과 주소(Herbert Clarke, Printer, 338, Rue Saint-Honoré)가 적시되어 있다. 이 문서들의 영문판은 현재 미 의회도서관 우드로 윌슨 대통령 문서철에 포함되어 있으며 마이크로필름으로 열람할 수 있다. 김규식은 5월 12일 윌슨 대통령에게 이 문서 세트를 보냈다.[79] 김규식은 하루 뒤(1919. 5. 13) 윌슨 대통령에게 보낸 문서를 그대로 태스커 블리스(Tasker H. Bliss) 장군에게 보냈다. 블리스는 제1차 세계대전 시기 미 육군 총참모장을 지낸 4성 장군 출신으로, 파리강화회의 당시

---

79 John Kiusic Soho Kimm to President Woodrow Wilson, May 12, 1919. Presidential Papers Microfilm, Woodrow Wilson Papers, Series 5B: Peace Conf. Corres. 1919 May 7-13. Reel #405. Manuscript Division, Library of Congress.

윌슨의 군사참모로 참가했는데, 종신미군대표(the American Permanent Military Representative), 최고전쟁위원회(Supreme War Council) 전권대사의 자격이었다. 김규식은 블리스에게 편지를 보내며 자신의 명함(J. Kiusic S. Kimm, Member of the Delegation Corenne)과 함께 윌슨 대통령에게 보낸 공문 및 첨부된 청원서·비망록·부록 한 세트를 동봉했다.[80] 이런 연유로 김규식 청원서·비망록·부록 한 세트의 원본을 확인할 수 있는 곳은 미 의회도서관 블리스문서철이다.

1919년 5월 10일 파리강화회의 서기국에 제출한 이 청원서·비망록·부록은 4월 5일 제출한 비망록·편지와는 여러 면에서 차이가 있었다.

첫째, 형식상의 차이다. 1919년 4월 5일 자 비망록·편지는 김규식의 말대로 "법식적 청원서"라기보다는 한국의 입장에 대한 진술서 형식이었다. 1919년 5월 10일 자 청원서 등은 청원서, 비망록, 부록으로 구분하고, 각 문서마다 법률적, 외교적 근거를 표시한 것이 가장 큰 특징이었다.

둘째, 내용상의 차이다. 1919년 4월 5일 자 비망록은 5개 항목으로 구분해 한국 해방(liberation)을 호소했다. 주장의 가장 큰 근거는 일본의 강요와 사기에 의한 한국 병합의 부당성, 한국이 역사적·지리적·전략적으로 독립국이 되어야 한다는 점, 한국 독립이 중국·시베리아·몽골의 운명과 직결된다는 점, 정의·인도라는 인도주의적 관점, 한국인들의 자치 독립 선호 등을 제시했다. 반면 1919년 5월 10일 자 제출 서류는 청원서, 비망록, 부록으로 역할을 분담했다. 가장 중요한 핵심 근거는 1910년 합병조약이 무효이며, 1919년 평화회의에서 폐기되어야 한다는 점에 있었다. 특히 1910년 합병조약 폐기가 왜 정당한지를 5개 항목에 걸쳐서 세부적으로 설명했다.

---

80 J. Kiusic S. Kimm to General Taker H. Bliss, May 13, 1919. The Papers of Taker H. Bliss, Box 312. Folder Korea Miscellaneous April-May 1919. Manuscript Division, Library of Congress.

김규식이 의식했던 외교적 정당성, 만국공법에 따른 "법식적 청원서"의 핵심이 바로 이 지점이었다.

셋째, 제출자의 자격, 지위의 차이다. 1919년 4월 5일 자 비망록은 신한청년당 대표 김규식만을 적은 반면, 1919년 5월 10일 자 청원서, 비망록에는 신한청년당 대표, 대한인국민회 대표, 대한민국임시정부 대표라는 3층위의 자격이 병기되었다. 3·1운동 이후 변화된 정세를 반영한 것이다.

넷째, 김규식에 따르면 4월 5일 자 청원서는 1만 장 인쇄하여 4월 30일 현재 몇천 장을 분전(分傳)했고, 새로 교정한 성명서와 청원서, 즉 5월 10일 자 청원서·비망록을 다량으로 인쇄해서 6천 장은 프랑스와 유럽 각국에 보내고, 2천 장은 영국에 보낼 예정이었다. 김규식은 프랑스에서 이런 작업을 하려면 위원을 지정할 필요가 있다며, 영국은 장택상(T. S. Chang), 미국은 필라델피아 대한공화국 통신부, 원동은 상해로 정하는 게 좋겠다고 했다.[81]

이제 청원서, 비망록, 부록의 내용을 살펴볼 차례이다. 먼저 청원서에는 긴 부제가 붙었는데, "1910년 8월 22일 일본이 대한제국을 합병하고자 서울에서 체결한 조약을 폐기하거나 무효로 선언하는 파리강화회의에 입각한 일본으로부터의 해방과 하나의 독립국가로서 한국의 재건을 위한 한국 국민과 한국의 요구"(The Claim of the Korean People and Nation for Liberation from Japan and for the Reconstitution of Korea as Independent State to be Effected by and through the Peace Conference Declaring as Null and Void or Otherwise Abrogating the Treaty Concluded at Seoul on August 22, 1910, Whereby Japan Purported to Annex the Empire of Korea)다. 한국 독립을 주장하는 핵심 근거가 병합

---

81 「김규식대사 보낸 글: 우리는 민첩히 활동」, 『신한민보』(1919. 5. 29). 김규식은 상해 Commercial Press가 일을 잘 맡아 해줄 것이라며 추천했다.

조약의 폐기와 무효라는 것이다. 왜 그런 것인가를 여러 조항으로 나누어 설명했으며 주장의 핵심은 소제목으로 정리했다.

- 한국 독립은 승인되었음(2항: 1882년 한미조약, 1895년 시모노세키조약, 1902년 영일동맹, 1904년 한일조약 등에서 한국의 독립과 보전 보장).
- 국제적 원칙으로서 한국 독립(3항: 한국 독립은 국제적 원칙).
- 한국 독립에 대한 일본의 침해(4항: 1910년 한일병합은 사기와 폭력에 의한 것).
- 한국의 저항(5~6항: 한국인들은 계속 저항함).
- 한국인의 교육 및 재산에 대한 일본의 "통제"(7~8항: 한국인 교육의 통제, 재산 통제).
- 일본과 기독교(9항: 기독교 선교사업 방해, 적대세력으로 간주).
- 일본에게 도움이 되는 한국(10~11항: 일본이 주장하는 개혁은 일본을 위한 것).
- 세계와 맞서는 일본(12~13항: 일본은 세계강국의 이권과 맞서 서구 경쟁자를 배제).
- 일본의 대륙정책(14항: 일본은 중국을 지배한 후 태평양 지배로 나아갈 것).
- 시행 중인 정책(15항: 일본의 대륙 지배 정책의 진행 과정).
- 한국혁명(16항: 3·1운동=한국혁명의 발발과 독립선언).
- 혁명의 진전(17항: 3·1운동의 전개 과정, 다수의 사상자 발생).
- 대한민국(18항: 대한민국임시정부 성립, 대한민주국임시정부 소개. 손병희는 설명하지 않고, 박영효·이승만·안창호·이동휘를 설명함).
- 일제의 탄압(19항: 언론 보도에 나타난 일제의 진압 사례, 학살, 만행을 설명).

KOREAN DELEGATION

THE PEACE CONFERENCE

THE CLAIM
OF THE KOREAN PEOPLE AND NATION

FOR LIBERATION FROM JAPAN AND FOR THE
RECONSTITUTION OF KOREA
AS AN INDEPENDENT STATE

Petition — Memorandum

PARIS: APRIL, 1919.

김규식이 파리평화회의에 제출한 청원서(1919. 5. 10), NARA.

- 병합조약의 폐기(20항: 1910년 병합조약은 무효, 평화회의에서 폐기되어야 함).
- 서명(신한청년당 대표, 대한인국민회 대표, 대한민국임시정부 대표 John Kiusic Soho Kimm 서명).

첫째, 형식상으로 볼 때 1919년 4월 5일 자 비망록보다 훨씬 세련되며, 소제목으로 전달하려는 내용의 핵심을 쉽게 파악할 수 있도록 구조화된 점이 눈에 띈다. 내용상으로는 1919년 4월 5일 자 비망록에 비해 주장의 근거가 더 명확하고 국제법적 관점이 강조된 점을 알 수 있다.

둘째, 일본의 한국 점령이 대륙 팽창으로 이어지고, 나아가 태평양 지배로까지 나아갈 것이라고 한 부분은 선견지명이자 미국·영국·프랑스 등 강대국을 상대로 한 한국 독립 주장의 근거이기도 했다.

셋째, 대한민국임시정부를 소개했는데, 여기에 거론된 것은 현순이 발설해서 알려졌으나 실재하지 않았던 대한민주국임시정부였다. 박영효, 이승만, 안창호, 이동휘 등을 소개했지만, 천도교 지도자 손병희는 생략되었다.

넷째, 1910년 병합조약은 무효이며, 이것이 평화회의에서 폐기되어야 하는 국제법적 근거가 상세하게 제시된 점이 가장 큰 특징이라고 볼 수 있다.

I. 병합조약은 사기와 강압으로 체결되었고, 황제가 국가의 권리를 일본천황에게 이양할 수 있는 권리가 있다고 되어 있다.
II. 한국 국민은 병합조약을 반대했고, 황제는 국가를 양도할 권리가 없다.
III. 병합조약은 이전에 한국의 독립과 영토보전을 약속한 다수의 국제조약 위반이다.

Ⅳ. 한국이 다수의 국가와 맺은 국제조약에서 한국은 독립국가, 주권국가로 인정되었다. 한국의 독립과 영토보전은 만국공법의 원칙에 입각해 명확히 보장되었다.

Ⅴ. 윌슨 대통령의 14개조 원칙에 따른 파리강화회의는 합병조약을 폐지하는 것이 의무이다.

김규식과 그를 조력한 국제법 전문가들의 공략 지점이 어디였는가 하는 점을 알 수 있다. 1910년 병합조약이 사기와 강압으로 이뤄져 원천 무효이며, 국민주권론에 입각하여 한국의 주권은 4천 년 이상 지속되어서 황제가 마음대로 넘길 수 있는 물건이 아니며, 한국인 모두가 이 병합조약에 반대했고, 개항 이래 한국이 여러 국가와 맺은 조약 및 국제조약에서 한국의 독립 및 주권이 보전되었으니 이것이 지켜져야 하며, 국제정의와 인도에 입각한 윌슨의 14개조를 기본 정신으로 한 파리강화회의는 당연히 병합조약을 폐지해야 한다는 것이 핵심 주장이자 논리였음을 알 수 있다.[82] 때문에 청원서·비망록의 제목이 1910년 병합조약의 폐기·무효였던 것이다.

1919년 1월 신정·김성 명의의 청원서, 1919년 4월 5일 자 비망록 등의 과정을 거쳐서, 1919년 5월 10일 자 청원서·비망록·부록이 완성된 것이었다. 김규식은 3·1운동 이후 변화·발전하는 국내외 정세를 반영해 한국 독립의 정당성과 가능성을 주장했던 것이다. 그리고 이러한 모든 활동을 김규식이 혼자 힘으로 고립된 파리에서 수행했다는 점은 다시 강조해도 무방하다.

다음으로 비망록(Memorandum)을 살펴보자. 김규식은 비망록 표지

---

[82] 「통신전」 제7호(1919. 5. 10)도 청원서·비망록의 핵심이 "1910년 8월 22일에 서울에서 체결된 한일 합병조약을 취소하라고 평화회의에 요구"하는 것이라며 위의 사항을 강조하고 있다. "6. 이 청원서는 한국과 폴란드, 그리고 알자스 로렌(Alsace Lorraine)의 입장이 같음을 강조하는 바이다"라는 부연설명을 덧붙였다.

위에 자필로 "한국대표단의 아래 서명자가 1919년 5월 10일 제출한 청원서에 언급된 비망록이 바로 이것이다"라고 썼다. 비망록에도 청원서와 동일한 부제가 붙어 있다. 1910년 병합조약이 무효이며 파리강화회의가 이를 취소해야 한다는 제목이 큰 활자로 강조되어 내표지를 차지하고 있다. 이것이 핵심 주장인 것이다. 비망록은 모두 23개 소제목으로 구분되어 있다. 청원서에 제시된 내용들을 좀 더 세분화해서 구체적으로 설명한 것으로 보인다.

1. 한국의 요구
2. 4,200년 된 민족의 역사
3. 한국 독립
4. "자유롭게 이루어진 협상"
5. 프로이센과 일본
6. 한국의 보호국화
7. 한국 병합
8. 일본화와 프로이센화
9. 한국 토지 소유자들에 대한 착취
10. 한국어와 한국 역사의 금지
11. 한국 교육의 "통제"
12. 한국 재산의 "통제"
13. 한국의 식칼
14. 기독교에 대한 일본의 적대감
15. "하나의 큰 요새"로서의 한국
16. 아시아에서 앵글로색슨의 업적
17. 우량 돼지 정책
18. 세계 여론에 구애받지 않는 일본

19. 일본의 대륙정책
20. 시행 중인 정책
21. 프랑스에 대한 위협: 시모노세키조약, "수치스러운 삼국간섭"
22. 태평양 지배: 세계 정복 정책
23. 영원한 갈보로서의 일본인: "운남시에서 울란바토르까지"

핵심은 병합조약의 무효, 불법, 사기 등을 강조하면서, 한국 국내에서 일본의 지배로 인한 억압과 부조리, 만행을 폭로하는 한편, 일본의 한국 지배가 결국 중국 대륙 지배, 태평양 지배로 나아갈 것이라는 점을 강조한 데 있다. 다양하고 흥미로운 사례들을 거론하고 있는데, 한국 가정에서 식칼조차 보유하지 못하는 상황, 교육에서 한국인과 일본인 간 불평등, 한국을 개발한다고 하지만 결국 공모전에 출품할 우량 돼지와 같은 대우에 불과하다는 점 등을 거론하고 있다. 일본이 중국 운남에서 몽골 울란바토르까지 매춘을 퍼뜨리고 있다는 점을 강조한 대목도 흥미롭다. 23번 항목 '영원한 갈보'라고 해석한 영문은 "Eternal Priestess"〔영원한 여사제〕인데, 이는 퍼트넘 웨일(Putnam Weale)의 1914년 작 소설 『영원한 여사제: 중국 풍속에 관한 소설』(The Eternal Priestess: A Novel of China Manners, London, Methuen & Co Ltd., 1914)에서 따온 것으로 보인다.[83]

마지막으로 부록에는 제1호로 병합조약 원문, 제2호로 105인 사건을 싣고 있다.

전체적으로 청원서, 비망록, 부록은 한국의 주장을 잘 드러낼 수 있도록 표지, 내표지, 소제목 등을 강조해서 배치함으로써 전문을 다 읽지 않아도 주장의 핵심을 파악할 수 있도록 했다. 청원서의 소제목을 읽으면 핵심

---

[83] 퍼트넘 웨일은 중국 관련 최고의 저술가였던 Bertram Lenox Simpson(1877~1930)의 필명이다. 김규식의 1919년 4월 5일 자 비망록에 퍼트넘 웨일이 인용되어 있다.

주장을 파악할 수 있으며, 그다음 비망록의 소제목들을 보면 좀 더 세부적인 내용을 파악할 수 있게 되어 있다. 마지막으로는 핵심 근거인 병합조약과 기독교인에 대한 탄압이 증거문서로 제시되어 있다.

청원서에는 1919년 4월이라고 명시되어 있지만 실제 제출일은 1919년 5월이었다. 제출 시점과 관련해서 설명이 필요하다. 김규식은 1919년 5월 6일 파리평화회의 사무총장에게 영문·불문 청원서·비망록 10부씩을 제출한다는 편지를 썼다.[84] 그런데 어떻게 된 일인지 김규식과 파리위원부는 모두 5월 10일에 평화회의에 서류 일체를 제출했다고 기록했다. (1) 김규식은 우드로 윌슨 대통령에게 보내는 편지(1919. 5. 12)에서 자신이 5월 10일 평화회의에 이 서류들을 제출했다고 기록했으며, (2) 「통신전」 제7호(1919. 5. 10)에는 5월 10일(토)에 한국대표가 평화회의 사무총장에게 청원서를 제출했다고 되어 있으며, (3) 『구주의 우리 사업』도 제출서류를 공고서(控告書)라고 명명하며, 김규식이 5월 10일 평화회의에 제출했다고 기록하고 있다.

일의 정확한 내막은 알 수 없지만, 김규식과 파리위원부가 1919년 5월 10일에 청원서·비망록 등 1건의 서류를 파리평화회의 사무총장에게 제출했다고 기록했으니 이날이 실제 제출일임이 분명하다.

이후 김규식은 5월 12일 우드로 윌슨 미국 대통령, 로이드 조지 영국 수상, 클레망소 프랑스 대통령 겸 파리평화회의 의장, 오를란도 이탈리아 수상 등에게 일제히 청원서·비망록을 보냈다. 5월 13일에는 미국대표단의 블리스(Taker H. Bliss) 장군, 화이트(Henry White) 등에게도 같은 문서를 보냈다. 5월 14일에는 그 외 각국 대표단에 청원서·비망록을 보냈다.

영국 국립공문서관(The National Archives, TNA)에 소장된 파리강

---

84 「김규식이 파리강화회의 사무총장에게 보낸 서한」(1919. 5. 6), 『대한민국임시정부자료집』 43(서한 II), 525쪽. 이에 따르면 김규식은 영문 및 프랑스어 판본 각 10부씩을 제출했다.

화회의 영국대표단 문서철에 따르면, 김규식은 1919년 5월 12일 자로 영국 수상 로이드 조지(Lloyd George)에게 보내는 편지에 위 3종 문서를 동봉했다. 그리고 수상 앞 편지, 3종 문서, 김규식의 작은 명함을 동봉한 5월 14일 자 비망록을 영국대표단에 송부했다.[85] 영국 수상에게 보내는 편지 날짜는 5월 12일 자이고, 이를 동봉한 비망록은 5월 14일 자로 되어 있다.

5월 16일에는 네덜란드 암스테르담 국제사회주의 사무국 서기 카미유 위스망(Camille Huysmans)에게 프랑스어판 40장, 영어판 10장을 보내 가맹단체에 배포를 요청했다.[86] 각국 대표단은 김규식에게 서신과 청원서·비망록을 수령했다고 통지했다. 5월 말까지 윌슨의 비서, 화이트의 비서, 프랑스 재무부장관, 포르투갈 대표단, 코스타리카 대표단, 미국대표단, 영국대표단, 라이베리아 대표단, 세르비아·크로아티아·슬로바니아 왕국 대표단 등의 수령 통지가 있었다. 그러나 수령 통지 이외의 다른 반응은 없었다. 김규식의 예상대로 파리평화회의는 독일과 종전협정 체결이라는 종막을 향해 가고 있었고, 이미 일본의 내정문제가 된 한국 문제에 관심을 돌릴 여유가 없었다.

(2) 미국대표단과의 접촉 시도(1919. 5~1919. 6)

김규식은 파리에 도착한 후 20여 일 만인 1919년 4월 5일 윌슨 대통령과

---

85   J. Kiusic S. Kimm to Lloyd George, Prime Minister(1919. 5. 12); J. Kiusic S. Kimm to British Delegate(1919. 5. 14), Subject: Korean Independence, No.89555, FO 371/3817. 현재 이 문서철에는 김규식의 청원서(Petition)만 동봉되어 있다. 그런데 영국 외무성 문서철에 따르면 김규식은 (1) 청원서, (2) 비망록, (3) 부록을 담은 편지를 로이드 조지 수상에게 송부(1919. 5. 12)했다. Sujbect: Claim of Korea at Peace Conference (1919. 5. 14), FO 608/211. 나머지 비망록과 부록은 다른 문서철에 편철되었을 가능성이 있다.
86   「김규식이 위스망에게 보낸 서한」(1919. 5. 16), 『대한민국임시정부자료집』 43(서한집 II).

파리강화회의에 비망록·편지를 제출했고, 이후 한 달여 동안 율사들의 도움을 받아 영어·프랑스어로 된 청원서·비망록·부록을 완성해 5월 10일 파리강화회의 사무국에 공식 제출했다. 이후 이를 5월 12일 미국·영국·프랑스·이탈리아 대표에게 발송했고, 그다음 각국 대표단 및 관련 기관·단체에도 발송했다.

김규식은 5월 24일 재차 윌슨 미국 대통령, 로이드 조지 영국 총리, 클레망소 프랑스 수상, 오를란도 이탈리아 수상 등에게 보내는 이승만 대통령의 각서를 전달했다.[87] 한국 임시정부가 구성되었으니, 한국 국민을 대변하는 합법적 기구로 인정해 달라, 파리강화회의가 김규식의 의견을 청취할 수 있는 특권을 달라고 요청하는 내용이었다. 같은 날 윌슨의 비서 클로즈는 서한을 수령했다는 통보를 보내 왔다. 김규식은 6월 11일에도 윌슨 대통령과 로이드 조지 영국 총리, 클레망소 강화회의 의장에게 재차 서한을 보내 한국 문제에 대해 지원해 달라고 요청했다.[88] 윌슨의 비서는 같은 날 수령 통지를 보내 왔다.

김규식은 파리강화회의에 참석한 강대국 가운데 미국을 제1순위 공략 대상으로 삼았다. 다양한 이유가 있겠지만, 김규식 개인의 미국 교육 배경, 국내적 측면에서 주한 미국 선교사들의 한국 문제에 대한 동정적이고 인도주의적인 태도, 국제적 측면에서 윌슨의 민족자결주의와 미국이 정의·인도의 주창국이라는 확신, 한국인 전반에 만연하던 미국에 대한 우호적 기대와 재미 한인의 전폭적 지지 등이 복합된 결과였을 것이다. 김규식은 지속적으로 윌슨을 비롯한 미국대표단과 접촉해 한국 문제를 제기하려고 했다. 김규식은 3월 하순부터 미국대표단의 윌슨 대통령, 랜싱 국무장관, 화

---

[87] 「김규식이 윌슨 대통령에게 보낸 서한」(1919. 5. 24), 『대한민국임시정부자료집』 43(서한집 II).
[88] 「김규식이 윌슨 대통령 등에게 보낸 서한」(1919. 6. 11); 「김규식이 클레망소 파리강화회의 의장에게 보낸 보낸 서한」(1919. 6. 11), 『대한민국임시정부자료집』 43(서한집 II).

이트, 블리스 장군, 하우스 대령 등은 물론 실무자들과도 지속적으로 접촉하려고 했다.

　미국대표단의 수석들은 공식 일정과 대표성 때문에 한국 문제에 대한 개입과 입장 표명에 제약이 있었던 반면, 대표단의 실무진, 비서 등은 김규식의 접근에 호의적이었고, 한국의 주장에 동정적이고 유화적인 태도를 취했다. 공식적인 불개입·방관과 비공식적인 호의·동정, 고위급의 무시와 하위급의 선의가 교차하고 있었다. 윌슨 대통령, 랜싱 국무장관 등 미국대표단 수석들은 김규식의 노력에 호응하거나 한국 문제에 관심을 가질 여력이 없었으며, 그럴 의도도 없었던 것으로 보인다. 파리강화회의 기간 중 미국대표단은 「비밀회람」(Confidential Bulletin)이라는 정보보고를 공유했는데, 이 가운데 한국의 3·1운동을 다룬 보고가 들어 있다. 이 보고서를 작성한 것은 국무부 극동국장을 지낸 바 있는 윌리엄스(E. T. Williams)였다. 1919년 4월 1일 자 「회람」 제127호는 서울 주재 미국영사 커티스(Curtice)의 보고를 담고 있으며, 총독부가 발행하는 『서울프레스』(Seoul Press)에 "한국인들의 독립운동 배후에 미국 선교사가 있는 것은 의문의 여지가 없다"라고 한 도쿄제국대학 교수의 성명이 인용되었는데, 커티스는 "조선에 거주하는 어떤 미국 선교사도 그런 운동을 후원할 생각을 할 만큼 어리석거나 오도되지 않았다"라고 반박하고 있다. 커티스는 "일본 지배하에서 한반도의 물질적 상황이 크게 개선된 것은 의문의 여지가 없지만, 동시에 외국인의 지배에 대한 거대한 불만이 아직도 존재하며 만연해 있다"라고 보고했다. 「회람」은 3월 30일 자 국무부 전문을 인용하며, 윌슨 대통령이 민족자결주의를 선호한다고 선언함으로써 한국인들을 자극했기 때문에 한국 봉기에 윌슨 대통령이 책임이 있다는 주장을 한국 내 일본 관헌이 광범위하게 펼치고 있다고 지적했다.[89] 전반적으로 미국은 한국에서 벌어진 3·1

89　American Commission to Negotiate Peace, Confidential Bulletin, Bulletin No.127,

운동에 미국 선교사가 개입했다거나, 윌슨 대통령의 민족자결주의에 책임을 묻는 일본 측 주장에 단호히 반대했으나, 그 여파가 미국에 미칠 것을 차단한다는 정도의 소극적 태도를 지니고 있었다.

한편, 대통령 고문 하우스 대령의 통역 본살, 랜싱 국무장관의 개인 비서 커크, 극동전문가 혼백 대위 등은 김규식에게 호의적이었고 한국의 주장에 동정적인 태도를 보였다.

나가타 아키후미에 따르면 김규식은 윌슨 대통령의 개인 고문인 하우스(Edward M. House) 대령에게 5월 13일 청원서·비망록을 보내고 직접 접촉을 시도했다. 이때 본살이 등장했다. 1895년 한말 조선공사관에서 근무했던 본살(Stephen Bonsal)은 제1차 세계대전 시기 유럽 전선에서 중령으로 참전한 후 윌슨과 하우스의 통역관으로 파리에 와 있었다. 본살은 하우스가 자신과 마찬가지로 한국의 입장에 동정적이지만, "우리는 현실적이지 않으면 안 된다. 만일 우리가 너무 많은 것을 시도한다면 아무것도 달성할 수 없을지도 모른다"라며 김규식에게 한국 문제가 강화회의에서 채택될 가능성이 없음을 통보하라고 했다는 것이다. 하우스는 본살을 통해 국제연맹이 훗날 처리할 문제가 많지 않을 때 일본을 억제할 수 있을 것이라는 말을 김규식에게 전달했다는 것이다. 이로 인해 김규식이 머지않은 장래에 국제연맹이 한국인의 주장에 귀를 기울여 줄 것을 확신했고, 파리를 떠날 즈음 본살을 만났을 때 안도하는 표정을 보였다는 것이다.[90]

April. 1919. The Papers of Henry White, Peace Conference File Box 52. folder P-C: Korea, Library of Congress.

90 Stephen Bonsal, *Suitors and Suppliants-The Little Nations at Versailles*, Prentice-Hall, Inc., New York, 1946, pp.222~226; 나가타 아키후미, 2008, 위의 책, 180쪽. 본살 회고록은 일기 형식으로 되어 있는데 김규식을 만난 날짜가 1919년 2월 16일이며, 김규식과 작별인사를 한 것이 3월 15일이라고 쓰고 있다. Stephen Bonsal, 1946, 위의 책, 222~226쪽. 훗날 본살은 파리강화회의 협상 경험을 기록한 일기 *Unfinished Business*(1944)로 1945년 퓰리처상(역사)을 수상했다.

김규식은 5월 13일 랜싱(Robert Lansing) 국무장관에게 청원서·비망록을 보내며 도움을 요청했다.[91] 랜싱 장관의 개인 비서 커크(Alexander C. Kirk)는 5월 27일 혼벡에게 이 편지를 윌슨 대통령에게 보낼 것과 한국인들의 주장에 대해 짧아도 좋으니 성명을 낼 필요가 있다고 제안했다.[92] 커크의 동기는 분명하게 드러나지 않는다. 실무적으로 김규식의 얘기를 들어보자고 제안한 정도였을 것이다. 예일대학 출신으로 1910년대에 파리에서 2년간 유학한 바 있는 커크는 1915년 외교관이 되어 베를린대사관, 콘스탄티노플에서 근무했으며, 제1차 세계대전기 국무장관의 개인비서가 되어 파리평화회의까지 동행했다. 1920년 4월에는 북경공사관 비서로 임명되었다. 후에 이집트·사우디아라비아 공사, 그리스·이탈리아 대사를 지냈다.

혼벡도 한국에 동정적이었다. 혼벡은 같은 날 커크에게 쓴 비망록에서 "한국인들에게 청문 기회를 제공하는 것과 관련해 〔파리강화〕회의나 미국 정부가 어떤 일을 할 수 있는 가능성이 있을지요? 본인은 이 주제와 관련해 북경에서 온 전체 이야기와 문서를 가지고 있습니다"라며 자신이 한국 문제에 대한 정보와 관심이 충분하다는 의견을 피력하며, 김규식에게 면담 가능성을 제공하자고 했다.[93]

혼벡은 5월 28일에도 커크에게 비망록을 보내 "5월 24일 자로 된 문서가 본인 부재 시 내 사무실 문 아래에 놓여 있었는데 봉투가 없는 상태였습니다. 대통령께서 사본을 갖고 있는지 여부를 모르겠습니다. 귀하께서

---

91 Kimm to Lansing, May 13, 1919. 895.00/17, May 14, 1919. FW895.00/17, American Commission to Negotiate Peace, 1918–1931, Microfilm, No.820, R. 563; 나가타 아키후미, 2008, 위의 책, 180쪽.
92 Kirk to Hornbeck, May 27, 1919. American Commission to Negotiate Peace, 1918–1931, Microfilm, No.820, R. 563.
93 Hornbeck to Kirk, May 27, 1919. 895.00/19, American Commission to Negotiate Peace, 1918–1931, Microfilm, No.820, R. 563. 나가타는 혼벡이 커크에게 "서투른 행동을 하지 말라고 충고했다"라고 썼는데 이는 사실과 정반대이다. 이후 혼벡의 태도와 비교해 보면 분명히 알 수 있다. 나가타 아키후미, 2008, 위의 책, 181쪽.

〔대통령 비서인〕 클로즈 씨에게 이것 혹은 다른 한국 문건 사본이 대통령에게 전달되었는지 여부를 문의해 주실 것을 제안해도 될까요? 그 후 우리는 성명 작성이 바람직한지를 고려할 수 있을 것입니다"[94]라고 썼다. 혼벡은 5월 31일 대통령 비밀비서인 클로즈에게 편지를 보내 김규식이 파리강화회의에 호소하고자 하는 대한민국임시정부의 열망을 담은 첨부 문서들을 자신 묵고 있는 호텔(Hotel Crillon)에 두고 갔다며, 이들이 이미 편지와 문서들을 발송한 것 같지만 자신이 속한 극동처(Far Eastern Division)의 요청에 따라 전달하는 것으로 문서 중 하나는 대통령 친전으로 되어 있다고 강조했다.[95] 혼벡은 김규식이 사무실에 두고 간 문서를 국무장관 비서와 대통령 비서에게 전달한 것이다. 혼벡은 일관되게 김규식에게 면담 기회를 제공하고 한국 문제에 관심을 돌려야 한다고 줄기차게 요구한 유일한 인물이었다.

커크는 5월 31일 윌슨 대통령의 비서 클로즈(Gilbert F. Close)에게 김규식의 편지를 전달했다.[96] 클로즈는 6월 4일 커크에게 보낸 답장에서, 해당 문서들을 대통령 비서가 접수했으며, 대통령을 대신해 수령 통보를 한 후 그루에게 보내 미국대표단의 적절한 당국자가 살펴보도록 조치했다고 밝혔다. 즉, 클로즈는 이미 김규식이 대통령에게 보낸 청원서·비망록을 받은 후 이에 대한 적절한 검토를 그루에게 지시한 상황이었다. 김규식이 미국 대통령, 국무장관 등 여러 사람에게 청원서·비망록을 발송했기에 윌슨 대통령 앞 서류를 받은 대표단원들이 다시 윌슨에게 서류를 보내는 혼란이 벌어진 상황이었다.[97]

---

94 Hornbeck to Kirk, May 28, 1919. 895.01/19. American Commission to Negotiate Peace, 1918-1931, Microfilm, No.820, R. 563.
95 Hornbeck to Close, May 31, 1919. 895.01/19. American Commission to Negotiate Peace, 1918-1931, Microfilm, No.820, R. 563.
96 Kirk to Close, May 31, 1919. 895.00/19, American Commission to Negotiate Peace, 1918-1931, Microfilm, No.820, R. 563.

이상에서 드러나듯이 미국대표단원 중에서 가장 김규식에게 호의적이고 한국에 동정적인 입장을 보인 것은 혼벡(Stanley K. Hornbeck, 1883~1966)이었다. 혼벡은 로즈장학생으로 영국 옥스퍼드에서 수학했으며, 1911년 위스콘신대학에서 이후 주중공사를 지내는 폴 라인쉬(Paul Reinsch)의 지도로 박사학위를 받았다. 1909~1913년간 중국 대학에서 가르쳤으며, 신해혁명을 경험했다. 문호 개방 정책의 지지자였다. 제1차 세계대전 중 대위 계급으로 정보장교를 지냈기에 캡틴 혼벡(Captain Hornbeck), 즉 혼벡 대위로 불렸다. 앞에서 살펴본 것처럼 김규식은 파리에 도착한 후 1919년 3월 25일 상해에서 작성한 한국공화독립당의 신정·김성의 청원서(1919. 1. 25)를 미국대표단에 전달했고, 혼벡은 "미국대표가 한국대표를 만나 사정을 청취하거나 그로부터 편지를 수령해도 좋을지 여부를 판단해 달라"고 요청했다.[98] 미국대표단의 실무진 중 최초로 김규식에게 인터뷰 기회를 주자고 혼벡이 의견을 제시한 것이다.

반면 비서장(Secretary General)이던 그루는 혼벡에게 답장(1919. 3. 28)하기를 미국은 이미 일본의 한국 병합을 승인했으며, 현재 이 문제는 미국대표단에게 정식으로 제출할 사안이 아니라고 강조했다. 그루는 김규식의 청원서를 혼벡에게 돌려주며 현재로선 한국대표를 만날 필요가 없으니, 단지 "미래에 활용할 경우를 생각해 잘 보관하라"고 지시했다.[99] 혼벡

---

[97] Gilbert Close, Confidential Secretary to the President to A. C. Kirk, Secretary of Robert Lansing, Secreaty of State, June 4, 1919. 895.00/22. American Commission to Negotiate Peace, 1918-1931, Microfilm, No.820, R. 563. 나카타는 클로즈가 윌슨에게 편지를 전달하지 않고 6월 4일 그루에게 돌려줬다고 했다. 나가타 아키후미, 2008, 위의 책, 181쪽.

[98] American Commission to Negotiate Peace, Subject: Korea. A Plea that the Peace Conference give a hearing to the. March 25, 1919. 895.00/8. RG 59, General Records of the American Commission in Negotiate Peace, 1918-1939, MF no. 820, R. 563; Stanley Kuhl Hornbeck Papers, Hoover Institute Archives, Stanford University, Box. 329. Korean Delegation.

[99] Grew to Hornbeck, March 28, 1919. 895.00/8. RG 59. General Records of the

과 그루는 모두 아시아 전문가였지만, 혼벡은 중국통이었던 반면 그루는 일본통으로 경력을 키웠다. 혼벡은 2차 대전기 임시정부, 이승만·김구에 대한 최고의 전문가로 국무부 극동국 핵심인사가 되었다.

그루(Joseph Grew, 1880~1965)는 미국 동부 명문 기숙학교인 그로톤학교(Groton School) 출신으로 1902년 하버드대학을 졸업한 후 극동을 여행하다 영사로 국무부에 입부했다. 제1차 세계대전기에는 국무부 서유럽처 임시책임자였으며, 파리평화회담 미국대표단의 비서였다. 이후 덴마크·스위스·터키(튀르키예) 대사, 국무부 차관보를 지냈다. 그루는 태평양전쟁 발발 이전 10년간 최장수 주일대사를 지냈으며, 국무차관보로 대일 유화정책의 신봉자였다.

김규식은 5월 13일 파리강화회의에 제출한 청원서·비망록을 혼벡에게 보냈다.[100] 이후로도 김규식은 「통신전」 등의 자료를 혼벡에게 지속적으로 보냈다. 6월 10일 혼벡은 김규식에게 편지를 보내, 오늘 편지와 함께 보내 준 통신문들과 『소년한국』(Young Korea) 몇 부를 잘 받았다며, 보내준 문서들을 잘 살펴보겠다고 했다.[101] 통신문이란 한국통신국이 간행한 「통신전」이었는데, 혼벡문서철에는 김규식의 편지(1919. 5. 14)와 「통신전」 제8호(1919. 5. 28), 제9호(1919. 6. 11), 제10호(1919. 6. 12), 제11호(1919. 6. 23), 제12호(1919. 6. 25), 제13호(1919. 7. 9) 등이 포함되어 있다. 『소년한국』은 1919년 1월 25일 이래 오하이오주 콜럼버스의 한인 학생회에서 영문으로 간행하던 월간 학생보였다. 3·1운동 발발 이후 국민회

American Commission in Negotiate Peace, 1918-1939, MF no. 820, R. 563; Stanley Kuhl Hornbeck Papers, Hoover Institute Archives, Stanford University, Box. 329. Korean Delegation.

100 J. Kiusic Kimm to Captain Hornbeck. May 13, 1919. Stanley Kuhl Hornbeck Papers, Hoover Institute Archives, Stanford University, Box. 329. Korean Delegation.

101 Stanley Hornbeck to J. Kuisic S. Kimm, June 10, 1919. Stanley Kuhl Hornbeck Papers, Hoover Institute Archives, Stanford University, Box. 270. Peace Conference.

로부터 매월 180달러를 지원받아 3·1운동을 선전하다가, 서재필의 『한국공론』(Korea Review)에 흡수되었다.102 이 잡지가 파리까지 건너가 한국 독립운동의 선전자료로 활용된 것이다. 이처럼 혼벡은 김규식이 자신에게 보낸 통신문, 자료들을 꼼꼼이 읽으면서 한국 상황에 좀 더 동정적인 태도를 보였다.

김규식은 6월 14일 혼벡에게 편지를 보내서, 혼벡의 개인 사저에서 "비공식적으로라도 윌슨 대통령, 랜싱 장관과 면담"을 갖고 한국 상황에 대해 "개인적으로 알려 드릴 기회"를 달라고 간청했다.103 혼벡은 6월 21일 랜싱 국무장관의 개인비서 커크에게 김규식을 국무장관과 만나게 해주는 게 어떻겠느냐는 간단한 비망록을 썼다.

> 커크 씨
>
> 이 사람들에게 간단한 비공식적 청문(의 기회)을 주기 위해 가능한 어떤 방법이 있을까요? 이들이 대통령이나 국무장관, 혹은 하우스 대령을 만날 수 없다면, 화이트 씨나 블리스 장군을 보는 것은 가능할지요?
>
> 본인은 한국 상황과 관련해 한국공사관이 보냈거나 이를 통해 보내진 상당량 보고서의 간단한 요약본을 준비하는 데 한 주일이 소요되길 희망합니다만, 시간을 마련할 수 있을지 모르겠습니다.
>
> 귀하께서 충분히 이해하듯이, 본인은 가능한 한 이런 친절을 이 모든 사람에게 베푸는 것을 선호합니다.
>
> 존경을 담아.104

---

102 김원용, 1959, 『재미한인50년사』, 캘리포니아리들리, 38~39쪽.
103 「김규식이 혼벡에게 보낸 서한」(1919. 6. 14), 『대한민국임시정부자료집』 43(서한집 II).
104 Hornbeck to Kirk, June 21, 1919. Stanley Kuhl Hornbeck Papers, Hoover Institute Archives, Stanford University, Box. 270. Peace Conference.

커크의 대답은 혼벡문서철에 없으나, 5월 27일 커크가 김규식의 청원서·비망록을 윌슨 대통령에게 전달하고 한국인들의 주장에 대해 짧은 성명을 제안했던 것을 기억한다면 두 사람이 한국 문제와 김규식의 접근에 최소한 동정적 태도를 취했음을 알 수 있다. 6월 25일 혼벡은 이번에는 미국대표단 수석들에게 공식 문서를 제출하며 김규식에 대한 비공식 면담을 요청했다. 파리강화회의 미국대표단이 보인 가장 친절하고 우호적인 반응이었다.

평화 협상 미국대표단(American Commission to Negotiate Peace)

수신: 미국대표단 수석들　　　　　　　　　　　　　　　고려 요청
일자: 1919년 6월 25일, 출처: 극동처
제목: <u>한국대표가 면담을 요청함</u>

진술:
3월 1일 이래 유사 혹은 준반란 상태인 한국인의 대변인 김(규식) 씨는 평화회의 (미국)대표단에게 여러 건의 인쇄 문건을 제출했으며, 위원회와 위원회 개별 위원들에게 다양한 편지를 발송했습니다.
한국의 주장이 (평화)회의에서 고려될 수 없다는 것을 깨달았으며, 한국대표는 대표단 중 어느 누구로부터도 공식적인 얘기를 들을 가망이 없다는 것을 알지만, 그럼에도 불구하고 김(규식) 씨는 미국대표단 대표들 중 한두 명에게라도 "비공식적인 방법으로라도" 얘기하고 한국의 파멸적 상황에 관한 특정 사실들을 개인적으로 제시할 수 있는 기회를 허락받길 희망하고 요청하고 있습니다.
소직은 김(규식) 씨가 제공한 모든 자료뿐 아니라 북경 (주재 미국)공사관이 제공한 보고서 컬렉션과 신문 클리핑을 검토했습니다. 소직은 일

본이 한국에서 가장 엄격한 억압정책을 추구하며 일부 사례에서는 엄청난 만행을 저지르고 있다고 확신하는 바입니다.

비밀: 소직은 영국 관리로부터 비밀리에 통보받기를 동경 주재 영국대사관은 현재의 수동적 반란을 다루는 데 있어서 일본이 구사하는 방법에 반대하며 항의해야 한다고 영국정부에 권고했다는 것입니다.

김(규식) 씨에게 면담을 제공하는 것은 미국 관리들이 자기 민족들에게 벌어지고 있는 바를 설명하려는 극동 최하층 소수민족 대표의 노력에 무관심하지 않다는 증거가 될 것입니다. 한국인들은 의회기구에 대표를 갖고 있지 못합니다. 미국은 한국 내에 이해관계를 가지고 있고, 수많은 선교조직이 현지에 있으며, 주로 미국인들이 한국에 있습니다. 일본은 이들 선교사의 활동을 방해하며 곡해할 뿐 아니라 일부 경우에는 이들을 난폭하게 취급합니다.

소직은 가능하다면 김(규식) 씨에게 면담의 기회가 주어지기를 권고합니다.[105]

미국대표단 수석은 모두 5명이었는데, 이들이 어떤 반응을 보였는지 알 수 있는 기록은 없다. 다만 『구주의 우리 사업』에 "평화회의 북미합중국대표단에서 6월 30일에 한국 문제의 보고를 청취하다"라는 항목이 적혔다.[106] 그러나 한국대표부 측이나 미국대표단 문서철에서 6월 30일 보고 청취 기록은 발견되지 않는다. 혼벡 등이 개인적, 비공식으로 김규식을 만났을 가능성은 생각해 볼 수 있다. 그런데 공식적인 면담이나 통보가 있었다면 파리위원부의 주요 성과로 홍보되고 반드시 기록이 남았을 것이다.

---

105 To the Commissioner, by Hornbeck, Subject: Korean representative requests interview, June 15, 1919. Stanley Kuhl Hornbeck Papers, Hoover Institute Archives, Stanford University, Box. 270. Peace Conference.
106 대한민국 파리위원부, 1920, 『구주의 우리 사업』.

이승만도 6월 16일 윌슨 대통령, 영국 총리, 클레망소 파리강화회의 의장에게 편지를 보내 자신은 3·1운동 이후 국민대회로 성립된 한성정부 대통령이며, 김규식은 자신이 전권을 부여한 파리강화회의 대표단 대표로 김규식과 이관용에게 공식 임명장과 신임장을 전달했다고 알렸다. 이승만은 1882년 한미수호조약의 "거중조정"(good offices)을 거론하며 도움을 요청했다.[107]

한편, 김규식은 영국 수상 로이드 조지(Lloyd George)(1919. 5. 12, 1919. 5. 24, 1919. 6. 14), 영국 외무상 벨푸어(A. J. Balfour)(1919. 5. 13) 등에게 한국대표의 파리강화회의 참가 의사를 피력하고, 한국 독립에 동정을 구하는 편지를 보냈다. 특히 김규식은 로이드 조지 수상에게 3차례나 편지를 보내 (1) 파리강화회의 참가 요청(1919. 5. 12),[108] (2) 대한민국 임시정부 승인 요청(1919. 5. 24),[109] (3) 한국의 일본으로부터 독립 요청(1919. 6. 13)[110]을 주장했다. 그러나 영국대표단은 김규식의 로이드 조지 수상 앞 편지(1919. 5. 12)와 비망록(1919. 5. 13)을 수령한 후 이를 묵살하기로 결정했다. 실무자인 매클레이(R. MacLeay)는 이렇게 적었다.

---

107 「이승만이 윌슨 대통령 등에게 보낸 서한」(1919. 6. 16); 「이승만이 영국 조지 총리에게 보낸 서한」(1919. 6. 16); 「이승만이 클레망소 파리강화회의 의장에게 보낸 서한」(1919. 6. 16) 『대한민국임시정부자료집』 43(서한집 II).

108 John Kiusic Soho Kimm, Korean Delegation to A. J. Balfour, M.P. Secretary for Foreign Affairs (1919. 5. 13); John Kiusic Soho Kimm, Korean Delegation to David Lloyd George, M.P.(1919. 5. 12). Subject: Claims of Korea at Peace Conference. May 14. Mr. Kimm Korean Delegation. no.9938. FO 602/211.

109 J. Kiusic S. Kimm, Korean Delegation to David Lloyd George, M.P.(1919. 5. 24). Subject: Appeal for Recognition of Republic of Korea. June 2. no.11578. FO 602/211. 이는 임시정부(한성정부) 대통령 이승만이 김규식을 임시정부 대표로 파리강화회의에 파견한다는 신임장을 근거로 한 것이다.

110 John Kiusic Soho Kimm, Korean Delegation to Lloyd George M.P.(1919. 6. 14); J. Kiusic S. Kimm, Korean Delegation to George Clemenceau(1919. 6. 11). Subject: Claim of Korea for Liberation from Japan. June 13, 1919. no.12494. FO 602/211. 여기에는 김규식이 클레망소 파리강화회의 의장에게 보낸 편지(1919. 6. 11)가 동봉되어 있다.

하딩스 경(Lord Hardings)

본관이 아는 바 한국대표단의 누구도 이곳에 초청되지 않았지만, 본관이 추정컨대, (파리강화)회담은 이 (한국)대표를 인정하지 않을 것이며, 일본의 민감성에 비추어 볼 때, 김(규식) 씨가 자신이 환영받지 않을 것을 주장하는 편이 나을 것입니다. 본관의 예상으로는 한국 내 이 운동의 배후에 미국 선교사 측의 일부 격려가 있었을 것이지만, 일본이 이 무력하고 희망 없는 국가를 흡수한 역사는 아주 세밀하게 검토되지 않을 것입니다. 매클레이(R. Macleay) 1919년 5월 16일.[111]

즉, 한국대표단은 파리강화회의에 참가할 자격이나 초청받은 바가 없고, 자칭 한국대표인 김규식도 인정되지 않을 것이며, 일본은 여기에 아주 민감하게 반대의견을 제시하고 있다는 것이다. 한국 내 3·1운동의 배후에는 미국 선교사의 격려가 있었음이 분명하고, 일본의 한국 침략에 대해서는 파리강화회의가 검토할 문제가 아니라는 내용이다. 이 시기 3·1운동과 한국 독립운동을 바라보는 영국 외무성의 시각을 반영한 것이다. 일본의 주장처럼 3·1운동과 독립운동의 고조에 주한 미국 선교사들의 개입이 있었다는 주장과 한국은 이미 일본의 내정문제가 되어 독립을 거론할 상황이 아니라는 판단을 담고 있다.

결국 예상했던 대로 파리강화회의는 6월 28일 독일과의 조약을 끝으로 실질적으로 폐막했다. 『자유한국』에 따르면 파리강화회의 사무총장 두타스타(Paul Dutasta)와 미국대표단의 화이트는 한국 문제가 평화회의의 관할 영역이 아니며 국제연맹에 제출되어야 한다고 한국대표단에 통고했다.[112] 두타스타는 파리강화회의 사무총장(Secretary-General

---

111 표지 비망록에 필사로 적힌 메모. Minutes, Subject: Claim of Korea for Liberation from Japan, June 13, 1919, no.12494, FO 602/211.

of the Conference)을 맡았는데, 스위스 베른 주재 프랑스대사 출신으로 조지 클레망소를 정치적으로 지원하기 위해 선발된 인물이었다. 화이트(Henry White)는 미국 외교관으로 1918년 11월 평화회담 미국대표단 수석(American Peace Commissioners) 5명 중 한 명으로 선임되어 독일과의 평화조약 실무를 담당했다. 공화당원이었지만 윌슨을 지지했으며, 미국 외교관으로 대부분의 유럽 지도자를 잘 알고 있었다. 독일과 평화조약이 서명(1919. 6. 28)되고 윌슨 대통령과 랜싱(Robert Lansing) 국무장관이 귀국한 후 화이트는 잔류해 오스트리아-헝가리 및 불가리아와의 평화조약 초안을 담당했다. 두타스타와 화이트가 언제 한국대표단에 한국 문제의 국제연맹 제출을 통고했는지 확인해 주는 문서는 발견하지 못했다.

이와 관련해 일본 측 기록이 있다. 프랑스 주재 일본대사로 일본대표단 전권 중 한 명이었던 마쓰이 게이시로(松井慶四郎)는 외무대신 우치다 야스야(內田康哉)의 훈령에 따라 김규식의 활발한 동향과 관련해 파리강화회의 사무국과 접촉했다. 사무국은 김규식의 파리강화회의 공작에 대한 일본의 의향을 물어 왔는데, 마쓰이는 조선 문제는 일본의 내정문제이기 때문에 강화회의에서 거론하는 것은 적당하지 않으며 김규식의 서면에 회답할 필요가 없다고 얘기했고, 사무국도 일본의 생각에 따르겠다고 약속했다는 것이다.[113] 이런 맥락에서 보자면 파리강화회의 사무국은 공식적으로 김규식에게 통보하기보다는 개인적으로 조언했을 가능성이 있다.

김규식은 파리강화회의가 실질적으로 종결될 때까지 최선을 다해 한국 입장을 호소하고 독립을 청원했지만, 결국 파리강화회의 석상에서 기회가 제공되지는 않았다. 김규식은 국제연맹 회의에 기대를 걸었다. 국제연

---

112 『자유한국』(La Corée Libre) 제1호(1920. 5), 『대한민국임시정부자료집』 21(파리위원부).
113 「1919년 6월 5일 자 우치다 앞으로 보낸 마쓰이 전보」, 『日本外務省記錄』 MT-2-3-1-11, 『巴里平和會議雜件』 1; 나가타 아키후미, 2008, 위의 책, 182쪽.

맹 회의는 처음 제네바에서 개최된다고 알려졌으나, 이후 1919년 9월 미국에서 첫 회의를 개최한다고 했다. 파리에서 못 다한 시도를 제네바나 워싱턴에서 한다는 것이 김규식의 주요 목표가 되었다.

많은 이들이 조언한 것처럼 이미 1919년 4월부터 김규식도 파리강화회의가 독일 문제를 중심으로 전후 처리를 종결할 예정이며, 한국 문제 등 기타 문제는 새로 설립될 국제연맹이 관할할 것으로 예상하고 있었다. 국민회 중앙총회에 전달된 1919년 4월 30일 자 김규식의 편지는 이렇게 적고 있다.

• 국제연맹의 희망

우리의 애국 동포들이 우리의 문제를 평화회의에서 판결할 기회를 얻기가 참으로 어렵고 곤란이 많을 줄을 이미 알으시는지 알 수 없거니와 나는 지금 쉬일 새 없이 평화회의에 교섭하여 위원을 택정하여 공평히 처결하여 달라고 애소하나이다. 그러나 왜놈이 5대 강국 중의 하나임으로 유럽과 동양 정치상 모든 문제에 대하여 간섭하는 동시에 연합 열강들은 감히 왜국과 서로 충돌되기를 생각지 않습니다. 불쌍한 우리 한국과 우리 한족은 지금 사망 가운데 있지만은 아직까지 공의와 인도로 재판할 기회를 얻어 우리의 원통절통한 사정으로 호소하여 볼 길을 열지 못하였나이다.

그러나 국제연맹이 성립되는 때에는 우리가 쉬일 새 없이 계속하여 청원하게 되면 우리 문제의 판결될 희망이 많습니다.

그런즉 나의 경애하는 동포여! 분발하여 오직 우리에게 남아 있는 우리의 나중 핏방울이 떨어질 때까지 우리의 나중 한 사람이 거꾸러질 때까지 우리는 우리의 자유와 우리의 독립을 위하여 쉬이지 말고 낙심도 말고 혈전을 계속합니다.

사랑하는 동포여! 생각하시오. 원수의 멍에를 벗고 자유를 회복함이 어찌 한두 주일에 성공될 리가 있으리오. 일제한 단결력과 무수한 사람의 핏방울을 흘리지 않고는 결단코 되지 않을 일일 것이외다. 당신들이 다른 민족들이 그들의 독립을 위하여 무수한 생명과 재산을 희생하여 가며 나중에 성공한 것을 돌아보시오. 미국과 이탈리와 할랜드〔네덜란드〕와 스위든과 그밖의 다른 나라들이 그들의 독립을 얻기에 얼마나 많은 생명과 재산을 희생하였으리오. 폴랜드가 150년 동안 외국의 압박받든 것을 회상하시며 지크슬라박〔체코슬로바키아〕의 백여 년간 노예 속박 당하던 일을 기념하시며 쥬고슬라빅〔유고슬라비아〕의 생명 희생을 전감(前鑑)하시오!

그런즉 우리는 마땅히 단합할지며 결심할지며 분발하여 우리의 최종 목적을 달하는 때까지는 우리의 온갖 능력을 다할지며 우리의 단체를 더욱 공고하게 결합하여 10분 완전케 하기로 결심합시다!

나는 이곳서 평화회의가 닫히는 날에는 곧 제네바로 가서 우리의 청원을 계속하여 진행할 예정이오며 또한 패리쓰에서 신문 잡지 사업을 계속 진행하려 합니다.[114]

김규식은 7월 3일 클레망소 파리강화회의 의장에게 이승만 대통령의 편지를 전달하며, 대한민국임시정부를 국제연맹이 인정해 줄 것을 요청했다. 이승만은 이 편지에서 대한민국은 파리강화회의에서 일본대표의 행위나 서명에 구속받지 않을 것이라는 입장을 전달했다.[115]

김규식은 7월 17일 강화회의 의장에게 편지를 보내 강화회의가 한국 문제를 다루려 하지 않았지만 1905년·1910년 일본과 맺은 조약을 국제연

---

114 「김규식대사 보낸 글: 국제연맹의 희망」, 『신한민보』(1919. 5. 29).
115 「김규식이 클레망소 파리강화회의 의장에게 보낸 서한」(1919. 7. 3), 『대한민국임시정부자료집』 43(서한집 II).

맹 조약 19조에 따라 재검토해 달라고 요청했다. 억압받는 민족의 권리와 관련해 평화조약에서 특별보호장치를 인정하고 있으니 한국 문제도 고려해 달라는 것이었다.[116] 김규식이 윌슨 대통령에게 보낸 마지막 편지는 7월 23일 자로, 구미위원부가 보낸 전보문을 전달한 것인데, 미국 상원의원 맥코믹과 스미스가 한국에서 일본이 자행한 잔학행위를 거론한 내용이었다.[117]

파리위원부의 『구주의 우리 사업』은 평화회의에 파견된 각국 대표단은 각 전문가로 참가한 수백·수천 명이 전력을 다했지만, 한국의 경우에는 인원 결핍, 일제의 봉쇄·내외 연락의 불철저로 재료가 결핍되었다고 평가했다. 그럼에도 불구하고 땅끝까지 밀려간(地盡頭) 김규식 대표가 필생의 정력을 다해 공고서(控告書)를 제출한 것이라고 했다.

평화회의는 원래 윌슨의 14개조를 기초로 했으나 이는 유야무야 소멸된 반면 제1차 세계대전 당사국 간 승패 문제만 해결하게 되었으며, 평화회의가 한국의 요구에 동정적이라고 해도 폴란드·체코슬로바키아같이 "전 국민이 동(動)하여 독일·오스트리아(德奧)와 싸호지 안한 이상" 거론의 기회를 얻기 무망했다는 게 주체 측의 시각이었다. 필요한 것은 "이천만의 혈성(血誠)으로 기대"할 뿐이라는 것이었다.[118]

---

116 「김규식이 강화회의 의장에게 보낸 서한」(1919. 7. 17), 『대한민국임시정부자료집』 43(서한집 II).
117 「김규식이 윌슨 대통령에게 보낸 서한」(1919. 7. 23), 『대한민국임시정부자료집』 43(서한집 II).
118 대한민국 파리위원부, 1920, 『구주의 우리 사업』.

3. 파리에서의 선전 활동

김규식은 파리강화회의에 한국 사정을 설명하는 청원서·비망록을 제출했으나, 파리강화회의 사무국은 한국 문제를 의제로 상정하거나, 적절한 위원회의 안건으로 설정하지 않았다. 한국 문제는 공식적으로 언급조차 되지 않았다. 이것이 김규식이 파리에서 경험한 외교의 종결이자, 1919년 한국을 바라보는 강대국의 공식 입장이었다.

김규식의 외교는 국제연맹으로 방향을 전환해서, 국제연맹에 의한 임시정부 승인을 기약하는 수밖에 없었다. 한편, 파리에서 김규식은 다양한 선전 활동을 펼쳤다. 김규식이 파리를 떠난 후 그 유산으로 프랑스 파리·쉬프, 영국 런던 등에 선전기관, 한인들의 활발한 독립운동이 자리 잡았다.

(1) 통신국과 「통신전」의 간행

김규식이 파리 도착 이후 집중적으로 수행한 활동 중 하나는 신문을 통한 여론·선전 작업이었다. 최초에 이 임무를 담당한 매체는 「통신전」(通信箋, Circulaire)이었다. 국내에 「통신전」을 소개한 사람은 파리7대학에 재직했던 이옥 교수인데, 그가 파리위원부 자료를 발굴해 1967년부터 국내에「통신전」이 알려지기 시작했다.[119] 보훈처의 전신인 원호처 독립운동사편찬위원회가 1973년에 펴낸 『독립운동사자료집』 제7집에「통신전」제5호〔3호의 오기〕, 제7∼15호, 제17∼18호, 제21∼22호 등 총 14호의 한글 번역본이 수록되었다. 국사편찬위원회가 1975년 간행한 『한국독립운동사』 자료 5(3·1운동편)에 제3, 7, 19호 등 총 3호의 원문 조판본이 수록되었다. 이후 2010년 국사편찬위원회의 『대한민국임시정부자료집』 24권(대유럽외교 II)에 제1호, 제2호, 제8∼18호, 제21∼22호 등 총 15호의 원문 및 번역본이 수록되었다. 한편 이장규의 연구에서 제5호, 제6호(미발행), 제23호(최종호)가 소개되었다.

이옥 교수에 따르면 파리위원부(한국통신국)가 간행한「통신전」제1호는 1919년 4월 26일 발행되었다.[120] 블라베 자택에서 발행되었을 것이다. 제1호는「통신전」이라는 제호 대신「한국통신국 설립의 목적 및 한국 문제의 중요성을 알림」(1919. 4. 26)으로 되어 있다.[121] 제호가 없으므로 지금까지「통신전」제1호가 어떤 것인지를 분명히 알기 어려웠으며 논란이 있었다.

국사편찬위원회 『한국독립운동사』에는 한국통신국 김〔규식〕 대표가 1919년 4월 10일 파리에서 수신한 전문이 포함되어 있다(469∼470쪽). 현순이 김규식에게 보낸 전문으로, 여기에는 김규식의 중국 이름인 진충웬(Chin Chung Wen)의 서명이 적혀 있다. 일부 학자는 이것이「통신전」제1

---

119 이옥 교수가 발굴한「통신전」은 1967년 『동아일보』를 통해 알려졌다. 이옥,「3·1운동 경위에 새 사실, 빠리한국공보원 刊 『한국의 독립과 평화』에서」, 『동아일보』(1967. 2. 28). 이옥 교수는 1969년에는 파리대학 법과대학도서관 장서 1618호에 소장된 김규식의 청원서·비망록을 발굴하기도 했다.「독립탄원 원본 발견, 빠리대학도서관서」, 『동아일보』(1969. 2. 20).
120 이옥, 1969,「3·1운동에 대한 佛·英의 반향」, 『3·1운동50주년기념논집』, 동아일보사; 이옥, 1989, 위의 논문.
121 『대한민국임시정부자료집』 24(대유럽외교 II).

호이며 발행일이 4월 10일이라고 추정하기도 했다.[122] 그러나 형식과 내용을 살펴보면, 이 전문은 4월 10일에 파리에 도착한 것이지, 그날 「통신전」으로 발행된 것이 아니었다. 4월 10일 전문을 접수하고 이를 분석해 자료로 발행하기까지 시간이 걸릴 수밖에 없는 것이다. 또한 진충웬이라는 중국인 이름으로 서명이 되어 있는 점은 이 문서가 과도기적 성격을 지니는 것임을 의미한다.

국사편찬위원회 『대한민국임시정부자료집』에 「한국통신국 설립의 목적 및 한국 문제의 중요성을 알림」(1919. 4. 26)이라는 자료가 수록되어 있다. 이옥 교수는 이를 「통신전」 제1호(1919. 4. 26)로 판단했는데, 타당한 것으로 생각된다. 「통신전」은 초기에는 호수가 달리지 않은 상태로 발행되었으며, 발행일자도 혼란스럽게 표기되었다. 또한 인쇄본이 아닌 타자본으로 엉성하게 작성되었으며, 일종의 신문 보도용 정보 제공 자료 정도의 위치를 점했다고 할 수 있다. 「통신전」 제1호의 내용은 아래와 같다.

한국통신국 설립의 목적 및 한국 문제의 중요성을 알림

한국통신국(Bureau d'information coréen)
1919년 4월 26일
한국통신국

우편주소: 사서함 369 파리Paris
전신주소: "KOKIM" – 파리
1919년 4월 26일

---

122 고정휴, 2010, 「해제」, 『대한민국임시정부자료집』 24(대유럽외교 I); 이장규, 2020, 위의 논문.

귀하,

최근 몇 달간 한국의 독립운동이 확대되자 한국독립민족연맹(Union Nationale d'Indépendance Coréenne)은 유럽에 통신국을 설치하기로 결정했습니다. 파리에 본부를 두게 될 통신국은 한국에서 일어나는 사건들을 유럽 언론에 지속적으로 알릴 것입니다. 현재 한국을 지배하는 자들의 진짜 정책을 밝히고, 한국 문제와 관련된 모든 사실을 대중에 알리는 것이 바로 우리 통신국이 표방하는 목적입니다.

이 걱정스러운 문제가 얼마나 중요한가를 유럽도 모르지 않을 것입니다. 극동 민족들의 평화스러운 발전과 그로 인한 유럽과의 관계가 이 문제 해결에 달려 있기 때문입니다. 발칸 반도가 오랫동안 유럽 정책의 열쇠였듯이 이 문제의 해결이 극동 정책의 모든 열쇠를 쥐고 있습니다.

앞으로 정기적으로 소식지를 보내드릴 예정이오니 잘 받아주시기 바랍니다.

한국통신국
김탕(金湯, Kin T'ang)

우편주소와 전신주소를 모두 갖춘 한국통신국은 블라베의 샤토덩가 아파트에 사무실을 두고 업무를 개시한 것으로 판단된다. 「통신전」의 목적과 임무 자체는 한국 및 미국, 중국 상해 등지에서 들어오는 속보, 소식, 편지, 전보 등을 프랑스어로 번역해서 공보용으로 제공하는 것이었다.

『신한민보』에 게재된 1919년 4월 30일 자 김규식 편지에는 통신국의 내력에 대해 다음과 같이 기술되어 있다.

• 우리의 통신부
나는 여기 우리의 통신부를 설립함이 우리 장래의 가장 필요한 줄로 압니다. 그 이유는 우리가 현금 고초를 당하는데 대하여 세계의 유력한 인물들의 동정을 얻으려면 먼저 우리의 사정을 알려 주어 유럽의 여론을 일으키어야 되리라 함이외다. 내가 이상에도 설명한 것과 같이 우리는 거대한 재정을 가지고 영원하고 넓은 계획을 정하여 가지고 나아가야만 되겠나이다. 우리는 마땅히 영원한 기초를 세우고 우리의 목적을 달하기로 노력하여야 할 것이외다. 우리는 오직 대부리턴〔영국〕, 프랜쓰 양국과 유럽 각국의 250종의 신문으로 내지 3백 종의 신문으로 하여금 우리의 일을 위하여 활동하게 할 뿐만 아니라 또한 우리는 때때로 잡지와 설명서와 통고서와 사진 등 모든 서류를 발간하여 각국에 전파하여야 할 것이외다. 또 우리나라의 지리상, 경제상, 상업상, 정치상에 대한 정형을 들어 책을 저술하여 세상 사람으로 하여금 알게 하여야 하겠나이다. 혹 어떤 친구들이 나에게 권고하기를 적게 잡아도 이상에 말한 정형에 대하여 한두 종류의 잡지라도 있어야 하겠다 합니다. 이와 같은 일을 진행하려면 우리나라에 대한 사진과 모든 사실을 항상 간단없이 모두어 들여야만 할 것이외다.

이러한 일을 진행하는데 지금 한국 젊은 학생 '긴티양'〔김탕〕이 나를 돕나이다. 만일 내가 이관영〔이관용〕씨와 T. S. 장〔장택상〕을 청하여 오는 때에는 이네들로 하여금 그 일을 주관케 하겠나이다. 이는 내가 한꺼번에 평화회 대사와 발간의 주무자가 됨이 사체(事體)에도 불합할뿐더러 일도 추려나갈 수가 없슴이외다.[123]

이를 통해서 한국통신국이 이미 설립되었으며 김탕의 조력을 받는 사정을 알 수 있다. 이 편지에서 김규식은 스위스 취리히에 있는 이관용을 초청하든가 아니면 런던에 있는 장택상을 청하도록 주선하기 위해 확실한 전

---

[123] 「김규식대사 보낸 글: 우리의 통신부」, 『신한민보』(1919. 5. 29).

보를 발송하려고 한다고 하고 있다. 따라서 이관용이 김규식의 급전을 받고 서둘러 만사를 제치고 파리에 도착한 것이 앞서 살펴본 것처럼 5월 18일 어간이 되는 것이다.

김규식은 통신부 설치의 이유로 (1) 영국 프랑스 신문 250~300종에 선전, (2) 잡지 발행, (3) 강화대사인 자신이 선전 주무자가 될 수 없는 사정 등을 들었다. 때문에 상해에서 막 건너온 유학 지망생 김탕이 이 일을 처음부터 맡게 되었던 것이다. 그러나 김탕의 헌신적 노력에도 불구하고 어학 능력과 구미 생활세계에 대한 미숙 등으로 김규식은 장택상과 이관용이 도착하길 희망한 것으로 보인다.

김규식의 의도에 맞춰서 선전용 자료를 타이핑한 문건으로 발간하며 시작된 「통신전」은 초기에는 엉성하고 체계가 잡히지 않은 상태였다. 제1호(1919. 4. 26)나 제2호(1919. 4. 28)로 생각되는 간행본에 호수가 명시되지 않은 것도 같은 맥락일 것이다. 관련 문건 중 4월 10일 자 현순의 전문을 게재한 문서는 김규식이 진충웬으로 서명했는데, 강화대사인 김규식이 선전 주무자가 될 수 없었다는 사정을 반영한 것으로 보인다. 이것이 제4호일 가능성이 있다. 제8호(1919. 5. 28)의 경우에도 김규식이 아닌 진충웬의 서명이 들어가 있다. 때문에 「통신전」 제1호부터 김탕이 서명했으며, 김규식이 발표할 경우에는 본명이 아닌 진충웬으로 서명해 발행한 것으로 판단된다.

김규식이 파리평화회의에 청원서·비망록 제출을 완료(5. 10)하고 관련 강대국에 제출(5. 12)하는 5월 중순까지는 모든 역량이 파리평화회의에 집중되고, 「통신전」 발간 문제는 우선순위에서 밀려 체계적으로 정리되지 않은 상태가 지속된 것으로 보인다. 「통신전」은 제3호부터 비로소 호수가 명기되기 시작했지만, 제3호(1919. 5. 14), 제7호(1919. 5. 10) 등 발행 일자가 뒤죽박죽인 상태이다. 제7호는 실제로는 5월 말에 간행되었지만, 파리강화회의 사무국에 청원서·비망록을 제출한 사실을 강조하기 위해

5월 10일 자로 명기되었을 가능성이 높다. 기존에 『독립운동사자료집』에 제5호로 소개된 것은 제3호를 제5호로 잘못 판독한 오류이며, 이장규에 따르면 제5호는 고토 심페이(後藤新平)의 언론인터뷰를 반박하는 김규식의 투고기사(1919. 5. 3)를 게재한 것이며, 제6호는 발행되지 않았다.[124]

「통신전」은 파리강화회의 서류 제출이 완료되고 대부분의 공식 외교 사무가 일단락된 5월 말에 이르러서야 간기와 체계가 잡히기 시작한 것으로 보인다. 호수로는 제8호 이후부터였다.

1920년 12월 파리위원부 통신국이 발행한 『구주의 우리 사업』에 따르면 「통신전」은 총 23회 매호 2,000부가 발행되었다. 최초 「통신전」을 발굴한 이옥 교수는 제1호(1919. 4. 26)부터 제22호(1919. 11. 29)까지 발행되었다고 했으나,[125] 이장규에 따르면 제23호는 1920년〔1919년의 오기〕 12월 15일 발행되었다.[126] 제1호~제18호는 타자본이며, 제19호부터는 태극기를 교차한 문양이 들어간 인쇄본을 발행했다. 『구주의 우리 사업』에 따르면 「통신전」의 변화는 다음과 같았다.

> 최초에는 기종(幾種) 신문을 연락하여 우리 사정을 소개하다가 민국원년 9월에 한국의 독립과 평화란 명목으로 월보 체재로 1차 발행하고 그 이후에는 간간 사실 잇는 대로 일폭지(一幅紙)에 통신전(通信箋)을 발행하다가 민국 2년 4월브터 매삭 1회식 자유한국이란 명칭으로 잡지를 발행하여 현금 계속 중인바.[127]

---

124 이장규, 2020, 위의 논문, 56~59쪽.
125 이옥, 1969, 위의 논문, 552쪽.
126 이장규, 2020, 위의 논문, 56쪽. 제23호가 발행되었다면 1920년이 아닌 1919년 12월 15일이었을 것이다. 1920년부터는 『자유한국』이라는 정규 잡지를 발행했기 때문이다.
127 대한민국 파리위원부, 1920, 『구주의 우리 사업』.

즉, 「통신전」의 원래 목적은 프랑스 신문 등에 한국 사정을 소개하려는 것이고, 1919년 9월 이후 월보 체제로 바뀌어 발행하면서 부정기적으로 한국 소식을 전하다가, 1920년 4월부터 『자유한국』 잡지로 변경하였다는 것이다.

〔표 5-1〕 파리 한국통신국(Bureau d'information Coréen) 발행 「통신전」(通信箋, Circulaire)

호 수	주요 내용	서명자	쪽수	연월일	출처
〔1호〕	한국통신국 설립의 목적 및 한국 문제의 중요성을 알림	김탕	1	1919. 4. 26.	국편2
〔2호〕	한인회의가 파리 주재 한국대표단에 보낸 전보 공문 게재 요청	김탕	2	1919. 4. 28.	국편2
3호	통신국 설치, 통신전의 발행 목적 홍보	김탕	1	1919. 5. 14.	국편1
〔4호?〕	상해에서 현순이 보낸 전문(4.10 수신) 번역 수록	진충원	2	1919. 미상	국편1
5호	김규식의 고토 심페이 인터뷰 반박기사(5. 3)				이장규
〔6호〕	미발행(황기환-브들레. 9.9.편지)				이장규
7호	김규식이 파리평화회의에 보낸 탄원서 등	김탕	2	1919. 5. 10.	국편1, 보훈
8호	한국에서의 학살, 한국인 애국자의 청원서 등	진충원	5	1919. 5. 28.	국편2, 원호
9호	한국에서의 혁명과 일제의 유혈 탄압	김탕	3	1919. 6. 11.	국편2, 원호
10호	강화회의의 4대국 정상회의에 이승만 임시정부 대통령의 서신 전달 요청	김탕	2	1919. 6. 12.	국편2, 원호
11호	이승만의 〔漢城〕임시정부 대통령 선출 소식, 한국 독립운동에 대한 일본 언론의 보도 태도	통신국	5	1919. 6. 23.	국편2, 원호
12호	일본 군대가 한국에서 저지른 방화, 살인, 강간 등의 만행을 알림(임시정부 외무위원회의 전보문 수록)	통신국	1	1919. 6. 26.	국편2, 원호
13호	미국 상원의 한국에 관한 결의문 소식, 일본의 한국인 고문 소식	통신국	5	1919. 7. 9.	국편2, 원호
14호	시베리아 대한민국노인동맹단 결성 및 활동 소식 전달	통신국	1	1919. 7. 22.	국편2, 원호
15호	미국 상원에서 한국을 위한 보고서 및 결의문 낭독	통신국	1	1919. 7. 23.	국편2, 원호

16호	한국 상황을 알리는 구미 각국과 일본 언론의 기사 소개	통신국	10	1919. 7. 28.	국편2
17호	한국통신국이 한국의 친구들을 위해 마련한 연회와 김규식의 일시적 부재(미국행)	통신국	2	1919. 8. 8.	국편2, 원호
18호	일본이 발표한 개혁안에 대한 한국대표단의 비판 언론 브리핑	통신국	1	1919. 8. 27.	국편2, 원호
19호	상해에서 온 전문 수록(영문)		(1)	1919. 9. 4.	국편1
20호	파리지역 국회의원 샤를 르부크 『렁떵뜨』지 기고문			1919. 9. 20.	이장규
21호	일본정부가 발표한 한국 지배 '개혁안'과 이에 대한 비판	통신국	2	1919. 10. 20.	국편2, 원호
22호	한국의 시위 재개와 일본의 시위 진압에 대한 상해 '파리 한국통신국' 보도자료	통신국	1	1919. 11. 29.	국편2, 원호

〔출전〕 고정휴, 2010, 「해제」, 『대한민국임시정부자료집』 24(대유럽외교II), 국사편찬위원회; 이장규, 2020, 「1919년 대한민국임시정부 '파리한국대표부'의 외교 활동-김규식의 활동을 중심으로」, 『한국 독립운동사연구』 70.
- 국편1: 국사편찬위원회, 1975, 『한국독립운동사』 자료5(3·1운동편). 「통신전」(원문 조판본).
- 국편2: 국사편찬위원회, 『대한민국임시정부자료집』 24(대유럽외교 II)(원문, 번역문).
- 원호: 원호처 독립운동사편찬위원회, 1973, 『독립운동사 자료집』 제7집. 「통신전」(번역문).

〔비고〕 원호처 제5호(1919. 5. 14)로 소개된 것은 제3호(1919. 5. 14)의 오기.

(2) 다양한 선전·연대 활동

김규식은 「통신전」을 발행하는 과정에서 다양한 프랑스 언론과 인터뷰를 진행했고, 이들에게 한국 사정, 3·1운동 진행 경과, 일본의 잔혹한 탄압, 상해 임시정부의 활동 등 다양한 정보를 제공했다. 1919년 3월부터 1920년 10월 말까지 파리통신국에서 수집한 통계에 따르면 한국 문제가 소개된 신문 종수 및 횟수는 프랑스 파리 80종 322회, 프랑스 내 각 지방 53종 100회, 유럽 대륙 각국 48종 94회, 합계 181종 517회에 달했다. 파리위원부는 실제 보도된 사례는 통계의 수십 배에 달할 것으로 추정했다.

김규식이 파리강화회의에 공식 청원서·비망록을 제출한 뒤에 이관용

(5. 18), 황기환(6. 3), 조소앙(6월 말), 여운홍(7월 초)이 합류함으로써 파리위원부는 활기를 띠게 되었다. 이들의 주요 업무는 선전과 홍보였다.

김규식이 각종 신문과 진행한 인터뷰는 「통신전」, 『구주의 우리 사업』, 선행 연구를 참조할 수 있다.[128] 『구주의 우리 사업』에 따르면 김규식은 여러 차례 각국 대표들에게 한국 문제를 보고했다. 6월 30일에는 평화회의 미국대표단이 한국 문제 보고를 청취했고, 7월 28일에는 프랑스 동양정치연구회에서 한중 양국 문제 연설회를 개최하고 한국 문제를 보고했고, 같은 날 프랑스 국민정치연구회에서 한국 문제를 보고했으며, 7월 31일 프랑스 동양정치연구회에서 한국 문제 제2차 연설회를 개최했다.

잘 알려진 성과 중 하나는 스위스 루체른에서 개최된 국제사회주의자대회에 대표를 파견한 것이다. 『구주의 우리 사업』은 '한국 사회주의자' 조소앙이 루체른에서 개최된 제2종인테르나티오날(제2인터내셔널) 회의에 파리위원부 부위원장 이관용과 동반해 참가했다고 밝히고 있다. 김규식은 1919년 5월 16일 국제사회주의자연합 사무국 서기인 카미유 위스망(Camille Huysmans)에게 루체른대회에 참석하고 싶다는 의향을 피력했는데, 이미 1919년 개최된 암스테르담대회에서 프랑스대표가 한국 문제를 제기한 바 있었다.[129] 조소앙이 대표로 선정된 이유는 이미 1917년 스톡홀름대회에 청원서를 제출한 경력이 있었기 때문일 것이다. 당시 조소앙은 여권을 마련하지 못해 참석할 수 없었다. 『민족문화대백과사전』은 조선사회당이 1911년 상해에서 신규식을 중심으로 결성되었으며, 1917년 스웨덴 스톡홀름에서 개최되는 만국사회당대회에 조소앙을 대외협력부장이란 공식 직함으로 참가시켰고, 한국 독립 문제가 정식 의제로 상정·통과되었다고 되어 있으나,[130] 사실과 거리가 있다. 다만 스톡홀름대회(Third

128 이옥, 1989, 위의 논문; 이장규, 2020, 위의 논문.
129 「김규식이 위스망에게 보낸 서한」(1919. 5. 16), 『대한민국임시정부자료집』 43(서한집 II).

Zimmerwald Conference)에 상해 한인들이 전문을 보낸 바 있다. 일제 정보보고에 따르면 1917년 9월 1일 스톡홀름국제사회당대회(제3차 짐머발트대회)에 다음과 같은 전문이 접수되었다.[131]

〔런던〕『모닝 포스트』(Morning Post) 9월 3일 자에는 스톡홀름 통신원 발 9월 1일 자 전문이 수록되어 있다.
아래 메시지가 평화회의 주최자 앞으로 전달되었는데, 발신은 상해, 한국국제사회주의연합(the International Socialists Association of Corea) 위원장 및 대표이다.
인류 평화 주도자인 귀하에게 충심으로 축하드리는 바입니다. 발칸반도가 현재의 전쟁을 유발했다고 한다면, 만약 한국이 일본의 노예 상태로 남아 있게 된다면 한국 문제는 장래 전쟁의 원인이 될 것입니다. 우리는 다음 문제를 고려해 주실 것을 회의에 간청합니다. 말하자면, 모든 민족의 정치적 평등, 모든 국가를 위한 국제 법정(international juries)의 조직, 모든 피억압 국가의 해방, 올해 평화 수립 및 한국 독립. (페트로그라드를 경유, 1917년 9월 4일).[132]

조소앙은 이관용과 함께 7월 17일 루체른 국제사회주의자대회 의장

---

[130] 이현희, 「조선사회당」, 『민족문화대백과사전』.
[131] 반전(反戰)사회주의자대회는 1915년 짐머발트(Zimmerwald), 1916년 키엔탈(Kienthal), 1917년 9월 5~12일 스톡홀름에서 개최되었다. 스톡홀름대회를 제3차 짐머발트대회라고 부른다. "Third Zimmerwald Conference" https://en.wikipedia.org/wiki/Third_Zimmerwald_Conference (2022. 2. 6. 검색); "International Socialist Commission," https://en.wikipedia.org/wiki/International_Socialist_Commission(2022. 2. 6. 검색).
[132] 〔한인사회당의 만국사회당대회 출석에 관한 건〕(1917. 9. 3), 佐藤대좌-總長, 전보 제14호, 『不逞團關係雜件 朝鮮人ノ部 在歐米』 3; 〔조선사회당의 만국사회당대회 출석에 관한 건〕(1917. 9. 10), 木野一郎(외무대신)-長谷川好道, 제42호, 『不逞團關係雜件 朝鮮人ノ部 在歐米』 3.

3   파리에서의 선전 활동

에게 편지를 보내 8월 1일 개최되는 대회에 한국대표단의 참석을 문의했다.[133] 조소앙은 국제사회주의자대회에 전문을 보낸 경험이 있었고, 이관용은 스위스 유학 경험이 있었다. 두 사람은 8월 1일부터 9일까지 개최된 루체른대회에 참석해 '한국 독립 승인결의안'을 제출했고, 이 결의안이 만장일치로 채택되었다. 결의안 내용은 한국의 민족자결 권리, 일본 압제에 대한 항의, 한국의 국제연맹 가입 촉구, 한국의 독립 자유국가 인정 희망 등이 담겼다.[134] 이 소식은 상해 『독립신문』과 미주 『신한민보』에 게재되어 환호를 받았다.

김규식을 비롯한 조소앙, 황기환 등은 당시 제국주의를 반대하며 약소국가에 관심을 가졌던 프랑스 사회당(Section française de l'Internationale ouvrière, SFIO), 노동총연맹(Confédération générale du travail, CGT), 인권연맹(Ligue des Droits de l'Homme, LDH), 언론인, 그리고 중국대표단을 비롯한 약소국가의 대표단 등 다양한 계통 인사들과 긴밀한 관계를 맺어 나갔다.[135]

이장규의 연구에 따르면 김규식은 파리 체류 중 다른 약소국가 대표단, 지도자들과의 연대를 모색하였다. 그중 베트남의 호치민과도 긴밀하게 교류했다. 1918년 프랑스에 도착한 호치민은 안남(安南)애국자연합(Associations des Patriotes Annamites)을 결성하고, 1919년 6월 18일 「안남민족의 요구」(Revendications des Peuple Annamite)를 파리강화회의

---

133 「파리위원부가 국제사회주의자대회 의장에게 보낸 서신(1919.7.17)」, 스웨덴 노동운동문서보관소(Arbetarrorelsens Arkiv) 소장자료; Gerhard A. Ritter, Die II, Internationale 1918/1919, 1980, p.883; 이장규, 2020, 위의 논문, 81~81쪽.

134 Labour and Socialist International, The international at Lucerne, 1919, The resolutions, The provisional constitution, London, The Labour party, 1919; 정용대, 1988, 「조소앙의 유럽외교활동 연구」, 『삼균주의연구논집』 10, 삼균학회, 221쪽; 이장규, 2020, 위의 논문, 81쪽.

135 이장규, 2020, 위의 논문, 74쪽.

와 프랑스 의회에 보냈다. 이후 프랑스 경찰은 호치민을 감시했는데, 이장규는 이 사찰문건을 발굴했다. 이에 따르면 호치민은 김규식의 추천으로 중국 천진에서 간행되는 『익세보』(益世報) 미국 특파원과 인터뷰를 할 수 있었고, 호치민이 프랑스 잡지에 기고한 글들이 중국어로 번역되어 중국 간행물에 실렸는데, 이 역시 김규식의 주선으로 가능했다는 것이다. 김규식과 조소앙 등은 호치민과 서로 자택을 왕래할 정도로 친분이 두터웠고, 프랑스 사회주의자 모임에도 동참했다.[136] 이장규에 따르면 이때 친분을 쌓았던 르노델(Pierre Renaudel), 장 롱게(Jean Longuet), 마르셀 카샹(Marcel Cachin) 등이 한국친우회 창설에 많은 도움을 주었다.[137]

김규식은 상해 프랑스 조계에서 신헌민(신석우)·윤원삼이 일본영사경찰에 체포(1919. 5. 14)되어 국내로 압송되자, 이들의 석방 교섭에 나서 상해 프랑스영사가 이들의 체포를 허용한 것은 국제법 위반이라며 7월 16일 프랑스 법무부 외교부장 삐숑(PICHON)에게 항의를 전달했다.

파리에서 김규식의 마지막 일정은 1919년 8월 6일 그동안 신세를 진 프랑스 및 동맹국 언론과 한국친우회(Amis de la Corée), 해외언론 프랑스클럽(Cercle Français de la Presse Étrangère)을 위한 연회였다. 「통신전」 제17호에 이 연회가 묘사되어 있다. 연회는 중의원 부의장 샤를르 르북(Charles Leboucq) 파리의원이 주재했다. 이승만의 축전을 낭독한 후 김규식은 대표단 대표로 한국에 대해 간략히 소개했다. 이후 중국의 리유잉(Liyuying, 이욱영) 북경대학 교수, 러시아의 제정회의(두마) 의장을 역임한 조제프 미노르(Joseph Minor), 『뉴욕타임스』(New York Times)의 찰스 E. 셀던(Charles E. Seldon) 특파원, 루이 마랭(Louis Marin) 낭시

---

[136] 이장규, 2019b, 「프랑스 국립해외문서보관소 소장 호치민과 한국 독립운동 자료」, 『한국독립운동사연구』 66.
[137] 이장규, 2020, 위의 논문, 77~79쪽.

(Nancy) 의원과 에르베르 A. 지봉(Herbert A. Gibbons) 등이 연설했다. 이외에 프랑스인으로 전 한국포병학교 교수를 지낸 뻬이외르(PAYEUR) 장군, 전 주한 러시아공사 대리 군즈불그(GUNZBOURG), 중국 측 요(寥) 총영사, 미국인, 프랑스 국회의원, 신문기자 등 70여 명이 참석했다. 연회는 3시간 동안 계속되며 대한독립만세를 높이 불렀다.[138]

김규식은 8월 8일 김탕, 여운홍을 동반하고 파리를 떠났고, 8월 9일 미국으로 향했다. 김탕은 상해에서 프랑스로 건너올 때 미국 유학을 계획했던 것으로 보이며, 4월 말부터 김규식과 함께 「통신전」을 발행하며, 궂은일을 마다하지 않았다. 여운홍은 국민회 파견원으로 상해를 거쳐 파리에 왔는데, 미국으로 다시 돌아갈 계획이었다.[139]

김규식 일행이 떠난 후 블라디보스토크 대한국민의회에서 1919년 2월 5일 파리로 파견한 윤해·고창일이 온갖 고초를 겪은 끝에 9월 26일 파리에 도착했다. 이 무렵이면 상해에서 초기 임시정부와 국민의회가 통합해 통합임시정부가 성립된 시점이었다.

김규식이 떠난 후 파리위원부 책임자는 이관용이 되었고, 황기환이 서기장을 맡았다. 이후 이관용이 학업을 이유로 1919년 10월 스위스로 돌아가자, 황기환이 실무를 맡게 되었다. 황기환은 이후 무르만스크에서 영국으로 송환된 한인 2백여 명을 프랑스로 데려오기 위해 런던을 왕래했고, 무르만스크에 남은 3백여 명의 한인을 구출하기 위해 노력했다. 이 중 35명이 11월 19일 프랑스 쉬프에 도착했고, 이들 쉬프 한인 노동자를 중심으로 재법(在法)한인국민회가 결성되었다. 이들은 전후 복구, 시신 수습 등 중

---

138 「통신전 제17호: 한국통신국이 한국의 친구들을 위해 마련한 연회와 김규식의 일시적 부재」, 『대한민국임시정부자료집』 24(대유럽외교 II).
139 여운홍은 중국 여권으로 프랑스에 왔는데, 강화회의 후 미국에 건너갈 요량으로 사증과 여행증을 미리 얻기 위해 프랑스 파리 중국공사관을 찾아 왕정정(王正廷)을 만났다. 여운홍, 1930, 「중국외교부장 왕정정군」, 『삼천리』 11월호.

노동에 종사하면서도 파리위원부를 재정적으로 후원하는 등 애국심을 보였다.[140] 파리위원부는 이후 『자유한국』 간행, 한국친우회 결성 등 성과를 보였으나, 구미위원부의 재정난으로 1921년경 실질적으로 모든 사업이 종결되기에 이른다.

---

140 신재홍, 1981, 「대한민국임시정부와 구미와의 관계」, 『한국사론』 10, 국사편찬위원회; 정용대, 1992, 「주파리위원부의 유럽외교활동에 관한 연구」, 『서암조항래교수화갑기념 한국사학논총』, 아세아문화사; 이장규, 2019a, 「1차대전 후 한인의 프랑스 스위프(Suippes) 이주와 독립운동」, 『한국독립운동사연구』 65.

구미위원부 위원장 김규식의
시련의 1년 반

6

(1919. 8~1921. 1)

1 파리를 떠나 워싱턴으로

1919년 8월 9일 김규식은 여운홍, 김탕과 함께 누르담호(S. S. Noordam)를 타고 프랑스 불로뉴쉬메르(Boulogne-sur-Mer)항을 떠나 뉴욕으로 향했다. 누르담호는 네덜란드-미국을 왕래하는 1만 2,531톤 정기여객선이었는데, 네덜란드 로테르담을 출발해 프랑스 불로뉴쉬메르에 기항한 후 뉴욕으로 향한 것으로 보인다.[1]

김규식의 프랑스 출발 소식은 『신한민보』를 통해 미주 한인들에게 알려졌다.[2] 김규식은 1919년 8월 14일 『신한민보』에 도착한 편지를 통해 "대한민국 집정관총재 이승만 박사의 청요(請邀)함을 받아 8월 9일에 프란쓰를 떠나 와싱톤으로 발정하였다"라고 밝혔다. 파리강화회의 대사 김규식이 "집정관총재"의 초청을 받아 미국으로 향한 것이다. '대사'와 '집정관총재'라는 호칭은 미주에서 김규식과 이승만이 당면하게 될 난국을 예견케 하는 직책명이었다.

---

[1] "Some History of the MS Noordam" http://cruise.bwatts.org/HAL22808/Noordamhistory.htm (2022년 1월 15일 검색).
[2] 「김규식 대사의 발정」, 『신한민보』(1919. 8. 16).

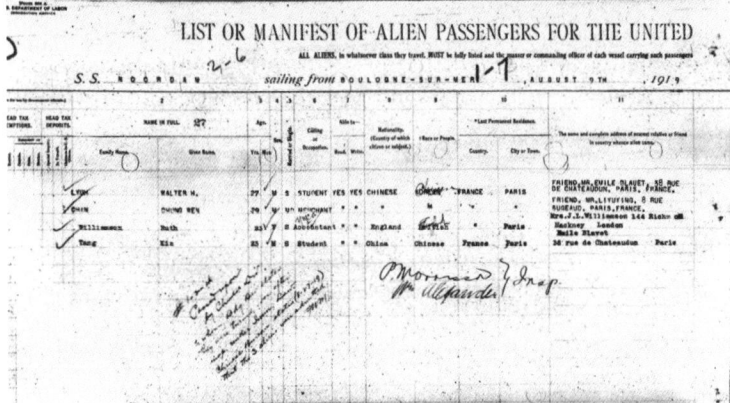

위: 누르담호(S. S. Noordam).
아래: 김규식, 여운홍, 김탕의 미국 입국 기록(1919), NARA.

1919년 8월 21일 뉴욕 입항 당시 미 이민국에 신고한 외국인 탑승자 명부에 따르면 김규식은 진충웬(Chin Chung Wen), 29세, 남성, 기혼, 상인, 영어 읽고 쓰기 가능, 국적 중국인, 민족 한국인 중국인, 최종 거주지 프랑스 파리, 가까운 친척이나 친구의 이름과 주소로 리유잉(Mr. Liyuying), 프랑스 파리 뷔조가 8번지(8 Rue Bugeaud, Paris, France)라고 적었다. 김규식은 중국 상해를 떠날 때 지녔던 중국 여권의 이름 김중문(金仲文, Chin Chung-wen)을 사용했으며, 중국 국적이고 한국인이라고 적었다.[3] 이민국 관리는 한국인을 지우고 여권에 기재된 대로 중국인이라고 기록했다. 김규식은 자신의 가장 친한 프랑스 친구로 리유잉(이욱영)을 기록했다. 양자 관계가 돈독했음을 의미한다.

　　여운홍은 Lyuh Walter H., 27세, 남성, 미혼, 학생, 영어 읽고 쓰기 가능, 국적 중국인, 민족 한국인 중국인, 최종 거주지 프랑스 파리, 가까운 친척이나 친구의 이름과 주소는 에밀 블라베(Mr. Emile Blauet), 프랑스 파리 〔9구〕 샤토덩가 38번지(38 Rue de Chateaudun, Paris, France)라고 적었다. 여운홍은 1914년 미국으로 출국할 때 총독부로부터 여권을 받았는데, 프랑스에서 미국으로 올 때는 중국 여권에 영어 이름을 사용한 것이다. 중국 상해에서 중국인으로 입적하고 중국 여권을 받았으며, 다시 파리 중국공사관에서 사증과 여행증을 얻었는데,[4] 여권에 영어 이름을 쓴 이유는 미상이다. 이민국 관리가 여운홍의 민족을 한국인에서 여권에 기재된 대로 중국인으로 수정했다. 친구로 파리위원부에 사무실을 내준 블라베(Emile Blavet)의 이름과 주소를 적었다. 이민국 관리가 Blavet를 Blauet로 오기했다.

3　List or Manifest of Alien Passengers for the United. S. S. Noordam, Sailing from Boulogne-sur-Mer, August 9th 1919. http://www.ancestry.com(2022. 1. 15. 검색).
4　여운홍, 1930, 「중국외교부장 왕정정군」, 『삼천리』 11월.

1　파리를 떠나 워싱턴으로

김탕은 긴탕(Tang Kin), 23세, 남성, 미혼, 학생, 읽고 쓰기 가능, 국적 중국인, 민족 한국인 중국인, 최종 거주지 프랑스 파리, 가까운 친척이나 친구의 이름과 주소는 에밀 블라베(Emile Blavuet), 프랑스 파리 〔9구〕 샤토덩가 38번지(38 Rue de Chateaudun. Paris. France)라고 적었다.

세 사람의 프랑스 출국이 쉬운 일은 아니었다. 여운홍은 국민회 중앙총회에서 1919년 1월 11일 한국 내지로 파견한 국민회 대표였다. 샌프란시스코를 떠난 여운홍은 일본 동경을 거쳐 서울에 잠입했고, 3·1운동 발발 직전 상해로 탈출했으며, 여운형 및 임시정부와 협의 끝에 상해를 떠나 프랑스 파리로 가서 파리위원부에 합류했다. 여운홍은 6개월 동안 일본, 한국, 중국, 동양 몇 나라를 여행했고, 프랑스 파리에 도착한 후 김규식의 촉탁으로 7월 10일에는 런던을 방문했다. 런던 방문 이유는 신문계에 한국 사정을 홍보하는 것이었다. 여운홍은 국민회에 보낸 편지에서, 6월 24일 상해에서 프랑스 마르세유항구로 출발할 때 "왜놈들이 나를 배에서 잡아 내리고자 하였으나 함장의 강경한 항거로 인하여 뜻대로 못하였다"고 밝혔다.[5]

파리위원부의 세 사람은 8월 21일 오후 3시 뉴욕에 도착했고, 22일 뉴욕항에 상륙했다.[6] 8월 23일 뉴욕 맥알핀호텔에서 김규식 대사 환영회가 성대하게 개최되었다. 맥알핀호텔은 1917~1918년 박용만이 참가한 소약국동맹회가 열린 장소였다. 『신한민보』는 김규식의 연설 개요를 이렇게 소개하였다.

나는 과거 수년간 중국과 외몽고에 있어 항상 세계대전란의 결과가 어떻게 되는 것을 생각하였으되 그와 같이 속히 끝날 줄은 알지 못하였고

---

5 「국미회 내지대표원 여운홍씨의 활동, 패러쓰를 떠나 론돈으로 가는 길에 보낸 바 편지」, 『신한민보』(1919. 8. 16).
6 「김규식대사는 무사하게 도착, 뉴욕항에 22일에 상륙」, 『신한민보』(1919. 8. 23).

상해로 들어온즉 벌써 휴전이 되었더라. 우리 국민단체들이 평화회에 대표자를 보내면 도움이 있을까 하여 3월 13일에 패리쓰에 도착하니 한인은 하나도 없는지라.

그런고로 전보로 각 단체와 교섭하여 신실된 임시정부의 대표자가 되어 주야로 골몰하다가 여러 날만에 비로소 평화회에 글을 드렸으니 정식으로 받았다는 말도 없으며 각국 대표자 중에 혹 사사로 동정을 표하는 말은 혹 있으나 저 강도를 재판하는 형사재판소에 이혼청원과 같은 민사를 드리는 것과 같다 말하는 사람들도 없지 않더라.

일변으로는 이는 우리의 교통기관이 민활치 못하여 예비한 것이 없었던 까닭으로 우리가 실패되었다 할 수가 있으니 완전무결한 독립을 얻으려면 일조일석의 일이 아닌즉 유고슬라벡기아 같은 나라는 수백 년만에도 폴란드와 같은 나라는 1세기 만에도 준비함이 있었음으로 잃었던 빼앗겼던 독립을 다시 찾았으니 현재의 우리도 부족한 바만 합하면 부족한 것밖에는 없지만은 족한 것과 능한 것들만 합하여 꾸준히 계속하면 우리 국기를 높이 들어 성공할 날이 멀지 아니하리라.[7]

김규식은 자신이 상해로 들어온 날이 1차 대전 종전(1918. 11. 11) 이후이며, 1919년 3월 13일 파리에 도착했다고 밝혔다. 김규식은 자신이 파리에서 행한 외교가 공식적으로는 수용되지 않았지만, 파리행은 실패가 아니라 독립을 향한 준비였다고 했다. 9월 9일에는 김규식이 프랑스에서 『크리스천 사이언스 모니터』(Christian Science Monitor)와 가진 인터뷰 기사가 게재되었다. 내용은 파리강화회의 시기 공보국을 통해 선전했던 내용으로 일본 통치의 가혹성, 한국인 고등교육 금지, 교회 핍박, 신문잡지 부재, 독립 선포 및 임시정부 수립, 한국의 독립 의지, 한국은 역사적 독립국이라

---

[7] 「뉴욕지방에서 김규식대사 환영, 충성된 김대사의 간단한 답사」, 『신한민보』(1919. 9. 4).

는 점, 평화회의의 해결 책임 등을 거론했다.⁸

김규식의 미국 도착에 맞춰 8월 31일 집정관총재 이승만은 강화대사 김규식과 공동명의의 성명을 발표했다.

우리-이 아래 서명한 이는 대한민국의 상당한 뽑힘과 위임을 받은 우리-는 2천만 한국 민족을 대표하여 행동하는 바 일본이 무력으로 속박하며 노예 만드는 것을 항의하며 한국이 독립선언서와 정부의 성명서를 빙거(憑據)하여 또는 우리 국가와 민족이 소위 일본 연방의 한 자치국으로는 발전할 수도 없고 더구나 일본 귀족정치와 군인정치 밑에 우리 민족이 우리 민족이 한 분자가 되어 가지고는 도저히 생존할 수 없는 까닭으로 우리는 한국 민족의 절대적 독립과 완전한 자유를 거룩한 뜻으로 성명하노라.

우리가 이러한 성명서를 반포함은 온전히 어느 민족이든지 그 민족이 뽑지 않고 인증하지 아니한 주권 밑에 강제에 끌려 살지 아니한다는 원래 정칙에 의지하여 함이외다. (8월 31일 워싱턴 유니버셜 서비스)⁹

이승만의 이 성명은 AP를 통해 1919년 9월 1일 자 미국 각 신문에 보도되었다. 미 의회도서관 신문검색사이트 크로니클링어메리카(chronicling america)에 따르면 최소한 8개 이상의 신문에 이 기사가 보도되었다.¹⁰

---

8 「한국 현시 정형의 대강, 한국대사에게 들음」, 『신한민보』(1919. 9. 9).
9 「한국은 일본의 속박을 벗어, 우리 집정관총재의 선언」, 『신한민보』(1919. 9. 2).
10 "Korean Independence has been Proclaimed," *Norwich Bulletin*, September 1, 1919; "Coreans Assert Independence; Attack Japan. Constitution Modeled After That of America Is Proclaimed by the President and Peace Ambassador," *New-York Tribune*, September 1, 1919; "Declared a Republic," *Alexandria Gazette*, September 1, 1919; "Koreans Declare for Independence, Proclamation Issued Sunday Is Signed by Dr. Syngam Ree," *Richmond Times-Dispatch*, September 1, 1919; *Tägliche Omaha tribüne*, September 1, 1919; "Proclamation of Independence for Korea is Issued," *The*

『뉴욕트리뷴』(New York Tribune)은 4면에 이 기사를 제일 크게 게재했다. 뉴욕에 도착한 김규식 일행은 헤어진 것으로 보인다. 여운홍은 시카고로 가서 노백린 환영회(1919. 10. 11)에 참석해 한국 교회 사정을 진술했다.[11] 김탕도 1923~1925년 시카고대학을 다닌 것으로 보아 두 사람은 함께 시카고로 향한 것으로 보인다.[12] 「구미위원부 통신」에 따르면 여운홍은 "한국 예수교회서 세계 각국에 보낸 포고문을 가지고 순회하며 연설"하는 것으로 되어 있다. 여운홍의 임무는 미국 각지를 돌며 한국 교회 사정을 설명하는 것이었다.[13] 여운홍의 회고에 따르면 도미 이후 서재필 박사를 도와 필라델피아에 본거지를 두고 미국 전역을 순회하며 선전에 주력하다가 1920년 상해로 다시 돌아왔다.[14]

김규식 『뉴욕트리뷴』 인터뷰(1919. 9. 1).

김규식은 필라델피아의 서재필을 방문한 후, 8월 25일 워싱턴에 도착했다.[15] 김규식은 도미하며 파리강화회의에서 못 다한 외교의 기회와 방식이 미국에 있을 것으로 생각했다. 위의 8월 31일 자 이승만 대통령, 김규식

    Birmingham Age-Herald, September 1, 1919; "Independence of Korea, Declared in Proclamation Issued to Peoples of the World," *The Sauk Centre Herald*, September 4, 1919; "Corea se proclama en Republica independiente," *El Imparcial*, September 18, 1919.

11 「쉬카고에서 로백린총장을 환영, 재류형제의 반김과 용장한 각하의 말씀」, 『신한민보』(1919. 10. 18).
12 「김인태 등 체포의 건」, 『한국독립운동사』 자료20(임정편V), 1991, 국사편찬위원회.
13 「구미위원부 통신」 제3호(1919. 10. 1).
14 여운홍, 1967, 위의 책, 44~45쪽.
15 「파리평화회의대표부공문 제2호 : 경과보고」, 파리평화회의 대표원(김규식)→외무총장 (1919. 11. 26), 『대한민국임시정부자료집』 16(외무부).

구미위원장의 공동성명은 실상 미국정부에 제출하는 신임장과 같은 것이었다. 미 국무부 문서철 중 「한국 내정에 관한 문서, 1910-29」에는 김규식이 미 국무부에 발송한 편지(1919. 8. 28), 이승만·김규식이 서명하고 '대한민쥬국' 압인(押印, Seal)을 찍은 공문(1919. 9. 27), 공문에 첨부된 「한국 국가의 지속적 독립을 위한 선언 및 요구」(1919. 9. 27) 1건이 들어 있다.[16] 형식적으로는 대한민국임시정부 대통령 이승만이 한국민의 요구를 수용해 구미위원부 위원장 김규식과 함께 「선언 및 요구」를 제출한 것이었다. 김규식은 "한국은 절대적인 독립을 희망"하며, 어느 정도, 어느 방식으로라도 일본의 통치나 지배를 원치 않는다고 쓰고 있다. 「선언 및 요구」는 리걸 사이즈 6쪽 분량인데, 위의 미국 언론에 보도된 내용을 담고 있다. 모두 '대한민쥬국' 압인이 찍혀 있다.[17]

김규식은 상원의장이자 부통령인 마셜(Thomas W. Marshall)에게도 동일한 편지, 공문, 「선언 및 요구」 1건을 송부(1919. 8. 28)했다.[18] 부통령 비서실은 부통령의 지시로 해당 문건을 국무부로 이관(1919. 9. 6)했다. 김규식은 조금 요령을 부려서, 미국 대통령이 자신에게 이 문건들을 반환하지 않는 한 공식적으로 「선언 및 요구」을 상원에 제출해 달라고 요구했지만, 부통령실은 응하지 않았다.[19] 국무부는 부통령실에 해당 문건을 전달

---

16 Kiusic Kimm, Chairman, Koran Commission to Robert Lansing, Secretary of State, August 28, 1919. RG 59, State Department Decimal File, 895.00/656. Internal Affairs of Korea, 1910-29, M 426, Roll 2.

17 대한민쥬국(대한민주국)이란 1919년 7월 이승만이 국내 한성정부 수립 소식을 듣고 미주에서 행세하던 때 사용하던 국호로 1919년 4월 조직된 상해 임시정부나 1919년 9월 통합된 임시정부와는 다른 한성정부의 대외명칭이었다.

18 "Proclamation and Demand for Continued Independence of the Korean Nation," (1919. 9. 27), Kiusic Kimm, Chairman, Koran Commission to Thomas W. Marshall, Vice President, President of the United States Senate, August 28, 1919. RG 59, State Department Decimal File, 895.00/656. Internal Affairs of Korea, 1910-29, M 426, Roll 2.

19 The Vice Presidents Chamber to the Secretary of State, September 6, 1919. RG 59, State Department Decimal File, 895.00/656. Internal Affairs of Korea, 1910-29, M 426,

받았다고 통보(1919. 9. 8)했다.[20] 김규식에게는 수령 통보도 하지 않은 듯하다. 김규식은 파리위원부의 이관용을 통해 1919년 10월 1일 클레망소 파리평화회의 의장에게 해당 문건을 발송했다.[21]

여운홍도 9월 17일 필라델피아통신부 용지를 사용해 랜싱 국무장관에게 한국 기독교도들의 청원서 「만국예수교우의게」(An Appeal to the Christian World)를 전달했다.[22] 이 문서는 1919년 5월 상해의 대한국야소교회(耶蘇教會) 대표자 목사 안승원(安承源), 김병조(金秉祚), 손정도(孫貞道), 장덕로(張德櫓), 이원익(李元益), 조상섭(趙尙燮), 장로 김시혁(金時爀), 김승만(金承萬), 장붕(張鵬) 등 11인이 날인한 것이었다. 원래 여운홍은 1918년 11월 미국에서 헐버트를 만나 한국 독립운동을 상의한 결과 100만 명 서명이 필요하다는 얘기를 듣고, 1919년 1월 11일 국민회 중앙총회 안창호를 만나 여비 300달러를 얻어 일본 동경을 거쳐 국내로 잠입했다. 이상재를 만나 사정을 얘기했지만 100만 명 서명은 불가능하며 준비 중인 거사, 즉 3·1운동을 망칠 수 있다는 말을 듣고 3·1운동 직전 상해로 탈출했다. 상해에서 여운홍은 5월 23일 신한청년당 대표로 파리행 여정에 오르면서 이 문건을 만들어 국제연맹과 만국장로교연합총회에 한국 교회를 대표해 제출할 계획이었다.[23]

사실 이것이 김규식이 미국에 도착해 수행한 대미 외교의 전부였다고

Roll 2.

20 Acting Secretary of State to Secretary to the Vice President, September 8, 1919. RG 59, State Department Decimal File, 895.00/656. Internal Affairs of Korea, 1910-29, M 426, Roll 2.

21 「파리위원부의 클레망소 평화회의 의장에 보내는 대한민국 지속적인 독립선언서」(1919. 10. 1), 『대한민국임시정부자료집』 23(대유럽외교 I).

22 W. H. Lyuh to Robert Lansing, Secretary of State, September 17, 1919. RG 59, State Department Decimal File, 895.00/657. Internal Affairs of Korea, 1910-29, M 426, Roll 2.

23 「독립운동에 관한 약사」, 『대한민국임시정부자료집』 7(한일관계사료집), 174~177쪽; 홍선표, 2016, 「헐버트(Homer B. Hulbert)의 재미 한국 독립운동」, 『한국독립운동사연구』 55.

해도 과언이 아니다. 김규식의 미국행은 1919년 9월 워싱턴에서 개최될 것이라는 소문이 돌던 국제연맹의 첫 번째 위원회에서 한국 독립을 주장하기 위한 것이었다.[24] 그러나 김규식을 기다리고 있던 것은 기대하고 희망했던 국제연맹과 미국을 향한 외교 업무가 아니라 구미위원부 위원장으로 이승만을 대신해 공채표 판매와 회계를 담당하는 일이었다.

---

24 김규식은 이승만에게 보내는 첫 번째 편지(1919. 5. 25)에서 "만약 소문처럼 국제연맹의 첫 위원회가 9월에 워싱턴에서 개최된다면, 최소한 잠시 미국으로 건너가 그곳에서 박사와 합류하여 우리의 주장을 개진할 수 있기를 바라고 있습니다"라고 했다. 「김규식이 이승만에게 보낸 서한」(1919. 5. 25), 『대한민국임시정부자료집』 43(서한집 II).

2 대통령 이승만과 공채표 판매 세일즈맨 김규식

이승만은 파리강화회의 특사로 3·1운동 시기 한국 독립운동의 실체적 희망이자 중심인물로 부각된 김규식을 워싱턴으로 데려오고자 했다. 독립운동의 명성이 자자한 김규식을 통해 미주 한인사회의 재정권을 통일·장악하기 위한 것이었다.[25]

파리강화회의 특사 파견에 냉소적이었던 이승만은 역설적으로 3·1운동이 발발한 이후 수립된 여러 임시정부에서 국무총리급으로 임명되었다.[26] 자신이 국무총리로 선임되었다는 소식에 대한 이승만의 첫 반응은 국채 발행권과 신임장을 요구하는 것이었다. 이승만은 1919년 4월 4일 상해의 현순으로부터 자신이 대한공화국임시정부의 국무경(국무총리)으로 임명되었다는 전문을 받았다. 현순의 전보에만 존재했던 대한공화국

---

25 이하 설명은 정병준, 2005, 위의 책을 참조.
26 1918년 말 하와이에서 샌프란시스코로 건너온 이승만은 칭병하며 병원에 입원했다. 이승만은 파리에 가봐야 별 소득이 없다며 미국에 돌아올 윌슨을 만나 사정을 호소한다는 정도의 생각을 가지고 있었다. 서재필도 한국 독립의 가능성보다는 자신이 주관하는 선전잡지 발행에 관심을 가지고 있었다. 이승만은 3·1운동 발발 후에도 정한경이 작성한 위임통치청원서를 공표했으며, 서재필은 한국에 독재적 정부가 수립되어 10년 이상 통치해야 한다는 비망록을 작성한 바 있다. 정병준, 2005, 위의 책.

임시정부는 실재한 것이 아니었지만, 이승만은 이후 5월 말까지 대한공화국임시정부의 국무경(국무총리)으로 활동했다. 이승만은 다음날인 4월 5일 대한공화국임시정부가 자신에게 '우리 운동에 대하여 빗을 얻는 권리를 쥬는 것을 곳 뎐보'해 보낼 것을 요청했다.[27] 그리고 4월 11일에는 현순에게 직접 국채 발행 신임장을 요청했고,[28] 14일에는 하와이국민회 회장 이종관(李鍾寬)에게 상해의 현순에게 전보를 쳐서 임정 명의의 신임장(credential)을 보내라고 요청했다.[29] 대한공화국임시정부와 관련해 이승만의 유일한 관심은 미국에서 '국채'를 발행하는 데 필요한 증거서류 및 신임장이었다.[30] 대한공화국임시정부는 정부 위치, 주도세력, 지향성, 노선, 활동 등이 모두 불투명했지만, 이승만은 국채·공채 발행권(請財權)과 자기 지위에 대한 신임장만을 요구했다. 이승만은 대한공화국임시정부가 어디 있으며 무슨 일을 하고 있는지 혹은 하려고 하는지에 대해서는 관심이 없었다.

　　이승만의 또 다른 관심사는 대통령직이었다. 현순은 이승만에게 대한

27 「대한민국림시정부에 관한 통신」, 『신한민보』(1919. 8. 16); 「이승만→현순」(1919. 4. 27), 『우남이승만문서(동문편)』 16, 270~279쪽. 이승만은 4월 11일에도 대한공화국임정이 자신에게 국채 얻는 권리를 공식적으로 달라고 현순에게 전보했다. 이승만은 4월 5일 현순에게 보낼 전보 초안에서 자신에게 선전비로 1만 달러를 즉시 보내라고 썼지만, 발송한 진짜 전보에는 '자금이 필요하다'고 변경했다. 「이승만→현순」(1919. 4. 5), JoongAng Ilbo and The Institute for Modern Korean Studies, Yonsei University, *The Syngman Rhee Telegrams*, volume I, 2000, pp.66~67.

28 「대한민국림시정부에 관한 통신」, 『신한민보』(1919. 8. 16); 전보 원문은 다음과 같다. Cable me credential by Provisional Government authorizing me to borrow money to finance our work(「이승만→현순」(1919. 4. 27), 『우남이승만문서(동문편)』 16, 270~279쪽).

29 「이승만→이종관」(1919. 4. 14) Korea American Research Project, The Hei Sop Chin Archival Collection, Collection 367: Korean Immigrant History Materials, box 2. Korean Provisional Government Papers, folder 3 Cablegram, Asian American Studies Center and Department of Special Collections, University of California, Los Angeles. (이하 『임정전문철』로 줄임.)

30 이승만은 1919년 5월 6일에도 현순에게 전보를 보내 국채 발행을 위한 임정의 신임장을 요구했다. 「대한민국림시정부에 관한 통신」, 『신한민보』(1919. 8. 16).

공화국임시정부 설립 소식은 잘못된 정보였으며, 새로 설립된 초기 상해 임시정부에는 대통령직제가 없다고 밝혔음에도 불구하고 이승만은 현순에게 보내는 4월 27일 편지에서 상해 임시정부에 대통령이 있는지를 문의할 정도였다.[31] 4월 11일 우리가 통칭 '상해 임시정부'라고 부르는 임시의정원이 조직되고 대한민국임시정부가 구성되었지만, 상해의 정보는 혼란스러웠고, 다양한 정보가 뒤섞인 상태에서 미주에서 임시정부의 정확한 실체와 상황을 파악하기는 어려웠다. 『신한민보』는 '대한공화국 임시국회'가 4월 11일 의정원이라는 명칭으로 조직되었고, 이동녕이 의장이 되었다고 보도했다.[32] 그러나 초기 상해 임시정부가 대한공화국 임시국회로 소개된 데에서 알 수 있듯이 미주 한인들은 초기 상해 임시정부와 대한공화국임시정부를 구별할 수 없었다.

'대한공화국임시정부 국무경' 이승만은 다양한 선전 활동, 청원 외교를 펼쳤다. 이승만이 가장 중요시한 것은 청원과 선전이었다. 이승만은 4월 12일 윌슨 대통령과 프랑스 수상에게 파리평화회의가 한국 독립을 인정하라고 요구했고 4월 30일에도 윌슨에게 재차 청원서를 제출했다.[33] 또한 이승만은 4월 14~16일간 필라델피아 제1차 한인회의(First Korean Congress)를 개최했다. 참가자들은 필라델피아 독립관까지 행진했고, 이승만은 초대 미국 대통령 워싱턴이 앉았던 의자에 앉고 참석자들은 만세를 불렀다.[34]

상해 임시정부가 조직되었다는 소식은 5월 말 정확하게 미주 한인사회에 전달되었지만, 혼란은 7월 중순 초기 상해 임시정부, 즉 '대한민국임

---

31 「대한공화국림시헌법」;「논설: 대한공화국민에게, 특별히 해외에 나온 대한국민에게」, 『신한민보』(1919. 6. 10).
32 『신한민보』(1919. 5. 24).
33 『신한민보』(1919. 5. 13);「국무경리승만박사의 청원」, 『신한민보』(1919. 5. 8).
34 First Korean Congress, p.69.

시정부' 관련 문건이 도착할 때까지 계속되었다.35 한편 이승만은 5월 말 지상정부(紙上政府)였던 한성정부의 문건을 입수했다. 이후 이승만은 발설자인 현순이 존재하지 않는다고 했던 대한공화국임시정부 국무경 대신 한성정부의 집정관총재를 대통령으로 바꿔 부르며 활동하기 시작했다. 상해 임시정부는 국무총리가 있을 뿐 대통령은 없다고 반박했으나,36 이승만은 한성정부 집정관총재를 대통령으로 고집하며 밀고 나갔다. 6월 17일 이승만은 상해로 전문을 보내 자신이 '대통령 명의'로 파리의 김규식·이관용에게 신임장을 보냈고, 동맹국들에게 한국 독립을 인정하라는 '국서'를 보냈으며 조만간 미국 국회에도 제의할 것이라고 통보했다. 이승만은 이 전문에서 외교 사무는 워싱턴에서 주관할 것이라고 지시했다.37 일단 대통령임을 대외적으로 선포하고 20여 일 뒤인 7월 4일에야 이승만은 한성정부를 의미하는 대한민주국 임시대통령의 명의로 국내외 동포들에게 선언서를 발표했다.38

이승만은 국내에서 선언된 과도적 정치체제의 '한성정부'를 바탕으로 새로운 대통령제 정부를 창출했다. 이승만은 한성정부의 각료 명칭 중 집정관총재를 대통령으로, 국무총리총재를 국무총리로, 노동국총판을 노동부총장으로 변경했다. 집단지도 체제를 수직적 대통령 중심제로 바꾼 것이다. 결과적으로 1919년 9월 통합 상해 임시정부가 만들어질 때 대통령(이

---

35   상해 임정의 임시헌장은 6월 10일 '대한공화국임시헌법'이라는 이름으로 알려졌고(『신한민보』, 1919. 6. 10), 7월 22일에 가서야 '임시헌장'이라는 정확한 이름으로 알려졌다(『신한민보』, 1919. 7. 22). 이때 임시정부 정강, 임시징세령·인구시행세칙, 애국금·인구세 징수에 관한 건 등이 같이 보도되었다.
36   「도산선생의 덕확한 면보 도착, 림시정부에 관계된 사항」, 『신한민보』(1919. 6. 17).
37   「대한민국림시정부에 관한 통신」, 『신한민보』(1919. 8. 19). 이승만은 6월 19일 하와이 이종관에게 보낸 전문에서 자신이 행정 사무를 반포할 예정이며, 김규식·이종관에게 신임장(delegate credential)을 보낸 사실과 자신이 대통령이 됐으니 "의정(議定)하라고 각국에 통첩"을 보냈다고 밝혔다[「이승만→이종관(1919. 6. 19)」, 『임정전문철』].
38   「대한민쥬국대통령의 션언서」, 『신한민보』(1919. 7. 10).

승만), 국무총리(이동휘), 노동국총판(안창호)이 임명되었다. 이후 이승만은 한성정부 계통론(系統論) 혹은 한성정부 법통론을 주장했다. 국내에서 13도 대표가 대회를 개최(4. 2)하고 약법(約法)과 각료 명단을 정한 후 국민대회(4. 23)를 통해 추인받았기에 정통성이 있으며, 약법에 따르면 '영원정부'인 독립정부가 수립되기 전까지는 국내 13도 대표대회와 국민대회가 선출한 한성정부 집정관총재가 정당성과 영속성을 지닌다는 것이었다.[39] 독립되기 전까지는 자신이 영원한 집정관총재, 즉 대통령이라는 선언이었다.

이승만은 한성정부 집정관총재이자 대통령으로 활동하며 외교 전담, 미주지역 재정 관할권을 주장했다. 미주에서 이승만은 공채 발행을 강력하게 주장하고 추진했다. 이승만이 공채 발행을 주장하게 된 배경은 크게 2가지로 생각된다.

첫째, 아일랜드의 선례를 모방한 것이었다. 영국의 오랜 식민지였던 아일랜드는 미국에 임시정부를 설립했고, 1918~1919년 아일랜드 임시정부 대통령으로 미국에 체재 중이던 벌레라(Eamon de Valera)는 5백만 달러 공채 모집에 성공했다.[40] 당시 이승만은 아일랜드를 모방해 공채를 발행하며, 이것이 외국인에게 발매하는 국채가 아니라 아일랜드의 사례처럼 내외국인이 한국 독립을 '연조'(捐助)하기 위해 기증하는 것이라고 주장했다.[41] 처음부터 이승만은 아일랜드 임시정부 방식처럼 국채가 아닌 의연금·성금의 성격으로 공채 발행을 희망했던 것이다. 또한 최초에는 공채를 외국인에게만 판매한다고 주장했으나 실제로는 재미 한인들만 공채를 구

---

39 『신한민보』(1919. 8. 19); 윤대원, 2006, 『상해 시기 대한민국임시정부 연구』, 서울대학교출판부, 111~119쪽.
40 「愛蘭의 國債」, 『독립신문』(1919. 9. 4).
41 「이승만→이동휘」(1920. 1. 28), 『우남이승만문서(동문편)』 16, 165~166쪽; 『대한민국임시정부공보』, 13호(1920. 3. 24).

매했다.

　둘째, 이승만은 구미위원부를 통해 대한인국민회의 재정을 장악하고, 조직 기반을 허물려고 했다. 여기에는 이승만과 안창호, 하와이와 미주의 오랜 갈등이 내재해 있었다. 대한인국민회의 연원은 1909년 2월 창립된 국민회였다. 재미 한인들은 1908년 장인환·전명운 의사 재판을 후원하는 과정에서 재미 한인 통일을 목적으로 국민회를 창립했다. 미주에 북미지방총회, 하와이에 하와이 지방총회를 설립하고, 멕시코, 원동에도 지부 설립을 시도했다. 1910년 대동보국회가 국민회에 참가해 명칭이 대한인국민회가 되었다. 이후 1912년 11월 대한인국민회 중앙총회가 만들어져 하와이 지방총회와 북미지방총회를 관할하게 되었다. 중앙총회 밑에 북미지방총회, 하와이 지방총회, 시베리아지방총회, 만주리지방총회가 설치되었다. 중심인물은 안창호, 백일규, 윤병구, 박용만 등이었다. 하와이 지방총회는 1912년 박용만을 초청했고, 이후 1913년 하와이정부의 허가를 얻었고, 1915년까지 특별경찰권을 허락받는 등 발전을 이룩하였다. 통일되었던 하와이 한인사회는 박용만의 초청으로 이승만이 1913년 하와이에 도착한 이후 분열되기 시작했다. 교회와 교육사업을 주도한 문치파(文治派) 이승만과 산너머병학교·국민군단을 주도한 무단파(武斷派) 박용만 두 사람은 7천여 한인이 모여 사는 작은 공동체에서 함께하기 불가능한 호랑이들이었다. 이승만이 1915년 하와이 지방총회 간부진을 공격하기 시작한 이래 상호 비방·폭행·법적 송사가 끊이지 않았고, 하와이 한인사회에 처음 있는 대소동 속에서 이승만은 하와이 지방총회를 장악했다. 박용만은 이승만을 하와이로 초청한 장본인이었지만, 이승만에 의해 하와이 지방총회에서 축출되었다. 이로써 통일되었던 대한인국민회는 이승만 세력이 주도하는 하와이 지방총회와 안창호 세력이 주도하는 북미지방총회로 사실상 분열되었다. 이 와중에 대한인국민회 중앙총회는 큰 힘을 발휘하지 못했다. 박용만은 3·1운동기 상해 임시정부 외무총장으로 선임되었으나 취임하지 않는 대신 북경군사통일회를 이끌며 이승만의 위임통치론을 공격하는 등 반이승만 세력의 핵심이 되었다.

대한인국민회 중앙총회 및 북미지방총회를 주도하던 안창호는 1919년 5월 상해로 건너가 사실상 상해 임시정부를 유지하고, 한성정부·상해 임시정부·노령 국민의회의 통합을 주도하고 있었다. 이에 발맞춰 대한인국민회 중앙총회와 북미지방총회는 애국금을 거두어 상해 임시정부로 송금했다.

바로 이 시점에 이승만은 한성정부 집정관총재로 애국금이 아닌 국채 발행을 주장하고 나선 것이다. 이승만은 끊임없이 상해 임시정부에 국채 발행권을 요구했다. 1919년 7월부터 8월 사이에 이승만과 상해 임시정부 사이에 오고 간 전문에는 이렇게 기록되어 있다.

- 1919년 7월 3일. 이승만-상해 임시정부: "탁지(度支)나 총리의 이름으로 내게 전보하되, 임시의정원은 통령인 나에게 <u>5백만 원 범위 내에서 정부 공채 발행의 권한을 준다고 할 것. 오년 한 육십 년</u>. 모두 내가 지명한 탁지대신 보좌역으로 부서(副署)할 것임."
- 1919년 7월 20일. 안창호-이승만: "〔나는 내무총장으로〕 취임했음. 한국인들은 당신을 지지함. 위임통치 문제는 해결되었음. 국무총리 신임장을 보냈음. (중략) 그러니 그곳〔워싱턴〕을 떠나 이리(상해)로 오시오."
- 1919년 7월 23일. 이승만-안창호(상해 임시정부): "축하드림. (중략) 당신은 내가 상해로 오길 바라오? <u>공채표는 준비됨</u>. 미국 국회에서 우리나라 일 잘되어. 김규식 여기 오겠소."
- 1919년 7월 29일. 안창호(상해 임시정부): "국채 발행 건 인준을 얻기 위하여 임시의정원에 제출. 상해 임시정부에는 대통령이 없음. 당신은 국무총리로서 국가를 대표하기 때문에 다른 나라 대통령과 동등한 권한을 갖고 있음."

- 1919년 8월 3일. 이승만-현순(상해): "서울 국회(국민대회) 공표한 대로 각국에 공첩 보냈소. 안창호 전보에 (상해 임시정부에) 대통령 없다고 하오. 공채표 냈으니 팔면 돈 넣겠소. 상해에서 합동하여 서울 국회(한성정부) 선포 준행하게 하시오. 그대로 못하면 대단히 방해됨."

- 1919년 8월 3일 이승만-상해 임시정부: "국제연맹(의 장래) 불확실. 열강에 대한 나의 통고와 모순되는 연맹과의 어떠한 접촉도 우리의 대의를 해칠 것이오. 국채표 준비됨. 샌프란시스코협회(대한인국민회)에 애국금을 거두라는 당신의 지시가 혼란을 일으키고 있소."

- 1919년 8월 6일. 내무총장 안창호·재무총장 최재형-국무총리 이승만: "한국 의회(임시의정원)는 당신에게 공채 발행의 전권을 주는 동시에 제이슨(서재필)에게는 (국제연맹에서) 한국을 대표하는 권한을 부여했음. 문제가 없다면 당신은 미국을 떠나서 상해로 오시오."

- 1919년 8월 8일. (안창호)-(대한인국민회): "한국 의회(임시의정원)는 필립 제이슨 박사를 대표로 지명했음. 이승만 박사를 상해로 오도록 함. 이승만은 대통령임. 5백만 원 국채금 주었다는 소문. 이승만, 박용만은 어디 있소."

- 1919년 8월 9일. 안창호-이승만: "즉시 상해로 오시오. 한국인들은 그것을 원함."

- 1919년 8월 11일. 안창호-이승만: "당신을 대통령으로 선출하기 위해 무척 애쓰고 있는 중. 오시오."

- 1919년 8월 11일. 상해 임시정부-이승만: "모두 당신이 오기를 원한다. 중요하니 즉시 답하시오."

- 1919년 8월 12일. 이승만-상해 임시정부: "정부 임원 지위와 내정은 둘째 일. 원동의 한인 합동과 내지활동 계속하시오. (나는) 여기서 국제운동하리다. 나 지금 갈 수 없소. 김규식 (워싱턴으로) 오겠소. 헐

버트 여기서 일하오."
- 1919년 8월 17일. 이승만-상해 임시정부: "내가 즉시 가고는 싶지만 여기서도 나를 필요로 함. 편지가 곧 갈 것이오. 헐버트와 맥킨지는 우리와 일하오. 미국 국회가 토의한 대한(大韓)의 건 다시 제출하겠소. 공채표 냈소. 원동에서도 팔 수 있으면 보내리다."
- 1919년 8월 27일 이승만-상해 임시정부: "미국과 유럽 일의 편의를 위하여 <u>한국위원회(구미위원부)</u>를 만들고 일반 업무와 재정업무를 다루도록 했음. <u>김규식과 이대위, 송헌주를 임명했음</u>."[42]

상해 임시정부에서는 지속적으로 이승만에게 상해로 와 함께 독립운동을 하자고 요청했다. 안창호를 중심으로 한 임시정부는 가급적이면 이승만의 뜻을 존중하려고 했다. 때문에 상해 임시정부에는 대통령이 없고 국무총리뿐이다, 당신에게 공채 발행 전권을 주니 상해로 오라, 상해-한성-노령 정부 통합 과정에서 당신을 대통령으로 선출하려 애쓰는 중이다, 등의 답을 한 것이다.

반면 이승만은 7월 3일 5백만 원 공채를 얻을 권한을 달라고 요구한 이래, 7월 23일부터는 임시정부의 허가를 요청하지도 않고, 이미 공채표·국채표가 준비되었으니 팔겠다고 일방적으로 통보한 것이다. 또한 이승만은 상해에 가지 않겠다는 뜻을 분명히 했다.

상해 임시정부는 이승만이 국무총리 취임을 거부했음에도 불구하고 위의 전문에서 드러나듯 8월 8일 국채 발행권을 위임했다.[43] 그러나 이승만은 8월 13일 집정관총재 명의로「국채표에 대한 포고문」을 발표하며 국채 수합권이 상해 임시정부가 아닌 한성정부의 권한으로 비롯되었다고 주

---

42 「상해임정-이승만 왕복전문(1919. 6~1919. 9)」,『대한민국임시정부자료집』8(정부수반).
43 「공채표와 애국금」,『신한민보』(1919. 10. 7);『한국독립운동사』자료2(임정편II), 403~405쪽.

장했다.[44] 또한 8월 25일 김규식이 워싱턴에 도착하자마자 동 일자로 집정관총재의 명으로 「임시정부행정령(제2호): 한국위원회」를 통해 구미위원부를 설립했다.[45] 이승만은 가장 중요한 공채권과 구미위원부 설립의 법적 근거를 지상정부(紙上政府)인 한성정부에서 구했던 것이다.

그러나 이미 상해 임시정부는 1919년 5월 재정 마련을 위해 인구세, 애국금 등을 시행하기로 결정한 바 있다. 1919년 5월 12일 국무위원회는 재정방침으로 1인당 50전의 세금, 즉 인구세를 징수하며, 수시로 애국금을 모집할 것을 결정했다.[46] 이 소식은 곧 샌프란시스코 대한인국민회로 알려졌다. 5월 27일 상해 임시정부에서 애국금 3백만 원을 모집하며 미주에서는 국민회가 모집을 대리한다는 전보가 도착했다.[47] 대한인국민회는 즉시 애국금 모집에 착수했고, 6월 21일 임시정부 재무총장 최재형은 국민회 중앙총회장 백일규에게 공문(財發 제57호)을 보내 하와이, 샌프란시스코에서 애국금 수합을 집행해 임시정부로 보내 달라고 요청했다.[48] 임시정부는 6월 15일 임시정부령 제3호로 임시징세령을 결의하고 20세 이상 남녀에게 1년 금화 1원, 6개월에 50전씩 징수한다고 밝혔다.[49]

이에 맞서 이승만은 8월 3일 임시정부를 향해 국채표가 준비되었는데, 국민회에 애국금을 거두라고 지시하니 혼란이 일고 있다고 강하게 항의한 것이다. 이승만은 애국금을 없애고, 미주의 재정수합권을 자신에게 귀속시키겠다는 유일한 목적을 집요하게 추구했다. 사실상 대한인국민회

---

44 「국채표에 대한 포고문」, 『신한민보』(1919. 8. 21).
45 「림시정부행정령(데2호) 한국위원회」, 『신한민보』(1919. 9. 18); 「집정관총재공포문 제2호: 대한민국특파구미주찰위원부 설치 조관」(집정관총재 이승만)(1919. 8. 25), 『우남이승만문서(동문편)』 9, 1쪽.
46 「임시의정원기사록」 제4회(1919. 4), 『대한민국임시정부자료집』 2(임시의정원I).
47 『신한민보』(1919. 5. 29).
48 「애국금 수입에 관한 건」, 『신한민보』(1919. 7. 22).
49 『신한민보』(1919. 7. 22).

중앙총회나 북미지방총회의 재정수합 기능을 중단시키고, 해당 기관을 자신의 통제하에 두겠다는 의도였다. 실질적으로는 임시정부로 들어가는 미주의 자금 통로를 자신이 독점 관할함으로써 임시정부를 통제하려고 한 것이다. 이승만과 안창호, 하와이와 미주의 뿌리 깊은 반목과 갈등이 기회와 명목을 달리해 변형된 형태로 분출된 것이었다.

김규식은 자신이 맡게 될 구미위원부 위원장의 직함이 이승만을 대신한 공채 판매 및 대한인국민회 중앙총회의 애국금 수합 금지로 귀결되고, 그것이 재미 한인 통일의 상징인 대한인국민회 중앙총회의 폐지(1922)로 이어질 것은 예상하지 못했을 것이다. 재미 한인사회의 분열과 갈등은 3·1운동을 통해 통합으로 귀결될 가능성이 있었지만, 기회는 사라졌다. 이승만의 일방적 강경노선에 상해 임시정부가 끌려가면서, 일의 물매가 어떻게 흘러갈 수 있을지 충분히 예상할 수 있는 바였다. 이승만은 1915년 국민회 하와이 지방총회를 분열시켰고, 1921년 하와이 지방총회를 국민회에서 떼어 내어 교민단으로 변경시켰으며, 1922년에는 국민회 중앙총회를 해체시키는 데 성공했다. 이승만 개인에게는 바라던 바의 성취이자 복수였지만, 재미 한인사회에는 깊은 상처를 남겼다.

3 뇌종양 수술과 구미위원부 위원장이라는 고경(苦境)

이승만은 대한공화국임시정부 국무경으로 4월 25일 워싱턴에서 정부대표사무소를 설치했다. 이는 한동안 '대한공화국 임시사무소'·'한국공화정부 공관' 등으로 불리다 김규식이 도착한 8월 25일 구미위원부(歐美委員部)로 개편되었다.[50] 이는 한성정부 법통론에 근거한 것이자, 존재하지 않았던 대한공화국임시정부에서 시작된 것이었다.

구미위원부는 여러 면에서 독특한 위상을 차지했다. 먼저 이승만이 구미위원부를 조직한 근본 이유는 미주 한인사회의 재정 관할권을 장악하려는 의도 때문이었다.[51] 이승만은 처음에는 미주·하와이의 대표 각 1명 및 김규식 등 3명으로 재무위원회(financial committee)를 조직해 미주에서 공채를 모집할 계획이었으나, 서재필의 건의로 외교·홍보·재정 확보

---

50 「이승만→현순」(1919. 4. 27), 『우남이승만문서(동문편)』 16, 277쪽. 이승만은 즉시 하와이 국민회에 전보를 보내 임시정부 (워싱턴) 사무소 전신주소로 KORIC Washington을 사용하라고 지시했다. 「이승만→호놀룰루국민회」(1919. 4. 25), 『임정전문철』; 『신한민보』(1919. 7. 19).

51 고정휴, 1992, 「구미주차한국위원회의 초기 조직과 활동, 1919~1922」, 『역사학보』, 134·135, 17쪽.

김규식과 이승만(1919년경). Henry De Young.

구미위원부(1921년경). Henry De Young.

를 포괄하는 구미위원부를 조직했다.[52] 재정수합이 가장 큰 활동 목적이었던 구미위원부는 임시정부 산하기관이었음에도 예산안 집행에 대해 감독이나 사후승인을 받지 않았다.[53] 한편 이승만은 7월 14일 초기 상해 임정 의정원에 편지를 보내 워싱턴에 임시 공사관 본부(temporary legation headquarters)를 확보했으며 '항구적인 공사관 본부' 설치를 준비 중이라고 했지만,[54] 이는 공사관이나 대사관이 아닌 구미위원부를 결성했다.

김현구(金鉉九)에 따르면 당시 한국인들의 여론은 임시정부의 한국 공사관·대사관을 설립하는 것을 당연시했으나 이승만은 '위원부'를 고집했다.[55] 표면적으로 이는 이승만이 제안한 후 서재필과 법률고문 돌프(Frederic A. Dolph)의 동의를 얻은 결과였으나, 그 이면에는 한국 임시정부가 열강으로부터 법률적 승인은 물론 사실상의 정부로도 승인받지 못했기 때문에 공사관·대사관 설립이 불가하다는 논리가 숨어 있었다. 따라서 이승만은 당시 캐나다가 영국 자치령으로 워싱턴에 외교위원부를 설치한 것처럼 한국도 일본 속지(屬地)의 자격으로 위원부를 설치했다는 게 김현구의 주장이었다.[56]

구미위원부와 대사관·공사관의 관계는 김규식 후임으로 구미위원부 임시위원장에 임명(1920. 9)된 현순(玄楯)이 1921년 4월 주미 한국대사관 설립을 강행함으로써 분명히 드러났다. 이승만은 현순에게 '공사'(公使)

---

52 이상훈, 1996, 「김규식의 구미위원부 활동(1919~1920)」, 한림대학교 사학과 석사학위논문, 10~14쪽.
53 고정휴, 1992, 위의 논문, 106쪽.
54 「이승만→상해 임시정부 의정원」(1919. 7. 14); 이상훈, 1996, 위의 논문, 10쪽.
55 김현구(金鉉九), 『우남약전』(雩南略傳), 75~76쪽; 「제2부 사회생활」, 『김현구자전』(金鉉九自傳), 179~180쪽.
56 반(反)이승만 감정이 심했던 김현구는 이승만의 논리가 '가의가혹'(可疑可或)의 것으로 한국독립운동은 한국이 일본 영지가 아님을 주장하는 것이 목적이었으나 이승만이 한국이 일본 속지라고 자인한 것은 그가 법률적으로 맹목이었을 뿐 아니라 이미 1913년 일본천황에게 공개적으로 자치권을 청원했던 경험이 있을 정도로 '완견(頑見)이 상존(尙存)'했기 때문이라고 비난했다(김현구, 『김현구자전』, 180쪽).

임명장을 주었지만, 현순이 대사관을 설립하자 현순을 공박하며 해임명령을 내렸고, 이에 맞서 현순은 이승만 진영이 위임통치론의 연장선에서 외교를 한다며 비난했다.[57]

김규식은 1919년 8월 25일 워싱턴에 도착하자마자 이승만이 공포한 「집정관총재 공포문」 제2호 '대한민국 특파 구미주찰위원부 설치조관'에 따라 구미위원부 위원장이 되었다. 이미 이승만이 마련한 기관의 장이 된 것이다.[58]

구미위원부 설치조관의 핵심은 미주에서 재정 수입과 지출의 권리를 가지며, 집정관총재의 재가를 거쳐 임시정부의 허가를 받는다고 하는 대목이다. 위원부 규칙 7개조에서 연조(捐助)·차관·납세 등 재정에 관한 조항이 4개조일 정도로 상세하게 규정되었다. 한국 독립운동의 방략, 외교 방향, 임시정부와의 관계 설정, 재미 한인과의 관계 등은 전혀 언급되지 않았다. 결국 구미위원부 설치조관의 핵심은 돈 문제였다고 해도 과언이 아니다. 이승만이 집정관총재로 전권을 갖는 구미위원회는 3인 이하로 위원부를 조직하고 집정관총재의 지휘를 받도록 규정되었다.

구미위원부의 활동은 크게 두 가지였는데, 청재권(請財權) 또는 징세권의 독점을 통한 재정 출납 업무와 외교 및 선전 활동이었다. 구미위원부는 독자적으로 공채표를 발행하여 미주 교민뿐 아니라 외국 정부와 민간인을 상대로 자금을 모집하려는 계획을 세웠다. 당초 공채표의 발매 목표는

---

57 고정휴, 1992, 위의 논문, 214~223쪽; 김현구, 『김현구자전』, 181~182쪽.
58 「집정관총재 공포문 제2호(대한민국 특파 구미주찰위원부 설치 조관)」 『우남이승만문서(동문편)』 9, 1쪽. 김규식은 나름대로 구미위원부 설치 근거로 (1) 집정관총재가 단신으로 워싱턴에서 구미에 관한 외교 내정 재정 사무까지 전담함으로 지위와 신분에 적당하지 않았고, 사무 진행도 불편의한 조건이 생겼으며, (2) 임정의 명령과 의정원 인준으로 미주에서 공채발행권이 집정관총재에게 전권 위임되어 만들어졌다고 설명했다. 「파리평화회의대표부공문 제2호경과보고」, 파리평화회 대표원(김규식)→외무총장(1919. 11. 26), 『대한민국임시정부자료집』 16(외무부).

500만 달러였지만, 현실적으로 목표 달성이 불가능했기 때문에 1920년 4월 30만 달러로 조정되었다. 구미위원부가 1922년 4월까지 실제로 걷은 총액은 14만 8,653달러였고, 이 중 공채금은 8만 1,352달러로 총액의 55% 정도였다. 구미위원부는 이 금액 중 약 18%가량을 임정에 송금했고, 거의 대부분을 사무실 유지비와 인건비에 지출했다.[59]

구미위원부의 외교·선전 활동은 크게 (1) 한국친우회의 조직·운영과 선전 활동, (2) 1919~1920년 미 의회 청원운동, (3) 1921~1922년 워싱턴군축회의 참가 시도로 구분된다. 당시 미국정부는 한국 문제를 일본 내정(內政)으로 취급했기 때문에, 한국 문제를 외교 문제화하거나 공식적으로 미국정부에 제기하는 것이 불가능했다. 김규식은 한국친우회, 미국의회 청원운동, 워싱턴군축회의 참가 시도 등 어떠한 곳에도 주역이 될 수 없었다. 이름이 드러나고 돋보이는 대미 외교·선전 활동은 이승만과 서재필이 독점했고, 서재필이 시작한 한국친우회(League of the Friends of Korea)가 이를 주도했다. 구미위원부 자체 집계에 따르면 1921년 7월 미국 21개 도시와 런던·파리 등 유럽 주요 도시에 한국친우회를 조직하고 회원 2만 5천 명을 확보했다.[60] 미국 시민을 상대로 한 강연회 개최, 출판물을 통한 선전 활동의 결과 1919년 3월부터 1920년 9월까지 미국 언론에 9천여 회에 걸쳐 한국 문제에 동정적인 기사가 게재되었다.[61] 선전은 이뤄졌으나 효과는 검증되지 않았으며, 회원 수는 특정되었지만, 이들의 역할과 기여가 무엇인지는 그 누구도 알 수 없었다. 분명한 것은 임시정부 대통령 이승

59　고정휴, 1992, 위의 논문; 고정휴, 1999, 「대한민국임시정부와 미주지역 독립운동」, 대한민국임시정부 수립 80주년기념 국제학술회의, 『대한민국임시정부와 독립운동』, 한국근현대사연구회.
60　이정식, 1984, 『서재필』, 정음사, 109~115쪽; 홍선표, 1993, 「서재필의 독립운동(1919~1922) 연구」, 『한국독립운동사연구』 7, 208~211쪽.
61　『독립신문』(1921. 1. 15); 신재홍, 1982, 「대한민국임시정부의 대미외교」, 『한미수교100년사』, 국제역사학회의 한국위원회, 276쪽.

만의 이름과 역할이 반복해 강조됨으로써 그의 정치적 자산이 높아졌다는 사실이다.

김규식이라는 대표적 독립운동가가 구미위원부 위원장에 임명된 후, 이승만은 1919년 9월 12일 「공포서」를 통해 재미 한인들에게 공채표 구매를 독려하는 한편, 애국금 수납 정지를 명령했다. 이로부터 구미위원부와 대한인국민회 중앙총회 간에 애국금 대 공채금 논쟁이 발생했다. 나아가 이승만은 10월 28일 「공포서」에서 구미위원부를 '정부'로, 국민회를 '민회'로 규정하고 국민회가 구미위원부 사업에 간여하지 말라, 즉 애국금을 중단하라고 촉구했다.[62]

김규식이 구미위원부 위원장으로 당면한 첫 번째 일은 공채금 대 애국금 논쟁을 현명하게 헤쳐 나가는 것이었다. 그러나 대립과 논쟁의 구도를 결정한 주체가 이승만이었으므로, 김규식에게는 자유재량권이 거의 없는 셈이었다. 결론적으로 김규식은 미주를 떠나 상해로 갈 때까지 공채금 대 애국금, 인구세 문제를 해결할 수 없었다. 이승만의 주장대로 구미위원부가 이 모든 자금을 관할해야 한다고 주장하는 것은 대한인국민회 중앙총회·북미지방총회의 활동 정지 혹은 해산을 의미하는 것이었으며, 중앙총회·북미지방총회의 지도자이자 상해 임시정부의 실질적 지도자였던 안창호의 미국 내 활동 기반을 허무는 일이었기 때문이다.

이승만의 주장은 애국금은 상해 임정 재무총장 최재형이 국무총리나 집정관총재의 인준 없이 반포한 것인 반면, 공채표는 집정관총재가 상해 임시의정원의 인준을 얻은 후에 발행한 것이며, 구미위원부 성립 후 임시정부를 대표해 구주와 미주 한인에 대한 행정과 대외 교섭을 하며, 재정에 관한 방침까지도 구미위원부가 주관한다는 것이었다. 이승만은 정당성과 법적 근거를 내세운 것이다.[63]

---

62 고정휴, 2007, 「해제」, 『대한민국임시정부자료집』 17(구미위원부).

(1) 애국금과 공채금의 병행

첫 번째 국면은 김규식이 공채금과 애국금을 함께 실시하는 방향으로 타협을 모색한 것이었다. 김규식은 샌프란시스코로 가서 대한인국민회 중앙총회와 협의해야 했다. 김규식이 구미위원부 위원장에 취임한 직후 9월 한 달 동안 오고 간 전보 내용은 다음과 같았다. 김규식은 워싱턴에 도착한 후 병원에 입원 중이었다. 정확한 시점은 명시되지 않았지만, 9월 중에 입원한 것으로 보인다. 이승만이 애국금 중단을 선포한 때를 전후해 입원했을 것이다.[64] 워싱턴과 샌프란시스코를 오고 간 전문 중 김규식의 이름이나 구미위원부 위원장이 특정되지 않은 것들은 이승만의 지시사항으로 보면 되겠다.

- 이대위-구미위원부(1919. 9. 22): 애국금 약속한 게 10만 달러에 달함. 이미 6만 달러 수합함. 애국금 약속한 돈을 북미총회에서 걷도록 허락한 뒤에 공채표 발매가 좋을 듯함. 우리의 동정을 불문하고 지방위원부 조직을 성사치 못할지며 시비만 일으키겠소. 나는 이승만씨가 미주 안에서 사함(私函) 왕복을 정지하기를 간절히 바라며 돈은 이상의 말을 승낙하는대로 보내겠소.
- 구미위원부-이대위·북미총회장(1919. 9. 23): 애국금은 물시(勿施)하였소. 이미 수납한 애국금을 이리로 보내고 애국금을 내거나 내겠다는 사람에게 공채표를 대신 나눠주라 하시오. 귀하가 지방위원부 조직에 힘을 써야 할 것.
- 국민회(이대위)-구미위원부(김규식)(1919. 9. 23): 대한을 위하여 애국

---

63 「구미위원부 통신 제2호. 애국금 물시의 이유」, 『신한민보』(1919. 10. 4).
64 「김대사의 병세가 점차, 불원간에 출원될 듯」, 『신한민보』(1919. 9. 23).

금을 물시하지 못하겠소. 즉시 전보하여 내게 애국금을 연속하라 허락하시오. 대단히 필요하오.

- 국민회(이대위)-구미위원부(1919. 9. 23): 나는 위원의 직임을 사면하였으며 귀하들과 다시는 연락이 없소.
- 구미위원부-이대위(1919. 9. 24): 귀하가 애국금 물시하자는데 대하여 동의하였으며 귀하가 자원하고 공채표를 팔며 지방위원부를 조직하여 정부와 인민이 능히 직접으로 연락하여 통일하는 일에 합력케 하자 하였으며 귀하가 귀하의 위원 맡은 일을 이행하겠다 확언 (중략) 그후에 귀하가 북미총회에 애국금을 거두는 것을 허락하라 하기에 우리는 할 수 있는대로 북미총회에 권리를 주어 수입된 돈을 이리로 보내고 애국금 낸 사람에게 공채표를 나눠주라 하였소. 귀하가 사면하니 백일규씨나 혹 다른 사람으로 천거하라 하시오.
- 국민회-워싱턴(집정관총재와 구미위원 첨위)(1919. 9. 23): 우리는 간절히 바라오니 우리에게 애국금 받는 것을 허락하시오. 애국금으로 내겠다한 돈이 10만 달러에 달하였고 만일 애국금 반포령을 정지하면 이 돈을 걷을 수 없게 되어 10만 달러만 잃어버리오. 원동과 워싱턴에서 재정이 곤란하니 이 기회를 잃지 아니하여 원동명령을 받는대로 돈을 보내겠소.
- 워싱턴-북미국민회: 애국금이든지 공채표든지 혹 달리라도 돈을 내는 것을 반대하지 않는다. 임시정부를 위하여 애국금을 물시하고 공채표를 대신 사라하였소. 우리가 귀회에 허락하기를 이미 거둔 돈은 이리로 보내고 애국금으로 준 사람이게든지 준다는 사람에게 공채표를 나눠주라 하였소.[65]
- 임정구-구미위원부(1919. 9. 24): 이미 애국금 수합액은 10만 달러, 그

---

65 이상 「구미주차위원회 통신 제2호」, 『신한민보』(1919. 10. 7).

중 6만여 달러를 현금으로 걷음. 애국금 폐지하면 큰 분쟁이 생길 것. 애국금이나 공채표나 다 희망이 없을 것. 애국금을 계속하길 희망.

- 임정구-구미위원부장(김규식)(1919. 9. 25): 지방위원 선임에 감사. 애국금 좋은 결과를 얻었으니 이를 변경하는 것은 불능. 공채표를 고집하면 두 가지 다 성공하지 못함. 공채표 취소하지 않더라도 애국금은 계속하길 희망.

- 이대위-구미위원부(1919. 9. 25): 태평양 연안 거주 한인은 애국금 내는 것을 선호. 사람들이 원하는 바를 위반할 수 없음. 공채표로 대신한다면 애국금으로 내기로 한 10만 달러를 잃게 될 것.

- 백일규(중앙총회장)-구미위원부장 김규식(1919. 9. 29): 위급한 형세. 애국금도 못하고 공채표도 팔지 못하여 다 잃고 말 것. 해결방법은 시카고로부터 서쪽 지방의 위원들 폐지하고, 원동〔상해〕에서 애국금 거두라는 반포령을 폐지한 것을 증명할 것. 이 분쟁은 태평양 연안에 재류하는 사람들이 구미위원부가 아무리 좋다 할지라도 워싱톤에는 돈을 직접으로 보내지 않겠다는데서 생긴 것이니 무슨 좋은 방책을 쓰기 전에는 10만 달러 돈을 걷지 못하리라. 또 귀하도 생각하실 것은 다대한 재정을 내겠다 한 사람들이 수입 총액의 5분지 4는 원동으로 보내고 5분지 1은 워싱턴으로 보내라할 터이오.

- 구미위원부장 김규식-중앙총회(1919. 9. 29): 공채표에 대한 정책은 이미 여러번 전보에 정밀히 설명하였으며 지금 변개〔變改〕하기는 결단코 불능하다. 다른 방향으로 진행하는 것은 우리 독립을 방해하는데 불과한 것이오. 이 말을 북미총회에 통지하시오.

- 2십일례에 대한 대답: 국민회가 거두는 이십일례〔수입 중 이십분의 일을 국민회 회비로 내는 것〕에 대해서, 원동〔상해〕에서 보낸 정령도 아니고, 구미위원부에서 거두란 것도 아니며, 국민회원에게 받는 것이니 위원부와 관계없는 일

- 5분의 4 원동 납송에 대한 변명: 구미위원부는 6개월 동안 구미 각지 방에서 공채표를 사서 25만 달러가 들어오면 5만 달러는 워싱턴 경비로 사용하고 20만 달러는 원동으로 보내겠다고 한 것. 원동에서 더 긴급한 때가 있고, 워싱턴에서 더 긴급한 때가 있을 것.[66]

김규식이 병원에 입원해 있는 중에 이미 예견되던 사단이 크게 벌어진 것이다. 첫째는 공채표를 판매하는 대신 애국금을 폐지한다는 결정이었다. 중앙총회와 북미지방총회는 격렬하게 반발했다. 이미 상해 임정 재무총장의 명령으로 애국금을 수합하기 시작해 10만 달러를 약속받았고, 이미 6만 달러를 현금으로 모았는데, 무슨 소리인가? 북미지방총회는 절대 워싱턴으로 직접 돈을 보내지 않을 것이라고 강경한 입장을 표명했다. "대한을 위하여 애국금을 물시하지 못하겠소", "태평양 연안에 재류하는 사람들이 구미위원부가 아무리 좋다 할지라도 워싱톤에는 돈을 직접 보내지 않겠다"라는 언급은 격앙된 국민회의 소회를 대변하고 있다.

둘째로 공채표 판매를 위해 지방위원을 선정한다는 결정도 문제가 되었다. 이는 북미지방총회가 각 지방에 설치한 애국금 수봉위원들을 폐지하는 것이었고 북미지방총회를 사실상 무력화하는 조치였다. 실로 위급한 형세가 조성된 것이다.

셋째, 그렇지만 이에 대한 구미위원부 측 입장은 강경 그 자체였다. 원칙론자였던 김규식도 이미 여러 차례 전보로 통보했기 때문에 입장 변경은 어렵다고 했다.

넷째, 상황이 이렇게 된 데에는 국민회 대표로 구미위원부 위원이 된 이대위의 판단 착오도 한 몫을 했다. 이승만은 표면적으로는 국민회의 대

---

66 이상 「구미주차위원부 통신 3호: 공채표와 애국금에 대한 전보 내왕, 샌프란시스코에 보낸 전보들」, 『신한민보』(1919. 10. 9).

표성을 인정하고, 내면적으로는 국민회로부터 자금을 수합하기 위해 국민회 대표로 위원 1인을 선정했던 것이다. 국민회 북미지방총회 회장이던 이대위는 중앙총회 대표로 1919년 7월 25일 워싱턴으로 파견되었다. 그런데 이대위는 공채표 판매와 애국금 폐지가 어떤 결과를 초래할지 정확히 예상하지 못했다. 이대위는 국채표 발행권은 정부기관인 구미위원부가 가졌으니, 국민회는 애국금 수합을 중지하라는 이승만의 권고를 국민회 중앙총회에 전달하며, 이승만의 입장에 동조했다. 또한 구미위원부 재무(掌財)에 임명되었다.[67] 그 결과, 9월 12일 집정관총재 행정령 제2호를 근거로 한 '공포문'이 이승만, 김규식, 이대위, 송헌주 등의 공동명의로 발표되었다. 애국금을 중지하고 공채표를 판매하겠다는 공포였다. 이 결과에 국민회 중앙총회는 경악을 금치 못했고, 결국 이대위는 중앙총회 대표 자격을 상실하고, 9월 15일 워싱턴을 떠나야 했다. 이러한 전후 사정은 9월 24일 자 구미위원부 명의의 전보에 드러났다. 구미위원부 측은 이대위가 (1) 애국금 폐지에 동의했고, (2) 자원해서 공채표를 판매했으며, (3) 지방위원부 조직에 찬성했고, (4) 북미총회의 애국금 수합을 허락하라기에 북미총회가 거둔 애국금을 구미위원부로 보내고, 애국금을 낸 사람에게 공채표를 주라고 했는데 (5) 이제 와서 사면한다는 게 무슨 소리냐고 힐난했다. 이승만의 목소리였다.[68]

국민회 중앙총회, 북미지방총회, 이대위 사이에도 긴박한 전보와 의견 교환이 이루어졌다. 핵심은 미국 서부지방, 즉 북미지방총회에서는 애국금 폐지가 불가능하고, 최선의 방법은 애국금과 공채표를 병행하는 것이라는 의견이었다.[69]

67 「공채표와 애국금」, 『신한민보』(1919. 10. 7).
68 이대위가 국민회 임시대표로 구미위원부 위원이 되는 과정과 국민회-이대위 간 전보 내용은 다음을 참조. 「공채표와 애국금」, 『신한민보』(1919. 10. 7).
69 「공채표와 애국금」, 『신한민보』(1919. 10. 7).

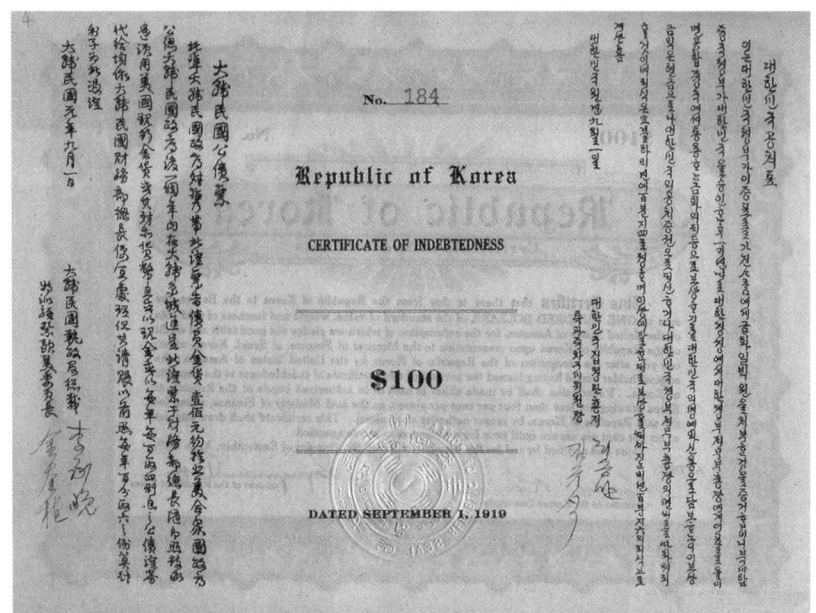

대한민국집정관총재 리승만, 특파주차구미위원장 김규식이 서명한 구미위원부 100달러 공채표(1919. 9. 1), 독립기념관.

상황이 여기에 이르자 병원에서 퇴원한 김규식은 샌프란시스코로 달려가는 수밖에 없었다. 김규식의 서방 여행 소식은 10월 6일 워싱턴 특전으로 알려졌고, 샌프란시스코에서는 환영을 준비하기 시작했다.[70] 김규식은 10월 11일 하오 워싱턴을 출발했고, 5~6일 후 샌프란시스코에 도착할 예정이었다.[71] 흥미로운 것은 『신한민보』가 김규식을 구미위원부 위원장이라고 호칭하지 않고, 파리강화회의 대사, 임시정부 학무총장이라고 부른 사실이다.[72] 구미위원부에 대한 반감, 상해 임시정부에 대한 호감을 반영한 결과였다.

김규식은 10월 15일 하오 5시 샌프란시스코에 도착했고, 당일 오후 8시 샌프란시스코 한인 교회에서 국민회와 각 단체 연합환영회가 개최되었다.[73] 1백여 명이 참석한 환영회는 "미증유의 성황"이었다. 『신한민보』의 묘사에 따르면 환영회 후면 벽 중앙에 태극기와 미국기를 교차해 걸었고, 중간에 국민회 기장을 드리웠다. 강연대에는 적황색 보를 씌웠고, 그 위에 장미 등 화병을 놓았고, 그 주위로 기화요초를 둘렀다. 앞에는 화초로 아름다운 아치를 드리우고, 그 위로 황금 종이에 환영회라고 쓴 현판이 빛났다. 좌우 문밖에는 작은 국기를 꽂았고, 식장 안에는 화초와 국기로 단장하고, 저마다 태극기를 들었다. 환영회 식순은 이렇게 소개되었다.

1. 개회. 주석 중앙총회장 윤병구, 지방총회장 임정구
2. 정빈 승석. 인도원 백일규. 일동 애국기 들며 3호 만세
3. 기도. 이대위 목사

---

70 「김규식각하의 서방여행을 준비, 서부동포는 각하의 순행을 환영」, 『신한민보』(1919. 10. 7).
71 「김규식각하 서부여행 발정」, 『신한민보』(1919. 10. 14).
72 김규식 도착 후 『신한민보』(1919. 10. 16)는 「학무총장 김규식각하 환영함」이란 기사를 1면에 게재했다.
73 「김규식각하 금일 무사 안착」, 『신한민보』(1919. 10. 16).

4. 국가. 일동

5. 취지. 윤병구 주석

6. 국기경례식. 일동. 전례원 홍언, 장헬린, 마애나

7. 창가. 문도로시 여사

8. 각 대표자 진참. 부인애국단 전크리스, 혈성단 신윤국, 청년회 최응선, 홍사단 박선

9. 환영사. 이살음

10. 창가. 여학생

11. 정빈 연설. 일동이 국기 들어 3호 만세

12. 창가. 남학생

13. 나팔. 전봉운

14. 답사. 강영소

15. 국가. 일동

16. 3호 만세. 일동

17. 폐식.[74]

김규식은 환영회에서 20분간 격정적으로 연설했는데, 구미위원부에 관한 언급은 없었다. 파리 활동 경험을 주로 얘기하며, 처음 파리에 갈 때는 미흡한 준비와 미주·하와이·원동이 완전히 단결되지 못했으나 좋은 성적을 거두었고 많은 동정을 받았다. 그러나 동정만으로는 독립을 얻을 수 없으니 우리의 독립은 우리 손으로 거둘 수 있다. "마지막 핏방울이 떨어질 때까지 싸워"야 한다며, 성공의 열쇠는 단합에 있다고 역설했다.[75]

10월 17일 저녁 6시에는 국민회 중앙총회, 북미지방총회 직원들, 기

---

74 「김규식각하를 위한 환영회 성황」, 『신한민보』(1919. 10. 18).
75 「김규식각하의 연설」, 『신한민보』(1919. 10. 18).

타 단체 대표자들과 만찬회를 개최했다.[76] 김규식은 2주간 샌프란시스코에 머문 뒤, 10월 30일 7시 샌프란시스코를 떠나 동행(東行)했는데, 맥스웰(10. 30), 새크라멘토(10. 31), 다뉴바(11. 1), 로스앤젤레스(11. 2) 등을 경유하며 한인들을 방문했다.[77] 김규식은 11월 6일 덴버를 방문했고, 11월 8일 시카고를 방문했으며, 11월 9일 에반스톤공찬회에서 한국 사정을 강연하고, 11월 14일 디트로이트로 향했다.[78] 김규식은 11월 18일경에 워싱턴으로 귀환한 것으로 보인다.

사실 김규식의 샌프란시스코 방문의 최대 목적은 국민회 중앙총회 및 북미지방총회와 공채표·애국금 갈등을 조정하는 것이었다. 이 결과는 『신한민보』에 손톱만 한 크기로 보도되었는데, (1) 워싱턴 위원부와 국민회에서 협력할 일, (2) 국채금과 애국금을 병행할 일이라고 했다.[79]

본격적인 조율은 김규식이 워싱턴으로 귀환한 이후 시작되었다. 김규식은 1919년 11월 18일 대한인국민회 중앙총회장 윤병구에게 서한을 보내 6개 항에 대한 동의를 요청했다. 핵심은 공채표 발매와 애국금 수합을 모두 국민회 중앙총회에 위임하는 대신 구미위원부 명의로 은행에 예치한 후 지출하자는 타협안이었다.[80] 김규식은 같은 내용을 국무총리 이동휘에게 보고(1919. 11. 28)했다.[81]

국민회 중앙총회 문서에 따르면 11월 4일 구미위원부 공문 제543호를 필두로 전보·편지 논의가 누차 오고 갔고, 11월 18일 김규식-윤병구 전

76 「김총장을 위한 만찬회」, 『신한민보』(1919. 10. 18).
77 「김규식각하의 동행」, 『신한민보』(1919. 10. 30).
78 「김규식총장의 노정 후문, 각처에서 환영한 성황」, 『신한민보』(1919. 11. 8); 「김대사의 여행 후문」, 『신한민보』(1919. 11. 20).
79 「각하와 국민회 교섭결과」, 『신한민보』(1919. 10. 30).
80 「김규식이 대한인국민회 중앙총회장 윤병구에게 보낸 서한」(1919. 11. 18), 『대한민국임시정부자료집』17(구미위원부).
81 「구미위원부 업무보고(공문 제1호) 김규식-이동휘」(1919. 11. 28), 『대한민국임시정부자료집』17(구미위원부).

보, 11월 19일 구미위원부 답전, 11월 23일 김규식 전보, 11월 24일 구미위원부 답전 등이 연이었다. 이 결과, 국민회 중앙총회장 윤병구는 김규식에게 보내는 서한(1919. 12. 26)에서 여러 차례 상호 협의한 결과를 이렇게 정리하고 있다.

1. 대한인국민회 중앙총회는 구미위원부 경비 중 3천 달러를 구미위원부로 부송(付送)하기로 함.
2. 대한인국민회 중앙총회는 북미지역 내에서 일반 한인에게 직접 애국금 수합과 공채표 발매를 위임함.
3. 구미위원부는 이상에 대한 조건에 통일실행을 편의케 하기를 요하며 이에 대하여 대한인국민회 중앙총회를 찬성할 것이오. 단 직접 북미 한인사회에서 이상 2종류의 금액에 수입되는 것은 중앙총회로 통지하여 3천 달러 중에서 제감(除減)할 일.
4. 이상의 실시는 1919년 12월 24일과 대한인국민회 중앙총회와 구미위원부 간에 이에 관한 최후 전보 교환으로 가름하며, 기한은 최소 6개월로 정하고, 이 기한 내에는 여하한 경우나 형편을 물론하고 양방의 협정이 없이는 변동이 없기로 하며 만기에는 서로 상의하여 다시 정할 일.[82]

합의사항은 (1) 국민회 중앙총회가 구미위원부에 3천 달러를 보낸다, (2) 중앙총회는 북미지역에서 애국금 수합, 공채표 판매를 위임받아 실행한다, (3) 구미위원부가 직접 북미에서 거둔 자금은 3천 달러에서 제외한다, (4) 합의 기한은 6개월이다, 라고 정리된다.

---

[82] 「공함 제4호(국민회 중앙총회 납입금, 애국금·공채표 발매 건) 윤병구-김규식」(1919. 12. 26), 『대한민국임시정부자료집』 17(구미위원부).

이 사이 김규식은 상해 임시정부 국무총리 이동휘에게 사정을 보고(1919. 11. 28)했다. 김규식의 설명은 다음과 같았다.

(1) 애국금은 임정 재무총장 최재형의 전보와 공문에 의해 국민회 중앙총회에서 징수를 시작하기로 준비했다.
(2) 공채표는 내무총장 안창호와 재무총장 최재형 두 사람의 공식 전보로 의정원에서 공채표 발행을 인준하고 집정관총재에게 전담 처리하라고 한 것이다.
(3) 중앙총회 대표 이대위의 의견을 참조해 애국금이든 공채표든 어떤 명목이든 재정만 수합하기로 약정했다.
(4) 이때 샌프란시스코의 의견은 애국금·공채표 2종을 실시하면 민심이 현란(眩亂)되어 모두 실패된다. 또한 구미위원 송헌주가 샌프란시스코와 로스앤젤레스를 방문한 바 동일한 의견을 피력했다.
(5) 이에 따라 구미위원부는 애국금은 폐지하고 공채표만 거두기로 했다.[83]

김규식은 이동휘에게 (1) 왜 집정관총재에게 애국금 발행 문제를 통지하지 않았느냐, (2) 공채표에 대해 집정관총재에게 전권을 위임한 후에 왜 일언반구도 없고, (3) 내무총장 안창호는 국민회 중앙총회장 백일규에게 전보해서 백일규·이대위·천세헌 3인을 공채관리원으로 선정한다, 애국금 물시하려고 하니 의견을 진술하라는 등 샌프란시스코로만 전보하고 워싱턴으로는 말이 없냐, (5) 이동휘가 전보로 공채표는 외국인에게만 발매할 것으로 한다고 했으나, 이미 집정관총재가 여러 차례 전보로 내외국인

---

[83] 「구미위원부 업무보고(공문 제1호) 김규식-이동휘」(1919. 11. 28), 『대한민국임시정부자료집』 17(구미위원부).

에게 발매할 것을 선언했다. (6) 왜 상해정부가 민단인 국민회를 경유해 일 처리를 하고 정부기관인 구미위원부를 무시하느냐고 따졌다. 김규식은 구미위원부 조직 이전까지 워싱턴 사무 경비는 하와이에서 전담했다고 밝혔다.[84]

(2) 애국금 폐지·김규식의 뇌수술(1920. 3)·북미 순회

그러나 1919년 12월, 구미위원부-국민회의 합의는 단막극으로 끝났다. 임시정부가 사실상 애국금을 폐지(1920. 2. 24)하는 결정을 내렸기 때문이다. 이승만의 끈질긴 압력과 주장에 상해 측이 굴복한 셈이다.

이승만은 1920년 2월 18일 안창호에게 편지를 보내 애국금 폐지를 강력하게 요구했다. 이 편지에서 이승만은 애국금 수집을 폐지하지 못하면 공채표를 폐지해야 하는데, 공채표 폐지는 정부의 신망을 잃는 것이고, 공채를 외국인에게만 팔라고 하는데 내외국인에게 모두 판매할 것이며, 공채표에 한글(한문)로 집정관총재라고 기입하고 영문으로는 대통령(President)이라고 한 것을 정지하라고 했는데 이는 법률상 문제로 불가능하다고 했다. 하와이 국민회는 구미위원회를 떠받드는데 중앙총회는 위력으로 풍파를 조성하고 있다고 비난했다.[85]

이승만은 같은 날(1920. 2. 18) 손정도에게도 편지를 보내, 상해행 난관이 여권 문제라고 밝히며, 국민회 중앙총회가 정부 대표를 자칭하며 모든 일을 주관하고, 하와이 한인을 압박해 재정을 구미위원부로 보내지 말

---

84 「구미위원부 업무보고(공문 제1호) 김규식-이동휘」(1919. 11. 28), 『대한민국임시정부자료집』 17(구미위원부).
85 「이승만이 안창호에게 보낸 서한」(1920. 2. 18), 『대한민국임시정부자료집』 42(서한집I).

고 중앙총회로 보내라고 해서 풍파가 일고 있다고 비난했다.[86] 같은 날 이승만은 현순에게도 편지를 보내 상해에서 처음에는 국무경이라 하더니 다음에는 국무총리·집정관총재·대통령이라고 했으며, 공채표를 발행하라 하고 기십만 원 어치를 상해로 보내라 하더니 이제는 폐지하라 한다며 비판했다. 국민회 중앙총회가 연래(年來)로 국사(國事)를 주장했다고 해도 이제 정부가 수립되었으니 일개 민간단체 자격일 뿐이라고도 했다. 중앙총회가 하와이에 가서 기존 임원진을 강제 축출하고, 공동회를 조직하고, 회관을 탈취하며 문부·인장을 탈취하였다고도 했다.[87] 소위 승룡환이 주도한 하와이총회관 점거 사건이었고, 1915년 이승만이 주도한 하와이 지방총회 전복 사건의 재현이기도 했다.

여하튼 논란 끝에 임시정부는 재무부포고 제1호(1920. 2. 24)로 애국금 수합위원 제도를 폐지했다. 애국금 자체는 관청, 단체, 개인을 통해 낼 수 있다고 했으나, 임시정부가 이승만의 손을 들어준 것이었다.[88] 재무부는 이승만에게 전보(1920. 3. 23)를 보내 구미위원부에 재무관을 위탁한다고 했는데, 재미 동포가 보내는 일체의 재정을 수합하여 재무부로 납상(納上)하라는 것이었다. 이는 대통령 교령 제4호, 구미위원부 4월 10일 공포로 재미 한인사회에 알려졌다.[89] 구미위원부는 공채표 조례, 지방위원 조례 등을 국민회 중앙총회에 보내 협력하라고 요구(1920. 4. 27)했다. 재무총장 이시영은 이승만에게 보낸 전보(1920. 3. 23)에서 "재무부는 귀하가 요청한 대로 〔구미〕위원부에 재무관을 위임하오. 귀하의 감독하에 행동하시오"라고 했다.[90] 이승만의 요청에 따라 구미위원부에 재무관을 설치하는

---

86 「이승만이 손정도에게 보낸 서한」(1920. 2. 18), 『대한민국임시정부자료집』 42(서한집I).
87 「이승만이 현순에게 보낸 서한」(1920. 2. 18), 『대한민국임시정부자료집』 42(서한집I).
88 「재무부포고 제1호(재무총장 이시영)」(1920. 2. 24), 『대한민국임시정부공보 제13호』, 『대한민국임시정부자료집』 1(헌법·공보).
89 「구미주차위원부에서 온 공문 제20호」, 『신한민보』(1920. 5. 7).
90 「재무총장 이시형이 이승만대통령에게 보낸 전보」(1920. 3. 23), The Syngman Rhee

것을 허락하겠다고 밝혔다. 즉, 구미위원부에 미주 재정관할권을 주겠다는 통보였다.[91] 국민회 중앙총회도 임시정부 재무부로부터 "재무관을 워싱턴 위원부에 위임했소. 협력하시오"라는 전보를 받았다. 중앙총회장 윤병구는 구미위원부가 임시정부 재무관으로 승인되었으니 장래 계획을 알려 달라는 전보(1920. 3. 27)를 구미위원부에 보냈다.[92]

김규식이 병중으로 부재한 사이 구미위원부는 국민회를 압박했다. 구미위원부는 국민회 중앙총회장 윤병구에게 전보(1920. 4. 7)를 보내, 대통령에게 구미위원부에 재무관을 위임한다는 재무총장 전보에 따라 구미 재무관 문제가 해결되었으며, 이 결과로 현존하는 국민회 중앙총회와 구미위원부 간 합의는 중단될 것이며, 구미위원부의 재정정책을 곧 공표할 것이라고 알렸다.[93] 사흘 뒤 구미위원부 장재(재무) 송헌주는 국민회 중앙총회장 윤병구에게 편지(1920. 4. 10)를 보내 같은 내용을 재차 통보했다.[94] 워싱턴 '집정관총재'나 '대통령' 이승만이 아니라 상해 임시정부의 명령이 재미 한인사회에서 절대적인 위력을 갖는 것이었다. 3·1운동 이래 임시정부의 '정부'로서 위력이 통하는 유일한 지역이 바로 재미 한인사회이기도 했다.

중앙총회장 윤병구는 뇌수술 후 호전되고 있는 김규식에게 병문안 인사와 함께 "재정정책 공표하는데 매우 현명하게 대처해서 재정 모금의 실

Telegrams, Volume III, p.75.
91 구미위원부는 이승만에게 다음 날(1920. 3. 24) 전보를 보내 이 사실을 알리며 약속을 취소하고 빨리 돌아오라고 했다. 발신인은 김(규식) 송(헌주)으로 되어 있다. 「김, 송이 이승만에게 보낸 전보」(1920. 3. 24), The Syngman Rhee Telegrams, Volume III, p.84.
92 「윤병구가 이승만·구미위원부에 보낸 전보」(1920. 3. 27), The Syngman Rhee Telegrams, Volume III, p.95.
93 「구미위원부가 윤병구 중앙총회장에게 보낸 전보」(1920. 4. 7), The Syngman Rhee Telegrams, Volume III, p.126.
94 「송헌주(구미위원부 장재)가 윤병구(국민회 중앙총회장)에게 보낸 편지」(1920. 4. 10); 이상훈, 1996, 위의 논문, 39쪽.

패 가능성을 회피"해 줄 것을 요청(1920. 4. 9)했다. "귀하께서 숙고하실 점은 필수적인 진보적 지지자들의 협력을 어떻게 확보하느냐 하는 것입니다"라고 했다.[95] 김규식이 아닌 구미위원부 이름으로 당일 자로 윤병구에게 이런 답전이 갔다.

> 김규식 씨는 놀랍게 회복되고 있소. 오늘 귀 전보를 받았소. [임시]정부 [후원] 목적으로 모금해 귀하가 가지고 있는 모든 자금을 위원부로 넘기시오.[96]

같은 시기 임시정부는 국무원령 제2호(1920. 3. 19)로 임시거류민단제, 즉 민단제 실시를 결정했다.[97] 이에 근거해 1922년 3월 이승만은 국민회 하와이 지방총회를 변경하여 하와이대한인교민단으로 만들고 이를 구미위원부에 예속시켰다. 1920년 초 국민회 하와이 지방총회가 중앙총회로부터 독립하고, 상해 임시정부가 미주 한인사회의 재정 업무를 구미위원부에 위탁하자 국민회 중앙총회는 더는 존립 명분을 찾기 어려웠다. 이에 따라 중앙총회장 윤병구는 중앙총회의 사무 정지를 발표했고,[98] 국민회 중앙총회는 1922년 2월 4일 해체되었다. 하와이교민단으로 변경되었던 하와이 지방총회는 1930년대 초반 이승만 진영과 격렬한 소송전·난투극을 벌인 끝에 1933년 1월 3일 하와이대한인국민회로 복설되었다.

이 와중에 김규식은 1920년 3월 30일 월터리드병원(Walter Reed

---

95 「윤병구가 김규식에게 보낸 전보」(1920. 4. 9), *The Syngman Rhee Telegrams*, Volume III, p.131.
96 「구미위원부가 윤병구 중앙총회장에게 보낸 전보」(1920. 4. 8), *The Syngman Rhee Telegrams*, Volume III, p.132.
97 「국무원령 제2호 임시거류민단제(국무총리 이동휘)」(1920. 3. 19), 『대한민국임시정부공보 제13호』, 『대한민국임시정부자료집』 1(헌법·공보).
98 고정휴, 2007, 「해제」, 『대한민국임시정부자료집』 17(구미위원부), 국사편찬위원회.

Hospital)에서 뇌수술을 받았다. 김규식은 1920년 3월 16일 이승만에게 "병고(病故)를 인(因)ᄒ야 몇 개월간(幾個月間) 휴가"를 요청했다.[99] 1920년 1월부터 김규식은 상해로 돌아갈 생각이었던 듯하다. 김규식은 병으로 "원동으로 발정"하려고 한다며 위원장 직무를 재무 송헌주에게 부탁했다.[100] 김규식은 이미 파리 시절부터 병에 시달리고 있었다. 1919년 김규식이 파리를 떠난 직후 파리위원부를 방문했던 이철원은 당시 상황을 이렇게 회고했다.

> 대표부는 당시 김규식박사가 병으로 앓다가 미국으로 떠났고〔김박사는 『한국의 독립투쟁』(Korea's Fight for Freedom)이라는 팜푸렛트를 발간하여 파리강화회의의 각국 대표들에게 분전(分傳)하고 개별적으로 대표들을 맞나 한국의 비통한 현상을 열렬히 호소하다가 과로의 결과 병에 걸렸다〕황기환 씨가 대리주석으로 있었다.[101]

그런데 상해로 돌아가고자 했던 김규식의 병세는 여행을 불가능하게 할 정도로 심각한 것이어서, 워싱턴에서 치료를 받게 되었다.

1920년 1월 초 김규식은 병원에 입원했다. 상태가 썩 좋지 않았다.[102] 아마 김규식은 육군병원인 월터리드병원에 입원했던 것으로 보인다. 퇴원 후 김규식은 의사의 명령으로 요양차 플로리다주 포트마이어스(Fort Myers)로 보내졌다. 플로리다주 남부에 위치한 포트마이어스까지 기차를 타고 갔는데 김규식은 여행 중 한숨도 자지 못했으며, 포트마이어스에

---

99 「休暇願(김규식-이승만)」(1920. 3. 16), 『우남이승만문서(동문편)』 9, 49쪽.
100 「歐美委員部長代理 指名文憑 繳換 要請(이승만-김규식)」(1920. 5. 3), 『우남이승만문서(동문편)』 9, 19쪽.
101 이철원, 『자서전』 II(미간행 자필 필사본, 국가보훈처 소장).
102 H. J. Song (송헌주) to Arther U. Pope(1920. 1. 7), *The Syngman Rhee Correspondence in English 1904-1948*, Volume VI, p.2.

서 지내는 동안 내내 침대 신세를 져야 했다.103 그러나 김규식의 플로리다 휴양도 며칠 가지 못했다. 하와이에서 분쟁이 발생했고, 송헌주가 플로리다까지 찾아와서 상의하는 지경이었다. 김규식은 2월 초순경 플로리다에서 워싱턴으로 귀환했고 문제가 해결되면 다시 휴양소로 복귀할 생각이었다.104 그러나 2월 12일 현재 그는 장시간 무언가를 읽고 쓸 수 없는 상황이었다. 또한 사무실에 나가서 일을 볼 수도 없는 상황이었다.

그러나 김규식의 병은 깊어만 갔다. 구미위원부가 1920년 1월 329달러, 2월 125달러, 3월 114달러, 4월 1,472달러, 5월 576달러를 김규식 병원비로 지출했을 정도로 병세가 심각했다. 1920년 3월 24일 구미위원부 장재 송헌주는 서재필에게 보내는 편지에서 이렇게 쓰고 있다.

김규식 씨는 여전히 병세가 심각합니다. 지난 주 동안, 여러 의사들이 그의 뇌 속에 종양이 있는지의 여부를 면밀히 검사했습니다. 의사들의 지배적 의견은 그의 뇌에 문제가 있다는 사실이었습니다. 그러나 그들은 어디에 종양이 위치해 있는지는 확신하지 못하고 있습니다. 다른 의사들의 소견을 확인하기 위해, 내과과장인 톰슨박사(Dr. Thompson)가 이번 주 언젠가 존스 홉킨스대학에서 전문가를 초청해 김규식 씨를 검사케 할 예정입니다. 만약 이 사람이 다른 의사들과 견해를 같이 한다면, 김규식 씨는 수술을 받게 될 가능성이 매우 높은데, 매우 위험한 수술이 될 것입니다.105

---

103 Kiusic Kimm to P. K. Yoon(1920. 2. 12), *The Syngman Rhee Correspondence in English 1904-1948*, Volume VI, p.11. 김규식이 플로리다에 요양차 갔다는 사실을 처음 지적한 것은 이상훈이었다. 이상훈, 1996, 위의 논문, 33쪽. 지금도 워싱턴디씨에서 플로리다주 포트마이어스까지는 자동차로 15~16시간, 대중교통으로는 하루 이상의 시간이 소요된다.

104 Kiusic Kimm to Philip Jaisohn(1920. 2. 13), *The Syngman Rhee Correspondence in English 1904-1948*, Volume VI, p.12. 김규식은 포트마이어스의 물과 음식이 좋지 않았기 때문에 탬파(Tampa)로 옮길 생각을 했다.

검사 결과가 매우 심각했기 때문에 송헌주는 이승만에게 전보(1920. 3. 25)를 보내 일요일(3. 28) 전에 돌아올 수 있는지를 물었다. 김규식의 수술 예정일이 화요일(3. 30)로 잡혔기 때문이었다.[106] 이승만은 덴버에 가 있었는데, 3월 19일 김규식이 검사를 잘 받길 바란다는 답장 이후로는 소식이 없었다.[107]

3월 25일 송헌주는 뉴욕시의 김헌식으로 추정되는 S. H. Kimm에게 급전을 보냈다. 의사들이 김규식을 수술하기로 결정했지만, 집도하기 전에 당신이 임석하고 조언해 주길 기다리고 있다, 상황이 엄중하다는 내용이었다.[108] 이 사람의 주소는 170 West 126 St, New York City로 되어 있는데,[109] 뉴욕에서 활동하며 Kimm으로 자신의 성을 표시하는 한국인은 김헌식뿐이었다. 김헌식은 Seek Hun Kimm으로 자신의 이름을 표기했으므로, S. H. Kimm은 김헌식(金憲植)이 분명하다.

김헌식은 뉴욕에서 오랫동안 활동한 유명한 인물이다. 김헌식은 1896년 일본에서 유학하다 미국으로 건너와 공부했으며, 구한말 주미 한국공사관에서 근무(1899~1901)했던 외교관 출신이다.[110] 방선주에 따르면 의화

---

105 H. J. Song to Philip Jaisohn(1920. 3. 24), *The Syngman Rhee Correspondence in English 1904-1948*, Volume VI, p.50.
106 「송헌주가 이승만에게 보낸 전보」(1920. 3. 25), *The Syngman Rhee Telegrams*, Volume III, p.87.
107 「이승만이 송헌주에게 보낸 전보」(1920. 3. 19), *The Syngman Rhee Telegrams*, Volume III, p.62.
108 「송헌주가 S. H. Kim에게 보낸 전보」(1920. 3. 25), *The Syngman Rhee Telegrams*, Volume III, p.90.
109 현재 이 주소는 건물이 없고, 도로로 표시되어 있다. 센트럴 할렘(Central Harlem)에 위치하고 있다.
110 김헌식은 1899년 3월 31일 외부(外部) 통첩(通牒) 제49호에 "前主事 金憲植, 任駐箚美國公使館書記生 敍判任六等"으로 되어 있다. 김헌식은 1901년 3월 26일 서기생을 의원면직했다. 「미국공사관 서기생 임명 건 등을 관보에 게재할 것」(通牒 第四十九號, 1899. 3. 31), 『外部來文』; 「미국공사관 서기생 등의 면직건 등을 관보에 실어주기 바람」(通牒 第二十六號, 1901. 3. 26), 『外部來文』. 김헌식은 1901년 8월에는 김규식과 함께 유학생 명단에 올라 있다. 「미

군 이강의 도미 시 수행원으로 함께 왔던 신성구(申聲求)와 더불어 미주에서 "가히 공인된 수령급 인사"였다. 3·1운동기 정한경 등이 한국대표를 자처하자 이를 꾸짖으며 자신이 대한제국을 계승한 진짜 외교관이라고 자부한 바 있다.[111]

그런데 김헌식은 김규식과 사촌지간이었다. 방선주에 따르면 김헌식의 실부는 김익항(金益恒)이었고, 김익승(金益升)의 양자로 입적되었다. 김헌식 자신은 한말 고관 운양 김윤식(金允植)과 종형제를 자처했다.[112] 김헌식, 김윤식, 김규식 모두 식(植)자 돌림의 청풍 김씨이다. 김헌식의 양부 김익승은 김규식의 아버지 김용원(金鏞元, 1847~1910)과 항렬이 같다. 처음에는 김용원 7형제 중 막내인 김익승(金益昇)이 아닐까 생각했으나 생몰연대와 한자 이름이 다른 동명이인이었다. 김헌식과 김규식은 같은 항렬의 친척이었고, 아마도 김규식은 김헌식을 종형으로 생각하고 연락했을 것이다.

때문에 송헌주는 뉴욕의 종형(1869년생)인 김헌식에게 김규식이 생명을 잃을 수 있는 위험한 수술을 하니 와서 일종의 임종 대비 겸 가족으로서 수술에 동의해 주길 바란 것이다. 김헌식은 전보를 받은 즉시 답전(1920. 3. 25)하길 "현재 즉시 거기 가는 것은 불가능. 즉시 김규식의 상황을 설명하시오"라고 했다.[113] 그 즉시 송헌주는 김헌식에게 "규식의 상황은 귀하가 즉시 워싱턴에 임석해 줄 것을 요구하고 있고"라고 답했다.[114]

김규식은 월터리드병원에서 1920년 3월 30일 수술을 받았다. 다행이

국 유학생 김규식 등의 학비와 식비 지급 요청」(照會 第十七號, 1901. 8. 3),『學部來去文』. 김규식도 같은 시기 주미공사관(1899. 10. 17), 주차아법오공사관 서기생(1899. 10. 17~11. 22)으로 임명된 바 있다.
111 방선주, 1989a,「김헌식과 3·1운동」, 위의 책.
112 Dae-Sook Suh, *The Writings of Henry Cu Kim*, Center for Korean Studies Paper No.13, University of Hawaii, 1987, p.124 ; 방선주, 1989a,「김헌식과 3·1운동」, 위의 책.
113 「송헌주에게 보낸 전보」(1920. 3. 25), *The Syngman Rhee Telegrams*, Volume III, p.90.
114 「송헌주가 S. H. Kim에게 보낸 전보」(1920. 3. 25), *The Syngman Rhee Telegrams*, Volume III, p.92.

수술 경과는 좋았다. 구미위원부는 희소식을 상해 임시정부와 부인 김순애, 국민회, 김헌식, 파리위원부 등에 보냈다.

- 구미위원부-상해 임시정부(1920. 3. 30): 김규식은 뇌종양 수술을 받았소. 결과는 좋소. 스텔라(김순애)에게 통지하오.[115]
- 구미위원부-국민회 (1920. 3. 30): 우수한 의사들이 김규식이 뇌종양으로 고통받는 것을 발견했소. 수술한 결과 좋은 결과를 얻었소. 다시 귀측에 알리겠소.[116]
- 구미위원부-[김헌식](1920. 3. 30): 수술이 잘 끝났소.[117]
- 구미위원부-파리위원부(1920. 3. 30): 김규식은 뇌종양 수술을 했소. 결과는 양호하오.[118]
- 국민회-구미위원부(1920. 3. 31): 3월분 월요일에 송금했소. 김규식의 상태를 자주 알려주오.[119]
- S. K. Lee-김규식(1920. 4. 2): 수술 후 쾌차를 바라오. 하나님께서 언제나 늘 귀하와 함께하시길 기원하오.[120]

4월 13일에야 김규식 이름으로 상해의 김순애에게 "건강이 급속히 회복되고 있소"라는 간단한 전보가 보내졌다.[121] 4월 15일 상해의 프램

---

[115] 「구미위원부가 상해 임시정부에 보낸 전보」(1920. 3. 30), *The Syngman Rhee Telegrams*, Volume III, p.105.
[116] 「구미위원부가 국민회에 보낸 전보」(1920. 3. 30), *The Syngman Rhee Telegrams*, Volume III, p.106.
[117] 「구미위원부가 보낸 전보」(1920. 3. 30), *The Syngman Rhee Telegrams*, Volume III, p.107.
[118] 「구미위원부가 파리위원부에 보낸 전보」(1920. 3. 30), *The Syngman Rhee Telegrams*, Volume III, p.108.
[119] 「국민회가 구미위원부에 보낸 전보」(1920. 3. 31), *The Syngman Rhee Telegrams*, Volume III, p.112.
[120] 「S. K. Lee가 김규식에게 보낸 전보」(1920. 3. 25), *The Syngman Rhee Telegrams*, Volume III, p.116.

(Fram)으로부터 김규식이 어떻냐는 전문이 도착할 정도로 김규식의 와병 소식은 전 세계로 퍼졌다.[122]

『신한민보』는 이미 4월 초에 김규식이 뇌수술을 마치고 회복 중이라고 보도하고 있다. "김규식 학무총장은 신병으로 위중한 바 여러 전문의학가들은 총장의 증세가 뇌속 종상(종양腫瘍)인 것을 발견하여 해부를 시험한 바 그 결과가 매우 좋은 모양이더라"(워싱턴 3월 31일),[123] "김규식 학무총장은 워싱턴에서 체류하던 중 두뇌 종상으로 병원에 들어가서 해부를 당하였는 바 그 병증이 신속히 해소한다더라"(워싱턴 4월 10일)[124]라고 보도하고 있다. 만약 김규식이 상해나 파리에 있었더라면 뇌종양 수술을 받고 생존했을 가능성이 거의 없었을 것이다. 다행히 김규식은 구미위원부 위원장으로 워싱턴디씨에 체류 중이었고, 당대 최고 군병원이던 월터리드 병원에서 최고 의료진에게 치료를 받았고, 구미위원부의 치료비 후원을 받을 수 있었으므로 살아날 수 있었다.

당시 구미위원부가 김규식의 치료비로 3개월간 제공한 금액은 2,162달러 70센트였다. 일제 정보당국이 입수한 「구미위원부의 수지 결산 및 예산」에 근거한 것이다.[125]

김규식은 1920년 3월~4월간 구미위원부 지출액 1만 7,349달러 중 2,162달러를 치료비로 썼으니, 총지출액의 12.46%에 해당한다. 구미위원

---

121 「김규식이 임시정부 김순애에게 보낸 전보」(1920. 4. 13), *The Syngman Rhee Telegrams*, Volume III, p.136.
122 「Fram이 구미위원부에 보낸 전보」(1920. 4. 15), *The Syngman Rhee Telegrams*, Volume III, p.139. 송헌주는 김규식이 아주 많이 좋아졌다고 답전(1920. 4. 16)했다.
123 「김규식대사는 신병으로 위석」, 『신한민보』(1920. 4. 2).
124 「김규식학무총장 신병 회소」, 『신한민보』(1920. 4. 13).
125 「國外情報: 最近 歐米에 있어서 不逞鮮人의 行動」(高警 제29493호, 秘受 12219호, 1920. 9. 20) 赤池濃(조선총독부 경무국장) 등 수신, 『不逞團關係雜件 朝鮮人ノ部 在歐米』4; 「國外情報: 米國과 布哇地方에서의 不逞鮮人의 情況」(密 제33호 其高105 / 高警 제9189호, 1921. 3. 25), 육군성→原敬(내각 총리대신), 『大正8年乃至同10年 朝鮮騷擾事件關係書類 共7冊 其3』.

〔표 6-1〕 구미위원부 1920년 3~5월간 수지 결산 및 김규식 치료비

연월	수입(달러)	지출	김규식 치료비*	신한민보 게재일
1920. 3	12,163.78	6,456.54	114	1920. 7. 15.
1920. 4	7,688.85	6,602.14	1,472	1920. 7. 15.
1920. 5	3,240.50	4,290.92	576.70	1920. 7. 15.
합계	23,093.13	17,349.60	2,162.70	

〔비고〕 *김규식 치료비: 「國外情報: 最近 歐米에 있어서 不逞鮮人의 行動」(高警 제29493호, 秘受 12219호, 1920. 9. 20) 赤池濃(조선총독부 경무국장) 등 수신. 『不逞團關係雜件 朝鮮人ノ部 在歐米』 4; 「國外情報: 米國과 布哇地方에서의 不逞鮮人의 情況」(密 제33호 其高105/高警 제9189호, 1921. 3. 25), 육군성→原敬(내각 총리대신), 『大正8年乃至同10年 朝鮮騷擾事件關係書類 共7冊 其3』.
〔출전〕 방선주, 1989b, 「1921~22년의 워싱턴회의와 재미한인의 독립청원운동」, 『한민족독립운동사』 6, 국사편찬위원회. ((표 3) 구미위원부 수지 개요.)

부 예산안에 따르면 하와이 한인의 평균 연수입은 400달러, 미주 본토 한인의 평균 연수입은 1,000달러, 멕시코는 360달러, 쿠바는 720달러 정도였다.[126] 그러니 김규식은 미주 본토 한인 평균 연수입의 2.1배, 하와이 한인 평균 연수입의 5.4배를 3개월 치료비로 도움받은 것이다. 아마도 김규식이 상해나 파리에 있었다고 한다면 불가능한 재정적 후원이었다. 미주였기에, 또한 3·1운동 직후였기에, 김규식의 명성이 자자했기 때문에 가능한 일이었다.

좀 더 자세한 사정은 『신한민보』에 공고된 구미위원부 재정보고에 실려 있다. 이에 따르면 김규식의 병원비로 1920년 1월부터 5월까지 총 2,616달러가 지출되었다. 이 중 628달러가 1920년 5~7월 사이에 다시 반납되었다. 그러므로 김규식에게 실제로 지출된 병원비는 1,988달러였다.

---

126 「예산안(1922. 1~12)」, 국가보훈처, 1998, 『재미한인민족운동자료』, 76~78쪽; 『대한민국임시정부자료집』 17(구미위원부).

김규식이 수술을 받은 것은 1920년 3월이었지만, 이미 1월부터 상당한 금액이 병원비로 지출되고 있는 것으로 미루어 상당히 긴 기간 병을 앓았음을 알 수 있다. 당시로서는 상상하기 어려운 뇌종양 수술 후 살아났으니, 김규식이 구미위원부나 재미 한인들에게 느끼는 부담감과 부채의식은 감당하기 힘들 정도였을 것임을 쉽게 짐작할 수 있다. 김규식은 해방 후 작성한 영문 이력서에서 당시 상황을 이렇게 회상하고 있다.

1920년 봄, 만성적 머리 신경통으로 고통을 받은 후, 뇌종양이 의심되어 월터리드병원에서 뇌수술을 받았다. 3주 후 의사의 만류에도 불구하고 병원에서 퇴원하여, 미국 서해안을 따라 육로 여행을 하며 다양한 곳에 흩어져 사는 한인들을 방문했고, 그들에게 한국 독립공채(이승만 대통령의 인가로 발행된)를 판매했는데, 3주〔3개월의 오기로 보임〕 동안 약 5만 2천 달러를 모금해서 당시 임시정부 재무총장이던 이시영 씨(현재 부통령)에게 보냈다.[127]

병원에 입원하여 수술하고 3주 뒤에 퇴원해서 미국 서부지역을 돌며 3주(사실은 3개월) 동안 5만 2천 달러의 공채를 판매했다는 얘기이다. 과장이 섞여 있지만, 사정의 전후를 알게 되면 김규식의 입장과 처지를 이해하게 된다.[128]

---

[127] 원문은 다음과 같다. "In the spring of 1920, after a protracted illness from neuralgia, underwent a brain operation at the Walter Reed Hospital for suspected brain tumor. Three weeks after being discharged from hospital, even against the advice of the surgeons, undertook a tour overland and along the west coast of America to visit the various scattered groups of Korean and to sell to them the Korean National Independence Bond (issued by authority of President Ree), and in three weeks' time collected some $52,000 and sent it on to Mr. Yi Si-yong (now Vice-President) who was then minister of finance in the Provisional Government." 「김규식 자필 이력서」(영문, 1950).

김규식은 1920년 5월 구미위원부 위원장으로 복귀한 것으로 보인다. 5월 11일 자 통신은 "뇌종으로 해부의 위험을 지난" 김규식은 병세가 쾌차하여 구미위원부에서 새로 임명한 재무관으로 미주 대륙을 순행할 예정이라고 보도하고 있다.[129] 구미위원부는 미주 각 지역에서 공채표 판매를 독려하기 위해 순행(위원장 김규식은 미주, 장재 송헌주는 하와이)을 결정했다. 김규식은 5월 20일에 워싱턴을 떠났고, 송헌주는 6월 30일경 하와이로 향할 계획이었다.[130]

구미위원부 공채조례(1920. 4. 10)에 따르면 공채는 하와이 12만 5천 달러, 멕시코 2만 5천 달러, 북미 15만 달러 등 총 30만 달러 판매를 예상했다. 또한 지방위원조례를 만들어 제1구역 북미 서방, 제2구역 북미 동방, 제3구역 멕시코, 제4구역 하와이로 구분하고 구역시찰원은 북미 서방 2인, 북미 동방 2인, 멕시코 2인, 하와이 2인으로 정했다.[131]

김규식이 방문할 예정이라고 『신한민보』에 공개된 지역은 다음과 같다.

뉴욕, 캔사스시티, 피아블로, 덴버, 로스앤젤리스, 산타바바라, 다뉴바, 새크라멘토, 매리스빌, 맥스웰, 윌로우스, 스탁톤, 샌프란시스코, 시애틀, 아키마, 뷰트(몬태나), 솔트레이크, 수퍼리오, 시카고, 사우스밴드, 디트로이트.[132]

동부에서 서부로 일주하는 대장정이었다. 미국 전역을 순회하는 공채

---

128 파리위원부의 『자유한국』은 김규식이 대수술로 2개월간 휴양하다가 구미위원장에 복귀했다고 보도했다. 『자유한국』(La Corée Libre) 제1호(1920. 5), 『대한민국임시정부자료집』 21 (파리위원부).
129 「김대사의 순행 경영」, 『신한민보』(1920. 5. 21).
130 「구미위원부 지방시찰」, 『신한민보』(1920. 5. 25).
131 「구미주차위원부 포고: 공채조례, 구미위원부 지방위원조례」, 『신한민보』(1920. 6. 25).
132 「구미위원부 지방시찰」, 『신한민보』(1920. 5. 25).

세일즈맨의 여정이었다. 문제는 이것이 단 3개월 여정이었다는 것이다. 김규식은 죽음의 고비에서 살아나자마자 미 대륙 전역을 순회하는 강행군을 해야 하는 처지였던 것이다. 김규식은 6월 1일 캘리포니아주 산타바바라에 도착해, 18명의 교민으로부터 1,150달러의 공채를 모집했다.[133] 6월 7일 샌프란시스코에 도착한 김규식은 한인예배당에서 20여 명으로부터 공채 1,915달러를 모금했다. 김규식이 도중에 모금한 액수는 대략 2만여 달러로, 2백여 명이 응모한 것이었다. 이 시점까지 김규식이 지나온 경로와 모금액은 다음과 같았다.

> 뉴욕 900달러, 캔사스시티 400달러, 피아블로 200달러, 덴버 900달러, 로스앤젤레스 3,000달러, 리버사이드 550달러, 산타바바라 1,250달러, 다뉴바 3,450달러, 레드우드 1,050달러, 파울러 1,150달러, 그렉 650달러, 마데라드 1,520달러, 스탁톤 1,860달러, 샌프란시스코 1,915달러 등이었다.[134]

이 중 현금으로 1,300달러를 수합했으며 미국 본토에서 15만 달러를 모금할 예정이라고 보도됐다. 김규식은 6월 8일 새크라멘토로 출발했고, 그곳에서 30여 명으로부터 4,360달러의 공채표를 판매했다.[135] 6월 14일 워싱톤주 야키마(Yakima)에 도착한 김규식은 총 3,780달러를 모금했다. 그중 현금은 550달러였다. 이 시점에 미주 내 공채 판매액은 3만 4,500달러이며, 현금은 2,000달러였다.[136] 이후 김규식은 몬태나주 뷰트(Butte)에

---

133 「김재무관이 산타바바라에」, 『신한민보』(1920. 6. 8).
134 「김규식재무관의 상항발착, 공채금 모집에 좋은 성적」, 『신한민보』(1920. 6. 11).
135 「사쿠라멘토 공채 응모액」, 『신한민보』(1920. 6. 15).
136 「악기마 공채응모의 좋은 성적」, 『신한민보』(1920. 6. 22); 「악기마지방에 김대사 환영」, 『신한민보』(1920. 7. 8).

서 955달러, 아이다호주 아이다호 폴스(Idaho Falls)에서 3,700달러를 모금했다. 『신한민보』는 아직도 김규식이 방문할 곳이 수십 군데 남았다고 보도하고 있다.[137] 김규식은 황기환에게 보낸 1920년 6월 25일 자 편지에서 자신이 27개 도시를 방문해 총 4만 달러의 공채표를 판매했으며, 현금은 2천 달러를 모금했다고 밝혔다.[138] 다음 날 김규식은 이승만에게 편지를 보내 시카고(일리노이주), 사우스밴드(워싱턴주), 디트로이트(미시간주), 빌링스(몬태나주), 오리건주, 유타주, 네바다주 등을 방문할 수 있다면 6만 달러 이상의 공채를 판매할 수 있을 것이라고 했다.[139]

6월 말부터 7월 한 달간 김규식의 행처는 분명치 않다. 김규식은 8월 10일 국민회 뉴욕지방회관에서 공동회를 열고 공채표에 대해 연설했고,[140] 8월 12일 뉴욕과 인근 학생들 모임에서 "학생들의 막중한 책임을 들며 핍진한 권고를 주었으며 특별히 학술계와 각 방면으로 실력을 양성하라고 충고하였다".[141]

김규식이 언제 워싱턴으로 돌아왔는지는 명확치 않다. 김규식은 병들고 지쳤다. 번아웃(burn-out) 상태였다. 미국에 도착한 지 1년 만이었다. 파리강화회의는 무위로 돌아갔고, 워싱턴에서 기대했던 국제연맹회의는 취소되었다. 미국에 도착한 직후 워싱턴과 샌프란시스코를 오가며 공채표-애국금 분쟁을 조정해야 했다. 병으로 쓰러져 입원했고, 1920년 3월에는 뇌수술을 받은 후 3주 만에 퇴원해 3개월 동안 미국 전역을 다니며 공채표를 판매해야 했다. "도대체 나는 지금 어디에 서 있고, 무슨 일을 하고 있는가?"라고 김규식은 자문자답해야 하는 처지가 되었다.

---

137 「먼태나와 아이다호에 공채 응모」, 『신한민보』(1920. 6. 25).
138 「김규식이 황기환에게 보낸 편지」(1920. 6. 25); 이상훈, 1996, 위의 논문, 41쪽.
139 「김규식이 이승만에게 보낸 편지」(1920. 6. 26); 이상훈, 1996, 위의 논문, 41쪽.
140 「김위원장의 연설」, 『신한민보』(1920. 8. 26).
141 「각처 학생회 발전에 대한 상세」, 『신한민보』(1920. 9. 9).

사정이 여기에 이르자 김규식은 1920년 8월 7일 이승만에게 다음과 같은 사직서를 제출했다.

구미위원부 위원장이 되어 위원부 사업에 종사했으나, "당초부터 제반 곤란한 형편의 관계로 별로히 양호한 성적을 얻지 못"했고, "신체 불건 〔강〕한 연유로 더욱 곤란히 지내왔"다. 1920년 정월부터 원동으로 발정코자 경영하였다가 신병으로 인하여 여의치 못하였으며, 구미위원부와 상해 임시정부가 요구하는 공채 모집에 대한 책임 관계로 미주에서 더 지체했다. 현재 담임한 공무에서 물러가기를 진정으로 원하니 사면하고자 한다.[142]

떠나는 김규식은 마지막 임무를 수행했다. 자신의 사임과 후임 현순의 임명 사실, 재정 관할권, 민단 등의 문제를 임시정부에 문의했다. 구미위원부 위원장으로서 맡은 바 직책에 속한 일이었다.

먼저 김규식은 재무총장 이시영에게 보낸 공문 제253호(1920. 9. 29)에서 1920년 6~8월 3개월간 재정 수입 지출 보고서를 제출하며, (1) 사직서를 대통령에게 제출했지만 대통령의 불허로 취소했다, (2) 대통령과 함께 상해로 갈 예정이다, (3) 김규식 부재 시 현순이 위원장 대리로 장재(掌財, 재무) 역할을 맡을 것이라고 보고했다. 이와 함께 김규식은 재정 관할권 문제를 지적했다. 하와이 『국민보』 제580호에 따르면 하와이국민회가 직접 임정 재무부로 재정을 송금했고, 임정은 이를 수령했다는 영수증을 보냈다고 하는데, 미국·하와이·멕시코 세 지방에 대한 공채금은 구미위원부가 수합해 임시정부로 보내도록 되어 있는데 왜 구미위원부를 통하지 않고 '민단'이 임시정부와 직통했느냐고 문제제기를 한 것이다. 1919년 인구

---

142 「청원서(김규식-이승만)」(1920. 8. 7), 『우남이승만문서(동문편)』 9, 73~75쪽.

세 수봉(收捧)을 국민회 하와이 지방총회에 부탁할 때도 구미위원부에 아무런 통지나 의논이 없었는데, 미주 인구세 모금도 샌프란시스코 국민회 북미지방총회에 부탁할 것이냐고 묻고 있다.[143]

김규식은 내무총장 이동녕에게 보낸 공문 제254호(1920. 10. 1)에서는 "하와이『국민보』제580호에 따르면 내무부가 공함 제297호로 민단 실시 건을 하와이국민회에 위임했다고 하는데 왜 구미위원부에는 연락하지 않았느냐? 구미위원부는 미주의 외교, 행정, 재정을 총괄하는 곳이다. 구미위원부 일을 맡은 이래 7천 달러를 상해 재무부로 보냈는데, 내무부가 해외 민단을 직할하려 하면 다시 사단이 생길 수 있다"고 경고하고 있다.[144] 김규식은 이승만이 민단령에 근거해 국민회 하와이 지방총회를 하와이교민단으로 변경하고 구미위원부 직할하에 둘 것이라고는 예상하지 못했을 것이다.

구미위원부는 1920년 9월 20일 "불완전한 기력 중"에 있는 김규식이 임시휴가에 들어가며, 현순이 그 임무를 대신한다고 밝혔다.[145] 위의 표에서 구미위원부 재정보고 1920년 10월 항목에는 김규식의 하와이 여행비 277달러 80센트가 포함되어 있다. 다음 달 이승만과 노백린의 여비가 1,500달러로 상정된 것과 비교하면 1/5에도 못 미치는 금액이다. 구미위원부 통신 제23호는 김규식이 10월 3일 워싱턴을 떠나 원동으로 떠났고, 10월 13일 모처에서 선편으로 발정하였다고 전하고 있다.[146]

---

143 「특파주찰구미위원장(김규식)-재무총장 이시영」(공문 제253호, 1920. 9. 29), 『대한민국임시정부자료집』 17(구미위원부).
144 「특파주찰구미위원장(김규식)-내무총장 이시영」(공문 제254호, 1920. 10. 1), 『대한민국임시정부자료집』 17(구미위원부).
145 「위원장 김규식각하의 임시휴가」, 『신한민보』(1920. 10. 14).
146 「김규식위원장 원행」, 『신한민보』(1920. 11. 4).

4 파열(破裂): 이승만과의 결별

우리가 살펴본 것처럼 김규식이 구미위원부 위원장을 그만두게 된 개인적 이유는 신병이었다. 1919년 2월부터 시작된 상해-프랑스-뉴욕-워싱턴-샌프란시스코-미주 전역 여행은 그를 병들고 지치게 했다. 프랑스 파리에서 홀로 한국을 대변해야 한다는 막중한 책임감과 과도한 스트레스, 감당할 수 없는 업무 강도로 노심초사한 결과였다. 외교관으로 미국에 도착한 김규식을 기다리는 것은 공채표 판매 업무였다. 그의 이름을 집정관총재 이승만 옆에 부서하는 일이었다. 명목은 구미위원부 위원장이었지만, 어떤 외교의 기회도, 외교적 발언의 기회도, 미국사회와의 접촉도 사실상 허락되지 않았다. 그 일은 '집정관총재'이자 '대통령'인 이승만과 필라델피아 통신부 서재필의 전담 업무였다. 그에게는 십여 명 한인이 모여 사는 산동네까지 찾아가 공채표를 판매하는 세일즈맨의 임무가 주어졌다. 월터리드 병원에서 뇌수술을 받고 기적적으로 살아날 수 있었던 대가이기도 했으나, 공문서나 사문서에 그런 언급이나 흔적은 나타나지 않는다.

 더 중요한 공적 이유는 김규식의 업무에 대한 이승만의 간섭과 제어였다. 이승만은 대한공화국임시정부 사무실에서 출발해 한성정부 집정관총재 자격으로 구미위원부를 설립했다. 최초에 구상된 명칭이 재무위원회였던 데에서 알 수 있듯이 미주에서 재정 확보를 위한 것이 목적이었다. 서재필의 조언으로 명칭은 구미위원부로 변경되었으나, 이승만과 서재필이 위원장 김규식에게 기대한 것은 "외교·선전 활동의 주역이 아니라 자신들이 이미 벌인 일을 재정적으로 지원해 주는 조역(助役)"이었다.[147]

그러나 김규식은 자신의 공적 지위에 충실한 사람이었다. 김규식은 애국금-공채표 논쟁에서 상해 임시정부의 결정에 따랐고, 충실히 미국 전역을 순회하며 공채표를 판매했다. 이 과정에서 김규식은 공채표 판매액의 절반을 임시정부로 송금하겠다는 의사를 누누이 강조했다.[148]

김규식은 구미위원부 위원장으로 1920년 6월 25일 이후 1920년 9월 말까지 총 7천 달러를 임시정부 재무부에 송금했다.[149] 구미위원부는 1920년 9월 이전에 3천 달러, 9월에 2천 달러를 송금했고, 국민회 하와이 지방총회는 1920년 9월 2천 달러를 송금했다.

이제 구미위원부의 재정 현황, 지출 현황 등을 세부적으로 살펴볼 차례이다. 모든 분쟁의 원인이 되었고, 권력의 향방에 따라 결정된 게 바로 재정 문제였기 때문이다.

부록4는 구미위원부 1919년 9월~1921년 11월 수지결산을 다뤘다.[150]

먼저 구미위원부의 수입은 1919년 9월부터 1921년 11월분까지가 『신한민보』에 「구미위원부 재정보(고)」 등의 이름으로 공개되었다. 연월별 수입총액은 전월이월금(시재금, 즉 은행에 예치된 이월금)과 당월순수입을 더한 것이다. 즉, 구미위원부의 매월 수입은 당월순수입 항목을 보면 된다. 전월이월금(시재금)은 평균 5,092달러, 당월 순수입은 평균 6,268달러

---

147 이상훈, 1996, 위의 논문, 21쪽.
148 「김규식이 황기환에게 보낸 편지」(1920. 6. 25); 이상훈, 1996, 위의 논문, 41쪽.
149 「김규식이 이승만에게 보낸 편지」(1920. 9. 21); 이상훈, 1996, 위의 논문, 43쪽.
150 「구미위원부 수지결산(1919.9~1921.11) 및 김규식 관련 지출」을 이 책에 부록4로 수록했다.

었다.[151] 1919년 9월부터 1921년 11월분까지 총 27개월 동안 구미위원부의 총수입은 10만 5,959달러 15센트였다. 당월수입금 합계 10만 4,141달러에, 1919년 12월 시재금 1,818달러 15센트를 더한 숫자이다. 한 달 평균 3,924달러의 수입이 있었음을 의미한다.

방선주에 따르면 국민회 북미지방총회의 경우 국민회 회비(의무금)를 납부하는 중견회원이 대략 500여 명 내외였으며, 의무금은 1915년 1,523달러(1인당 5달러, 회원 300명), 1916년 1,729달러, 1917년 2,645달러, 1918년 3,775달러(회원 700명)였다.[152] 이를 기준으로 삼으면 구미위원부는 국민회 북미지방총회가 3·1운동기 이전 보유했던 재정자금 정도를 확보한 것이라고 할 수 있다. 예상 밖으로 적은 금액이다. 왜 이렇게 되었는가? 역시 가장 큰 이유는 이승만이 공채표 판매를 주장하며, 국민회 중앙총회와 북미지방총회가 열성적으로 추진하던 애국금을 폐지하려 했기 때문이다. 타협이나 협력이 아니라 국민회를 궁지로 몰아 재정수합권을 빼앗으려 했던 것이다. 구미위원부는 정부기관인 반면 국민회는 민회(民會)라는 주장에 기초해, 기성 정부기관처럼 행세하며 권위적인 명령·행정체계를 주장하고 강압적인 태도로 일관함으로써 재미 한인들의 독립열과 재정지원 열기에 찬물을 끼얹은 결과였다. 이승만은 경우에 따라서 한성정부 집정관총재나 통합 상해 임시정부 대통령을 자임하면서 재정관할권 확보에 열을 올렸다. 그 결과가 이렇게 반영된 것이다.

1919년 12월부터 1920년 3월까지, 즉 이승만의 강청에 의해 임시정부 재무부가 애국금을 폐지하기 전까지 가장 중요한 자금원은 국민회 중앙총회의 보조금이었다. 김규식-국민회의 협약에는 매월 3,000달러를 내기

---

151 1921년 4~8월을 1개월로, 9~11월을 1개월로 계산한 것이므로 총 27개월로 계산할 경우 실제 전월이월금(시재금)과 당월 순수입은 줄어들게 된다.
152 방선주, 1988a, 위의 논문, 492쪽.

로 되었는데, 그간 1만 1,200달러를 구미위원부로 보낸 것이다. 구미위원부의 한 달 예산 5,000달러 중 북미지방총회가 3,000달러를 내고 하와이 지방총회가 2,000달러를 낼 예정이었지만, 1920년 2월 발생한 승룡환 일파의 국민회 하와이 지방총회관 폭력 점거 소동이 벌어졌다.

　　1920년 1월 하와이 지방총회 회장 이종관이 대의원회를 개최하고 국민회 중앙총회와의 관계를 절연하자고 제안하자 하와이『국민보』주필 승룡환(承龍煥) 등이 '공동회'라는 비상조직을 만들고, 중앙총회에 자신들을 하와이 지방총회 개조를 위한 중앙총회의 적법한 대표자로 선정해 줄 것을 요청했다. 중앙총회 회장 윤병구는 이 요청을 수용해 하와이 지방총회를 해산하고 재조직할 것을 지시했다. 하와이 지방총회가 이를 거부하자, 1920년 2월 2일 승룡환 등 수십 명이 하와이 지방총회관을 점거하는 폭력 사태가 벌어졌다. 이 사건의 여파로 하와이 지방총회는 폭력 소동이 국민회 중앙총회의 사주에 따른 것이라며 자신들이 감당해야 할 구미위원부 분납금 2,000달러의 송금을 거부했다.[153] 이 결과 구미위원부는 애국금 폐지에 따른 재정 수입 감소와 하와이 지방총회의 분납금 거부라는 이중의 재정 위기에 처하게 된 것이다.

　　국민회는 3·1운동 폭발 이전 이미 독립열이 고조되어 1919년 12월 말까지 대표의연 1만 3,458달러, 독립의연 4만 2,625달러, 이십일례(二十一例, 수입의 1/20 납부) 1만 1,590달러, 애국금 18,686달러, 공채금 350달러, 인구세 1,122달러 등 8만 8,013달러의 수입을 올렸다. 지출로는 임시정부 3만 600달러, 상해로 파견된 안창호·정인과·황진남 휴대금 4,000달러, 김규식 대사 후원금 4,000달러, 이승만·민찬호·정한경 여비 등 1만 1,255달러(파리강화회의 특사로 선정), 서재필 친우회 보조 1,585달러, 구미위원부 2,000달러, 서재필 외교비 2,425달러 등을 지원하고 3,968달러

153　승룡환의 회관 점거 사건에 대해서는 이상훈, 1996, 위의 논문, 33~36쪽을 참조.

의 잔액이 남았다.[154] 실로 엄청난 금액을 임시정부, 김규식, 이승만 등 재미 한인 지도자와 구미위원부 등에 지원한 것이다. 이승만 진영에 보조된 금액이 1만 7,265달러였다.[155] 이승만은 애국금을 폐지하면 국민회의 자금이 구미위원부 공채로 들어올 것이라 예상했겠지만, 결과는 정반대로 구미위원부와 국민회 모두의 재정 궁핍으로 귀결되었다.

공채표는 미주 본토와 하와이에서 판매되었는데, 총 6만 3,688달러 중 하와이에서 4만 901달러가 판매되었고, 미주 본토에서는 1920년 6월부터 본격적으로 판매가 개시되어 총 2만 2,786달러가 판매되었다. 하와이에서 2년 3개월, 총 27개월 동안 판매된 공채금액이 4만여 달러에 불과했다는 것은 예상 밖이었다. 생각할 수 있는 몇 가지 원인이 있다. 첫째, 하와이 한인의 경제적 형편이 전반적으로 좋지 않았다. 당시 표현으로는 하와이 한인의 경제력이 영성(零星)했기 때문이다. 둘째, 1920년 승룡환의 하와이국민총회관 점거 소동, 1921년 이승만 지지자들의 태평양시사 습격 사건 등 하와이에서 이승만 지지자 대 반이승만 진영의 대립·충돌이 끊이지 않았기 때문이다. 셋째는 1921년 이후 전후 경제공황이 본격화되었기 때문이다. 이런 요인들이 중첩되어 하와이에서 27개월 동안 공채 판매액이 4만여 달러에 불과했던 것이다. 물론 하와이에서 수합된 재정이 이승만 개인에게 흘러 들어왔을 가능성이 있지만, 이는 공적 자금으로 사용되지 않았다.

하와이에서 모금된 자금의 내역에 대해서 1925년에 정리된 자료가 있는데, 1919년부터 1922년 말까지 총 수입은 6만 3,988.26달러, 워싱턴 송금 및 임정 송금 총액은 총 5만 6,234.26달러라고 정리하고 있다. 이 중 임정 송금은 800달러에 불과했다. 워싱턴 송금은 대략 5만 달러 정도였다고

---

154 방선주, 1988a, 위의 논문, 512쪽.
155 방선주, 1988a, 위의 논문, 512쪽.

볼 수 있다. 하와이의 통계로는 1919~1921년간 총 2만 6,077장의 공채, 액면가 77만 3,850달러어치가 판매되었다. 그러나 실수령액은 최대 5만 8,240달러가 수입으로 잡혀 있으며 그중 최대 5만 543달러가 워싱턴 구미위원부로 송금되었다. 『신한민보』에 공지된 4만 901달러와는 약 1만 달러 정도 차액이 발생하는데, 그중 5,243달러는 이승만·김규식·노백린·임병직의 상해행 여비 및 관련 경비로 사용되었으니 차액은 5천 달러 정도에 지나지 않는다.

〔표 6-2〕 하와이 구미위원부 재정보고(1919~1922)

수지 기간	수입				지출				잔고
	공채표 판매 〔명/평균금액〕	기타/시재	수입 합계		워싱턴 송금	구미위원부 대출/임정 송금	사무비용	지출 합계	
1919.10.22 ~12.31	257.50 〔524/15.72〕		8,237.50		8,000		80.81	8,080.81	156.69
1920. 1~12	32,083.50 〔2,039/15.72〕		32,240.19		24,000	5,243.55*	1,2306.63	30,474.18	1,591.88
1921. 1~12	17,919.50 〔1,032/15.70〕	1,591.88	19,511.38		12,300**	800***	1,574.65	14,874.65	4,636.73
소계 (1919~1921)			58,240.50			50,543.55	3,060.22	53,603.77	4,636.73
1922. 1~12			5,746.76			5,690,71			
합계 (1919~1922)			63,988.26					64,988.26	1,338.15

〔비고〕 * 구미위원부 대출금 ** 12,500의 오기로 추정 *** 상해 임시정부 송금
〔출전〕 「하와이 구미위원부 재정보고(1919~1925)」, 국가보훈처, 1998, 『미주한인민족운동자료』, 79~89쪽; 『대한민국임시정부자료집』 17(구미위원부).

한편 미주 본토에서 판매된 공채표 2만 2,786달러는 김규식이 미주 전역을 돌아다니며 모금한 1920년 6월~8월 사이의 약정액이 차차 들어오

기 시작한 것이다. 공채 판매는 현금이 아니라 약정이었으므로 1921년 1월까지 꾸준히 1천~2천 달러 수준에서 구미위원부로 유입되었으며, 김규식 위원장이 현순으로 교체된 이후에는 거의 판매 실적이 전무했다고 판단된다. 특히 1921년 1월 이래 현순의 주미공사관 설립 시도를 전후해 구미위원부가 파열 상태였으므로 미주 본토에서 공채 판매는 불가능했던 것으로 볼 수 있다. 김규식이 구미위원부 위원장으로 모금한 공채액은 2만 달러 정도로 판단할 수 있다.

1919년 9월~1921년 11월의 2년 3개월, 즉 27개월 동안 구미위원부의 지출총액은 11만 3,261달러였다. 특기할 만한 점은 1921년 9월~11월간 워싱턴회의를 대비한 특별모금액 2만 1,219달러가 구미위원부의 마지막 흥행이었다는 사실이다. 실패가 예정되어 있는 워싱턴회의를 향해 '미일 개전'과 토머스 하딩 신임 미국 대통령의 한국 독립 가능성 약속 등을 부각시킨 이승만·서재필의 대미 외교운동은 처참한 실패를 마주했다.[156] 공채표·애국금 논쟁, 하와이국민회 분쟁, 구미위원부 내분, 이승만의 상해행 실패, 국민대표회의 개최 소식 등의 악재를 돌파하기 위한 최후의 수단이었지만, 이것이 구미위원부와 재미 한인사회의 3·1운동기 독립 열기의 사실상 종점이 되었다.

전력을 경주했던 워싱턴회의가 실패하자, 재미 한인사회는 오랫동안 침체를 면치 못했다. 서재필은 구미위원부 위원장을 사임했고, 이승만은 상해 임시정부에서 탄핵·면직되었으며, 구미위원부도 임시정부로부터 해체를 명령받았다. 국민회 기관지 『신한민보』도 정간에 들어가야 했다. 과장된 워싱턴회의를 향한 기대가 무너지자 재미 한인사회의 중요 인물·기

---

[156] Philip Jaisohn to President-Elect Warren G. Harding, November 22, 1920 in Philip Jaisohn, *My Days in Korea*, Yonsei University Press, Seoul, 1999, pp.209-220; 나가타 아키후미, 2008, 위의 책, 327~335쪽.

관은 도미노처럼 붕괴되었다.

　다음으로 부록5의 구미위원부 봉급 및 해외 각 기관 지출표를 살펴보자.[157] 포괄하는 시기는 1919년 12월부터 1921년 2월까지 1년 3개월, 즉 15개월이다. 이 표는 구미위원부 내에서 자금이 어떻게 분배되었는지를 보여 주는 것으로 방선주의 정리를 토대로 필자가 부분적으로 수정하고 보충한 것이다. 1919년 12월부터 1921년 2월까지 총지출은 5만 6,849달러였다.

　이 중 (1) 이승만 개인은 총 7,369달러를 사용했다. 1920년 9월부터 1921년 2월까지 상해로 이동하는 경비 및 활동비 등이 포함된 것이다. 전체 지출액의 12.96%를 이승만이 사용했다. (2) 이승만의 비서(정한경·임병직)는 1.75%, (3) 구미위원부 위원 2인은 9.31%, (4) 변호사(돌프)는 5.18%, (5) 사무원 3.55%, (6) 타자원 2.59%를 사용했다. 이승만(12.96%)을 제외한 구미위원부의 인건비로 22.38%가 사용되었고, 두 항목을 합하면 35.34%가 지출되었다.

　그렇다면 이승만에게 지불된 금액은 어느 정도의 수준이었는가? 먼저 앞에서 살펴본 구미위원부가 수립한 예산안을 기준으로 삼을 경우, 하와이 한인의 평균 연수입은 400달러, 미주 본토 한인의 평균 연수입은 1,000달러, 멕시코는 360달러, 쿠바는 720달러 정도였다.[158] 이승만은 매월 200달러, 매년 2,400달러의 순봉급을 받았고, 여기에 비서, 사무원, 타자원, 여행경비, 전보비 등 부속 직원 비용 및 업무비를 더한다면 매년 5,000달러 이상을 받았다고 볼 수 있다. 방선주는 이승만의 월급에 전기·가옥·여행비 등 부가비용을 더해 연봉이 약 3,000달러 정도라고 추정하고, 이럴 경우

---

157 「구미위원부 봉급 및 해외 각 기관 지출표」를 이 책에 부록5로 수록했다.
158 「예산안(1922. 1~12)」, 국가보훈처, 1998, 위의 책, 76~78쪽; 『대한민국임시정부자료집』 17(구미위원부).

미국인 중류 이상이었다고 보았다.[159] 3,000달러나 5,000달러 중 어느 쪽이든 미주 본토 한인을 기준으로 하면 2~3배, 하와이 한인을 기준으로 하면 6~7.5배의 연봉을 받은 것이다. 하와이나 미주 한인의 보통 생활수준뿐 아니라 궁핍했던 상해 임시정부의 재정 상황과 임시정부 주역들의 생활형편을 기준으로 삼으면 생각할 수 없이 큰 금액이었다.

(7) 서재필의 필라델피아통신부는 22.19% 이상을 사용했다. 통계로 백분율을 정리하고 나니 예상하지 못했던 정도의 큰 비중이었음이 드러났다. 서재필은 공채 판매나 직접적인 한국 독립운동 참가를 거절했으나, 『한국공론』(Korea Review) 간행과 한국친우회 등의 명목으로 1만 2,620달러를 사용했다. 통계로 보면 구미위원부 재정 지출에서 가장 재정적 수혜를 본 것이 필라델피아통신부였다고 할 수 있다. 이승만은 상해 임시정부, 한성정부의 대표 격이었으며, 구미위원부가 워싱턴의 외교기관이었다면, 필라델피아통신부와 서재필은 임시정부의 조직·기관이 아니었고, 서재필도 임시정부의 요인이 아니었다. 그런데도 대미 선전이라는 목표를 내세워 1만 2,630달러 이상을 사용한 것이다. 이런 재정 지원이 가능했던 가장 큰 이유는 이승만이 워싱턴에서 의지할 수 있고 연대할 수 있는 가장 중요한 인물이 서재필이었기 때문일 것이다.

(8) 한국인들에게 가장 중요한 독립운동의 선전기관 역할을 한 파리대표부에는 6,929달러 12.18%가 지원되었다. 서재필의 필라델피아통신부 지원금액의 절반 정도에 불과했다. 그 외에 런던사무소에 1,297달러 2.28%가 지원되었다. 파리대표부는 구미위원부는 물론 필라델피아통신부의 절반 정도에 해당하는 지원이 이뤄진 것이다.

마지막으로 가장 중요한 (9) 상해 임시정부에는 얼마가 지원되었는가? 총 1만 5,119달러가 지원되어 26.59%가 지원되었다. 그중 김규식이

---

159 방선주, 1989b, 위의 논문, 203~204쪽.

구미위원부 위원장으로 재직하던 1920년 5월~9월 기간 중 7천 달러 정도가 지원되었다. 나머지 금액은 이승만이 워싱턴-하와이-상해를 오가는 기간 중에 지원되었다. 1920년 11월 2천 달러, 12월 3천 달러, 1921년 1월 2천 달러, 2월 1천 달러 등 총 8천 달러가 지원되었으며, 같은 기간에 이승만은 4천 달러를 여행경비 및 지참금으로 사용했다. 즉, 김규식이 구미위원부 위원장으로 재임하던 기간에 지원한 금액 7천 달러와 이승만이 대통령으로 상해를 방문하던 시기에 지원한 금액 8천 달러를 합한 1만 5,000달러가 전부인 것이다. 1919년 한 해 동안 국민회 중앙총회가 임시정부에 직접 지원한 금액 3만 600달러와 비교할 수 없는 수준인 것이다. 1919년 국민회 중앙총회는 이외에도 상해로 파견된 안창호·정인과·황진남의 휴대금 4,000달러, 김규식 대사 후원금 4,000달러, 이승만·민찬호·정한경 여비 등 1만 1,255달러(파리강화회의 특사로 선정), 서재필 친우회 보조 1,585달러, 구미위원부 2,000달러, 서재필 외교비 2,425달러 등을 지원했다. 중앙총회는 1918년 11월부터 1920년 7월까지 지출총액 11만 835달러 중 40%에 해당하는 4만 6,454.06달러를 임시정부에 보냈으니 실질적으로 3·1운동기 한국 독립운동을 재정적으로 후원하고 가능하게 한 것이 국민회 중앙총회였다고 해도 과언이 아니다.

　이상을 종합하면 구미위원부는 지출 면에서 구미위원부 35.34%, 임시정부 26.59%, 필라델피아통신부 22.19%, 파리대표부 및 런던사무소 14.46%를 지원했다. 지출 비중은 구미위원부가 설정한 우선순위를 반영하는 것이었다.

　구미위원부의 재정 수지 상황을 살펴보면, 김규식이 구미위원부 위원장으로 최선의 노력을 경주했으나, 공채표 판매를 위해 만들어진 조직이라는 구조적 제약을 벗어나기 어려웠다. 김규식 역시 이승만이 자신을 파리에서 워싱턴으로 초청한 핵심 이유가 공채표 판매였다는 점을 잘 알고 있었다. 김규식은 임시정부 외무총장에게 보내는 보고서(1919. 11. 26)에서 "집정총재의 전보가 내도하기를 속히 미주로 건너와(速渡 米洲) 공채권에 공(共)히 서명하라"고 해서 "파리를 떠나 잠시 도미"한 것이라고 밝혔다.[160]

김규식은 한국 독립운동과 외교 선전, 임시정부를 위한 재정적 후원이라는 대의를 추구했으나, 자신의 역할이 파리강화회의 특사라는 명망성을 활용해 미주 전역을 순회하며 공채표 판매 세일즈맨을 벗어날 수 없다는 사실에 분노했음이 분명했다. 1919년 8월 미국에 도착한 이래, 여러 차례 병원 입원과 요양, 심지어 뇌종양 제거 수술을 받는 등 건강이 극도로 악화되었지만, 구미위원부의 병원비 지원으로 살아날 수 있었다. 그 대가로 미국 순회를 했다고 하는 것은 가혹한 얘기일 수도 있으나, 김규식은 뇌종양 수술 후 곧바로 미국 동부에서 서부를 왕복하는 대륙 횡단 여행을 3개월간 강행하며, 미국 전역의 한인 거주지에서 공채표를 판매해야 했다.

김규식과 이승만이 공적 업무에서 충돌한 결정적 이유는 구미위원부 위원이자 하와이 지방시찰원으로 파견된 송헌주 해임을 둘러싼 갈등이었다. 매우 단순해 보이는 이 사건은 사실 구미위원부 위원장 김규식의 위치와 역할에 대한 중대한 도전이었다. 송헌주는 김규식의 로녹대학 후배였다. 로녹대학 문서보관소 기록에 따르면 송헌주는 1906년 입학했는데, 장장 8년에 걸쳐 경영과, 부분특별과, 본과를 수학했다. 1906년 특별과인 경영과에 입학해 1908년 졸업했고, 다시 1910년 부분특별과에 입학해 1912년 2등으로 졸업했다. 1912년 학부 1학년으로 입학해 1915년 졸업했다. 송헌주는 문학사(BA)를 받았다.[161] 이렇게 오래 학교를 다닌 것은 미국 체류 자격과 관련이 있을 가능성이 있고, 송헌주가 1907년 헤이그평

---

160 「파리평화회의대표부 공문 제2호 경과보고」(김규식-외무총장, 1919. 11. 26), 『대한민국임시정부자료집』 16(외무부).
161 "Catalogue of Roanoke College," in folder of Korean Students – Master List, Roanoke College Archives.

화회담 당시 한국대표단으로 참가한 사실과 관련이 있을 것으로도 생각된다.[162] 김규식과 송헌주의 롤모델은 최초의 한국인 입학생 서병규였다. 서병규는 로녹대학에서 문학사를 받은 후 1899년 프린스턴대학 대학원에서 정치학 전공으로 석사학위(AM)를 받았는데, "세계 최초로 문학사(A.B), 문학석사(A.M)를 받은 한국인"으로 미국 언론에 소개되었다.[163] 로녹대학을 졸업한 후 프린스턴대학에서 우드로 윌슨 교수의 지도로 문학석사 학위를 받았다고 알려졌다. 김규식과 송헌주 역시 로녹대학을 졸업한 후 프린스턴대학 대학원 진학을 목표로 했다. 김규식이 진학을 중단하고 귀국한 후 송헌주는 프린스턴대학 대학원에서 공부했다. 송헌주는 박사과정에 진학했으며, 동시에 프린스턴신학교(Princeton Theological Seminary)에도 등록했다.[164]

프린스턴대학 대학원을 졸업한 송헌주는 1916년 하와이로 건너가 이승만의 한인중앙학원, 하와이 제일한인감리교회 목사로 일하다 1917년 사임하였다. 이후 이승만의 한인여학원 부교장으로 자리를 옮겼다. 1917년 말 대한인국민회 하와이 지방총회 부회장에 추천되었으나 사양하였다. 최기영은 이 시기 송헌주가 이승만과 관계가 깊었다고 평가하고 있다.[165]

3·1운동기 송헌주는 국민회를 통해 하와이 한인들에게 '독립금'을 기부받는 역할을 맡아, 4월부터 6월까지 5만 달러를 약정받았으며, 현금 3만 5천 달러를 모금하여 이 중 2만 달러를 이승만에게 지원하였는데, 이승만은 어떠한 사용명세도 공개하지 않았다.[166] 이승만은 송헌주의 자금 모집 능력을 높게 사서 그를 구미위원부 위원(서기)로 임명한 것이다. 송헌주는

---

162 최기영, 2015, 위의 논문.
163 "The First Korean Master of Arts (From the Roanoke Collegian)," *The Evening Times*, July 8, 1899.
164 프린스턴대학 대학원 송헌주 서류(외손자 김동국 제공), 최기영, 2015, 위의 논문, 55쪽.
165 최기영, 2015, 위의 논문, 59~60쪽.
166 「송헌주가 김규식에게 보낸 편지」(1920. 8. 14); 이상훈, 1996, 위의 논문, 15~16쪽.

1919년 8월 말 하와이를 떠나 9월 1일 샌프란시스코에 도착했다. 이후 구미위원부 장재(재무) 이대위가 1919년 9월 15일 국민회 중앙총회 대표 자격을 상실하고 워싱턴을 떠난 후 송헌주가 재무를 맡게 되었다. 즉, 송헌주는 구미위원부 위원으로 임명되어 활동을 개시할 때까지 이승만 사람으로 분류되는 인물이었으며, 동시에 김규식의 로녹대학 후배라는 공통분모를 가지고 있었다.

1920년 2월 임시정부가 미주지역 재무관 역할을 구미위원부에 위임하고 애국금을 폐지하자, 구미위원부는 재무관을 하와이와 미주 본토에 파견했다. 송헌주가 재무관으로 공채표 판매를 위해 7월 6일 하와이에 도착하자 상황이 급변하기 시작했다. 국민회 하와이 지방총회는 공채표 판매를 반대했고, 7월 22일 이승만은 돌연 송헌주의 사임을 요구했다.

이미 송헌주가 하와이로 향하기 전에 구미위원부와 이승만의 갈등설이 하와이 지방총회에 만연한 상태였다. 송헌주가 이승만에게 보낸 편지(1920. 6. 14)에 따르면 하와이 지방총회는 (1) 구미위원부가 하와이에서 공채 판매나 자금 수합을 할 게 아니라 하와이 지방총회에 권한을 재위임하고, 하와이 지방총회가 자금을 수합해야 한다. (2) 구미위원부는 대통령의 뜻과 달리 공채 판매를 위한 지방위원부 계획과 공채 조례를 만들어 대통령에게 승인을 강요하고 있다. (3) 이승만이 송헌주보다 먼저 하와이에 도착할 터이니 도와 주길 희망한다는 뜻을 피력했다.[167]

즉, 송헌주가 하와이에 도착한 시점에 이승만도 하와이에 체류 중이었다. 이승만은 6월 22일 샌프란시스코에서 정한경과 함께 마노아호(S. S. Manoa)에 탑승했고, 6월 29일 오전 호놀룰루에 도착했다.[168] 이승만은 상해로 건너갈 방법을 찾고 있던 중이었다. 송헌주는 김규식에게도 도움을

---

[167] 「송헌주가 이승만에게 보낸 편지」(1920. 6. 14); 이상훈, 1996, 위의 논문, 46~48쪽.
[168] 이승만, 2015, 『국역이승만일기』, 대한민국역사박물관, 106쪽.

송헌주, 프린스턴대학 대학원(연도 미상), 독립기념관.

청하였고, 김규식은 이승만에게 두 차례 편지를 보내 구미위원부의 공식 업무를 도와 달라고 했다.[169] 그러나 이승만은 그럴 생각이 없었다. 고정휴의 분석에 따르면 이승만은 미주 본토에서는 구미위원부가 책임을 지고 자금을 모금하되 하와이 교민들로부터 거두는 자금은 구미위원부가 아닌 자신이 직접 관리하고자 했던 것이다.[170]

이승만은 이용직에게 보내는 편지(1920. 7. 22)에서 김규식이 수차례 편지를 보내 송헌주를 찬조해 달라고 했으나 송헌주가 하와이 도착 이후 "자의로 단행하려 하다가 지방위원제도 조직하지 못할 뿐"이며 "감정을 격기(激起)하여 수처(數處)를 시찰한다는 것이 유해무익하게 되"었고, 송헌주가 관계하면 공채표 발매는 불능한 형세가 있기에 "부득이하게 해면청원(解免請願)하기를 권고하였으니 이는 위공비무사(爲公非爲私)에서 출(出)함"이라고 주장했다. 이승만은 정한경이 하와이에서 대환영을 받으니 송헌주 대신 보충하겠다고 했다.[171] 즉, 송헌주가 사임하지 않으니 그를 해임하고 대신 정한경을 임명하겠다는 얘기였다. 그러나 송헌주는 굴하지 않고 이종관 하와이 지방총회장에게 공문을 보내 지금까지 모금한 공채표 판매대금을 알려 달라고 했다.[172] 이승만은 김규식에게도 편지(1920. 7. 23)를 보내 송헌주가 사임해야 하며, 하와이에서는 본토에서 시찰이 오는 것

---

169 「김규식이 이승만에게 보낸 편지」(1920. 6. 30, 1920. 7. 13), 『대한민국임시정부자료집』 43(서한집 II).
170 고정휴, 2004, 「구미위원부의 조직과 위상」, 『이승만과 한국 독립운동』, 연세대학교출판부, 127쪽; 최기영, 2015, 위의 논문, 62쪽.
171 「이승만이 이용직에게 보낸 편지」(1920. 7. 22), 『대한민국임시정부자료집』 42(서한집 I). 이승만은 이 편지에서 동지단(同志團)을 만들어 재정을 수합하는 임무를 맡기고, 명칭은 특별운동회로 하며, 동지들만 내용적 주의를 통지하고 그 외 보통사람들은 가입을 허락하는 조직을 만들라고 했다. 민찬호, 이종관, 김유호 3인을 주무원으로 거론하고 있다. 이 동지단이 이후 동지회로 발전하는 초석이 된 것으로 보인다. 동지회의 연원에 대해서는 정병준, 2005, 위의 책, 331~338쪽을 참조.
172 「공문(하와이) 제2호: 공채표 발매 보고·공채표 문부 조사」(송헌주-이종관, 1920. 7. 26), 『대한민국임시정부자료집』 17(구미위원부).

을 원치 않는다고 주장했다.[173]

송헌주가 사임하지 않자, 이승만은 7월 30일 일방적으로 해임을 통보했다. 대통령 지시 불이행 및 독자적 활동을 문책한다는 얘기였다. 송헌주는 곧장 하와이를 떠나 8월 3일 샌프란시스코에 도착했다. 송헌주는 캘리포니아 리들리(Reedley)로 향했고, 이후 로스앤젤레스에서 식료품점을 운영했다.

송헌주가 해임되자, 김규식도 이승만에게 사임(1920. 8. 7) 의사를 표명했다. 핵심 재정 문제를 둘러싼 이승만의 "특이한 태도", 구미위원부에 대한 비난과 신뢰 결여였다.

> 특히 재정 문제를 구미위원부에 명확하게 위임한 이래, 박사께서는 구미위원부에 대해 매우 특이한 태도를 취하였습니다. 박사께서는 근거도 없이 위원부를 비난하였으며, 위원부 내지 그 구성원들에 대해 여하한 신뢰도 가지지 않는다는 점을 수차례 보여주었습니다. (중략) 미약한 능력과 판단에 따라, 그리고 양심의 명령에 따라 제가 할 수 있는 최선을 다하려고 하였지만, 제가 임무에 일조하기보다는 오히려 걸림돌로 박사께서 여긴다고 지금까지 생각하고 있습니다. 공식 사직서를 여기에 동봉합니다.[174]

김규식은 8월 말이나 9월 초에 구미위원부 위원장에서 물러나고, 9월 말이나 10월 초에 극동, 즉 상해로 돌아가겠다는 의사를 표명했다.

이틀 뒤 김규식은 파리의 황기환에게 보내는 편지(1920. 8. 9)에 이렇게 썼다.

---

[173] 「이승만이 김규식에게 보낸 편지」(1920. 7. 23), 『대한민국임시정부자료집』 43(서한집 II).
[174] 「김규식이 이승만에게 보낸 편지」(1920. 8. 7), 『대한민국임시정부자료집』 43(서한집 II).

구미위원부의 일부 정책과 관련하여 이승만 박사와 저 사이에는 매우 상당한 견해차가 있었으며, 구미위원부에 더 이상 제가 필요 없다고 생각합니다. 이승만 박사의 저에 대한 최근 태도를 판단해 볼 때, 설령 제가 오해할 수 있기는 하지만, 제가 사임한 것은 이 박사에게 환영받을 일이 될 것입니다.[175]

이승만은 즉각 김규식에게 편지(1920. 8. 17)를 보내 "제발 사임을 생각하지 마십시오"라며 사임을 만류했다.[176] 이후 9월 초까지 김규식과 이승만 사이에 다수의 편지가 오고 갔다. 걱정에 휩싸인 김규식이 6통(1920. 8. 17, 8. 21, 8. 27, 8. 30, 9. 7, 9. 14, 9. 18, 9. 21), 이승만이 3통(1920. 9. 2, 9. 14, 9. 17)의 편지를 쓰며 송헌주 문제를 논의했다. 김규식은 송헌주와 함께 사임 의사를 굽히지 않았으며, 상해 임시정부로 2천 달러를 송금했다. 그사이 현순과 안현경이 워싱턴에 도착(1920. 8. 25)했다. 이승만은 정한경을 송헌주의 후임으로 지명하며, 송헌주 해임의 정당성을 설명하려고 했다.

이승만은 현순에게 보내는 편지(1920. 8. 31)에서 구미위원부가 송헌주와 김규식의 협조를 얻지 못해 편치 못한 사정이 많다며 김규식이 송헌주의 의견에 합동해서 매사에 저촉이 생겼다고 했다. 송헌주가 하와이에 온 후 의견 불합치로 대사를 그르치기에 이승만 자신이 "공채 일을 다 조처한 후에" 조용히 말하기를 이곳에서 당신을 환영하지 않으니 각섬 순행은 잠시 중단했다가 공채 응모 결과를 보라고 했다는 것이다. 그러나 송헌주는 대통령이 하와이 일을 스스로 주장하면 나는 즉시 돌아가겠다고 고집하고 김규식과 서로 상응했다. 이승만은 송헌주가 "원망하고 꾸짖음(怨尤)

---

175 「김규식이 황기환에게 보낸 편지」(1920. 9.), 『대한민국임시정부자료집』 43(서한집 II).
176 「이승만이 김규식에게 보낸 편지」(1920. 8. 17), 『대한민국임시정부자료집』 43(서한집 II).

은 대통령(統領)에게 돌리고 실권(實權)은 손에 쥐려(掌握에 持)"하며 파당을 조성하기에 해임했다고 주장했다.[177]

김규식은 송헌주가 해임되는 과정에서 구미위원부에서 자신의 역할이 종결되었음을 깨달았다. 대통령 이승만과 상해 임시정부의 명령에 따라 구미위원부를 정부기관이자 외교기관으로 재미 한인들에게 설명했던 자신과 송헌주가 이승만의 사적 이해관계에 따라 움직이는 장기판 위의 말에 불과하다는 사실이 명백해졌기 때문이다.

이승만은 국민회 중앙총회와 북미지방총회에 대해서 애국금 폐지를 강력하게 주장했고, 임시정부 재무부를 통해 이를 관철시킨 후에는 김규식을 재무관으로 임명해 북미 전역을 3개월간 순회하며 공채표 판매를 독려했다.

반면 이승만은 하와이 지방총회에 대해서는 전혀 다른 태도와 정책을 주장했다. 송헌주는 이승만을 위해 국민회를 통해 1919년 4~6월간 현금 3만 5천 달러를 모금하여 이 중 2만 달러를 이승만에게 지원했다.[178] 송헌주가 제공한 2만 달러의 용처에 대해 이승만은 어떠한 설명이나 세무 명세를 하와이 한인들에게 공개한 바 없다. 그런데 바로 그 송헌주는 구미위원부가 임시정부 재무부로부터 위임받은 구미 재정 수합의 권한, 즉 재정관의 역할을 하기 위해서 하와이로 파견되었고, 구미위원부의 공적 업무를 수행하려는 순간 하와이에 있던 이승만은 송헌주의 활동을 위력으로 중단시키려 한 것이다. 당연히 송헌주는 구미위원부 공채 조례와 지방위원 조례, 구역시찰원 규정에 근거해 자신의 공적 업무를 집행하려 했다. 북미에서는 이승만이 승인한 조례와 규정에 따라 실행되고 있는 바였다. 하와이에서는 왜 구미위원부 공채 조례와 지방위원 조례, 구역시찰원 규정이 적

---

177 「이승만이 현순에게 보낸 편지」(1920. 8. 31), 『대한민국임시정부자료집』 42(서한집 I).
178 「송헌주가 김규식에게 보낸 편지」(1920. 8. 14); 이상훈, 1996, 위의 논문, 15~16쪽.

용되지 않는지에 대한 정합적 논리와 근거가 막힌 이승만은 일방적으로 송헌주를 구미위원부 위원직에서 해임시킨 것이다.

하와이 지방총회는 스스로 재정 수합을 잘하며, 자신들이 재정수합권을 가져야 한다는 주장을 명분으로 내세웠고, 이승만도 이를 지지했다. 그렇다면 북미지방총회에도 재정수합권을 부여해야 하는 것 아닌가? 그것은 1920년 2월 임시정부가 폐지한 애국금 수합 권한의 부활이 아닌가? 김규식과 송헌주가 동일하게 갖는 문제의식이었다. 두 사람은 구미위원부 위원으로 국민회 중앙총회의 강력한 반대에도 불구하고 상해 임시정부의 명령을 토대로 애국금을 폐지하고 공채금을 강제한 장본인이었다. 그런데 이승만은 북미에서는 애국금을 폐지하고 공채를 강제해도 되지만, 하와이에서는 하와이 지방총회가 자금을 거둔 뒤 구미위원부라는 공적 조직이 아닌 이승만 개인에게 자금을 보내라는 것이었다.

구미위원부가 임시정부의 공적 조직으로서 역할하고 기능해야 한다고 믿었던 김규식으로서는 받아들이기 어려운 상황이었다. 샌프란시스코를 왕래하면서 애국금-공채표 논란을 합리적으로 해결하려고 노력했고, 임시정부의 명령으로 애국금이 폐지된 후에는 미국 전역을 돌며 공채표를 판매했지만, 이승만은 하와이에서는 자신이 만든 제도와 규칙조차 무시하고 있었다. 송헌주는 어떠한 잘못도 저지르지 않았지만, 이승만의 의중을 거스른다는 이유로 해임되었다. 공적 업무와 사적 이해가 충돌하자 이승만의 처신과 됨됨이가 그대로 드러났다. 국민회 북미지방총회와 하와이 지방총회에 대한 이승만의 이중적 태도와 정책은 구미위원부의 정당성과 존재 이유, 구미위원부 위원장이라는 직위에 대한 회의와 부정을 불러왔다.

사정이 이에 이르자 김규식은 더는 구미위원부에 머무를 명분과 이유를 찾기 어려웠다. 김규식은 사임 의사를 표명했지만, 이승만이 수락하지 않자 10월 3일 장기 휴가원을 내고 하와이로 향했다. 이승만은 김규식에게 신경질적인 편지(1920. 10. 11)를 보내 여러 가지로 힐난했다.[179] 사임한 김규식은 대한민국임시정부와 가족들이 기다리던 상해로 돌아가려 했지만, 그 과정에는 신산고초가 기다리고 있었다.[180]

179 이승만은 김규식이 미주 한인신문에 구미위원회 위원장 사임 소식이 게재되는 것을 막았다고 주장했다. 구미위원회 위원장 사임 소식을 『신한민보』에 전달했지만 김규식이 보도하지 말라고 편집인에게 압력을 가했으며, 하와이 『국민보』 김현구에게도 소식을 전했지만 게재하지 않았는데 김규식의 영향이 있었을 것이라고 추정했다. 때문에 하와이 『한미보』의 승룡환이 김규식 사임 소식을 가져와 이승만에게 보여주었으나 이승만은 아직 미주와 하와이의 주요 한인 신문들이 소식을 게재하지 않았으니, 출간하지 말고 사태 추이를 기다리자고 했다는 것이다. 「이승만이 김규식에게 보낸 편지」(1920. 10. 11) Enc. 9. MID 1766-1391-40. Subject: Confidential Korean papers. (1921. 1. 19), Assistant Chief of Staff for Military Intelligence to Director, Military Intelligence, General Staff, RG 165, Boxes 544-545.

180 이승만은 1920년 9월 28일 현순과 정한경을 구미위원부의 신임 위원으로 임명하였고, 곧 현순을 임시위원장 겸 장재로 임명했다.

상해로 돌아가는 험난한 길

7

(1921)

1   미 육군 수송함 토머스호 밀항 실패

김규식은 1920년 10월 3일 워싱턴을 떠났다. 필라델피아와 애즈버리 파크(Asbury Park)를 잠시 방문한 후 10월 7일 뉴욕을 출발해, 10월 13일 샌프란시스코에서 마노아호를 타고 하와이로 향할 예정이었다. 김규식은 이승만에게 보낸 편지(1920. 9. 16)에서 여행경비로 하와이에서 2,000달러를 전용하기로 했다며, 하와이에서 승선권 구매를 요청했다.[1] 며칠 뒤 김규식은 재차 이승만에게 편지(1920. 9. 30)를 보내며 "동선이 드러나지 않기를 바라기 때문에 서신이나 전보도 보내지 않을 것"이며 "심지어 뉴욕, 시카고 및 샌프란시스코에서도 한국 사람을 많이 만나지 않을 예정"이라고 밝혔다.[2]

하와이에서는 이승만이 김규식을 기다리고 있었다. 두 사람이 언제 상해행을 함께 결심했는지는 미상이다. 이승만은 1919년 9월 통합 상해 임시정부에서 대통령직을 관철시켰고, 1920년 2월 국민회의 애국금을 폐지시키는 대신 자신이 주장한 공채표 판매 전권을 위임받았다. 이승만의 요

---

1   「김규식이 이승만에게 보낸 서한」(1920. 9. 16), 『대한민국임시정부자료집』 43(서한집 II).
2   「김규식이 이승만에게 보낸 서한」(1920. 9. 30), 『대한민국임시정부자료집』 43(서한집 II).

구를 모두 수용한 상해의 입장은 간단하고 명료했다. "우리는 당신이 상해로 오길 간절히 바랍니다."

대통령이 임지인 상해에 부임하지 않고 워싱턴에서 공채표 판매에 열중하는 상황에서 상해 정국은 혼돈에 혼돈을 거듭했다. 이승만은 국내 문제와 군사운동을 상해가 담당하고 자신은 미국에서 구미 외교를 담당한다는 역할 분담을 주장했지만, 임시정부 대통령으로 행세하기 위해서는 반드시 상해를 '방문'할 필요가 있었다. 상해 임시정부가 대통령의 과도한 요구를 모두 수용했고, 그를 기반으로 이승만은 미주 한인들에게 대통령과 구미위원부의 권위를 행사했으므로, 상해로 갈 수밖에 없는 처지였다.

이승만은 상해 임시정부 내 기호파 핵심인물인 이동녕에게 편지(1920. 9. 30)를 보내 하와이 일과 구미위원부 일로 약간 시일을 허비했고, 배편을 얻기 어려워 지체되고 있다고 했다. 김규식이 몇 주일 내로 도착한다고 하니 함께 갈 작정이라고 밝혔다.[3] 이미 국민회 하와이 지방총회는 '대통령 경비'로 9월 1일 674.45달러를 마련해 놓고 있었다.

이승만은 상해의 비선(秘線) 장붕에게도 편지(1920. 10. 15)를 보내, 10월 25일 승선하기를 희망하고 있으나 선편이 아직까지 미확정 상태라고 밝혔다. 이승만은 김규식이 오는 20일에 건너온다고 하니 "나는 내일 이곳에서 다른 곳으로 옮겼다가 조용히 승선하고자" 한다고 밝혔다.[4] 10월 16일 하와이 지방총회는 이승만의 여행경비와 김규식·임병직 여행경비로 1,500달러를 책정했다.

김규식이 구미위원부 위원장으로 마지막 처리한 일 중 하나는 대통령 이승만과 자신, 군무총장 노백린, 이승만의 비서 임병직의 상해행 여행경비를 마련하는 것이었다. 하와이 지방총회에서 해당 여비를 제공하는 대신

---

3   「이승만이 이동녕에게 보낸 서한」(1920. 9. 30), 『대한민국임시정부자료집』 43(서한집 II).
4   「이승만이 장붕에게 보낸 서한」(1920. 10. 15), 『대한민국임시정부자료집』 43(서한집 II).

그 금액만큼을 구미위원부로 보낼 송금액에서 제하는 방식이었다. 하와이 지방총회의 보고에 따르면 총 5,243.55달러가 여행경비 명목으로 '구미위원부 대출금' 항목에 책정되었다. 이승만에 따르면 김규식은 1920년 10월 20일경 샌프란시스코에서 하와이 호놀룰루에 도착했다.

〔표 7-1〕 하와이 지방총회의 구미위원부 대출금

일시	항목	금액(달러)
1920. 9. 1	대통령 경비	674.45
1920. 9.14.	정한경 여행경비	400.00
1920.10.16.	이승만 여행경비 김규식과 임병직 여행경비	1,500.00
1920.10.26.	노백린 여행경비와 기타 비용	1,300.00
1920.10.28.	김규식, 임병직, 노백린 호텔 경비와 기타 비용	200.00
1920.10.28.	이승만 호텔 경비	169.10
1920.11.15.	원동 이승만, 김규식, 임병직 여행경비	1,000.00
위원장 김규식의 지시에 따라 구미위원부에 지급된 총금액		5,243.55

〔출처〕 「하와이 구미위원부 재정보고(1919~1925)」, 국가보훈처, 1998, 『미주한인민족운동자료』, 79~89쪽; 『대한민국임시정부자료집』 17(구미위원부).

재미 한인들이 상해로 건너갈 때 핵심 문제는 두 가지였다. 첫째는 여권이었고, 둘째는 배편이었다. 한국을 떠난 지 오래되었고, 한국이 일본 식민지가 되었으므로 여권이 있을 수 없었다. 가능한 방법은 중국인으로 입적해 중국 여권을 얻는 방법이었다. 또한 하와이-상해행 선박의 대부분은 일본을 기항했기 때문에 일본 관헌에 체포될 위험이 컸다. 미국의 태평양 횡단 여객선인 컬럼비아호(S. S. Columbia)의 여정을 살펴보면 1919년 2월 26일 홍콩을 떠나 3월 1일 상해에 도착했다가 고베를 거쳐 3월 6일 요코하마에 도착했고, 다음 날 출항하여 3월 25일 샌프란시스코에 닿았다.[5] 상해

1 미 육군 수송함 토머스호 밀항 실패

에서 샌프란시스코 혹은 호놀룰루를 오가려면 일본을 거치지 않을 방법이 없었다.

해결책 중 하나는 밀항이었다. 한인사회에서 가장 인구에 회자된 유명한 밀항은 1919년 박용만의 사례였다. 박용만은 1919년 5월 17일 오후 2시 호놀룰루에서 미 육군 수송함 토머스호(U.S.A.T. Thomas)를 타고 마닐라를 경유하여 블라디보스토크로 향했다. 박용만에 따르면 하와이 주둔군 사령관이 블라디보스토크까지 선편을 주선하였고, 미국 시베리아 원정군 사령관에 통지하여 박이 시베리아의 미군에게 정보를 제공할 수 있다고 알렸다는 것이다. 박용만은 블라디보스토크에 도착해 미국 원정군 사령부를 찾아갔고, 몇 달 동안 보수를 받지 않은 채 정보 측면에서 자원봉사를 했다고 주장했다. 이는 1925년 7월 박용만이 호놀룰루에 도착해 미 이민당국에 진술한 내용이다.[6] 하와이 군정보당국은 박용만 진술의 진위를 확인하기 위해 토머스호 기록을 찾았지만, 이미 1919년 기록은 파기된 상태여서 사실 여부가 확인되지는 않았다. 그러나 박용만은 미국 ROTC 출신으로 네브래스카에서 한인소년병학교, 하와이에서 산넘어병학교를 운영한 군인이었으므로 하와이 미군과 관련이 있었을 개연성이 매우 높다. 박용만이 토머스호에 물건을 싣고 가 시베리아에서 무역으로 큰돈을 벌었다는 풍설도 떠돌았다.

박용만은 여권 없이 러시아-중국 등을 여행했고, 1925년 7월 8일에 'Shih Liang Roy Hahn'라는 중국 이름의 중국 여권으로 호놀룰루에 입국했다. 박용만은 한사량 혹은 한석량이라는 변성명으로 천진 미국영사관

5 방선주, 1989a, 위의 책, 111쪽.
6 「Report」(1925. 12. 8), MID Hawaiian Department, RG 165, A1 Entry 65, Correspondence of the Military Intelligence Division Relating to General, Political, Economic, & Military Conditions in China, 1918-1941, M 1444, Roll 12. MID 2659-I-306 (MF).

위: 미 육군 수송함 토머스호(USAT Thomas).
아래: 박용만의 호놀룰루 출입국 기록. Roy Hahn Shih-Liang(1925) ancestry.

에서 비자를 받았는데, 호놀룰루 도착 이후 자신의 본명이 박용만이고 변명을 사용한 것은 일본 경유 시 체포를 모면하기 위해서였다고 진술했다.[7] 미 이민당국은 허위신고로 여권을 받고 비자를 받았으니 상륙시킬 수 없다고 했다. 박용만은 호놀룰루에서 개최되는 범태평양청년대회 참석을 이유로 들었고, 하와이 조선독립단에서 워싱턴에 박용만의 3개월 상륙 허가를 요청했는데, 노동부가 이에 동의했다. 그렇지만 박용만이 미국에 도착하기 전에 박용만이 볼셰비키이니 입국을 용납할 수 없다는 소문이 하와이 한인사회에 만연했다.[8] 박용만은 미군 정보국에 정보를 제공하며 적극적으로 행동했지만, 결국 1927년 6월 26일 북경행 여객선으로 하와이를 떠날 수밖에 없었다. 중국인 이름, 중국 여권으로 떠났고, 방선주는 이민국에서 추방령(Deportation)을 내린 것으로 보았다.

이승만과 김규식은 1919년 박용만이 토머스호를 탑승하고 극동으로 갔다는 소문을 듣고 이 배를 탈 요량이었다. 미 정보당국 보고서에 따르면 1920년 10월 이승만 박사, 김규식(C. W. Chinn or K. K. Kimm)은 캘리포니아 샌프란시스코에서 호놀룰루에 도착했다. "이 박사의 대표는 군사정보국 하와이지부 본부를 방문해 괌으로 이동하는 육군 수송대 탑승을 요청했으나 거부되었다."[9] 토머스호는 1894년 아일랜드 벨파스트에서 페르

7　방선주, 1989a, 위의 책, 130쪽. 출입국 기록을 보면 Roy Hahn Shin-Liang, 44세, 1881년생, 한국 출생, 출발지 중국 상해. 출발일자 1925년 6월 25일, 도착일자 1925년 7월 8일. 국적 한국. 최종 거주지 중국으로 되어 있다. http://www.ancestry.com(2015. 10. 8. 검색).
8　「박용만씨를 뿔스빅이라고」, 『신한민보』(1925. 6. 25). 그 옆에 「안창호씨도 쏘비엔주의자라고」라는 기사가 게재되었다. 국민대표회의 이후 국민위원부에 이름을 올린 박용만과 국민대표회 개조파 안창호가 모두 볼셰비키, 소비에트주의자로 비판을 당한 것이다. 기사에 따르면 하와이 백인들은 박용만이 하와이에 상륙할 수 없는 이유는 한인 중에 누군가가 백인에게 "박 씨가 원동에 가서 근 6~7년 동안이나 과격주의자"라고 하였다는 것이다.
9　Subject: Korean activities in Hawaii. (1921. 9. 14). Acting Assistance Chief of Staff for Military Intelligence (S. W. Wood, Jr. Captain, 55th Infantry) to Director, Military Intelligence, General Staff. MID 1766-1391-51. RG 165, (Records of the WFGS) Military Intelligence Division Correspondence, 1917-41. Box No. 545.

시아(Persia)라는 이름으로 건조되었으며, 1898년 미군이 미국·스페인 전쟁 대비용으로 구매해 미 육군 수송선(ATS)으로 활용하였다. 1901년부터는 샌프란시스코와 필리핀을 왕복하는 용도로 활용되었다. 1919~1928년간 샌프란시스코-필리핀을 왕복하며 호놀룰루, 괌, 나가사키 등을 경유했으며, 미군의 시베리아 출병 당시에도 동원되었다.[10]

이승만은 토머스호 탑승이 어렵다는 사실을 알고 다른 계책을 마련해야 했다. 이승만은 요령이 있었다. 원래 이승만은 여권 없이 상해로 가는 것이 문제라고 판단하고 있었다. 이미 1920년 2월 손정도에게 보낸 편지(1920. 2. 18)에서 상해행 난관이 여권 문제라고 밝혔다. 자신의 이름으로 여권을 구하기가 어렵다며, 일본영사관의 날인을 받는 것은 자신이 원치 않으며, 가명으로 여권을 얻는 것은 미국 법률을 위반하는 것이니 대통령으로 하기 어려운 일이라고 했다.[11]

이승만의 선택지는 여권 없이 상해로 밀항하는 방법이었다. 이승만은 호놀룰루에 도착한 김규식, 임병직, 노백린 등과 함께 1920년 10월 28일 오아후섬 북단의 카웰라 베이(Kawela Bay)로 떠났다가 11월 5일 귀환했다.[12] 이승만 회고에는 보스위크(William Borthwick)의 시골 해변에 있는 별장에서 약 일주일간 묵고 돌아왔다고 되어 있다.[13] 임병직 회고에 자세한 사정이 기술되어 있다. 보스위크는 하와이에서 보험회사에 근무하고 있었기 때문에 상선계에 안면이 많았고, 개인기업체로 장의사를 경영하고 있었기 때문에 상해로 직행하는 선박을 주선하겠다고 했다는 것이다. 하와이 시내에 묵으면 일본 밀정에게 들킬 위험이 있다고 해서 교외 해안지대에

---

10 "USAT Thomas" https://en.wikipedia.org/wiki/USAT_Thomas(2022. 1. 24. 검색).
11 「이승만이 손정도에게 보낸 서한」(1920. 2. 18), 『대한민국임시정부자료집』 42(서한집I).
12 이승만, 2015, 『국역이승만일기』, 대한민국역사박물관, 107쪽.
13 로버트 T. 올리버 지음, 박마리아 옮김, 1956, 『리승만박사전: 신비에 싸인 인물』, 합동도서주식회사, 261쪽.

김규식, 노백린, 임병직. 하와이 카웰라 베이(1920. 10).

있는 보스위크의 별장에 머물렀다. 보스위크가 운전하는 차를 타고 갔다. 할 일 없이 기다리는 동안 이승만은 시작(詩作)을 하고, 임병직은 독서와 수영을 했다. 김규식·노백린이 도착한 후로 노백린의 지도로 체조를 하거나, 앞 섬에 가서 낚시를 하거나, 수영을 했다. 11월에도 하와이는 여름 같은 더위여서 달밤에도 수영을 했다는 것이다.[14] 임병직 회고록에 실린 위의 사진은 이승만이 직접 찍었다고 한다.

---

14 임병직, 1964, 『임병직회고록』, 여원사, 141~142쪽.

2 밀항 시도가 남긴 기록

이 시점까지만 해도 이승만, 김규식, 노백린, 임병직은 상해로 함께 떠날 계획이었을 것이다. 그러나 상황이 여의치 않았다. 모두 동행했을 때 발생할 만한 위험 가능성을 분산하기 위해 이승만과 임병직, 김규식, 노백린은 각자 방법을 택한 것으로 보인다.

토머스호 탑승이 무산되자 이승만과 비서 임병직은 사망한 중국인 관을 싣고 중국으로 향하는 배편을 이용했다. 중국인들은 죽어서 고향에 묻혀야 원귀가 되지 않는다고 생각했기 때문에, 죽은 후에라도 고향 땅에 묻히기를 희망했다. 하와이에서는 이런 중국인 관을 싣고 중국 상해로 가는 웨스트히카호(S. S. West Hika)가 있었는데, 이승만은 이 배에 밀항한 것이었다. 웨스트히카호는 캘리포니아에서 목재를 싣고 상해로 가는 도중 연료 공급과 식량 준비를 위해 호놀룰루에 기항했다.[15] 1920년 11월 16일 이

---

15 웨스트히카호는 1919년 5월 진수된 화물선으로, 미국 선박위원회에서 제1차 대전 응급용으로 서부 해안에서 활용하기 위해 건조했다. 선명에 웨스트(West)가 들어간 것은 이런 연유이다. 1920년 1월 웨스트히카호는 로스앤젤레스 태평양항해회사에 할당되어 동양으로 화물을 선적하고 다녔다. 그러나 외국 화물선과 경쟁이 불가능했기 때문에 로스앤젤레스-동양 항로 운항은 1922년 중단되었다. 1936년 영국 뉴캐슬 인근에서 좌초된 후 1937년 해체되었다. SS West Hika. https://en.wikipedia.org/wiki/SS_West_Hika(2022. 1. 28. 검색).

승만은 배표 없이 선장 모르게 배에 올라 선창 밑에 있는 관들 사이에 숨었다.[16] 다음 날 오전 8시 화물선이 호놀룰루를 멀리 벗어난 다음에 이들은 이등항해사에게 자신의 존재를 알렸다. 밀항의 형식이지만, 보스위크가 "솜씨 있는 방법으로 선장을 설득하는 데 성공해" 출항 전날 배에 숨어 있다가 하와이를 벗어나자 하루 뒤 발각되도록 한 것이었다. 이승만과 임병직은 아버지와 아들로 행세하며 즐거운 여행을 했다.[17] 이승만은 병실 한 칸을 받아 편하게 지내며 몇 편의 한시를 짓기까지 했다.[18] 이승만은 일기에 이렇게 썼다.

> 11월 16일. 임병직과 호놀룰루 출발, 웨스트히카오에 승선하여 상하이로 향함. 다음 날 아침 오전 8시가 되어서야 우리가 탄 것이 '눈에 뜨임'(보스웍의 주선으로 그 화물선으로 여행을 하게 된 것이기 때문)[19]

이승만은 12월 5일 10시 상해에 도착했다. 선장은 여행권 없이 온 이승만 일행의 신원 보증을 위해 무던히 애를 써주었다고 한다.[20] 이후 이승

---

16 이승만이 지은 한시에는 화물선 철궤 속에서 밤을 지샜고, 옆에는 중국인 시체가 들은 관이 놓여 있었다고 되어 있다. 이승만 지음, 신호열 옮김, 1961, 『체역집』(替役集, 곤) 동서출판사, 86~87쪽.
17 방선주는 이승만과 임병직의 화물선 밀항은 말만 밀항 형식이지 사전에 공작을 해놓아 눈감아 주는 편안한 항해였다고 썼다. 방선주, 1989a, 위의 책, 112쪽; 임병직, 1964, 위의 책, 161~167쪽.
18 로버트 T. 올리버, 1956, 위의 책, 261쪽. 이승만의 한시집에 「계원 노백린 만호 김규식에게 주는 시(그때 두 친구가 있었음)」(贈盧桂園伯麟 金晩湖奎植 時二友在)가 실려 있다. "그대는 상기도 湖港 나그네, 내 홀로 상해 가는 배를 탔노라. 편지를 부치마고 약속했지만, 인편을 빌릴길 바이 없었네, 숨자고 이름을 감추었겠나, 신선이 되려고 밟굶었겠나, 부두밖엔 툭틔인 푸른 저 물결, 내일 아침 생각은 아득만하리." 이승만 지음, 신호열 옮김, 1961, 위의 책, 88~89쪽.
19 『국역이승만일기』, 108쪽.
20 로버트 T. 올리버, 1956, 위의 책, 263쪽. 임병직은 배에서 목재를 하역하는 중국인 노동자 틈에 끼어서 목재를 들고 배에서 내릴 수 있었다고 회고했다. 임병직, 1964, 위의 책, 167쪽.

만은 자신이 관에 숨어 상해로 갔다는 얘기를 무용담처럼 했다. 1946년 조선공산당 당수 박헌영이 상여를 타고 38선을 월경해 북으로 간 일이 인구에 회자된 것처럼 이 무용담은 이승만 신화의 한 조각을 차지했다. 해방 후 좌우파 최고지도자가 관을 타고 국경을 넘은 경험담의 주인공이 된 것이다.

문제는 이승만이 상해에서 하와이로 돌아올 때 발생했다. 여권이 없던 이승만은 하와이행 배를 탈 수 없었다. 현순은 중국인으로 입적해 중국 여권을 받은 후 상해에서 필리핀까지 오면 하와이로 건너올 방법이 있다고 알렸다.[21] 그러나 이승만은 이 방법을 택하지 않았다. 왜냐하면 중국 여권을 들고 중국인으로 입적하면 많은 문제가 발생할 게 분명했기 때문이다. 첫째, 이승만은 한국 독립운동의 지도자, 임시정부 대통령으로 행세해야 했는데, 중국인으로 미국에 입국하기는 곤란했다. 둘째, 좀 더 실질적인 이유로 중국인으로 입국하면 여행객이 되기 때문에 반드시 정해진 기한 내에 출국해야 했다. 즉, 항구적인 미국 체류가 불가능했다. 셋째, 한국인임에도 중국인으로 입적해 미국 입국비자를 받는 것은 주중 미국영사관을 속이는 일이고, 미 연방정부기관을 속이는 범죄행위가 되기 때문이다.

이승만은 중국 주재 미국 외교관의 도움을 받았다. 이 시점에 3·1운동기 서울 주재 미국총영사를 지냈고, 1921년 현재 광동 주재 미국총영사였던 버그홀츠(Leo Allen Bergholz)가 등장했다.[22] 이승만은 1921년 5월 27

---

21 「현순이 이승만에게 보낸 서한」(1920. 2. 18), 『대한민국임시정부자료집』 42(서한집I).
22 버그홀츠(1857~1945)는 미국부영사로 중국 진강(鎭江, 1883~1887), 미국영사로 터키 에즈룸(1896~1903)·캐나다 쓰리리버스(1903~1904)·캐나다 도슨(1904~1905), 미국총영사로 중국 천진(天津, 1905)·레바논 베이루트(1905~1906)·중국 광동(廣東, 1906)·캐나다 킹스턴(1912)·캐나다 위니페그(1913)·독일 드레스덴(1913~1917)·조선 서울(1918~1919)·중국 광동(1919~1921)에서 근무했다. 버그홀츠는 3·1운동의 진행 경과를 면밀히 지켜보며, 한국 주재 선교사들이 만세운동에 참여하지 말고 중립을 지키라고 요구하는 한편, 일제의 미국인 탄압에 항의하며 미 국무부에 상황과 대책을 보고했다. 1919년 11월 서울을 떠났다. 공화당·감리교인이며, 1945년 사망해 버몬트주 빌링턴 Lakeview Cemetery에 묻혔다. https://politicalgraveyard.com/geo/ZZ/KS-consuls.html (2022. 1. 25. 검색).

일 컬럼비아호를 타고 5월 28일 상해를 떠나, 6월 2일 오후 2시 필리핀 루손섬〔마닐라〕에 도착했다. 그러나 여권이 없던 이승만은 하선할 수 없었다. 이승만이 마닐라에 도착했으나 여권이 없어 오도 가도 못 한다는 소식은 이미 상해의 김규식에게까지 전해졌다.[23] 이때 이승만과 같은 배를 타고 온 버그홀츠가 '손을 써서 마닐라호텔에 투숙'할 수 있었다.[24] 이승만이 우연히 버그홀츠와 함께 필리핀행 배를 탔을 가능성은 없다. 버그홀츠의 필리핀행 일정을 알아내서 함께 배에 탔거나, 아니면 사전협의로 버그홀츠의 도움을 받기로 하고 배에 승선했을 것이다. 당시 필리핀은 미국총독이 관리하는 미국 식민지였다. 이승만은 6월 7일 필리핀 의료선교사인 스타인메츠(Harry H. Steinmetz) 박사를 방문했고, 6월 9일에는 마닐라를 떠나 바기오(Baguio)에 갔다가 6월 12일 마닐라에 돌아오는 등 자유로운 생활을 했다. 여권 없이 상륙한 필리핀에서 호텔에 연금되지 않은 상태로 이런 생활을 할 수 있었다는 것은 버그홀츠나 선교사의 도움이 있었기 때문이다.[25]

이승만은 마닐라호텔에 머물다가 6월 15일 하와이 호놀룰루행 그래닛스테이트호(S.S. Granite State)를 타고 6월 31일〔29일〕 오전 8시 호놀룰루에 도착할 수 있었다.[26] 동지들과 보스위크도 부두에 환영을 나왔다.[27] 여권이 없는 이승만이 호놀룰루행 태평양우편 증기선회사의 선박을 탈 수 있었던 것은 누군가의 보증, 즉 미국총영사인 버그홀츠의 도움이 있었기 때문일 것이라고 생각할 수밖에 없다. 호놀룰루에 도착한 그래닛스테이트호의 승선자명부(passenger list)에 따르면 이승만은 본명인 Syngman Rhee

23 「장붕→이승만」(1921. 6. 14), 『이승만동문서한집』 하, 261쪽.
24 『국역이승만일기』, 112쪽.
25 이승만 회고에 따르면, 상해로 가는 과정은 상세히 묘사된 반면 상해에서 돌아오는 과정은 자세한 설명이 빠져 있다. 로버트 T. 올리버, 1956, 위의 책, 267~278쪽.
26 「이승만→장붕」(1921. 7. 6), 『이승만동문서한집』 상, 45~49쪽.
27 『국역이승만일기』, 113쪽.

라는 이름으로 입국한 사실이 확인된다.[28] 이승만은 운이 아주 좋았다기보다는 미국인 인맥 활용과 수완이 능란했다고 할 수 있다.

이런 곤경을 당해 본 이승만은 자신의 정치적 반대파를 공격하는 데 입국 자격 문제를 거론하곤 했다. 김현구는 이승만이 객거국(客居國), 즉 미국에 대한 충성심에서 안창호, 박용만, 김규식을 과격파 공산주의자라고 미군 정보기관과 정부 반(反)간첩기관에 통고하였다고 자랑하곤 하였다고 회상하였고, 방선주는 이와 비슷한 증언을 하는 보도가 많았던 것이 사실이라고 했다.[29]

1921년 안창호가 미국행 비자를 요청했으나 거부되었다. 안창호는 서재필에게 미국 입국 비자를 부탁했고, 서재필은 상원의원 스펜서에게 안창호의 비자를 부탁했다. 그런데 스펜서 상원의원에 따르면 "국무성에서도 안창호의 입국 비자를 거절하면서 발표하기를 한국인 인도자로 지금 워싱턴에 주재한 인물의 보도에 의하면 안창호는 공산당원이라 하였은즉, 그러한 보도가 있음에도 불구하고 비자를 수여할 수가 없다"는 회신을 받았다는 것이다. 즉, 이승만이 안창호를 공산주의자라고 미 국무부에 얘기했다는 것이다.[30] 결국 안창호는 1924년 12월 16일 중국 여권을 가지고 미국 샌프란시스코에 상륙했다. 안창호 도착 하루 전인 1924년 12월 15일 미 노동부 이민국은 안창호를 볼셰비키로 모함하는 3쪽 분량의 투서를 받았다. 안창호의 작은 사진이 동봉되어 있었다. 제보자 이름은 콩 왕(Kong Wong), 찰스 홍 리(Charles Hong Lee) 등 중국인으로 위장한 익명이었

---

28 All Passenger Lists results for S. S. Granite State, https://www.ancestry.com/search/categories/img_passlists/?arrival=1921-6-31_honolulu-honolulu-hawaii-usa_71034&departure=1921-6-15_Manila&keyword=S.+S.+Granite+State(2021. 12. 15. 검색).
29 김현구, 『우남약전』, 219쪽; 방선주, 1989a, 위의 책, 131쪽.
30 곽림대, 「안도산」, 565쪽; 김도형, 2015, 「도산 안창호의 여권을 통해 본 독립운동 행적」, 『한국독립운동사연구』 52, 52쪽.

다.³¹ 캘리포니아 산타바바라의 유명한 호텔인 알링턴호텔(Arling Hotel) 용지에 필사로 적은 편지는 문법과 내용이 조악하기 짝이 없었으며, 안창호와 국민회, 흥사단을 볼셰비키 공산주의자로 무고하는 내용으로 가득 차 있었다.

안창호가 중국으로 건너간 후 볼셰비스트, 즉 극렬 공산주의자로 활동했으니 심문도 하지 말고 즉시 추방해야 한다는 내용이었다. 안창호의 부인과 자식들은 캘리포니아 로스앤젤레스에 거주하지만, 안창호는 중국에 있으면서 볼셰비키정부 관계자들과 친분관계를 유지했고, 볼셰비키정책에 관한 책을 많이 읽었으며, 이 사람이 대한인국민회와 흥사단의 지도자이니 대한인국민회를 특별히 조사하고, 안창호를 중국으로 추방하길 희망한다는 내용이었다.³² 이민국은 투서자들의 신원을 조사했으나 특정할 수 없었다. 장태한 교수는 이들이 이승만의 대리인이나 이승만 추종세력에 의한 투서일 가능성이 매우 높다고 보았다. 안창호가 샌프란시스코항에 도착하기 하루 전 이민국에 보내진 투서라고 한다면 재미 한인사회의 사정과 안창호의 여정을 잘 아는 핵심관계자의 소행이라고 볼 수밖에 없는 것이다.³³

1925년 6월 25일 자 『신한민보』에는 「안창호씨도 쏘비엣주의자라고」라는 기사가 실렸다. 이승만이 대통령에서 탄핵·면직(1925. 3)된 직후였다.

---

31 U. S. Department of Labor, Immigration Service District No. 30. Document No. 23880/1-6. Office of the Commissioner Angel Island Station San Francisco, California. February 6, 1926. Investigation Arrival Case Files, San Francisco. Records of the U. S. Immigration and Naturalization Services, RG 85, National Archives, Pacific Region, San Bruno. CA.; 장태한, 2018, 『파차파캠프 미국 최초의 한인타운』, 성안당, 244~249쪽. 자료를 제공한 장태한 교수에게 특별한 감사를 드린다. 이 자료는 현재 NARA에서 인터넷으로 공개하고 있다.
32 장태한, 2018, 위의 책, 246쪽.
33 『신한민보』는 호놀룰루 소식통을 인용해 안창호가 1924년 12월 6일 하와이 호놀룰루항에 도착해 3일간 체류하다가 12월 10일 출발하는 매소니아 선편으로 16일 샌프란시스코에 도착할 예정이라고 보도했다. 「안창호씨 도포」, 『신한민보』(1924. 12. 11).

하와이 일부 인사들은 임시정부를 조직하려고 비밀회의를 빈번히 한다는 풍설이 있는 동시에 안창호 씨는 미국에서 쫓겨 나아가게 되었다고 선전한다는데 그 이유는 안 씨가 미국에서 볼스빅기〔볼셰비키〕주의를 선전함으로 미국 법률에 법하였다고 선전한다더라. – 하와이통신

(부기) 최근에 믿을만〔한〕 인도자의 말을 듣건데 어떤 한인이 영문으로 미국 국무성에 편지하기를 안창호 씨가 주의 선전자라고 하였으나 그 편지에 성명도 쓰지 않코 한 익명서와 비슷하다고 하더라.[34]

단기여행 비자로 미국에 입국한 안창호는 1925년 6월 3일 시카고 노동부 이민국에 출두해 조사를 받았다. 이민국 관리는 안창호가 소련정부나 러시아에 관심이 있는지 등을 질문했고 안창호는 직간접으로 전혀 관심이 없다고 답했다. 이민국 관리는 안창호에게 미국정부에 대해 어떻게 생각하느냐, 변화가 필요하다고 생각하느냐, 어떤 변화가 있어야 한다고 생각하느냐 하는 유도 질문을 던졌고, 안창호는 미국정부는 전혀 변화 필요성이 없다고 답했다. 볼셰비즘에 입각해 미국정부 전복 혐의가 있는지를 물어본 것이다.[35]

1년 정도 미국에 체류한 안창호는 1926년 3월 하와이를 경유해 중국으로 돌아가려 했으나 미국 이민국의 거부로 하와이 상륙이 거부되었고, 3월 호주 시드니를 거쳐 4월 홍콩-상해로 돌아왔다.[36]

1925년 중국에서 하와이에 도착한 박용만 역시 볼셰비키라는 투서가

---

34 「안창호씨도 쏘비엣주의자라고」, 『신한민보』(1925. 6. 25).
35 브레케(J. B. Brekke) 이민국 조사관, 버나드 김(K. Bernard Kim) 통역으로 이뤄진 1925년 6월 3일 시카고 이민국 조사 내용은 장태한, 2018, 위의 책, 251~253쪽 참조. 버나드 김은 시카고에서 워싱턴카페테리아 식당을 운영하던 김경이었다.
36 김도형, 2015, 위의 논문, 53~54쪽; 장태한, 2018, 위의 책, 258~265쪽. 안창호가 탄 호주행 선박은 기관 고장으로 호놀룰루로 회항했고, 안창호는 한인사회에 작별인사를 고할 수 있었다.

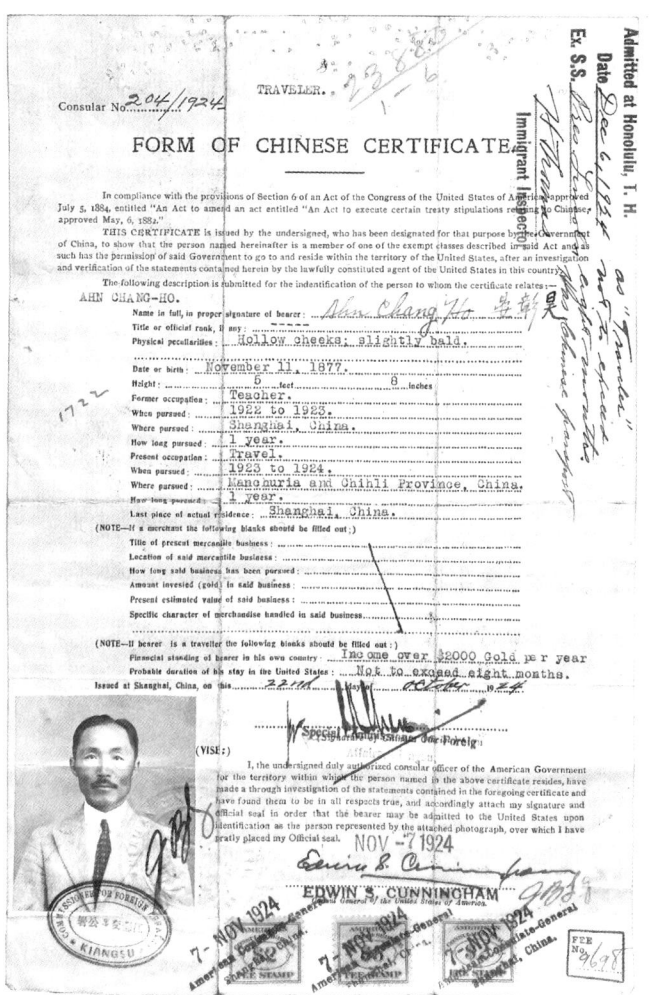

안창호의 미국 비자(1924. 11. 7). NARA.

접수되어 미국 이민당국에 의해 추방당한 사정을 앞에서 살펴보았다. 미주의 3대 지도자 가운데 여권 없이 무사하게 상해에서 돌아올 수 있었던 공작력을 지닌 것은 이승만뿐이었고, 박용만과 안창호는 볼셰비키·공산주의자라는 투서를 당한 데다 중국인 여권을 지니고 있었으므로 결국 미국에서 추방당했다.

위에서 살펴본 것처럼 박용만은 토머스호를 타고 블라디보스토크로 갔고, 이승만은 토머스호 탑승을 시도했지만 불가능하다는 사실을 깨닫고 다른 방안을 모색했다. 김규식도 토머스호 탑승에 대해 미군에 문의했으나 불가능하다는 답장을 받았다. 그럼에도 김규식은 박용만의 말을 곧이곧대로 믿고 토머스호에 직접 밀항을 시도했다. 미 육군 정보국의 기록이다.

> 박[용만]이 토머스호로 시베리아로 갔다는 건과 관련하여 흥미 있는 것은 1920년 11월 15일 한 저명한 한국인에 관한 건이다. 그는 베르사유 평화회의에도 한국인 대표로 갔었고 샌프란시스코에서 호놀룰루에 도착하여 상해로 가려고 하였다. 이 한국인은 여객선을 타면 일본 항구에 들리게 되므로 이를 피하려고 하와이지구 사령관에 수송함 토머스호로 마닐라를 가게 하여 달라고 청원하였다. 그의 요구는 거부되었는데 토머스호가 호놀룰루 항구를 떠난 직후 그가 밀항자로서 승선하고 있는 것을 발견하였다. 이때는 수로안내선이 귀항하기 전이었기 때문에 그는 호놀룰루에 송환되었다.[37]

즉, 김규식은 탑승이 거절되었는데도 1920년 11월 15일 미 수송함 토

---

[37] Report (1925. 12. 8), MID Hawaiian Department, RG 165, A1 Entry 65, Correspondence of the Military Intelligence Division Relating to General, Political, Economic, & Military Conditions in China, 1918-1941, M 1444, Roll 12, MID 2659-I-306 (MF).

머스호로 밀항을 시도했던 것이다. 그러나 김규식은 밀항 시도 직후 발각되었다. 수로안내선이 귀항하기 전이라고 했으니 아직 토머스호가 호놀룰루항을 완전히 벗어나기도 전에 발각되어 호놀룰루항으로 송환된 것이다. 김규식은 토머스호로 필리핀 마닐라까지 간 후 마닐라에서 홍콩이나 상해로 들어가는 경로를 생각했던 것으로 보인다. 도산 안창호가 1919년 상해로 건너갈 때 이용한 경로였다.

또 다른 미국 정보국 문서는 이렇게 기술하고 있다.

1920년 10월 동안 이승만 박사, 김규식(C. W. Chinn or K. K. Kimm)은 캘리포니아 샌프란시스코로부터 호놀룰루에 도착했다. 이 박사의 대표는 군사정보국 하와이지부 본부를 방문해 괌으로 이동하는 육군 수송대 탑승을 요청했으나 거부되었다. 1920년 11월 15일 수송선 토머스호(Transport Thomas)로부터 밀항하던 한국인 한 명이 돌려 보내졌으며 이 사람의 가방은 호놀룰루로 보내졌다. 후에 이 사람은 위에 언급된 김(규식) 혹은 진(충웬)으로 밝혀졌다. 그의 소지품 가운데 발견된 모든 중요 문서의 사진 사본은 1921년 1월 19일 귀 사무소로 송부되었다. (1766-1391)[38]

그 결과 김규식이 소지하고 있던 중요 문서들이 미 정보당국의 손에 들어갔다. 현재 미 육군 군사정보국(Military Intelligence Division, MID) 하와이지부(Hawaiian Department) 문서에 김규식이 소지하고 있던 문서들의 사진판이 남아 있다. 총 48개 문서가 촬영되었고, 원본은 김규식에

---

38   Subject: Korean activities in Hawaii(1921. 9. 14). Acting Assistance Chief of Staff for Military Intelligence (S. W. Wood, Jr. Captain, 55th Infantry) to Director, Military Intelligence, General Staff. MID 1766-1391-51. RG 165. (Records of the WFGS) Military Intelligence Division Correspondence, 1917-41. Box No. 545.

위: 김규식과 송헌주(1919. 12. 25). NARA.
아래: 이동휘가 김규식에게 보낸 편지(1919. 11. 29). NARA.

위: 김규식과 국민회 기념사진(1919. 10). (1열 왼쪽부터) 백일규, 윤병구, 김규식, 이대위, 정한경. (2열) 홍언, 황사용, 임정구, 미상, 미상. (3열) 송종익, 최진하, 강영대, 이살음. NARA.
아래: 이살음, 김규식, 윤병구(1920년경). NARA.

1 2
3

① 김규식(하와이, 1920. 10). NARA.
② 이관용(1919. 8. 3). NARA.
③ 이승만이 김규식에게 준 사진명첩(워싱턴디씨, 1919. 11. 3). NARA.

김규식이 이승만에게 준 사진명첩(워싱턴디씨. 1920. 10. 2). 이화장.

게 반환되었을 것이다. 김규식 소장본은 남아 있지 않으므로, 미 육군 군사정보국 하와이지부가 촬영한 사본이 역사적 유물로 남았다.[39] 이 자료들을 미국 국립문서기록관리청(NARA)에서 처음 찾은 것은 방선주 박사였다.

48개 문서의 간단한 목록은 부록6으로 첨부했다.[40] 김규식 개인 및 워싱턴 구미위원부와 관련한 중요 문건들이 들어 있다. 다양한 임시정부 관련 인사들의 편지는 물론 1917년 소약국동맹회에서의 박용만 연설문, 1918년 여운형이 찰스 크레인을 통해 윌슨 대통령에게 전달한 한국 독립 청원서, 구미위원부의 중요 문서, 개인 서한, 전보철, 사진 등이 포함되어 있다.

이동휘, 김철, 조동호 등 임시정부 요인의 편지뿐 아니라 북미노동사회개진당 이살음의 편지, 몽골 우르가(고륜)의 이태준과 사촌여동생 김은식의 편지, 박용만의 소약국동맹회 연설문(1917. 10. 29) 등은 모두 이번에 새로 발견된 것들이다. 서재필은 김규식에게 보낸 편지(1920. 9. 22)에서 전후 국가 수립 구상을 밝히고 있는데 독재 10년이 필요하다고 운운하고 있다. 외국인과 주고받은 편지 가운데 북경의 헤닝슨, 런던의 맥킨지, 상해의 소콜스키 등의 편지가 포함되어 있다. 구미위원부와 관련해서는 애국금-공채표 논쟁을 해결하기 위해 국민회와 논의한 과정, 구미위원부의 재정정책, 구미위원부가 수발신한 전보문 등이 포함되어 있다. 이들 문서에 대한 분석과 소개는 별도의 연구 주제가 될 수 있을 것이다.

---

39 Subject: Confidential Korean papers(1921. 1. 19), Assistant Chief of Staff for Military Intelligence to Director, Military Intelligence, General Staff, RG 165, Box 545, MID 766-1391-49.
40 「김규식이 미 육군수송함 토머스호 밀항 시 소지하고 있던 중요 문서 목록」을 이 책에 부록6으로 수록했다.

3 　　　　　　　　　　호주를 거쳐 상해로 귀환

　군사정보국 하와이지부가 김규식을 심문한 기록이 반드시 남아 있을 것인데 아직 발견하지는 못했다. 그런데 토머스호로 마닐라까지 밀항하는 데 실패한 김규식은 어떻게 상해로 올 수 있었는가? 김규식은 호주를 우회하는 방법을 찾았다.

　김규식은 1920년 11월 29일 호놀룰루를 출발해 호주 시드니로 떠나는 소노마호(S. S. Sonoma)에 탑승했다. 승선자명부에는 진충웬(Chin Chung Wen), 39세, 남성, 중국 국적, 거주국 중국, 출생국 한국, 미국 입국 전 거주국 프랑스, 미국 도착 1919년 8월 22일, 도착항 뉴욕, 미국 거주지 하와이 호놀룰루, 민족 한국인, 직업 상인, 기혼, 읽고 쓰기 가능이라고 적혀 있다. 아래에는 수기로 한국인 1명, 이민, 남성, 총 1명, 16세 이상 1명, 하와이에서 중국행이라고 적었다.[41]

　김규식의 자세한 호주 경유 여정은 알려지지 않았다. 그러나 우리는

41　List or Manifest of Outward-Bound Passengers (Aliens and Citizens) for Immigration Officials at Port of Departure. S.S. Sonoma, Paggengers sailing from Honolulu, Hawaii, November 29, 1920. Bound for Port of Sydney, N.S.W. http://www.ancestry.com (2014. 12. 20. 검색).

김규식의 여정을 복기할 수 있다. 왜냐하면 1926년 미국을 방문했던 안창호가 김규식이 택한 호주 경유 노선으로 상해에 돌아왔기 때문이다. 안창호는 1921년 도미를 시도하다 좌절된 바 있는데, 이 시점에 바로 김규식이 상해에 도착했다. 1921년 안창호와 김규식은 긴밀한 사이였다. 임시정부 내에서 개조 방향에 의견 일치를 보았으며, 함께 국민대표회의를 추진했다. 김규식은 안창호에게 어떻게 자신이 호주를 경유해 상해로 귀환했는지 알려 주었을 것이다. 때문에 안창호는 미국 이민국의 사실상 추방 조치에도 불구하고 1926년 호주 경유 노선을 이용해 안전하게 상해에 안착할 수 있었던 것이다. 이는 안창호의 1919년 상해행과 비교해 보면 분명하다.

1919년 3·1운동 이후 안창호는 4월 2일 호놀룰루를 출발해 필리핀 마닐라-홍콩-상해 여정을 택했는데, 마닐라에서 배를 기다리며 2주가량 머무는 동안 필리핀총독과 미국영사의 도움을 받은 것으로 알려져 있다. 안창호는 홍콩까지 배웅 나온 현순과 함께 1919년 5월 25일 상해에 들어갈 수 있었다.[42] 이때 안창호는 여권을 소지하지 않았을 것이다. 이후 1924년 미국에 입국할 때는 중국인으로 입적해 중국 여권을 들고 갔다. 때문에 안창호는 단기방문 후 미국에서 출국해야만 하는 처지가 되었던 것이다. 그렇지만 여전히 일본에 기항하는 선박을 이용할 수는 없었다.

1926년 상해로 돌아갈 때 안창호는 3월 1일 호놀룰루항을 출발해 호주 시드니로 가는 배를 타고, 3월 15일 미국령 아메리칸 사모아의 파고파고〔투투일라〕를 거쳐, 3월 17일 피지의 수바(Suva) 섬〔비티레부〕을 경유한 후, 3월 23일 호주 시드니(Sydney)에 도착했다. 이후 4월 14일 시드니를 출발해, 4월 16일 호주 퀸즈랜드 브리즈번(Brisbane)을 경유했고, 4월 22일 홍콩을 거쳐 5월 16일 상해에 도착했다.[43] 미국에서 호주를 경유해

---

42 김도형, 2015, 위의 논문, 50~51쪽.
43 김도형, 2015, 위의 논문, 54쪽.

상해로 귀환하는 데 1개월 반이 걸렸던 것이다.

미국에서 호주 시드니를 경유해 상해로 돌아오는 경로는 김규식이 1921년 경험한 노선이었음이 분명하다. 시간이 많이 소요되지만 일본에 기항하는 위험을 회피할 수 있는 노선이었다. 김규식은 1920년 11월 29일 호놀룰루를 출발해 시드니로 가는 소노마호에 탑승했는데, 이 배는 김규식이 떠나 온 샌프란시스코를 거쳐 시드니로 향했다. 소노마호의 시드니항 입항 예정일은 1920년 12월 14일이었다.[44] 김규식은 호주를 출발해 1921년 1월 19일 상해로 귀환했다.[45] 김규식의 여정은 안창호와 마찬가지로 약 1개월 반 정도 시간이 걸렸다.

시드니에서 김규식은 호주 수상 윌리엄 휴즈(William Hughes)를 만났다. 이 사실은 김규식 자신의 발언과 자필 이력서에 나온다. 김규식은 상해에서 열린 환영회(1921. 1. 27)에서 이렇게 발언했다.

<u>금번 귀로에 오스트레일리아수상을 심방한 중 엇은 바 만흔 동정은 여하다고 다 말할 수 업섯나이다.</u> 배일(排日)은 업는대가 업게 되엿소. 영일동맹도 내7월이면 운명(殞命)이 될듯한대 영일동맹을 장(葬)키 전에는 미일전쟁은 불능일 것 갓소. 지금 일본은 영일동맹의 지편(紙片)으로 침략주의의 집조(執照)를 삼는 중이외다. 여하간 사방으로 취래(吹來)하는 풍운은 우리 동족의 허다히 흘닌 피를 헛되게 안이하랴고 하여 겸하야 우리 성공의 일일(一日)이 재이(在邇)임을 표시합니다. 불수다언(不須多言)하고 세계가 아한(我韓)을 동정함은 하고(何故)뇨 단합한 민족인줄 알미며 파란(波蘭)[폴란드]과 애란(愛蘭)[아일랜드]에서 밧는 동정이 한국만 못함은 하유(何由)이 그 당파가 분규(紛糾)함을 규지(窺知)함이외

44　Inward, From the Port of San Francisco U.S.A. to Sydney, New South Wales, Date of Arrival December 14th, 1920. http://www.ancestry.com(2012. 2. 18. 검색).

45　「金奎植氏 到滬」, 『독립신문』(1921. 1. 21);「김총당 상해안착」, 『신한민보』(1921. 3. 10).

다.[46]

오스트레일리아 수상 휴즈를 시드니에서 만났다는 것이다. 상세한 내막은 알려지지 않았다. 김규식은 1950년 작성한 영문 이력서에 이렇게 적었다.

> 1920년 하반기 워싱턴을 떠나 극동으로 돌아왔다. 도중 호놀룰루에서 1개월가량 체류하며 마닐라를 경유하는 여정의 가능성을 기다렸다. 최종적으로 호주를 경유해 상해로 돌아왔는데, 호주에서 당시 수상이던 윌리엄 휴즈 씨(Mr. William Hughes)를 반갑게 방문한 바 있다.[47]

아마 김규식은 파리 체류 시절 호주대표로 파리강화회의에 참석했던 휴즈와 인연을 맺었던 것으로 추정된다. 윌리엄 휴즈는 조셉 쿡(Sir Joseph Cook)과 함께 호주대표로 1919년 2월 파리평화회의에 참석했다. 휴즈는 10인위원회의 호주대표이자 10인위원회가 설치한 여러 소위원회 중 하나인 배상위원회의 부의장 중 한 명이었다. 휴즈는 파리강화회의에서 이중의 역할을 부여받았다. 하나는 벨기에와 같은 약소동맹국의 대표로 영국령을 대표하는 것, 다른 하나는 영국대표단의 교체단원 역할이었다. 휴즈는 파리평화회의에서 태평양 내 독일 영토의 조정을 강하게 요구했는데, 파푸아뉴기니의 호주 병합을 주장하며, 타협책으로 적도 이북 독일 도서에 대한 일본의 행정 통제, 사모아에 대한 뉴질랜드의 위임통치령, 위임통치가 실시되는 파푸아뉴기니와 인근 도서에 대한 호주의 행정 통제를 얻어냈다. 1919년 8월 호주에 귀국한 휴즈는 "호주 역사상 타의 추종을 불허"한다는

46 「학무총장의 연설」, 『독립신문』(1921. 2. 5).
47 「김규식 자필 이력서」(영문. 1950).

호평을 받으며 외교적·정치적 성공을 거두었다.[48]

호주 시드니를 방문한 김규식은 파리강화회의의 인연으로 휴즈 수상을 만났을 것으로 추정된다. 「구미위원부 통신」 제24호(1921. 1. 20)는 김규식과 휴즈의 만남을 이렇게 전하고 있다.

一. 구미위원쟝 김규식 씨난 모쳐를 지날 찌에 히디 총리대신(국제련밍회 위원)과 특별 면회한 일이 잇셧난듸 국졔상 긴졀한 문뎨라더라.[49]

김규식이 호주 수상 휴즈를 만났다는 소식은 워싱턴까지 전달되었지만, 면회의 구체적 내용을 보여 주는 더 이상의 진술이나 자료는 발견하지 못했다.[50] 긴 여정 끝에 드디어 김규식은 상해에 발을 디뎠다.

---

48 "Series 24. 1919 Paris Peace Conference, 1918-1919", Guide to the Papers of William Morris Hughes, National Library of Australia https://nla.gov.au/nla.obj-229721876/findingaid(2022. 1. 27. 검색); Ann Moyal, "1919: The triumph of Billy Hughes," The Strategist, 25 Apr 2019. https://www.aspistrategist.org.au/1919-the-triumph-of-billy-hughes/(2022. 1. 23. 검색); "Australia and the Paris Peace Conference," https://anzacportal.dva.gov.au/wars-and-missions/ww1/politics/peace-negotiations(2022. 1. 23. 검색); "William Hughes: during office William Hughes was the Prime Minister of Australia from 1915 to 1923." https://www.naa.gov.au/explore-collection/australias-prime-ministers/william-hughes/during-office#versailles-1919(2022. 1. 23. 검색).

49 「구미위원부 통신」 제24호(1921. 1. 20), 『신한민보』(1921. 2. 10).

50 2022년 1월 호주국립도서관(National Library of Australia)에 휴즈 수상의 김규식 면담 관련 자료의 유무를 문의했다. 호주국립도서관에는 휴즈문서(Papers of William Morris Hughes)가 소장되어 있으며, 그 가운데 Series 24. 1919 Paris Peace Conference, 1918-1919, Series 6. Newspapers and newscutting, 1891-1952가 들어 있다. 해당 시리즈에 김규식과 관련한 문서가 존재하는지 문의했다. 호주국립도서관(NLA)의 참고사서(Reference Librarian) Bing Zeng은 휴즈문서와 호주신문을 찾아본 결과 김규식과 접촉한 흔적은 발견되지 않았다고 답변(2022. 2. 16)했다.

상해로 돌아온 김규식, 새로운 길을 모색하다

8

1   상해로의 귀환, 이승만과의 충돌, 임정 사직

(1) 김규식의 상해 귀환, 학무총장 참여

김규식은 1919년 2월 상해를 떠난 뒤 프랑스 파리, 미국 워싱턴·하와이, 오스트레일리아 시드니를 거쳐 1921년 1월 19일 상해로 귀환할 수 있었다.[1] 2년간 민족의 운명을 짊어지고 지구 한 바퀴를 돌았고, 개인적으로 죽음의 고비를 넘어선 끝에 가족들이 기다리던 상해에 돌아온 것이다. 그러나 상해에서는 또 다른 희망의 불빛과 절망의 나락이 교차하며 그를 기다리고 있었다.

   김규식이 상해에 도착한 시점에 이승만도 상해를 '방문' 중이었다. 임시대통령 이승만은 1920년 12월 5일부터 1921년 5월 28일까지 상해에 체류했다.[2] 이승만이 도착함으로써 상해 임시정부의 난국이 풀릴 것이라는 기대가 많았지만, 이승만은 반대세력의 포위 속에 고군분투해야 했다. 위임통치 청원, 임정 개조·승인 논쟁, 대정(大政) 방침, 재정 곤란, 대소(對

---

1   「金奎植氏 到滬」, 『독립신문』(1921. 1. 21);「김총당 상해안착」, 『신한민보』(1921. 3. 10).
2   「대통령의 來東」, 『독립신문』(1921. 1. 1).

蘇) 외교 등 산적한 문제에서 이승만이 제시할 수 있는 명확한 타개책은 존재하기 어려웠다. 이승만의 노선은 현상 유지, 기존 체제 유지였다.

　　이승만은 상해의 안현경, 장붕 등 비선을 활용해 상해 임시정부의 실정을 파악하고 내밀한 속사정을 알고 있었지만, 이들은 임시정부는 물론 독립운동 전선에서 믿고 의지할 만한 위치에 있지 않았다. 상해에 도착한 이승만은 박용만과 김규식에게 도움을 청했다. 둘 다 미주 시절 처음에는 이승만의 지지세력이었으나, 그와 날카롭게 충돌한 후 결별한 바 있다. 반이승만 세력의 중심축이 된 박용만, 상해 임정에서 명망 높은 김규식은 한국 독립운동 진영의 대표적인 인물이었으며 이승만에게 도움을 줄 수 있는 위치에 있었다. 박용만은 이승만과 한말 삼만(三萬) 결의형제였으나, 1915년 이승만에 의해 하와이 한인사회에서 축출된 후 절치부심했다. 이승만을 국무총리로 추대한 상해 임시정부의 외무총장으로 선임되었으나, 이승만의 위임통치 청원을 이유로 취임하지 않고 있었다.

　　임시정부는 1921년 1월 5일부터 3차례 국무회의를 개최해 위임통치 청원, 행정결재권, 국무위원 제도 변경 문제 등을 논의했지만, 이승만은 임정의 현상 유지를 주장하며 제도 개혁과 변경을 부정했다. 그 직후인 1921년 1월 8일 이승만은 박용만에게 편지를 썼다. 배병헌(裵炳憲)을 통해 여러 차례 만나자는 제안을 한 이승만은 "내가 상해에 도착하면서부터 땅은 가까워졌으나 사람은 멀어졌다는 느낌을 잠시도 잊어본 적이 없"다며 "우리 두 사람의 옛날 정의는 사실 어떠했으며 동포들이 우리 두 사람에게서 기대했던 바는 또 어떠했던가?"라면서 "특별히 여러 번 생각을 더하여 한 번 만나"자고 제안했다. 북경에 있던 박용만에게 여비를 보내겠다고 했다.[3] 북경에서 반이승만·반임시정부 활동을 펼치던 박용만은 신채호·신숙

3　　「이승만→박용만」(1921. 1. 8), 유영익·송병기·이명래·오영섭 편, 2009, 『이승만동문서한집서한』 상, 연세대학교출판부, 36~37쪽.

등과 함께 북경군사통일회를 이끌고 있었다. 박용만의 답장은 없었다.

이승만은 이번엔 김규식에게 연락을 취했다. 그러나 김규식은 선뜻 이승만을 만나려 하지 않았다. 상해 도착 직후 김규식은 일부 인사가 환영회를 준비하자 자신의 뜻을 물어 보지 않은 환영회 개최는 이치에 맞지 않는다며 거절했다. 강덕상은 은연중 김규식이 이승만을 밀어낸 것이라 해석했다.[4] 김규식은 1921년 1월 27일 오후 7시부터 강녕리 2호 인성학교에서 민단사무소가 주최한 환영회에는 참석했다. 일제 정보보고에 따르면 이는 대통령 이승만에 대한 환영회와 동일한 순서로 진행되었다. 3백여 명이 참석한 환영회는 김규식이 입장하자 만장의 박수로 시작되었다. 교민단장의 사회로 시작된 환영회는 애국가 합창, 교민단장의 개회사, 두 여학생의 화환증정, 김규식 부부와 국무위원의 사진 촬영, 남녀학생의 환영가, 여운형·신규식·안창호의 환영사, 김규식의 연설, 민단장 선창으로 김규식 만세삼창 후 폐회하는 순서로 진행되었다.[5] 1918년 김규식과 합을 맞춰 신한청년당을 조직하고 파리강화회의행을 주선한 여운형, 임시정부 법무총장 신규식, 임시정부를 실제로 이끌어 온 노동국총판 안창호가 함께했지만, 대통령 이승만은 참석하지 않았다.[6]

---

4 「金奎植に對する歡迎會經緯の件」(1921. 2. 8), 朝鮮總督府警務局 高警第3942號 國外情報, 〔『上海情報一束』, 高警 제3942호, 朝鮮總督府 警務總長→內閣總理大臣, 『不逞團關係雜件 鮮人ノ部 在上海地方』 3〕; 강덕상 저, 김광열 옮김, 2017, 『여운형과 상해 임시정부-망명정부의 존립을 위한 고투』, 선인, 336쪽.

5 「학무총장의 환영회, 반가히 맞는 3백여의 동포, 열변을 기우린 총장의 연설」, 『독립신문』 (1921. 2. 5).

6 강덕상은 노백린 군무총장이 환영회에서 환영사를 했다고 썼으나, 미주에 있던 노백린은 1921년 2월 1일 상해에 돌아와 국무원회의에 참석했다. 「五. 盧伯麟歸滬の件」『上海情報一束』, 高警 제3942호, 朝鮮總督府 警務總長→內閣總理大臣『不逞團關係雜件 鮮人ノ部 在上海地方』 3; 金正明, 1967, 『朝鮮獨立運動』 2, 原書房. 노재연의 『재미한인사략』에는 노백린이 이승만과 함께 1920년 12월 8일 상해에 도착했다고 되어 있는데 이를 따른 것으로 보인다. 그런데 노백린 군무총장 환영회는 1921년 2월 18일 개최되었으므로 2월 1일에 돌아온 것이 사실일 것이다. 『안창호일기』(1921. 2. 18).

「학무총장의 연설」, 『독립신문』(1923. 2. 5).

김규식은 이날 연설에서 1919~1920년간 자신이 걸어온 내력을 진술했다. 당시 사정과 심경이 생생하게 『독립신문』에 실려 있다. 김규식은 "진정한 환영은 삼각산 밑에서" 하자며 자신이 오고 가는 것이 모두 나라를 위한 한마음(來之去之가 爲國一心)이었고, 자신의 "무기는 피와 만세 소리"였다고 밝혔다.

김규식은 자신이 상해를 떠나 파리로 향했을 때 "심력을 합치하며 선전을 주중(注重)히 함이 제일 필요"하다고 동지들과 맹약했으며, 파리행은 "억울한 한국 사정과 왜적의 만행을 세상에 광포(廣布)할 준비적 사업에 불과"한 것으로 생각했다고 밝혔다. 즉, 한국의 억울한 사정과 일본제국의 만행을 널리 선전한다는 공보국 설치의 목표를 가지고 파리로 떠났다는 것이다. 그런데 천우신조로 3·1운동이 벌어졌다.

또한 파리에 갈 당시에 미주와 각지에서 여러 사람이 이미 파리에 도착했을 터이고 자신은 그를 방조한다는 생각이었는데, 도착하고 보니 자신만 혼자 파리에 가게 된 것이라고 밝혔다. 이를 통해 김규식의 파리행이 미주 국민회의 대표 파견과 밀접한 연관 속에서 추진되었으며, 그 핵심은 한국 사정과 일제의 만행을 선전하는 공보국 설치였음을 알 수 있다.

김규식은 미국대표단이 전문가를 포함해 1천 3백여 명, 영국대표단은 1천 4백여 명, 중국대표단은 1백여 명이었는데, 한국대표단은 자기 혼자였다며, 그럼에도 불구하고 많은 성과를 거두었다고 자평했다. 김규식은 파리행의 성과로 한국이 폴란드, 아일랜드보다 더 많은 세계 여론의 동정을 받았다는 사실, 1920년 10월 26일 영국 하원의원에서 한국친우회가 조직된 사실, 프랑스에서 영국의 항의로 아일랜드대표단이 45시간 내에 축출된 반면 한국대표단은 계속 존재하며 동정을 받은 사실, 하와이에서 상해로 오는 도중 오스트레일리아 수상을 만나 한국 독립에 대한 동정적 견해를 얻은 사실 등을 꼽았다.7 김규식은 자신이 파리에 있을 때는 하와이『태평양시사』와 미주 국민회로부터 분당(分黨)의 전보를 받았고, 미주 구미위원부 시절에는 상해 임정으로부터 불미(不美)한 전보를 받았다며 "하나는 둘과 합하고 둘은 셋과 합"쳐 책임을 다해야 한다고 했다.8

김규식은 2월 내내 안창호와 회동했다.『안창호일기』에 따르면 두 사람은 2월 6일, 2월 10일, 2월 12일, 2월 13일, 2월 14일, 2월 23일, 2월 27일 회동한 기록이 있다. 김규식은 2월 6일 대동여사(大東旅社)에서 안창호와 오찬을 함께하며 총리 문제, 국민대표회, 북경군사통일회 등 시국 문제를 논의했다. 두 사람의 대화를 따라가 보면 상해로 귀환한 이후 김규식의 소회를 알 수 있다. 먼저 후임 총리 문제에 대한 문답이다.

- 김규식: 총리 후임 문제에 대하여 어찌 생각하나?
- 안창호: 후임 총리를 내기 어려우면 임시 대리총리로 일만 하면 그만이지 후임 총리 선불선이 일에 추호(少毫)도 관계가 없다.9

안창호는 사임한 이동휘의 후임 총리 선임이 어려우면 임시 대리총리로 일하면 그만이지 지금은 누구를 뽑는 게 좋은가가 중요한 게 아니라는 것이다. 안창호 역시 후임 총리직을 사양하고 있었다. 다음으로 국민대표회와 북경군사통일회에 대해 김규식이 물었다.

---

7 「학무총장의 연설」,『독립신문』(1921. 2. 5).
8 미주 국민회에서는 김규식 연설을 문제삼았고, 김규식은 여기서 국민회는 미주 본토가 아닌 하와이국민회라는 해명을 내놓았다. 국민회 북미총회에서 이에 대한 질문과 답변이 오고 갔다.「학무총장담」,『독립신문』(1921. 2. 25);「공문 제229호 지명서: 김총장연설 개의에 대한 질품에 관한 건」(대한인국민회북미지방회 총회장 최진하→대한인국민회 상항지방회장 하상옥)(1921. 4. 20)「북미총회공독」,『신한민보』(1921. 4. 28).
9 『안창호일기』(1921. 2. 6).

- 김규식: 국민대표회라 북경이라 사방(四面外圍)에서 정부 파괴(敗壞) 운동하는 데 대하여 어떻게 하겠는가?
- 안창호: 그이들에게 직접으로 간섭해서는 해결책(濟事策)이 별무(別無)한지라. 내일(明日)이라도 속히 모스크바(莫斯科)에 상당한 인원을 파송하여 레닌(列寧)과 악수하여 한중러(韓中俄) 삼국이 연맹할 주의를 입(立)하고 이를 기인(基因)하여 러시아령(俄領)에 있는 한인 공산당 주뇌자들과 악수하면 북경, 상해 등지에 파괴(敗潰) 운동하는 인물들은 활동할 용기가 없어질지라. 그 후(其次) 레닌(列寧)과 악수한 후에 노백린, 유동열 등으로 군사의 중견을 조직하여 러시아령(俄領)에 군사기관을 두고 군법을 엄립하여 대한인민 중에서 위법하는 자는 중형에 처하여 군율적 기강을 세우면 내부의 세(勢)가 진정(鎭整)할지오 현재 독립운동에 참가했던 다수 불평청년들을 거두어 훈련하여 내부의 중견을 삼으면 또한 소수 악배(惡輩)들은 활동할 여지가 없어질지라. 그런즉 우리 독립운동의 제일 근본 문제는 불평한 청년들을 수용하는 문제이오, 시각(時刻)으로 급한 문제는 모스크바(莫斯科)에 상당한 적재(適材) 인물을 뽑아 파송(選派)하는 것이다.
- 김규식: 내 의사와 같다.[10]

안창호는 국민대표회나 북경군사통일회 자체를 어떻게 할 수는 없지만 모스크바에 사절단을 파견해 레닌과 연결하여 한·중·러 3국이 연맹하고, 노백린·유동열 등으로 러시아에 군사기관을 세우면 독립운동에 참가했던 불평청년들이 사라질 것이라는 입장을 피력했다. 즉, 안창호는 레닌과 연대하고 러시아 한인 공산주의자들과 연대해서 난관을 헤쳐 나가야 한다는 입장을 개진한 것이다.[11] 이를 위해 시급하게 모스크바에 특사를 파

---

10 『안창호일기』(1921. 2. 6).

견해야 한다고 본 것이다. 안창호는 모르고 있었지만, 임시정부가 1920년 모스크바에 파견한 한형권이 레닌 정부로부터 지원받은 40만 금 루블 중 31만 금 루블이 1920년 말부터 상해로 들어오는 중이었다.

이어서 안창호는 자신의 정부 유지책과 사업 진행책을 진술했는데, 정부 유지책은 다음과 같았다.

- 안창호: 우리의 주안점은 1. 정부유지책, 2. 사업진행책이다. 1. 정부 유지책에 대하여는,
(1) 경제이니 러시아령(俄領)이나 미주 방면에 재정을 운동하는 것과 내지 재산가에 운동하는 것은 다 희망에 부(付)한 것이오, 지금(現時)에 오직 가신(可信)할 금력(金力)은 소수 미주교포(僑美) 노동자에서 밖에 없으니 현시 정부 지속에 대한 경제는 미주교포 노동자를 기대(待)할 수밖에 없는 바요.
(2) 정부의 사무제도를 간편(簡便)하게 조직할 것이니 현시와 같이 각부를 배치(排置)하고 소수의 수입되는 경제로는 지장(支撑)할 도리(道)가 없는(末由)지라. 그런즉 각부를 다 폐지하고 연합사무제를 채용(用)하여 인원을 축소하고 사무를 간편케 할 것이오.
(3) 정부에 소속한 와싱톤 위원부, 파리선전부, 기타 교통지국, 광복군영을 상세히 조사(詳査)하여 폐지할 자는 폐지하고 존재할 자는 존재하되 역시 축소하여 경비를 생략케 할 것이오.
(4) 후일에 희망하던 재정 중에서 다소의 수입이 유(有)하면 정부로서 직접 개척사업 기타 영업에 착수하여 생산케 할 것이라. 이상과 같이 하면 현 정부의 생명을 이을 것이오. 우리의 독립운동이 10년 혹 20년이라도 긍진(亘進)할 수가 유(有)하니 차(此)가 정부 지속책의 대강이

11   『안창호일기』(1921. 2. 6).

라 생각하는 바요.[12]

안창호는 재정 문제는 러시아나 미주에서 돈을 끌어오거나 자산가를 섭외하는 것은 희망사항에 불과하고, 소수의 재미 동포 노동자들에게 의지하는 수밖에 없다. 정부의 행정사무 제도를 개편해서 간략·간소하게 경량화해야 한다. 워싱턴 구미위원부·파리위원부·교통국·광복군영 등도 축소·개편해야 한다. 재정 수입이 생기면 직접 개척사업 혹은 영업에 정부가 나서야 한다는 입장을 표명한 것이다. 결국 문제는 지속적 재정 확보와 사업의 간소화였다.

행정제도 개편에 대해 김규식은 자신의 생각을 이렇게 밝혔다.

- 김규식: 현 제도에 대하여 대통령은 집정관(執政官)총재로 하고, 총리는 없이 하고, 총장은 부장으로, 부장 이하의 직원은 부원으로 통칭함을 어떻게 생각하나?
- 안창호: 그 명사〔명칭〕에 대하여는 아무 관계를 아니하노라. 나(余)는 지금 허명은 그대로 두고 내부의 일만 형세에 적응하게 진행함이 가한 바라. 또 다대(多大)한 수의 의사가 당신의 말(君言)과 같다 하면 반대도 안 하겠다.[13]

김규식이 생각한 임시정부 개편안은 대통령을 집정관총재로 변경하고, 국무총리는 폐지하고, 총장은 부장으로 변경하고, 부원은 통일하는 행정 간소화의 방향이었다. 대통령제도를 집정관총재로 변경하는 대신 국무총리를 폐지하는 것이 핵심이었다. 그러나 집정관총재를 대통령으로 변경

---

12 『안창호일기』(1921. 2. 6).
13 『안창호일기』(1921. 2. 6).

하는 데 핵심적인 역할을 했던 안창호는 이에 동의하지 않은 것이다.

　1921년 2월 내내 안창호를 중심으로 임시정부, 임시의정원 주요 성원의 연석회의가 개최되었는데, 김규식은 2월 7일 연석회의에서 대통령을 집정관총재로 변경, 총리는 폐지, 총장은 부장으로 변경, 부장 이하 직원은 부원으로 통칭하는 안을 제출했다.[14] 2월 10일 회의에서 신규식의 제안이 통과되었고 김규식은 구체적 안을 작성하는 제도변경기초위원으로 선임되었다.[15] 2월 14일 회의에서 김규식이 제출한 국부 변경(局部變改) 안이 통과되었다. 각 부는 그대로 두고, 각 부의 차장·국장·참사관·서기를 모두 하나의 명칭, 하나의 계급으로 변경하자는 안이었다. 2월 28일 연석회의에서 각 부는 그대로 두고 각 부의 차장·국장·참사관·서기를 폐지하고 참사원 약간을 두자는 안이 통과되었다. 김규식은 2월 21일 국무회의에서 외교위원(노백린, 김규식, 신익희, 안창호)으로 피선되었고, 2월 26일 국무회의에서 남형우와 함께 재무부 예산위원으로 선정되었다.[16]

(2) 이승만의 사퇴 문제와 김규식-이승만의 갈등

당시 상해 임시정부가 당면한 문제의 핵심은 이승만의 거취 문제, 즉 그의 자진 사퇴 혹은 강제 사퇴 문제였다. 이승만은 상해에서 대통령직을 사임하겠다고 공언했다 번복함으로써 문제를 악화시켰다. 2월 27일 외교위원회에서 이 일이 집중 논의되었다.『안창호일기』에 따르면 가장 격분한 노

14　『안창호일기』(1921. 2. 7). 안창호는 대통령·총장·총판의 명칭은 동일하게 하고, 각 부국을 연합해 위원 몇 명과 위원장 1인으로 사무를 집행하자고 제안했다. 의정원 통과 전에는 차장 이하 명칭을 사용하지 말고 모두 참사(參事)로 부르고 1명의 주임을 두자고 했다.
15　『안창호일기』(1921. 2. 10).
16　『안창호일기』(1921. 2. 14, 1921. 2. 21, 1921. 2. 26, 1921. 2. 28).

백린이 이승만 대통령 성토문을 반포하겠다고 선언했고, 이를 둘러싸고 김규식, 안창호, 노백린 간에 대화가 오고 갔다. 안창호와 김규식 모두 이승만이 국무회의에서 자진 사퇴 의사를 밝혔으나, 하룻밤 새 사퇴 의사를 번복해 임시정부가 난관에 처한 상황을 언급하고 있다.

- 안창호: 노백린 군이 왈 이대통령 성토문을 반포하겠다 함으로 지금 성토하노라고 떠들면 대내외에 좋지 않은 광경이 있겠는 고로 호의로 해결하기 위하여 아직 성토문을 반포하지 않고 대통령을 방문하여 "이전에 위임통치문제도 외면에서 성토한다 떠든즉 그냥 대통령 자리에 앉았다가는 좋지 않은(不好) 광경을 당하고 축출하여 대국(局)이 와해하고 러시아쪽(俄領)과는 영원히 결별을 지을(作)테니 당신이 자발적으로 사직을 제출하고 다시 이동휘(李東輝)와 악수하여 독립운동을 계속 지내게 하자" 한즉 대통령의 말이 "자기도 그렇게 생각하였노라" 약속이 있었는데 그날(是日) 국무회의에서 사직을 선고하였고 그 다음번(次回) 국무회의에는 출석치 아니한고로 사직을 수속하는 줄로 알고 김규식과 같이 이대통령을 방문하여 대통령이 나아가는 방식과 또 나아간 후 서로 일할 방식을 문의했다. 대통령 말이 "내가 만일 사직하게 되면 내가 무슨 일을 하리오. 내가 나가면 소수의 사람의 말로 출할 바 아니오 국민대회나 국무원이나 의정원에서 탄핵(彈劾)을 하면 그 후에야 출(出)하겠다" 한다.
- 노백린: 대통령의 뜻이 야간에 변하였도다. 그런즉 나는 이승만(君)과 같이 일할 수 없으니 나의 독단으로 행동하겠다.
- 김규식: 성토문뿐 아니라 국민대표로서 미국정부에 이 대통령이 위임통치 청원문을 전보하여 취소하겠다 하는 것을 말라고 만류하였노라. 그런즉 대통령이 말 없이 퇴국(退局)하기로 자기 역시 말하더니 지금 대통령이 오해한다.

- 안창호: 나는 노백린(桂園)의 의사에 동의하지 않는다. 지금(此時)에 대통령이 동요되면 대내 대외에 인심이 타락(墮落)이 되었고 또는 미국과 하와이(美布) 두 곳에서 재정이 판송(辦送)되지 아니함으로 상해 임시정부(滬府)는 문을 닫게(閉門行)되겠다.
- 노백린: 위임통치 청원한 죄과를 들어 말(擧言)하면 답(所答)이 없다. 그 행한 일을 논하면 민원식(閔元植)보다 나을 게 없다. 나 역시 이러한 사람을 섬기라고 군인들에게 정신을 줄 수 없다. 그러나 나는 일을 위하고 자기 개인을 위하여 말하였는데 청종(聽從)치 아니하니 나는 나의 단독행동 하겠다.
- 김규식: 이미 외면(外面)에서 이 대통령을 공격하기로 시작하고 자기가 역시 사직한다고 선언하였으니 지금에는 나가게(出케) 할 수밖에 없다고 하고 그런즉 이 대통령이 호의로 출하는데 선후책(善後策)을 강구하자.
- 안창호: 만일에 이승만 군이 호의로 출한다면 나도 연대책임으로 사직하겠다.[17]

가장 강경하게 이승만 사퇴를 요구하며 성토문 반포를 주장한 것은 막 미주에서 돌아온 군무총장 노백린이었다. 안창호는 성토문 배포를 만류하며, 이승만을 만나 외부에서 위임통치 청원 문제 등으로 성토하고 있으니 좋지 않게 임시대통령에서 축출되면 임시정부가 붕괴되고 노령 측과도 결별하게 되니 자진 사퇴를 권고했으며 이승만이 이에 동의했다는 것이다. 『안창호일기』에 따르면 안창호는 2월 14일과 2월 15일 이승만을 만났고, 특히 2월 14일에 장시간 담화했다.[18] 이승만은 그날 국무회의 석상에서 자

---

17 『안창호일기』(1921. 2. 27).
18 『안창호일기』(1921. 2. 14, 1921. 2. 15). 2월 14일 일기에서 안창호는 "오전에 대통령을 심

진 사퇴하겠다고 선언했으나 다음 날 국무회의에 출석하지 않았다. 때문에 안창호는 이승만이 자진 사직하는 줄 알고 김규식과 함께 이승만을 방문해 사퇴 방식과 사퇴 후 수습책을 논의했다는 것이다. 그런데 이승만은 "국민대회나 국무원이나 의정원에서 탄핵하면" 그때야 나가겠다고 입장을 바꾼 것이다. "하룻밤 새 입장을 변경한" 이승만에게 격분한 노백린은 위임통치 청원을 한 죄과는 친일파 민원식보다 나을 게 없으며, 자신은 군인들에게 이승만을 따르라고 할 수 없다고 했다.[19] 애국계몽기 이래 친일파였던 민원식은 3·1운동을 망동이라고 비난하는 글을 언론에 연재하고, 참정권 청원운동 등 친일행각을 일삼다가 1921년 동경에서 양근환의 칼을 맞아 죽은 자였다.

김규식 역시 자신이 이승만 성토문 배포와 미국정부에 이승만의 위임통치 청원문 취소 요청 전보를 보내겠다는 것을 만류해 중단시켰다. 외부에서 이승만을 공격하고 있고 이승만도 스스로 사직한다고 선언했으니 지금은 이승만을 내보내는 수밖에 없다, 이승만이 자진 사퇴하고 사후책을 강구하는 게 좋겠다는 입장을 피력했다. 반면 안창호는 이승만을 축출하면 자신도 연대책임을 지고 사직하겠다고 반론을 편 것이다.

안창호는 이와 유사한 얘기를 국무총리 대리 이동녕과 주고받았다. 2월 25일 오후 문병을 간 안창호에게 이동녕은 "대통령 사직사(辭職事)를 의논도 없이 돌연 국무회에서 선언함은 불가"하다, 추후에 들으니 몇 사람이 가서 사직을 권고까지 했다는데 "이승만 씨가 책임을 지고(負하고) 사직함은 대불가(大不可)라, 바로 축출하여야지"라는 강경 발언을 했다. 안

방하야 장시간 담화하다(그시 담화기사는 후일 登書)"라고 썼다. 이승만의 자진 사퇴 얘기를 주고받은 것으로 생각된다.

19 노백린의 이승만 성토문은 북경군사통일회의가 발표한 성토문과 유사한 내용이었을 것이다. 대조선공화국군사통일회의, 「대미위임통치청원에 대하야 이승만 등을 성토 일반국민에게 경(警)함」, 『우남이승만문서(동문편)』 8, 276쪽.

창호는 이승만이 사직하면 하와이와 미주에서 재정이 한 푼도 들어오지 않을 것이니 이것이 문제라고 답했다.[20]

이승만 퇴진 논란은 다음 날인 2월 28일 이동녕 자택에서 모여 다시 한번 논의되었다. 이시영, 신규식, 이동녕은 의사 표명이 없었고, 신익희는 대통령 축출이 불가하다고 주장했다. 반면 노백린과 김규식은 축출하는 것이 좋다는 의사를, 남형우는 제도를 변경하자는 의사를 표명했다.[21] 여기까지가 『안창호일기』에 나타나는 김규식의 행적이다. 상해에 도착하자마자 김규식은 국민대표회의, 내각 개조, 행정제도 변경, 대통령 사퇴 등의 현안에 골몰했음을 알 수 있다.

이승만도 자신의 일기에서 대통령 사퇴 건을 1921년 3월 25일 자에 간단히 언급하고 있다.

> 임시정부의 국무원 즉 내각이 내게 대통령직을 사임하라고 요구했다. 만일 그들이 후계자를 선출한 후 그를 지지하겠다고 동의한다면 그렇게 하겠다고 답했다. 그들은 이 사태를 논의하기 위해 대동여사에서 대규모 오찬모임을 가졌다.[22]

이승만 측 기록에서 대통령직 사퇴 의사가 표시된 것은 이것이 유일한데, 3월 25일까지의 경과와 소회를 밝힌 것으로 보인다. 이승만은 자진 사퇴가 아니라 국무위원들이 사퇴를 요구해서 후임자를 선출하면 따르겠다고 했다는 얘기만 기록한 것이다.[23]

20　『안창호일기』(1921. 2. 25).
21　『안창호일기』(1921. 2. 28).
22　『국역이승만일기』(1921. 3. 25), 110쪽. 이승만은 3월 25일 상해를 떠나 3월 27일까지 남상(南翔)·유하(劉河)를 유람 중이었으므로, 국무회의는 이날 개최된 것이 아니다.
23　미국에 돌아간 후 이승만의 얘기는 사뭇 달라졌다. 이승만은 1921년 8월 17일 국민회 북미 총회 주최 환영식에서 다음과 같이 연설했다. 자신이 상해로 갈 때 곤란을 많이 당할 줄 알았

이승만의 자진 사퇴 주장과 번복 사태가 등장한 이후 상해 상황은 매일 악화에 악화를 거듭했다. 분열과 탈퇴, 파행을 거듭하던 국무회의에서 어떤 얘기들이 오고 갔는지를 보여 주는 기록은 없다. 외형상 김규식은 학무총장으로 상해 임시정부와 교민단체 행사에 참석했다. 김규식은 1921년 3월 1일 오전 10시 정부 직원 및 의정원 의원이 참가한 축하식(임시의정원 의당)에서 학무총장으로 축사를 했고, 대통령 이승만은 하오 2시 민단 주최 대축하회(올림픽연극당)에서 축사를 했다.²⁴ 4월 2일에는 상해 공동체 육장에서 재류 한인 춘기(春期)운동회가 개최되었는데, 대통령 이승만, 이동휘, 노백린, 안창호, 김규식 등이 참석했다.²⁵

　　여전히 이승만은 김규식을 만나 도움을 청하고 사정을 청취하고자 하는 마음이 있었다. 이승만은 1921년 3월 15일 김규식에게 편지를 보내 저녁에 만나자고 청했다.

> 친애하는 김규식께,
> 내일 저녁 7시에 크로푸트(Crofoot)[자택]에서 저녁을 함께하실 수 있겠습니까? 만약 불가능하다면, 목요일 저녁은 어떨까요? 구미위원부의 과업의 몇 가지 현안은 물론 다른 현안들에 관해 논의를 해야만 할 것 같습니다. 우리들의 견해차가 무엇이든 불문하고서, 그 과업은 수행되

으나 그렇지 않았다. 상해 임시정부는 "참으로 경제상 곤란이 극도에 달하여 숙식비를 감당하기도 어려운 지경"이었지만 대통령의 거처와 출입을 편의하게 해줬다. 자신이 40만 원을 가져온다고 고대했으나 돈을 가져가지 못하자 실망이 많았다. 이동휘 국무총리 사임 이후 이동녕과 안창호에게 차례로 국무총리직을 요청했으나 거절당했다. 임시정부 재정 곤란이 심한 터에 북경[군사통일회]에서 공박서가 연속으로 오고 어려운 일이 많을 때 안창호가 노동국총판까지 사임했다. "내지에서 피를 흘려" 조직·선정한 임시정부 각료 중 이동휘, 안창호, 김규식 3인이 그만둔 것이 유감이다. 아무 일도 없었고, 3인의 각료가 그만둔 것이 유감이라고 얘기했다. 「이대통령의 연설」, 『신한민보』(1921. 8. 25).

24　「상해에 삼일절」, 『신한민보』(1921. 5. 12).
25　金正明, 1967, 『朝鮮獨立運動』 2, 原書房.

어야만 하며 귀하께서 이 점에 관한 본인의 생각에 동의하리라 확신합
니다.

이승만(서명)

1921년 3월 15일.[26]

크로푸트(J. W. Crofoot)는 중국 주재 선교사(제7일 안식일 침례교 선교사)로, 이승만이 상해에 도착한 이후 여운형이 소개해 안전하게 머물 수 있던 숙소를 제공한 사람이다. 크로푸트 자택은 프랑스 조계에 있었고 상해 드 지카웨이(de Zikawei) 3번로에 위치하고 있었다.[27]

이 편지를 받은 당일 3월 15일 자 손편지에서 김규식은 이렇게 쓰고 있다.

이 박사 귀하

친절한 초대에 많은 감사를 드립니다만 안사람이 편찮은 까닭에 갈 수 없는 형편인데다 우리는 하인이 없습니다. 구미위원부와 런던 업무에 대해서는 후에 알려드리겠습니다. (경구) 김규식

1921년 3월 15일[28]

김순애가 몸이 편찮고 하인이 없어 이승만의 초대에 응하지 못하겠으

---

26 「이승만 대통령이 김규식에게 보낸 서한」(1921. 3. 15), 『대한민국임시정부자료집』 43(서한집 II).
27 『국역이승만일기』(1920. 12. 12), 109쪽.
28 원문은 다음과 같다. Dear Dr. Rhee. Many thanks for your kind invitation, but I am unable to come as Mrs. Kimm is unwell and we are without servants. I will let you know later about the Commission and the London work. Very Sincerely. Kiusic Kimm. Mar. 15/21. Kiusic Kim→Syngman Rhee (1921. 3. 15) *The Syngman Rhee Correspondence in English 1904-1948*, Volume III. p.14.

며, 이승만이 알고자 하는 구미위원부와 런던사무소 업무에 대해서는 훗날 알려 주겠다는 냉담한 편지였다. 이 직후 이승만은 구미위원부로 전보를 보내 김규식을 구미위원부 위원장에서 해임하라고 지시했다. 훗날 김규식은 구미위원부 통신을 보니 3월 15일 자 대통령 전문으로 자신이 해임되었다고 주장했고,[29] 1921년 4월 9일 구미위원부 통신에 따르면 "3월 19일에 본부에 내도한 대통령의 공전에 김규식은 사직하였다"라고 되어 있다.[30] 김규식이 만남을 거부한 후 이승만이 구미위원장직에서 김규식을 해임한 것이다.

(3) 김규식의 구미위원부 위원장 사임과 구미위원부의 파란

이후 워싱턴디씨 구미위원부에서 대소동이 벌어졌다. 김규식의 해임과 함께 1920년 9월부터 구미위원부 위원장 대리로 시무하던 현순이 1921년 4월 8일 하오 8시 공식 개최된 구미위원회에서 위원장으로 선출되었다.[31] 현순 측 주장에 따르면 그는 1921년 2월 이승만이 서명한 주미특명전권공사 신임장을 발견한 후 주미공사관 설립을 추진했고, 이승만은 현순을 주미전권공사로 임명함과 동시에 한국공사관 설립에 동의(1921. 4. 4. 전보)했다.[32] 당시 이승만은 미국으로 돌아갈 여행권과 여비를 구하지 못한 상태로 현순에게 여권 마련과 여비 송금을 여러 차례 절박하게 부탁했는데,[33]

---

29 「장붕→이승만」(1921. 6. 24), 『이승만동문서한집』 하, 265~266쪽.
30 「구미위원당 교례」, 『신한민보』(1921. 4. 21).
31 구미위원부, 1921년 4월 9일 통신. 「구미위원당 교례」, 『신한민보』(1921. 4. 21).
32 「이승만→현순 전보」(1921. 4. 4), USC Korean Heritage Library, Soon Hyun Collection; 김도형, 2020, 「현순의 주미공설립 추진과 논의」, 『한국근현대사연구』 93, 136~137쪽.
33 이승만은 현순에게 "내 여비도 보내오. 비밀히 안하면 못가오. 여행권 얻을 수 있으면 전보로 알려주오."(4월 4일)라고 다급하게 요청했다(김도형, 2020, 위의 논문, 136쪽). 이승만은

현순은 이승만이 공사관 설치에 동의해야 여비를 보내겠다고 위협했다.[34] 결국 현순은 이승만의 전보(1921. 4. 4)로 승낙을 받아내 공사관 설립을 추진하며, 필라델피아통신부와 런던사무소 폐쇄를 추진했다. 현순이 공사관을 설치하고 미 국무부와 공한을 주고받자 필라델피아통신부를 이끌던 서재필, 재정을 담당하던 정한경, 법률고문 돌프 등은 격렬하게 반발했다. 명분은 정식 정부가 아닌 임시정부가 정식 공사관을 설치할 경우 외교상 문제가 될 수 있다는 주장이었지만, 실제는 서재필이 운영하던 필라델피아위원부 폐쇄와 재정 축소, 구미위원부의 주도권 상실에 따른 위기감이었다. 우리가 주인인데 손님이 안방을 차지하고 우리를 내쫓을 수는 없다는 것이었다. 흥미로운 것은 21년 뒤인 1942년 말에 이번에는 이승만이 주미외교부(Korea Commission)는 위원부가 아니며 정식 '대한공사관'으로 승격되었다고 주장한 사실이다.[35]

상해 임시정부는 이승만이 도착함으로써 혼란과 분열이 극에 달한 상태였는데, 이제 워싱턴 구미위원부에서도 대파열음이 들리기 시작한 것이다. 이승만은 현순이 공사관을 설립할 뿐 아니라 필라델피아위원부, 런던사무소 폐지를 추진하고 구미위원부 측근들이 모두 반대하는 전문을 쏟아내자 4월 7일 곧바로 현순에게 공사관 설립 중단 지시를 내렸다.[36] 현순은

상해를 떠난다는 사실이 알려지면 떠나지 못하게 될 것이므로 비밀리 돈을 보내라 요청하며, 여권 없이 상해에 왔으므로 미국으로 돌아갈 여권 마련에 골몰하고 있었음을 알 수 있다.

34 현순은 이승만에게 재정이 없어 상해에 돈을 보낼 수 없다(3. 14), 당신의 회답을 보고 여비를 보내겠다(3. 19), 임시정부가 자신을 공사로 임명한다는 전보를 급히 보내라(3. 31)라는 위협적 전문을 보냈고, 4월 4일 이승만의 공사관 설립 허락 전문을 받은 후 여행경비로 1천 달러를 송금하고, 중국 여행권을 가지고 하와이로 오면 위험이 없다(4. 4)고 알렸다. 김도형, 위의 논문, 132~137쪽.

35 임정은 이승만에게 준 신임장에 "주차화성돈전권대표"(駐箚華盛頓全權代表)라고 명시했고, 이승만은 이를 영어로 특명전권공사(a Special Envoy-Extraordinary)로 번역해 미 국무부 등에 제출했다. 이승만은 재정상 준비가 부족해 공사관을 공표하지 못했을 뿐 외국인들은 이승만의 사저를 한국공사관으로 부르며 "전권공사의 지위로 위원부 사무원과 수원 일동을 임명하거나 해임할 권리"를 갖는다고 강조했다. 「주미외교위원부 통신」 제11호(1942. 11. 23).

계속 이승만의 공사관 중단 지시를 거부하며 당신의 지시에 따라 공사관을 추진하며 예산을 집행하겠다고 고집했다.

결국 4월 14일 상해와 워싱턴에서 믿기 힘든 일이 동시에 벌어졌다. 상해의 이승만은 현순 해임을 결정했고,[37] 워싱턴디씨의 현순은 주미공사관 설치를 선언했다.[38] 4월 14일 상해와 워싱턴디씨에서 동시에 벌어진 사건은 구미위원부의 현실을 보여 주는 적나라한 광경이었다. 1921년 4월 14일 상해에서 벌어진 일은 이렇게 기록되어 있다.

구미위원장 사임

4월 14일 오전에 이동녕, 이시영, 안창호, 신규식, 신익희가 대통령 사저를 내방하였다. 조금 있다가 김규식이 와서 자리를 함께하였다. 대통령이 말하기를 "지금 구미위원부 일이 매우 절박합니다. 현순은 마땅히 파면해야 하며 서재필 박사가 임시위원장에 피선되었습니다. 바라건대 여러분들은 비록 공식적인 것은 아니지만 이에 찬동해 주십시오".

김규식이 사면장을 내주면서 말하기를 "뜻을 결정한 지가 오래되었는데, 아직까지 지연되어 미안합니다". 그때 남형우가 역시 자리에 있었다.

김규식이 말하기를 "내가 이와 같은 문제에 답을 하지 못했는데, 나는 그(내용)을 알지 못하겠다".[39]

36 「이승만→KORIC 전보」(1921. 4. 7); 「이승만→서재필 전보」(1921. 4. 7), *The Syngman Rhee Telegram*, Volume IV, pp.74~76; 김도형, 2020, 위의 논문, 139쪽.
37 현순 해임은 1921년 4월 26일 자로 공표되었다. 「구미위원부 위원 현순 해임(임시대통령 이승만→국무총리 임시대리 내무총장 이동녕)」(1921. 4. 26), 『우남이승만문서(동문편)』 9, 39~40쪽.
38 구미위원 정한경이 정리해 공표한 일의 경과는 다음과 같았다. 1921년 4월 14일 구미위원부 26차 통상회의, 현순 공사관 설립 선언, 정한경 반대. 상해 이승만에게 전보. 1921년 4월 17일 이승만 전보. 공관 설립 반대, 현순 사직 지시. 1921년 4월 18일 이승만 전보. 현순 파면 통보. 이승만 전보 현순 해임, 서재필 임시위원장, 법률고문 돌프와 서재필 협동해 재정 정돈 후 보고 지시. 「주차구미위원부 통신 제29호」(1921. 5. 30), 『신한민보』(1921. 6. 16).
39 「비망록: 구미위원부 김규식 사임 상황」, 『우남이승만문서(동문편)』 9, 43쪽.

이승만은 현순을 구미위원부 위원장에서 해임하자고 얘기하는데 김규식이 불쑥 자신이 구미위원부 위원장을 사임하겠다고 사표를 던진 것이다. 김규식으로서는 자신이 사임한 적 없는 구미위원부 위원장을 현순이 맡게 되었고, 그 현순을 불과 며칠 사이에 해임한다는 소동 속에서 도대체 나는 무슨 일이 벌어졌는지 모르겠다는 입장을 표명한 것이다. 김규식은 이미 1920년 8월 7일 송헌주의 해임 문제 등으로 이승만에게 구미위원부 위원장 사직서를 제출했으나,[40] 이승만은 8월 17일 사임을 만류했다. 이에 김규식은 10월 3일 장기 휴가원을 내고 상해로 귀환했던 것이다.[41] 김규식은 1921년 4월 14일에야 대통령 이승만에게 사임서를 제출한 것이다.

그로부터 며칠 동안 이승만은 김규식과 다시 만나고자 시도했다. 이승만이 상해에 도착한 이후 임시정부 각료들은 줄줄이 떠나가고 있었다. 이동휘가 사직(1921. 1. 24)한 이래 국무원 비서장 오영선(이동휘 사위)·법무차장 안병찬·내무차장 이규홍이 사직(2. 4)했고, 교통부 참사 정광호(2. 14), 외무부 참사 황진남(2. 16), 외무부 서기 김일구(2. 19), 내무총장 윤현진(2. 22), 외무부 참사 이장화(2. 26), 교통부 차장 김철(3. 3)이 차례로 사직했다.[42] 구미위원부는 엉망진창이 되어 한 치 앞을 내다보지 못하게 되었다. 이승만은 김규식에게 도움을 청하는 편지를 계속 보냈다. 그러나 김규식은 회피하는 태도를 취했다. 김규식이 이승만에게 보낸 편지(1921. 4. 18)이다.

14 Rue Bourgeat, Local

1921년 4월 18일

이 박사 귀하

---

40 「청원서〔김규식 사면청원서〕」(1920. 8. 7), 『우남이승만문서(동문편)』 9, 73~75쪽.
41 이상훈, 1996, 위의 논문, 70쪽.
42 강덕상, 2017, 위의 책, 337쪽.

어제 오후 5시 반경에 우리 애들 두 명을 시켜 그 편지를 보냈습니다만 이들은 다리를 건너가 잘못된 장소로 가버렸습니다. 다른 Yung Shih Tang으로 갔습니다. 결과적으로 편지를 전달하지 못했습니다. 저녁 식사 후에 우리 새 하인을 정확한 장소로(내 생각으로) 다시 보냈습니다. 그러나 그는 9시 지나서 그곳에 도착했고(그의 말이 그렇습니다) 들어갈 수 없었다고 합니다.

이제 막 귀하의 답장을 받았습니다만, 현재로서는 로[백린]씨를 찾을 수 없기 때문에 귀하가 지정한 시간에 우리가 가는 게 불가능합니다. 오늘 아침에 기상했을 때 옆구리에 통증을 느꼈습니다만 귀하가 오늘 오후 늦게, 오늘 밤 혹은 내일 아침 언젠가로 시간을 변경할 수 있다면 나가서 로[백린]을 수소문해 그에게 알리겠습니다. 귀하의 자택에서 만나는 게 좋을 듯 합니다. 어떻게 하고 싶은지 알려주시기 바랍니다. (경구)
김규식
[필사로 덧붙인 글] 내 생각으로는 다른 사람 및 남[형우]씨가 참석하리라고 봅니다. 그들에게 알렸나요?[43]

김규식의 편지를 받고 이승만은 곧바로 남형우에게 편지(1921. 4. 18)를 썼다. 김규식의 편지를 보니 노백린이 회신하기를 4월 18일 오전 10시 협평리에서 만나기로 했다고 한다. 그 자리에 광림(光臨)해 달라는 내용이었다.[44] 남형우는 북경군사통일회의의 모체가 되는 북경 신대한그룹의 핵심인물이었다. 즉, 신채호, 박용만 등 북경그룹에 속한 인물이었다. 남형우 역시 이승만과의 만남을 회피했다.

---

43 Kiusic Kim→Syngman Rhee(1921. 4. 18), *The Syngman Rhee Correspondence in English 1904-1948*, Volume III. p.25.
44 「이승만→남형우」(1921. 4. 18), 『이승만동문서한집』 상, 28쪽.

4월 18일 저녁에 비공식 각료회의가 개최되었다. 이동녕, 이시영, 안창호, 신규식, 신익희, 김규식, 김여제가 참석했고, 남형우는 병을 이유로 불참했다. 회의 비망록이 남아 있다.

- 이승만: 지금 시국이 어려운 상황인데 모든 일들을 처리해야 하는데 김규식·노백린 두 사람이 오래도록 국무회의 자리(國務會席)에 불참하니 일의 형편이 더욱 어려워지고 있다. 바라옵건대 두 사람은 나랏일(國事)를 위하여 다시 국무회의(國務會席)에 참석하여 함께 뭉쳐 각 사안을 심의 처리하는 것이 소망이다.
- 김규식: 어떤 책략이 있기에 시국을 정돈하려 하는가? 만일 책략이 있다면 나도 당연히 그 책략을 도울 것이다. 도울 책략이 아니면 필요 없이 시일만 낭비할 것이다. 이것은 대통령이 말한 만일 상당한 민의가 있어 상당하는 민의적(民議的) 기관을 경유하여 발표한 후에 사퇴한다 하니 그 이른바 민의기관(民議機關)이란 어느 기관을 지칭하는가? 의정원을 지칭하는가 혹은 국민대회인가 또는 북경단체인가?
- 이승만: 이것은 국무회에서 토의할 것이 아니다. 또 시국정돈책을 말하면 제군과 다함께 모여서 협상한 후에 결정해야 되는 관계이다. 또 제군은 국무원(國務員)의 임무로 국무회의에 참석하여 종전과 같이 공무를 시행하고자 하는가? 이것을 하려 하지 않고 단지 사태를 어지럽게 하려 할 뿐인가?
- 김규식: 내 지금 이 자리에서 구두 청원하겠다. 여러분(諸公)께서 이대로 시행하시오.
- 이승만: 여러분(諸公)께서 모두가 이 구두 청원을 들었을 것이오. 즉시 이대로 처리 결정하시오. 하고 통령이 먼저 회석을 떠났다.[45]

---

45 「비망록(비공식 각원회의 상황 : 1921)」, 『대한민국임시정부자료집』 8(정부수반).

김규식은 4월 18일 비공식 국무회의에서 이승만의 사퇴를 강하게 주장한 것이다. 이승만에게 시국을 타개할 책략이 없으며, 당신이 민의기관을 경유해야 사퇴한다고 하는데 그게 의정원·국민대회·북경군사통일회 중 어떤 것인가 물으며 사퇴하라고 공박했다. 2월 중순부터 시작된 이승만의 자진 사퇴 선언 및 번복의 여파가 지속되고 있었던 것이다. 이승만은 김규식·노백린에게 국무회의로 돌아와 달라고 호소하며, 자신의 사퇴 문제를 국무회의에서 논의할 사안이 아니라고 변명했지만, 김규식은 학무총장 사퇴로 맞받아쳤다. 화가 치민 이승만은 김규식이 구두로 학무총장 사퇴를 청원했으니 당신들이 처리해서 결정하시오 하고 회의장을 박차고 나갔다.

이승만은 김규식을 학무총장에서 해임하기로 결정했다. 4월 22일 이승만은 국무총리 임시서리 이동녕에게 공함을 보내 "학무총장 김규식은 국무회의에 불참하고 정무에 참여(與聞)치 아니한지 이미 한달 여(月餘)이라. 4월 14일에 구미위원장의 직임(任)을 사면하는 사표를 제출하였고 동월 18일에 본통령과 국무원 제공이 회동한 석상에서 현재 지니고 있는(現帶) 학무총장의 직무를 사면한다고 구두 청원한다고 성명(聲言)한지라"라며 김규식의 학무총장·구미위원부 위원장 해임을 요청했다.[46] 이승만은 진정으로 화해해 함께 나아가려고(和衷竝進) 김규식과 4~5차례나 면회하고 충고하는 수고를 아끼지 않았으나 그가 시무할 의사가 없음이 분명하며, "시국 유지 방침"상 어쩔 수 없이 해임하게 되었다는 얘기였다. 이날 이승만은 국무회의에 참석하지 않고 사면도 아니하며 "패려(悖戾)한 언사(言辭)로 위신을 손실"케 한 군무총장 노백린의 해임도 함께 요청했다.[47] 이

---

46 「임시대통령 函(학무총장·구미위원부위원장·군무총장 해임 요청」(1921. 4. 22), 『대한민국임시정부자료집』8(정부수반).

47 이승만은 5월 1일에도 총리대리 이동녕에게 공함을 보내, 군무총장 노백린이 시종 국무회의에 참석하지 않아 여론이 비등하고 나랏일에 피해가 막대〔國事에 胎害가 滋多〕하다며 그를 해임하고, 윤기섭을 군무차장으로 임명해 총장대리를 삼으라고 요청했다. 「임시대통령 函 제6호(군무총·차장 해임과 임명안)」(1921. 5. 1), 『대한민국임시정부자료집』8(정부수반). 그

승만 성토문을 반포하겠다며 가장 강력한 이승만 사퇴설을 주장한 데 따른 문책이었다. 김규식과 남형우는 모두 4월 25일 해임되었다.[48]

이 직후에 개최된 제8회 임시의정원 제3일 회의(1921. 4. 26)는 "대통령 이하 각 중요 당국자(김규식, 노백린, 남형우)를 정부 소재지에 회집케 하여 현 시국 문제를 해결케 할 일", "국무원과 정무조사위원회에서 임시대통령에게 전청(電請)하야 속히 정부 소재지로 오게 할 일"이라고 결의했다.[49] 이승만의 김규식, 노백린, 남형우 해임에 맞서 의정원은 이들과 이승만이 함께 모여 난국을 수습하라고 요구한 것이다.

(4) 이승만·이동휘·안창호, 임정을 떠나다

5월 6일에는 안창호가 노동국총판에서 면직되었다.[50] 이승만은 대통령교서(1921. 5. 17)를 남기고 홀연 상해를 떠났다.[51] 이승만 기록에 따르면 그는 1921년 5월 27일 컬럼비아호를 타고 5월 28일 상해를 떠나, 6월 4일 필리핀 루손〔마닐라〕에 도착했고, 6월 15일 '그리넛스테'호(S.S. Granite State)를 타고 루손〔마닐라〕을 떠나 6월 31일 호놀룰루에 도착했다.[52] 이

런데 어떤 영문인지 노백린은 해임되지 않았다.

48 「國務院 呈文 제17호(결재의 건)」(1921. 4. 25), 『대한민국임시정부자료집』 8(정부수반).
49 『독립신문』(1921. 4. 30); 「제8회 임시의정원 기사」, 『신한민보』(1921. 6. 16).
50 「國務院 呈文 제21호(결재의 건)」(1921. 5. 6), 『대한민국임시정부자료집』 8(정부수반); 「三閣員의 辭職」, 『독립신문』(1921. 5. 7); 「대한민국임시정부공보 제21호」(1921. 5. 31). 자료에 따르면 안창호의 면직일은 1921년 5월 11일이다.
51 강덕상은 "6개월간 대통령 자리에 있던 이승만은 이동휘, 안창호, 이광수를 이반 또는 탈락시켰고, 스스로 사면초가가 되어 임시정부를 와해 상태에 빠뜨렸다"라고 평가했다. 강덕상, 2017, 위의 책, 357쪽.
52 「이승만→장붕」(1921. 7. 6), 『이승만동문서한집』 상, 45~49쪽. S.S. Granite State호는 1920년 진수되어, 1921년 3월 7일 태평양우편증기선회사(the Pacific Mail Steamship Company)에 인도되었다. 1921년 4월 4일부터 이 배는 샌프란시스코에서 호놀룰루, 마닐

승만이 하와이로 향하던 시기 이동휘는 6월 19일 상해발 기선 폴레캇트호(S.S.Paul Lecat)를 타고 베를린으로 향하고 있었다.[53] 그의 최종 목적지는 모스크바였다. 상해 임시정부의 세 축이던 대통령 이승만, 국무총리 이동휘, 노동국총판 안창호는 모두 이렇게 임시정부를 떠났다. 이승만과 이동휘는 각각 지구 반대편 미국과 소련을 향해 떠났고,[54] 안창호는 상해에 잔류했다. 주역들이 떠나자, 임시정부를 유지할 동력과 민심의 환호도 급속히 냉각되었다.

이승만이 표연히 미국으로 떠나자, 상해에서는 각종 풍설이 난무했다. 하와이에서는 대통령이 야반도주했다고 박용만 측 신문이 보도해서 이승만 지지자들에 의해 그 유명한 『태평양시사』 습격 사건이 벌어지게 되는 것이다. 박용만의 국민군단 기관지 『태평양시사』는 1921년 7월 23일 자(제109호)에 「도망자 탐문」이라는 기사를 게재해 이승만이 상해에서 야반도주했다는 내용의 기사를 실었다. 이에 격분한 이승만 지지자들은 2차례 『태평양시사』를 습격해 직원들을 구타하고, 인쇄기와 활판기계를 파괴했다. 총 10명이 상해를 입었고, 이승만 지지자 43명이 경찰에 체포되는 대소동이 벌어졌다.[55] 이승만의 비선 장붕은 대통령이 이완용과 같다는 질책을 들으며 한 청년에게 구타당했고, 대통령이 소학교에 가니 어린아이들이

라, 사이공, 싱가폴, 캘거타를 왕복했다. 1923년 프레지던트폴크(President Polk)호로 선명이 변경되었고, 1940년 프레지던트테일러(President Taylor)호로 재차 변경되었다. 1942년 캔톤섬(Canton Island)에서 좌초되었다. https://en.wikipedia.org/wiki/SS_President_Taylor#cite_ref-15(2021. 12. 15. 검색).

53 강덕상, 2017, 위의 책, 359쪽.
54 이동휘는 1921년 5월 18일 이관민(李寬民)이라는 이름으로 중국 여권을 발급받았다(강덕상, 2017, 위의 책, 387쪽).
55 김도형, 2010, 「하와이 대조선독립단의 조직과 활동」, 『한국 독립운동사연구』 37, 230~233쪽; 「布哇에서의 이승만과 박용만파와의 쟁투에 관해 1921년 8월 6일 자로 재호노루루 총영사가 외무대신에 보고한 요지」; 「布哇에서의 한국인의 쟁투와 이승만의 不人氣에 관해 1921년 10월 12일 자로 조선총독부 경무국장이 외무차관에 통보한 요지」, 1976, 『한국민족운동사료(중국편)』, 국회도서관, 344~350쪽.

이완용 같은 놈이라고 발을 붙이지 못하게 하여 3차례나 허탕을 쳤다는 풍설이 상해에 만연하다고 보고했다.[56]

이승만과 김규식의 관계는 회복 불가능한 내상을 입었다. 장붕은 김규식이 북경에 갔을 때 기호인사 40여 명이 환영식을 하는 자리에서 이승만을 공격했다고 전했다. 김규식이 구미위원장 사면서를 4월 20일경에 제출했는데, 구미위원부 공보에는 3월 15일 대통령 특전(特電)으로 해임했다고 하니 이승만이 전단독행(專斷獨行)했다는 비판이었다.[57] 이승만도 가만히 있지는 않았다. 장붕에게 보낸 편지(1921. 7. 16)에서 이승만은 이렇게 썼다.

> 김규식 사면일자를 사퇴 전에 미리(豫先) 단행하였다고 논평한다 함은 부분에 지나지 않는 것(不過枝節의 端末)이라. 근본적 관계에는 손익이 전혀 없는 것(都無한 자)이니 김이 여차한 사소한 것(小節目)으로 인하야 큰일을 고려하지 않는다면(大事를 不計) 기 언론이 마침내 불평자의 감정에 불과할지라. (중략) 나(我)는 사실대로 행하야 대국을 위하는 것뿐이니 김이 아무리 억지로 트집을 잡고자(吹毛覓疵코자) 하나 사실은 바꾸어 변하게(變改)할 수 없는 것이외다.[58]

이승만 자신은 대국, 대세, 근본적 이익을 위해 일하는 것뿐이고 김규식은 불평자의 감정으로, 먼지털이 식으로, 지엽말단의 일로 자신을 공격하는 것뿐이라고 힐난한 것이다.

나아가 이승만은 국내의 이상재에게 편지(1921. 7. 29)를 보내 소수

---

56 「장붕→이승만」(1921. 6. 18), 『이승만동문서한집』 하, 262쪽.
57 「장붕→이승만」(1921. 6. 24), 『이승만동문서한집』 하, 265~266쪽.
58 「이승만→장붕」(1921. 7. 16), 『이승만동문서한집』 상, 142~143쪽.

인사가 백방 파괴운동을 벌이고 있다며 "〔북경〕 박용만, 이동휘, 남형우, 신숙 등은 〔상해〕 김규식, 안창호, 여운형 등으로 연락하여 파괴주의를 선전"하고 있으며, 안창호, 여운형은 연설회를 열고 국민대회를 소집해 시국문제를 해결하자고 주장한다고 비판했다.[59] 이제 김규식은 정부 "파괴운동"을 일삼는 "소수지인"(小數之人)이 된 것이다.

---

[59] 「이승만→이상재」(1921. 7. 29), 『이승만동문서한집』 상, 106~109쪽.

2 새로운 세 가지 방향: 국민대표회의·중한호조사·극동민족대회

(1) 이승만, 이동휘, 안창호, 김규식의 길

대통령 이승만, 국무총리 이동휘, 노동국총판 안창호, 학무총장 김규식은 임시정부를 떠난 후 각자 새로운 방향을 모색했다. 먼저 이승만과 서재필은 대통령직과 구미위원부의 위기를 외교로 돌파하기로 결심했다. 이승만이 미국행에 앞서 발표한 교서에는 "외교상의 급무"를 언급했는데, 이는 1921년 말로 예정된 태평양회의 개최였다. 1918년 말~1919년 초 대한인국민회를 중심으로 고조되던 파리평화회의를 향한 기대와 희망에 대해 이승만과 서재필이 보여 줬던 냉담하고 관조적 자세와는 정반대되는 것이었다. 이승만과 서재필은 미일 갈등설·미일 개전설은 물론 신임 미국 대통령 토머스 하딩(Thomas Harding)이 취임 전 한국 독립을 약속했다는 주관적 확신을 바탕으로 태평양회의를 향한 기대를 부풀렸다.[60] 파리강화회

---

60 현순에 따르면 서재필은 1920년 1월 2일 오하이오주 컬럼버스에서 주립대학에 재학 중인 이병두의 주선으로 오하이오주 메리언에서 8백 명이 참석한 대회를 개최하고 결의안을 신임 대통령 토머스 하딩에게 제출했다. 1월 3일 서재필은 하딩과 면담했는데 (1) 미일 개전: 한국과 중국이 합력해서 정식으로 일본에 개전을 선언하면 미국은 동양 상업·경제 관계로 방

의에 대한 기대와 임시정부 수립으로 이어진 외교독립노선의 관성은 아직까지 중요한 동력이었다. 재미 한인사회는 또다시 태평양회의를 위한 재정적·정신적 지원을 아끼지 않았고, 상해 임시정부와 국내 이승만 지지세력의 열성적 지지가 이어졌다. 태평양회의와 해군군축회의가 영일동맹 해체와 미일 개전으로 이어진 것이 아니라 일본을 세계 3위 군사강국으로 인정한 결과로 이어졌고, 한국대표단에게는 어떤 기회도 주어지지 않았다. 대실패가 명백해지자 1차 대전 후 경기 하락 속에 최선을 다해 지원했던 재미 한인사회의 독립열은 급속히 냉각되었다. 재정 궁핍을 당한 구미위원부는 문을 닫는 수밖에 없었다. 이승만은 1925년 임시의정원에 의한 대통령 탄핵(1925. 3. 18) 후 면직(1925. 3. 23)이라는 이중 과정을 통해 임시정부에서 추방되었다.[61] 재미 한인사회는 만주사변이 발발할 때까지 원기를 회복할 수 없게 되었다.

이동휘는 임시정부 명의로 레닌 정부에서 지원받은 자금 40만 금 루블을 확보하고, 1921년 5월 상해에서 고려공산당을 창당한 후 원기 왕성하게 모스크바로 향했다. 그러나 그를 기다리는 것은 이르쿠츠크파와의 뼈아픈 갈등과 분쟁이었다. 1921년 6월 러시아 자유시(알렉세예프스크, 러시아혁명 후 스보보드니)에서는 상해파 고려공산당과 관련된 독립군·사할린의용대가 이르쿠츠크파 고려혁명군과 러시아군에 의해 대학살되는 자유시참변(흑하사변)이 벌어졌고, 코민테른 극동부는 이르쿠츠크파를 지원하며 극동민족대회를 일방적으로 추진했다. 모스크바 "노농정부 레닌 직속"이라는 별칭을 가지고 있던 이동휘는 모스크바 외교 로비를 통해 돌파구를

조할 도리가 있다. (2) 미국의 대한국조약상 의무: 대통령 취임 후 외교를 연구할 테니 한국에 대해 조약상 실책을 개정할 수 있는 대로 용심용력(用心用力) 하겠다. (3) 백악관(白宮) 연락의 특권: 서재필이 때때로 백악관에 오거나 김규식을 방문케 하라는 협의가 있었다는 것이다. 「업무보고(현순-이승만)」(1921. 1. 13), 『대한민국임시정부자료집』 17(구미위원부 I).

61 「임시대통령 탄핵·면직·선거」(1925. 3), 『대한민국임시정부공보』 제42호(1925. 4. 30), 『대한민국임시정부자료집』 8(정부수반).

마련하려고 했으나, 통일과 지도를 명분으로 한 모든 시도는 2개의 고려공산당 간 파쟁을 심화시켰고, 코민테른이 주선한 양파의 통일당대회도 무산되었다. 상해파는 레닌자금 40만 금을 횡령해 국내에서 사기공산당 사건을 일으켰다는 횡령 혐의를, 이르쿠츠크파는 자유시참변을 일으켜 독립군을 학살했다는 혐의에서 자유로울 수 없었다. 양파의 대립은 1923년 국민대표회의에서 개조파와 창조파 간 대립의 주요 동력이 되었다.

안창호와 김규식은 국내외 단체·조직의 총의를 모아 국민대표회의를 개최함으로써 임시정부의 돌파구를 연다는 방향에 공감했다. 상해 임시정부를 실질적으로 이끌던 안창호는 이승만이 상해에 도착한 이후 그를 설득해 임시정부의 체제 변화와 활로 모색을 꾀했다. 1921년 2월 안창호는 정부기구를 축소하고 연합사무제를 제안했지만 이승만 등의 반대로 좌절되었다. 이승만이 자진해서 대통령직 사임을 약속한 후 이를 뒤집자, 갈등과 대립은 걷잡을 수 없는 형국이 되었다.[62] 안창호는 1921년 3월 15일 김철, 이탁, 박은식, 박보연 등과 함께 대한국민대표회준비촉진회를 결성해 임시정부 개조를 추진하기로 결정했다.[63] 임시정부의 주역이었던 안창호조차 "현 임시정부는 박약하여 국민의 신용을 해치고 있으므로 도저히 우리 국민대업의 목적을 이룰 수 없으므로 속히 이를 개조하는 동시에 정부의 명칭을 폐지하고 위원제도로 조직을 변경할 것"을 결정하는 상황에 도달한 것이다. 국민대표회의는 상해 정국의 핵심 사안이자 태풍의 눈이 되었다.

---

62 『안창호일기』(1921. 2. 3, 1921. 2. 27); 조철행, 2011, 『국민대표회 전후 민족운동 최고기관 조직론 연구』, 고려대학교 박사학위논문, 44쪽.
63 「국민대표회 개최 준비상황에 관해 1921년 3월 21일 자로 재상해 총영사가 외무대신에 보고한 요지」, 『한국민족운동사료(중국편)』, 277~278쪽.

(2) 국민대표회의 추진

1921년 5월 12일과 19일, 국민대표회의 촉진 연설회가 개최되었다. 300여 명이 참가한 5월 12일 연설회의 발기인은 김병조, 나용균, 이영렬, 서병호, 한진교 등이었고, 여운형이 연설했다. 대부분이 신한청년당과 임시정부 인사들이었다. 여운형은 "과거의 운동은 대외(對外)하여는 불과 국제도덕에 호소한 것뿐이오 대내(對內)하여는 부분적으로 계통 없이 조리 없이 책략 없이, 다시 말하면 아무 두서없이 지내왔"다며 국민대표회 개최를 주장했다. 5월 19일 제2회 연설회에서 안창호는 현존하는 정부와 의정원을 절대로 인정하지만 개조가 필요하다고 연설했다. 이 자리에서 국민대표회 기성회가 조직되어 추천 후보자 40명을 투표해서 그중 여운형, 이탁, 안창호, 서병호, 김병조, 김규식, 남형우, 송병조, 최동오, 윤현진, 이영렬, 도인권, 김만겸, 김철, 양헌, 원세훈, 나용균, 이규홍, 한진교, 이원익 등 20명을 선출했다.[64]

상해국민대표회기성회 위원으로 선출된 김규식은 6월 2일 원세훈과 함께 북경에 올라가 북경군사통일회 측에 국민대표회의에 관한 사항을 협의하자는 공함을 보냈다.[65] 자세한 상황은 알려지지 않았으나 북경의 박용만과 국민대표회의 개최에 대한 합의가 이뤄진 것으로 보인다. 6월 17일 안창호는 북경에 체재 중인 박용만과 상해국민대표회의기성회 위원 김규식의 초청전보(招電)를 받고 북경으로 향했다. 상해와 북경 측 합의가 이뤄져 북경대표자 15명을 선출했다. 이후 김규식은 6월 하순, 안창호는 6월 26일 상해로 귀환했다.[66]

---

64 「국민대표회촉진의 제2회 대연설회」, 『독립신문』(1921. 5. 21).
65 「군사통일회의기사대략(속)」, 『大同週報』 제4호(1921. 7. 19).
66 조철행, 2011, 위의 논문, 78쪽; 「장붕→이승만」(1921. 6. 29), 『이승만동문서한집』 하, 267~268쪽.

7월 16일부터 상해의 김규식, 원세훈, 여운형, 윤현진, 이탁, 북경 측 박건병, 최목 등을 준비위원으로 해서 국민대표회 준비회가 꾸려졌다. 국민대표회의는 1921년 9월 15일경 개최 예정으로, 장소는 남경·북경, 사용할 연호로 민국·기원 등을 논의했다는 일제의 정보보고에[67] 비춰 본다면 매우 급박하게 일이 추진되는 단계였음을 알 수 있다. 여기서 상해와 북경을 연결하는 역할을 김규식이 담당한 것이다. 박용만의 숙부 박희병(박장현)으로부터 비롯된 김규식과 박용만의 인연은 반이승만·국민대회 개최라는 공통점을 중심으로 나아가고 있었다.

　상해, 북경, 천진 등 국민대표회 기성회를 바탕으로 1921년 8월 국민대표회주비회가 조직되었다.[68] 상해국민대표회기성회 위원 30명, 북경교민회 선출위원 15인, 북경군사통일회 선출위원 5인, 천진교민회 위원 5인으로 국민대표회주비위원회가 조직된 것이다. 주비위원회는 회의 장소는 상해, 회의 일시는 1921년 11월 상순 개최, 대표 선출은 계별·구역별로 나누어 선정한다는 방침을 정했다. 그러나 1921년 추진되던 국민대표회의는 경비 문제, 워싱턴회의(1921. 11. 12~1922. 2. 6)에 대한 기대, 연호 문제, 넷째로 임시정부의 반대 때문에 추진 동력이 약화되었고,[69] 워싱턴회의, 모스크바 극동민족대회가 끝난 뒤인 1923년을 기다려야 했다.

(3) 김규식과 중한호조사

국민대표회의와 함께 김규식은 한중연대의 새로운 길에 동참했다. 중한호

67　「國民代表會に對する各派の動向報告の件」(1921. 8. 5), 金正明, 1967, 『朝鮮獨立運動』 2, 原書房, 161쪽; 조철행, 2011, 위의 논문, 78쪽.
68　「국민대표회의에 대하야(중)」, 『독립신문』(1922. 8. 12); 조철행, 2011, 위의 논문, 80쪽.
69　조철행, 2011, 위의 논문, 81~83쪽.

조사(中韓互助社)는 1920~1930년대를 대표하는 한중 국제연대의 구현체였는데, 김규식은 1921년 이 움직임의 출발부터 함께했다.[70] 이는 1930년대 김규식의 대일전선통일동맹, 중한민중동맹 등 한중 국제연대의 흐름으로 이어지는 것이었다.

중한호조사는 1920년대 초 중국 각 지역에서 조직되기 시작했다. 그 출발은 1920년 10월 중국국민당 계열의 정치지도자인 오산(吳山), 서겸(徐謙)과 상해 임시정부 요인들의 논의에서 비롯되었다. 오산(吳山)은 1930년대까지 중한호조사를 이끈 중심인물로 호법(護法)운동에 참가하고 광동군정부(廣東軍政府) 대원수부 비서와 사법부 차장을 지낸 바 있는 손문의 측근이었다. 1921년 3월 이후 친한적 국민당 지도자들의 주선과 임시정부 임시선전원들의 활동의 결과 호남성 장사(長沙)를 필두로 안휘성 안경(安慶), 호북성 한구(漢口) 등지에서 중한호조사가 조직되었다. 1921년 5월 전국적 조직으로 상해에 중한국민호조사(中韓國民互助社) 총사(總社)가 조직되었다. 1921년 9월에는 신규식의 광주 호법정부(護法政府) 방문에 맞추어 중한협회(中韓協會)가 만들어졌으며, 이후 사천성 중경(重慶), 흑룡강성 하얼빈(哈爾濱), 기타 동북3성 등지에도 중한호조사가 만들어졌다. 중한호조사 내지 중한협회는 모두 임시정부 측에서 파견된 임시선전원들과 해당 지역의 국민당 계열 진보적 인사들로 구성되었는데, 이들 가운데 특히 오산(吳山)은 중한호조총사 이사장으로서 중한호조사의 성립과 활동에 핵심 역할을 맡았다. 이들 중한호조사에서는 성립대회, 간담회(茶話會), 강연회 등 각종 집회를 통하여 식민지 한국의 참상을 전하고 한국 독립을 지원하는 활동을 전개하였으며, 중한어학강습소 등의 운영을 통하

---

70 중한호조사에 대해서는 다음을 참조. 배경한, 2018, 「박은식과 '중한호조'」, 『진단학보』 180; 조덕천, 2021, 『1920년대 중한호조사의 결성과 한중연대』, 단국대학교 대학원 사학과 박사학위논문.

여 망명 한인들을 실제적으로 돕는 등 '중한호조'를 실천하였다.[71]

김규식은 여운형과 함께 1921년 상해에서 조직된 '중한국민호조사(中韓國民互助社) 총사', 즉 중한호조사의 전국 본부를 주도했다. 일제 정보보고에 따르면 김규식·여운형은 중국의 배일 유력자인 학조선(郝兆先)·황경완(黃警頑)의 도움을 얻어 1921년 5월 28일 상해 프랑스 조계 민생여학교(民生女學校) 내에서 중한국민호조사 발기총회를 개최하고 한국·중국 측 각 10명의 평의원을 선출했다.[72] 한국 측 평의원은 김규식, 여운형, 이탁, 한진교, 김철, 윤현진, 김문숙(金文淑), 김홍서, 서병호, 이원익, 중국 측 평의원은 학조선, 황경완, 이대년(李大年), 유종주(兪宗周), 여붕(余鵬), 왕길인(王吉人), 심중준(沈仲俊), 손경아(孫鏡亞), 하세정(何世楨), 유육지(喩育之) 등이었다.[73] 한국 측 김규식, 여운형, 한진교, 김철, 서병호 등은 모두 신한청년당 당원 출신이며 나머지 인물은 모두 임시정부 직원·의정원 의원 출신이다. 김문숙은 김규식 아내 김순애의 중국 이름이다.[74] 중국 측 인사는 대부분 일본·미국에서 유학한 인물들로 국민당 계열이었다.[75]

『신한민보』에 따르면 '한중호조사'는 한중 양국 인민이 호조의 정신으로 양 국민의 행복을 계도하는 데 중점을 정하고 중국 각 지방에 한중호조사를 설립하였는데, 그간 한중 양국 각계 대표와 기타 유지남녀 제사가 상해 민생여학교에서 회동하여 각성의 한중호조사를 연락하여 총사를 설립하고 평의원을 선정한 것이었다.[76] 중한호조사는 이후 1920~1930년대를

---

71 배경한, 2018, 위의 논문, 221쪽.
72 「中韓國民互助社 組織에 관한 件」(1921. 6. 18), 『不逞團關係雜件 朝鮮人ノ部 在上海地方』 3.
73 「互助社總社 設立」, 『독립신문』(1921. 8. 15).
74 조덕천, 2021, 위의 논문, 113, 124, 146쪽; 1943년 민족혁명당 중요간부 이력서에 따르면 '金文淑, 55세, 서울 출신, 서울 이화학당 졸업, 애국부인회 회장 역임, 현 조선민족혁명당 당원, 여자'로 되어 있다. 『대한민국임시정부자료집』 37(조선민족혁명당 및 기타정당).
75 조덕천, 2021, 위의 논문, 125~126쪽.
76 「한중호조사의 활동」, 『신한민보』(1921. 11. 3).

대표하는 한중연대의 실현체로 활약하게 된다. 중한호조사에는 중국국민당 계열만 가담한 것이 아니었는데, 1921년 3월 17일 성립된 장사 중한호조사(長沙中韓互助社)에는 임정을 대표하는 이우민(李愚珉), 황영희(黃永熙, 외무부 임시선전원), 이기창(李基彰) 등이, 중국인 측에서는 모택동(毛澤東), 하숙형(何叔衡), 하민범(賀民範) 등이 참가한 것으로 되어 있다.[77] 모택동은 1921년 여름 상해에서 비밀리 진행된 중국공산당 창당대회에 출석하기 위한 목적이 있었을 것이다. 중국 측 연구는 『모택동연보』(毛澤東年譜) 등에 근거해 장사 중한호조사가 3월 14일, 선산(船山)학사에서 창립되었다고 보고 있다.[78]

1921년 중한호조사의 활동 가운데 가장 주목을 받은 것은 바로 워싱턴회의를 향한 기대와 지지였다. 중한국민호조사는 1921년 8월 15일 워싱턴회의에 제출할 선언서를 발표했다.

1. 한국은 절대로 독립을 요할지니 일본은 1905년 체결한 불법의 합병조약을 취소할 일
2. 일본은 한국에서 정치경제급 군사상 시설을 일체 철거할 일
3. 한국과 및 원동공화국에서도 대표를 파견하여 동회의에 출석케 할 일
4. 한중 양국의 주권과 동아평화에 방애(妨礙)되는 영일속맹(續盟)을 취소할 일
5. 1915년 5월 26일에 체결한 중일협약 21개조와 만몽철로초약(草約)과 고서순제(高徐順濟) 양로초약(兩路草約) 급 랸싱 석정(石井)의 선언

---

77 방선주, 1979, 「재상해일본총영사관(在上海日本總領事館) 경찰부(警察部) 1930년대 상해(上海) 거주 한국인의 실태」, 『신동아』 8월호, 492~501쪽; 강기주, 1997, 「중한호조사연구」, 가천대학교 아시아문화연구소, 『아시아문화연구』 2.
78 이영춘(李永春), 2005, 「모택동과 장사(長沙)한중호조사」, 상해대한민국임시정부 옛청사관리처 편, 김승일 옮김, 『중국항일전쟁과 한국 독립운동』, 시대의창.

〔Lansing-이시이협정〕을 모두 취소할 일
6. 중국은 무조건으로 교주만(膠州灣)과 및 일본이 산동에서 강점한 일체 권리를 회수할 일
7. 일본이 만몽(滿蒙)과 복건(福建)에서 가진 소위 특수세력을 없이할 일
8. 중국은 대만을 회수할 일
9. 중국은 외국인에 허하였던 영사재판권과 우정권을 회수할 일
10. 각국은 중국에서 조차하였던 조계를 반환할 일
11. 각국은 중국에서 주둔하였던 군대를 철퇴할 일[79]

11개조 가운데 3개조는 한국, 7개조는 중국, 1개조는 공통의 이익을 거론하고 있음을 알 수 있다. 중국은 태평양회의에서 영일동맹 폐기와 중국 주권 수호에 큰 관심을 갖고 있었기 때문에, 중한호조사의 이름으로 이와 같은 공동선언서를 발표했을 것이다.

상해 중한국민호조사 총사는 1921년 12월 2일 워싱턴회의에 "중한 국민이 한국 독립을 계속해서 주장하니, 대회에서 표결해 줄 것을 요청한다"는 급전을 발송하기도 했다.[80] 그러나 이 시점에 김규식은 이미 여운형 등과 함께 상해를 출발해 극동민족대회 개최 예정지인 이르쿠츠크로 향하고 있었다.

(4) 워싱턴회의와 극동민족대회의 갈림길

여운형이 일제 경찰 심문 과정에서 진술한 바에 따르면 워싱턴회의와 극동

---

79 「한중호조사의 활동」, 『신한민보』(1921. 11. 3).
80 「中韓互助社致太會電」, 『民國日報(상해)』 1921. 12. 3; 조경천, 위의 논문, 141쪽.

민족대회에 대한 대응을 둘러싸고 신한청년당은 큰 내부 분열에 빠졌다. 신한청년당에서 여운형·김규식은 극동민족대회 참가를 주장한 반면 이유필, 조상섭, 김병조, 손정도 등은 워싱턴회의 참가를 주장했고, 이들은 자신들의 견해가 받아들여지지 않자 신한청년당을 탈당했다는 것이다.[81] 그런데 사건 발생 9년 뒤 일제 심문 과정에서 나온 여운형의 진술은 사실관계를 정확히 기억한 것은 아니었다. 워싱턴회의 참가를 주장해 신한청년당을 탈당했다는 조상섭·김병조·손정도는 상해 '조선예수교대표회'의 일원으로 현순을 극동민족대회에 파견한다는 위임장에 서명한 사실이 확인되기 때문이다.[82] 신한청년당 당원으로 극동민족대회에 참석한 사람은 여운형(고려공산당 대표), 정광호(화동한국학생연합회 대표), 김규식(신한청년당 대표) 등 3명인데, 이들은 모두 고려공산당 중앙위원회 김만겸의 추천을 받았거나 고려공산당 후보당원으로 되어 있었다.[83] 일제의 정보기록에 따르면 신한청년당 내부에서 워싱턴회의 참가를 주장하며 임시정부 측에 속하는 김구·장붕·이유필·김인전·도인권·최일·안정근·이규서·신창희 등이 탈당했다고 되어 있다.[84] 신한청년당은 김규식·여운형이 극동민족대회로 떠난 직후인 1921년 11월 7일 미 국무장관 휴즈(Charles E. Hughes) 앞으로 청원서를 송부했다.[85] 여하튼 신한청년당 내부에서 워싱턴회의냐

81 「피고인신문조서(제2회)」(1930. 2. 27. 서대문형무소), 『몽양여운형전집』 1, 567쪽.
82 한규무, 2004, 「극동인민대표회의에 참가한 '조선예수교대표회' 현순의 '위임장'과 그가 작성한 '조사표'」, 『한국근현대사연구』 30, 206쪽. 서명자는 김병조, 조상섭, 손정도, 김인전, 송병조, 현순이다.
83 임경석, 1999, 「극동민족대회와 조선대표단」, 『역사와현실』 32, 38~46쪽; 한규무, 2004, 위의 논문, 206쪽.
84 국회도서관, 1979, 『한국민족운동사료』 3·1운동편 3, 290쪽.
85 청원서 내용은 만약 일본이 현재의 정책을 지속한다면 세계평화는 확보되지 않고 조선 독립이 극동에서 평화를 유지하는 길이므로 모든 국가가 조선 독립을 도와야 한다는 것이었다. Young Korean Independence Party Representative to Hughes, November 7, 1921, 310 Korea in Records of the Conference on the Limitation of Armament, 1921-1922, RG 43, Box. 244; 나카다 아키후미, 2008, 위의 책, 337쪽.

모스크바 극동민족대회냐를 둘러싸고 대립이 격화되었고, 김규식과 여운형은 극동민족대회를 선택한 것이다. 극동민족대회에서 돌아온 여운형은 신한청년당에 경과를 보고했다.[86]

강덕상은 당시 여운형이 워싱턴회의에 대한 중국공산당의 평가에 공명하고 있었다고 분석했다. 여운형은 "세계대전을 통해 강탈한 수확을 분할하는 것을 중심으로 제국주의 국가 간에 일어난 알력과 모순을 완화하고 전리품 분배를 다시 새로 하자고 하는 자본주의 국가 사이의 회합(워싱턴회의)에 대항하는 새로운 의미의 사명을 띠는 것이 극동 피억압 약소민족의 회동(극동민족대회)"이라는 입장을 피력했는데, 당시 중국공산당의 장국도(張國燾)의 견해와 유사한 것이었다.[87] 김규식도 베르사유조약 체제에서 제국주의 국가들이 말하는 정의·인도라는 것에 대한 부정적이고 비판적 인식을 공유하고 있었다.

김규식은 여운형과 함께 극동민족대회를 선택했다. 동아시아에는 파리강화회의·국제연맹에 대한 실망과 반비례해서 혁명러시아에 대한 기대와 관심이 고조되었다. 사회주의, 모스크바에 대한 기대와 새로운 가능성을 향한 희망이었다. 제1차 세계대전을 통해 짜르전제를 무너뜨린 1917년 혁명의 힘, 1918~1922년간 제국주의 국가들의 간섭, 시베리아 출병 및 시베리아 내전을 이겨낸 군사적 저력, 식민지·반식민지·약소민족에 대한 직접적 지원과 연대를 표명한 국제연대 정신 등이 이들을 사회주의, 공산주의, 모스크바로 향하게 했다.

혁명 후 러시아는 내전이 진행되는 와중에 제국주의 국가들의 시베리아 출병으로 백위파 정권이 수립되어 다수의 전선에서 내전을 치러야 했

86　강덕상, 2017, 위의 책, 430쪽. 프랑스 조계 31리의 서병호 집에서 열린 보고회에는 서병호, 김순애, 김인전, 김철, 한진교, 주현칙 등이 참석했다.
87　여운형, 1936, 「나의 회상기, 여행편」, 『중앙』 3월호, 『몽양여운형전집』 1, 44쪽; 강덕상, 2017, 위의 책, 337쪽.

다. 1920~1922년간 극동공화국 수립에서 드러나듯 소비에트러시아는 제국주의 국가들과 타협적이고 현실적인 방안을 모색해야 했다. 소비에트러시아는 극동의 식민지·반식민지 및 다양한 민족의 지원이 절실하게 필요했다. 출병 국가 가운데 막강한 군사력을 시베리아에 투입할 수 있는 능력을 지닌 일본이 가장 위협적 존재였다. 일본에 맞서 거세게 반일 독립운동을 전개하고 있던 한국 독립운동 세력은 소비에트러시아가 현실적인 도움을 기대할 수 있는 중요한 연대의 대상이었다. 1920~1924년간 소비에트러시아의 상해 임시정부, 한인사회당, 고려공산당에 대한 재정적, 조직적, 정치적 지원은 소비에트러시아가 당면한 국내·국제적 상황을 반영한 것이기도 했다. 소비에트러시아의 현실적 지원은 한국 독립운동 진영에 절호의 기회였다. 관대하고 우호적인 호의가 제공되었으나 이는 양날의 검과 같아서 이후 한국 독립운동 진영에 씻을 수 없는 상처를 남겼다.

1921년 김규식은 이르쿠츠크파 고려공산당 후보당원이 되었고, 극동민족대회 대표로 선발되어 소비에트러시아로 출발했다. 김규식이 언제 이르쿠츠크파 고려공산당에 가담했는지는 미상이다. 다만 그와 신한청년당을 함께했던 여운형, 조동호 등은 물론 이후 민족주의 노선을 걷는 김승학, 김시현이 모두 이르쿠츠크파 고려공산당 당원이 되었고, 박헌영과 함께 화요회계 3총사로 불린 김단야, 임원근은 이르쿠츠크파 고려공산당 후보당원, 최창식·김원경은 당원이 되었다.88 어제의 민족주의자가 오늘의 사회주의자로 변신하고, 1919년 파리강화회의의 주역들이 1922년 모스크바 극동민족대회의 중심인물로 변화한 것이다. 상해는 독립과 혁명의 기운이 이글거리는 곳이었고, 시대의 추향(趨向)을 따라 독실한 기독교 지도자이던 김규식, 여운형, 현순이 고려공산당의 외피를 썼다. 파리강화회의에서 모스크바 극동민족대회로의 전환은 혁명적인 것처럼 보였지만, 외교 대상

---

88 임경석, 2003, 『한국사회주의운동의 기원』, 역사비평, 508쪽.

이 미국에서 소비에트러시아로 대체된 것이었고, 본질적으로는 외교독립 노선의 시대적·상황적 변용이었다.

부록

1. 신규식이 안창호에게 보낸 전한족대표위원회 개최 요구 편지(1919. 2. 8)

(1쪽)

上海에서 僑居하는 申檉 及 其同人은 遠히 萬里異域에 在하야 祖國光復을 爲하야 晝宵로 焦慮하고 勞苦하는 在米 大韓人國民會 모든 同胞에게 血을 泣하야 謹告하나이다.

國恥十年에 先輩憂國者의 勤苦한 光復運動도 屢[累]起하엿고 여러 有爲한 同胞 志士가 敵手에 犧牲이 되엿스나 時機가 未熟하야 所期를 達치 못하더니 今에 天 吾族을 衷愛하샤 正義와 自由로 世界를 改造하는 機會를 쥬시니 實로 此는 吾族이 國恥 以來로 初遇하는 好機會일뿐더러 한번 此機를 失하면 다시 世界의 大變動이 起하기까지 如此한 機會를 得하기 難할지라

(2쪽)

實로 吾族은 必死의 誠과 力을 竭하야 目的을 貫徹하여야 할 것이로소이다. 生死興亡의 分岐點에 立한 檉等은 晝宵焦慮하던 次에 果然 吾族의 先覺이시고 光復運動의 最古한 歷史와 最大한 實力과 最熾한 誠意를 가지신 貴會가 率先하야 神聖한 運動을 開始하시고 平和會議에 代表를 派遣하섯다는 報道를 들으매 眞情의 欣躍과 感謝를 不禁하엿고 更히 遠東同胞가 代表로 金奎植氏를 派遣함을 보오매 再次 欣躍과 感謝를 不禁하나이다.

그러나 反面思之컨대 或은 在米韓族의 代表라 하고 或은 遠東韓族의 代表라 하며 또 或은 西伯利亞韓族의 代表라 하야 二三

(3쪽)

의 部分的 代表를 見하게됨이 人으로 하여곰 吾族의 一致를 疑心케할지니 莫大한 生命과 財産을 犧牲한 俄國도 統一政府가 업슨 緣故로 하야 平和會議에 對한 言權의 有無가 問題라 하거든 하물며 新히 統一한 國民인 承認을 要求하는 吾族에게 民族的 大同團結이 업고야 엇지하오릿가. 二三人의 代表가 平和會議의 開催地에 派送된 것이 緊要한 일이 아니오 全民族의 完全한 大同團結이 足히 져들 代表로 하여곰 名義와 實質이 共히 全韓族의 代表가 되게함이 緊要할지라. 그러하거날 吾族은 아직 事實上 이만하면 果是 全韓族의 代表라 할만한 大同團結이 업스니 外로는 少數

或은 一部分의 韓族의 運動이라는 疑心을 起케하고 內로는 光復의 大事擧의 核心일 全族一致의

(4쪽)

實이 업스니 如斯하고 엇지 大目的의 貫徹을 期待하리오. 迅速하고 完全한 全韓族의 大同團結은 實로 死生成敗의 關鍵인가 하나이다.

이에 檉等은 同志을 國內國外의 各團體에 派送하야 一邊 大同團結의 必要를 告하고 一邊 그 方針을 問議하기로 定하고 母國內의 各團體 及 有志한 個人과 遠東各地의 各團體 及 有志한 個人에게는 이믜 各各 同志를 派遣하엿고 貴會에도 맛당히 專人하야 此意를 告할 것으로대 알으시는 바와 갓치 幾多의 不便을 이기지 못하야 玆에 書信으로써 仰達하는 바로소이다. 左에 檉等의 意見의 大綱領을 謹陳하나이다.

國內의 靑年團(東京留學生을 含하는), 耶蘇敎를 信하는 韓族 天道敎를 信하는 韓族, 儒林, 國外의 在米大韓國民會, 在

(5쪽)

俄高麗民族大會, 北間島韓族大會, 西間島韓族大會 及 北京 南京 上海 等地에 在한 韓族 各團體에서 各各 二人 或 三人의 代表者를 拔하야 一定한 地點에 會集하야 全韓族代表委員會를 조직하야 該會의 名義로 獨立을 宣言하고 因하야 新國家 建設의 最高委員會를 作함이로소이다. (이믜 歐洲에 派送한 委員도 各各 該會의 一員이 될 지니) 이에 비로소 全韓族을 代表할 機關이 生하야 名義로나 實質로나 吾族의 政治的 統一의 事實을 成할 것이로소이다. 그럼으로 各團體에서는 最히 優秀한 代表者를 選任하여야할지며 또 平和會議期의 關係上 不可不 三月 以內로 全族委員會가 成立되어야할 것이로소이다.

委員數는 各團體 各二人이 適當할쏫하오며 會集地點은 上海가

(6쪽)

가장 適當한가 하나이다.

以上은 檉等의 意見이라. 採用與否는 各團體의 自由시어니와 遠東各地의 諸團體 中 二三은 이믜 採用의 意을 表하엿고 其他 各團體도 響應하는 모양이오니 檉等은 窃히 吾族을 爲하야 喜賀하는 바이오며 貴會에서도 毋論 檉等의 微意는 退棄치

아니할줄을 밋사오니 願하옵건댄 高名하신 方針을 回敎하시옵소셔. 檉等은 粉骨碎身하야 吾族의 命運을 擔任하신 韓族 各團體의 意思疏通의 器械가 되어 犬馬의 役을 效하려 하나이다. 回敎를 立俟하오며 아울러 嚴히 秘密를 守하시기를 伏望하나이다.

四千二百五十二年 二月 八日

(7쪽)

國民會中央總會長 安昌浩 閣下

再 時日이 短促함을 因하야 北米, 布哇 兩地方總會長에게도 本文과 同一한 通牒을 發하엿습니다.

(1쪽)

상해에 거주하는 신정(申檉) 및 그 일동은 멀리 만리이역에서 조국광복을 위하여 주야로 노심초사하고 노고하는 재미 대한인국민회 모든 동포들에게 피울음으로 삼가 고하나이다.

국치 후 10년에 선배 애국자의 몸과 마음을 다한 광복운동도 계속 일어났고 여러 재능 있는 동포 지사가 적의 손에 희생이 되었으니 시기가 미성숙하여 기대한 바를 달성치 못하더니 지금 하늘이 우리 민족을 진심으로 사랑하사 정의와 자유로 세계를 개조하는 기회를 주시니 실로 이는 우리 민족이 국치 이래로 처음 맞이하는 좋은 기회일뿐더러 한 번 이 기회를 놓치면 다시 세계적 대변동이 일어나기까지 이와 같은 기회를 얻기 어려울지라.

(2쪽)

실로 우리 민족의 필사의 정성과 힘을 다하여 목적을 관철하여야 할 것이로소이다. 생사 흥망의 분기점에 선 신정 등은 주야로 노심초사하던 차에 과연 우리 민족의 선각이시고 광복운동의 가장 오래된 역사와 가장 큰 실력과 가장 작열한 성의를 가지신 귀 국민회가 솔선하여 신성한 운동을 개시하시고 평화회의에 대표를 파견하셨다는 보도를 들으매 진정으로 환호작약하고 감사를 금치 못하였고 다시 원동 동포가 대표로 김규식(金奎植) 씨를 파견함을 보매 다시금 환호작약과 감사를 금치 못하나이다.

그러나 반면으로 생각건대 혹은 재미 한족의 대표라 하고 혹은 원동 한족의 대표라 하고 또 혹은 시베리아 한족의 대표라 하여 2~3인

(3쪽)

의 부분적 대표를 보게 되니 사람으로 하여금 우리 민족의 일치를 의심케 할 것이니 막대한 생명과 재산을 희생한 러시아도 통일정부가 없는 연고로 인하여 평화회의에 대한 발언권의 유무가 문제라 하거든 하물며 새로 통일한 국민으로 〔타국의〕 승인을 요구하는 우리 민족에게 민족적 대동단결이 없으면 어찌하오리까? 2~3인의 대표가 평화회의 개최지에 파송된 것이 긴요한 일이 아니오, 전 민족의 완전한 대동단결이 족히 저들 대표로 하여금 명의와 실질이 함께 전 한민족의 대표가 되게 함이 긴요할지라. 그러하거늘 우리 민족은 아직 사실상 이만하면 과연 전 한민족의 대표라 할만한 대동단결이 없으니 바깥으로는 소수 혹은 일부분 한민족의 운동이라는 의심을 일으키고 안으로는 광복의 대사업의 핵심인 전 민족 일치의

(4쪽)

실질이 없으니 이러하고는 어찌 큰 목적의 관철을 기대하리오. 신속하고 완전한 전 한민족의 대동단결은 실로 생사 성패의 관건인가 하나이다.

이에 신정 등은 국내 국외의 각 단체에 파송하여 한편 대동단결의 필요를 고하고 한편 그 방침을 문의하기로 결정하고 모국 안의 각 단체 및 유지한 개인과 원동 각지의 각 단체 및 유지한 개인에게는 이미 각각 동지를 파견하였고, 귀 국민회에도 마땅히 특별히 사람을 파견해 이런 뜻을 고할 것이로대 아시는 바와 같이 많은 불편을 이기지 못하여 이에 서신으로써 삼가 전달하는 바로소이다. 아래에 신정 등의 의견의 대강령을 삼가 진술하나이다.

국내 청년단(동경유학생을 포함하는), 예수교를 믿는 한족, 천도교를 믿는 한족, 유림, 국외의 재미대한국민회,

(5쪽)

재러 고려민족대회, 북간도한족대회, 서간도한족대회 및 북경 남경 상해 등지에 있는 한족 각 단체에서 각각 2인 혹 3인의 대표자를 선발하여 일정한 지점에서 회집하여 전한족대표위원회(全韓族代表委員會)를 조직하여 그 위원회의 명의로 독립을 선언하고, 그로 인하여 새로운 국가 건설의 최고위원회를 만드는 것이로소이

다. (이미 유럽에 파송한 위원도 각각 이 위원회의 일원이 될지니) 이에 비로소 전 한민족을 대표할 기관이 생기어 명의로나 실질으로나 우리 민족의 정치적 통일의 사실을 성립할 것이로소이다. 그러므로 각 단체에서는 가장 우수한 대표자를 선임하여야 할 것이며 또 평화회의 기간의 관계상 불가불 3월 이내로 전족위원회(全族委員會, 전한족대표위원회)가 성립되어야 할 것이로소이다.

위원 수는 각 단체 각 2인이 적당할 듯하오며 모이는 지점은 상해가

(6쪽)

가장 적당할까 하나이다.

이상은 신정 등의 의견이라. 채용 여부는 각 단체의 자유이거니와 원동 각지의 여러 단체 중 2~3은 이미 채용의 뜻을 표시하였고 기타 각 단체도 향응(響應)하는 모양이오니 신정 등은 몰래 우리 민족을 위하여 기뻐 축하하는 바이오며 귀 국민회에서도 물론 신정 등의 변변치 않은 성의를 물리쳐 돌보지 않기를 아니하실 줄 믿사오니 원하옵건대 고명하신 방침을 회신해 가르쳐주시옵소서. 신정 등은 분골쇄신하여 우리 민족의 명운을 담임하신 한민족 각 단체의 의사소통의 기계가 되어 견마의 역할을 바치려 하나이다. 회신의 가르침을 기다리오며 아울러 엄밀히 비밀을 지키시기를 엎드려 바라나이다.

4252년(1919년) 2월 8일

(7쪽)

국민회중앙총회장 안창호 각하

거듭 시일이 짧고 촉박함으로 인하여 북미, 하와이 양 지방총회장에게도 본문과 동일한 통첩을 발송하였습니다.

2. 김규식이 김순애에게 보낸 편지 및 청원서 초안(스리랑카 콜롬보, 1919. 2. 25)

Office of the Censor, Colombo to the Secretary, War Office, February 25, 1919, (No. 4, April 4, 1919 in Foreign Office), Fo 371/3817. Political, Japan Files, 4182-7283.

　　스텔라(순애)에게

　　·················· 나는 파리에서 사용할 비망록의 초안을 만들고 있소 ·················· 나는 당신과 Phil, P. H. S.가 읽을 수 있도록 사본을 동봉하려고 하오 ·················· 물론 이는 우리가 제출하려는 최종 비망록은 아니오. 그러나 내가 파리에 도착했을 때 이승만박사 및 다른 이들과 협의에 사용하기 위한 기초일 뿐이오.

　　비망록 초안 제안

　　현재 인류 역사상 가장 중요한 회의가 개최되어, 전 세계 영구평화의 기초 위에 모든 인류의 운명을 완전히 심의하고 결정하고 있는 순간, 가장 폭력적이고 야만적 군사 통치하에서 일본에 의해 억압받는 2천만 한국인의 고통의 목소리를 대변하는 아래에 서명한 우리는 해방을 향한 한국의 요청문제를 제출하길 희망합니다. 우리는 공정하고 불편부당한 판정을 하는, 그리하여 정의, 자유, 인도 및 평화가 가장 불행한 한국인들에게도 공유될 수 있도록, 나아가 극동과 전 세계의 영구평화가 유지될 수 있도록 그 자신의 미덕에 따라 공정하고 불편부당한 판단을 하도록 이 가장 특별한 회의에 문제를 제출하길 희망합니다.

　　첫째, 한국은 결코 무력으로 일본에 의해 진정하게 혹은 정당하게 정복된 바 없습니다. 한국은 속임수단에 넘어갔습니다. 한국인들은 단지 자신들의 독립을 사기당했으며 자신들의 자유를 도둑질 당했으며, 이는 일본이 세계에 대해 반복적으로 선언하고 한국은 물론 여러 나라들과 맺은 수많은 조약에 직접적으로 위배되는 것이기도 합니다.

다수의 조약들, 즉 1876년 한국과 일본 간에 서울에서 체결된 조약, 1885년 중국과 일본 간에 천진에서 체결된 조약, 1895년 시모노세키 조약, 1905년 포츠머스 조약에서조차, 일본은 한국의 독립과 통합을 보증하고 지지하며 극동의 평화 유지가 자신의 최고 목적이라고 반복적으로 약속했습니다. 이후 사건들은 일본이 과장된 목소리와 한국의 궁극적 점령, 나아가 극동에서 헤게모니를 획득하고 종국적으로 서양열강에 저항하겠다는 자신의 진짜 의도를 위장함으로써 세계를 속였을 뿐이라는 것을 보여줍니다. 포츠머스조약에서 조차, 일본은 한국에서 특수하고 유일한 영향력을 행사할 수 있는 특권을 교묘히 획득했지만, 그럼에도 불구하고 한국의 통합을 보증하고 한국의 주권 유지를 약속했습니다. 그후 일본은 즉각적으로 이토공작을 서울에 보내서 허약한 황제와 그의 부패한 대신들에게 대검을 겨누며, 나아가 궁궐을 포위하고 일본 군인들이 서울 시내를 순찰하면서, 한국을 일본의 보호하에 두라고 강요했습니다. 심지어 그 당시 보호조약에는 총리대신이나 외부대신 누구도 서명하지 않았습니다. 그 문서에는 국무회의〔총리대신〕나 외부〔대신〕의 도장이 날인되지 않았는데, 무력에 의해서일지라도 국무회의는 해당 문서를 생산하지 않았으며, 외부 도장은 〔외부대신이〕 개별적으로 최후의 좌석에 참석하도록 강요되기 전에 연꽃 연못에 던져져 버렸습니다(맥킨지의 『한국의 비극』 및 호머 B. 헐버트의 『한국의 멸망』을 참조). 이렇게 강요되고 위장된 문건에서, 일본은 황실에 의한 영토통합과 주권의 존엄성을 약속함으로써 한국 황제를 속였습니다. 훗날 일본은 소수의 무지하고 지조 없는 한국인들로 가짜 정당을 조직하고, 일본이 뇌물로 회유한 대신들로 구성된 내각에 변화를 가져오도록 영향력을 행사함으로써 사기로 황태자로 황제를 교체하고, 나아가 일본이 1907년 한국으로 하여금 일본에 군대와 경찰은 물론 재정, 사법, 군부를 이양하도록 강제했습니다. 그럼에도 불구하고 이 마지막 쿠데타는 한국 군대에 남아있던 소수의 끈질기고 유혈낭자한 투쟁이 있고 난 후에야 실현될 수 있었습니다. 〔위에 언급한 참고문헌과 M. Eissler 작 「한국에서 나의 여정」(My voyage in Korea) 12쪽을 참조〕. 이리하여 일본은 반역적이며 불공정하고 잔인한 수단에 의해서만 1910년 한국의 최종 병합의 길을 닦을 수 있었는데, 이에 대해서는 추가 설명이 필요합니다.

일본이 이러한 부정직한 수단과 이러한 불완전한 조약에 의해, 심지어 강압적 수단(force majeure)에 의해 한국을 점진적으로 점령하는 것을 보여주는 이상의 증거를 차지할지라도, 한국의 주권과 자유가 한국민들의 동의 없이 박탈될 수 없다는 진술을 반박할 수는 없습니다. 이제 만약 한 국가가 행한 조약과 약속이 "종이 쪼가리" 이상의 가치를 지닌다면—인류역사상 가장 거대한 전쟁이 방금 진행되었으며, 엄청난 생명과 재산의 희생되었다는 점을 증명하기 위해—과거의 잘못을 바로잡는 바로 이 순간, 우리는 열강들에게 한국문제를 간과하지 말라고 요청합니다. 더 나아가, 이 회담의 결과로 있게 될 재조정이 영원히 구속력을 지니며, 그리하여 한국은 하나님이 부여한 자존권을 한국으로부터 영구히 박탈될 것입니다.

외교와 세계정치가 다소간 자기 이익에 지배되었던 과거의 암흑의 나날 동안, 열강은 묵인만 하고 조용히 공관을 철수했는데, 왜냐하면 이들은 일본의 한국 내 팽창정책에 반대할만큼 특정한 상업 및 경제적 이해를 갖지 않는다고 생각했기 때문입니다.

둘째, 역사적, 지리적, 전략적으로 고려할 때, 한국은 독립국가로 남겨져야만 합니다.

한국은 4천 년 이상 된 문명을 보유했으며, 일본에 문자, 예술, 산업을 전수했으며, 이는 일본인들 자신도 인정하는 바입니다. 역사에 따르면 한국은 언제나 극동문제에서 열쇠가 되어 왔습니다. 한국이 독립국으로 남아있는 한, 한국은 상대방 영토로 침략하거나 지배하려는 중국과 일본 사이에서 자신의 투쟁을 계속할 수 있었으며, 늘 억제해 왔습니다. 그러나 한국이 약해지고 하나 또는 다른 나라에 의지하거나 기대게 되는 순간, 국제적 분쟁과 전쟁이 끊이지 않았습니다. 〔이 점은 퍼트넘 웨일(Putnam Weale)의 최근 북경 강연 「극동에서 20세기의 드라마」The Drama of 20th. Century in the Far East), 그의 책 『일본과 중국의 진실』(Truth about Japan and China)에서 명백히 드러납니다〕.

지리적으로 전략적으로 말해서, 한반도는 극동 정치지대의 중심부를 점하고 있는데, 오른편에 중국, 왼편에 일본, 그리고 극동 시베리아와 아무르지역을 북쪽에 두고 있습니다.

이런 이유로, 아시아 제국을 향한 일본의 프로그램에서 한국은 가장 바람직한 목표물이 되었습니다. 한국은 일본이 딛고 가로질러 동쪽의 무한 자원의 부유한 지역인 만주와 몽고로 들어갈 수 있는 교량이 됩니다. 동해의 수심이 깊은 항구들은 동해 혹은 "일본해"에서 블라디보스토크와 아무르주의 입구를 상대하는 일본 해군작전의 매우 중요한 기지가 됩니다. 마찬가지로 일본이 마산포(한국), 대련, 여순에 해군 기지를 가지고 황해 전체를 통제할 수 있으며, 나아가 반지름의 중심부는 남부 수역 및 중국 해안을 포함하게 됩니다. 더욱이 일본은 한국을 보유함으로써 지상에서 자국 군대의 군사작전 혹은 동원을 위한 상황에서 열쇠를 얻게 됩니다. 일본은 만주와 시베리아에 즉시 백만 명 혹은 그 이상을 보낼 수 있으며, 일본이 언제나 한국과 만주에 유지하고 있는 현재 근 50만 병력에 달하는 수비대는 더 말할 것도 없습니다. 이러한 지리적 전략적 이점에 따라 일본은 어떠한 열강 혹은 열강 연합에 대항할 수 있으며, 중국 4억 명과 다른 아시아 인민, 일본의 잔인한 군사지배로 최종 멸종될 2천만 한국인의 자유발전과 진보를 분쇄하고 가로막음으로써 전 아시아대륙과 태평양 바다를 일본의 제국세력하에 두려는 궁극적 대확장 프로그램에서 자유롭고 무제약한 상태가 될 것입니다. 만약 분쟁이 발생하게 된다면, 일본은 이미 이런 압도적 배치를 이미 갖추었을 때 어떤 국가 혹은 국가연맹이 일본의 진격을 저지하기에 충분할 정도로 신속하게 군대를 동원하고 함대를 분쟁지역에 파견할 수 있겠습니까? 이는 특히 전 아시아를 궁극적으로 일본 제국 깃발과 지배하에 두고 서양국가들의 진보를 가로막으려는 일본인들의 야망을 고려할 때, ("Nippon Cyobl Nihon Jon" 혹은 "일본과 일본인들"을 참조) 세계 제국의 지배권에 대한 독일의 위협보다 덜 끔찍한 것입니까? 한국이 보여준 사례가 명확하지 않습니까? 한국의 사례가 이미 보여주었으며, 앞으로 서양에서 발칸반도보다 더 한국이 극동 정치의 구조에서 주춧돌 역할 이상을 늘 하게 될 것임은 분명하지 않습니까? 바로 이 순간 한국을 해방함으로써, 한국을 벨기에의 경우처럼 혹은 국제연맹의 영구적 보호하에서 국제적 보증하에서 독립시킴으로써, 현재 이〔일본의〕지배권을 저지하는 것이 필수적이며, 극동의 영구평화를 확보하고 그럼으로서 인류의 생명과 권리를 위한 세계 안전을 이룩할 수 있지 않겠습니까?[1] 2천만 명의 민족이 가장 가혹하고 잔인한 군사적 압제자의 철쇄 밑에서 고통받으며 해방을 향해 지속적으로 울부짖고 투쟁하고 있을 때 어떻게 전 세계는 영구평화를 이룰 수 있을 수 있겠습니까? 4천만 명이 평화적 수단에 의해서일지라도 끊임없는 음모 등으로 궁극적으로 자신의 자원을 읽고 자신들의 생명선을 빼앗기게 될 때 전체적인 평화가 있을 수 있겠습니까?

셋째, 세계 모든 부문에서 공평한 기회 및 자유 공개적 이익을 위해 열강의 전 세계적 경제 정책이 많이 논의되고 쓰여져야만 합니다. 그러나 한국을 독립시키고 중국에 자국의 고유 자원을 개발하고 자기 운명을 결정할 자유재량권을 부여함으로써 지금 일본의 제국주의적 야망을 저지하지 않는다면, 때때로 필요한 정도의 우호적이며 순상업적인 지원만 부여된다면, 중국, 한국, 시베리아, 몽골은 일본 지배에서 완전히 들어가게 되며, 반면에 서양 국가들의 기업은 점차 잠식되고 밀려나게 될 것입니다. 이는 한국과 대만의 사례이며, 만주 청도 및 일본의 영향이 지배적인 곳 어디서든 동일하게 발생하고 있습니다. 우리는 중국에 제공된 최근 차관의 규모, 다양한 광산의 착취, 면 생산을 독점하기 위해 현재 진행되고 있는 시도 등을 떠올려 보면 됩니다. 다른 열강의 손은 묶인 상태인데, 이들의 추동력, 야심, 인력과 수단 혹은 능력이 결여되었기 때문이 아니라 이기적 목적을 획득하기 위해 자신의 좋은 명성을 대가로 다른 이들을 파괴하면서까지 전반적으로 부정직한 뇌물수단 같은 것을 실행할 수 없기 때문입니다.

넷째, 가장 중요한 문제는 인도주의적 관점, 인류 정의의 문제입니다.

어떤 상황하에서 이전의 예속이 발생했을지라도, 2천만 영혼은 자신들을 절대적 군사통치하에 영구적으로 가두는 권리에 도전하며, 그들은 스스로 독립된 존재로서 40.5세기에 달하는 국가의 역사를 가지고 있으며, 자신의 문화, 발명, 제도로 작게나마 인류의 문명 발전을 조력해 왔습니다. 〔헐버트의 『한국의 역사』(History

---

1 Is it not essential to stem this ascendency now by liberating Korea at this moment and putting her independence under international guarantee, so in the case of Belgium, or under the permanent protection of the League of Nations and thus insure permanent peace in the Far East and thereby make the world safe for the life and right of manhood?

of Korea)를 참조.]

    이를 그대로 두는 것은 모든 국가, 인종, 인민의 세계적 수준의 민주주의 여명기인 현재 회의의 정신과 일치하지는 않습니다. 우리는 또한 일본인으로부터 명백히 다른 민족의 구별권리를 주장하는데, 별개의 언어, 문화, 도덕, 종교 및 사회적 사상을 가지고 있으며, 다시 한번 스스로를 방해받거나 저지되지 않고 발전시킬 수 있는 기회를 갖기를 주장합니다. 우리는 한국어를 말살하려는 일본의 정책과 우리 민족의 점진적 말살이라는 일본의 목표에 항의하는 바입니다. 우리는 우리의 공공 및 사적 토지 및 여타 재산의 무원칙한 몰수에 반대해 저항하며, 무차별적이지만 신중하며 가장 목소리가 들리지 않는, 우리 남성, 여성, 어린이들에게 대한 일본 군인, 경찰, 헌병의 잔인하고 무자비한 취급에 반대해 저항합니다. 우리는 우리 자신의 자금을 사용할 자유조차 없고, 우리의 소유를 처분할 자유조차 없는 혹심한 노예보다 더 심각한 삶에 반대해 저항합니다. 우리는 죽음보다 더 참혹한 삶에 반대해 저항합니다. 자유롭게 이사할 자유 한 조각이 없으며, 삶은 어떤 명목으로든 투옥, 고문, 추방 혹은 처형의 지속적 공포에 휩싸여 있습니다. 우리는 전통적인 이야기, 노래, 민속을 읊조리며 우리 아이들에게 암송해야만 합니다. 표현의 자유나 언론의 자유가 없으며, 친구와 친척들 간에 자유로운 서신교환 조차 불가능한 이런 삶은 세계 어떤 곳에서도, 가장 어두운 구석에서도 발견할 수 없는 것이 분명합니다. 우리는 일본어로 아주 미약한 정도만을 제외하고 우리 아이들을 가르칠 권리가 없으며, 우리 민족의 역사나 다른 국가의 역사를 가르칠 자유가 없는 지속적 어둠의 삶에 반대해 저항합니다. 우리는 자신의 비용으로 미국과 유럽에 가서 서양 및 근대 교육을 찾으려는 우리 젊은 남녀에게 출구를 완벽하게 막아 놓은 데 반대해 저항합니다. 아아! 우리는 유일하며 보편적 신, 그의 아들, 구세주의 이름을 숭배할 권리를 부여한 하늘을 부정하는 데 반대해 저항합니다. 우리는 세상의 참빛이 처음 반짝인 것을 동경하는 우리 60만 혹은 그 이상의 기독교 교인들과 수백만의 지지자들에 대한 지속적, 조직적이며 체계적인 탄압에 반대해 저항합니다. (한국교회 핍박[105인 사건] 보고서와 재판 경과를 참조.)

    처음이자 마지막으로 혹자는 물어볼 것입니다. "그렇지만 일본 군사정부하에서 보다 스스로의 자치를 선호한다는 것이 정말 한국인 전체의 의지인가?" 우리는 아주 강조해서 "예"라고 답할 것입니다. 나아가 우리는 우리의 가장 지적이며 젊은 세대의 대부분이 국경을 벗어나 밖으로 나가는 것을 아주 엄격하게 감시당하고 방해받지만, 강탈자의 철쇄로부터 벗어나려고 열망하며, 다른 국민들의 자유와 해방의 공기를 들이마시길 원하며, 순수하며 무색(unadulterated and uncoloured)의 교육을 찾아 미국, 중국, 시베리아로 이민하는 점을 지적함으로써 같은 사실을 추가적으로 증명합니다. 현재 미국에는 7천 명 이상의 젊은 한국인이 있는데, 본토에는 2천 명 이상, 하와이섬에는 5천 명 이상이 살고 있습니다. 그 외에도 만주, 시베리아에는 2백만 가량의 한국인 농부, 지주, 상인, 학생들이 거주하고 있는데, 이들은 일본 점령 이후 지속적으로 이민한 사람들입니다. 일부는 필요에 따른 것이었는데, 약탈자들이 자신들의 토지, 주택, 생활수단을 아무 보상이 없거나 거의 하지 않은 상태로 몰수하거나 가져갔기 때문입니다. 대부분은 일본의 족쇄와 압제하에 머무는 것에 저항하는 본성에 따른 것이었습니다. 가난한 사람들 대부분은 〔생계〕수단이 거의 없는 상태로 갔기에 굶주림과 추위에 죽었으며, 견뎌낼 수 없는 혹심한 북쪽 기후에 버틸 수 없었으며, 애처로운 것은 도망간 대다수의 이야기인데, 이들은 인간 역사에 유례가 없는 외국인 지배자들의 가장 잔인하고 체계적인 탄압하에서 죽음의 속박이라는 고문과 같은 삶에서 흐느끼며 사라지는 것보다는 만주의 무한한 들판과 시베리아의 오염되지 않은 눈벌판에서의 자유로운 죽음을 선호했습니다. 또한 한국인 대다수가 일본 지배에 반대해 저항한다는 결정적 증거가 있는데, 1905년 보호통치의 거래가 이뤄진 이래 1913년까지 혹은 병합 후 3년간 무장 반란과 내란 봉기가 있었습니다. 이런 봉기는 수적으로 다수일 뿐만 아니라 나라의 다른 지역에서 분산되어 발생했으며 압도적인 숫자와 역량의 일본군에 의해서만, 그리고 그들의 가장 잔인하고 야만적이며 수치스러운 수단과 방법에 의해서만 진압될 수 있었습니다. 오늘날조차, 전국이 일본 병사, 헌병, 경찰의 네트워크하에 놓여져 있음에도 불구하고, 다양한 지역에서 때때로 반란이 발화하는데, 이는 물론 즉시 진압되며 바깥 세계의 귀에 신속하게 들어갔습니다. (맥킨지의 "The Unveiled East" 참조) 누군가 전국을 방방곡곡 여행하며 모든 남녀, 그리고 말할 줄 아는 모든 어린이들에게 일본 통치보다 독립을 선호하는지 물어본다면, 대답은 대부분 변함없이 "예"일 것입니다. 만약 이 모든 게 증거로 충분하지 않다면, 우리는 국민투표를 실시할 것을 요구하며, 우리는 현재 일본에 고용된 사람들 조차도 해방에 대한 자신의 열망을 모두 표현할 것이라는데 의문의 여지가 없습니다. 또한 일본인에 대한 한국인의 선천적 증오는 역사적이며 인종적이며, 날이 갈수록 이는 지속적으로 증가하며 깊어집니다. 인종적으로 우리는 매우 지적인 민족이라고 생각하는데, 일부 외국 비평가들은 우리가 일본인보다 평균적으로 더 지적인 능력을 지녔다고 주장합니다. (선교부 기록과 보고서를 참조. 또한 Eissler의 "My Voyage in Korea" 36~38쪽, 헐버트와 맥킨지의 저작 참조.) 시베리아, 아이티, 쿠바, 샴의 수백만 명처럼 혹은 유럽, 아시아, 라틴아메리카의 작은 국가 약한 민족을 구성하는 다른 수백만처럼 하나님이 주신 자유와 해방의 권리를 우리는 갖지 못하는 것입니까? 국제연맹의 결성이 모든 장래의 전쟁과 무장충돌을 방지하며, 이것이 무력으로 혹은 다른 국가들이 아시아대륙에서 일본과 장래 충돌한 결과로서 우리의 자유를 되찾을 수 있다는 우리의 희망을 완전히 파괴할 것이란 사실을 고려할 때, 우리에게는 민주적 정부 형태하에서 우리가 스스로를 통치할 수 있을지의 여부를 단 한 번이라고 보여줄 기회를 부여받을 권리가 없는 것입니까? 간단히 말해, 우리는 "우리가 거하고 싶은 주권을 선택할 권리"를 부여받게 해달라고 요구합니다. 우리는 또한 우리가 외국 인종의 유산으로 세대에서 세대로 건네지는 "동산", "전당물" 혹은 태생적 노예가 아니라고 주장합니다. 일부 인사들은 한국이 일본에게 필요하다, 왜냐하면 일본의 과잉인구로 팽창이 필요하다, 라고 말하기도 합니다. 그러나 한국은 2천만 한국인 자신에게 좀 더 필요하지 않겠습니까? 나아가, 국제연맹의 규약이 실행에 옮겨진다면, 일본은 자국의 인구를 만주, 시베리아, 세계 다른 곳, 심지어 한국에 보낼 수 없게 될 것이며, 다른 민족들과 같이 동일한 기회를 갖지 않겠습니까?

우리는 억압받고 죽어가는 수백만 한국인을 위해 현재 회의가 이 문제를 가장 주의 깊게 조사하고 숙고해 줄 것을, 위엄있는 위원회에서 우리의 목소리를 낼 수 있도록 허락함으로써 한국이 해방되고 자존과 스스로의 발전을 회복할 수 있게 해달라고 진심으로 청원하는 바입니다.

예를 다하여 제출함.

한국인을 대표하여
대한인국민회 대표
신한청년당 대표

Dearest Stella,

I have been making out a draft memorandum to be used In Paris. I shall try to enclose a copy so that you, Phil and P. H. S. can read it. This is of course not the final memorandum we are going to present. But Just a basis to work on in consultation with Dr. Rhea and other when I get to Paris.

SUGGESTED DRAFT OF MEMORANDUM

While the most significant conference in the history of mankind is now in session and deliberating and deciding, upon, once for all, the destinies of all humanity on a permanent basis of a world wide peace, we, the undersigned, voicing the sufferings of 20,000,000 Koreans oppressed by Japan under the most violent and cruel military rule, wish to submit the question of Korea's claims for liberation, we wish to submit the question before this most distinguished conference for a just and impartial judgment on its own merits so that justice, liberty, humanity and peace may also be shared by the most unfortunate Korean people, and thus be maintained the permanent peace of the Far East and the world at large.

Firstly, Korea has never been really nor rightfully conquered by Japan by force of arms. She has been acquired by deceitful means. The Korean people have been only cheated out of their independence and robbed of their liberty, even in direct contradiction to Japan's repeated declarations to the world and numerous treaties with Korea as well as with other nations.

In the treaties, between Korea and Japan of 1876 at Seoul, between China and Japan of 1885 at Tientsin and of 1895 at Shimonoseki, and even in the Portsmouth treaty of 1905, Japan repeatedly promised to guarantee and uphold the independence and integrity of Korea. Japan's declarations of war against China in 1894 and against Russia in 1904 distinctly stated that the independence and integrity of Korea and the maintenance of peace on the Far East was her paramount aim. Subsequent events show that she only deceived the world with high sounding language and camouflaged her real intention of ultimately occupying Korea, thus obtaining a hegemony in the Far East and eventually defying the Western Powers. Even in the treaty of Portsmouth, although she cunningly obtained the privilege to exert her special and sole influence in Korea, she nevertheless guaranteed the integrity of Korea and promised to uphold her sovereignty. Then immediately she despatched the then Marquis Ito to Seoul and forced the weak Emperor and his corrupted ministers, at the point of bayonet in addition to surrounding the palace and patrolling the streets of Seoul with Japanese soldiers, to submit Korea to the protection of Japan. Even then the treaty of the Protectorate was signed neither by the Prime Minister nor by the Foreign Minister. The document was not even sealed by that of the state council or the Foreign Office, because even under force the former was not produced and the latter had been thrown into a lotus pond before the respective ministers were forced to attend the fatal sitting. (See McKenzie's "Tragedy of Korea" and Homer B Hulbert's "Passing of Korea"). And in this forced and camouflaged document she deceived the Korean Emperor by promising territorial integrity and sovereign dignity by the imperial household. Later she organised a bogus political party of a few ignorant and unprincipled Koreans and exercised her influence in bringing about a change in cabinet consisting of ministers bribed by her, in order to replace the Emperor by a dupe figurehead of a Crown Prince, and thus enable herself in 1907 to force Korea to deliver to Japan her Army and police as well as the Financial, Judicial and War Departments. This last coup was nevertheless effected only after a strenuous and bloody fight by the handful of what remained of the Korean army. (See above mentioned references and "My voyage in Korea" by M. Eissler, p. 12). Thus Japan only by treacherous and unjustly cruel means was able to pave her way to the final annexation of Korea in 1910, of which no further comment needed.

But even if we laid aside the above proofs showing that Japan gradually occupied Korea by these underhanded means and by such incomplete treaties even by force majeure, there is no refuting the statement that Korea's sovereign right and liberty were taken away without the consent of the Korean people. So now if treaties and promises made by a nation counts for more than "a scrap of paper"—to prove which point the most gigantic war in human history has just been waged and untold of sacrifices of life and property have been made—at this moment of righting of past wrongs we ask that the powers do not overlook Korea's question. More so, as readjustments made as a result of this conference will be permanently binding and thus Korea be perpetually deprived of her God given right to self-existence.

In those darker days when diplomacy and world politics were more or less governed by self-interest, the powers only acquiesced and silently withdrew their legations because they felt that they had no particular commercial or economical interests large enough to oppose Japan's policy of expansion in Korea.

Secondly, Historically, geographically and strategically considered Korea must be left an independent state.

Korea has a civilization of more than 4000 years and has given Japan her start in letters, arts and industry as acknowledged by the Japanese themselves. History shows that Korea has always been the key to the Far Eastern questions. As long as Korea remained independent and was able to uphold her own the struggle between China and Japan for ascendancy or invasion into each other's territory was always kept in check. But just as soon as Korea became weak and dependent on or leaned toward one or the other, there was no end of international intrigues and wars. (This point has been clearly shown by Mr. Putnam Weale in his recent lecture delivered in Peking on "The Drama of the 20th. Century in the Far East." See also his book "Truth about Japan and China").

Geographically and strategically speaking, the Korean Peninsular occupies the central point of the Far Eastern theatre of politics, with China on the right, Japan on her left, and Eastern Siberia and Amur regions in the north.

For this reason it has been the most desired object in the Japanese programme towards an Asiatic Empire. It forms the bridge by which Japan can step across into the east and rich regions of unlimited resources in Manchuria and Mongolia. With the deep water harbours on the eastern coast it forms an invaluable base for Japan's naval operations in the Eastern Sea or "Sea of Japan" against Vladivostock and the mouth of the Amur. Likewise Japan can control the whole of the Yellow Sea with her Naval bases at Masanpo (Korea), Deiren and Port Arthur, besides holding the central point of radius out into the southern waters and coasts of China. Moreover, Japan by her possession of Korea can always have the key to the situation for any military operations or mobilization of her armies on land. She can always pour into Manchuria and Siberia on an instant's notice a million or more men not to speak of the garrison she always keeps in Korea and Manchuria aggregating now nearly half million soldiers. With such a geographical strategical advantage Japan can defy any power or combination of powers and find herself free and unchecked in her programme of aggrandizement of ultimately placing the whole of the Asiatic continent and the pacific seas under her imperial power by hampering and hindering the free development and progress of the 400,000,000 of China as well as the other peoples of Asia, not to speak of her cruel military oppression to final extermination of Korea's 20,000,000. What nation or league of nations can mobilize the forces and bring the fleets into the theatres of conflict, if ever there should be one, fast enough to check her advances when she already has such overwhelming odds? Is this not more appalling than the German menace of ascendency to a world empire, especially when we consider the fact that it is the ambition of the Japanese people to ultimately bring the whole of Asia under her imperial flag and domination and check the advances of the Western Nations? (see "Nippon Cyobi Nihon Jin" or "Japan and the Japanese people"). Does this not clearly show that Korea has been, is and will be always a far more binding keystone to the arch of the Far Eastern politics than is the Balkan Peninsular in the west? Is it not essential to stem this ascendency now by liberating Korea at this moment and putting her independence under international guarantee, so in the case of Belgium, or under the permanent protection of the League of Nations and thus insure permanent peace in the Far East and thereby make the world safe for the life and right of manhood? How can the world at large be at permanent peace when there is still a suffering race of 20,000,000 people under the iron clutch of most unrelaxingly cruel military oppressor, continually crying and struggling for liberation? How can there be peace at large when 40,000,000 even by peaceful methods, unending intrigues and the like, and of ultimately being bereft of their resources and napped of their very life blood?

THIRDLY, Much has been said and written about the world wide economical policy of the powers for equal opportunities and free and open advantages in all parts of the world. But without Japan's imperialistic ambitions checked now by liberating Korea and giving China a free hand to develop her own resources and work out her own destiny, with only such friendly and purely commercial assistance as may be needed from time to time, China, Korea, Siberia and Mongolia will be under the absolute away of Japanese influence, whereby the enterprises of the occidental nations will be gradually undermined and pushed out. This has been the case in Korea and Formosa, and the same is taking place in Manchuria, Tsingtau and other places wherever their own influence is paramount. We need only recall the number of recent loans that have been made to China, exploitations of the various mines, and the effort they are making now to monopolize the cotton output. With the hands of the other powers tied down, not because they lack the impetus, ambition, men and means or power, but just because they cannot resort to such wholesale underhanded ways of bribery to gain a selfish end at whatever cost of their good name and at the destruction of others.

FOURTHLY, But the most important question is that of the humanitarian point of view --- of human justice.

We challenge the right of any nation, under whatever circumstances the subjugation may have come about previously, to permanently keep under absolute military rule 20,000,000 souls having a national history of their own independence existence reaching as far back as forty and half centuries, who have helped to advance the civilization of mankind, even though in a small way, by their culture, inventions and institutions. (See Hulbert's History of Korea). This is not in accord with the spirit of the present conference at this dawning era of a world-wide democracy of all nations, races and peoples. We also claim the right of a distinct race of people from the Japanese, with a distinct language, culture, morality, religion and social ideas, to be given an opportunity once for all so develop ourselves unhindered, unchecked. we protest against Japan's policy of determination of the Korean language and her aim at gradual annihilation of our people. We rebel against this unscrupulous confiscation of our public and private lands and other properties, the indiscriminate but chary and the most unheard of, cruel and brutal treatment of our man, woman and children by the Japanese soldiers, police and gendarmes. We rebel against a life worse than the hardest slavery with no liberty to use even our own funds and to dispose of our own possessions. We rebel against a life worse than death itself, without a particle of freedom to move about from place to place, a life awed by constant fear of imprisonment, torture, banishment or execution for any word. we may utter or for an traditional stories, songs and folklore we may be tempted to recite to our children. This life without right of speech or freedom of press, without being able to even correspond freely among friends and relatives, is surely not to be found in any other place to the world, even in the darkest corners. We rebel against a life of continuous darkness, with no right to educate our children except in a very meagre way and in the Japanese language, with no right to teach our own national history nor the history of other nations. We rebel against the denial to us of the road to higher learnings of arts, sciences, laws, politics, economics and industries except in a very restricted way. We rebel against the absolute barring on us of the way of exit for our young men and women even at their own expences, to America and Europe to seek a Western and modern education.

Alas! we rebel against the denial Heaven endowed right to worship the only one and Universal God in the name of His son, the Saviour of the world. We rebel against the continued, organised and methodical persecution of our 600,000 or more Christian Church members and several millions of adherents who are yearning after the first gleam of the true light of the world. (see Reports and Proceedings of the Korean Conspiracy Trial).

FIRSTLY AND LASTLY One may ask, "But is it really the will of the Korean people at large that they prefer to rule themselves than to be under the Japanese military Government"? We would answer most emphatically "Yes". We furthermore prove the same by pointing to the emigration of most of our intelligent and younger generation to American, China and Siberia in spite of the fact that they are so closely watched and hindered from going out beyond the boundaries, eager to get away from the iron clutch of the usurper, to even breathe the air of other peoples freedom and liberty, and to seek an education unadulterated and uncoloured. At present there are more than 7,000 Korean young people in the Unite States of America over 2,000 in the States and more than 5,000 in the Hawaiian Islands. Besides there are about 2,000,000 Korean farmers workmen, landowners, merchants and students in Manchuria and Siberia, who have continually emigrated since the Japanese occupation. Some driven by necessity because the usurpers have confiscated or taken away, with little or no compensation, their land, houses and means of livelihood and most driven because their inward nature simply rebels against staying under the Japanese yoke and tyranny. Many of the poor people that came with scant means have died of hunger and cold, unable to withstand the severe northern climate without sustenance, and pathetic are the tales of those fleeing multitudes who preferred to die a free death in the unbounded plains of Manchuria and the unsullied snow hills of Siberia than to whine and wither away a torture life of death bondage under the most cruel and methodically oppressive of all alien rulers human history can ever record.

There is also conclusive proof that the Korean people at large rebel against the Japanese rule in the fact that, they have armed revolts and insurgent uprisings over since the deal ration of the Protectorate in 1905 on up to 1913 or three years after the annexation. These uprising more not only numerous but scattered over the different provinces of the country and were supposed [suppressed의 오자로 추정] only by the overwhelming number and strength of the Japanese Army and even then by their most cruel, brutal and dishonourable means and methods. Even today, although the whole land is put under a network of Japanese soldiers, gendarmes and police there are occasionally primed revolts in the different parts, which are of course suppressed immediately and hushed up from the ears of the outsides world. (See Mckenzie's "The Unveiled East").

One may travel the length and breadth of the whole country and ask every men and women and that every child that can speak whether independence is preferable to the Japanese rule, and the answer will most invariably be "Yes". If all this is not proof enough we would ask that a plebiscite to be taken, and we are not in the least doubt that even those that are now under the Japanese employ will all express their desire for liberation. Also the inborn hatred of a Korean to Japanese is historical and racial, and it is continually increasing and deepening as the days go by.

Racially we are considered a very intelligent people some foreign critics claim we have more intelligence, on the average that the Japanese. (See the mission record and reports. Also "My Voyage in Korea" by Eissler pp.36-38, works by Hubert and McKenzie).

Have we not a right to God given liberty and freedom as the few millions in Siberia, Hayti, Cuba and Siam or the millions of others that constitute the smaller nations and weaker peoples of Europe, Asia and Latin America? Considering the fact that the formation of the League of Nations will prevent all future wars and armed contests and as this even destroys our hope utterly of ever regaining our freedom even by force of arms or as a result of any future conflicts of other nations with Japan on the Asiatic continent, have we not right to be given a chance to show, once for all, whether under a democratic form of Government, we are capable of Governing ourselves nor not? In short we demand that we also be given "the right to chose the sovereignty under which we shall live" We assert also that we are not "chattels", "pawns" or born slaves to be handed down from generation to generation as an inheritance of an alien race. Some people have even remarked that Korea is necessary to Japan for her overgrowth population an expansion. But is Korea not more necessary to the 20000000 Koreans themselves? Besides, if the principles of the League of Nations are to be carrie out, will not Japan be able to send out her over population to Manchuria, Siberia and other parts of the world and even to Korea, and have a equal opportunity as any other people?

We earnestly plead for the oppressed and dying millions of Korea that, the present conference will most carefully investigate into and deliberate upon this question and allow us a voice to be raised in their august councils, where by Korea can be liberated and restored to her self existence and own development.

Most respectfully submitted.

Representing the people of Korea
Delegates of The Korean National Association.
Representative of the New Korean Young Men's society

3. 「해방을 위한 한국 국민의 호소를 담은 비망록」(A Memorandum Presenting The Claims of the Korean People for Liberation)의 변화 과정

(1) 김규식-김순애 편지 비망록 초안(1919. 2. 25)	(2) 김규식-우드로 윌슨 비망록(1919. 4. 5)	(3) 파리강화회의 제출 서한(1919. 4. 5)
첫째, 한국은 사실상 또는 적법하게 일본이 정복하거나 무력에 정복된 것이 아닙니다. 한국은 일본의 술임수에 넘어간 것이었습니다. 일본은 다수의 한국의 자유를 공약했으나 이를 위반했고, 을사보호조약도 강요되고 사기에 의한 것이었습니다.	첫째, 한국은 국제법상 불법적으로 일본에 병탄당했습니다. 한국 국민은 자유를 박탈당했으며, 이는 세계에 대한 일본의 반복된 선언이나 한국 및 다른 나라와 체결한 수많은 조약들에도 명백히 모순되는 것입니다.	1. 일본은 1876년 서울에서 한국과 맺은 조약에서, 1885년 천진에서 중국과 맺은 조약에서, 1895년 시모노세키 조약에서, 1904년의 한국과의 조약에서 한국의 영원한 독립과 자주주권을 보장하였습니다. 또한 일본은 1894년의 청일전쟁, 1904년 러일전쟁 동안 한국의 독립과 국왕의 평화를 자신들이 지고한 목표라고 선언하였습니다.
2. 미국은 1882년의 조약에 의해 한국의 보전을 보장하였습니다.
3. 1905년 협박을 통해 보호조약을 강제 체결한 일본은 국제적으로 불법적인 수단에 의해 한국을 획득하였습니다. 그리고 그 조약은 결코 적절하게 서명되지 않았고, 적절한 인장이 찍히지 않았으며, 당시 한국 황제가 미국에게 호소한 바와 같이 무효로 선포됩니다.
4. 한국인들은 절대로 일본의 통치를 묵과하지 않을 것입니다.

506

둘째, 한국은 역사적으로, 지리적으로 그리고 전략적으로 반드시 독립국가로 남아 있어야만 됩니다. 한국을 해방시키고, 한국을 벨기에의 경우처럼 넘어 혹은 "국제연맹"으로서 한국의 독립을 벨기에의 그리고 벨기에의 사례와 같이 한국의 독립을 국제적 보장하에 두거나 혹은 국제연맹이 영국의 지배권을 지지하는 것이 필요하며, 이를 통해 극동의 영구적 평화를 확보하고, 그러하여 극동의 항구적인 평화를 보장하며, 나아가 인류의 생명과 권리를 위해 세계평화를 이룩할 수 있습니다.

셋째, 한국을 독립시키고, 중국이 필요로 할 때에만 우호적이고 순수하게 상업적인 지원을 제공하고, 스스로 운명을 개척할 수 있게 함으로써, 일본의 제국주의적 야심을 지지하지 않고서는, 중국과 한국, 시베리아와 몽골은 일본의 절대적인 영향력 아래 놓일 것입니다.

5. 몇 세기를 제외하고 고유의 언어와 문화와 더불어 한국은 4,200년이 넘는 기간 동안 독립적으로 존재하였으며, 일본이 해방시킬 경우에 벨기에처럼 독립시켜 혹은 한국시김으로써 한국을 해방시키는 것이 필요하며, 이를 통해 극동의 영구적 평화를 확보하고, 인류의 생명과 권리를 위해 세계평화를 이룩할 수 있습니다.

둘째, 한국은 역사적으로, 지리적으로 그리고 전략적으로도 반드시 독립국가로 남아 있어야만 됩니다. 현 시점에서 한국을 해방시킬 경우에 벨기에처럼 그리고 벨기에와 같이 한국을 해방시켜 보장하에 두거나 혹은 한국을 국제적 보장하에 독립시킴으로써 일본의 영구권을 지지하는 것이 필요하며, 이를 통해 극동의 영구적 평화를 확보하고, 그러하여 극동의 항구적인 평화를 보장하고, 인류가 생명과 권리를 위해 세계평화를 안전하게 만드는 것이 중요하지 않겠습니까?

셋째, 한국을 독립시키고, 단지 그들이 필요로 할 때 그와 같이 우호적이고 순수한 상업적인 지원과 더불어 중국이 자신의 자원을 자유롭게 개발하고, 그들의 운명을 스스로 개척할 수 있도록 함으로써, 일본의 제국주의적 야심을 지지하지 않고서는, 중국과 한국, 시베리아와 몽골은 일본의 절대적인 영향력 아래 놓일 것입니다.

5. 몇 세기를 제외하고 고유의 언어와 문화와 더불어 한국은 4,200년이 넘는 기간 동안 독립적으로 존재하였고, 일본이 문명화된 인류 집단의 하나로 출현하는 효시를 제공하였습니다.

6. 극동 문제의 열쇠를 쥐고 있는 한국은 1,870만 국민의 해방을 위해 피흘리고 절규하는 한 아시아에 항구대전은 평화가 결코 존재할 수 없습니다. 또 다른 한국이 지금 해방되지 못한다면 필수적이며, 만약 한국이 지금 해방되지 않고, 극동이 발칸 반도가 제1차 세계대전 직전에 직면하였던 동일한 상황에 놓여 있다면, 동일한 조건하에서 수반되는 동일한 결과를 맞이하게 될 것입니다.

7. 피통치자의 동의라는 질문을 논외로 하고자 한국은 열강들이 아시아 지역 점령과는 사정이 다릅니다. 인도는 정복되었고, 안남은 중국에 의해 프랑스에 이양되었으며, 필리핀 역시 스페인에 의해 미국에 이양되었습니다. 일본은 한국에 대하여 어떠한 권리 주장도 할 수 없습니다.

8. 한국이 지금 독립되지 않는다면, 일본의 만주와 시베리아로의 진출이 건제되지 않으면, 만주와 시베리아는 아시아 거의 모든 지역을 일본의 깃발과 군주주의 아래 두려는 일본의 야망을 곧 깨닫게 될 것입니다.

9. 경제적으로 그리고 상업적으로, 일본의 아시아 패권은 서구열강 및 세계 전반의 해상적 이해관계에 유해하다는 것이 입증될 것입니다.

부록　　　　　　　　　　　　　　　　　　　　507

넷째, 가장 중요한 문제는 인류가 정의라는 인도주의 관점에서 제기된 문제입니다. 역사, 언어, 문화, 금전, 교육, 종교상의 박해 등을 지적하고 있습니다.	10. 한국은 이제 역사상 일련의 가장 억압적인 군사 지배를 받고 있으며, 나라는 무기력해져 영원히 위기에 직면해 있습니다. 일본은 가능한 한국어를 압연하고 한국 국민을 멸절시키려 하고 있습니다.
(추가) 1917년 현재 한국인과 일본인의 교육현황	11. 일본의 무단통치를 받은 이래 한국인들이 당한 압박과 고통은 역사상 유례를 찾을 수 없는 것이었습니다. 일본은 우리의 언어를 말살하고, 우리의 지식이 성장하는 것을 막아 이 세상에서 한국을 절멸시키려 하고 있습니다.
마지막으로, 우리는 "대부분의 한국인들이 일본의 군사 정부하에 있기보다는 스스로의 자치를 선호한다. 국민투표를 실시해도 모든 한국인들이 일본의 지배보다는 스스로의 자치정부를 선택할 것이다.	12. 한국의 모든 주요 도시의 300만 명 이상의 국민으로 구성된 연합단체에 의해 최근 3월 1일 공개적인 독립선언에서 드러났듯이, 독립은 1,870만 한국인 전 국민의 한결같은 정서이자 의지입니다.
(추가) 3.1운동 발발소식 현재 한국에서 일어난 혁명적 운동에 대한 로이터 통신의 전보, 3월 20일자 파리의 『데브르』, 3월 21일자 파리의 『르땅』, 3월 22일자 파리의 『르마땅』 등을 보십시오	13. 일본의 점령 이후 날이 갈수록 점점 격렬하고 증오로 가득차고 있는 한국인 내면의 민족적 정서로 인해한국인들은 일제 지배하에서 일정 정도의 자유가 허락된다고 해도 이 민족의 지배하에서 평화롭게 살 수 없습니다. 한국은 일본이 감독하는 그룹이 아니라며 처리리 국제적인 감독하에 있으려고 할 것입니다.
한국인들 대신하여 신한청년당 대표 김규식	신한청년당 대표 金奎植
A Memorandum Presenting The Claims of the Korean People for Liberation, by J. Kiusic Kimm, Presidential Papers Microfilm, Woodrow Wilson Papers, Series 5B: Peace Conf. Corrs. 1919 Apr 3-9. Reel # 399, Library of Congress; 「해방을 위한 한국 국민의 호소를 담은 비망록(일자 미상), 1919. 4. 5), 「대한민국임시정부자료집」43(서한집 II).	A Memorandum Presenting The Claims of the Korean People for Liberation, by J. Kiusic Kimm, [undated. April 5, 1919]. Presidential Papers Microfilm, Woodrow Wilson Papers, Series 5B: Peace Conf. Corrs. 1919 Apr 3-9. Reel # 399, Library of Congress; 「김규식이 파리강화회의에 보낸 서한」(1919. 4. 5). 「대한민국임시정부자료집」43(서한집 II).
한국인을 대표해, 대한민국민회 대표, 신한청년당 대표	
Office of the Censor, Colombo to the Secretary, War Office, February 25, 1919. (No. 4, April 4, 1919 in Foreign Office), FO 371/3817. Political, Japan Files, 4182-7283.	

508

4. 구미위원부 수지결산(1919. 9~1921. 11) 및 김규식 관련 지출

연도	수입총액	전월이월금 (시재금)	당월순수입	중앙총회보조금 (3,000)	공채표 (본토)	공채표 합계 (H 하와이)	의연금	기타	지출총액	김규식관련 지출	신한민보 게재일
1919. 9	5,931		5,931						4,863		1920. 2.19
1919. 10	5,120		5,120						5,396		1920. 2.19
1919. 11	4,961		4,961						936		1920. 2.19
1919. 12	12,563.90	1,818.15	10,745.75	2,600	530	6530 (H 6,000)	1,600	16	5,082.66		1920. 6. 4
1920. 1	14,011.99	7,481.24	6,530.75	3,000	5	3505 (H 3,500)	0	26	4,718.31	329 (병원비 위원부장)	1920. 6. 4
1920. 2	11,198.68	9,293.68	1,905	1,500	405	405	0	0	4,770.93	125 (김규식의 사비)	1920. 6. 4
1920. 3	12,164.53	6,427.00	5,737.33	4,100	614	1,614 (H 1,000)	0	22	4,948.14	114 (김규식 병비)	1920. 7.15
1920. 4	9,198.00	7,216.39	1,982.61	0	325	1,325 (H 1,000)	500	157	4,789.74	1,472 (김규식 병원비)	1920. 7.15
1920. 5	6,568.45	4,408.26	2,160.19*	0	0	345 (H 345)	1,572	238	3,946.82	576 (김규식 병비)	1920. 7.15

1920. 6	8,698.37	2,611.63	6,086.74**	0	1,894	2894 (H 1,000)	2,390	802	4,994.94		1920.10.21
1920. 7	8,286.78	3,703.43	4,582.35***	0	4,076.25	4,076.25	381	125	3,484.09		1920.10.21
1920. 8	13,520.66	4,802.69	7,952.97	0	2,987	2,987	780	186	8,804.13		1920.10.21
1920. 9	16,060.34	4,716.53	11,343.53	0	2,421.25	11,219.81 (H 8,798.56)	25	99	8,854.71		1921. 1.13
1920. 10	9,940.42	7,205.63	2,734.79		1,972	2,107 (H 135)			4,380.20	277.80 (위원급여 포와(하와이) 여비)	1921. 1.21
1920. 11	11,416.12	5,560.22	5,855.90		1,725.90	3,895.90 (H 2,170)			6,455.82	1,500 (대통령 여비, 군무총장 포함)	1921. 1.21
1920. 12	11,001.51	4,960	6,041.21		2,610	5,730 (H 3,120)			6,153.85		1921. 5.19
1921. 1	11,996.43	4,87.66	7,148.77		962.40	6,177.40 (H 5,215)			5,181.90		1921. 5.19
1921. 2	9,084.70	6,814.53	2,055.25		315	1,845 (H 1,530)			3,864.70		1921. 5.19
1921. 3											-
1921. 4~8	9,131.53	3,965.67	5,265.86		1,172.68	1,172.68			8,975.52****		1921.10.20

	W 1921 9~11				
	21,219.18		771	7,859 (H 7,088)	12,660.16	1921.11.24
합계	(평균) 10,603.67	(평균) 5,092	21,219.18			
			(합1) 104,141.00 (평균1) 6,268 (합2) 105,959.15	(합) 22,786.48	(합) 63,688.04 (H 40,901.56)	(합) 113,261.62

[비고]

H는 하와이

W는 워싱턴회의 특별 모금: (미주) 공채금 771, 특연금 10,767.57, (하와이) 공채금 7,088, (멕시코) 특연금 484.15, (쿠바) 특연금 225, (중국인) 특연금 1,883.46.

* 김규식 병원비 155 번환
** 김규식 병원비 420 번환
*** 김규식 병원비 53 번환(일로우스)
**** 미불재무 3,000(필라델피아통신부 1800, 런던사무소 1200)

[출전] 방선주, 1989b, 「1921~22년의 워싱톤회의와 재미한인의 독립청원운동」, 『한민족독립운동사』 6, 국사편찬위원회, [표 3] 구미위원부 수지개요 및 이정훈, 1996, 「김규식 구미위원부 활동(1919~1920)」, 한림대학교 석사학위논문, 36쪽, [표 2] 1919년 12월~1920년 9월간 구미위원부 재정수입을 근거로 필자가 수치를 조정함.

부록

5. 구미위원부 봉급 및 해외 각 기관 지출표(단위: 달러)

	(1) 이승만	(2) 비서	(3) 위원 (2인)	(4) 변호사	(5) 사무원 (2인)	(6) 타자원	(7) 필라델피 아통신부	(8) 파리대 표부	(9) 임시정부	(10) 기타	(11) 합계
1919. 12	200	100	200	150	210	125	860	1000		벡 400 험버트 180	3,425
1920. 1	200	100	300	200	100(1인)	100	860	700		험버트 100	2,660
1920. 2	200	100	300	200	100	100	900+	703.50		험버트 200	2,803.50
1920. 3	200	100	300	200	100	100	1300+	511.50			2,811.50
1920. 4	200	130	300	200	152.50		800+			벡 400 험버트 200	2,382.50
1920. 5	200	70	298.16	200	282.00	132.15	700+				1,882.31
1920. 6	369	100	300	200	164.90	115	800+	14	1,000	린던 326.50	3,389.4
1920. 7	200	100	300	200	100	115	800+	500	18.60	린던 330.80	2,664.40
1920. 8	200	100	300	200	50	115	800+	500	4,021.10	린던 307.80	6,593.90
1920. 9	200	100	450(3인)	200	150	115	800+	500	4,536.20 (이승만2,500)	이승만 100	7,151.20 (이승만 2,600)
1920. 10			450	200	100	115	800+	500			2,165

1920. 11				450	200	100	115	800+	500	3,500 (이승만1,500)	런던 127.78	5,677.78 (이승만 1,500)
1920. 12				450	200	100	115	800+	500	3,020.99	런던 205	5,390.99
1921. 1				450	200	100	115	800+	500	2,011.10	이승만 500	4,676.10 (이승만 500)
1921. 2				450	200	100		800+	500	1,011.10		3,176.10
합계	2,169 (7,369)	1,000	5,298.16	2,950	1,909.40	1,477.15	12,620+	6,929.00	19,119.09 [15,119.09]	3,377.88	56,849.68 (이승만 4,600)
조정 합계	7,369 (+임시정부4,000 +기타600)	1,000	5,298.16	2,950	1,909.40	1,477.15	12,620+	6,929.00	15,119.09 (-이승만 4,000)	런던 1,297.88 백 800 함바로트 680	56,849.68
백분율	12.96	1.75	9.31	5.18	3.35	2.59	22.19+	12.18	26.59	(10-1)런던 2.28 (10-2)백 1.40 (10-3)함바로트 0.83	100

(비고) +부호는 기본 지출에다 상당수의 인쇄출판비용 가상.
부선주, 1989b, 「1921~22년의 워싱톤회의와 재미한인의 독립청원운동」, 『한민족독립운동사』 6, 국사편찬위원회, (표) 구미위원부 봉급 및 해외 각기관 지출표를 필자가 수정한 것임.

부록 513

6. 김규식이 미 육군 수송함 토머스호 일행 시 소지하고 있던 중요 문서 목록

첨부번호	MID 문서번호	제목(내용)	일시	쪽수
Enc. 1.	1766-1391-48	임시정부 각료명단		1
Enc. 2.	1766-1391-47	이승만 대통령명령 제1호(구미위원부 조직), 제2호(구미위원 김규식, 이대위, 송헌주 임명)	1919. 8. 25.	3
Enc. 3.	1766-1391-54	대한민국공채표 (대한민국임정재무총재 이승만, 주차구미위원장 김규식) 10달러	1919. 9. 1.	1
Enc. 4.	1766-1391-46	북미노동사회개진당 법률고문 김규식각하 신임장 (답수 이심)	1920. 5. 17.	2
Enc. 4.	1766-1391-45	북미노동사회개진당 후원자 김규식각하 신임장: 뉴욕시 소악극동맹회 앞 (답수 이심)	1920. 5.	2
Enc. 5.	1766-1391-44	한국독립운동 개요(A Summary of the Korean Independence Movement) 저자 미상(김규식 추정)		8
Enc. 6.	1766-1391-43	정부 정책 및 조직 개요(Outline of Policy and Organization of Government) 서재필		5
Enc. 7.	1766-1391-42	극동정세(The Far Eastern Situation). 김규식(1919년 파리강화회의 한국대표단 수석, 구미위원부위원장)		7
Enc. 8.	1766-1391-41	산동에서 일본의 사악한 수단들, 산동에서 일본 수단에 대한 증오(Some Sinister Japanese Methods in Shantung, The Animus of Japanese Methods in Shantung) 김규식	—	31
Enc. 9.	1766-1391-40	이승만이 김규식에게 보낸 편지	1920. 10. 11.	4
Enc. 10.	1766-1391-39	재정적 관점에서 본 극동상황(Far East Situation from the Financial Standpoint) 돌프(Fed A. Dolph, Counsellor to the Republic of Korea)		8

514

Enc. 11.	1766-1391-38	돌프(Fred A. Dolph: Counsellor of ROK)가 김규식(Chairman of Korean Commission)에게 보낸 편지(1920. 9. 15)(9쪽), 김규식에 사실상 업무지시; 돌프가 김규식에게 보낸 편지(1920. 9. 16)(3쪽)	1920. 9. 15. ~16.	12
Enc. 12.	1766-1391-37	국민회와의 논쟁과 관련된 구미위원부 정책에 관련 비망록(Memoranda Concerning Commission's Policy with regard to Controversies with KNA), 작자미상(김규식 추정)		
Enc. 13.	1766-1391-36	제목 미상("l proper understanding of the Present Crisis in Korea…"로 시작하는 잡지 투고용 글), 작자 미상		12
Enc. 14.	1766-1391-35	서재필(Philip Jaisohn)이 김규식에게 보낸 편지(1920. 9. 22). 전후 국가수립 구상, 독재 10년 운운, 이승만에게도 발송	1920. 9. 22.	5
Enc. 15.	1766-1391-34	김규식 자필 메모(3쪽), 97가지 항목, Questions & Take up(1쪽)		4
Enc. 16.	1766-1391-33	구미위원부 예산 제1호(Budget No.1), 구미위원부 예산 제2호(1919년 12월 개시)(Budget No.2 (Beginning December, 1919)) (5,000달러), 구미위원부 예산(1920년 6월 1일 개시)(Budget No. (Beginning June 1st, 1920))(4,000천 달러),	1919. 9.~12.	3
Enc. 17.	1766-1391-32	발신전보기록(Record of Outgoing Telegrams), 5개 항목 분류(Grouped Under Five Heads), 1919년 9월~12월(Beginning 1919, Sept. thru Dec.) I. 국민회(북미지방총회), II. 구미위원부-파리, III. 국민회 하와이 지방총회, IV. 상해 임시정부, V. 발신 전보-일반.	1919. 9.~12.	38
Enc. 18.	1766-1391-31	수신전보기록(Record of Incoming Telegrams) 5개 항목 분류, 1919년 9~12월. I. 국민회(북미지방총회), II. 구미위원부-파리, III. 국민회 하와이 지방총회, IV. 상해 임시정부, V. 수신 전보-일반.	1919. 9.~12.	20
Enc. 19.	1766-1391-30	1920년 일부 수신전보(Some Incoming Telegrams, 1920)	1920.	3
Enc. 20.	1766-1391-29	1920년 일부 발신전보(Some Outgoing Telegrams, 1920)	1920.	4
Enc. 21.	1766-1391-28	1917년 10월 29~31일 맥알핀호텔에서 개최된 소약국동맹회 총회 최종회의에서 채택된 결의안(Resolution Adopted at the Final Session of the Congress of the League of Small and Subject Nationalities, held at Hotel McAlphin, October 29th, 30th and 31th, 1917) 결의안 1-9(Resolutions 1-9)	1917. 10. 31.	4

Enc. 22.	1766-1391-27	황기환(Earl K. Whang)이 김규식에게 보낸 편지(1919. 9. 13)	1919. 9. 13.	7
Enc. 23.	1766-1391-26	헤닝슨(H. F. Henningsen)이 김규식에게 보낸 편지(1919. 7. 21)	1919. 7. 21.	3
Enc. 24.	1766-1391-25	맥킨지(McKenzie)가 김규식에게 보낸 편지(1919. 12. 1)	1919. 12. 1.	3
Enc. 25.	1766-1391-24	송헌주가 김규식에게 보낸 편지(1920. 6. 27)	1920. 6. 27.	3
Enc. 26.	1766-1391-23	국민회(KNA)가 김규식에게 보낸 편지(1919. 11. 8),	1919. 11. 8.	1
Enc. 27.	1766-1391-22	소콜스키(Sokolsky. China, Bureau of Public Information)가 김규식에게 보낸 편지(1920. 9. 14)	1920. 9. 14.	1
Enc. 22.	1766-1391-27	황기환이 김규식에게 보낸 편지(1919. 9. 13)	1919. 9. 13.	5
Enc. 23.	1766-1391-26	헤닝슨(H. F. Henningsen, Peking. 怕蒲生)이 김규식에게 보낸 편지(1919. 7. 21)	1919. 7. 21.	2
Enc. 24.	1766-1391-25	맥킨지(McKenzie, 런던)가 김규식에게 보낸 편지(1920. 6. 27)	1920. 6. 27.	4
Enc. 25.	1766-1391-24	송헌주가 김규식에게 보낸 편지(1920. 6. 27)	1920. 6. 27.	3
Enc. 26.	1766-1391-23	국민회 중앙총회가 김규식에게 보낸 편지(1919. 11. 8)	1919. 11. 8.	1
Enc. 27.	1766-1391-22	소콜스키가 김규식에게 보낸 편지(1920. 9. 14)	1920. 9. 14.	1
Enc. 28.	1766-1391-21	김규식, 구미위원부 사진. 남궁염, 송헌주, 이승만, 김규식, 신형호, 임병직, 신막실라	1920. 3. 1.	1
Enc. 29.	1766-1391-20	김규식, 국민회 사진. 백일규, 문봉구(국민회 총회장), 김규식, 이대위, 정한경, 홍언, 이병두, 송종익	1919.10.18.	1
Enc. 30.	1766-1391-19	김규식, 하와이 도착사진(1920. 10)	1920. 10.	1

Enc. 31.	1766-1391-18	이병두(William Lee) 사진		1
Enc. 32.	1766-1391-17	이승만 사진(1919. 11. 3. 워싱턴). (敬贈摯愛兄 金奎植 閣下 民國元年 十一月 三十日 在美國 華盛頓 弟 李承晩)	1919. 11. 3.	1
Enc. 33.	1766-1391-16	이름, 김규식, 운병구 사진		1
Enc. 34.	1766-1391-15	이관용 사진(1919. 8. 3)(獨立을 自由는 그 價値를 알고, 愛, 美를 爲하야 自存을 愛하는 國民이라야 주는 것이지오 四千二百五十二年 八月 三日 李弟灌鏞 金奎植)	1919. 8. 3.	1
Enc. 35.	1766-1391-14	김규식 하와이 사진(일행 5인. 1920. 10)	1920. 10.	1
Enc. 36.	1766-1391-13	중국인 소응평(蕭承弼) 사진 및 방명(三等文虎章 三等嘉禾章 國務院諮議 敍授經濟調査會委員 中美山東實業公司協理 蕭承弼 右 鄕山東長淸縣人)(Paokee Photographer Peking. 北京觀音寺 寶記照相館)		1
Enc. 37.	1766-1391-12	김규식·송헌주 사진(1919. 12. 25) 및 방명(To My Distinguished Colleague Hon. Kuisic Kimm from H. J. Song Washington. D. C. Dec. 25 1919)	1919. 12. 25	1
Enc. 38.	1766-1391-11	중국인의 사진 및 방명 (신원미상) 북경사진관		1
Enc. 39.	1766-1391-10	이태준이 김규식에게 보낸 편지(1920. 5. 10), 김은식이 김규식에게 보낸 편지(1920. 5. 10)	1920. 5. 10	2
Enc. 40.	1766-1391-9	이동휘가 김규식에게 보낸 편지(1919. 11. 29)(4쪽) 김철이 김규식에게 보낸 편지(1919. 12. 7)(8쪽)	1919. 11. 29	12
Enc. 41.	1766-1391-8	이승음(노동사회개진당)이 김규식에게 보낸 편지(1920. 1. 20)	1920. 1. 20	2
Enc. 42.	1766-1391-7	이승음(노동사회개진당)이 김규식에게 보낸 편지(일자 미상)		2
Enc. 43.	1766-1391-6	조동호가 김규식에게 보낸 편지(1920. 8. 11)	1920. 8. 11	2

Enc. 44.	1766-1391-5	박용만이 1917년 10월 29일 뉴욕 맥알핀호텔 소약국동맹회(At the Congress of Small, Subject and Oppressed Nationalities, Hotel McAlpin, New York, Oct. 29, 1917)에서 행한 연설	1917. 10. 29	4
Enc. 45.	1766-1391-4	국민회와 관련된 논쟁에 대한 구미위원부의 정책에 관한 비망록(Memoranda Concerning Commission's Policy With Regard to Controversies with the K. N. A.)(1919. 10. 9) 작성자 미상(김규식 추정)	1919. 10. 9	3
Enc. 46.	1766-1391-3	1918년 11월 28일 여운형이 Charles Crane에게 수교한 비망록 사본	1918. 11. 28	4
Enc. 47.	1766-1391-2	일본은 이틀간 1만 명이 한국인을 살해, 4만 5천 명이 체포, 파리강화회의 대표는 전문을 통해 알게 된 사실(JAPANESE KILL 10,000 KOREANS IN TWO DAYS, Forty-five Thousand Arrested, Peace Conference Delegate Here Learns From Cable) (1919. 4. 29)	1919. 4. 29	2
Enc. 48.	1766-1391-1	임시정부 헌법 요약(Summary of Constitution)		1

[출처] Subject: Confidential Korean papers. (1921. 1. 19), Assistant Chief of Staff for Military Intelligence to Director, Military Intelligence, General Staff. RG 165, Boxes 544-545.

참고문헌

1. 미간행 자료

□ 컬럼비아대학 희귀필사문서도서관(Rare Book and Manuscript Library, Columbia University) 크레인가족문서철(Cran Family Papers 1877-1986)
- "China – 1918," Memoirs of Charles R. Crane (manuscript), Cran Family Papers 1877-1986.
- "Lynh, W. H. 1918 November 29," Box 3, Folder 23, Sub series I.1: Incoming Correspondence, Series I: Charles Richard Crane Correspondence, Cran Family Papers 1877-1986.

□ 미 의회도서관(Library of Congress) 필사문서처(Manuscript Division)
- 우드로 윌슨 문서철(Woodrow Wilson Papers)
- "Woodrow Wilson Papers: A Finding Aid to the Collection in the Library of Congress"
- A Memorandum Presenting The Claims of the Korean People for Liberation, by J. Kiusic Kimm. (undated. April 5, 1919). Presidential Papers Microfilm, Woodrow Wilson Papers, Series 5B: Peace Conf. Corrs. 1919 Apr 3-9. Reel 399
- John Kiusic Soho Kimm to President Woodrow Wilson, May 12, 1919. Presidential Papers Microfilm, Woodrow Wilson Papers, Series 5B: Peace Conf. Corres. 1919 May 7-13. Reel 405.
- To the International Peace Conference, J. Kiusic Kimm, April 5, 1919. Presidential Papers Microfilm, Woodrow Wilson Papers, Series 5B: Peace Conf. Corrs. 1919 Apr 3-9. Reel 399.

- 헨리 화이트 문서철(The Papers of Henry White)
- American Commission to Negotiate Peace, Confidential Bulletin, Bulletin No.127, April. 1919. The Papers of Henry White, Peace Conference File Box 52. folder P-C : Korea

- 태스커 블리스 문서철(The Papers of Taker H. Bliss)
- J. Kiusic S. Kimm to General Taker H. Bliss, May 13, 1919. Box 312. Folder Korea Miscellaneous April-May 1919.

☐ 미 국립문서기록관리청 (The National Archives and Records Administration: NARA)
- RG 59, 국무부 십진분류문서철, 1910-1929(RG 59, State Department, Decimal File, 1910-29), Box 307. 032.C85.
- "Editorial statement, regarding Mr. Crane's purpose in visiting China," *Millard's Review of the Far East*, November 30, 1918.

- RG 59, 국무부 십진분류문서철, 한국(조선) 내정문서철, 1910-1929[RG 59, Records of the Department of State, Relating to Internal Affairs of Korea (Chosen), 1910-29]. MF. M 426, Roll 3.
- "Outline of Procedure" Paul S. Reinsch (Peking) to Secretary of State, February 16, 1919. No.2631. 895.00/581.
- Paul S. Reinsch (Peking) to Secretary of State, February 16, 1919. No.2631. 895.00/581.

- RG 59, 국무부 십진분류문서철, 한국 내정문서철(RG 59, State Department Decimal File, 895.00/656, Internal Affairs of Korea, 1910-29), M 426, Roll 2.
- "Proclamation and Demand for Continued Independence of the Korean Nation,"(1919. 9. 27).
- Kiusic Kimm, Chairman, Koran Commission to Thomas W. Marshall, Vice

President, President of the United States Senate, August 28, 1919.
- Acting Secretary of State to Secretary to the Vice President, September 8, 1919.
- The Vice Presidents Chamber to the Secretary of State, September 6, 1919. 895.00/656.
- W. H. Lyuh to Robert Lansing, Secretary of State, September 17, 1919. Roll 2.

• RG 59, 파리강화회의 미국대표단 기록, 1918-1939(RG 59, General Records of the American Commission in Negotiate Peace, 1918-1939), M 820, Roll 563.
- American Commission to Negotiate Peace, Subject: Korea. A Plea that the Peace Conference give a hearing to the. March 25, 1919. 895.00/8.
- Gilbert Close, Confidential Secretary to the President to A. C. Kirk, Secretary of Robert Lansing, Secreaty of State, June 4, 1919. 895.00/22.
- Grew to Hornbeck, March 28, 1919. 895.00/8.
- Hornbeck to Close, May 31, 1919. 895.01/19.
- Hornbeck to Kirk, May 27, 1919. 895.00/19.
- Hornbeck to Kirk, May 28, 1919. 895.01/19.
- J. K. S. Kimm (John Kiusic Soho Kimm) to Williams, April 10, 1919.
- Kimm to Lansing, May 13, 1919. 895.00/17, May 14, 1919. FW895.00/17.
- Kirk to Close, May 31, 1919. 895.00/19.
- Kirk to Hornbeck, May 27, 1919.
- Shinjhung and Kinshung to Woodrow Wilson, January 25, 1919. 895.00/2.

• RG 59, 국무부 십진분류문서철, 1차 세계대전과 그 종전관련 문서 1914-1929. (RG 59, State Department Decimal File, State Dept. Records Re World War I and Its Termination, 1914-29), M 367, Roll 393. 763.72119/3978.

• RG 165, 군사정보국(MID) 문서, 1917~1941(RG 165, Military Intelligence Division, Correspondence, 1917-41), Boxes. 544, 545.

- 「George E. Sokolsky to Kiusic Kimm」, September 14, 1920. Enc. 27. 1766-1391-22.
- 「Report」(1925. 12. 8), MID Hawaiian Department, 46. 「[1918년 11월 28일 여운형이 Charles Crane에게 수교한 비망록 사본]」(1918. 11. 28), MID 1766-1391-3 Subject: Confidential Korean papers. (1921. 1. 19), Assistant Chief of Staff for Military Intelligence to Director, Military Intelligence, General Staff.
- Enc. 44. 「박용만이 1917년 10월 29일 뉴욕 맥알핀호텔 소약국동맹회(At the Congress of Small, Subject and Oppressed Nationalities, Hotel McAlpin, New York, Oct. 29, 1917)에서 행한 연설」, MID 1766-1391-5, Subject: Confidential Korean papers. (1921. 1. 19), Assistant Chief of Staff for Military Intelligence to Director, Military Intelligence, General Staff.
- 「이승만이 김규식에게 보낸 편지」(1920. 10. 11) Enc. 9. MID 1766-1391-40. Subject: Confidential Korean papers. (1921. 1. 19), Assistant Chief of Staff for Military Intelligence to Director, Military Intelligence, General Staff.
- Report (1925. 12. 8), MID Hawaiian Department
- Subject: Confidential Korean papers. (1921. 1. 19), Assistant Chief of Staff for Military Intelligence to Director, Military Intelligence, General Staff. MID 766-1391-49
- Subject: Korean activities in Hawaii. (1921. 9. 14). Acting Assistance Chief of Staff for Military Intelligence (S. W. Wood, Jr. Captain, 55th Infantry) to Director, Military Intelligence, General Staff. MID 1766-1391-51.
- U. S. Postal Censorship Honolulu, T. H. Feb. 25, 1919. MID 1766-918, Record #2390. Box. 538. MID 1766-918-8.
- U. S. Postal Censorship, Honolulu, T. H., Jan. 9, 1919. Box. 538. MID 1766-918-3.

• RG 165, 군사정보국(MID) 문서, 중국 정치·경제·군사 상황 관련(RG 165, A1 Entry 65, Correspondence of the Military Intelligence Division Relating to General, Political, Economic, & Military Conditions in China, 1918-1941), M

1444, Roll 12. MID 2659-I-306 (MF)

□ 스탠퍼드대학 후버연구소(Hoover Institute Archives, Stanford University)
- 스탠리 혼벡 문서철(Stanley Kuhl Hornbeck Papers)
- "Korea's Vain Appeal: R. W. Richie Adds Corroborative Details to the Hulbert Account," New York Times, March 7, 1916; "Korea, Japan, and America: Professor Ladd Tells Another Story of the 1905 Treaty," New York Times, March 9, 1916. Box 270. Annexation.
- "The End of Korea. Frederiick McCormick Rejects Both the Hulbert and Ladd Accounts of the Great Events in Seoul," New York Times, March 13, 1916. Box 270. Annexation.
- Homer B. Hulbert, "American Policy in the Cases of Korea and Belgium: The Special Envoy of the Korean Emperor Tells for the First Time the Full Story of His Attempt to Get President Roosevelt to Intervene Against Japan," New York Times, March 5, Box 270. Annexation.
- Hornbeck to Kirk, June 21, 1919. Box. 270. Peace Conference.
- Stanley Hornbeck to J. Kuisic S. Kimm, June 10, 1919. Box. 270. Peace Conference.
- To the Commissioner, by Hornbeck, Subject: Korean representative requests interview, June 15, 1919. Box. 270. Peace Conference.
- American Commission to Negotiate Peace, Subject: Korea. A Plea that the Peace Conference give a hearing to the. March 25, 1919. 895.00/8. Box. 329. Korean Delegation.
- Grew to Hornbeck, March 28, 1919. 895.00/8. Box. 329. Korean Delegation.
- J. Kiusic Kimm to Captain Hornbeck. May 13, 1919. Box. 329. Korean Delegation.
- Polk, Acting Secretary of State to Ammission, Paris. March 1, 1919. Stanley Kuhl Hornbeck Papers, Box 329 Korea at the Peace Conference.

□ 미 국립문서기록관리청 태평양지역분관(National Archives, Pacific Region, San Bruno, CA)
- U. S. Department of Labor, Immigration Service District No. 30. Document No. 23880/1-6. Office of the Commissioner Angel Island Station San Francisco, California. February 6, 1926. Investigation Arrival Case Files, San Francisco. Records of the U. S. Immigration and Naturalization Services, RG 85, National Archives, Pacific Region, San Bruno. CA.

□ 하와이대학 한국학연구소 소장자료
- 金鉉九, 『金鉉九自傳』, 『雩南略傳』.

□ UCLA 진희섭 컬렉션
- Korea American Research Project, The Hei Sop Chin Archival Collection, Collection 367: Korean Immigrant History Materials, box 2. Korean Provisional Government Papers, folder 3 Cablegram, Asian American Studies Center and Department of Special Collections, University of California, Los Angeles(『임정전문철』로 줄임).

□ 영국 국립문서보관소(The National Archives, TNA) 소장자료
• FO 371/3817. Political, Japan Files, 4182-7283.
- Office of the Censor, Colombo to the Secretary, War Office, February 25, 1919, (No. 4, April 4, 1919 in Foreign Office).
- J. Kiusic S. Kimm to Lloyd George, Prime Minister. (1919. 5. 12); J. Kiusic S. Kimm to British Delegate. (1919. 5. 14). Subject: Korean Independence. No.89555.
• FO 371/3818. Political, Japan Files, 7293-9849.
• FO 371/3822. Political, Japan Files, 108914-150512.
• FO 602/211. Peace Conference (British Delegation)
- John Kiusic Soho Kimm, Korean Delegation to A. J. Balfour, M.P. Secretary

for Foreign Affairs. (1919. 5. 13)〕; John Kiusic Soho Kimm, Korean Delegation to David Lloyd George, M.P. (1919. 5. 12). Subject: Claims of Korea at Peace Conference. May 14. Mr. Kimm Korean Delegation. no.9938.
- J. Kiusic S. Kimm, Korean Delegation to David Lloyd George, M.P. (1919. 5. 24). Subject: Appeal for Recognition of Republic of Korea. June 2. no.11578.
- John Kiusic Soho Kimm, Korean Delegation to Lloyd George M.P. (1919. 6. 14); J. Kiusic S. Kimm, Korean Delegation to George Clemenceau (1919. 6. 11). Subject: Claim of Korea for Liberation from Japan. June 13, 1919. no.12494.

□ 일본외무성 외교사료관
- 『不逞團關係雜件 朝鮮人ノ部 在內地』 2, 4, 5, 9.
- 『不逞團關係雜件 朝鮮人ノ部 在上海地方』 1, 4, 5, 6.
- 『不逞團關係雜件 朝鮮人ノ部 在支那各地』 1.
- 『不逞團關係雜件 朝鮮人ノ部 在歐米』 1, 3, 8.
- 『不逞團關係雜件 朝鮮人ノ部 上海假政府』 1.

□ 독립기념관 소장자료
- 「상해의 신성 등이 대한인국민회 중앙총회장 안창호에게 보낸 통첩」(1919. 2. 8). 독립기념관 소장 대한인국민회자료, 자료번호 2-K05794-000.
- 「대한인국민회 중앙총회장 안창호가 상해에 있는 신정(신규식)에게 보낸 공문」 제18호(1919. 2. 10). 독립기념관 소장 대한인국민회자료, 자료번호 2-K03607-000.
- 「대한인국민회 중앙총회장 안창호가 백일규에게 보낸 詢議書 공문」 제121호(1919. 2. 28). 독립기념관 소장 대한인국민회자료, 자료번호 2-K03757.
- 「중앙총회장 안창호가 상해의 신정(신규식)에 보낸 대한인국민회 중앙총회 대표자 위임장」(1919. 3. 19). 독립기념관 소장 대한인국민회자료, 자료번호 2-K03623-000.
- 「대한인국민회 중앙총회장 안창호가 신정(신규식)에게 보낸 공문」 제45호(1919.

3. 13). 독립기념관 소장 대한인국민회자료, 자료번호 2-K03615-000.

□ 기타
- 「공적조서(한진교)」.
- 「한진교 자필〔독립운동이력서〕」.
- 「韓泰東(한진교의 3남2녀 중 막내아들) 인터뷰」(2010. 4. 9, 대담자 김광재).

2. 간행 자료

□ 신문
"Question about Foreign Missionaries/Some Searching Criticism/Unifying thought in Korea," *The Japan Weekly Chronicle*, February 26, 1919.
"The First Korean Master of Arts(From the Roanoke Collegian)," *The Evening Times*, July 8, 1899.
Honolulu Pacific Commercial Advertiser, North-China Herald.
『독립신문』, 『每日申報』, 『晨報』, 『신한민보』.

□ 잡지
金秉濟, 1946, 「三一運動實記」, 『開闢』 4월호.
백관수, 1960, 「조선청년독립단 '2.8선언' 약사」, 『인물계』 4-3.
李甲成, 1950, 「三一當時를 回想하며」, 『民聲』 3월호.
李光洙, 1932, 「上海의 二年間」, 『三千里』 1월호.
＿＿＿, 1936, 「文壇苦行三十年(其二) 西伯利亞서 다시 東京으로」, 『朝光』 5월호.
＿＿＿, 1936, 「脫出 途中의 丹齋 印象」, 『朝光』 2-4, 1936. 4(『이광수전집』 8, 우신사, 1979).
＿＿＿, 1948, 「기미년과 나」, 『나의 고백』, 춘추사.
＿＿＿, 1948, 「나의 고백」, 『李光洙全集』, 1948.
李在寅, 1965, 「上海서 潛入한 金順愛女史: 大邱」, 『新東亞』.

신익희, 1960,「나의 자서전(抄) 3」,『동아일보』(1960. 5. 11).

신한청년당,『新韓靑年』 창간호(1919. 12. 1),『新韓靑年』(중국문) 창간호(1920. 3. 1).

여운형, 1932,「나의 上海時代, 自叙傳 第二」,『삼천리』제4권 제10호.

_____, 1932,「王正廷君의 回想」,『삼천리』12월.

여운홍, 1930,「中國外交部長 王正廷君」,『삼천리』11월(제10호).

_____, 1932「나의 海外 亡命時代」,『삼천리』제4권 제1호.

_____, 1949,「헐버트박사와 나」,『民聲』, 10월호.

_____, 1972,「내가 겪은 20세기」,『경향신문』(1972. 1. 8).

이옥, 1967,「3·1운동 경위에 새 사실, 빠리한국공보원 刊『한국의 독립과 평화』에 서」,『동아일보』(1967. 2. 28).

田榮澤, 1946,「東京留學生의 獨立運動」,『新天地』제1권 제3호(3월호).

조소앙, 1946,「3·1운동과 나」,『자유신문』(1946. 2. 26)(삼균학회, 1979,『소앙선생 문집』하, 횃불사).

玄相允, 1950,「三一運動勃發의 槪略」,『新天地』3월호.

홍양명, 1932,「動亂의 도시 上海의 푸로필」,『삼천리』제4권 제3호.

「雜談室 許憲氏 曰」, 1929,『삼천리』제3호(11월).

「독립탄원 원본 발견, 빠리대학도서관서」,『동아일보』(1969. 2. 20).

□ 회고록

김메리, 1996,『학교종이 땡땡땡』, 현대미학사.

나기호, 1982,『비바람 몰아쳐도』, 양서각.

로버트 T. 올리버 지음, 박마리아 옮김, 1956『리승만박사전 - 신비에 싸인 인물』, 합동도서주식회사.

李哲源,『自叙傳』II. (미간행 자필필사본, 국가보훈처 소장.)

민필호,「대한민국임시정부와 나」, 김준엽 편, 1995,『石麟閔弼鎬傳』, 나남출판.

_____,「晛觀 申圭植先生傳記」, 김준엽 편, 1995,『石麟閔弼鎬傳』, 나남출판.

백관수, 1960,「조선청년독립단 '2.8선언' 약사」,『인물계』4 - 3.

여운홍, 1967,『몽양여운형』, 청하각.

尹普鉉, 1961, 『영남출신독립운동약전』 1, 光復先烈追慕會.

윤재근, 1996, 『근촌 백관수』, 동아일보사.

義庵 孫秉熙先生 記念事業會, 1967, 『義庵孫秉熙先生傳記』, 대한교과서주식회사.

이광수, 1962, 『이광수전집』 14, 삼중당.

李萬珪, 1947, 『呂運亨先生鬪爭史』, 민주문화사(1946년판의 재판).

이상수, 1985, 『송철회고록』, 키스프린팅.

이정식 면담, 김학준 편집해설, 김용호 수정증보, 2006 『혁명가들의 항일회상』, 민음사.

임병직, 1964, 『임병직회고록』, 여원사.

장건상 외, 1966, 『사실의 전부를 기술한다』, 희망출판사.

한에녹, 1955, 『創世以前과 創世 : 永遠한 福音』, 영원한복음사.

玄楯, 「三一運動과 我의 使命」, 『玄楯自史』(David Hyun and Yong Mok Kim, ed., My Autobiography: The Reverend Soon Huyun, Yonsei University Press, 2003).

Philip Jaisohn, *My Days in Korea*, Yonsei University Press, Seoul, 1999.

Stephen Bonsal, *Suitors and Suppliants-The Little Nations at Versailles*.
Prentice -Hall, Inc., New York, 1946.

Thomas F. Millard, *America and the Far Eastern Question*.
New York, Moffat, Yard and company, 1909.

□ 자료집

국사편찬위원회, 1968, 『한국독립운동사』 4.

＿＿＿＿＿＿, 1983, 『한국독립운동사』 자료2(임정편II).

＿＿＿＿＿＿, 1991, 『한국독립운동사』 자료20(임정편V).

國會圖書館, 1979, 『韓國民族運動史料』(3·1운동편 3).

대한민국 파리위원부, 1920, 『구주의 우리 사업』.

대한민국임시정부자료집 편찬위원회, 2005, 『대한민국임시정부자료집』 1(헌법·공보), 국사편찬위원회.

＿＿＿＿＿＿＿＿＿＿＿＿＿＿＿＿, 2005, 『대한민국임시정부자료집』 7(한일관계

사료집), 국사편찬위원회.
_____, 2006, 『대한민국임시정부자료집』 8(정부수반), 국사편찬위원회.
_____, 2007, 『대한민국임시정부자료집』 17(구미위원부), 국사편찬위원회.
_____, 2007, 『대한민국임시정부자료집』 21(파리위원부), 국사편찬위원회.
_____, 2008, 『대한민국임시정부자료집』 23(대유럽외교I), 국사편찬위원회.
_____, 2008, 『대한민국임시정부자료집』 25(중국의 인식I), 국사편찬위원회.
_____, 2009, 『대한민국임시정부자료집』 32(관련단체II), 국사편찬위원회.
_____, 2010, 『대한민국임시정부자료집』 39(중국보도기사I), 국사편찬위원회.
_____, 2011, 『대한민국임시정부자료집』 42(서한집I), 국사편찬위원회.
_____, 2011, 『대한민국임시정부자료집』 43(서한집II), 국사편찬위원회.
도산안창호선생전집편찬위원회 편, 1991, 『도산안창호전집』 2(서한I).
독립운동사편찬위원회, 1972, 『독립운동사자료집』 5(삼일운동재판기록), 원호처.
_____, 1973, 『독립운동사자료집』 6(삼일운동사자료집), 원호처.
_____, 1973, 『독립운동사자료집』 7(임시정부사자료집), 원호처.
_____, 1975, 『독립운동사자료집』 9(임시정부사자료집), 원호처.
몽양여운형선생전집발간위원회 편, 1991, 『몽양여운형전집』 1, 한울.
延世大 現代韓國學研究所, 1998, 『雩南李承晩文書』(東文篇) 8, 9, 16권, 중앙일보사, 연세대학교 한국학연구소.
이승만 저, 신호열 역, 1961, 『替役集』(坤), 동서출판사.
이승만, 2015, 『국역이승만일기』, 대한민국역사박물관.

鄭元澤,『志山外遊日誌』〔독립운동사편찬위원회, 1974,『독립운동사자료집』8(임시정부사료집), 원호처)〕.

Bruce Elleman, *Wilson and China: A Revised History of the Shandong Question*, M.E. Sharpe, 2002.

The Syngman Rhee Correspondence in English, 1904-1948, Volumes III, IV, VI. Institute for Modern Korean Studies, Yonsei University, 2009.

The Syngman Rhee Telegrams, Volumes I, III. Joong Ang Ilbo and The Institute of Modern Korean Studies, Yonsei University, 2000

姜德相 編, 1966,『現代史資料』25, みすず.

3. 연구논저

□ 저서

강영심, 2008,『한국독립운동의역사17: 1910년대 국외항일운동II-중국·미주·일본』, 독립기념관 한국독립운동사연구소.

강영주, 1999,『홍명희연구』, 창작과비평사.

고정휴, 2009,『한국독립운동의 역사 54: 1920년대 이후 미주·유럽지역의 독립운동』, 독립기념관 한국독립운동사연구소.

고춘섭 편저, 1984,『정상을 향하여, 秋空 吳禎洙 立志傳』, 샘터.

구대열, 1995,『한국국제관계사연구』1, 역사비평사.

김병기·반병률, 2009,『국외 3·1운동』, 독립기념관 한국독립운동사연구소.

김승학, 1970,『한국독립운동사』上, 독립문화사.

김원용,『재미한인50년사』, 캘리포니아리들리.

나가타 아키후미 지음, 박환무 옮김, 2008,『일본의 조선통치와 국제관계』, 일조각.

박제균, 1996,『중국 파리그룹(1907~1921)의 무정부주의 사상과 실천』, 경북대학교 대학원 사학과 동양사전공 박사학위논문.

반병률, 1998,『성재 이동휘 일대기』, 범우사.

방선주, 1989a,『在美韓人의 獨立運動』, 한림대학교출판부.

안형주, 2007, 『박용만과 한인소년병학교』, 지식산업사.

윤경로, 2012, 『105인사건과 신민회연구』, 한성대학교출판부.

윤대원, 2006, 『상해시기 대한민국임시정부 연구』, 서울대학교출판부.

윤병석, 1984, 『이상설전』, 일조각.

윤병석, 2004, 『3·1운동사』, 국학자료원.

이선근, 1956, 『한국독립운동사』, 상문원.

이정식, 1984, 『서재필』, 정음사.

이정식, 2008, 『시대와 사상을 초월한 융화주의자 몽양 여운형』, 서울대학교출판부.

장태한, 2018, 『파차파캠프 미국 최초의 한인타운』, 성안당.

정병준, 2005, 『우남이승만연구』, 역사비평사.

판카지 미슈라 지음, 이재만 옮김, 2013, 『제국의 폐허에서』, 책과함께.

홍선희, 1982, 『조소앙의 삼균주의 연구』, 한길사.

C. Martin Wilbur, *Sun Yat-sen: Frustrated Patriot*, Columbia University Press, New York, 1976

Dae-Sook Suh, *The Writings of Henry Cu Kim*, Center for Korean Studies Paper No.13, University of Hawaii, 1987.

Dae-yol Ku, *Korea under Colonialism*, the Royal Asiatic Society Korea Branch, 1985.

Erez Manela, *The Wilsonian Moment: Self-Determination and the International Origins of Anticolonial Nationalism*, Oxford University Press, New York, 2009.

Frank Prentiss Baldwin, "The March First Movement: Korean Challenge and Japanese Response," Columbia University, Ph.D., 1969.

George A. Fitch, *My Eighty Years in China*, Mei Ya Publication, Inc, Taipei, Taiwan, 1967.

Korea's Appeal for Self-Determination, By an American Born in Korea, J. E. Moore, Published by Korean National Association.

Labour and Socialist International, *The international at Lucerne, 1919. The* resolutions. *The provisional constitution*, London, The Labour party, 1919.

Norman E. Saul, *The Life and Times of Charles R. Crane*, Lexington Books. 2013.

Thomas F. Millard, *Democracy and the Eastern Question: The Problem of the Far East as Demonstrated by the Great War, and its Relation to the United States of America*, New York, The Century Co. 1919.

Thomas F. Millard, *Our Eastern Question: Our Eastern question; America's contact with the Orient and the trend of relations with China and Japan*, New York, The Century co., 1916.

William L. Cleveland, Martin Bunton, *A history of the modern Middle East*, Boulder, Co, Westview Press. 2013.

Bui Kim Hong, 2007, 『호치민주석의 일대기와 사업』, 통신문화출판사.

石川禎浩, 2001, 『中國共産黨成立史』, 岩波書店.

□ 논문

강영심, 1988, 「신한혁명당의 결성과 활동」, 『한국독립운동사연구』 2.

고정휴, 1992, 「歐美駐箚韓國委員會의 初期 組織과 活動, 1919~1922」, 『歷史學報』 134·135.

_____, 1999, 「대한민국임시정부와 미주지역 독립운동」 대한민국임시정부 수립 80주년기념 국제학술회의 『대한민국임시정부와 독립운동』 한국근현대사연구회.

_____, 2005, 「식민지시대 미국 지식인의 한국문제 인식 - 태평양문제연구회(IPR)를 중심으로-」『역사와현실』 58

_____, 2007, 「해제」, 『대한민국임시정부자료집』 17(구미위원부), 국사편찬위원회.

_____, 2010, 「해제」『대한민국임시정부자료집』 24(대유럽 외교 I), 국사편찬위원회.

高春燮, 1980, 「잊지못할 교육자 松岩徐丙浩先生」, 『사학』 15, 대한사립중고등학교장회.

김도형, 2015, 「도산 안창호의 여행권을 통해 본 독립운동 행적」, 『한국독립운동사연구』 52.

_____, 2017, 「프랑스 최초의 한인단체 '在法韓國民會' 연구」, 『한국독립운동사연

　　　　, 2025, 「제1차 한인회의의 개최와 유일한의 독립국가 구상」, 광복 80주년 기념 학술회의, 『유일한의 독립운동』(2025. 7. 11. 고려대학교).

金良善, 1969, 「三一運動과 基督敎界」, 『三一運動50周年紀念論集』, 동아일보사.

김주현, 2016, 「상해 시절 이광수의 작품 발굴과 그 의미」, 『어문학』 132.

　　　　, 2016, 「이광수와 신채호의 만남, 그리고 영향」, 『한국현대문학연구』 48.

김희곤, 1986, 「신한청년당의 결성과 활동」, 『한국민족운동사연구』 1.

　　　　, 1995, 「同濟社와 상해지역 독립운동의 태동」, 『중국관내 한국독립운동단체연구』, 지식산업사.

남부희, 1984, 「유교계의 파리장서운동과 3·1운동」, 『한국의 철학』 12.

李炳憲, 1959, 「양전백선생 취조서」, 『3·1운동비사』, 時事時報社出版局.

박형우, 1994, 「세브란스의학교 1회 졸업생의활동」, 『연세의사학』 2(제2호).

반병률, 1988, 「노령에서의 3·1운동」, 『한민족독립운동사연구』 3, 국사편찬위원회.

방선주, 1988, 「3·1운동과 재미한인」, 『한민족독립운동사』 3, 국사편찬위원회.

　　　　, 1989a, 「박용만평전」, 『재미한인의 독립운동』, 한림대 아시아문화연구소.

　　　　, 1989a, 「金憲植과 3·1운동」, 『재미한인의 독립운동』, 한림대 아시아문화연구소.

　　　　, 1989b, 「1921~22년의 워싱톤회의와 재미한인의 독립청원운동」, 『한민족독립운동사 6 : 열강과 한국독립운동』.

서동일, 2008, 「파리장서운동의 기원과 재경유림」, 『한국독립운동사연구』 30.

송우혜, 1988, 「세칭 '무오독립선언서'의 실체 -발표시기의 규명과 내용 분석-」, 『역사비평』 3.

신용하, 1977, 「3·1運動勃發의 經緯」, 『한국근대사론』 II, 지식산업사.

　　　　, 1979, 「3·1독립운동 발발의 경위-초기 조직화 단계의 기본과정」, 윤병석·신용하·안병직 편, 『한국근대사론 II』

　　　　, 1986, 「신한청년당의 독립운동」, 『한국학보』 44.

신재홍, 1981, 「대한민국임시정부와 구미와의 관계」, 『한국사론』 10, 국사편찬위원회.

　　　　, 1982, 「大韓民國臨時政府의 對美外交」, 『韓美修交100年史』, 國際歷史學會議

韓國委員會.

오영섭, 2012, 「대한민국임시정부 초기 위임통치 청원논쟁」, 『한국독립운동사연구』 41.

윤선자, 2016, 「1919~1922년 황기한의 유럽에서의 한국독립운동」, 『한국근현대사연구』 78.

윤소영, 2017, 「3·1운동기 일본신문의 손병희와 천도교 기술」, 『한국독립운동사연구』 57.

＿＿＿, 2018, 「일제의 '요시찰' 감시망 속의 재일한인유학생의 2·8독립운동」, 『한국민족운동사연구』.

윤은자, 2008, 「20세기 초 남경의 한인유학생과 단체(1915~1925)」, 『중국근현대사연구』 29.

李相薰, 1996, 「金奎植의 歐美委員部 활동(1919~1920)」, 한림대학교 사학과 석사학위논문.

이옥, 1969, 「3·1운동에 대한 佛·英의 반향」, 『3·1운동50주년기념논문집』, 동아일보사.

＿＿＿, 1989, 「프랑스와 한국독립운동」, 『한민족독립운동사』 6, 국사편찬위원회.

이장규, 2019a, 「1차대전 후 한인의 프랑스 스위프(Suippes) 이주와 독립운동」, 『한국독립운동사연구』 65.

＿＿＿, 2019b, 「프랑스 국립해외문서보관소 소장 호치민과 한국독립운동 자료」, 『한국독립운동사연구』 66.

＿＿＿, 2020, 「1919년 대한민국임시정부 '파리한국대표부'의 외교활동 -김규식의 활동을 중심으로」, 『한국독립운동사연구』 70.

임경석, 1998, 「서울파 공산주의자그룹의 형성」, 『역사와 현실』 28.

＿＿＿, 1999, 「극동민족대회와 조선대표단」, 『역사와현실』 32.

＿＿＿, 2001, 「파리장서 서명자 연구」, 『대동문화연구』 38.

정병준, 2017, 「1919년, 파리로 가는 김규식」, 『한국독립운동사연구』 60.

＿＿＿, 2015, 「金奎植의 부친 金鏞元의 가계와 생애」, 『한국근현대사연구』 73.

＿＿＿, 2017, 「3·1운동의 기폭제 -여운형이 크레인에게 보낸 편지 및 청원서-」, 『역사비평』 여름호.

_____, 2019, 「중국 관내 신한청년당과 3·1운동」, 『한국독립운동사연구』 65.

_____, 2020, 「해제: 신한청년당 기관지 『신한청년』(The New Korea)」, 『신한청년』, 한국독립운동사자료총서 54.

정상수, 2017, 「부들러의 한국 중립론」, 『서양사연구』 57.

정세현, 1979, 「3·1학생독립운동」, 윤병석·신용하·안병직 편, 『한국근대사론II』, 지식산업사.

정용대, 1988, 「조소앙의 유럽외교활동 연구」, 『삼균주의연구논집』 10, 삼균학회.

_____, 1992, 「주파리위원부의 유럽외교활동에 관한 연구」, 『서암조항래교수화갑기념 한국사학논총』, 아세아문화사.

조동걸, 1986, 「임시정부 수립을 위한 1917년의 '대동단결선언'」, 국민대 한국학연구소, 『한국학논총』 9.

_____, 2010, 「3·1운동의 사상」, 『우사 조동걸 저술전집 6: 3·1운동의 역사』, 역사공간.

최기영, 2015, 「宋憲澍의 재미민족운동과 한인단체 연합활동」, 『한국독립운동사연구』 51.

한규무, 2004, 「극동인민대표회의에 참가한 '조선예수교대표회' 현순의 '위임장'과 그가 작성한 '조사표'」, 『한국근현대사연구』 30.

한상도, 2003, 「중국 관내지역」, 국사편찬위원회, 『한국사』 47(일제의 무단통치와 3·1운동), 탐구당.

허선도, 1978, 「3·1운동과 유교계」, 『3·1운동50주년기념논집』, 동아일보사.

洪善杓, 1993, 「徐載弼의 獨立運動(1919~1922) 硏究」, 『한국독립운동사연구』 7.

홍선표, 2016, 「헐버트(Homer B. Hulbert)의 재미 한국독립운동」, 『한국독립운동사연구』 55.

홍선표, 2017, 「뉴욕 소약국민동맹회의와 재미 한인의 독립운동」, 광복 72주년 및 독립기념관 개관 30주년 기념 정기 학술회의, 『3·1운동 전후의 국제정세 변화와 한국독립운동』, 프레스센터 국제회의실(2017. 8. 10).

Warren I. Cohen, "George E. Sokolsky: A Jew Anders to China," *The Chinese Connection: Roger S. Greene, Thomas W. Lamont, George E. Sokolsky and*

American-East Asian Relations, Columbia University Press, New York, 1978.

小野容照, 2010, 「新亞同盟黨の研究―朝鮮·臺灣·中國留學生の民族を越えるネットウークの初期形成過程」, 早稻田大學アジア研究機構, 『此世代アジア論集』3.

표·그림 목록

54쪽	〔표 1-1〕 여운형이 윌슨 대통령에게 보낸 청원서 첫 문장 비교
104쪽	〔표 2-1〕 신한청년당 당원 이력
226쪽	〔표 4-1〕 1919년 1~2월 신한청년당 밀사 국내외 파견 상황
320쪽	〔표 5-1〕 파리 한국통신국(Bureau d'information Coréen) 발행 「통신전」(通信箋, Circulaire)
380쪽	〔표 6-1〕 구미위원부 1920년 3~5월간 수지 결산 및 김규식 치료비
392쪽	〔표 6-2〕 하와이 구미위원부 재정보고(1919~1922)
411쪽	〔표 7-1〕 하와이 지방총회의 구미위원부 대출금

60쪽	여운형이 크레인에게 보낸 편지(1918. 11. 29). 컬럼비아대학 소장.
65쪽	여운형이 윌슨 대통령에게 보낸 청원서 1쪽(1918. 11. 28). 컬럼비아대학 소장.
102쪽	송헌주의 신한청년당 입당 허가증(1920. 4. 6). 김동국 소장.
109쪽	동제사와 신한청년당의 인적 구성과 관련성.
128쪽	김규식이 박용만에게 보낸 편지(1918. 12. 10). NARA.
138쪽	김규식이 북경 주재 미국공사관에 전달한 비망록(1919. 1). NARA.
159쪽	김규식·신규식이 윌슨 대통령에게 보낸 청원서(1919. 1. 25). NARA.
170쪽	신규식이 안창호에게 보낸 편지(1919. 2. 8). 독립기념관 소장.
181쪽	포르토스호(S.S. Porthos).
185쪽	김규식이 김순애에게 보낸 편지(콜롬보, 1919. 2. 25), TNA.
230쪽	『신한청년』창간호(국한문본).
250쪽	신한청년당 대표 김규식이 파리강화회에 제출한 비망록(1919. 4. 5). Taker H. Bliss Papers.
263쪽	파리위원부 사무실 건물(파리 제9구 샤토덩가 38번지. 2016). 저자 촬영.
265쪽	파리위원부의 사람들. 1열 왼쪽부터 여운홍, 에밀 블라베, 블라베 부인,

	김규식. 2열 왼쪽부터 람브레호, 이관용, 조소앙, 마티안 부인, 마티안 부인 가족들 3명(추정), 황기환(1919).
270쪽	위: 1열 왼쪽부터 김탕, 여운홍, 김규식(1919. 9), 여운형기념사업회.
	아래: 김규식 명함(1919), Taker H. Bliss Papers.
290쪽	김규식이 파리평화회의에 제출한 청원서(1919. 5. 10), NARA.
332쪽	위: 누르담호(S. S. Noordam).
	아래: 김규식, 여운홍, 김탕의 미국 입국 기록(1919), NARA.
337쪽	김규식『뉴욕트리뷴』인터뷰(1919. 9. 1).
353쪽	김규식과 이승만(1919년경). Henry De Young.
354쪽	구미위원부(1921년경). Henry De Young.
364쪽	대한민국집정관총재 리승만, 특파주차구미위원장 김규식이 서명한 구미위원부 100달러 공채표(1919. 9. 1), 독립기념관.
400쪽	송헌주, 프린스턴대학 대학원(연도 미상), 독립기념관.
413쪽	위: 미 육군 수송함 토머스호(USAT Thomas).
	아래: 박용만의 호놀룰루 출입국 기록. Roy Hahn Shih-Liang(1925) ancestry.
416쪽	김규식, 노백린, 임병직. 하와이 카웰라 베이(1920. 10).
425쪽	안창호의 미국 비자(1924. 11. 7). NARA.
428쪽	위: 김규식과 송헌주(1919. 12. 25). NARA.
	아래: 이동휘가 김규식에게 보낸 편지(1919. 11. 29). NARA.
429쪽	위: 김규식과 국민회 기념사진(1919. 10). (1열 왼쪽부터) 백일규, 윤병구, 김규식, 이대위, 정한경. (2열) 홍언, 황사용, 임정구, 미상, 미상. (3열) 송종익, 최진하, 강영대, 이살음. NARA.
	아래: 이살음, 김규식, 윤병구(1920년경). NARA.
430쪽	① 김규식(하와이, 1920. 10). NARA.
	② 이관용(1919. 8. 3). NARA.
	③ 이승만이 김규식에게 준 사진명첩(워싱턴디씨, 1919. 11. 3). NARA.
431쪽	김규식이 이승만에게 준 사진명첩(워싱턴디씨, 1920. 10. 2). 이화장.
444쪽	「학무총장의 연설」,『독립신문』(1923. 2. 5).

찾아보기

숫자·약자·기타

2·8독립선언 73, 105, 107, 177, 198, 202, 214, 215, 217, 219, 220, 221, 226, 227, 233

5·4운동 76

Shih Liang Roy Hahn →박용만

ㄱ

가이다Gajda, Radola 210

간민회墾民會 78

강규찬姜奎燦 104, 222

강덕상姜德相 48, 53, 114, 226, 443, 478

강영대姜永大 429

강영소姜永韶 366

강우규姜宇奎 210

거중조정good offices 252, 307

경신학교儆新學校 28, 103, 114, 223, 224

고유균顧維均 181

고창일高昌一 31, 73, 210, 326

고춘섭 224

고토 심페이後藤新平 319, 320

공동회 371, 384

공보국a Press Bureau(a Public Bureau, Bureau of Information) 126, 132~134, 147, 148, 150, 188, 263, 335, 445

공상희孔祥熙 39

공제회共濟會 154, 196, 204, 216

공채 세일즈맨 383, 387, 397

공채표 340, 347~349, 356, 358~364, 367, 368~371, 382~384, 387~389, 391~393, 396, 397, 399, 401, 404, 405, 409, 410, 432

곽경郭儆 172, 207

구대열 139, 191

구미위원부歐美委員部 12, 264, 271, 279, 282, 312, 327, 337, 346, 349, 350, 352, 355~364, 366~373, 375, 378~382, 385~406, 411, 432, 437, 449, 455~460, 466, 468, 469

구미위원부 위원장 15, 102, 338, 351, 358, 359, 363, 379, 382, 385, 387, 388, 393, 394, 396, 397, 402, 405, 410, 457, 460

구주의 우리 사업 241, 246, 258, 264, 266, 271, 283, 285, 295, 306, 312, 319, 322

국무총리 105, 260, 341, 342, 344, 345, 347~349, 358, 367, 369, 371, 373, 442, 449, 453, 463, 465, 468

국무총리총재 344

국민군단國民軍團 77, 131, 346, 465

국민대표회 촉진연설회 471

국민대표회의 12, 28, 393, 414, 434, 454, 470~472

국민대표회주비회籌備會 472
중한호조사中韓互助社 473~476
국민의회 73, 75, 210, 326, 347
국민주권론 234, 237, 292
국민투표 190, 495
국민회 89, 94, 151, 169, 170, 174, 175, 191, 215, 221, 249, 261, 278, 303, 326, 334, 346, 350, 351, 358~363, 365, 366~370, 372, 373, 378, 384, 386, 388~391, 393, 398, 399, 404, 409, 410, 423, 432, 445, 446, 454, 468, 485, 486
국민회 북미지방총회 173, 176, 346, 347, 351, 358, 362, 363, 367, 386, 389, 390, 404, 405
국민회 중앙총회 94, 175, 176, 261, 273, 339, 351, 358, 363, 366~368, 370, 371, 373, 396, 399, 404, 405
국제연맹 63, 64, 76, 80, 82, 83, 89, 116, 117, 183, 190, 235, 251, 264, 274, 275, 278, 299, 308~311, 313, 324, 339, 340, 348, 384, 478, 491, 495
국제연맹의 영구적 보호 190, 251, 491
국채 341, 342, 345, 347, 349
국채표 348, 349, 363
권동진權東鎭 86
권업회勸業會 78
그래닛스테이트호S.S. Granite State 421
그루Grew, Joseph. C. 153, 154, 160, 247, 301~303
극동민족대회 12, 28, 104, 117, 229, 469, 472, 476~479
극동정세Far Eastern Situation 514

근공검학勤工儉學운동 180, 243, 245, 280
금릉대학金陵大學 28, 100, 103, 105~107, 112, 187, 204, 210, 217, 223
급진주의 80
기독교 협화서국Mission Book Company 28, 42, 112, 188, 204
기산도奇山度 223
기흘병원記紇病院 91, 222
길선주吉善宙 90, 222, 248, 249
김갑수金甲洙 103, 104, 231
김경金慶 424
김경희金敬喜 225
김구金九 12, 13, 16, 104, 303, 477
김구례金求禮 187
김규식金奎植
  -김성Kinshung 152, 153, 155, 157, 158, 194, 207, 222, 224, 247, 248, 257, 259, 292, 302
  -김중문金仲文(진충웬Chin Chung Wen) 137, 139, 333, 209, 261, 314, 315, 318, 320, 333, 433
  -정춘웬Chung Chun Wen 137, 139
김규흥金奎興 267
김단야金丹冶 479
김도연金度演 212
김동원金東元 214
김마리아 222
김만겸金萬謙 471, 477
김문숙金文淑→김순애
김병조金秉祚 103, 105, 110, 339, 471, 477
김병태金餠泰 269
김석황金錫璜 105

김성Kinshung→김규식
김성탁 222
김쇠울→김탕
김순애金淳愛 14, 103, 105, 108, 158, 168,
    186~189, 193, 202, 224~226, 229,
    247~249, 378, 456, 474, 478
    -김문숙金文淑 474
김승만金承萬 339
김승학金升學 180, 243, 479
김시혁金時爀 339
김시현金始顯 479
김영섭金永燮 212, 214
김용원金鏞元 377
김원경金元慶 479
김원벽金元璧 92
김윤식金允植 377
김은식金恩植 187
김이열金彛烈 222
김인전金仁全 99, 103, 105, 477, 478
김인태金仁泰 267, 268, 269
김일구金一球 460
김종의金鍾意 267, 268
김중문金仲文(진충웬Chin Chung Wen)→
    김규식
김중세金重世 266
김진성金鎭成 187
김진용金晉鏞 88
김창숙金昌淑 73
김철金澈 48, 96, 97, 99, 103~105, 108,
    111, 117, 189, 201, 202, 204, 209, 223,
    226, 231, 432, 460, 470, 471, 474, 478
김철수金錣洙 66, 205, 212, 214

김탕金湯 73, 258, 259, 266, 268, 270, 272,
    316~318, 320, 321, 326, 331, 334, 337
    -김쇠울 266, 268, 269
    -쇠울 268
김태련金兌鍊 225
김필례金弼禮 187
김필순金弼淳 186~189, 193, 194
김헌식金憲植 72, 73, 82, 87, 90, 93~95,
    376~378
김현구金鉉九 335, 422

ㄴ

나기호羅基瑚 105, 114
나용균羅容均 471
남양중학회南洋中學會 206
남형우南亨祐 450, 454, 459, 461, 462,
    464, 467, 471
노동국총판勞働局總辦 344, 345, 443, 464,
    465, 468
노동단勞動團 231
노동부총장勞動部總長 344
노백린盧伯麟 337, 386, 392, 410, 411,
    415, 417, 418, 443, 447, 450~455, 461
    ~464
노준탁盧俊鐸 92
뇌수술 372, 374, 379, 381, 384, 387
뇌종양 수술 378, 379, 381, 397

ㄷ

당소의唐紹儀 39, 180, 181, 209
대동단결선언大同團結宣言 39, 180, 181,
    209

대동보국단大同輔國團 154, 204
대동보국회大同輔國會 346
대정大政 방침 441
대조선국민군단 131
대조선독립단 130
대한공화국임시정부 341, 342, 343, 344, 352, 387
대한광복군정부 77, 131
대한국민대표회준비촉진회 470
대한독립선언서 208
대한민주국임시정부 260, 289, 291
대한인국민회 72, 82, 88, 130, 160, 161, 170, 174, 176, 188, 190, 198, 249, 276, 288, 291, 348, 350, 423
　-대한인국민회 중앙총회 88, 161, 175, 346, 347, 351, 358, 368
　-대한인국민회 하와이 지방총회 173, 261, 346, 351, 373, 386, 388, 390, 397, 399, 401, 404, 405, 410, 411
도인권都寅權 103, 105, 222, 229, 471, 477
독립전쟁론 77
돌프Dolph, Frederic A. 355, 458, 459
동제사同濟社 19, 28, 30, 78, 80, 88, 100, 101, 104, 105, 107, 109~112, 114, 122, 125, 131, 135, 142, 150, 153, 154, 158, 160, 167, 169, 170, 189, 192~196, 203 ~205, 208, 212, 214, 215, 217, 219~ 221
동주회同舟會 206
두타스타Dutasta, Paul 285, 308, 309
등소평鄧小平 183

ㄹ

라이Rai, Lala Jakpat 75
라인쉬, 폴Reinsch, Paul 37, 38, 136, 139 ~141, 192, 242, 302
람브레흐Lambrecht 271, 272
랜싱Lansing, Robert 73, 246, 261, 297~ 300, 204, 309, 339
러시아혁명 71, 76, 77, 79, 116, 117, 127, 197, 205, 229, 235
런던사무소 395, 396, 457, 458
로녹대학Roanoke College 14, 21, 102, 104, 106, 397, 399
루스벨트Roosevelt, Theodore 252
루트사절단Root Commission 36
류자명柳子明 105
리옹중법대학里昂中法大學 280
리유잉Mr. Liyuying→이욱영

ㅁ

마사리크, 토마시Masaryk, Thomas 36
마셜Marshall, Thomas W. 338
마쓰이 게이시로松井慶四郎 309
마티안Mathian 부인 265, 271, 272
만국사회당대회萬國社會黨大會 79, 111, 149, 204, 322, 323
만국사회당환구사회당협회萬國社會黨環球社會黨協會 149
맥알핀호텔Hotel McAlpin 130, 131, 334
맥킨지McKenzie, F. H. 261, 349, 432, 489, 494, 495
모스크바 극동민족대회 12, 28, 75, 104, 117, 472, 478, 479

542

모택동毛澤東 475
무단파武斷派 346
무어Moore, J. E. 151
문일평文一平 219
문창범文昌範 210
문치파文治派 346
미 우편검열국US Postal Censor 123, 161, 162, 186, 191
미일 개전설美日開戰說 52, 468
민병덕閔丙德德 105
민원식閔元植 452, 453
민족자결주의 31, 45, 66, 75, 76, 79, 80, 83~86, 90, 115, 207, 213, 218, 221, 229, 233, 297, 299
민찬호閔贊鎬 94, 174, 390, 396, 401
민필호閔弼鎬 172, 206, 207
민회民會 105
밀러드Millard, Thomas 29, 39, 42, 48, 49, 51~58, 115, 121, 124, 129, 219

ㅂ

박건병朴健秉 472
박기선 222
박보연 470
박상진朴尙鎭 132
박영효朴泳孝 90, 260, 289, 291
박용만朴容萬 50, 72, 79, 123~125, 127, 129~132, 134, 151, 161, 162, 167, 168, 172, 188, 192, 193, 204, 213, 242, 245, 278, 334, 346, 348, 412, 414, 422, 424, 426, 432, 442, 443, 461, 465, 467, 471, 472

-Shih Liang Roy Hahn 412
박은식朴殷植 105, 114, 116, 204~206, 210, 229, 470, 473
박진朴震 104, 105
박찬익朴贊翊 167, 206
박헌영朴憲永 420, 479
박희도朴熙道 86, 87
방선주方善柱 18, 20, 93, 267, 376, 377, 389, 394, 395, 414, 422, 432
방효상方孝相 172, 207
배병헌裵炳憲 442
배일주의排日主義 80
백남규白南圭 105, 202, 212, 224, 225
백남채白南採 105, 225
백신영白信永 224
백일규白一圭 176, 346, 350, 360, 361, 365, 369
버그홀츠Bergholz, Leo Allen 420, 421
벌레라Valera, Eamon de 345
범태평양청년대회 414
범태평양회의 41, 42
베이, 아멜Bey, Armel 99
베전트, 애니Besant, Annie 75
벨푸어Balfour, A. J. 78, 307
변인서邊麟瑞 222
보스위크Borthwick, William 415, 417, 419, 421
본살Bonsal, Stephen 299
북경군사통일회 347, 443, 446, 447, 463, 471
북경군사통일회의 453, 461
북미 노동사회 개진 당北美勞動社會改進黨

432

블라베, 에밀Blavet, Emile 259, 271, 279, 314, 316, 333, 334
　-블라베 부부 262, 264
블리스, 태스커Bliss, Tasker H. 286, 287, 295, 298, 304

ㅅ

사동발謝東發(SCIE Ton-Fa) 281~285
상해고려교민회上海高麗僑民會 114
상해국민대표회기성회上海國民代表會期成會 471, 472
상해파 205, 469, 470
샘먼스, 토마스Sammons, Thomas 38
샬레, 페리씨앙CHALLAYE, Félicien 281~284
서겸徐謙 181, 209, 473
서광호徐光浩 187
서병호徐炳浩 14, 48, 99, 103~105, 108, 114, 115, 117, 168, 186~188, 194, 202, 204, 209, 217, 221, 223~226, 229, 471, 474
서재필徐載弼 110, 111, 151, 304, 337, 341, 348, 352, 355, 357, 375, 387, 388, 390, 393, 395, 396, 422, 432, 458, 459, 468, 469
선우혁鮮于爀 48, 96, 97, 103, 105, 108, 111, 112, 117, 168, 189, 201~204, 209, 217, 219, 222, 226, 231
성낙형成樂馨 78
세계대동世界大同 116
소년한국Young Korea 303

소승필蕭承弼 517
소약국동맹회少弱國同盟會(소약국민동맹회少弱國民同盟會) 73, 79, 80~82, 87, 89, 90, 92~94, 130, 131, 174, 213, 432
소콜스키, 조지Sokolsky, George E. 124, 127~129, 134, 432
손문孫文 39, 45, 62, 127, 129, 135, 180~184, 243, 280
　-손중산孫中山 179, 181
손병희孫秉熙 62, 90, 99, 223, 249, 260, 291
손정도孫貞道 62, 103, 105, 110, 339, 370, 371, 415, 477
송경령宋慶齡 181
송계백宋繼白 220
송병조宋秉祚 106, 471, 477
송종익宋鍾翊 429, 516
송진우宋鎭禹 89, 90, 220
송철宋哲 113
송헌주宋憲澍 102, 103, 106, 349, 363, 369, 372, 374~377, 379, 382, 397, 398, 399, 401~405, 428, 460, 514, 516, 517
쇠울→김탕
스타인메츠Steinmetz, Harry H. 421
스톡홀름 국제사회당대회 323
스펜서 422
승룡환承龍煥 371, 390, 391
신건식申健植 207
신국권申國權 48, 103, 106
신규식申圭植 19, 80, 110~112, 114, 122, 125, 131, 142, 149, 150, 152~154, 158, 160~162, 165~176, 192~196, 198,

203~209, 211, 213~217, 219, 221, 226, 278, 322, 443, 450, 454, 459, 462, 473, 483
　-신성申誠　161, 206, 207
　-신정申檉(Shinjhung)　152, 153, 155, 157, 158, 169, 173, 175, 194, 203, 207, 211, 216, 247, 248, 257, 259, 302, 485~487
신대한그룹　461
신석우申錫雨　48, 98, 114, 179, 206, 216, 217, 219, 226, 229, 325
신성申誠→신규식
신성구申聲求　72, 377
신숙申橚　442, 467
신아동맹당新亞同盟黨　48, 66, 205, 212, 214
신아동제사新亞同濟社　214
신아동제회新亞同濟會　205, 217
신익희申翼熙　212, 216, 450, 454, 459, 462
신인회新人會　67
신정申檉(Shinjhung)→신규식
신주철申朱喆　204
신창희申昌熙　106, 477
신채호申采浩　206, 219, 442, 461
신하, 사티엔드라 프라산노Sinha, Satyendra Prasanno　76
신한청년新韓靑年　49, 51, 53~55, 98, 116, 202, 220, 229
신한청년당新韓靑年黨　19, 27, 29, 30, 31, 45, 46, 48~52, 54, 61~63, 72, 80, 95~101, 103, 104, 108~117, 121~

125, 130, 137, 139, 142, 143, 147, 149, 150, 152~155, 160, 166~168, 170, 172, 179, 189, 190~195, 198, 201~205, 208, 209, 211~215, 217~221, 224~229, 231~233, 247, 249, 255, 257, 258, 288, 291, 339, 471, 474, 477~479, 508
신한회新韓會　72, 82, 87, 89, 94
신헌민申憲民　135, 325
신흥우申興雨　89~91
싱, 강가Singh, Ganga　76

ㅇ
아놀드, 줄리언Arnold, Julean　39, 62
아시아의 발칸반도　64
아시아의 스파르타　64
아이야르Aiyar, S. Subramanya　75
아일랜드　78, 81, 83, 345, 414, 435, 445
안병찬安炳瓚　460
안세항安世恒　222
안승원安承源　339
안정근安定根　106, 477
안창호安昌浩　88, 92, 94, 95, 114, 130, 131, 161, 169, 170, 171, 173~177, 186, 187, 213, 215, 231, 249, 260, 289, 291, 339, 345~349, 351, 369, 370, 390, 396, 414, 422~427, 434, 435, 443, 446~455, 459, 464, 465, 467, 468, 470, 471, 483, 487
안현경安顯景　403, 442
안희제安熙濟　209, 224
애국금愛國金　344, 347, 348, 350, 351, 358

~361, 363, 367~371, 384, 389, 390, 391, 393, 399, 404, 405, 409
애국동맹단愛國同盟團　81
앤더슨마이어사Anderson Myers & Company, Ltd.　125, 126
양기탁梁起鐸　91, 204, 213
양전백梁甸伯　221, 222
양헌梁憲　103, 106, 231, 471
여병현呂炳鉉　28, 100
여운일呂運一　217
여운형呂運亨　13, 14, 16, 19, 21, 27~32, 35, 40~45, 47~59, 61~63, 65~67, 72, 79, 95, 96, 98~101, 103, 104, 106~108, 110~115, 117, 121~125, 129, 130, 133, 134, 137, 142~144, 149, 150, 152, 153, 166~168, 179~181, 183, 184, 189, 191~195, 198, 201~205, 208~211, 213~217, 219, 226, 228, 229, 231, 270, 334, 432, 443, 456, 467, 471, 472, 474, 476~479
여운홍呂運弘　40, 73, 90, 99, 102, 106, 209, 211, 215, 217, 218, 258, 259, 263, 264, 266~268, 271, 272, 322, 331, 333, 334, 337, 339
여준呂準　168, 208, 210
영구적 세계평화　157, 158
영구중립조약　256, 257
영구평화　27, 45, 72, 73, 76, 158, 235, 251, 488, 491, 492
오를란도Orlando, Vittorio Emanuele　295, 297
오산吳山　473

오세창吳世昌　86, 92
오영선吳永善　460
오옥장吳玉章　280
오정수吳禎洙　111, 113, 207
오조추伍朝樞　181~184, 244, 252, 262, 280
오치휘吳稚暉　280
와프드당Wafd party　74
완진주의緩進主義　80
왕정위汪精衛　280
왕정정王正廷　43, 180, 181, 243, 263, 280, 326
왕조명王兆銘　263
외교독립노선　117, 196, 198, 229, 233, 469
요천남姚薦楠　212
워싱턴군축회의　357, 469
워싱턴회의　393, 472, 476~478
원세훈元世勳　471, 472
월터리드병원Walter Reed Hospital　373, 381, 387
웨스트히카호S. S. West Hika　418, 419
웨일, 퍼트넘Weale, Putnam　294, 490
위도명魏道明　180
위스망, 카미유Huysmans, Camille　284, 296, 322
위임통치론　83, 251, 347, 356
위임통치청원　130, 249, 251, 341, 442, 452, 453
위혜림韋惠林　210
윌리엄스Williams, Edward T.　105, 245, 246, 298

윌슨 14개조 35, 75, 76, 79, 82, 84, 85, 158, 292, 312

윌슨, 우드로 Wilson, Woodrow 19, 29, 35 ~37, 39, 41~43, 45~50, 52~54, 58, 59, 61~64, 66, 67, 72~76, 79, 81, 82, 84~87, 92, 93, 96, 98, 115, 125, 141, 152, 153, 158, 167, 174, 192~195, 198, 207, 209, 213, 218, 221, 223, 228, 229, 233, 246~249, 251~253, 257~259, 273, 274, 278, 286, 287, 292, 295~302, 304, 305, 307, 309, 312, 341, 343, 398, 432

유경환柳璟煥 106

유동열柳東說 196, 447

유법검학회留法儉學會 243

유법근공검학회留法勤工儉學會 280

유인석柳麟錫 197

육징상陸徵祥 53, 55, 57, 180

윤덕영尹悳榮 91

윤병구尹秉求 83, 346, 365~368, 372, 373, 390

윤성운尹聖運 222

윤원삼尹愿三 222, 325

윤치호尹致昊 38, 87~89, 90~92, 95

윤치호일기 87~89, 91, 92

윤해尹海 31, 73, 210, 326

윤현진尹顯振 212, 214, 471, 472, 474

윤홍균 212

응우엔 아이콕 Nguyen Ai Quoc(阮愛國) 74

응우엔 탓탄 Nguyen Tat Thanh 74

의친왕義親王(의화군義和君) 19, 88, 197, 376

이갑성李甲成 90, 218, 224, 225

이관용李灌鎔 73, 149, 258, 264~266, 272, 284, 307, 317, 318, 321, 322, 323, 326, 339, 344

이광수李光洙 18, 103, 108, 135, 206, 213, 215, 218, 219, 220, 223, 229, 231

이규갑李奎甲 90

이규서李奎瑞 106, 477

이규홍李圭洪 460, 471

이대위李大爲 176, 215, 349, 359~363, 365, 369, 399

이덕환 222

이동녕李東寧 110, 111, 210, 343, 386, 410, 453, 454, 459, 462, 463

이동휘李東輝 289, 291, 345, 367, 369, 432, 446, 451, 455, 460, 464, 465, 467 ~469

이르쿠츠크파 469, 470, 479

이만규李萬珪 40, 48, 53, 1800

이만집李萬集 225

이병두李炳斗 468

이살음李薩音 366, 432

이상설李相卨 131, 196, 197

이상재李商在 38, 45, 89~91, 218, 248, 249, 339, 466

이석증李石曾(Li Shizeng)→이욱영

이승만李承晩 13, 21, 30, 50, 72, 82, 88, 91, 93~95, 110, 111, 125, 130, 131, 151, 186, 188, 193, 198, 204, 207, 221, 245, 249, 251, 257, 260~264, 266, 271, 278, 289, 291, 297, 303, 307, 311, 320, 325, 331, 336~338, 340~

353, 355~359, 362, 363, 370~374, 376, 381, 384~389, 391, 392~393, 394, 395, 396, 397, 398, 399, 400, 401, 403~406, 409~411, 414, 415, 417~423, 426, 427, 441~443, 450~466, 468~472, 488

이승훈李承薰 86, 87, 90, 222, 2233, 224

이시영李始榮 110, 111, 371, 385, 454, 459, 462

이영렬李英烈 471

이옥李玉 243, 266, 281, 314, 315, 319, 322

이완용李完用 91, 465

이용직李容稷 401

이욱영李煜瀛 243~246, 258, 259, 262, 263, 280, 325, 333
  - 리유잉Mr. Liyuying(Li Yu-Ying) 243, 259, 333
  - 이석증李石曾(Li Shizeng) 243, 245, 262, 263

이원익李元益 103, 106, 231, 339, 471, 474

이유필李裕弼 103, 106, 477

이장화李章和 460

이종관李鍾寬 261, 342, 344, 390, 401

이집트혁명 74

이탁李鐸 470~472, 474

이태준李泰俊 187, 432

이화숙李華淑 202, 224~226

이회영李會榮 196

인구세人口勢 344, 350, 358, 386, 390

인도국민의회the Indian National Congress 75

임병직林炳稷 392, 394, 410, 411, 415~419

임성업林盛業 103, 106, 231

임시정부 개조·승인 논쟁 441

임원근林元根 479

임재호任在鎬 106

임정구任正九 360, 361, 365

ㅈ

자글룰, 사드Zaghlul, Saad 74

자유대한 271, 281

자유시참변(흑하사변) 469, 470

자치home-rule운동 545

장계張繼 280

장국도張國燾 478

장덕로張德櫓 339

장덕수張德秀(장설산張雪山) 47~49, 51, 66, 96~99, 103, 106, 108, 109~112, 114, 117, 179, 189, 193, 201, 202, 204, 205, 209, 211, 213~220, 226, 229, 231, 269

장붕張鵬 110, 207, 339, 410, 442, 465, 466, 471

장인환張仁煥 346

장태염章太炎 180, 181

장택상T. S(張澤相) 266, 288, 317, 318

재무위원회financial committee 352, 387

재법在法한인국민회 326

재일본동경조선유학생학우회 66

전명운田明雲 346

전병상傅秉常 184

전영택田榮澤 212, 214
전인도자치연맹All-India Home Rule League 75
전한족대표위원회Korean National Convention 161, 162, 164, 165, 166, 168~170, 172, 174~176, 193, 486, 487
정광호鄭光鎬 104, 107, 229, 460, 470
정노식鄭魯湜 212~214, 220
정대호鄭大鎬 107
정순만鄭淳萬 226
정양필鄭良弼 226
정원택鄭元澤 167, 168, 206~208, 217
정육수鄭毓秀 179, 180, 209
정인과鄭仁果 176, 177, 390, 396
정재관鄭在寬 210
정춘웬Chung Chun Wen→김규식
정치적 인플루엔자 92
정한경鄭翰景(Henry De Young) 30, 72, 84, 88, 94, 151, 172, 174, 175, 188, 198, 245, 260, 278, 341, 377, 390, 399, 401, 403, 406, 411, 458, 459
정항범鄭恒範 207
조동호趙東祜 48, 97~99, 103, 107, 108, 111, 112, 193, 202, 206, 211, 215, 217, 219, 220, 432, 479
조만식曺晩植 222
조상섭趙尙燮 103, 107, 110, 339
조선사회당朝鮮社會黨 204, 323
조성환曺成煥 110, 111, 114, 175
조소앙趙素昂(조용은趙鏞雲, 조용은趙鏞殷) 73, 107, 116, 149, 168, 184, 195, 204, 206, 208, 211, 212, 214, 217, 219, 258,
264~267, 271, 272, 284, 322~325
조완구趙琬九 210
조지, 로이드George, Lloyd 295, 296, 297, 307
조철호 222
좌우합작운동 16, 28
주미공사관 377, 393, 457
주미 한국대사관 335, 376
주요한朱耀翰 107
주은래周恩來 183
주현칙朱賢則 107, 478
중한국민호조사中韓國民互助社 총사 473, 476
중한의방조약中韓宜邦條約 196
중한협회中韓協會 473
중한호조사中韓互助社 474, 475
지산외유일지志山外遊日誌 167
지용은池鏞殷 215
진상하陳相夏 114
진우인陳友仁 181~183, 280
진정한 평화a just peace 36
집정관執政官총재 331, 336, 344, 345, 347, 349, 350, 358, 360, 363, 364, 369, 370~372, 387, 449, 450

ㅊ

채국정蔡國楨 212
채원배蔡元培 280
천세헌千世憲 369
청재권請財權 356
체화동락회棣華同樂會 112, 154, 206
최고민족회의 165

최고위원회 164~166, 169, 170, 173, 486
최남선崔南善 89, 90, 218
최동오崔東旿 471
최두선崔斗善 212
최린崔麟 86, 220, 223
최목崔穆 472
최일崔一 107, 477
최재형崔在亨 348, 350, 358, 369
최진하崔鎭河 429, 446
최창식崔昌植 117, 479
최팔용崔八鏞 212, 214, 217, 220
최형욱 187
친일주의 80

ㅋ

커닝햄Cunningham, Edwin S. 127, 135
커크Kirk, Alexander C. 299~301, 304, 305
커티스Curtice 298
쿡, 조셉Cook, Joseph 436
크레인, 찰스Crane, Charles 29, 30, 31, 35, 36, 37, 38, 39, 40, 41, 42, 43, 44, 45, 47, 48, 49, 50, 52, 56, 57, 58, 59, 60, 61, 62, 63, 67, 72, 98, 99, 112, 115, 117, 121, 123, 124, 125, 129, 144, 152, 153, 166, 189, 191, 195, 198, 213, 219, 432
크로, 칼Crow, Carl 136, 242
크로푸트Crofoot, J. W. 455, 456
클라멘트 210
클라크Clark 28
클레망소Clemenceau, George 223, 295, 297, 307, 309, 311, 339

클로즈Close, Gilbert F. 301, 302

ㅌ

태평양시사太平洋時事 130, 465
태평양시사 습격 사건 391, 465
터키청년당 97~99
토머스호USAT Thomas 50, 124, 129, 130, 142, 413~415, 418, 426, 427, 433
통신전通信箋 264, 266~268, 292, 295, 303, 313~316, 318~322, 326

ㅍ

파리강화회의 12, 27~31, 36, 44~48, 52, 58, 63, 71~95, 100, 101, 111, 115, 117, 121, 122, 124, 125, 131~134, 136, 142~144, 146, 150~155, 160, 165~168, 170, 172, 173, 178, 180~182, 184, 186, 188, 189, 191~195, 198, 201~203, 207~209, 213~215, 219, 224, 227, 229, 233, 235, 239, 241, 242, 246~249, 252, 255, 257~261, 273, 278, 280, 284, 286, 287, 292, 293, 297, 299, 303, 305, 307~309, 311, 313, 319, 321, 324, 331, 335, 337, 341, 365, 374, 384, 390, 396, 397, 436, 437, 443, 479
파리대표부 395, 396
파리위원부 188, 241, 258, 263~268, 271, 272, 278~281, 283, 295, 306, 312, 314, 319, 322, 324, 326, 237, 333, 334, 339, 374, 378, 382, 449
포르토스호S.S. Porthos 137, 178, 181, 183, 184, 244, 252, 259, 278

포타포프Potapoff 129, 205

포트마이어스Fort Myers 374, 375

포포프Popoff 129

폴크Polk 245

프램Fram, K. 188, 189, 378

필라델피아 제1차 한인회의First Korean Congress 343

필라델피아통신부 288, 339, 287, 395, 396, 458

핏치, 조지Fitch, George F. 41, 42, 48, 112, 113, 188, 189, 204

핏치(아들)Fitch, George A. 42

ㅎ

하딩, 토머스Harding, Thomas 468

하란사河蘭史 88

하상기河相驥 88

하상연河相演 212

하와이 제일한인감리교회 398

하와이대한인교민단 373

하와이 지방총회 173, 346, 351, 371, 373, 386, 390, 398, 399, 404, 405, 410, 411

하와이총회관 점거 사건 371, 390

하우스House, Edward M. 298, 299, 304

학무총장 107, 365, 379

학조선郝兆先 474

한국공론Korea Review 304, 395

한국공화독립당The Korean Republican Independence Party 152, 153, 247, 302

한국교회 핍박 493

한국국민대회Korean Nat'l Convention 161, 165, 167

한국독립위원회the Korean Independence Committee 139, 140, 153, 154

한국에 대한 국제연맹의 고문정치 83

한국친우회Amis de la Corée(League of the Friends of Korea) 271, 279, 281, 282, 283, 325, 327, 357, 395, 396, 445

한국혁명당the Korean Revolutionary Party 136, 137, 140, 141, 142, 154, 158, 189, 242

한성정부 88, 91, 130, 307, 338, 344, 345, 347, 348, 349, 387, 389, 395

한성정부 법통론 345, 352

한원창韓元昌 107

한인여학원 398

한인중앙학원 398

한진교韓鎭教 48, 97, 99, 103, 104, 107, 108, 111, 113, 202, 203, 204, 221, 225, 226, 229, 471, 474, 478

한태동韓泰東 204

함태영咸台永 90, 218, 224, 225

해리스 감독Harris, M. C.(Bishop) 91

해방을 위한 한국 국민의 호소를 담은 비망록 151, 248

해송양행海松洋行 107, 113, 204, 221

허영숙許英肅 218, 219

허헌許憲 269

헐버트, 호머Hulbert, Homer B. 241, 252, 261, 277~279, 339, 349, 489, 495

헤닝슨Henningsen, H. F. 432

혁명단 112

혁명당 154, 158, 196, 204, 206, 214, 216

현상윤玄相允 90, 212, 213

현순玄楯 90, 117, 135, 174, 176, 223, 224, 248, 249, 260, 261, 291, 318, 320, 341~344, 348, 352, 355, 356, 371, 385, 386, 393, 403, 404, 406, 420, 434, 457~460, 468, 469, 477

호치민胡志明 75, 183, 324, 325

혼벡Hornbeck, Stanley K. 153, 154, 160, 247, 299~306

홍언洪焉 366, 429

홍주일洪宙一 224

홍진희 212, 214

화법교육회華法敎育會 280

화이트White, Henry 295, 296, 304, 308, 309

황경완黃警頑 474

황기환黃玘煥 73, 188, 258, 264, 271, 272, 282, 320, 322, 324, 326, 374, 384, 402

황사용黃思溶 429

황진남黃鎭南 176, 177, 390, 396

휴즈, 윌리엄Hughes, William 435~47

흥사단興士團 131, 231, 366, 423

흥화학교興化學校 28, 100